SCORCHED
EARTH

焦土

—1943—1944年的苏德战争—

[德] 保罗·卡雷尔 著

小小冰人 译

台海出版社

SCORCHED EARTH: THE RUSSIAN-GERMAN WAR 1943-1944 by Paul Carell
© 1963 by Paul Carell, Verlag Ullstein GmbH, Frankfurt/M.-Berlin Lizenzausgabe mit
Genehmigung des Verlags Ullstein GmbH für Bertelsmann, Reinhard Mohn OHG, Gütersloh
den Europäischen Buch- und Phonoklub, Sruttgart und die Buchgemeinschaft Donauland, Wien
Umschlag- und Einbandgestaltung.
Simplified Chinese Translation © 2012 by Chongqing Foresight Information Inc. All Rights
Reserved.

版贸渝核字（2012）第1028号

图书在版编目（CIP）数据

焦土：1943—1944年的苏德战争 / （德）保罗·卡
雷尔著；小小冰人译. —— 北京：台海出版社，2018.8
书名原文：Hitler's War on Russia（Hitler
Moves East 1941–1943/Scorched Earth）
ISBN 978-7-5168-2027-8

Ⅰ. ①焦… Ⅱ. ①保… ②小… Ⅲ. ①苏联卫国战争
－史料 Ⅳ. ① K512.54

中国版本图书馆 CIP 数据核字 (2018) 第 154614 号

焦土：1943—1944 年的苏德战争

著　者：[德]保罗·卡雷尔		译　者：小小冰人	

责任编辑：高惠娟　　　　　　　　　　策划制作：指文文化
视觉设计：王　星　　　　　　　　　　责任印制：蔡　旭

出版发行：台海出版社
地　　址：北京市东城区景山东街 20 号　　邮政编码：100009
电　　话：010 - 64041652（发行，邮购）
传　　真：010 - 84045799（总编室）
网　　址：www.taimeng.org.cn/thcbs/default.htm
E - mail：thcbs@126.com

经　　销：全国各地新华书店
印　　刷：重庆长虹印务有限公司
本书如有破损、缺页、装订错误，请与本社联系调换

开　　本：787mm × 1092mm　　　　　1/16
字　　数：626 千字　　　　　　　　　印　张：39
版　　次：2018 年 8 月第 1 版　　　　印　次：2018 年 8 月第 1 次印刷
书　　号：ISBN 978-7-5168-2027-8

定　　价：169.80 元

译者序

保罗·卡雷尔的《东进》一书最初于1964年出版。

半个世纪后的今天发行这本书的中文版，意义何在？

国内近年来出版的二战类著作渐渐增多，如果留意的话，你也许会发现，关于二战中最重要的东线战场，全景式著作可谓凤毛麟角。局部战役的专著近年来逐渐涌现，尽管从整体而言，与汗牛充栋的西线战役著作相比，仍是为数寥寥。这其中的原因，固然有苏联相关资料秘不示众的缘故，但更主要的是西方作者对东线战役的轻视。而对热衷于战史研究的德国人来说，东线一直是他们最为关注的研究重点。遗憾的是，由于语言障碍和众所周知的原因，国内在这方面引进的书籍相当欠缺。

提及二战著作，有些作者的名字大概是无法回避的：大卫·格兰茨、安东尼·比弗、约翰·基根、H.P.维尔莫特、乔·巴歇尔等等。诚然，这些新锐作者带来了更多、更新的资料，但我们也发现，保罗·卡雷尔的作品并未因此而相形见绌，除去详实的资料依然准确无误外，他的文字中还有一种后来者无法与之比拟的激情，这甚至使他的两本东线巨作很难在"战史"和"纪实"之间找到一个准确的定位。我个人更倾向于把他的作品定义为"偏战史类"的纪实性著作。换句话说，偏爱战史钻研的读者可以欣然接受，而希望了解当年那场战争来龙去脉的普通军事爱好者也能获得阅读快感。

决定军事的永远是政治，出于这个原因，我们所看见的大批军事书籍都不厌其烦地从政治角度耐心地为读者讲解这场战争的来龙去脉。这种做法当然没什么错，可我有时会想，是否有这样一部干脆利落、不拖泥带水的著作，从东线战事爆发的第一天一直讲述到纳粹德国败亡，纯军事角度，既没有让人晕头转向的图表和数据，也没有无数的旗帜和箭头把人彻底弄晕，当然，如果再能通俗一些的话，那就更好了。

保罗·卡雷尔的《东进》就是这样一部著作。细读此书，你或许会惊讶地发现，许多后来的著作都参阅了卡雷尔的这本书，例如安东尼·比弗的《斯大林格勒》，例如道格拉斯·纳什的《地狱之门》，而亨利·莫尔的《第二次世界大战的重大战役》，干脆把卡雷尔这本著作的第一章完整地抄袭了一遍。如果把《东进》比作一条大河，那么，从主河道上延伸出的无数支流便形成了一部部相应的著作，它们都从《东进》这一母体中汲取养分。甚至连大名鼎鼎的维基百科，许多相关条目的资料引述也都采用了保罗·卡雷尔的著作。

这么说毫不为过。今天对我们来说，布列斯特、明斯克、基辅、杰米扬斯克、捷列克河这些地名早已耳熟能详，但在半个世纪前，与西线战事相比，这些地名以及围绕这些地名所发生的戏剧性战事并不为太多局外人所知，卡雷尔的这部著作首创先河，将东线，这个二战最重要战场的血腥战事历程清晰而又详尽地介绍给广大读者。考虑到这本书出现的年代，就更能称其是一部佳作。西方媒体对这本书的评价用了这样一个描述：all time classic（永远的经典之作）。我想，这一评价应该是准确的，从20世纪60年代到21世纪的今天，这本书不仅一直在大卖特卖，而且许多著名出版社都先后推出过自己的版本，包括"地图版""彩色插图版"等等，这一点有力地证明了这本著作的经典性。

这位保罗·卡雷尔是何方神圣？

保罗·卡雷尔原名保罗·卡尔·施密特，是一名纳粹党员，也是一名党卫队成员（一级突击队大队长），更是纳粹外交部部长里宾特洛甫的得力干将，专事负责外交部的新闻与出版部。他当年的主要任务是主持外交部的每日新闻发布会。因此成了二战期间德国最重要、最具影响力的发言人之一。研究证据表明，他的影响力与奥托·迪特里希（纳粹党首席新闻发言人）以及汉斯·弗里切（宣传部国内新闻司司长）不相上下。另外，著名的《信号》杂志也是由施密特负责。

战后，施密特被拘禁了两年多，随后便化名保罗·卡雷尔，摇身变成了畅销书作者。《东进》和《焦土》使他成为战后德军视角东线战事编年史的领军人物，这两本著作首开先河，带动了东线德军战史研究的潮流。任何一个致力于东线战役研究的作者可能都无法回避这两部经典著作。

《东进》与《焦土》的成功，并不仅仅是卡雷尔战时职务接触到很多内部资料的缘故。当然，长期的宣传工作使卡雷尔转型为专职作家来得轻松自如，他的作品中也明显带有过去从事宣传任务的手法，但更为重要的是，卡雷尔参阅了大批战后出版物，包括众多将领的个人回忆录、战史、军史等，另外，他与许多德军将领私交甚厚，通过访谈获得了许多一手资料。这两本巨作从1941年6月22日爆发的"巴巴罗萨"起，一直到1944年"中央"集团军群覆灭终，大大小小的事件，林林总总的人物，全面而又详尽地展现了东线波澜壮阔的战争史诗，是战争史研究中不可多得的佳作。

当然，保罗·卡雷尔自身的经历以及他写作的资料来源，决定了他书中的观点偏向于德国一方，这原在情理之中。但我们也要看到，卡雷尔并未对作为敌人的苏联红军加以贬低和污蔑，相反，他对苏军的英勇和顽强大加赞扬，实际上，作为一名长期从事宣传工作的高级官员，他很清楚，贬低对手毫无意义，不仅会使自己的作品失去公正性，还会使己方的胜利和失败变得难以解释。另外，我们要看清的一点是，绝对的公正大概是不存在的，尽管许多作家在这方面进行了不懈的努力。

保罗·卡雷尔的写作手法后来也被许多军事作家借鉴：一本出色的军事著作中，高层将领的运筹帷幄固然必不可少，下级将士的浴血奋战同样不可或缺，而这两方面的结合构成了有血有肉的历史传奇。与安东尼·比弗、史蒂芬·安布罗斯的作品相比，卡雷尔的著作稍欠可读性，但与大卫·格兰茨相比，他的作品又显得不那么枯燥。准确地说，大概是一个中间型产物。但东线战事本身就充满了戏剧性的传奇色彩，例如，德军距离莫斯科咫尺之遥，斯大林格勒已被占领十分之九，高加索战线只欠最后一个营……从这个角度看，这段历史的确跌宕起伏，值得每一个军事爱好者反复玩味。另外，卡雷尔的书中也不乏一些细节性描述，例如地雷犬的出现、弗拉索夫的被俘、蓝色行动的泄密、对阿斯特拉罕的侦察等等，即便对东线战事了如指掌的读者，想必也能从这本书中获得新的收益。

这就是《东进》一书的价值所在。

N·N·滨人

前言

    《东进》一书结束于斯大林格勒。但是，与人们普遍的看法不同的是，第6集团军在伏尔加河上的灾难并不是德国败亡的起点。斯大林格勒是德国征服战的终点；但从另一方面看，东线战事的关键转折点是1943年夏季的库尔斯克战役。这就是我将这场战役作为《焦土》开场的原因，这样，东线战事的两大阶段就能清晰地显现出来。德国的胜利提前结束在斯大林格勒，而德国的失败始于库尔斯克。

    1942年底至1943年7月间的作战行动，将以回叙的方式加以描述。诚然，这种做法会打乱时间顺序，但却能让读者更好地了解所发生的情况，以及从斯大林格勒至库尔斯克战役期间作战行动的重要性和戏剧化特点。斯大林打算在顿河与顿涅茨河之间的战役中决定这场战争的胜负，但面对陆军元帅冯·曼施泰因杰出的将才，他失败了。德军统帅部再次获得一个挽救形势的机会：将进攻战转为消耗战。

    但希特勒拒绝接受战地指挥官们一直迫切地向他解释，并展示给他看的事实。他继续着这场赌博，他孤注一掷，他指望"堡垒"行动（这是库尔斯克战役的代号）会带来一个重大的转折点。就这样，东线战事在库尔斯克突出部走向高潮。双方庞大的军事行动狭路相逢——德军英勇的进攻撞上苏军有力的防御。最新的装备，必胜的决心，娴熟的指挥，计谋与欺骗，这一切在这场大战中达到了顶峰。因此,苏联军事历史学家们正确地将"堡垒"行动称为整个战争中最重要的战役。

在资料处理的问题上，我继续沿用了在《东进》一书中被证明相当成功的方式——将亲历者的真实记述与历史文件相结合。本书的写作过程中，一种问卷调查技术被开发出来，这使那些非常忙碌的人得以将他们掌握的情况转达给我，这些人在战争期间担任过指挥工作，或是参加过某些关键地段的战斗。大批交给我使用的未公开发表的文章或专著中包含许多极其珍贵的资料，很多饶有趣味、迄今为止尚不为人所知的军事信息丰富了现有的记述。

尤为重要的一个事实是，我得以使用斯大林去世后苏联方面出版的军事专著，以及苏军指挥员和参谋人员的个人回忆录。同样重要的一点是，我还查阅了保存于美国档案馆的德军战时日志的微缩胶片。

在这本书里，我再次省略了涉及资料来源的脚注，但我想指出，书中的每一个字都是真实的，每一个事实和描述都来自真实可靠的历史资料。

保罗·卡雷尔

1994年版前言

苏联解体后，随之而来的大批莫斯科秘密档案给苏德战争史带来了什么新发现吗？到目前为止，就军事事件而言，没有。因此，《焦土》这一版本的描述依然有效。

但是，苏联最高统帅部秘密档案的公开，证明了某些具有历史意义的东西。即：1941年6月22日，爱好和平的苏联只进行了防御准备，结果，无端遭到德国的入侵——苏德战争中这一长期被接受的观点已无法站住脚。1941年，斯大林和他的统帅部已完成对德国发起进攻的准备工作，但希特勒的突袭破坏了他们的计划。

自1990—1991年以来，俄罗斯军方的高层人士已指出，苏军在1941年间准备发起一场进攻战，而且，客观地说，德国的袭击具备一场预防性战争的所有特征。彼得罗温上校在1991年5月8日出版的《真理报》上写道："不切实际的进攻性计划在战前便已拟定，其结果是高估了我们自身的能力，低估了敌人。根据这些计划，我们开始在西部边境集结部队，但敌人抢先了一步。"

公开苏联秘密档案的高潮发生在1993年初，当时，俄罗斯的丹尼洛夫上校在著名的《奥地利军事杂志》上公布了1941年苏军总参谋部完整的战争计划。这份文件来自苏联武装力量总参谋部的中央档案馆，其真实性毋庸置疑。丹尼洛夫上校援引华西列夫斯基元帅写的一份备忘录①，表明斯大林于1941年5月批准了这一计划。

---

① 丹尼洛夫公布的这份档案在东西方军事历史学家中造成了长期的争论。丹尼洛夫认为，大清洗后，军事权力高度集中于斯大林手中，任何一名将领或总参军官在未获得批准的情况下擅自拟定这样的计划是不可思议的，因此，这份计划可以说体现了斯大林1941年的战略意图。

斯大林进行战争准备的决定源于德国国防军迅速而又彻底地打垮了法国，这让他的希望落了空。斯大林原本指望，一场与西方列强旷日持久的战争会将希特勒德国拖垮。法国陷落后，斯大林开始了发起进攻的准备工作。另一个重要证据是1941年斯大林在克里姆林宫对军校毕业生所做的秘密讲话。

根据沃尔科戈诺夫上将的一份记录，斯大林曾宣布，战争是不可避免的。他们必须做好无条件粉碎德国法西斯的准备。就在这次讲话后，斯大林随即下达了一道指令："红军中的所有补充人员必须认识到，苏联不断增强的政治、经济和军事力量使我们得以采取一种进攻性外交政策，果断地击败我国边境上的军事列强，扩大我们的领土。"

斯大林在1941年初作这番讲话时，苏军在苏联西部边境（对面是德国的东部边界和罗马尼亚油田）的集结正紧锣密鼓地进行着。第一战略梯队在俄国西部部署了14700辆坦克，另外还集结了拥有34695门大炮的炮兵力量，9000架作战飞机排列在边境附近的机场上。第一战略梯队部署于波兰边境和比亚韦斯托克突出部，兵力超过20个集团军，290万人。根据最近披露的文件，第二战略梯队由140万人组成，因此，1941年初，两个战略梯队做好了随时发起进攻的准备，其实力总计258个师，其中包括58个坦克师和30个机械化师，另外还有14700辆做好战斗准备的坦克。这股庞大的进攻力量集结在森林中、阵地里以及拥挤的机场上，虎视眈眈着波兰和罗马尼亚边境。从军事原则上看，这种集结不可能拖延过当年冬季。

1941年6月22日，德国国防军以300万兵力发起进攻，其中包括60万盟国军队，3468辆坦克和突击炮，2510架作战飞机。德国的大炮和坦克，在质量和数量上都不及苏联。德国人在战争最初几周内获得巨大的成功是因为他们发起的进攻从大规模集结的苏军部队中间穿过，从而形成了巨大的包围圈，使苏军遭受到严重损失。可是，截至1941年12月31日，德国国防军在东线战役中的人员损失已达830000人（阵亡、负伤和失踪）。他们获得了509000名补充兵。冬季的几个月中，严寒造成的人员损失约为400000人。

1942年的夏季攻势使德国军队进一步夺取了庞大的领土：德军以装甲闪电战的速度驰骋于荒芜的卡尔梅克草原，穿越高耸的高加索山隘，打开通往黑海的亚热带谷地。其过度延伸的战线一直前伸至伏尔加河和黑海，但兵力却严重不足。其结果是第6集团军在斯大林格勒的惨败。无论在斯大林格勒还是在高加索油田的战事中，德国军队始终缺乏决定性的最后一个营。

苏联历史学家们的著作使我们可以在今天看到，德军夏季攻势期间，苏联方面的情况是多么危险，多么令人绝望，包括斯大林格勒。他们揭示出斯大林和苏军最高统帅部从德军的闪电战战略中学到了哪些决定性的教训；年轻、坚强的苏军将领是如何并以何种手段掌握着危急的战况；而苏军士兵，尽管遭受到巨大的损失，又是如何在绝望的条件下奋勇作战的。苏联红军在斯大林格勒取得胜利，并迫使高加索前线虚弱、负担过重的德国各集团军转入到一场绝望的后撤中。

但德国国防军再次聚集起力量，寄希望于新投入的装甲武器（虎式、黑豹坦克以及大口径突击炮），于1943年7月在库尔斯克突出部发起一场决战（"堡垒"行动）。这是一场令人难以置信的血战，一时间险象环生。但通过美国给予的物资援助，苏联红军的防御力量已大大强于德军进攻部队。

库尔斯克战役的失败成为东线战事的转折点，并最终导致了德国的败亡。

保罗·卡雷尔
1994年1月

目　录

目　录

第一部

库尔斯克战役

1

希特勒孤注一掷

布加勒斯特的使命——"狼穴"茶室中的会谈——奥博扬附近的橡树林——7月5日，3点30分："堡垒"行动开始——巨大的费迪南德——波内里校舍旁的决斗

罗马尼亚夏季的热浪笼罩着布加勒斯特。瓦拉其亚①正午的空气闷热无比，盘踞在城市上方，沉重地笼罩着庞大的城堡、白色的教堂和空荡荡的酒店。维克托·伊曼纽尔大街冷冷清清。进入这条大街看到的第一座建筑便是德国大使馆。

"这么热的天，却要穿戴得一丝不苟。"冯·克林格先生抱怨着。他穿着外交制服，站在自己的办公桌旁。百叶窗已被放下，硕大的房间里一片阴暗。电风扇发出轻微的声响，室内充斥着略有一丝凉爽却并不新鲜的空气。

三个小时前，柏林发来的电报已经到达。"仅限大使阅览。"他将密码电报解译，随即要求与安东内斯库元帅会面。时间约定在下午四点，元帅先生此刻应该在郊外的小别墅里。该动身了。

下午四点，克林格的车准时驶入守卫严密的罗马尼亚国家元首官邸。

安东内斯库在一楼的客厅接见了这位德国大使。一如既往，这位身材矮小、瘦弱结实的元帅穿着一身军装。

"那么，大使先生，是元首给了冯·曼施泰因元帅假期，让他访问我们

——————————

① 罗马尼亚最初由摩尔多瓦和瓦拉其亚两个公国合并而成。瓦拉其亚位于南部，布加勒斯特就在该公国的范围内。

吗？"他笑着问道。

克林格从口袋里掏出电报，用一种故作庄重的语气读道："请您立即打电话给国家元首。陆军元帅冯·曼施泰因将于明天下午抵达布加勒斯特，值此夺取塞瓦斯托波尔要塞一周年之际，他将代表元首向安东内斯库元帅颁发金质克里木盾章。"

安东内斯库笑了，礼貌地表示感谢。但他开口时，脸上的笑容消失了："大使先生，克里木盾章是一个极大的荣誉，但对我来说，有机会与冯·曼施泰因元帅探讨军事形势，这一点更为重要。罗马尼亚已将她全部的军事力量投入战场，我为此承担着责任。在斯大林格勒，我损失了18个罗马尼亚师。我无法承担这种灾难再次上演的后果。我必须知道接下来将会发生些什么。Nous sommes alliés（我们是盟友），大使先生，但在腊斯登堡，不时有种将它忘却的倾向。三个月前，我曾在克莱斯海姆堡亲向元首表达过这个看法。"

这句不祥的话语不能不予以反驳。幸亏曼施泰因将亲自赶来，克林格这样想着。但在表面上，他不露声色，平静地接受了罗马尼亚领导人坦率的言论。另外，这位来自萨克森的前海军军官，曾担任过自由军团的领导，也曾率领过"执政官"组织①，不是个轻易会被吓倒的人。他们商讨了与曼施泰因来访相关的礼仪和组织事宜，随后，德国大使起身告辞。

刚刚过去两个小时，天台上的麻雀们便将德国"南方"集团军群司令曼施泰因将于1943年7月1日到访数日的消息传遍了整个布加勒斯特。

东西方情报机构的消息传播者和情报收集员，大大小小的间谍们都匆忙跑向他们的发报机，将这个引人关注的消息发送给各自的总部。

莫斯科，苏军总参谋部第四局的收报机也活跃起来：曼施泰因将于明天抵达布加勒斯特！苏军最高统帅部的参谋人员点了点头：如果"南方"集团军群的司令官赶去罗马尼亚首都喝几杯香槟，而不是待在他位于扎波罗热的指挥部里，就表明东线战场不会有大规模军事行动发生。苏军肯定是这么想的，这就是他们的看法。

---

① "执政官"组织是个极端民族主义恐怖组织，由埃尔哈特海军陆战旅的成员组成。克林格曾担任过德国驻旧金山领事，后来又派驻斯洛伐克和罗马尼亚，执行反犹政策。1944年8月23日，安东内斯库垮台，9月2日，克林格在布加勒斯特自杀身亡。

24小时后，曼施泰因做好了赶赴布加勒斯特的一切准备。就在这时，一名值班军官带着希特勒总部发来的电文跑了过来：立即赶往腊斯登堡，而不是布加勒斯特。

"元首希望您出席在'狼穴'召开的绝密会议。布加勒斯特方面已被告知，由于气候恶劣，您已推迟起飞。"

就这样，曼施泰因去会见希特勒，而不是安东内斯库。看似是糟糕的组织工作，实则是一场精心设计的骗局的一部分。在元首总部，曼施泰因惊讶地看到了一大群高级将领："中央"集团军群司令冯·克鲁格元帅；第4装甲集团军司令霍特大将；第9集团军司令莫德尔大将；装甲兵上将肯普夫；第24装甲军军长，装甲兵上将内林；第6航空队司令冯·格赖姆大将以及第4航空队的代表，高射炮兵上将德斯洛赫。

东普鲁士也处在高气压系统所带来的晴朗的夏日气候下。元首总部的混凝土小屋，屋顶上覆盖着植物和树叶构成的伪装网，看上去神秘莫测。

希特勒在他的茶室迎接了这些将领。他非常热情地问候他们，请他们坐下，随即以一番演讲开始了会议。

他的第一句话便揭示出一个大秘密："我已决定将'堡垒'行动的发起日期更改为7月5日。"

这就意味着还有4天时间。在座的将领们相互看了看，有人松了口气，也有人感到焦虑。莫德尔神情严肃；曼施泰因的表情高深莫测；霍特则不太高兴。

各种不同的反应并不是因为4天的计划时间过短。行动即将展开并未令他们感到惊慌，他们早已做好了准备。部队排练进攻已有几个月。沙盘推演和实际操练已使他们对库尔斯克突出部的地形了如指掌。他们已用真枪实弹练习了炸毁混凝土碉堡，突破铁丝网障碍，清除地雷，解决防坦克壕。此前的作战行动从未进行过如此全面的准备。

这些将领担心的是，希特勒现在决定发起进攻，此前耽误的时间会不会太久了些。对于希特勒在斯大林格勒惨败后不久便如此迅速地恢复东线攻势的计划，曼施泰因、古德里安、克鲁格、莫德尔以及其他许多将领原本就持反对意见。他们不赞成过早地投入预备力量，特别是投入古德里安用新型的虎式和黑豹式坦克重新组建起来的装甲部队，这很可能是一场冒险的攻势。

德国国防军指挥参谋部已发出警告。他们指出地中海地区深具威胁的态势发展——艾森豪威尔正在那里准备登陆意大利。美国人的登陆一旦发起，意大利地区将需要这些来自东线的装甲部队。

但希特勒也指出了库尔斯克突出部的危险形势。在这个有利的出发阵地中，苏军已集结起庞大的进攻力量。在那里，德国人发现了苏军的数个坦克集团军。实际上，苏军已将其40%的野战集团军，包括他们几乎所有的坦克部队都调入到了库尔斯克突出部内。

这股进攻力量的集结非常危险，但也是个极大的诱惑。如果能歼灭这股力量，苏军将遭到致命的重创。

这个构想令希特勒痴迷不已。而且，说实在的，他的将领们不得不承认他的观点很有影响力。最重要的是，他们倾向于缩短战线，而这一点可以通过消除库尔斯克突出部来实现。这样一来他们便可以腾出部队和预备队用于其他战线，譬如意大利。

但这些将领赞同此次攻势的前提是，这一打击必须尽快展开，抢在苏军进攻部队做好彻底防御前发起。现在人人都知道，苏军是防御作战的高手。必须确保进攻的出其不意。

曼施泰因曾要求，进攻的发起不能迟于5月初。但希特勒一直犹豫不决。他再次显示出他的优柔寡断。此时已是7月初，是不是太晚了？现在发起进攻，还会有什么突然性吗？这是个关键问题。

因此，希特勒在茶室中的谈话再次列举了推迟这一攻势的原因。"这次我们必须取得胜利！基于这个原因，我们不得不等待最新式的重型和超重型坦克。我们必须抓住每一个机会打击敌人，他们正变得越来越强大，武器和部队都占有优势。"

将领们惊异地聆听着元首解释着详尽而又冗长的理由。他是否想过，拖延会导致一场灾难？接连推迟进攻日期，他会单独对此负责吗？

希特勒似乎对自己也不太自信。霍特大将后来说，元首讲话时，他一直看着他，并不止一次地感觉到，希特勒的思绪在别处。

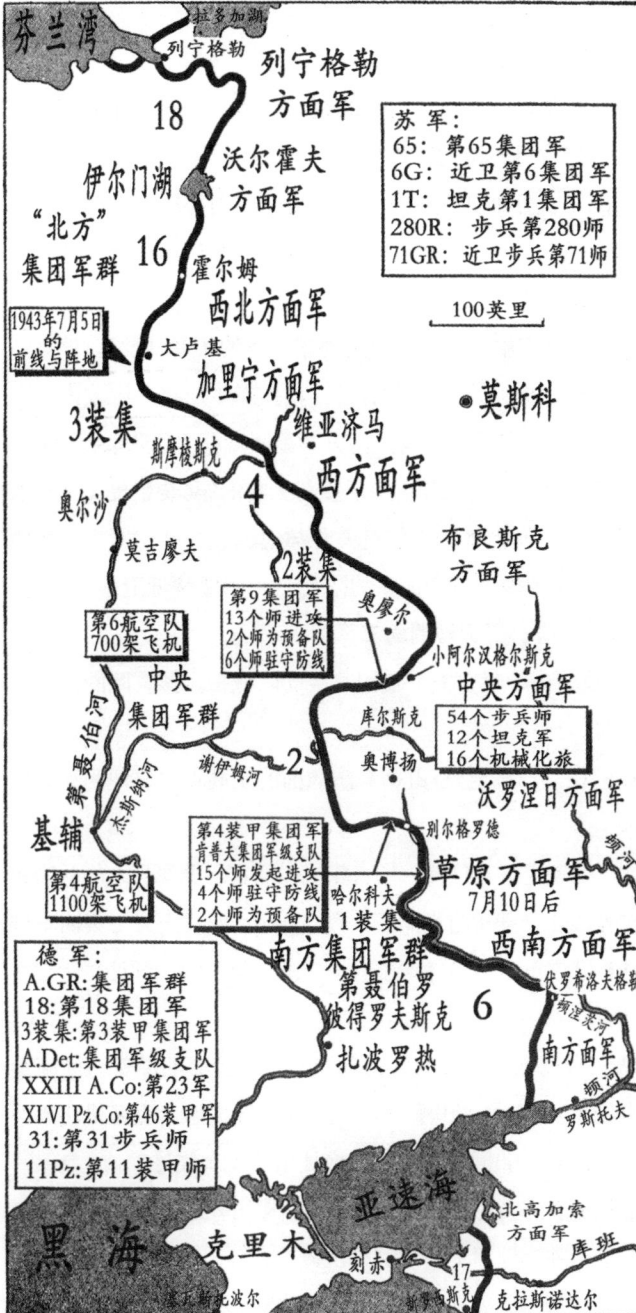

芬兰湾

拉多加湖

列宁格勒

列宁格勒
方面军

18

伊尔门湖

沃尔霍夫
方面军

"北方"
集团军群

16

霍尔姆

西北方面军

1943年7月5日
的前线与阵地

大卢基

加里宁方面军

维亚济马

3装集

斯摩棱斯克

西方面军

奥尔沙

4

莫吉廖夫

2装集

布良斯克
方面军

第9集团军
13个师进攻
2个师为预备队
6个师驻守防线

第6航空队
700架飞机

中央

奥廖尔

小阿尔汉格尔斯克

中央方面军

集团军群

库尔斯克

54个步兵师
12个坦克军
16个机械化旅

第聂伯河

杰斯纳河

诺伊姆河

2S

奥博扬

沃罗涅日方面军

基辅

第4装甲集团军
肯普夫集团军级支队
15个师发起进攻
4个师驻守防线
2个师为预备队

别尔格罗德

第4航空队
1100架飞机

哈尔科夫

1装集

草原方面军

7月10日后

德军:
A.GR:集团军群
18:第18集团军
3装集:第3装甲集团军
A.Det:集团军级支队
XXIII A.Co:第23军
XLVI Pz.Co:第46装甲军
31:第31步兵师
11Pz:第11装甲师

南方集团军群

第聂伯
彼得罗夫斯克

扎波罗热

西南方面军

6

伏罗希洛夫格勒

顿涅茨克

南方面军

顿河

罗斯托夫

黑海

克里木

亚速海

北高加索
方面军

库班

刻赤

塞瓦斯托波尔

新罗西斯克

17

克拉斯诺达尔

莫斯科

苏军:
65: 第65集团军
6G: 近卫第6集团军
1T: 坦克第1集团军
280R: 步兵第280师
71GR: 近卫步兵第71师

100英里

◀ 1943年庞大的夏季战役
的起始阵地。第4装甲集
团军和"肯普夫"集团军
级支队将从南面夹断库尔
斯克突出部,而第9集团
军则从北面发起攻击。

— 05 —

但当希特勒开始讨论行动的细节时，作为一名令人神魂颠倒的演说家的天赋再度爆发出来。

他的计划非常简单——又是一次行之有效的钳形攻势。它就这样被简练地表述在他的作战命令中："进攻目标是包围库尔斯克地区的敌军，通过协调良好、快速推进的两个攻击集团军，分别从别尔哥罗德和奥廖尔南部地区发起一次向心攻击，从而歼灭敌人。"换句话说，这就是一场沿袭了明斯克、乌曼、基辅、维亚济马包围圈打法的合围战。

这支铁钳的北颌，冯·克鲁格元帅已选中莫德尔大将的第9集团军。该集团军的任务是：从奥廖尔南部地区向东南方攻击前进，直扑库尔斯克，主攻由三个装甲军担任。他们将在库尔斯克东部的高地与"南方"集团军群的部队取得会合。

为实现这一会师，冯·曼施泰因元帅选中了霍特大将的第4装甲集团军。该集团军由两个装甲军担任主攻，他们将从哈尔科夫北部地区直奔库尔斯克：集团军配备的700辆坦克将冲破苏军沃罗涅日方面军的防御带（主要是近卫第6集团军的阵地），与第9集团军取得会合，歼灭被围的苏军部队。

第4装甲集团军的东翼将由"肯普夫"集团军级支队掩护。该支队的任务是攻向沃罗涅日方面军的左翼。

霍特大将的主攻师应在7月3日至4日占据其防线前的制高点，以便为火力控制取得适当的观察哨。

所有的一切都已被详细制定。对这样一场有限战役而言，德军投入的兵力相当可观。30多英里的攻击宽度上，第9集团军部署了13个师；而"南方"集团军群则将15个师投入到50英里的进攻正面，另外，还有一个师（第16师）预计将于7月9日加入战场。

东线此前的战役从未有过如此密集的兵力或这般煞费苦心的准备。曼施泰因"南方"集团军群拥有的坦克超过1000辆，外加近400辆突击炮。克鲁格北集群的实力与之相当，所以，总计有3000辆坦克和突击炮被用于此次攻势。

哈尔科夫和奥廖尔附近的各个机场上，排列着德国空军的1800架飞机，以便席卷"堡垒"行动的上空，并为地面上的坦克提供掩护。

要了解这一准备工作的规模，就应该记得，1941年6月22日，希特勒发起侵苏战争时，投入了3580辆战车和1830架飞机。

希特勒孤注一掷，将所有的本钱押了上去。为什么呢？

"这场进攻具有决定性意义。它必须成功，必须迅速、彻底地获得胜利，必须为我们赢得今年春季和夏季的主动权。库尔斯克的胜利必将获得举世瞩目。"

这就是希特勒在4月15日作战令中说的话，也是7月1日他在"狼穴"所强调的内容。在他的讲话中，希特勒不断强调的另一点是："确保出其不意至关重要。不到最后一刻绝不能让敌人获悉行动的发起日期。"随后，他又警告道："这次，我们绝对要确保我们的意图不因疏忽或粗心大意而泄露。"

但希特勒这个殷切希望并未能实现。间谍已潜伏在门后。

这一点我们先暂且不提。

冯·曼施泰因元帅（主攻将在他的防线上发起）结束了茶室中的会谈后，带着金质克里木盾章飞赴布加勒斯特，去会晤安东内斯库元帅。

就在记者、外交官和间谍们仍在充满各种小道传闻的罗马尼亚首都，将曼施泰因到访的消息传送回世界上各个首都之际，元帅本人早已返回东线战场。

他在一列火车上设立起自己的指挥部。此刻，这辆专列停在德军防线后方的一片小树林中。

北面25英里处，在奥博扬（Oboyan）与普罗霍罗夫卡（Prokhorovka）之间的一条小峡谷里，靠近佐林斯科耶德沃伊村（Zorinskoye Dvory）的一片橡树林中，坐着另一位将军——苏军坦克第1集团军司令员，米哈伊尔·叶菲莫维奇·卡图科夫中将，将自己的指挥部设在这里的一组小木屋内。夏日的阳光下，一小群牛在峡谷的山坡上吃草，一名老妇照料着它们。这群奶牛也是伪装的一部分——这片祥和的景象专用于欺骗德军侦察机上的照相机，奥博扬与普罗霍罗夫卡之间的山丘上，这些飞机不时在湛蓝的空中盘旋。

的确，他的参谋长沙林将军会在凌晨3点被那位半聋的老妇寻找一只走失的奶牛时"我的小心肝，你跑到哪里去了？"的叫声所惊醒，并破口大骂起来。但他们对此无能为力。战争中的伪装工作至关重要。

7月2日，几乎就在"狼穴"中的阿道夫·希特勒让他的将领们刚刚获悉年内最大的秘密的24小时后，卡图科夫小屋里的电话响了起来。坦克第1集团军军事委员会委员波佩利拿起了听筒。

"我是波佩利中将。"

他听了很长一会儿，然后点了点头。

"是，是。当然，尼基塔·谢尔盖耶维奇，完全明白。"

波佩利放下电话，大步穿过小小的外廊，朝参谋长的木屋走去，此刻，卡图科夫将军正在那里。

还没迈进门他便说道："米哈伊尔·叶菲莫维奇，尼基塔·谢尔盖耶维奇·赫鲁晓夫刚刚打来电话。一个小时内，他和瓦图京将军会来这里，并为我们带来些特殊的情报。"

卡图科夫，这位1942年在杰米扬斯克附近艰巨的战役中表现顽强的坦克指挥官立即站起身。"前线各地段的地图——快，快！"

卡图科夫知道，沃罗涅日方面军司令员瓦图京和他的军事委员会委员赫鲁晓夫，这两人都是急性子。如果他们亲自赶到自己的指挥部来，那肯定是出事了。就在2个星期前，赫鲁晓夫曾召集沃罗涅日方面军的高级指挥员们，在同一条长满橡树的峡谷中，对出生于1925年，新应征入伍的年轻人的训练问题发表了讲话。这番讲话引起不小的轰动。

"你们真的应该更有效率地照顾好这些年轻人，"他朝这些指挥员咆哮道，"不要搞那些愚蠢、陈腐、模糊的宣传。新型火炮的口径，如何使用黏性炸弹，法西斯敌人的特点——这才是他们必须知道的东西。别把时间浪费在让他们学习口号上，而是应确保他们中的每个人都了解德国人虎式坦克的薄弱点——确保他们将此牢记于心，就像我们曾熟悉无比的主祷文那样。"结果，主祷文这句话成了教员中被引用得最多的一句。

快到下午4点时，赫鲁晓夫和瓦图京来到这条峡谷。他们直奔参谋长所在的小木屋，此时，一些作战地图已被钉在墙上。

与东普鲁士"狼穴"所发生的情况一样，这次突然来访的秘密被第一句话所揭开。"法西斯分子将在7月3日至5日间发起进攻。"赫鲁晓夫说道。他眨着眼补充道，"这不是猜测，而是事实。我们知道这一点。"

司令员瓦图京点了点头。"今天早上我们得到最高统帅部的指示。"他用强调的口气说道，随即走到大幅的态势图前，伸出大手按在奥廖尔地区上："莫德尔的第9集团军将从北面对我们的中央方面军发起进攻。沃罗涅日方面军将成为德国两个集团军的主要目标。他们的主攻将放在中央和左翼。我们的近卫第6集团军不得不承受敌人最初的主攻。"政治委员①波佩利中将在他的回忆录中写下这番话，却没有记录下瓦图京流露出的情绪。毫无疑问，瓦图京向他的集团军指挥员们传达了整个战争中最富戏剧性、最耸人听闻的消息之一，他那清晰的嗓音中肯定带有某种满意的自信。在场的听众——卡图科夫、波佩利和集团军参谋长沙林将军——对这个情报的可靠性没有丝毫的怀疑。

当然，中央方面军和沃罗涅日方面军麾下的各集团军，针对德国人进攻计划的一般模式，已进行了数周的准备工作，他们演练了反击措施，他们加强了防御，他们将自己的主防线移至更有利的地形上——但是，仅仅是怀疑对手的某个意图与明确了解这一意图之间有着天壤之别。

赫鲁晓夫用几句简短的话结束了这次会晤："现在，开始工作吧！准备迎接法西斯分子们！"

希特勒的大秘密——"堡垒"行动，已不再是个秘密。德国元首期望一举扭转战争态势的决定性战役被出卖了。苏联方面的官方文件、官方战争史以及苏军将领近似于官方的回忆录，都以惊人的坦率证实了这一点。

叛徒是希特勒最亲密的随从中的一员。在苏联的间谍情报网中，对他的称呼是个化名："维特"。

几个小时后，7月3日的黎明打破了德军防线的宁静。富尔曼中士和他的传令兵加布里埃尔趴在洛克尼亚村（Loknya）附近一小片牧场的灌木丛后，察看着别尔哥罗德—苏梅铁路线上方的高地。

---

① 为确保党对军队的绝对领导，苏军部队中设有政委这一职务，这在世界军事史上是个史无前例的首创。在方面军、集团军和军一级中，这个职务通常被称为"军事委员会委员"，在师和师以下中的被称作"政治委员"，在连级的则是"政治指导员"。因此，波佩利的职务，准确的说法应该是坦克第1集团军军事委员会委员。

夜间，"大德意志"装甲掷弹兵师沿着沃尔斯克拉河（Vorskla）进入作战阵地，这条河位于托马罗夫卡（Tomarovka）西北方，在那里，德军第332步兵师据守着修建和伪装都很出色的阵地。

"俄国人就在那里的高地上。我们做的每一件事，他们都能看得一清二楚，可我们却不知道山后面的情况。我们不知道伊万们在忙些什么，也不知道他们的炮兵阵地在哪里。"富尔曼说道。

"我们前方，就是那里，那些向日葵地、牧场以及遍布树木的小丘中，究竟有些什么？"加布里埃尔问道。

"据332师说，什么也没有，"富尔曼说道，"除了巧妙布设的大范围雷区外，没别的。在那后面是俄国人的巡逻队，但他们通常只在夜里活动。"

富尔曼喜欢听见自己被称为"第3连的参谋长"，他继续解释着："6月初以来，俄国人已将他们的主防线向后撤了五六英里，就在那片高地后，这样一来，我们就无法窥探到他们的防御阵地，就连我们的炮兵也无法轰到他们了。要想对他们发起攻击，首先要穿过这片该死的中间地带，当然，俄国人的大炮整齐地排列在重要的地段，可以实施有效的弹幕射击。前方的高地是苏军的观察哨，会指引他们的炮兵来对付我们的一切举动。"

"所以，我们的处境不太妙，对吧，中士先生？"加布里埃尔做出了简练的总结。

"没错！"富尔曼答道。

富尔曼中士和加布里埃尔下士对态势的分析完全正确。这恰恰是霍特大将与他的参谋长以及作训处长在几个星期的准备过程中反复商讨的问题：德军炮兵必须彻底打垮苏军的大炮，否则，他们甚至还没离开出发阵地，进攻便会崩溃。如果无法做到彻底消灭对手，至少在进攻期间能压制住苏军的炮火。

同样重要的是，进攻发起时，攻击重点处的敌军主防线应被猛烈的炮击所摧毁。

可如果一个人是"睁眼瞎"，无法查看到敌人的阵地，这一切又如何能做到呢？

从第4装甲集团军的出发位置，既看不见苏军的炮兵阵地，也看不到他们的防御工事。空中侦察所拍摄的照片，其价值也令人怀疑，因为从照片上无法分辨出敌阵地的真假。现在只有一个办法——必须夺下中间地带后方那片该死的高地。

就是这处高地使苏军成了隐形人，但只要能看见苏军的防线，德军的进攻就能获得成功。因此，观察哨和炮兵阵地必须在"堡垒"行动的主攻发起前构建到高地的最前沿。

7月3日的夜间，闷热和雷雨笼罩着顿涅茨河与杰斯纳河之间的地域。21点50分，苏军的照明弹在中间地带升起。一挺机枪吼叫起来。强大的德军巡逻队已进入这片死亡地区。"大德意志"师的第2工兵连派出一个十人排雷小组。工兵们将在这片雷区清理出一条车道，并将其标识出。这是一项危险的任务。探雷器毫无用处，因为过去的战斗早已使这片地带落满弹片，金属探测器会不停地发出警报。因此，埋在地下的地雷不得不用钢丝加以探测，然后用手将发现的地雷挖出，拆掉雷管后放在一旁，接着再排除下一颗地雷。

大雨和黑暗中，走错一步就意味着死亡或残废。每个动作都与死神擦身而过。

工兵是默默无闻的士兵，对这些沉默的英雄们来说，战争主要意味着汗水，但经常也代表着鲜血。

7月3—4日的夜间，在布托沃（Butovo）的这片山丘前，这支十人排雷小组清除了2700颗地雷。漆黑的环境中，五个小时，2700颗地雷。这意味着每个人每分钟排除一颗。而且，没有一颗地雷被意外引爆。

当这些士兵精疲力尽地回到自己的阵地，头还没碰到地面便已睡着了。

与此同时，巴勒特斯霍夫中尉将清理出的车道标注在地图上。随后，一名摩托车通讯员将这份地图匆匆送至营部。

别尔哥罗德与拉基特诺耶（Rakitnoye）之间，山丘的另一端就是苏军，他们正等待着7月4日黎明的到来。从前一天起，他们一直等着德国人发起进攻。所有的一切都在待命。士兵们已进入据点和战壕。近卫部队的射手们蹲在他们的马克西姆重机枪后，弹链已塞入枪膛。手榴弹摆放在触手可及的位置。迫击炮瞄准了目标，炮兵连随时准备开火，反坦克炮手们也做好了准备。被苏军士兵称为"喀秋莎"，而被德国人叫作"斯大林管风琴"的多管火箭炮也已装填完毕，并做好了一接到命令就发射的准备。大口径高射炮的炮管从伪装物中伸出。机场上的战斗机也做好了起飞的准备。

苏军的方面军，上至司令部，下到营一级，所有指挥人员都已在各自的指挥部就位。无线电操作员专注地聆听着。

波佩利中将描述了坦克第1集团军眼中的这一时刻："黑暗的户外充斥着引擎的轰鸣。一队队坦克和大炮布满尘埃，隆隆地驶入预计德军会发起猛攻的地带。就在德国军官们读出元首的日训令时，我们的防御也完成了最后的准备，以迎接敌人的进攻。我们加强了我们的前沿防线，将更多的大炮带入阵地，再次确定、完成了射击诸元，并协调了我们的计划。我们将集团军所属的两个炮兵团调入近卫第6集团军据守的地带。一个坦克旅加强到我们的步兵作战序列中。"

这是一种奇妙的状况，在军事史中相当独特：这种凝固的警报，详细得无以复加。

7月3日，什么情况也没发生。手表指针滑向7月4日中午时，苏军各级指挥员不禁松了口气：今天也不会有情况发生了。要是德国人发起进攻，他们会选在拂晓的黎明。也许会是明天。也许吧！苏军士兵们已荷枪实弹地等待了48个小时。48小时，这是段漫长的时间。

团长们纷纷打电话到师部："我们还要继续保持高度戒备吗？能否稍稍放松一下？部队已出现疲惫的迹象。"

"不能放松，"上级的答复是这样，"全面警戒，高度戒备！"

12点25分至13点25分之间，苏军的战地厨房车赶至前线，分发了午饭。一场

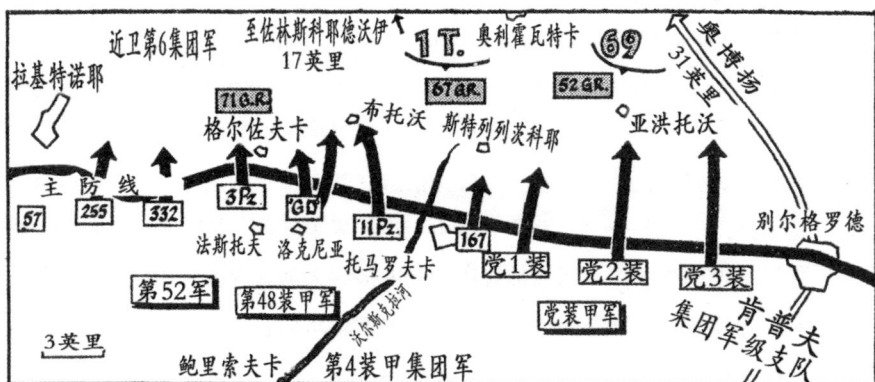

▲ 1943年7月4日下午，第4装甲集团军率先发起进攻，以便夺取德军防线前方的高地。

雷阵雨倾泻在焦灼的土地上，田野和树林冒出了水蒸气。苏军士兵们隐藏在他们的防水布下躲雨。

14点45分前，雨停了。别尔哥罗德、托马罗夫卡和法斯托夫（Fastov）之间一片寂静。苏军等待着。而在中间地带的另一端，德军也在等待。第48装甲军和党卫军装甲军[1]的各个营已进入前沿阵地。飞机的轰鸣清晰可辨，这种声音变得越来越响亮。

士兵们抬起头来。"大德意志"师燧发枪手团第3营营长莱克上尉朝飞机扫了一眼，又低头看看手表。"一秒不差！"他说道。

指针指向14点50分。就在这时，德国空军的斯图卡中队呼啸着掠过战壕，向敌方阵地扑去。战斗机在这些俯冲轰炸机的上方提供着掩护。斯图卡们急剧拉升，随即带着恐怖的尖啸俯冲而下。

德军阵地对面，格尔佐夫卡（Gertsovka）和布托沃的山坡上，喷泉般的烟雾腾空而起。苏军的炮兵观察哨就设在那里，紧贴在后面的便是他们的前沿阵地。

第二波次的斯图卡中队从德军阵地上方呼啸而过，接着又是第三波次、第四波次和第五波次。

2500多枚炸弹落在苏军所占据的2英里长、500码宽的狭长地带上。

15点整，最后一颗炸弹炸开后，德军炮兵开火了。这是个轰鸣、咆哮的地狱。

莱克营的前沿阵地位于铁路路基处。第15连连长，博士梅茨纳中尉蹲在连里的重武器旁。他看看自己的手表，随即向营长所在的掩体望去，莱克上尉也在看着手表。

还有10秒，5秒，时间到了！炮声的轰鸣中，莱克上尉大声喊道："前进！"

左侧，右侧，法斯托夫与别尔哥罗德之间的德军阵地上，所有的营长都像莱克那样高喊着："前进！"

梅茨纳博士看见莱克上尉率先跃出掩体，朝开阔地冲去。所有人都知道那是

---

① 当年6月，党卫军装甲军已更名为党卫军第2装甲军。

一片平整的地面，完全没有遮掩，而苏军正俯瞰着那里。这就是莱克冲出指挥所的原因，他想亲自率领全营执行这个艰巨的任务。

梅茨纳博士记录下自己永远不会忘记的这一幕。

各个连，各个排，下至各个班和士兵，跟随着他们的营长，排成堪称典范的楔形队列，像一群飞行中的候鸟，朝前方冲去。营长奋不顾身的行为像块磁铁，同样吸引了梅茨纳博士。他站起身跳出他的重武器连连部，尽管严格地说，他应该待在这里。他冲上前去，跟在莱克上尉左后方几码远处。

在弹幕的掩护下，步兵排的士兵们猫着腰，沿清理出的车道穿过雷区。突击炮紧跟在他们身后。再往后是反坦克猎兵。在他们中间的是战斗工兵，随时准备肃清任何意外的障碍。

尽管一直在严阵以待，但苏军近卫第6集团军的掩护部队还是被德军的攻击打了个措手不及，尤其是来自德国空军的轰炸。

德军的各个营冲过中间地带。跟在他们身后的是炮兵部队的装甲观察车和信号车，他们急于尽快在高地上获得新的观察哨。

但此刻，待在依然完好的据点中的守军缓过神来，开始用各种武器还击。苏军的炮兵观测员经历了暂时性的失明后，开始用电话向各炮兵连汇报情况。

苏军炮兵开始投入战斗，投射下一道凶猛的弹幕。炮弹的一轮轮齐射轰击着德军的攻击区。德军车辆开始沿"之"字形路线曲折前进，苏军埋设的地雷不时在它们下方炸开。反坦克步枪的巨响和迫击炮的呼啸响成一片。苏军士兵们高叫着，像鹰那样冲下来，扑向携带着机枪和火炮，已到达山坡的德军突击队。

位于布托沃前方的"大德意志"师装甲掷弹兵团第3营较为幸运。苏军近卫步兵第199团防线上的慌乱，延续的时间过长了些。他们的营长显然没明白德国人到底要夺取些什么，并为此在自己的主阵地做好防御准备，此刻，德军的进攻没有遭到遏制。

还没等布托沃的苏军团长意识到发生了什么，德军已攻上村子西面的山脊。苏军的前沿防线被突破，他们的观察所被德军夺取。与此同时，村子东面的高地也被德军第11装甲师的士兵们拿下。

时间是16点。16点45分前，德军炮兵观测员已在山上。现在，北面的视界一览无遗。他们第一次将苏军的防御体系尽收眼底。

集团军右翼，党卫军装甲军的几个营同样成功地从苏军近卫步兵第52师手中夺取了亚洪托沃（Yakhontovo）和斯特列列茨科耶（Streletskoye）的高地。但另一方面，集团军左翼，格尔佐夫卡附近，他们的进展不太顺利。在这里投入战斗的是"大德意志"师燧发枪手团第3营和第3装甲师第394装甲掷弹兵团第1营，苏军近卫步兵第71师的前沿防线对突发形势做出的反应比他们的友邻师更快些。他们立即展开了有效的抵抗。

莱克上尉的各个连队已前进了大约500码……700码。突然，迫击炮的齐射在该营队列中炸开。莱克上尉当场阵亡。梅茨纳博士倒在地上，身负重伤。第15连有三分之一的士兵阵亡或负伤。其他连队也遭到了压制。此刻，德军只能一码接一码地取得进展。每实施一次连续前跃，站起身来的士兵就少一些。许多连长、排长阵亡。博尔克上尉刚刚接任第3营营长职务便负了重伤：一颗地雷炸飞了他的一条腿。

夜晚到来前，"大德意志"师的燧发枪手和第3装甲师的掷弹兵们终于夺取了山丘的斜坡，但直到夜幕降临后，他们才成功地拿下格尔佐夫卡东南方的山脊，并最终攻占了村子。

师属炮兵一股股向前涌去，进入到相应的阵地。通信兵疯狂地忙碌着，在部队、炮兵连与观察哨之间铺设起电话线，以确保对炮兵火力的控制。

此刻是7月5日凌晨1点，进攻发起日已经到来。2个小时后，大规模炮击将拉开"堡垒"行动的帷幕。

"还没跟集团军直属炮兵联系上吗？"阿尔布雷希特中校问他的团通讯官迈瓦尔德。

"还没有，中校先生。"

半个小时后，"迈瓦尔德，联系上了吗？"

"还没有。"

此刻距离预定的炮击时间还有15分钟。

还剩10分钟了。"大德意志"师的防区是进攻的重点所在，集团军属炮兵必须发起有效的炮击，否则，整个"堡垒"行动的成功将受到严重妨碍。

终于，他们的担心消除了，迈瓦尔德报告道："联系上了！"此刻，这幅演练了上千次的画面开始展开：

命令。报告。

准备开火！准备开火！准备开火！

阿尔布雷希特站在电话旁，他已联系上各炮兵阵地："一分钟内展开炮击，听我倒数！"

阿尔布雷希特中校倒数着。"南方"集团军群的230000名士兵等待着标志"堡垒"行动开始的雷鸣般的炮击。

北面125英里处，北集群，莫德尔的第9集团军同样等待着进攻的开始。7月4日，从小阿尔汉格尔斯克（Maloarkhangelsk）至特罗斯纳，奥廖尔南部战线上未发一枪。

这是炎热的一天，安静得就像乡间的周末。但莫德尔大将已在这片狭小的空间里集结起3个装甲军和1个步兵军。15个师，20多万人。过去两天里，进攻部队已进入准备好的出发阵地。

莫德尔第9集团军的对面是罗科索夫斯基大将指挥的中央方面军，自7月3日以来，他的部队也已进入全面戒备。最高统帅部已通知他——就像通知沃罗涅日方面军那样——德军的进攻最早会在7月2日发起，并告诉他，德国人的主攻预计会落在他的右翼，即第13和第70集团军的防线上。

罗科索夫斯基下令，密切监视主防线前方的雷区。另外，他还得到一个引人关注的情报来源，这使他大获裨益。

夜里22点，苏军在塔吉诺（Tagino）发现一支德军排雷小组。苏军抓获了一名德国工兵——据苏联方面的记录，这名俘虏是布鲁诺·费迈罗下士。苏联的资料指出，这位下士隶属于来自莱茵—威斯特法伦第6步兵师的工兵营。但这并不代表他就真的来自第6步兵师的工兵营，因为第6步兵师已获得巴伐利亚第47步兵师的工兵营，该营作为统帅部预备队，为库尔斯克战役而配属给第6师。

费迈罗向苏军交代了德军正准备发起进攻的准确情报，并向他们保证，凌晨3点30分，一场短暂的炮击后，德军进攻部队将沿着雷区内清理出的车道展开攻击。

这个情报交代得如此可靠，因而被立即汇报给罗科索夫斯基。这位方面军司令员随即做出反应，他想出个令德国人大吃一惊的主意。

这是个晴朗，闪烁着繁星的夜晚。但在隐蔽的阵地和伪装的火炮上方，蜷伏着的死亡使者播洒下令人窒息的炎热。

德军炮手站立在大炮旁，装甲部队已进入他们的出发阵地。掷弹兵和坦克组员们吸着进攻发起前的最后一根烟。

就在这时，罗科索夫斯基抛出他的"出其不意"，率先打响了这场战役。

凌晨1点10分，苏军阵地上突然响起猛烈的炮火齐射。各种口径的大炮、重型迫击炮、多管火箭炮以及其他重武器将炮弹和火箭弹投掷向德国人的集结区、后方防线和前进道路。

第9集团军的参谋人员突然间产生了怀疑：苏军似乎已猜到他们的意图，故而发起了大规模攻势，他们即将冲入德军的集结区。苏军的炮击持续了1个多小时，并给德军造成了严重损失。但苏军并未趁势扑来。德军指挥官们松了口气。

严格按照计划，3点30分，德军大炮的轰鸣打破了7月5日的鱼肚白。东线从未发生过这样的情况。

医疗队的赫尔曼·平格尔跟着第9连向前冲去。所有医生和医护兵都跟随突击队冲在前面。显然，伤员们将在现场得到救治，因为敌人的防御火力可能使他们无法被送回后方。

第9连的士兵们跃出战壕。在他们前方是200码平如桌面的开阔地，冲过去便是"松鼠山沟"，那里可以提供隐蔽。这就意味着一场狂奔。当然，山沟中布设着地雷，但与苏军实施顽强防御的大炮、火箭炮以及令人恐惧的，被德军士兵们称作"噗—砰"①的平射炮相比，地雷又算什么呢？

平格尔气喘吁吁地跑入"松鼠山沟"边缘的灌木丛中。工兵们从他身旁爬过。他们正忙着清理出一条穿越雷区的车道。前进！

---

① "噗—砰"指的是苏制ZiS-3型76.2毫米反坦克炮，当然也可以作为野炮使用。这种火炮的初速度非常高，你刚听见开炮声，炮弹已经飞近目标，故此得名。

山沟的对面便是苏军的第一道战壕——这条战壕构建在山坡上，德军的炮击并未对其造成太过严重的打击。此刻，他们正用机枪火力扫射着山沟。

"担架，担架！"呻吟声穿过灌木丛。平格尔冲了过去。医疗队的奥瑟罗夫斯基下士已在那里，正为1名军士和2名士兵包扎伤口。

一片荆棘篱笆后面，第一座急救站已建立起来。"奥瑟，你待在这里。"平格尔说道，自己却跟上了前进中的连队。激战声从前方传来。

第258步兵师的卡尔·鲁登贝格下士是一名骑士铁十字勋章获得者，他带着机枪第一个冲上苏军阵地。鲁登贝格来自波美拉尼亚的斯武普斯克，患有口吃，从未正确地喊出过一道口令，但从沉着和勇气上来说，他在第478掷弹兵团第3营内无出其右。

平格尔冲入战壕时，四下里仍是一片混乱。鲁登贝格带着他的机枪翻过战壕壁，排长紧跟在他身后。在一场近距离白刃战中，苏军设在"松鼠山沟"中的第一道战壕被德军夺取。

哈姆斯下士也是一名医护兵，他趴在三名重伤员身边，自己也负了伤，但他仍在为伤员们进行包扎。"到右面去，"他对平格尔说道，"卡尔在那里，他中弹了！"

平格尔匆匆赶了过去。死者和伤者随处可见。战壕很深，来到第三条横沟时，他愣住了。卡尔·鲁登贝格蜷着身子，靠着战壕壁，他的机枪放在身侧。在他脚下倒着个苏军士兵，双臂、头部和胸部被炸得支离破碎。卡尔的整个右半侧身子也被撕裂。

平格尔小心地扶着他躺在战壕的地面上。突然，卡尔朝那名苏军士兵点点头，平格尔平生第一次听见他流利自如地说起话来，毫无口吃的迹象："他跳起身，攥着一枚拉燃的手榴弹向我扑来，他一直攥着，直到爆炸。"卡尔的语气里充满了对苏军士兵这种英勇无畏的行为的敬佩。

"看上去很糟糕，是吧？"他又说道。平格尔撕开卡尔的军装，骑士铁十字勋章滑落到地上。平格尔将一团团纱布塞入卡尔被撕裂的躯体。

"我去找副担架来。"平格尔说道。

卡尔摇摇头，伸手抓住平格尔的肩膀。"不要去，赫尔曼，"他说道，"别离开我。要不了多长时间。"

确实没多长时间。但对医疗队的赫尔曼·平格尔中士来说，这十分钟似乎永无止境。

"上校先生，第3营无法越过右侧山坡敌人的第二道战壕。第1营被困在山谷中的一片雷区里。他们距离'松鼠林'中山谷左翼的敌军阵地还有500码。有些连队已损失了几乎所有的军官和一半的士兵。反坦克连遭受到极为严重的伤亡。俄国人防御火力之猛烈难以言述。"小小的掩体中，副官一头扑倒在团长身旁，做出了这一汇报。他气喘吁吁。他的军装已被撕破。他刚刚从前线返回，一路上遭受着迫击炮和"噗—砰"的追击。

第478掷弹兵团团长阿斯曼上校，焦急地用手指轻叩着地图板。团部工作人员趴在"松鼠山沟"入口处一片茂密的灌木丛中，以防被空中侦察发现。

新式的"熊蜂"和"大黄蜂"自行火炮安装着装甲底盘，第一次被大规模投入战场。它们排列在山谷的入口处，向苏军支撑点喷射出大口径炮弹。3个小时后，已临近傍晚，第1营克服了剩下的500码距离，趴在苏军步兵第280师前沿阵地的正前方。突击队成功地冲入苏军战壕。但面对苏军激烈、顽强的抵抗，德军进一步突入对方纵深防御体系的一切尝试均告失败。

第479掷弹兵团的状况也大致相同。整个第258步兵师，作为第46装甲军的右翼打击力量，任务是沿特罗斯纳（Trosna）—库尔斯克公路，以其第一次打击突破苏军的障碍。但对苏军外围阵地进行了一次代价高昂的攻击后，该师的进展几乎彻底停顿下来。

在此期间，措恩将军①第46装甲军的左翼，来自巴伐利亚的第7步兵师和来自不伦瑞克的第31步兵师，与来自黑森的第20装甲师相配合，越过黑麦地和茂密的苜蓿，对苏军两个步兵师的阵地发起了进攻。

---

① 这里的措恩将军曾在《东进》中指挥一个军级集群突破杰米扬斯克包围圈，此刻他已擢升为步兵上将，指挥第46装甲军。1943年8月2日，措恩将军在战斗中阵亡。

巴伐利亚人一步步地取得进展，但很快，他们也被猛烈的防御火力所压制。德军士兵想在黑麦地里实施隐蔽，结果却遭遇到地雷。爆炸伴随着巨响，这里的农田变成死亡的花园。

　　霍斯巴赫将军[1]指挥的第31步兵师的运气要好些，该师的战术徽标是不伦瑞克的狮子。来自赫克斯特尔的工兵营在平坦的地面上忙碌着，完全没有任何遮掩，距离苏军的第一道防线仅有数百码。他们的任务是在雷区为等待发起进攻的重型

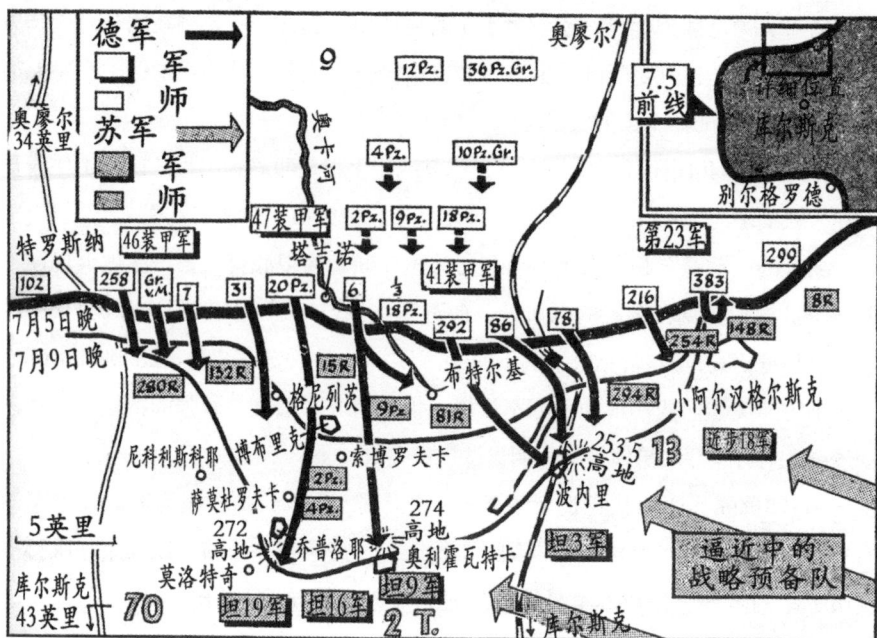

▲ 库尔斯克突出部北部，莫德尔的第9集团军遭遇到苏军精心准备的防御。德军第23军由于掩护进攻的左翼，故而被牵制在距离小阿尔汉格尔斯克不远处。德国装甲军在奥利霍瓦特卡附近的高地获得了一个立足点。

---

　　[1] 霍斯巴赫曾是希特勒的副官，由于在陆军总司令弗里契一案中通风报信，希特勒一气之下解除了他的职务，并把他打发到前线服役。这倒成全了霍斯巴赫，他最终官至步兵上将。战争临结束前，霍斯巴赫赋闲在哥廷根的家中，就在美军即将到达该镇之际，盖世太保试图逮捕这位长期对纳粹政权不满的将军，但霍斯巴赫拿起手枪与对方展开枪战，盖世太保们仓皇逃走。随后赶到的美军立即为霍斯巴赫提供了保护。

"虎"式坦克开辟出一条宽阔的车道。

虎式坦克用88毫米主炮轰击苏军阵地，以压制对方的火力。尽管如此，对排雷的工兵们来说，这仍是个极度危险的任务。苏军士兵在又深又阔的战壕内用大口径迫击炮对他们轰击，或是在安全处使用"噗—砰"反坦克炮开火。这是一场不平等的对决，为此买单的是那些工兵。第2连连长和2名排长在最初的几分钟内便已阵亡。但工兵们还是为虎式坦克清理出一条道路。

这种工作需要稳定的双手和冷静的神经。每发现一颗反坦克地雷，须先清理掉周围的泥土后，然后小心翼翼地将其一点点提起，因为许多地雷还连接着反拆除装置，通过一根短短的导线固定在挂钩上。这些工兵一码接一码地向前爬去，用他们的双手探测、清理，小心地拎起地雷，拆除雷管后将这个"死亡陷阱"放在一旁。苏军的迫击炮弹落在这些工兵中。虎式坦克88毫米主炮震耳欲聋的呼啸声从他们上方掠过。

2小时后，他们终于得以穿过这片雷区。那些拥有700匹马力，身披近乎坚不可摧的102毫米正面装甲的庞然大物从他们身旁隆隆驶过。军士维勒斯向工兵弟兄们挥手示意："咱们也跟上去，赶到俄国人的第一道战壕。"

维勒斯的工兵汇入几个排的掷弹兵中，这些掷弹兵猫着腰，跟随在虎式坦克的身后或侧面，穿过敌人的火力杀伤区。他们是第17掷弹兵团第3营的突击队——来自戈斯拉尔的猎兵。

清理出的车道旁，几个步兵班跑入到玉米地里。维勒斯高声呼叫，让他们赶紧回来。玉米地里也布满了地雷——小型的盒装地雷、绑在木棍上的炸药以及反步兵雷。

春季时，苏军便已埋设下这些地雷。现在，这些地雷与黑麦相混杂，已经无法看见。精细的绊发线纵横交错，随时可能引发地雷的爆炸，此刻，这些绊发线同样无法被发现。

即便在苜蓿地里——有些德军士兵穿过这些田地向前冲去——阴险的木制地雷也会发生爆炸。茂密的苜蓿已将那些小小的盒装地雷推出地面。对踩上这种致命的"雪茄盒"并触发盖子下雷管的士兵们来说，只能靠上帝保佑了。

在虎式坦克的火力掩护下，掷弹兵们向第一道战壕冲去。战壕是空的。德国人的炮击刚一开始，苏军便将战壕内的守军撤离，只留下观测员和反坦克枪手。

战壕又深又窄，小小的梯子靠在两侧的战壕壁上。每隔三四步便设有一个机枪巢。

"我们在这里停一停。"埃瓦尔德·比斯曼下士说道。虎式坦克越过苏军战壕向前而去。戈斯拉尔的猎兵们奔跑着，跟在这些钢铁巨兽的身后。德军的装甲楔子继续向格尼列茨村（Gnilets）而去。

此刻是上午9点。格尼列茨与博布里克村（Bobrik）之间的战场上，震颤着激战的轰鸣。强烈的阳光照耀着滚滚黑烟。第20装甲师的情报官带着一名俘虏，匆匆赶往前进指挥部去见师长。

"他所在的部队番号是什么？"冯·克塞尔少将问道。

"步兵第15师第47团第2营，将军先生，"翻译回答道，"据这名俘虏交代，我们的炮火轰击使俄国人的各个连队损失惨重。"

克塞尔将军考虑了片刻，对自己的作战参谋①说道："也许，那就是他们的薄弱点。"

他又对自己的炮兵指挥官说道："投入所有大炮，对博布里克地区再来一轮炮击。"

然后，他转身对作战参谋说道："让戴希曼的第1航空师对同一地区实施斯图卡攻击。"

他又对第20装甲师获得加强的装甲侦察营营长说道："把你的营带至第1营右侧，合力冲破敌人的阵地。"

计划得到了实施。第103装甲炮兵团②的大炮轰鸣起来。一个斯图卡航空团也对敌军阵地实施了轰炸。然后，第20装甲师的坦克、反坦克兵和掷弹兵们朝苏军防线冲去。苏军步兵第47团的第2营被逐出阵地。

德军继续向前推进，他们的攻击落在俄国人的第二道防线上。据守在这里的是

① 德军师级部队不设参谋长一职，作战参谋"Ia"就是变相的参谋长。
② 第20装甲师辖内的炮兵团番号为第92装甲炮兵团，但在"堡垒"行动期间，第103装甲炮兵团为第20装甲师提供加强。

苏军步兵第321团。德国人的进攻令该团的某些营不知所措,有些连队干脆逃之夭夭。德军席卷过该团的防线,坦克和第112装甲掷弹兵团第1营冲入博布里克村。

德国古老的战斗呐喊"呼啦,呼啦!"再度响起,压倒了战场上的轰鸣,在这场艰难的战役中,这还是第一次。苏军步兵第15师的防御阵地被攻克。

第20装甲师的进展相当顺利,在此帮助下,与他们相邻的第6步兵师同样获得了进展。炮击和斯图卡、轰炸机的轰炸结束后,第6步兵师于6点20分发起进攻。上塔吉诺(Verkhneye Tagino)水果农场的一间仓库外,霍斯特·格罗斯曼中将和他的作战参谋并排而立,在这座山丘上查看着奥卡河(Oka)河谷中的进展。"虎式坦克前进!"他下达了命令。

空中,德国空军第6航空队的战机编队呼啸着扑向敌人,对亚斯纳亚波利亚纳(Yasnaya Polyana)两侧的苏军阵地发起攻击。空中充斥着多管火箭炮的嘶嘶声以及大炮的轰鸣。掷弹兵团的突击队跃身向前,突击炮隆隆作响,反坦克炮和步兵炮叮当作响地进入到奥卡河河谷。

"第58团正在过河!"副官喊道,并未将望远镜从眼前移开。"第18团已在亚斯纳亚波利亚纳村外。"

在亚斯纳亚波利亚纳,赫克中校冷静地带着他的几个营对苏军阵地发起了进攻。

"右侧有反坦克炮火,第58团的掷弹兵遭到压制。"副官在种植棚旁报告道,"俄国人的飞机发起了攻击。"

此时是上午8点。格罗斯曼派出了他的虎式坦克。

绍范特少校第505重装甲营的那些钢铁堡垒隆隆地驶过奥卡河。他们赶到亚斯纳亚波利亚纳,对苏军步兵第676团敞开的侧翼发起了攻击。这一进攻在苏军中引发了连锁反应,该团与步兵第81师毗邻的侧翼开始动摇。

现在,没什么可以阻挡住这些老虎们的前进。12点20分前,虎式坦克隆隆驶入布特尔基(Butyrki),已远远领先于掷弹兵们。

战役第一天的下午,苏军的前线态势报告中透露出一种严峻危机的声调。步兵第15师的崩溃已威胁到第70集团军的整个右翼。这场战役即将就此被决定吗?

对哈佩将军[①]的第41装甲军来说，进攻同样取得了成功的进展。投入行动的部队包括来自莱茵—威斯特法伦的第86步兵师，来自梅克伦堡—波美拉尼亚，久经考验的第292步兵师以及来自萨克森第18装甲师的第101装甲掷弹兵团。

据守前沿阵地的是苏军步兵第81师，该师实施了顽强的抵抗。进攻发起的当天清晨，这里的苏军部队同样撤出最前沿的战壕，结果使德军的密集炮火落了空。

但哈佩的部队带来一种新的法宝，并对其寄予厚望，这就是隶属于第653和第654重型坦克歼击营的90辆"费迪南德"，这种超重型坦克歼击车被置于冯·容根费尔特中校的指挥下，为掷弹兵师充当突击大锤。

"费迪南德"是一款巨大的装甲怪兽，战斗全重高达72吨，配备着被实战证明相当有效的88毫米主炮，炮管长度21英尺。"费迪南德"的装甲板厚达200毫米。两台迈巴赫引擎为两具电动装置提供电力，每具装置单独驱动一条履带。尽管"费迪南德"沉重无比，但它的最高速度还是能达到每小时20英里。这是个机械工程的奇迹。这种移动的钢铁堡垒制造于奥地利圣瓦伦丁市的尼伯龙根工厂。

"费迪南德"这个平和的名字来自于它的设计者——费迪南德·波尔舍。希特勒希望这是一种突击坦克，同时也是一款可移动的炮台，从而使战争发生决定性转折。它将使德军的进攻势不可挡。谁能抵挡这种怪物呢？何种武器能对付它？无论它的炮弹落在哪里，很长一段时间里那里都不会再长出杂草。进入"费迪南德"视线中的任何一辆T-34，几乎可以说难逃厄运。

但"费迪南德"有个致命的弱点——驱动力太弱，履带也太过脆弱。因此，许多这种庞然大物很快便被发现由于履带损坏而动弹不得。"费迪南德"的另一个问题是，在与敌步兵近距离作战时完全无能为力。车上除装有一门大口径主炮外，甚至连挺机枪也没有，无法对付逼近的敌反坦克小组。

尽管诺亚克少校[②]第654重型坦克歼击营的组员们在"费迪南德"上带了一挺

---

① 这段时间里，装甲兵上将哈佩不仅是第41装甲军军长，还暂代第9集团军司令一职，他与莫德尔轮流指挥该集团军。哈佩是一名出色的将领，除第9集团军外，还担任过第4装甲集团军、"北乌克兰"集团军群、A集团军群、第5装甲集团军司令等高级职务。

② 此时的诺亚克还是上尉，诺曼底战役后被升为少校。

— 24 —

MG-42机枪，情况不妙时，他们便用机枪透过炮管连续射击，但还是无济于事。毕竟，88毫米主炮的炮管不是机枪射孔。因此，"费迪南德"们像钢铁巨兽那样穿过敌人的防线时，伴随在左右的掷弹兵不是被仍蜷缩在经过精心伪装的散兵坑中的苏军士兵击毙，就是被迫寻找隐蔽。每辆"费迪南德"靠近尾部的装甲板上搭载着5~6名步兵，但这么点力量根本不足以肃清敌人的阵地。就这样，这些装甲堡垒在没有步兵陪伴的情况下继续前进，孤独地穿越敌方领土，它们形成了冲击楔子，却没有人跟随在身后。

古德里安早就意料到"费迪南德"不充足的武器装备和过于复杂的结构可能产生的后果。但希特勒没有听取他的意见。结果，这种起了个听上去很亲切的名字的巨型坦克，作为一股坚实的力量出现于库尔斯克战役，这是第一次，也是最后一次。

7月5日傍晚，第41装甲军的作战区域内，进攻部队的整体情况依然较为有利。第86步兵师的各团已攻入苏军的第三道战壕线。比贝尔上校带着他的第184掷弹兵团，在布特尔基北部郊外投入了战斗。

突击炮和施泰因瓦克斯少校第653重型坦克歼击营的6辆"费迪南德"，在第292师的前方展开行动，他们向前而去，初次尝试便直抵亚历山德罗夫卡（Aleksandrovka），进入敌军防御纵深达3英里。苏军的炮兵阵地被摧毁。该师的突击队与第6步兵师已拿下布特尔基的战斗群取得了会合。

可是，面对轰鸣的虎式坦克和"费迪南德"坦克歼击车，苏军步兵并未惊慌失措。政治指导员和经验丰富的坦克组员曾对他们进行过为期数周的反坦克战术训练。为防止士兵们产生臭名昭著的"坦克恐慌症"，一切预防措施都已实施。成效是显而易见的。

苏军步兵让德军坦克从他们精心伪装的散兵坑旁隆隆驶过，随即探出身解决跟在坦克身后的德军掷弹兵。因此，在向前推进的坦克车长们认为已经获胜的地段上，激战仍在肆虐。

德军的坦克和突击炮不得不折返回来，以帮助陷入苦战的掷弹兵。然后他们再次前进，再次折返。入夜前，掷弹兵们筋疲力尽，坦克和突击炮也耗尽了燃料。不过德军的攻击已深深插入到苏军的防御纵深。

各营和各团汇报道："我们正在前进！很不容易，战斗血腥而又代价高昂，但我们正在前进！"

所有指挥官都报告了相同的情况："没有任何一处的敌人措手不及。没有任何一处的敌人被削弱。显然，他们一直在等待我们的进攻，许多战俘的交代证实了这一点。"

这一点令人吃惊。但尽管如此，第41装甲军前线的各部队仍抱有坚定的信心："我们将打垮伊万！"

莫德尔的左翼，弗里斯纳将军的第23军，最初24小时的作战行动同样顺利。在这一地区，投入了一些经验丰富、英勇无畏的部队，例如第78步兵师的几个团，该师已为自己赢得了"突击师"①的称号。在这里，战斗的主要特点简直就像教科书那样清晰。

这片战场上同样部署了"费迪南德"坦克歼击车，同样隶属于诺亚克少校的第654重型坦克歼击营。另外，这些"费迪南德"还得到另一种"姊妹"坦克的补充，这就是起了个与外形矛盾的名字，被称作"歌利亚"②的微型坦克，这种坦克只有2英尺高，2.2英尺宽，4英尺长。这些无人驾驶的微型坦克由无线电遥控，或通过展开其尾部一根长达1000码的电线控制。坦克上携带着200磅烈性炸药。这些微型坦克以每小时12英里的速度径直驶入敌人的阵地、反坦克巢或炮兵阵地。按下遥控器上的一个按钮，它便会产生爆炸。"歌利亚"到达目标后，造成的爆炸效果相当惊人。可是，大多数情况下，它们并未能到达目标处。

第78和第216步兵师来自符腾堡几个经验丰富的团，获得了猎兵营、自行反坦克炮、携带着迫击炮和火焰喷射器的战斗工兵的加强，另外还有一个突击炮营，向小阿尔汉格尔斯克岔路口周围的强化阵地冲去。

---

① 德军作战序列中只有两个"突击师"，除第78突击师外，还有个"罗德斯岛"突击师。
② "歌利亚"是《圣经》中的巨人。

为了在苏军密集的雷区中给"费迪南德"开辟出一条宽阔的路径,莫德尔还投入了另一种"神奇武器"——这种低矮的履带式车辆有点像英国的弹药输送车,这种坦克覆盖着装甲,重达4吨,由一台博格瓦德六缸发动机提供动力,被称作B-IV遥控坦克。这种坦克上搭载着1000磅烈性炸药,驾驶员将其驶到目标区域附近后丢弃,再由一辆突击炮遥控引爆。第300装甲营在小阿尔汉格尔斯克上演了这种"地雷破坏者"的彩排——驾驶员将这些坦克开至雷区边缘,接下来的驾驶操作则由遥控完成。爆炸触发了半径40~50码内的所有地雷。当然,B-IV也被炸毁。驾驶员打开遥控开关后便跳离车辆,设法返回后方。

小阿尔汉格尔斯克郊外,8辆B-IV遥控坦克在400码深的雷区开辟出一条宽阔的车道。4名驾驶员成功逃生,另外4人则不幸阵亡。"费迪南德"隆隆向前,朝苏军阵地扑去。

在这里,左翼的高地上,近卫步兵第18军的两个师守卫着苏军阵地重要的支柱,但德军成功地达成突破。傍晚18点,苏军步兵第81师第410团被打垮。

苏军坦克第129旅的战车匆匆赶来发起反击。

7月5日入夜前,德军掷弹兵、坦克手、反坦克兵以及工兵们都知道,尽管集中了一切可用手段,尽管成功突破了对方顽强防御并经过强化的高地,尽管俘虏们正从他们身旁蹒跚而过——尽管这一切都表明决定性的突破已然实现,但苏军防御地带的顽强和深厚还是令他们感到难以想象。

"弗里斯纳的部队进入敌军阵地有多深?"7月5日午夜前,莫德尔问他的参谋长冯·埃尔弗费尔特上校。

"不到3英里,大将先生。第78步兵师已到达小阿尔汉格尔斯克的火车站。"

"关于敌预备队的调动情况空中侦察有什么新消息吗?"莫德尔问他的情报参谋。

"包括坦克在内的大股部队,正从东面的利夫内地区(Livny)向小阿尔汉格尔斯克、波内里(Ponyri)和奥利霍瓦特卡(Olkhovatka)而来。"

莫德尔俯身查看地图。他意识到这段时间以来,弗里斯纳的师长们一直持怀疑态度的东西:第23军实施纵深突破,以此来掩护莫德尔两个装甲军的侧翼,这两个军承担着在中央实施主攻的重任。但这个计划并不成功，既无法拦截由东而来的苏军预备队，也无法阻止他们投入这场战役。

莫德尔第9集团军里的几位军长，莱姆尔森[1]、哈佩和弗里斯纳[2]都未入睡，他们与各自的参谋人员研究着地图，一直忙到深夜。当天的目标，自身的损失以及关于敌战斗力的报告——所有这一切清楚地表明，德军并未能以闪电般的速度成功达成突破。目前的状况是，他们正一点一点地向前推进。这不是个令人愉快的发现，尽管并不特别令人震惊。莫德尔大将曾考虑到这种可能性。他不止一次提醒过希特勒，德军空中侦察所揭示出的苏军防御体系的深度。

正因如此，莫德尔从一开始就将他的进攻设立在假定会遭到极度顽强的抵抗的基础上，他还制定了一个与这种预料相配合的计划——他不打算将自己所有的装甲力量投入到一场盲目的行动中，而是希望能有条不紊地强行打开一个缺口。

所以，他对第9集团军发起进攻的九个步兵师做了纵深配置，用坦克和突击炮对这些部队实施加强。第一攻击波次中，莫德尔只投入了一个装甲师，即第20装甲师。他的装甲部队主力，六个装甲和装甲掷弹兵师以及数个突击炮营，被他留在手中充当预备队。"先打开一个缺口，再将新锐部队投入进攻！敌防线上出现缺口后，坦克便能通过，并对敌人的侧翼和后方自由采取行动，直到将其包围。"这就是莫德尔的妙计。7月6日拂晓时，他面临着一个艰难的抉择。是将装甲预备队投入战斗呢，还是应该再等等？他决定将其投入战斗，特别是在布特尔基和博布里克地区，莱姆尔森将军第47装甲军的作战区域内。就是在这里，苏军步兵第15师的防线被撕开，莫德尔希望能彻底冲破敌人的防御。

因此，莫德尔将他麾下5个装甲师中的3个（第2、第9和第18装甲师）从集结区调至突破带，于7月6日将这些部队投入战斗。至于第4、第12装甲师和第10装甲掷弹兵师，他决定留作预备队。

通常情况下，像这样强有力的后续行动应该能取得决定性成功。毕竟，敌军

---

[1] 莱姆尔森则是第47装甲军军长，此后代理过第10、第6、第1和第14集团军司令等职务。

[2] 第23军军长弗里斯纳同样是位出色的将领，后来担任过"北方""南乌克兰""南方"集团军群司令。

位于公路与奥廖尔—库尔斯克铁路线之间的阵地已被撕开一个宽度超过20英里，深达4~6英里的缺口。如果强大的机械化部队冲入这样一个缺口，经验告诉我们，突破几乎是不可避免的。

但现在却不是"通常情况"。这场战役不能用通常的标准来衡量。到7月5日夜间，苏军防御体系根本没有被决定性地撕开。它依然保持完好，仍有6~10英里的纵深。战争历史上从未有过如此深度的梯次配置防御体系。

库尔斯克突出部拐角点的宽度超过15英里，因此，这里成了德军的攻击点。几个月里，这片土地已被苏军士兵的挖掘工具翻了个遍，变成步兵战壕、雷区和地下掩体所构成的迷宫。每一片树林，每一座山丘，每一个集体农场都已成为加强支撑点。俄国人将所有支撑点与具有相当纵深、精心伪装的战壕体系连接起来。在这二者间布满了反坦克炮炮位、半埋的坦克、纵深梯次配置的炮兵阵地、多管火箭炮、火焰喷射器以及数不清的机枪巢。

但是，苏军所拥有的不仅仅是庞大的防御，同样重要（如果不能说更加重要的话）的一个事实是，苏军最高统帅部部署了极为强大的战役预备队。方面军司令员罗科索夫斯基出色地调配着这些预备队。

据库尔斯克战役苏联方面的官方战史作者马尔金上校的说法，中央方面军的战役预备队早在7月5日中午便接到命令，按预定计划进入到发起反击的出发阵地。

按预定计划！由此看来，俄国人对莫德尔突破行动的目标和主攻方向了如指掌。

7月6日上午，来自维也纳的第2装甲师，带着140辆坦克和50辆突击炮出现在战场上。9点，冯·博克斯贝格少校带着第3装甲团第2营，以96辆四号坦克对卡沙拉（Kashara）北部高地发起进攻。

绍范特少校的第505重装虎式坦克营被置于该师麾下，已夺下索博罗夫卡（Soborovka）。

博克斯贝格少校继续向前，穿过索博罗夫卡南面的桥头堡。德军坦克排成一个宽大的楔形，穿过高高的谷地。坦克的炮塔盖敞开着，炽热的阳光烘烤着他们。

德军坦克冲过高地上敌人的战壕，但突至卡沙拉的行动却未获成功。苏军反坦克炮防线极为强大，布设得也相当巧妙。刚解决掉一门，马上又遇到另一门。

更为重要的是，苏军强大的坦克部队投入了战斗。在波内里与索博罗夫卡之间9英里的正面战线上，战争史上规模空前的一场坦克大战开始了。这场战斗持续了4天。

战斗高潮期间，双方共投入1000至1200辆坦克和突击炮。大批空军部队和3000门各种口径的火炮加入了这场可怕的决战。双方争夺的焦点是奥利霍瓦特卡高地及其至关重要的274高地。

这些高地是莫德尔最直接的目标。这里是他作战计划的要点，也是进入库尔斯克大门的关键所在。这些高地有什么特别重要的意义吗？

从战略角度看，奥利霍瓦特卡的一连串丘陵，在奥廖尔与别尔哥罗德之间形成俄国中部山脊的中间地段。这些丘陵的东端是奥卡河及许多较小河流的发源地。从山丘上可以获得远至库尔斯克的清晰视界，库尔斯克位于奥利霍瓦特卡下方400英尺处。谁掌握这片高地，谁就能控制住奥卡河与谢伊姆河（Seym）之间的地带。

莫德尔希望夺取奥利霍瓦特卡周围的这片地带。他想将自己的预备力量投入这一地区，以对付苏军部队，特别是罗科索夫斯基正处于不利地形上的坦克军，击败他们，冲向库尔斯克，与霍特会合。

但罗科索夫斯基早已识破莫德尔的计划，并集中起足够的预备队，以保护苏军防御体系上的这一薄弱环节。

绍范特少校的虎式坦克冲入林立的反坦克炮阵地中，进入到一片坦克陷阱的迷宫，面前的炮火犹如一堵不可逾越的墙壁。第2装甲师的掷弹兵们发现自己面对着一道接一道的战壕。进攻的第一波次崩溃了。第二波次向前冲了几百码后也停顿下来。冯·博克斯贝格少校的坦克作为第三波次向前冲去，但面对苏军的防御火力，他们的推进同样陷入了停顿。舍勒中将率领的来自奥地利的第9装甲师，进展也不顺利。7月8日，在萨莫杜罗夫卡村（Samodurovka）附近，第20装甲师的掷弹兵在炎炎烈日下打了一场类似的激战。不到一个小时，第112装甲掷弹兵团第5连的所有军官非死即伤。尽管如此，这些掷弹兵还是冲过玉米地，夺下敌人的战壕，再向下一道战壕冲去。各个营的实力迅速消融，连队则成了排。

亨施中尉召集起已寥寥无几的部下："伙计们，我们上，下一道战壕！"机枪吼叫起来，一具火焰喷射器在他们前方嘶嘶作响，两辆突击炮为他们提供火力掩护。他们成功了，但亨施中尉已阵亡，他倒在离自己的目标仅有二十步的地方，在他周围，或死或伤地躺着半个连的部下。

这是一场残酷的激战。双方似乎都意识到历史总有一天会赋予这场战役的重要意义——这将是第二次世界大战中的决定性会战。

著名的阿拉曼战役中，蒙哥马利将军投入1000门大炮，以达成非洲战事的转折点，但与库尔斯克战役相比根本不算什么。就连斯大林格勒战役，尽管更加可怕，更具悲剧氛围，但在兵力投入方面也无法与庞大的库尔斯克野战相提并论。

7月8日，莫德尔将冯·绍肯中将第4装甲师的主力投入战斗。该师从第20装甲师夺取的阵地上发起行动，朝乔普洛耶村（Teploye）冲去。

斯图卡从前进中的团队上方呼啸而过。提供近距离空中支援的飞机在敌军阵地上俯冲盘旋。第20、第4和第2装甲师的坦克跟在掷弹兵中向前推进。庞大的虎式、四号坦克以及突击炮的主炮轰鸣着，将战场笼罩在烟雾和火焰中。

但罗科索夫斯基已采取了预防措施。前一天，2个步兵师、1个炮兵师、2个坦克旅和一个摩托化步兵旅已被他投入战场。

第33装甲掷弹兵团第2营，在这片地狱中杀开血路，直至乔普洛耶，并将村内的俄国人逐出。苏军撤至山丘上最后的防线。

第2营损失了100名士兵，但师长不想给苏军重整旗鼓的时间。第3和第35装甲团①已在村子边缘取得会合。装甲运兵车也加入到他们的行列中。俯冲轰炸机在上空尖啸着扑向苏军主阵地。

"冲啊！"

对面的山坡上是苏军反坦克炮兵第3旅精心伪装的掩体，另外还部署着一些半埋起来的T-34坦克。他们的侧翼由一个配备着反坦克步枪的苏军步兵营掩护，在近距离内，这是一种简单但却相当有效的反坦克武器。要操作这种武器，与后来

---

① 第3装甲团隶属于第2装甲师；第35装甲团隶属于第4装甲师。

德国人的"铁拳"相同，需要勇气和冷静。

德军对高地的进攻开始了。苏军投射下一片密集的防御火力。

前进了几百码后，德军掷弹兵遭到火力压制。在这片狭窄的区域，苏军集中了数百门大炮，德国人根本不可能达成突破。只有坦克继续向这堵火墙冲去。

苏军炮兵让德国人的坦克逼近至500码处，接着是400码。在这个距离内，就连虎式坦克也会被他们的大口径反坦克炮击毁。

但德军的3辆四号坦克攻占了俄国人的第一道火炮阵地，掷弹兵们随即跟上，他们夺取了高地。但苏军立即发起反击，再次将他们逼退。

一连三天，激烈的战火在乔普洛耶村前的旷野上肆虐。第33装甲掷弹兵团攻上高地，但再次被驱离。

第2营最后一名活着的军官——迪森尔上尉，召集起营里的残部，又一次发起进攻。他们夺下了高地，但再次被逼退。

相邻的第6步兵师在奥利霍瓦特卡，同样只到达争夺激烈的274高地的山坡处。

突破地区的左侧，波内里村是双方争夺的重点。"我们永远不会忘记那个村子。"直到今天，第292步兵师参加过波内里争夺战的那些老兵仍会这样说。

被摧毁的波内里村和253.5高地成了库尔斯克突出部的斯大林格勒。争夺最激烈的地点是农机站、火车站、学校和水塔。铁路路基和村落的北部边缘已在进攻发起的第一天被德军夺取。但在那之后，残酷的争夺战便开始了，参与其中的包括第18和第9装甲师，另外还有第86步兵师。

7月9日，239.8高地被第508掷弹兵团（第292师）夺取。现在必须对这一战果加以巩固，果断拿下253.5高地。"'费迪南德'，前进！"，师里下达了命令。6辆钢铁巨兽隆隆向前，喷吐出毁灭性火力。

"突击炮向波内里前进！"那些突击炮轰鸣着出发了。现在必须确保进攻取得成功。一旦拿下波内里，德军便可以转身扑向奥利霍瓦特卡。

第508掷弹兵团又向南推进了500码，随即遭到苏军发起的反击。

苏军步兵第1032团第1营营长，坐着他的吉普车行驶在全营最前方。到达学校校舍后，他跳下车，亲自率领前线步兵投入了战斗。

德军先头部队开始后退。第508掷弹兵团第3营营长蒙德斯托科注意到这个情况。他驾驶着自己的吉普车向前冲去。他也在学校处跳下车，端起冲锋枪朝路口猛烈扫射。苏军先头部队的进攻停顿下来。

苏军营长当场阵亡。但接下来的瞬间，蒙德斯托科也身负重伤倒下了。这是一场发生在2名英勇的军官之间的悲剧性决斗。

苏军控制着十字路口，德军则掌握着学校校舍。7月10—11日的夜间，莫德尔大将把他最后的预备队——第10装甲掷弹兵师——投入到这场激战中。该师进入第292步兵师的作战区域时，第292师已遭到严重耗损。第10装甲掷弹兵师的一个个连队，搭乘着他们的雷诺卡车进入到出发阵地。

第10装甲掷弹兵师来自巴伐利亚，他们的战术徽标是一把钥匙，拥有强大的炮火能力——7个炮兵营、1个火箭炮团、1个重迫击炮营和1个突击炮营。

面对如此猛烈的炮火，苏军在第一天利用强大的坦克力量对波内里火车站发起的进攻失败了。

7月12日，德军组织出色的炮火再度打垮了苏军在白天发起的三次进攻。第20装甲掷弹兵团第10连的海因茨·尼切，看着阵地前方山丘上的树林慢慢消失在大炮和斯图卡制造的熊熊火焰中。他看见苏军队列向前涌来，停下，后退，崩溃。平生第一次，他目睹了"斯大林管风琴"呼啸的火箭弹。他想知道这东西是不是升起的太阳。但这个"太阳"的身后拖着长长的尾焰，尖啸着接近，随即落下，命中要害，炸开。

接下来的几天，苏军一次次试图从这些巴伐利亚人手中夺回波内里，但却徒劳无获。奥古斯特·施密特中将和他的作战参谋——总参中校乌尔里希·德·迈齐埃，冷静地将自己的王牌投入到关键地段。

舒勒中士站在他的反坦克炮旁，一发接一发地开炮射击。最终，7辆苏军坦克在他的阵地前起火燃烧，冒出滚滚浓烟。

第110装甲侦察营的正面，苏军以3个骑兵中队发起进攻，军刀在阳光下闪着寒光。

"距离800码，所有武器持续开火！"

天哪，那些可怜的马匹！

2

铁　钳

克里沃申将军的等待——霍特投入了他的坦克——"将军先生，黑豹坦克在哪
里？"——鲁策克牧师的地狱之旅——右翼一切顺利——与奇斯佳科夫将军共进
早餐

那么，南部战线此刻的情况又是怎样呢？7月份的夜晚很短暂。在苏联中部，
凌晨2点过后，黑夜便开始消退。

机械化第3军军长克里沃申将军站在雅科夫列沃（Yakovlev）附近一片森林的
边缘。这是个闷热的夜晚，空气中弥漫着松树的气味。

别尔哥罗德地区发出炮火的闪烁。遥远的炮声从前线隆隆传来，约有20英里之
遥，但却清晰可辨——苏军的大炮正在轰击德国人的阵地。

7月4—5日夜间，克里沃申将军和他的参谋人员，与库尔斯克突出部其他苏军
部队指挥员一样，等待着德国人发起全面进攻。

机械化第3军隶属于坦克第1集团军，他们的阵地紧贴在近卫第6集团军身后，
而近卫第6集团军麾下的步兵师坚守着库尔斯克突出部的南部边缘——别尔哥罗德
与苏梅（Sumy）之间的防线。

"我想知道霍特的主攻会落在哪里。"克里沃申说道，这个问题更像是在问他
自己，而不是他的参谋人员。

他的参谋长很有把握地回答道："肯定是针对奥博扬的公路，将军同志。那是
通往库尔斯克最短的路径。在我们防区的前方，他会试图攻克近卫步兵第67和第52
师的阵地，然后一路向北而上。这就是把我们部署在近卫步兵们身后的原因。"

"没错。"克里沃申说道，但他的语调中仍有一丝怀疑。他知道，参谋长所发
表的看法，完全符合沃罗涅日方面军司令部制订的防御计划。

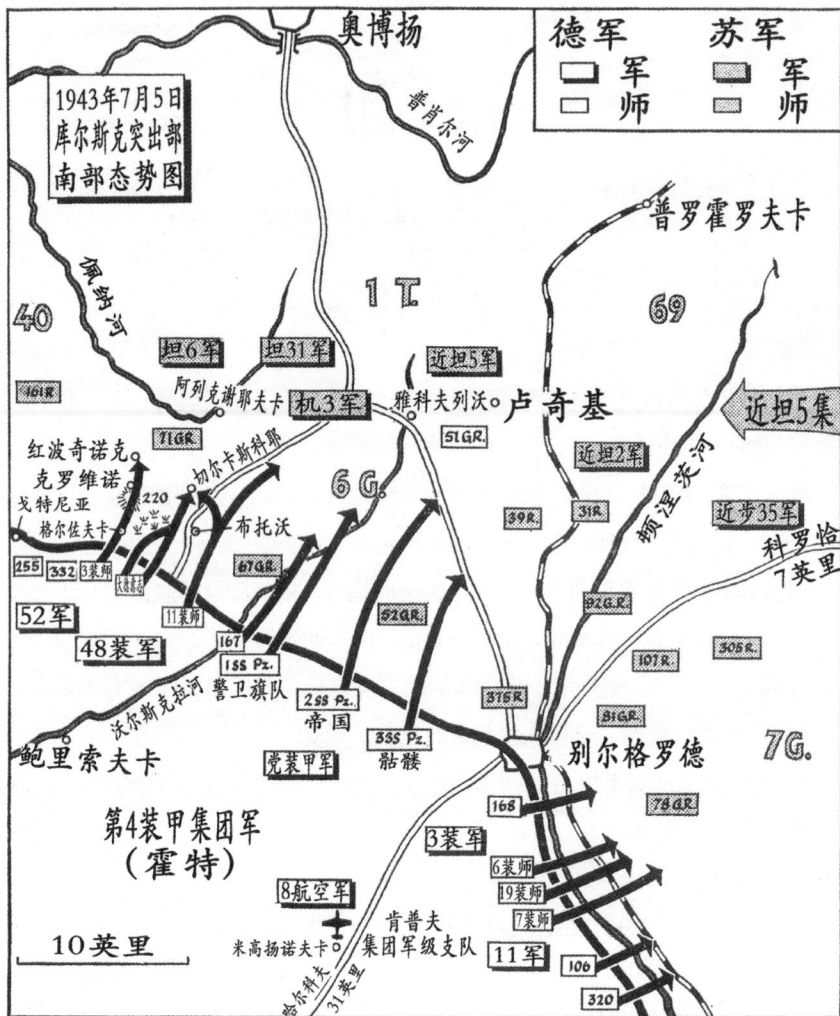

奥博扬

普肖尔河

德军 **苏军**
军 军
师 师

1943年7月5日
库尔斯克突出部
南部态势图

佩纳河

40

1T

普罗霍罗夫卡

69

坦6军 坦31军 近坦5军

阿列克谢耶夫卡 机3军 雅科夫列沃 卢奇基

51GR.

近坦5集

红波奇诺克
克罗维诺
戈特尼亚
格尔佐夫卡

220

161R

51GR

6 G.

近坦2军

51GR.

顿涅茨河

255 332 3装师

大德意志

67GR.

39R. 31R.

近步35军

科罗恰
7英里

52军

48装军

11装师

167

155 Pz.

52GR.

92G.R.

305R.

107R.

沃尔斯克拉河

鲍里索夫卡

警卫旗队

285 Pz.
帝国

党装甲军

335 Pz.
骷髅

375R.

别尔格罗德

81GR.

7 G.

第4装甲集团军
（霍特）

10英里

8航空军

米高扬诺夫卡

肯普夫
集团军级支队

谢尔科夫
31英里

3装军

168

6装师
9装师
7装师

11军 106

320

78GR.

▲ 7月5日，霍特大将投入麾下所有的装甲师，展开"堡垒"行动的全面攻势。"肯普夫"集团军级支队渡过顿涅茨河，冲向别尔格罗德南面。

— 36 —

他们知道德国人发起进攻的日期，也知道对方的作战序列，他们还认为他们已解决了曼施泰因的进攻战术和攻击重点这个谜团。这就是方面军司令员瓦图京将克里沃申装备精良的机械化军调入阿列克谢耶夫卡（Alekseyevka）—雅科夫列沃（Yakovlevo）地区的原因，该军将掩护哈尔科夫—奥博扬—库尔斯克公路，以及布托沃的支线道路。在瓦图京看来，霍特将对那里发起攻击，以便在奥博扬渡过普肖尔河（Psel），并向北推进。

但是，冯·曼施泰因元帅将把他的主攻集中在这里，这一点能如此肯定吗？南部50英里宽的战线上，德国两个集团军的15个师准备发起进攻。在这50英里的防线上，曼施泰因可能会选择一处或几处狭窄的正面作为他的突破点。即便相信"霍特的装甲集团军是真正的打击力量，而肯普夫集团军级支队只是负责掩护其侧翼"这种报告，但霍特是否会确切地按照苏军最高统帅部的预想发起他的攻击，这一点仍值得怀疑。

克里沃申将军吸着烟，"最高统帅部预测的情况以及我们认为将发生的事情，当然是最显而易见的方案。如果换到他们的位置，我们也会这样做。可霍特是只狡猾的狐狸。他真的会做这种显而易见的事吗？霍特不仅是只狐狸，还是个做事很有章法的家伙，他首先会研究他的作战区域，熟悉实际地形、自然障碍以及有利的地貌特征、河道、丘陵和山谷，各种有利和不利的地形地貌。"

他的参谋长专注地聆听着。他知道，克里沃申认识德军中的许多坦克指挥官。1939年9月，德国对波兰的战役结束后，他曾与古德里安进行过长时间的交流。当时，克里沃申负责指挥苏军的一个坦克旅，与古德里安的装甲军曾在布列斯特—立托夫斯克取得会师。

苏德两军的联合阅兵式结束后，在省政府办公室举行的一场小型酒会上，他在德国军官中制造出许多欢笑，但在为苏德两国的友谊干杯时，他却犯了个口误，为"永远的友谊"干杯被他说成"永远的右翼"。此刻，克里沃申将军也许想起了4年前的那一幕，但也可能他还有其他的担忧。他转身对自己的参谋长说道："我们回去吧。"

同一时间，12英里外，布托沃的高地上，"大德意志"装甲掷弹兵师的炮兵指挥官阿尔布雷希特中校正拿着电话对师属各炮兵阵地进行倒计时："……3，2，1，开炮！"

和他一样，格尔佐夫卡与别尔哥罗德之间，德国第4装甲集团军辖内各个师的炮兵指挥官都在此刻喊出了命令："开炮！"

这场突如其来的炮火齐射响彻苏联中部山脊的丘陵和山谷，剧烈的电闪雷鸣仿佛将过去一百年来的雷暴集中在一起爆发开来。

此前的这场战争，从未见过在如此狭窄的一个正面集中起如此密集的大炮和重武器火力。50分钟内，格尔佐夫卡与别尔哥罗德之间落下的炮弹，比整个波兰战役和法国战役的总和还要多。

克里沃申将军瞥了眼手表：3点30分。这个焦急等待的夜晚即将过去，天际闪烁着远处传来的炮火，战斗已经打响。

曼施泰因元帅在库尔斯克突出部南面所选择的进攻战术，与莫德尔在北面所采用的方式不同。在他看来，达成快速突破的应该是装甲部队，而不是步兵。

做出这一决定的理由是基于这样一个事实：鉴于前线的宽度，他手头可用的步兵师不足以发起一场传统的步兵进攻战，以此为装甲部队打开突破口。考虑到苏军的梯次防御阵地非常深，对曼施泰因来说，传统的打法似乎太浪费时间，代价太高，也不太可靠，因为他手上的步兵师数量不足。霍特希望以他的600～700辆坦克发起一次强有力的突击，集中在两个地点，迅速打垮苏军的抵抗，这样，接下来与敌人强大的坦克预备力量进行的交手将在苏军防御体系外展开，为此，他将集团军辖内的所有装甲力量都投入到第一次打击中。"肯普夫"集团军级支队也采用相同的策略。这就是曼施泰因的"流派"。这也是他对国防军陆军总司令部（OKH）作战指令的诠释：采取一切进攻手段达成局部压倒性优势，取得突破，直至两个攻击集团军实现会合，从而封闭包围圈。

超过1000辆坦克和300辆突击炮朝苏军防御阵地扑去，以便取得突破，然后，他们将立即进入一片开阔的作战区域，并完成与莫德尔第9集团军的会合。

苏军识破了德国人的意图。的确，苏军将他们的预备队部署在奇斯佳科夫中将的近卫第6集团军身后，正是基于这一点。

但是，通过德军的空中侦察，霍特大将同样获悉了苏军预备力量的集结地，尤其是对方的坦克预备队。他盘算着，如果自己遵从国防军陆军总司令部"经奥博扬直接达成突破，从而与第9集团军会合"的指令，很可能刚刚到达奥博扬的普肖尔河渡口，苏军的坦克军便已从库尔斯克东部地区赶至战场。他们肯定会穿过普罗霍罗夫卡的狭窄地带，并在最不利的时刻对德军攻击楔形的侧翼纵深发起打击。

因此，霍特决定修改他的计划。他这样告诉他的参谋人员："我们先对付预计中经普罗霍罗夫卡而来的敌人，然后再继续向北面的库尔斯克推进，这样会更好些。"这就是说，德军达成突破后，霍特麾下的所有部队将先向东北方攻击前进，而不是苏军预料的奥博扬方向。

这是个最最重要的决定。

霍特的猜想被证明是正确的。他的进攻计划打乱了苏军最高统帅部对库尔斯克突出部南线实施防御的计划，甚至很可能造成这场战役的一个转折，如果……我们还是别假设了。

布托沃高地上，阿尔布雷希特中校的双眼紧贴战壕镜，查看着自己的炮击效果。此刻，炮弹的炸点已越过敌人的战壕，火焰和硝烟构成的"墙壁"向前延伸，进入到苏军腹地。透过硝烟可以分辨出德军步兵正在推进，就像一片虚幻的影子。

传令官对这位炮兵指挥官低声说道："赫恩莱因将军正赶过来！"

过了片刻，"大德意志"师师长来到战壕镜旁："早上好，阿尔布雷希特，情况怎样？"

"一切都在按计划进行，将军先生。"

"步兵那里有情况报告吗？"

"还没有。"

就在这时，燧发枪手团团长卡斯尼茨上校赶到了。他将手举至钢盔旁敬了个礼，看上去，他不太高兴。"怎么了，卡斯尼茨？"赫恩莱因疑惑地问道。

"简直是一团糟，将军先生。我的第3营还没有投入战斗。"

"怎么回事？"

"他们在等待坦克，可坦克到现在还没来，所以他们没有出发。"

赫恩莱因和阿尔布雷希特傻眼了。坦克没来？劳赫尔特的整个"黑豹"旅①和波塞尔少校指挥的"大德意志"师装甲团第1营没有投入战斗？这不可能！

这个消息显然将赫恩莱因弄得不知所措。这里是主攻力量的聚集地，所有希望都寄托于施特拉赫维茨伯爵的装甲群②所能提供的打击力度上。德军最高统帅部对这200辆配备着75毫米口径长身管主炮的"黑豹"坦克寄予厚望，这种"神器武器"还是第一次投入战场。可现在，他们在哪里？

就在"大德意志"师的燧发枪手和掷弹兵们冲出他们的战壕时，劳赫尔特的装甲旅也以其200辆新式"黑豹"坦克向前推进。它们就是钢铁制成的猛兽——造型优美，45.5吨重，29英尺长，正面装甲厚达80～100毫米，最高速度可达每小时34英里。

专家们一致认为，这种坦克正是战场上的士兵们一直期待的，它将最终确保德军在东线战场上的装甲优势。

令装甲部队的技术和检验人员唯一担心的问题是，这些"黑豹"真的做好了投入战场的准备吗？在格拉芬沃尔训练中心极为短暂的试用期间，这种坦克暴露出相当严重的问题。军官和坦克组员们不是在进行队形演练，而是忙于解决技术问题。即便在这些坦克被送上驶往东线的火车时，它们的主传动装置仍在进行更换。因此，这些坦克根本没有进行过单独的训练，更谈不上编队演练。部队已做好战斗准备的说法，纯属无稽之谈。

另一个问题是，每个营96辆"黑豹"，对一位营长的作战指挥控制来说，这样的配置太大了。但维尔纳·米尔德布拉特中校③延长在格拉芬沃尔训练期的一切尝试均告失败。部队将按计划时间投入库尔斯克战役。

前线的士兵们早就听过"神奇武器"的传闻，可当他们亲眼看见这些坦克驶

---

① 劳赫尔特指挥的是第10装甲旅，辖第51和第52"黑豹"营，这是个被派给"大德意志"师的临时编制。② "大德意志"师名义上是个装甲掷弹兵师，而不是装甲师，但却辖有一个装甲团，与装甲师的配置完全一样。被称为"装甲伯爵"的施特拉赫维茨时任该装甲团团长。

③ 米尔德布拉特曾担任过第5装甲团第1营营长，在非洲服役，负伤后转任装甲部队总监古德里安的助理参谋长。

入出发阵地时，还是被深深地震惊了。这些钢铁怪兽的排气管中喷出巨大的火焰，还有些真的起了火。

但7月5日在布托沃的初次进攻遭遇到失败，并不是因为部队初创期的那些问题。失败的原因很简单——劳赫尔特的装甲旅误入到苏军防线前一片未被查明的雷区中。如果一辆坦克碾上地雷后继续前进，它的履带会被炸断。可一旦停下，它将成为苏军反坦克炮、反坦克步枪和大炮的一个巨大的活靶。

"大德意志"师燧发枪手团前进的尝试，在没有获得装甲力量支援的情况下，遭受严重的伤亡。于是，熟悉的叫喊声再度响起："工兵，前进！"

冒着苏军猛烈的防御火力，"大德意志"师装甲工兵营第2连在雷区中为"黑豹"坦克清理出一条车道。但这耗费了几个小时，苏军对这段宝贵的时间加以了妥善利用。

马尔金上校在他的《库尔斯克战役》一书中写道："单是在切尔卡斯科耶（Cherkasskoye）前方的开阔地，就有36辆坦克在雷区中动弹不得。"他又补充道："误入雷区的德军坦克，在苏军炮火和反坦克步枪的精确打击下仓皇后撤。敌人第一次极其危险的进攻被打退。他们沿整个突破正面齐头并进的企图就此被挫败。"这个说法完全正确。

接到卡斯尼茨上校的汇报后，赫恩莱因将军意识到，由于"黑豹"旅的不幸遭遇，"大德意志"师左翼的推进已告失败。

但该师右翼的进展相比之下却更好了些。"洛伦茨的装甲掷弹兵情况如何？"赫恩莱因问道。好像是等待着将军提问似的，传令兵突然出现在他面前："洛伦茨中校发来报告！"

赫恩莱因读道："遭遇到顽强抵抗后，全团突入敌战壕，已将敌军肃清，现正向切尔卡斯科耶高地快速推进。"

因此，右翼的战斗正按计划顺利进行。"大德意志"师的几个掷弹兵营，连同装甲团第2营的坦克和突击炮，以及瓦尔罗特上尉的虎式装甲连，已于清晨5点整出发，赶往切尔卡斯科耶。上午9点15分，几个营已到达村外的高地，深深插入到苏军的第一道防线中。

"大德意志"师"黑豹"营营长绍尔玛伯爵，熟练而又英勇地率领着他的坦克部队。哪里的情况最危险、最混乱，他所在的指挥坦克便出现在哪里。结果，快到中午时，一个令人不寒而栗的消息传到他麾下的各个连，他们的耳机中传出绍尔玛无线电通讯员的声音："黑豹Ⅱ-01中弹，营长身负重伤。"

但这一震惊只持续了几秒钟。他们随即听到另一个冷静的声音："戈特贝格通知大家——全营现在听从我的指挥！"冯·戈特贝格上尉接掌了第2营的指挥权。几个小时后，绍尔玛伯爵伤重不治。

刚一获悉掷弹兵们取得的胜利，赫恩莱因将军便立即调整了他的部署，将自己的主攻从左翼换至右翼。燧发枪手团和"黑豹"旅将被调至右侧。

但这里的一切似乎都被厄运所笼罩。过去几天的雷暴雨将别廖佐维（Berezovyy）的地面变成一片泥潭。深深的泥泞早已没过履带，"黑豹"一辆接一辆在泥潭中停顿下来。由装甲铁拳实施的决定性打击被延误了数个小时，而这却是"大德意志"师在第一天的行动中必须完成的突破！尽管遭遇到这些不幸，但到夜幕将临之际，切尔卡斯科耶村已被德军拿下，就这样，阻挡在"大德意志"师前方，苏军防线上的这个加强点已被肃清。

德军为此付出了高昂的代价。阵亡者中包括燧发枪手团团长卡斯尼茨上校[1]。

在切尔卡斯科耶争夺战中发挥了决定性作用的还包括在"大德意志"师右侧推进的第11装甲师。该师的"席梅尔曼伯爵"战斗群[2]以坦克、搭载着掷弹兵的装甲车、反坦克炮、工兵和突击炮杀入苏军阵地，部分兵力随即向切尔卡斯科耶隆隆而去。他们还配备了喷火坦克，在这种可怕的喷火怪兽的打击下，苏军用于抵抗的掩体和房屋不断减少。

喷火坦克是一种适用于这种战斗的武器。三号坦克的炮塔上安装着两具火焰喷射器，从而使其能在超过70码的距离上，将火柱准确地喷入射孔、窗户和房门。嘶嘶作响的火柱持续3~4秒，以1000摄氏度的高温杀死并烧焦所有的一切。

---

[1] 7月底，卡斯尼茨上校在医院伤重不治。
[2] 席梅尔曼时任第11装甲师第15装甲团团长。

切尔卡斯科耶村失陷了。"大德意志"师和第11装甲师已深入敌军主防区5英里。

5英里是一段不短的距离，但仍无法穿透苏军呈梯次配置的纵深防区。而德军第一天的进攻行动，真正的目标是达成彻底突破。至于第二天（7月6日）的进攻目标，第11装甲师师长米克尔少将所接到的任务是夺取奥博扬南部，普肖尔河上的桥梁。那里距离出发阵地足有30英里。

战斗打响的前夜，霍特大将拜访了米克尔的前进指挥部，并对"席梅尔曼"战斗群重申了7月6日的作战目标——奥博扬的桥梁。

这是个以1941年装甲部队突袭为模式的时间表。当初，曼施泰因就是这样以他的第56摩托化军拿下了陶格夫匹尔斯。

霍特下达给米克尔的命令是基于这样一种设想：劳赫尔特的"黑豹"旅将像龙卷风那样席卷过苏军主防区，各装甲和装甲掷弹兵团的"老虎"和其他型号坦克、装甲车以及突击炮尾随其后。

光是"大德意志"师便投入了300多辆中型、重型坦克，一个师的防区内投入如此强度的力量，这是德对苏的战事中前所未有的。如果"黑豹"旅不被战斗第一天的厄运所困，如果该旅没有遭受不可弥补的损失，也许德国人的期望能实现——也许！

可是，库尔斯克突出部南端的战斗刚过去一天。诚然，第一天的激战揭示出，这里的行动同样未能达成战略突然性。

快到中午时，霍特大将从集团军情报官那里得到第一份详细报告，报告中揭示出一个引人关注而又意味深长的问题。在过去的攻势中，德军的前进指挥部和坦克上的无线电通讯员总是能截获苏军指挥官激动地向上级提出的问题："遭到攻击，我该怎么做？"但在7月5日，苏军这种充满困惑和意外的通话一次也没听到。

苏军没有被打个措手不及，他们早已做好精心准备，并对所有可能发生的情况进行了预演。但从另一方面看，包括时间、地点、多种武器组合使用以及进攻侧重点在内的战术突然性已取得完全的成功。

第48装甲军的作战区域内，苏军主防区被撞开了一个又宽又深的缺口。"大德意志"师的左侧，第3装甲师的正面，德军以对苏军防线实施的一次成功打击结束了第一天的战斗。

7月4日15点，来自柏林和勃兰登堡的各步兵团，与"帕佩"战斗群一起，从第332步兵师的支撑点出发，向别尔哥罗德—戈特尼亚（Gotnya）铁路线以及格尔佐夫卡村攻击前进，以夺取适合装甲部队前进的地形。在施泰因菲雷尔中士的率领下，第394装甲掷弹兵团第2连的士兵们抢在夜色降临前拿下他们当天的目标。第3装甲师得以将第6装甲团第2营投入战场。

第3装甲师在7月5日的行动同样获得了成功。5点整，经过一场短暂的炮击和第8航空军数个波次的轰炸后，韦斯特霍芬中将的部队向苏军近卫步兵第71师的阵地扑去。第332步兵师尾随其后，并为其左翼提供掩护。

这里，苏军精心伪装的反坦克炮阵地以及半埋起来的坦克同样拖缓了德军掷弹兵的前进。德国士兵们一码码地取得进展。他们的弹药已所剩无几。第3装甲掷弹兵团的各个连队疲惫不堪。炽热的太阳高悬在空中。团长韦尔曼中校不停地鼓励着他的各个营长。"只剩下一座高地了！"他督促他们继续猛攻。那是位于克罗维诺（Korovino）南面的220高地。

他们成功了。他们停了下来。他们扫荡着阵地，并将零星的苏军狙击手肃清，这些狙击手仍守在自己的散兵坑里向外射击。

第2连的莫格尔下士带着他的小组迅速穿过战壕构成的迷宫。"慢点！"他突然叫道，停下了脚步，"你们听见什么动静了吗？"

他们仔细聆听。没错，确实有动静，听上去似乎说的是德语。他们向前跑去。要小心，已到了战壕的分界处。他们朝拐角处探头看了看。

在他们面前，蜷缩着十来个手无寸铁的德军士兵。苏军的诡计？一个陷阱？这个谜很快便被解开了。他们是德军战俘，苏军派他们来挖掘防御工事。德军发起进攻后，这些战俘"迷了路"，于是便隐蔽在一座被苏军放弃的掩体中。

生活本身总是会创造出最棒的故事，因此，战斗的喧嚣中，克罗维诺附近的220高地上所发生的事情也许值得被记录下来。战俘中一位年长的军士看着莫格尔下士，两人四目相投，突然，像接到命令似的，他们紧紧地抱在一起——侄子找到了他的亲叔叔。

这是发生在库尔斯克突出部残酷的战场上，一个微小但却动人的插曲。这一刻，人性打破了激战的硝烟和恐怖。就像前一天，来自维也纳的鲁策克牧师，作为师里的天主教神父，走入一片未清理过的雷区，去帮助奄奄一息的伤员。

牧师并未等待扫雷小组。"我不能让上帝等着。"说着，他走了出去。那些垂死者中，还有3名如果能得到及时获得救治便可活命的重伤员。

一个接一个，牧师把他们背出这片可怕的雷区。这段距离，他来回走了六次。许多人据此想起耶稣在革尼撒勒①海面上的行走。鲁策克牧师背负着沉重的伤员，一步步走过路上的一个个死亡陷阱。没有一颗地雷发生爆炸。

当7月5日的黄昏开始降临时，第394装甲掷弹兵团对克罗维诺村发起了猛攻。自这座村子成为苏军第一道防线西端的支柱后，它已变成一个反坦克堡垒。一如既往，第394团团长帕佩②上校亲临最前线，熟练地率部发起进攻，并以自己的活力推动着这一攻击。在克罗维诺村村外不远处，帕佩负了伤。佩施克少校接替他指挥全团，成功地完成了当天的任务。苏军向后退去。

第6装甲团第2营轻装排排长冯·费尔特海姆中尉觉得自己的机会来了。他率队跟上后撤中的敌军，借助风车燃烧所发出的光亮，驶入佩纳河（Pena）前苏军防区的最后一道堡垒——红波奇诺克村（Krasnyy Pochinok）。

费尔特海姆率先到达佩纳河，从而使第3装甲师完成了当天的预定目标。该师已突破苏军的第一道防区，此刻位于库尔斯克突出部内6英里处。

夜间，来自德国中部的第255步兵师也插入到苏军战线中，该师位于第3装甲师的左侧，与第332步兵师相邻。这两个步兵师的任务是扩大第48装甲军麾下各装甲师在左翼达成的突破，并为其提供掩护。

7月6日的拂晓渐渐来临。清晨的雾霾笼罩着地面，德军的多管火箭炮开火了。火箭弹的尖啸声拉开了南部战线左翼第二天攻势的帷幕，敌军阵地上腾起的

---

① "革尼撒勒"就是《新约》中加利利海的别称。

② 1944年7月8日，"统帅堂"装甲掷弹兵师师长冯·施泰因科勒尔少将在苏军的"巴格拉季昂"攻势中被停后，帕佩出任该师师长。

灰色烟柱为来自西里西亚和德国中部的各步兵营标示出目标。

那么，在南部战线的右翼，党卫军第2装甲军的战区内又发生了怎样的情况呢？

苏军近卫第6集团军司令员奇斯佳科夫中将，在7月4日夜间便已敦促他的各个师长要特别留意。"在你们面前的是希特勒的近卫部队，"奇斯佳科夫这样说道，"我们必须预料到，德国人的主攻将发生在这一地区。"

做出这个预测并不太难。豪塞尔将军指挥的党卫军第2装甲军，辖有武装党卫军的3个装甲师，代表着一股庞大的力量——300辆坦克（其中包括许多虎式坦克），约120辆突击炮，另外还有一个完整的火箭炮旅。这是个前所未有的火力强度。就算苏军不清楚所有的细节，他们也对豪塞尔装甲军的实力有着足够的认识，4个月前，正是该军从他们手中夺回了哈尔科夫。

豪塞尔装甲军前方的苏军阵地已被发展成一片精心布设、梯次纵深配置和纵横交错的防御体系。近卫步兵第52师和步兵第375师的精锐部队据守着战壕和掩体，并得到炮兵团、反坦克炮团、反坦克步枪营、坦克连、迫击炮团以及其他部队的加强。在这两个师身后的防线上，等待着卡图科夫将军坦克第1集团军麾下的各个军。

豪塞尔在党卫军"德意志"装甲掷弹兵团的指挥部内察看着进攻情况。

"副总指挥①先生，进展不错！"团长汉斯·哈默尔汇报道。

进攻的矛头由第3营担任。营长京特–艾伯哈德·维斯利策内确认，尽管战斗很激烈，但他的各个连正稳步推进。赫尔穆特·施赖德上尉率领的第10连终于冲至苏军的第一道防坦克壕，并在那里据守，尽管苏军的反击极为猛烈，但他们却不肯后退半步。

"元首"装甲掷弹兵团冲入已被打开的缺口。该团的左侧和右侧，"骷髅"师、"阿道夫·希特勒警卫旗队"师和第167步兵师的各个营也发起了猛攻。

①这里的副总指挥指的是军长豪塞尔的军衔：党卫队全国副总指挥兼武装党卫军上将。

苏军顽强地抵抗着。尤其是在"警卫旗队"师的正面，苏军的近卫步兵团寸土不让。最后，"警卫旗队"师第2装甲掷弹兵团第9连连长格奥尔格·卡尔克不得不做出决策。他带着几个部下，用炸药摧毁了敌人的5座掩体。随后，他率领全连冲入高地上迷宫般的战壕，撕开了敌人的防线。任务完成了！但他们的进攻远未结束！山丘后方，苏军新的防御体系又出现在他们眼前。

虎式坦克隆隆向前。反坦克步枪砰砰作响。掷弹兵们跃入战壕。机枪吼叫着。炮弹破坏着战壕和掩体。第一个小时的战斗表明，豪塞尔麾下的各师同样遭遇到精心准备、发挥良好的抵抗。

怎样才能迅速而又有效地摧毁苏军的防御工事呢？

在此期间，党卫军第2装甲军右侧，别尔哥罗德东南方，"肯普夫"集团军级支队的两个军渡过顿河，构建起一个小型桥头堡。3个步兵师和3个装甲师发起攻击，这3个训练有素的装甲师分别是第7、第19和第6装甲师。他们向东而去，为整个行动担任侧翼掩护，此外，他们还取道科罗恰（Korocha），沿顿涅茨河推进，以拦截正迅速逼近的敌军部队，防止后者投入到突破口的战斗中。

地形很艰难，苏军的抵抗也很顽强，肯普夫的部队只能获得缓慢的进展。这对曼施泰因的计划是个严重的威胁。

就在此刻，一个决定性转折出现在党卫军第2装甲军的战区内。很明显，苏军在防御的准备过程中，低估了该军所扮演的王牌角色。不管怎样，战役打响的几个小时后，战斗的进展与奇斯佳科夫中将曾预料过的情况完全不同。

德国人发起进攻的3个小时后，奇斯佳科夫仍坐在司令部的花园里，在一棵苹果树下享用他的第二顿早餐。他是个讲究饮食的人。卡图科夫将军带着他的军事委员会委员波佩利赶到司令部，以便了解整体局势的情况时，奇斯佳科夫愉快地邀请他们共进早餐。

带着一丝不快，波佩利在自己的回忆录中写道："桌上摆放着冷切羊肉、炒鸡蛋、一瓶冰冻伏特加（根据玻璃瓶上的凝露判断）、切成薄片的白面包……奇斯佳科夫把自己照料得很好。"

还没等羊肉和炒鸡蛋吃到嘴里，突然间响起了炮弹的爆炸声。苹果树上方腾起炮击产生的硝烟。德军炮兵！参谋长匆匆赶来汇报情况——按波佩利所说，是

"仓促而又紧张"——强大的德军已达成突破。

卡图科夫和波佩利跑向自己的汽车，轰鸣着离开，赶往坦克第1集团军的作战指挥部，以便及时发出警报。是时候了！肉眼已能辨别出德军的坦克。这些坦克排成数列，一行接一行向前逼近。队列的左翼像压路机那样穿过一小片茂密的榛树林。该死！这些德国人从哪里冒出来的？他们是如何穿过1英里深的防御带的？

奇斯佳科夫冲进屋子，寸步不离他的电话。此刻，他和他的参谋长所掌握的情况很不全面，但已经够糟糕的了。近卫第6集团军的防线，遭受到最沉重的打击是来自空中。德国人的斯图卡和轰炸机将苏军防御工事夷为平地。更糟的是，一种新式的小型高杀伤弹造成了灾难性后果，特别是对炮兵人员。

更糟糕的是，德国空军的对地攻击机以其机身上安装的20毫米机炮和反坦克炮，打垮了苏军坦克部队的反击，并为武装党卫军的进攻部队清理出一条通道。

通过这种方式，豪塞尔的进攻矛头经过几个小时的激战，在近卫步兵第52师的防区突破了近卫第6集团军的第一道防线。此刻，他们已冲至集团军战地指挥部前。

一名负伤的炮兵指挥员跟跄着冲入奇斯佳科夫将军的房间，报告道："我的团战斗了一个小时，将军同志，但三分之一的大炮已被摧毁。德国人的飞机投掷下大批小型炸弹，这种炸弹的杀伤效果惊人。他们的斯图卡控制着天空。他们在空中为所欲为，我们对此无能为力。"

"我们的飞机在哪里？"奇斯佳科夫怒吼起来，"3个航空集团军，还有远程轰炸机师，2500多架飞机，他们的指挥部都已进入库尔斯克突出部，可那些飞机在哪里？为什么没有按计划把德国空军的飞机炸毁在机场上？"

是啊，为什么呢？奇斯佳科夫当时并不了解库尔斯克上空所发生的情况，他不知道，苏联空军已沦为一个灾难性错误的牺牲品。

但是，苏联空军对库尔斯克前线后方的德军机场实施突然袭击的计划差一点就成功了。

3

普罗霍罗夫卡的坦克战

苏军的计划——德国人的王牌——日出时的空战——赫鲁晓夫的警告：接下来的
三天将很可怕——肯普夫为何没有赶到——滑铁卢时刻——罗特米斯特罗夫将军
的记述

1943年7月5日清晨，塞德曼少将①发觉灾难正不可避免地逼近。传令官冲进房间时，他刚刚穿好衣服："将军先生，有一份来自空中侦察部门的通报。"

塞德曼抬起头。"强大的敌空军编队正向哈尔科夫逼近。"

塞德曼瞥了眼手表，心里迅速盘算了一番。然后，他从衣架上取下自己的军帽和手枪皮套。"这可能会是一场灾难。"他喃喃地说道，快步向通讯掩体跑去。

此刻，屋外天色尚黑，但只要10~15分钟，黎明就将打破这片黑暗。10分钟内，第8航空军的飞机将从哈尔科夫周围的16个机场起飞。这简直不敢想象。

他的参谋人员已聚在通讯掩体中，电话听筒紧贴在各自的耳边。将军进来时，他们抬起头，就在这时，米高扬诺夫卡村（Mikoyanovka）的高射炮开火了，第8航空军的前进司令部就设在这里。

过了片刻，将军和他的军官们听到头顶上传来大股苏军飞机编队发出的低沉的轰鸣。他们正飞向哈尔科夫，赶往拥挤的德军机场。

在那些机场上，德国空军的斯图卡、轰炸机、对地攻击机以及反坦克机

_____

① 塞德曼少将时任第8航空军军长。

群——约800架飞机——刚刚进入起飞位置，准备拉开库尔斯克南部战线攻势的帷幕，他们将从空中发起毁灭性的打击，为霍特第4装甲集团军突破苏军强大的防御系统提供持续的空中支援。

计划是这样：德军的轰炸机和对地攻击机先在机场上空集结，一个编队接一个编队，然后，270架战斗机起飞，为这些攻击机提供掩护。

7月5日清晨的此刻，是第8航空军最脆弱的时刻。在这几分钟内，塞德曼庞大的机群毫无防御能力——跑道上挤满了轰炸机，而那些已升空的飞机尚未得到战斗机的保护。苏军最高统帅部巧妙地选择了这一精确时间，计划对"堡垒"行动南部战线的德国空中力量发起一场毁灭性的打击。这是个构思巧妙、精确计算的计划。在这里，"维特"宝贵的情报将结出最甜美的果实。

苏军的轰炸机群和战斗机中队从米高扬诺夫卡村的上空呼啸而过时，塞德曼和他的军官们立即意识到这一灾难性情况。将军和他的每一个参谋人员都知道，现在介入机场上正在进行的任务为时已晚。即将起飞的德国飞机将被苏军轰炸机炸毁在地面上，而已经起飞的飞机也会被苏军战斗机击落。

伴随着低沉的轰鸣，这场灾难正从10000英尺的高空逼近。苏军战斗机中队中，除了他们自己的米格和雅克，还有美国人提供的P-39"飞蛇"式战斗机。

黑暗中，这些来自空军第2和第17集团军的苏军飞行员从库尔斯克和奥博扬地区的机场起飞，有些甚至是从莫斯科南部地区而来。他们很有把握地飞行着，因为他们知道自己的计算准确无误。这次，他们将对过去几年中可怕的德国空军所实施的空中打击做出回敬。几分钟，只需要精确计算好的几分钟，就将确保库尔斯克突出部上空的胜利。

苏军的结论是，这一精心策划的胜利将使曼施泰因的部队丧失空中掩护，对手的立体攻势将被剥夺，甚至还没等德军掷弹兵跃出他们的战壕，库尔斯克南部战线的攻势便已遭到毁灭。

苏军是如何做出这一精准计算的呢？这个问题令塞德曼和他的军官们疑惑不已。为保守秘密，德国方面已采用一切预防措施和所有已知的技巧。当然，准备工作不可能瞒过苏军的空中侦察或德军内部的苏联间谍。机场无法被彻底伪装起来，尤其是数十个集中在一小片地区的机场。尽管如此，德国空军司令部还是尽一切可能地对1800架飞机、19000门重型和轻型高射炮以及紧贴在前线后方的300具探照灯进行了隐藏。

这可不是个简单的任务。毕竟，第1航空师将进入奥廖尔北部地区的阵地，而在南面哈尔科夫地区，拥有1185架飞机的第8航空军，以及获得一个高炮旅加强的第1高射炮军①同样将进入相应的位置。

在哈尔科夫地区，光是曼施泰因指挥范畴内的1200架飞机便需要16个机场。这是个危险的集结。

那些停在棚屋下的飞机尽可能地拉开相互间的距离，四周覆盖着临时搭建的防弹钢板。炸弹和燃料储存在壕沟内。伪装网和灌木丛提供了伪装掩护，每天还要从空中实施检查，这就使敌人的空中侦察愈发困难。

给苏军的侦察制造困难是可以做到的，但要将如此庞大的一支空中力量彻底隐藏起来却不可能实现。尽管德国人的大部分飞机直到进攻发起的前夜才进入前进机场，但这不大可能欺瞒过高效的空中侦察。另外，如果苏军通过元首大本营内精心组织的间谍活动来获知前线的秘密，德军的这些伪装措施又有什么用呢？

苏军知道德军这一攻势的日期和总体计划。他们非常清楚，地面行动将得到大规模空中打击力量的支援。对德军进攻重点的了解，再加上空中侦察的结果，使他们清楚地知道德国人为实施空中打击所进行的准备工作。

就在7月5日的第一道曙光升起之际，苏联空军第17集团军的轰炸机编队轰鸣着掠过塞德曼将军的战地指挥部，所有的一切都预示着苏军的计划即将获得成功。但他们的如意算盘却未能打响。这再次表明，任何军事计划中总是包含着某些未知因素。这次，统治库尔斯克上空的是日耳曼的女神。

德国空军被称为"弗莱娅女神"的雷达设备，在距离其60多英里的空中成功地发现了逼近中的苏联空军编队，包括对方的方位和高度。

安装在各机场的"弗莱娅"雷达及时发现了正在逼近的敌机编队。他们立即

---

① 第1高射炮军隶属于第4航空队，下辖第9、10、15、17四个摩托化高炮师。

将这个情况汇报给高炮部队以及战斗机群指挥部。哈尔科夫周围的机场以及别尔哥罗德四周的临时机场被这个消息震惊了。无须多问，各级指挥官都意识到即将发生些什么。

请示军部？不可能。保持无线电静默的命令早已下达。另外，询问军部又有什么意义呢？现在应该挑起责任，而不是提出问题。

各机场随后发生的一段战斗机编队领导与机场控制人员之间快速的电话交谈，成了证明军人技能的好例子。

"敌机来袭？"

"别管什么计划时间了。我们立即行动。紧急起飞！"

飞行员迅速奔向他们的飞机。片刻后，一架架战斗机颠簸着冲过临时跑道。引擎咆哮着，战斗机升空了。

这几分钟决定了战斗结果。德军战斗机冲出清晨的雾霭，从10000英尺的高度扑向苏军轰炸机编队。

在初升的阳光下，壮观的空战场面伴随着地面展开的作战行动。

对苏军战斗机而言，6000至10000英尺的高度尤为不利。在这种高度上，德国人的梅塞施密特明显比他们技高一筹。拖着火焰和浓烟，苏军飞机在爆炸中坠向地面。只有很少的轰炸机飞抵德军机场上空，不加瞄准地投下机载炸弹，造成的损失微乎其微。

这场空战刚一开始，苏军便损失了120架飞机。当天结束时，这个数据上升至432架，24小时后，苏军的损失又增加了205架。因此，塞德曼将军的第8航空军不仅成功击退敌人的空中偷袭，还赢得了南部地区的制空权。现在，没什么能阻止他的轰炸机和对地攻击机对苏军的防线实施猛烈的打击，为德军的地面进攻开辟出一条通道。

党卫军第2装甲军的上方，对别尔哥罗德—奥博扬公路上苏军斜向防线狂轰滥炸的斯图卡编队中，有一位交战双方都知道的著名飞行员——汉斯-乌尔里希·鲁德尔。交战的重点在哪里，他就出现在哪里。

党卫军第2装甲军的先头连冲入苏军近卫步兵第52师精心伪装的反坦克炮和炮

库尔斯克37英里
奥博扬
普肯尔河
1943年7月11日前库尔斯克南部战线
5 G.
谢伊莫河
近坦5集
斯科罗德诺耶

6 G.
1.T.
309R.
坦10军
244.8
帝国师
普罗霍罗夫卡
草原方面军
战略预备队

近坦5军
坦6军
7月10日起
上佩内
260.8
坦31军
格列兹诺耶
骷髅师
近坦5军
至7月9日

40
99R.
161R.
616R.
居尔特浦沃
机3军
坦2军
183R.
捷捷列维诺
10英里

佩纳河
别廖佐夫卡
718R.
卢奇基2号村
卢奇基1号村
近坦2军
69
92G.R.
勒扎韦茨
305R.
科罗恰

255
332
第52军
616R.
杜布罗瓦
雅科夫列沃
528R.
167
顿涅支河
375R.
上奥利哈涅茨
7 G.

3装师
GD
11装军
5G.Brig.
骷髅师
至7月8日止
167
375R.
375R.Brig.
948R.

48装甲军
沃尔斯克拉河
别廖佐夫
党装甲军
818R.
舍伊诺
6装师
7装师
730R.

第4装甲集团军
（霍特）
托马罗夫卡
亚斯特列博沃
78师
7月9日后

别尔格罗德
108
拉祖姆诺耶
156.R.

德军 苏军
军 军
师 师
6装师
3装军
19装师
6装师
7装师
19师
106
320
213R.
34R.

肯普夫
集团军级支队
第11军

▲ 第4装甲集团军麾下的各师距离奥博扬和普罗霍罗夫卡已不远，但"肯普夫"集团军级支队却无法跟上这一推进速度。霍特的右翼处在危险中。

— 53 —

兵阵地前方的镇子中。鲁德尔看见了埋在掩体中的T-34坦克，看见了76.2毫米口径的反坦克炮，也看见了迫击炮连以及大口径自行火炮，这种重型火炮发射的是152毫米口径的炮弹，库尔斯克战役中苏军首次投入这种大口径自行火炮。

别廖佐夫地区（Berezov）的这一阻碍，这个"抵抗中心"，必须被消除。

斯图卡俯冲而下，投下的炸弹撞向目标。鲁德尔看见敌人的一队坦克正在前进，但他的飞机上已没有炸弹，于是想起了用机载火炮打坦克的老办法。他这个构思将令苏军大为头痛。

与此同时，第一波次的对地攻击机从2500英尺的高度上赶到了。进入目标区域后，他们投下新式的SD-1和SD-2炸弹，这种炸弹带有一个或大或小的容器，外形看上去像是颗炸弹，但里面装的是180颗2公斤或360颗1公斤的小型子炸弹。这些容器在地面上方打开，像死亡之雨般落在敌人的阵地间飞溅出高爆碎裂的子炸弹。

这种炸弹对苏军造成了灾难性效果。苏军的反坦克炮阵地在很大程度上被这种攻击打垮。苏军近卫步兵第151和第155团据守的山丘和山谷变成一片火海。

上午11点，50辆德军坦克突破了近卫步兵第155团的防线，他们隆隆向西，冲至近卫步兵第151团的阵地前。掩护着别尔哥罗德—库尔斯克公路的苏军防线被撕裂。德军的攻击全速运行着。

7月6日中午，"元首"团拿下了卢奇基1号村（Luchki），这使得豪塞尔将军的党卫军第2装甲军深入敌纵深防区达20英里。奇斯佳科夫将军的近卫第6集团军被撕开个大缺口，他们的防线像扇谷仓门那样被踢开。此刻，豪塞尔将他手里的一切都投入到这扇大门中，他们的攻势像闪电战鼎盛时期那样全力向前。

7月7日，德军的坦克和突击炮越过卢奇基2号村——捷捷列维诺（Teterevino）公路。各营向东西面散开，进入到开阔的空间。现在，"警卫旗队"师的一部和"骷髅"师的几个团对准了普肖尔河河曲部，并在格列兹诺耶（Greznoye）杀入到河前方苏军最后的防线中。

冲在最前面的是党卫军第1装甲团第6连的坦克。指挥该连的是鲁道夫·冯·里宾特洛甫，他是德国外交部部长的儿子。里宾特洛甫的坦克冲在全连最前方，并朝格列兹诺耶方向打开一条通道。现在，"德意志"团的突击队和"元首"团的各连隆隆向东，对普罗霍罗夫卡发起攻击。大炮和迫击炮为他们向普肖尔河与顿涅茨河之间狭长地带的突击提供着支援。

苏军沃罗涅日方面军司令部被这一突如其来的战况打懵了。实在无法用其他字眼来描述——近卫第6集团军的防线已被打垮，只剩下零星的抵抗仍在坚持。

方面军司令部下达给各集团军司令员的一道命令揭示出形势危急的程度。这份由方面军司令员瓦图京和军事委员会委员尼基塔·赫鲁晓夫共同签署的命令上写道："决不能让德国人突破至奥博扬！"

卡图科夫将军的坦克第1集团军也收到了这一指令。集团军参谋长沙林将军读出这道命令。卡图科夫立即将两个摩托化步兵团投入到近卫第6集团军前线的缺口中。坦克第1集团军军事委员会委员波佩利在他的回忆录中写道："两个小时后，这两个团只剩下个空番号。"

当晚，赫鲁晓夫亲自赶到坦克第1集团军司令部。"接下来的两到三天将很可怕，"他说道，"我们要么守住，要么被德国人夺取库尔斯克。敌人正在孤注一掷。对他们来说，这是个生死攸关的问题。我们要让他们碰个头破血流。"

当晚举行的情况通报会上，沙林少将做出了冷静的判断："我们正面临着敌人一个前所未有的坦克集结强度。这是他们的老战术。但这次，他们的坦克先头部队由虎式、黑豹以及大量突击炮为首。我方T-34坦克的主炮无法射穿法西斯钢铁巨兽的正面装甲。"沙林根据十来份报告指出了另一点：德国空军投入了新式的对地攻击机，配备着反坦克炮。这些飞机就像是一门飞行中的反坦克炮，像扑向鸡窝的老鹰那样从空中冲向苏军坦克。因此，苏军坦克部队的反击被这种飞机的突然袭击所打垮。格特曼的坦克军[1]遭受到严重损失。在很短的时间内，一架德军的"坦克破坏者"便击毁了该军的12辆T-34。

一名苏军炮兵观测员所做的描述听上去简直令人难以置信：发起攻击的斯图卡从苏军毫无戒备的坦克队列上方大约2500英尺处俯冲而下，直到距离最后一辆坦克还有15英尺时，飞行员才将飞机拉起。伴随着机炮的轰鸣、闪烁和爆炸声，这架德军飞机穿过遇袭的T-34冒起的滚滚浓烟飞离。片刻后，它再次俯冲而下。

---

[1] 格特曼指挥的是苏军坦克第6军。

这架飞机总是从后方而来。苏军坦克一辆接一辆地被它的机载火炮击毁，每次都被命中最脆弱的部位——发动机舱，其结果是，被击中的坦克当即发生爆炸。

沙林将军当时并不知道完成这一壮举的德军飞行员究竟是谁。其实他就是汉斯-乌尔里希·鲁德尔，他迅速将7月5日执行完第一次任务返航后产生的想法付诸实施。此前，他曾在克里木尝试过这种战术，而那架老式的试验机尚在，于是他下令将这架安装着反坦克炮的斯图卡调来。

就是在这里，在库尔斯克突出部，鲁德尔的"坦克破坏者"飞行队诞生了——携带着37毫米反坦克炮的斯图卡。他们与新型双引擎装甲对地攻击机Hs-129相配合，在库尔斯克的坦克大战中取得了惊人的成就。

7月7日，这场大战的第四天，豪塞尔武装党卫军的左翼，第48装甲军战区内的进展依然顺利。拂晓时，"大德意志"师的掷弹兵夺取了杜布罗瓦（Dubrova）。

但从进攻发起的第一天便缠绕着"大德意志"师"黑豹"坦克的厄运并未结束。劳赫尔特的"黑豹"旅再度误入雷区，损失相当惨重。

"大德意志"装甲团的第2营，在冯·戈特贝格上尉的带领下挽救了形势。该营的坦克冲过雷默的掷弹兵营，进攻得以再度继续。燧发枪手团也从"大德意志"师左翼的沟壑中发起冲锋。经过一场大胆、协调一致的行动，克里沃申机械化军的主防线被撕开。部署在克里沃申前方的近卫第6集团军，被打垮的残部仓促后撤，结果被德军炮火逮住，损失极为惨重。克里沃申的旅和相邻的坦克第6军无法阻止这一恐慌和崩溃。他们向佩纳河沿岸的瑟尔特谢沃（Syrtsevo）退去，这是奥博扬城外苏军最后一道防线上的最后一个据点。河流屏障和筑垒地域能阻止西翼德军的推进吗？克里沃申将军对此并不抱太大的希望，特别是因为德军第11装甲师已穿过别尔哥罗德—库尔斯克公路，并拿下了这条重要公路东面的林间空地。

防线后一个小小的掩体内，克里沃申将军聆听着匆匆赶来的传令兵的汇报，"库宁营里的第3连，军官已损失殆尽。现在负责指挥的是诺佳耶夫中士。""第30旅的指挥部被一发炮弹直接命中。大多数军官当场阵亡。旅长身负重伤。"

这些并不是单独的例子。在其他一些防线上，例如机械化第45营，情况更为糟糕：阵亡、负伤、被俘、被打垮。

克里沃申将军打算立即从瑟尔特谢沃要塞发起一次强有力的坦克反击。7月8日，星期二，又是酷热的一天。苏军的40辆T–34坦克隆隆驶出小镇。但他们不幸落入到施特拉赫维茨伯爵的装甲群以及虎式坦克连的视线中。随即爆发了一场激烈的对决。10辆T–34坦克被德军虎式坦克所击毁。

在德军看来，苏军坦克旅的后撤就像是一声前进的号角。"大德意志"师的各个团跟随着第3装甲师的部队向前涌去，临近中午时，他们冲入了戒备森严的瑟尔特谢沃镇。苏军被迫退至河对岸。

与此同时，"大德意志"师装甲侦察营，在韦特延少校的带领下，已向着更北方推进。苏军坦克第6军强有力的坦克战斗群，以10辆、20辆甚至是40辆钢铁巨兽从东北面杀来。由于德军侦察营未能迅速冲过河上薄弱的桥梁，师部决定让该营据守在上佩内（Verkhopenye）前方的一个半圆形防御圈中，以掩护全师的右翼。在这里，韦特延少校等待着敌人的坦克突击。幸运的是，他有一个突击炮营的协助。

弗朗茨少校是一名经验丰富的突击炮指挥官，他率领自己的突击炮营冲向正迅速逼近的苏军坦克群。随后而来的这场激战中，战术技能挫败了数量和火力上的优势。弗朗茨带着他的突击炮进入有利阵地，并诱使苏军落入到巧妙布设的陷阱中。

为营长的突击炮担任无线电操作员和装弹手的是艾伯哈德下士。从年龄上看，他几乎还只是个大男孩，但今天，他扮演着行家的角色。这是他第一次参加战斗。24小时前，他在日记中写道："我们驻扎在一片茂密的森林中。我读着荷尔德林的诗歌。"但此刻的语言已不再是诗句。"舱盖关闭！"突击炮的内舱昏暗一片，艾伯哈德下士将通讯电码贴近眼前。

"钉子呼叫，钉子1号，请回复！"

"钉子1号收到，请回复！"

艾伯哈德下士随即口述道："4—18—7—21—4—18—3—9—1……"他的左脚被夹在两发穿甲弹之间，右脚搁在一些着发引信上。和以往一样，车长往车内多塞了7～8发炮弹。

突击炮的阵地变换至反向斜坡上的另一处，这使他们得以将头伸出舱盖外，呼吸了一阵新鲜空气。他们的目光注视着一片和缓的、覆盖着青草的山坡，一片向日葵地和一小段道路。但在他们前方，此刻已出现遮天蔽日的尘埃。命令被下达："关闭舱盖！通告全营。T-34坦克的楔形队列正在逼近！攻击点位于我方阵地前方，公路西面。"

艾伯哈德发出信息。弗朗茨少校已将陷阱布设完毕。"钉子1号，做好准备。钉子3号，立即回复钉子。"

快速而又连续的信号构成了一张将苏军的进攻囊括其中的大网。当然，对艾伯哈德这位年轻的下士来说，这更像是在观看一出帷幕即将落下的歌剧。他的任务是将少校简短、快速的单词和命令转换为从1至26的数字。他顺利地完成了这一切，任务之简单差点要让他笑出声来。他的脑中闪过一个念头，这就像在考试前叽里咕噜地说出一堆不规则动词那样。

他呼叫着钉子2号和3号。他用数字控制着他们，也用数字向他们发出警告。通过耳机中传来的一连串数字，以及车长、火炮瞄准手和驾驶员之间简短的交流，他试着为自己拼凑出整场战斗的画面。

除T-34坦克外，俄国人还投入了少量新型的美制三号坦克[1]。第2连报告说已击毁敌人6辆坦克。战绩最佳的是森克比尔的排，他们干掉了4辆坦克。但在营长的突击炮前，并未出现任何敌人。这场战斗的范围超过1英里。突然，交战距离再度拉近，T-34坦克的身影出现了。

一群T-34坦克和一辆美制三号坦克向着斜坡迅速逼近。舍夫勒中士的眼睛紧贴着驾驶员的护目镜。火炮瞄准手从容冷静。"开炮！"

苏军坦克一辆接一辆地被德军突击炮的75毫米主炮所击毁。苏军指挥官一次又一次发起进攻。截获的无线电通讯表明，他们已接到命令，不惜一切代价突破德军防御。俄国人发动了7次进攻，7次顽固地撞入弗朗茨少校的陷阱中。

3个小时后，35辆被击毁的坦克散落在战场上。只有5辆严重受损的T-34坦

---

① 这里的三号坦克指的可能是美制M3"李将军"重型坦克。

克，踉踉跄跄地驶离硝烟弥漫的战场，躲避到一片小树林中。

弗朗茨少校得意地向师部汇报："击毁35辆敌坦克，我方无一损伤。"

通往佩纳河上游上佩内的道路肃清了。

上佩内沿佩纳河两侧延伸出去数英里。由于河上的桥梁非常重要，这座城市的防御极为严密。

赫恩莱因将军把他的师转向西面。夜间，在最后几辆"黑豹"坦克的掩护下，该师的掷弹兵冲过教堂，夺下镇子的东部。他们已到达佩纳河。

7月9日，这座小镇的西半部以及佩纳河上的桥梁也落入到德国人手中。第3装甲师的第6装甲团和搭乘摩托车的步兵将敌人逐出阵地。四号坦克与反坦克炮、"黑豹"与T–34坦克之间的对决构成了这场战斗的特点。

佩纳河上的桥梁已被破坏，但第39工兵营的第2连和桥梁修建支队在夜间以创纪录的速度修复了这座桥梁，到第二天上午前，他们还搭建起另一座16吨的桥梁。履带式车辆可以渡河了。

现在到了决定性时刻。

7月10日早上，施密特–奥特上校带着他来自诺伊鲁平的第6装甲团，从258.5高地向南推进。与此同时，韦斯特霍芬中将派出他的掷弹兵、摩托车步兵、炮兵、突击炮、工兵和反坦克炮，在韦尔曼中校[①]的带领下渡过河去。这支战斗群在敌人的后方发起攻击，随即拿下别廖佐夫卡（Berezovka）的制高点。

经历了很长一段时间后，苏军战俘队列向德军后方跋涉的情形再次出现。第3装甲师的战区内俘获了2000多名苏军俘虏。

奥博扬公路的东面，席梅尔曼伯爵率领的第11装甲师装甲战斗群投入了行动。在斯图卡的支援下，260.8高地被德军夺取。沿着公路，"大德意志"师燧发枪手团搜索前进，随即拿下位于公路上的244.8高地。

就这样，奥博扬接近地的制高点落入德军手中，同时，他们还深深地突入到

---

① 韦尔曼中校时任第3装甲掷弹兵团团长。

苏军防线中。从高地上可以清楚地看见普肖尔河河谷中的情形,这条河是库尔斯克这一侧的最后一道天然屏障。透过望远镜,奥博扬的塔顶出现在稀薄的雾霭中。奥博扬就是德军的目标。

目标几乎近在咫尺,只有12英里。在正常情况下,对一支快速部队来说,这是一段很短的距离。第48装甲军能完成这最后的推进吗?

按照霍特精心制订的计划时间,以下情况应该已经发生:第48装甲军向奥博扬攻击前进,并夺取普肖尔河渡口。其主力向东推进,并在冲向库尔斯克之前,与豪塞尔的党卫军装甲军配合,击败逼近普罗霍罗夫卡狭长地带的苏军战略坦克预备队。

这就是霍特的计划。

为掩护自己作战行动的东翼,并防止苏军从草原方面军抽调坦克部队从东面赶赴战场,霍特曾打算在行动开始时,让"肯普夫"集团军级支队进入普罗霍罗夫卡东面的狭长地带,那里是谢伊姆河和顿涅茨河的发源地。

但霍特的如意算盘中有个问题。肯普夫在哪里?布赖特的第3装甲军本应渡过顿涅茨河后到达瓶颈地带,并迅速向北推进,可他们现在又在哪里?来自威斯特法伦的第6装甲师,来自图林根的第7装甲师,来自下萨克森的第19装甲师,这些经验丰富的装甲部队在哪里?

无论他们在哪里,反正7月9日时,他们没有依照霍特的计划安排出现在他们应该出现的地方。

那么,他们为何没有出现在自己该在的位置上呢?对这个关键问题,那些由出色的指挥官所率领的久经沙场的部队的战时日志中提供了一个戏剧性答案。敌人顽强的抵抗阻挡了这些师的前进。苏军挖掘了狭窄的战壕,其深度超过一个人的高度,面对这样的战壕,德国人的火炮轰击收效甚微。此外,布满地雷的地面也造成了困难。

他们刚刚在拉祖姆诺耶(Razumnoye)南面渡过顿涅茨河,各个团便与苏军坦克部队发生了激烈的战斗。来自埃朗根的第25装甲团最终赶到后,第7装甲师的掷弹兵们才松了口气。率领着长长坦克队列的是阿达尔贝特·舒尔茨中校的指挥坦克。

阿达尔贝特·舒尔茨中校①被大家称为"装甲舒尔茨"，他赶到哪里，便给哪里带去信心。掷弹兵们知道，无论在什么情况下，他都不会犯错。此刻，他们看着他做好了投入战斗的准备。扇形散开，舱盖关闭，队伍摆出一个宽大的楔形向前推进，最前方的坦克已在开炮射击。

舒尔茨率队冲入苏军坦克的集结地。敌指挥官显然缺乏实战经验，他紧张地指挥着自己的部队，完全丧失了全局观。夜幕降临时，拉祖姆诺耶周围的战场上，散落着34辆起火或闷烧着的T–34坦克。34，这是个有趣的数字。

但一股强大的苏军在高地山脊的茂密树林中建立起牢固且伪装出色的阵地。第7装甲师遭到纵射炮火的打击，装甲团无法提供帮助。

但部队必须前进，否则，整个作战计划将受到影响。曼陀菲尔②进行了重组。7月8日，他集中兵力，在顿涅茨河后方的山脊上，成功突破了苏军的屏障。

布赖特将军立即对这一成功加以利用。由于第6装甲师无法按预定时间在别尔哥罗德渡过顿涅茨河上的桥梁，故此他没有犹豫太久。"战线前伸至何处，我们的主攻就应该出现在何处。"他对自己的参谋长默克上校这样说道。于是，他将第6装甲师也投入到第7装甲师的攻击区中。

现在，两个装甲师向东北方扑去。在他们左侧，第19装甲师也在推进。而第168步兵师则沿顿涅茨河向前冲杀，该师的任务是为第3装甲军敞开的侧翼提供掩护。

沿着一个宽大的正面，装甲团为掷弹兵的前进肃清了道路。"装甲舒尔茨"居右，冯·奥佩伦-布罗尼科夫斯基上校带着他来自帕德伯恩的第11装甲团居左。冯·卡格内克伯爵的第503虎式坦克营位于两个团之间。这支由240辆坦克组成的装甲大军向敌军阵地冲去。

但在顿涅茨河东面，苏军同样精心构建了纵深梯次配置的防区。到处都是反坦克炮阵地、雷区和防坦克壕。另外，那里还有些棘手的沼泽地。

---

① 舒尔茨是德军27位骑士铁十字勋章橡叶双剑钻石饰获得者之一，1944年1月阵亡于舍佩托夫卡，最终军衔为少将。

② 曼陀菲尔并未参加库尔斯克战役，此时的第7装甲师师长仍是丰克。1943年8月20日，曼陀菲尔正式接掌第7装甲师。

布赖特是一名经验丰富、精明的装甲部队指挥官，他意识到，在目前这种状况下，自己无法按计划时间以足够快的速度向东推进到足够远的深度。因此，他做出了此刻唯一正确的决定：7月8日，全军向北前进。

在亚斯特列博沃（Yastrebovo）附近的一条小山沟中，布赖特遇到了第6装甲师师长。2辆指挥坦克停在路旁。

地图在机动装甲通讯车的舱内摊开。军长的手从地图上拂过："许纳斯多尔夫，您将向北突击，并达成突破。您的部队将给敌军的主防区造成崩溃。"

瓦尔特·冯·许纳斯多尔夫——德国国防军中最大胆、最富有经验的坦克指挥官之一——转身离去。他打垮了苏军的防御阵地，击退了苏军坦克部队在梅列霍沃（Melekhovo）附近发起的一次反击，并与第19装甲师相配合，包围了苏军的两个步兵师。

前进！没有丝毫的停顿，第6装甲师向顿涅茨河上游冲去。他们能及时赶至普罗霍罗夫卡吗？

苏军最高统帅部意识到德军沿作战区域侧翼实施这一强有力的推进所形成的威胁。斯大林下令将自己的战略预备队从遥远的草原方面军调出，以强行军赶往普罗霍罗夫卡。他们能及时到达吗？

波德戈尔本斯基中尉跳起身敬礼，目不转睛地望着将军惊慌失措的背影。

从来没有人见过这种状态下的参谋长。他通常都是个冷静、不露声色的人，没什么会让他心烦意乱。但此刻，他气喘吁吁地跑过坦克第1集团军前进指挥部所在的小山沟，脸色发青，军帽也没戴。他冲上山坡，向一片小树林跑去，消失在茂密的灌木丛中。

山坡上有一个炮兵观察哨。一个小时前，卡图科夫将军和尼基塔·谢尔盖耶维奇·赫鲁晓夫便已来到这里。可当沙林少将穿过树枝和树叶的伪装，冲入哨所时，只有赫鲁晓夫在屋里。卡图科夫已赶往坦克第6军的指挥部。

"怎么了？"看见沙林慌慌张张的样子，赫鲁晓夫狐疑地问道。

参谋长沙林仍在大口喘气，他一言不发地将一张纸递给赫鲁晓夫，这是一份打印的电文，来自切尔尼延科夫将军的坦克第31军。

赫鲁晓夫读道："防区被突破。无法阻止部队的溃退。乌瑟乔夫。"灾难！

一场灾难记载在这18个字中。

"他是谁？"赫鲁晓夫问道，他的手指激动地敲击着电文的签名。

"乌瑟乔夫中校是坦克第31军的通讯主管。"沙林回答道。

"要是他的报告正确无误，那就没什么能阻止德国人在坦克第1集团军后方强渡普肖尔河了。"赫鲁晓夫喃喃地说道。尽管没说出口，但他的看法是：如果德军对坦克第1集团军身后发起打击，那么，苏军沿库尔斯克南部战线所做的防御必将崩溃。库尔斯克战役将就此结束，而胜利属于德国一方。

赫鲁晓夫派出坦克第1集团军军事委员会委员波佩利将军，让他去找切尔尼延科夫将军。与此同时，赫鲁晓夫带着沙林跑入山沟中的集团军司令部，给坦克第1集团军麾下的各军各旅下达了严厉而又充满威胁的命令，以阻止部队的后撤，阻止怯懦和失败主义行为。

随后，他又提醒沃罗涅日方面军司令员瓦图京。瓦图京立即答应马上采取措施，以对付来自豪塞尔武装党卫军第2装甲军的主要威胁，他做到了这一点。

苏军近卫坦克第2军有一个战斗群被部署在戈斯季谢沃（Gostishchevo）附近，就在别尔哥罗德东北方的缺口处，此刻，肯普夫将军麾下的部队尚未进入这一缺口。该战斗群被安排在这里的目的是阻止肯普夫的推进，但现在，值此危急关头，瓦图京将他们抽调至西面。

村东面的一片小树林中，60辆T-34坦克和几个步兵营进行着集结。中午时刻，这支队伍出发了。他们向豪塞尔毫不知情的装甲军的纵深侧翼而去，向别尔哥罗德—奥博扬公路而去，向党卫军第2装甲军的补给线而去。

德国方面，只有一双眼睛发现了这场逼近中的灾难。7月8日上午，布鲁诺·迈尔上尉正带着3架"坦克破坏者"对地攻击机，在戈斯季谢沃的树林上空执行侦察任务。他知道在这片复杂的地形中，党卫军装甲军必须获得空中护卫，否则，地面部队会遇到某些令人不快的意外。

迈尔的目光扫过林间空地和小山谷。

迈尔操纵着飞机倾斜向下，尽量靠近树梢，此刻已不再有任何疑问：从树

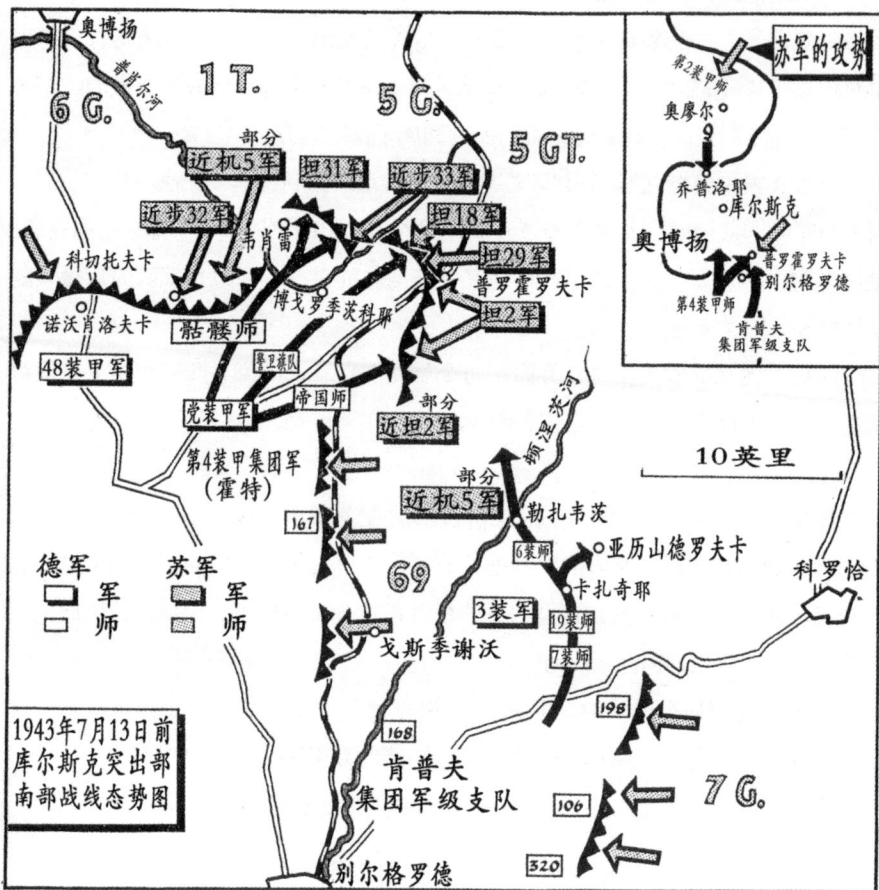

地图标注文字：

奥博扬
普肖尔河
1 T.
5 G.
6 G.
5 GT.
部分
近机5军
坦31军
近步33军
近步32军
坦18军
科切托夫卡
韦肖雷
坦29军
诺沃肖洛夫卡
骷髅师
博戈罗季茨科耶
普罗霍罗夫卡
警卫旗队
坦2军
48装甲军
帝国师
党装甲军
第4装甲集团军（霍特）
近坦2军
部分
167
近机5军
部分
普肖尔河
勒扎韦茨
亚历山德罗夫卡
6装师
科罗恰
69
3装军
19装师
卡扎奇耶
7装师
戈斯季谢沃
198
168
肯普夫集团军级支队
106
7 G.
320
别尔格罗德

右上角插图：
苏军的攻势
第2装甲师
奥廖尔
乔普洛耶
库尔斯克
奥博扬
普罗霍罗夫卡
别尔格罗德
第4装甲师
肯普夫集团军级支队

图例：
德军　苏军
军　军
师　师

10英里

1943年7月13日前库尔斯克突出部南部战线态势图

▲德军与苏军的主力实力相当，在普罗霍罗夫卡发生激烈的冲撞。这一平衡将被肯普夫将军的侧翼攻击所打破。

— 64 —

林隐蔽处出现的是苏军步兵队列。隆隆作响的坦克紧随其后。10辆、20辆、30辆……越来越多的坦克从树林中出现，汇入到一个宽大的楔形队列中，轰鸣着向西而去。

迈尔上尉出席过在第8航空军司令部召开的会议，故而对战地情况非常了解。他立即意识到，苏军的这一举动，对党卫军第2装甲军的侧翼纵深是个极大的威胁。他还意识到，现在轮到他大展身手了！

他指挥的第9对地支援联队第4大队（坦克破坏者）驻扎在米高扬诺夫卡。那里的机场上有68架崭新的亨舍尔Hs-129对地攻击机。这种飞机上，除安装有机枪外，还有一门30毫米火炮。他们是"堡垒"行动中的"飞行反坦克炮"。

现在是个机会，可以测试这种新式武器。迈尔用无线电通知大队里的地面控制人员，命令各中队迅速起飞，每个中队配有9架Hs-129。

第一个中队迅速爬升时，迈尔用无线电对飞行员下达着指令。随即，一场历史性战斗开始了：空中力量凭一己之力对付一支大规模坦克部队，这在军事史上尚属首次。

德军飞机从低空发起攻击。他们像鹰那样，从后面和侧面扑向苏军坦克，机载火炮吼叫着，闪烁着。一次、两次、三次。直接命中！爆炸！起火！火焰中，遭到重创的苏军T-34坦克在战场上东突西蹿。

在这些从低空发起攻击的亨舍尔"坦克破坏者"之间，德鲁切尔少校的"福克-沃尔夫"对地支援大队对苏军步兵队列发起攻击，并用高爆弹轰炸了对方仓促架设起的高射炮。

这是一场飞机所主导的战斗。苏军的坦克无法对付这一陌生的攻击者。这些坦克乱成一团，轻而易举地沦为迈尔"坦克破坏者"轻而易举的猎物。

一个小时后，苏军的这个旅被粉碎。50辆坦克散落在战场上，不是被烧毁就是严重受损。甚至还没等党卫军第2装甲军和第4装甲集团军意识到，豪塞尔侧翼纵深所受到的威胁便已被消除。

但赫鲁晓夫也取得了一场胜利——他战胜了坦克第31军的恐慌情绪。波佩利将军带着2名政治委员匆匆赶至切尔尼延科夫将军的作战区域，很快便遇到科诺瓦洛夫中校撤下来的坦克旅。波佩利让部队停下，命令他们掉转身，再次向前线而去。

至于坦克第31军的军长，波佩利在前线的一个前进指挥部中找到了他。他已聚集起几个团的兵力。

尽管全军仍有些混乱，许多阵地都已被放弃，但恐慌终于被制止。反坦克炮第29旅掩护着他们后撤，并使临时防御阵地得以重建。最不利的局面已被避免。但情况已经够糟糕的了：豪塞尔的装甲部队正全力追赶后撤中的苏军。

莱克斯上尉带领着"元首"装甲掷弹兵团第3连，冲过前线上的一个缺口。突然，他发现自己正位于一座精心构建的敌指挥部前，这是一个苏军步兵旅的指挥部，里面的工作人员措手不及，大多数人束手就擒，包括旅长和他的参谋人员，还有一个旅部直属连。

党卫军"骷髅"师，数天来一直被牵制在全军的右翼，抗击着苏军的反击，现在终于被匆匆调上来的第167步兵师的部队所接替。

来自巴伐利亚的第167步兵师，在特里尔恩贝格中将的指挥下，径直穿过补给车队向东而去，并沿别尔哥罗德—库尔斯克铁路线占据了防御阵地。卢奇基1号村北面至关重要的高地上，第238炮兵团轻型和重型火炮连的观测员们指引着团里的大炮，对一次次发起猛攻的苏军步兵旅展开炮击。在一个不到300码的狭窄正面，苏军试图强行达成突破。

但第167步兵师守住了——在很大程度上，这归功于他们的炮兵。维德上尉指挥着他那马拉105毫米榴弹炮连，用猛烈的火力对德军战壕前沿以及进攻中的苏军部队实施精确炮击。他们进行的火炮瞄准工作，简直就像是靶场上的实弹演练。炮火相当准确。

多亏了这一防御，豪塞尔将军才得以将他的几个摩托化营沿"警卫旗队"与"帝国"师之间的结合部，向北渡过普肖尔河。"骷髅"师辖下的党卫军第6装甲掷弹兵团第3营，在卡尔·乌尔里希中校的率领下，冒着河对岸高地苏军致命的大炮和迫击炮火力，夺下了这一重要地段的渡口。就在德军的进攻遭遇猛烈的拦截炮火而苦苦挣扎之际，乌尔里希亲自率领部下向前冲去，于1943年7月10日晚攻入"红十月"村（Krasnyy Oktyabr），并在河对岸构建起一个小小的桥头堡。面对苏军步兵和坦克的猛烈反击，他们牢牢地守住了这座桥头堡。

就这样，"骷髅"师于7月11日，在博戈罗季茨科耶（Bogoroditskoye）与韦肖雷（Veselyy）之间的河对岸获得了一个桥头堡。苏军最高统帅部严令决不允许发生的情况发生了——库尔斯克前方的最后一道天然屏障已被德军征服。

与此同时，铁路线与普肖尔河之间的"警卫旗队"和"帝国"师，正向普罗霍罗夫卡推进。

此刻，苏军坦克第1集团军司令员卡图科夫将军正处在困难中。随着近卫第6集团军的崩溃，他不得不调集手上所有的力量发起一次反击，同时，上级还期望他能阻止德国人向奥博扬的推进。但此刻雪上加霜的是，他自身的部队也正饱受着重压。

他别无选择，只能将匆匆赶到的预备队一个接一个地投入战斗，这些提供给坦克第1集团军的战略预备队是为了让该集团军发起计划中的反击。

其结果是一场灾难。7月11日，不仅近卫第6集团军被打垮，坦克第1集团军也遭到重创，而仓促调来的近卫第5集团军则被零零碎碎地消耗殆尽。

卡图科夫中将的集团军司令部里，赫鲁晓夫像个警察那样坐在他对面，命令道："守住！守住！守住！"

每隔一个小时，他便会拨通方面军司令部的电话，不耐烦地询问："草原方面军的预备队何时能赶到？近卫坦克第5集团军的那些坦克军在哪里？"

"他们正在路上。"瓦图京将军向他保证。事实上，他们确实正在赶来。他们正迅速赶往那片狭窄地带，赶往普罗霍罗夫卡。

对整个"堡垒"行动而言，决定性时刻正无情地到来。

北部战线，德国第9集团军的战场上，莫德尔同样于7月11日在乔普洛耶突破了苏军最后的防御。因此，他重组了自己的部队，将所有预备力量都投入到第46装甲军的行动区域内，并将7月12日定为发起决定性突破的进攻日期。

各级指挥官等待着进攻时刻的到来。他们将集中起装甲部队，在乔普洛耶与库尔斯克公路间达成突破，然后向前疾进，与霍特从南面而来的部队会合。

这是个精心策划、协调一致的行动。霍特大将同样打算在7月12日取得决定性进展，赶在苏联草原方面军将新锐预备队前调并投入战役前，在普罗霍罗夫卡的狭窄地带歼灭卡图科夫将军的坦克部队。

这个计划能获得成功吗？

答案取决于"肯普夫"集团军级支队麾下的第3装甲军。该军正在顿涅茨河东面战斗。曼施泰因在战役开始时给该军下达的任务是："朝科罗恰方向迅速推进，攻击并歼灭预计将从东面和北面而来的敌军。"换句话说，肯普夫的3个装甲师将拦截苏军近卫坦克第5集团军，阻止对方与卡图科夫的坦克集团军会合，从而确保霍特的侧翼安全。

这就是曼施泰因惯用的装甲战术。再一次，如同军事史上多次发生过的那样，一个决定整场战役后续进展的重要决策将取决于时间，取决于短短的一天或一个小时。"滑铁卢的历史性时刻"在普罗霍罗夫卡重现了！

1815年6月18日的滑铁卢战役中，如果格鲁希元帅能及时赶到战场，他的侧翼攻击很可能会让整场战役向有利于拿破仑的方向发展——这一进攻的用意是为了防止普鲁士军队与英国军队会合。

普罗霍罗夫卡的战略形势与之非常相似。在这场战役中，实力相近的双方相互冲杀，而计划中由肯普夫的第6、第7和第19装甲师发起，并获得一个突击炮营和第503重装甲营加强的侧翼攻击，将起到决定性作用。

7月11日，肯普夫的先头部队已位于北顿涅茨河河岸，距离普罗霍罗夫卡这一决定性地点仅有12英里。不利的河谷地形所造成的艰难作战条件，再加上苏军顽强的抵抗，拖缓了肯普夫的计划时间，但最终，他们的形势似乎开始好转。贝克上校[①]率领的第6装甲师先遣支队准备渡过顿涅茨河上游。第7和第19装甲师也赶了上来。这就意味着他们总共有300多辆坦克和突击炮，这是一股强大的突击力量。如果这股力量能及时投入到即将到来的坦克大战中，肯定能为霍特确保战斗的胜利。

双方的赛跑开始了。7月11日夜间，罗特米斯特罗夫将军的近卫坦克第5集团军出现在普罗霍罗夫卡的狭窄地带，他的集团军下辖坦克第17[②]和第29军，另外

---

① 如果这里指的是第6装甲师第11装甲团第2营营长贝克的话，那么，他此时的军衔应为少校，准确地说是预备役少校，因为他入伍较早，1937年再度从退伍状态被召入预备役，故有此军衔。

② 此处原文有误，近卫坦克第5集团军下辖坦克第18、第29军以及近卫机械化第5军，另外还加强有近卫坦克第2军和坦克第2军。

还包括近卫机械化第5军。罗特米斯特罗夫手上有850辆坦克，这些坦克几乎都是T–34，也有些重型的Su坦克，这种安装着122或152毫米主炮的自行火炮被当作突击炮使用。

此刻，面对苏军的坦克大军，霍特只有豪塞尔装甲军的600辆坦克，尽管某些连队配备了重型虎式坦克。但如果加上肯普夫将军的装甲力量，他将在坦克数量上压倒俄国人。

沃罗涅日方面军司令部中，瓦图京、赫鲁晓夫和他们的参谋人员站立在作战态势图前。每个人都知道，这场战役的决定性时刻即将到来。

"无论其他集团军的情况如何，我们得用近卫坦克第5集团军对豪塞尔发起打击。"瓦图京将军说道。他是苏军高级指挥员中最出色的将领之一。他意识到，时间在豪塞尔一面。

但军事委员会却持不同的看法：过去几天的激战，坦克第1集团军和近卫第5集团军遭受了严重的损失，应该等他们重组后，再派他们跟近卫坦克第5集团军一同对豪塞尔强大的部队发起反击。

最终，瓦图京和赫鲁晓夫的意见占了上风。他们的理由是："如果再等下去，肯普夫的部队将会赶到。我们不得不同时对付豪塞尔和肯普夫。换句话说，我们将处于前后迎敌的险境。"

这就是滑铁卢战役的形势。当时，1815年6月18日中午，法军在佳盟（Belle Alliance）一次次猛攻英军阵地。湿漉漉的山坡上倒着成千上万具尸体。双方都已筋疲力尽。拿破仑和惠灵顿焦虑万分。他们都知道，谁先得到援军谁就将获胜。惠灵顿等着布吕歇尔，拿破仑则在等待格鲁希。拿破仑一次次紧张地端起他的望远镜，一次次派出传令兵。如果格鲁希元帅能及时赶到，奥斯特里茨的荣耀将再度照亮法国；如果他没能赶到，一切都将输掉。

滑铁卢战役的这一状况在普罗霍罗夫卡重演。1943年7月12日上午，豪塞尔的装甲部队驶入普罗霍罗夫卡的狭窄地带，罗特米斯特罗夫纵深梯次配置的坦克迎头而上。两支庞大的坦克部队被尘埃和硝烟所笼罩，在一片狭小的空间里，轰鸣着向对方冲去。军事史上史无前例的一场坦克大战拉开了帷幕。如此规模的坦克战，此后再未有过。

大约1500辆坦克和突击炮在普罗霍罗夫卡周围的丘陵和山谷间奔驰、射击、爆炸、燃烧。

对这场战役最初的几个小时，罗特米斯特罗夫中将作了生动的、令人印象深刻的记录。他的记录是苏联现代军事史中的最佳记述之一。

罗特米斯特罗夫在普罗霍罗夫卡附近的一座山丘上俯瞰着战场。"坦克排成小股编队，以林地和篱笆为掩护，穿过草原。阵阵炮声融汇成一种持续、强烈的轰鸣。苏军坦克全速冲入德国人的先头部队中，突破了对方的坦克屏障。T-34坦克在极近的距离内将虎式坦克击毁，在这种近战中，强大的火炮和厚重的装甲并未给那些"老虎"带来优势。双方的坦克都尽可能地靠近对手。既没有时间，也没有空间与敌脱离接触、按作战序列重组或是按编队投入战斗。近距离射出的炮弹不仅能穿透坦克的侧面装甲，也能射穿其正面装甲。在这样的距离上，坦克装甲已不再起保护作用，炮管的长度也不再具有决定性意义。战场上经常能看见一辆坦克中弹后，车内的弹药和燃料发生殉爆，掀飞的炮塔被抛入空中高达数十码。与此同时，战场上空也爆发了激烈的空战。苏军和德军飞行员都想帮助各自的地面部队获得胜利。轰炸机、对地攻击机和战斗机似乎永久性地盘旋在普罗霍罗夫卡的上空。一场空战紧接着一场空战。很快，车辆燃烧所造成的浓烟笼罩了整片天空。漆黑的焦土上，被击毁的坦克像火炬般燃烧着。很难判断出究竟哪一方在进攻，哪一方在防御。坦克第18军第181旅第2营在普肖尔河左岸发起进攻，结果遭遇了一群虎式坦克，对方从一个固定阵地向苏军坦克开炮射击。虎式坦克威力强大的远距离主炮极其危险，苏军坦克不得不试着尽快缩短与对方的距离，以消除敌人的这一优势。营长P.A.斯克里普金上尉下令：'跟我上，前进！'他射出的第一发炮弹击穿了一辆虎式坦克的侧面装甲。另一辆"老虎"立即对斯克里普金的T-34开炮还击。第一发炮弹射穿了他的侧面，第二发炮弹使这位营长身负重伤。驾驶员和无线电通讯员把他们的营长从坦克中救出，拖到一个弹坑中隐蔽起来。就在那辆"老虎"径直向他们驶来之际，驾驶员亚历山大·尼古拉耶夫跳入他那辆损坏并已发生闷燃的T-34坦克，发动引擎，朝敌坦克迎头冲去。这辆T-34坦克像燃烧的火球那样滚过地面。虎式坦克停了下来，但为时已晚。燃烧着的T-34坦克全速撞上德国人的坦克，爆炸使整个地面为之震颤。"

7月12日下午，罗特米斯特罗夫的对手霍特大将也赶到了战场。在"元首"团团部，他观看着这场激战。透过一具战壕镜，他俯瞰着这片布满了闷烧着的车辆残骸的战场。

豪塞尔的部队已被迫转入防御，但他们守住了自己的阵地。苏军坦克旅一次次突入德国人的主防线，但每次都被德军击退，尽管那些德军掷弹兵面对苏军大规模坦克编队的不断冲击已开始感到绝望。

"帝国"师右翼，激战仍在持续。苏军近卫坦克第2军反复从豪塞尔与布赖特①之间的缺口发起进攻，此刻，布赖特的部队尚未赶到。这该死的缺口！

"俄国人对我方侧翼的攻击，牵制了我们的半数力量，这让我们对付普罗霍罗夫卡的敌军有些力不从心。"西尔维斯特·斯塔德勒，这位"元首"团团长愤怒地抱怨着。

霍特点点头。他接通了集团军司令部。接电话的是第4装甲集团军参谋长范格尔少将。

"范格尔，您那里有肯普夫的消息吗？他的第3装甲军在哪里？"

范格尔有非常确切的消息，因为就在一分钟前，他刚刚跟集团军群通过电话，从曼施泰因的参谋长布塞将军那里获悉，第3装甲军的先头部队已到达北顿涅茨河上的勒扎韦茨（Rzhavets）。

这是个好消息。但范格尔也有些坏消息要说。布塞告诉他，莫德尔并未按计划在库尔斯克北部战线发起进攻。

这是怎么回事？原来由于苏军在奥廖尔突出部，对第9集团军的后方发起了进攻，几乎一下子便在第2装甲集团军的防线上达成了纵深突破。

奥廖尔受到威胁，整个"中央"集团军群的补给基地处在危险中，第9集团军的后方岌岌可危。莫德尔不得不从前线抽调部队，把他们派去对付俄国人的进攻。

---

① 布赖特是德国第3装甲军军长。

霍特默默地听着这个消息，谢过范格尔，他放下了听筒。

现在，情况似乎迫在眉睫。在这里，库尔斯克突出部的南部战线，他不得不做出决策，这一点至关重要。他还能获胜吗？他必须获胜！

可以依赖布赖特，他是德国国防军中最富经验、战绩最出色的装甲指挥官之一。另外，曼施泰因还有一支预备力量，那就是内林将军①的第24装甲军，该军辖有两个出色的师：久经沙场的第17装甲师和武装党卫军第5"维京"装甲掷弹兵师。

但最关键的是，布赖特将军的第3装甲军必须渡过顿涅茨河。

勒扎韦茨距离主战场12英里。那里能听见普罗霍罗夫卡传来的隆隆炮声。获得加强的第11装甲团，各级指挥官和参谋人员围坐在他们这个战斗群领导的坦克旁。

冯·奥佩伦–布罗尼科夫斯基上校聆听着少校弗朗茨·贝克博士的建议。通过一场大胆的突袭和相当艰难的战斗，德军完成了当天的进攻任务，已到达距离顿涅茨河仅有8英里的卡扎奇耶（Kazachye）。贝克建议，应该在7月11—12日的夜间以一场突袭夺取严密防卫的勒扎韦茨，渡过顿涅茨河，并建立起桥头堡。

奥佩伦上校对此有些顾虑。因为师部的命令是，强渡顿涅茨河的行动应该在第二天实施炮击后进行。

贝克反对这种打法，他认为，以苏军的守卫力量来看，在白天采取强攻必然会付出高昂的代价。而在夜色的掩护下发起一场突然袭击，可能会更容易些。

可能！也就是说并不确定。但奥佩伦是一名经验丰富的装甲部队指挥官，他接受了贝克的建议。

贝克以传统的方式组织起这场奇袭。夜幕降临后，他带着自己的第11装甲团第2营，与勒贝克中尉指挥的第114装甲掷弹兵团第2营（装甲车营）一起，向顿涅茨河而去。

他们将一辆缴获来的T-34安排在队伍最前方，以欺瞒敌人。确实，这辆T-34已喷涂上德意志十字标，但不是太大。而且，夜色中这些细节也看不太清，重要的是外形。

---

① 《东进》一书中，内林担任第18装甲师师长时参加了东线战事；1942年3月，他出任非洲军代理指挥官，当年年底又负责指挥突尼斯的德军部队，1943年初担任第24装甲军军长，重返东线。

保持无线电静默，不许开火，不许说话，但可以吸烟。实际上，士兵们甚至被鼓励跨坐在坦克顶上，吸着烟摆出轻松自在的样子，看上去他们就像是一支正常行进的队伍。"不许说出哪怕是一个德语字眼。"各个连长向他们的部下强调。

这支幽灵般的车队向前而去。贝克身先士卒，紧随其后的是一队坦克和几辆搭载着掷弹兵和工兵的装甲运兵车，再往后是指挥坦克。一路上只有隆隆的引擎声和履带的叮当声。这支车队从一股股敌军部队旁驶过，队伍前方那辆T-34的外观轮廓骗过了苏军士兵。

"行进了大约6英里后，"贝克写道，"我们那辆T-34出了故障。毫无疑问，受到民族情感的打动，它停了下来，还堵住了道路。我们的人不得不爬出坦克，尽管那些看热闹的苏军士兵就站在他们四周。我们将损坏的T-34拖离，推入路边的壕沟，以便为其他车辆腾出道路。尽管已下达不许说德语的严格命令，可还是传出了几句德语咒骂。但一旁的苏军士兵并未注意到这些。那辆T-34坦克的组员搭乘其他坦克，随即，我们继续前进。"

勒扎韦茨的第一片房屋出现在他们眼前，同时出现的还有第一批苏军坦克。这些T-34排列在路旁，舱盖敞开，车组人员躺在草地上。但更糟糕的事情接踵而至，搭乘最前面那辆坦克的胡赫特曼中尉，通过电台激动地汇报道："俄国人的坦克正朝我们驶来，我该怎么做？"贝克回复："先深呼吸，让我从耳机里听见，然后数数对方坦克的数量。"

胡赫特曼的计数声传来："1—2—3—4—5……10……15……20—21—22。"

22辆苏军坦克。他们从德军坦克队列旁驶过，彼此的距离近在咫尺。

所有人都松了口气。就在这时，苏军队列中突然出现了某些令人不安的迹象。几辆T-34驶离车队折返回来。难道他们发现了什么？

贝克命令战斗群继续向勒扎韦茨前进，他搭乘的指挥车是一辆三号坦克，车上安装着一门木制假炮，他停在道路对面。7辆T-34驶了过来，在20码外围着贝克的坦克摆出个半圆形阵势。这些T-34压低炮管，但显然，他们也不太明确该如何行事。夜色欺瞒了他们。对贝克来说，眼前的情况似乎不太妙，一门假炮当然派不上什么用处。但有些事情不得不做，以免整个战斗群在最后时刻遭到伤害。此刻，将战斗群调回已为时过晚。因此，贝克决定来一场虚张声势。他带着传令官聪佩尔中尉跳出自己的指挥坦克，两人手里都握着反坦克雷，这东西被称作"磁性炸弹"。他们从预备中士德恩的装甲车旁冲过，德恩已做好准备，正等待开火的命令。

两人紧跑几步。炸弹被吸附上第一辆T-34，坦克上的几名苏军步兵警觉地转过头，其中的一个还端起了步枪，但贝克一把从他手中夺走步枪。他跳入路边的沟渠隐蔽，结果发现沟里的水淹到了他的胸口。随即传出两声沉闷的爆炸。原来，聪佩尔中尉将炸弹吸在了另一辆坦克上。

两人跳起身，又去对付另外两辆坦克，然后再次隐蔽。但这次只发出一声爆炸，另一颗炸弹没有响。

一辆T-34气势汹汹地将炮口转了过来。

贝克跳上一辆驶过来的己方坦克，蹲伏在炮塔后，大声喊道："开炮！"

德军炮瞄手的速度比他的苏军对手更快些。一发炮弹出膛，那辆苏军坦克被当场击毁。

但这一来也算捅了马蜂窝，"幽灵之旅"就此结束。苏军发射出照明弹，机枪火力从四面八方扫来。

贝克战斗群的坦克和装甲车冲入镇子。苏军反坦克炮阵地被打垮，德军工兵还俘虏了一群火箭炮兵。

就在这时，从河流方向传来几响沉闷的爆炸声。"桥梁！"贝克担心地想到。

没过多久，他的坦克便赶到顿涅茨河的桥梁处。桥梁已被炸毁。这是由于战斗群在镇子里转错了弯所致。

但德军掷弹兵和工兵通过一座人行桥赶到河对岸。苏军猝不及防，使得德国人成功地构建起一座桥头堡。拂晓时，贝克率领的第6装甲师先遣支队在顿涅茨河北岸牢牢地站稳了脚跟。冯·许纳斯多尔夫将军立即将厄科尔上尉率领的第114装甲掷弹兵团第1营派过河去。7月12日傍晚前，第19装甲师的"霍斯特"战斗群也赶了上来。布赖特军里的各装甲师得以迅速修复桥梁，并将狭窄的桥头堡加以扩大。部分被打垮的苏军部队试图逃至北岸，结果被德军拦住。

苏军对德军出现在勒扎韦茨深感震惊，以至于根本没有实施抵抗。第114装甲掷弹兵团第1营的摩托车传令兵格茨曼遇到一群带着马拉大炮的苏军士兵，他立即端起步枪，整个炮组瞠目结舌地举起了双手。

但是，第6装甲师在这场奇袭中遭遇到一次不幸的打击。可悲的是，这一打击并非来自敌人，而是来自德国空军。一个He-111轰炸机中队没有收到夜袭已获得成功的通知，他们认为顿涅茨河北岸的队伍是敌军，于是发起了攻击。

当时，冯·许纳斯多尔夫将军正与各级指挥官在他的指挥坦克旁商讨战况。数枚炸弹落在他们身边，14名军官和相当数量的士兵负伤。许纳斯多尔夫将军也负了伤，但他坚持留在师里继续指挥。第114装甲掷弹兵团团长比贝尔施泰因少校和厄科尔上尉伤重不治。

这是为打开通往普罗霍罗夫卡的大门所付出的糟糕的代价。但接下来的推进变得更为迅速，这大概就是胜利的代价吧。

但贝克却无法对自己的有利条件加以利用。尽管他以突袭成功地夺下勒扎韦茨，第6装甲师的主力也已对东面6英里处，亚历山德罗夫卡重要的制高点发起攻击，但苏军对位于德军进攻方向侧翼，顿涅茨河防线上这一重要据点实施了顽强的防御。亚历山德罗夫卡镇外，第4装甲掷弹兵团的各个营被敌人猛烈的火力所压制。

许纳斯多尔夫将军没有丝毫犹豫。他搭乘贝克的坦克返回南岸，随即又亲率6辆"黑豹"坦克从顽强防御的镇子旁冲过，夺下制高点，从而为掷弹兵夺取该镇肃清了道路。

就这样，苏军位于顿涅茨河与科罗恰之间的防区在7月13日被德军突破。第6装甲师得以向北全力推进。第7和第19装甲师的坦克也涌过勒扎韦茨桥头堡，向普罗霍罗夫卡的战场而去。

但许纳斯多尔夫将军已无法与他们并肩前进。7月14日，他从"贝克"战斗群驱车赶回自己的前进指挥部时，被一名隐蔽的敌狙击手击中。子弹射中他的头部，钢盔的碎片伤害到他的大脑。不省人事的将军被一架鹳式轻型飞机送往哈尔科夫。博士滕耶斯上校已在那里等候，这位脑外科专家专程飞到这里，以便为许纳斯多尔夫将军实施手术。但3天后，年仅45岁的瓦尔特·冯·许纳斯多尔夫将军在军医院中伤重不治。一名护士在他的病床旁日夜守候，直到最终一刻——她便是负责德国红十字会一个前线康复中心的冯·许纳斯多尔夫夫人。

　　6个月前的斯大林格勒解围行动中，许纳斯多尔夫率领霍特集团军的先头部队，冲至距离第6集团军前哨部队不到30英里处；现在，这位年富力强的装甲部队指挥官去世了。他死于这场伟大的战役到达高潮，胜利似乎已触手可及之际。

4

战役被终止

盟军登陆西西里——苏军在奥廖尔达成突破——"我需要更多的师,元帅阁下!"——"堡垒"行动被缩减——拱手相让的胜利——战争的转折点

整体态势以闪电般的速度发生了转变。在远离普罗霍罗夫卡的地方所做出的决定将抹杀德军在库尔斯克突出部获得的一切成绩。东线德军最重要的两个人,陆军元帅冯·曼施泰因和冯·克鲁格,于7月13日接到元首大本营的紧急电话,被招至东普鲁士的"狼穴"。

两位元帅登上飞机,飞过一望无垠的乌克兰和白俄罗斯,赶往东普鲁士的腊斯登堡。那座小树林再度成为做出关键性决定的所在地。

希特勒带着不耐烦而又愤怒的心情迎接了他的两位元帅。这座斯巴达式最高统帅部里的"臣子"们拉长着脸跑来跑去。此刻,元首的心情欠佳。

与12天前希特勒下达"堡垒"作战令时相比,这种变化太大了。那份乐观已消失不见,豪言壮语也不复闻。对德国军队来说,一场暴风骤雨般的胜利的希望已烟消云散。

困扰着山毛榉下的这些木屋的"幽灵",希特勒开门见山提及的主题,一切的一切,都是意大利!

希特勒告诉曼施泰因和克鲁格的情况,他们二位已有大致的了解。1943年7月10日,从北非而来的英国、美国和加拿大军队在西西里登陆。意大利军队在岛上的抵抗迅速崩溃。除少数部队外,三十万守军逃之夭夭。盟军沿着海岸公路疾

进，遇到的唯一抵抗来自德国伞兵、装甲掷弹兵和各反坦克战斗群。

谈到自己的意大利盟友时，希特勒并未口下留情。他不仅仅是愤怒，还有一种对欧洲南部未来局势呈恐慌性发展的焦虑。

"考虑到意大利人的作战方式，他们在西西里的损失肯定微不足道。据我所知，艾森豪威尔很快将登陆意大利本土，或是进入巴尔干。对我们在欧洲的整个南翼来说，这将是个直接威胁。我必须遏制这种情况。这就是我需要将更多的师投入到意大利和巴尔干的原因。现在，我已将第1装甲师从法国调至伯罗奔尼撒，我已无处抽调部队，这就是不得不从库尔斯克前线调兵的原因。因此，我必须暂停'堡垒'行动。"

希特勒停了下来。

两位元帅听得目瞪口呆。他们再次看见希特勒因一场危机的慌了手脚，慌乱又仓促地做出了决定。出乎意料或不愉快的事情总会令他惊慌失措，然后，他会失去冷静，并以一种完全不切实际的观点来判断情况。这正是此刻再次发生的事情。尽管通常说来他都会低估盟军，但现在，他却突然要以鲁莽的计划和轻率的行动来对付他们。

实际上，接下来的几个星期将表明，艾森豪威尔对意大利本土的进攻时间至少要在两个月后。

但即便在入侵西西里后他打算立即登陆意大利中部或巴尔干，参与库尔斯克战役的德军部队尚在2000英里外，将是最后一股赶至战场去阻止这一事态发展的力量。将这些部队调离东线需要数周时间。待他们到达意大利已为时太晚，而此刻库尔斯克触手可及的胜利则将被拱手相让。

但盟军登陆西西里的行动似乎让希特勒丧失了判断能力。他快速而又大声地说着话，令他感到烦恼和气愤的原因显而易见，是他犯下的错误，彻底的错误，这才造成了目前的混乱状况。

负责除东线外所有战区作战行动的德国国防军指挥参谋部，早在5月份便提醒过希特勒地中海地区即将到来的危险，还不止一次。冯·曼施泰因元帅和蔡茨勒将军劝他不要将"堡垒"行动推迟得太晚，古德里安则完全不赞同这一行动；莫德尔也多次提出过反对意见；而克鲁格也曾说过自己的疑虑。

希特勒犹豫过，踌躇过，动摇过。他是不是应该将部队从东线调离，将其派至意大利，彻底取消"堡垒"行动呢？还是把驻扎在法国的机动部队调出，转派到意大利？

最终，与以往一样，希特勒想要获得太多的东西：他希望实施"堡垒"行动，获胜后立即将部队抽调出来，派至受到入侵威胁的那些国家：法国、意大利和巴尔干地区。

恶性循环就这样开始了，这是一场与时间的赌博。一周接一周，库尔斯克突出部的苏军实力越来越强，防御越来越牢固。

希特勒也因此被迫加强德军的进攻力量。这反过来又需要时间。于是，一次又一次，确定了进攻发起时间，随后又被取消。最后，希特勒希望新式的重型坦克和超重型突击炮能确保德军的优势，但这些武器，尤其是"黑豹"坦克和"费迪南德"坦克歼击车，尚处在试验阶段。于是他命令军工厂以最快的速度完成这些武器。

但制造和运输这些庞然大物又耗费了许多宝贵的时间。数个星期就这样过去了。

装甲部队总监古德里安意识到这一混乱的计划时间表的危险性。5月4日，他恳请希特勒放弃"堡垒"行动。在慕尼黑举行的一次会议上，当着许多目击者，他说得非常清楚，他不赞同将太大的希望放在新式坦克上："我不认为新型的'黑豹'和'费迪南德'已做好投入战斗的准备。它们仍有许多生产初期的问题，作为一种新式武器，这很正常——五六个星期里我们不太可能解决这些问题。"

就连军备部长施佩尔也赞同他的看法。

慕尼黑的这次会议也是一起糟糕事件的发生地，在今天看来，这起事件就像是一部古典小说中的场面，唯一健在的目击者沃尔夫冈·托马勒中将（退役）对此做出如下描述：古德里安与克鲁格在这次慕尼黑会议上再度相遇，这是自1941年冬季，克鲁格让希特勒将古德里安解职以来，这两位的首次见面。陆军元帅希望得到和解，并向古德里安伸出手去。但古德里安公然对这一姿态未加理会。克鲁格气得满脸通红，对古德里安的参谋长——时任上校的托马勒说道："请转告古德里安大将，我请他跟我到隔壁房间去。"

在隔壁房间，他气愤地质问古德里安："您为何要做出这种不友好的举动？"古德里安也气得满脸通红，他努力控制住自己："元帅阁下，这个问题很容易回答。两年前，您向元首告我的黑状。您令我被解职，并使我的健康受到损害。我认为这个理由足够了。您别指望从我这里得到同情。"

克鲁格没打招呼便转身离开了房间。

几天后，希特勒的副官长施蒙特将军给古德里安送去一份书面挑战：克鲁格要求跟古德里安进行一场手枪决斗。在所有人中，这位元帅偏偏邀请希特勒担任自己的助手。但由于希特勒原则上反对任何形式的决斗，于是他让施蒙特将克鲁格的挑战信送交古德里安，同时下令严禁决斗，并让施蒙特将这一命令通知两位主角。①就这样，二战历史中发生在两位高级将领间，为各自的名誉而进行决斗②的奇特事件被阻止了。尽管个性完全不同，但他们俩却都是杰出的战地指挥官。

慕尼黑军事会议的6天后，古德里安再次试图说服希特勒放弃"堡垒"行动，这次是在柏林。装甲部队总监恳请希特勒："我的元首，您为何要在东线发起进攻？为何不让俄国人发起进攻，待其王牌尽出后再将他们击败呢？"

"待其王牌尽出后再将他们击败"——这正是曼施泰因的御敌之策，自斯大林格勒的惨败粉碎了德军在苏联迅速取胜的一切希望后，曼施泰因元帅一直主张采用这种对策。

等敌人放出撒手锏后再将其击败，这意味着己方不必实施代价高昂的攻势行动，而是让敌人先动手，然后抓住每一个有利之机实施反击，粉碎敌人的进攻。这是个消耗性战略。曼施泰因希望整个东线都采用这种策略，苏军的实力将被耗尽，有朝一日，斯大林会（也许会）坐下来准备和谈。

1943年5月10日，这场战争中最富戏剧性的一幕发生了，古德里安握着希特勒的手问道："我的元首，您为何要冒着风险发起进攻呢？"

---

① 1941年古德里安被解职，施蒙特是希特勒派去调查这一事件的参与者，对古德里安和克鲁格之间的矛盾心知肚明，并对古德里安报以极大的同情。希特勒现在派他去给古德里安送信，其目的不言而喻。饶有趣味的另一点是，明明知道希特勒不会批准高级将领间任何形式的决斗，克鲁格偏偏选择希特勒作为自己的"决斗助手"，其目的同样不言而喻。

② 陆军总司令弗里契名誉案中，弗里契也曾请勃劳希契给希姆莱送去决斗信，勃劳希契却未能完成这一委托。

▲ 就在德军向奥博扬和奥利霍瓦特卡的决定性突破初具规模之际,苏军在库尔斯克突出部的北面和南面发起攻势。莫德尔的第9集团军被迫从"堡垒"行动的前线撤出其强有力的部队,调至奥廖尔地区堵截苏军的突破。霍特的第4装甲集团军同样被迫撤出一些部队,以消除苏军在顿涅茨河和米乌斯河形成的威胁。大有希望的库尔斯克战役不得不被取消。

希特勒凝视着古德里安，说道："您也许是对的，发动进攻的想法令我作呕。"不过，他最终还是下令发起"堡垒"行动。

现在，7月13日，他再次面对自己的元帅们。过去发生的事情已证明他是错的，而他的大将和元帅们是正确的。可是，他再度犯下错误。这次，他违反了克劳塞维茨确立的战争基本原则：一旦做出决定，不应让任何危险或诱惑使你偏离既定的目标，但你必须确保行动计划基本纲要的准确。

曼施泰因震惊地发现，仅仅因为盟军在西西里登陆，希特勒便打算彻底中止"堡垒"行动——在他看来，此刻距胜利已经不远。但德军在库尔斯克突出部真的还有可能获胜吗？克鲁格给曼施泰因的热情泼了盆冷水。他汇报了莫德尔北部战线的状况。7月12日，这位大将并未在乔普洛耶发起一场突破，相反，他被迫暂停了进攻，并将他的机动部队从前线撤下。这是为何？因为在莫德尔身后，奥廖尔突出部的北部战线上，苏军已于7月12日在第2装甲集团军的防区达成纵深突破，并对奥廖尔形成威胁。

克鲁格据此得出结论，莫德尔的第9集团军将无法恢复其攻势，再晚些也不行。在他看来，20000人的损失，再加上将机动部队撤出，以封闭苏军在奥廖尔北部的突破，这一切使中止"堡垒"行动变得不可避免。

曼施泰因反驳道："库尔斯克突出部南部战线的胜利已近在咫尺。敌人已将几乎所有战略预备队投入战场，并遭到重创。现在突然中止行动，无异于将胜利拱手相让。"

曼施泰因对库尔斯克南部战线的情况判断是正确的，今天，罗特米斯特罗夫中将的回忆录清晰地揭示出这一点，现在他已是装甲坦克兵元帅，而当时，他是苏军近卫坦克第5集团军司令员。他证实，由于布赖特装甲军的逼近，顿涅茨河上游的苏军阵地已"岌岌可危"。

因此，曼施泰因的建议是有道理的：莫德尔的集团军应在北部战线集中起强有力的部队，以牵制敌军；另一方面，霍特和肯普夫应继续作战行动，歼灭库尔斯克南部的敌军有生力量。从某种意义上说，继续进行的是半场"堡垒"行动。

但这个构思也被克鲁格所拒绝。他觉得不太可能将第9集团军留在作战区域内，因此，他认为必须中止战役，并将所有部队撤回到出发阵地。

希特勒赞同他的看法。但他也同意曼施泰因以现有部队在南部战线继续其作战行动。但这微弱的希望将是短暂的。

霍特恢复了他的攻势。冒着倾盆大雨，与"肯普夫"集团军级支队相配合，他发起了一连串成功的打击。没多久，苏军第69集团军和另外两个坦克军便陷入勒扎韦茨、别列尼希诺（Belenikhino）和戈斯季谢沃之间的包围圈中。

但南部战线上随后也响起收兵的哨声。7月17日，希特勒下令将党卫军第2装甲军从前线撤出，因为他打算将这支部队调往意大利（实际上，该军的主力仍留在东线达数月之久）。

他还下令，鉴于奥廖尔危急的形势，南线的两个装甲师将转隶于"中央"集团军群。

这道命令意味着曼施泰因在库尔斯克作战行动的终结。凭手头剩下的兵力，他无法守住已获得的阵地。8月初，他不得不将部队撤回到最初的出发阵地。这一后撤伴随着严重的损失，主要是武器和物资方面。苏军部队一直饱受着重压，随着德军后撤，这才获得了喘息空间。他们在德军身后全力跟进，对苏军来说，失败的威胁已转变为一场胜利。

的确，曼施泰因抓获了34000名俘虏，库尔斯克突出部的南部战线上，苏军损失了85000人。这与6个月前德国第6集团军在斯大林格勒的战斗实际损失同样多。但苏军迅速收复了他们被迫放弃的领土。

德国人在苏联发动的最后一次大规模攻势就此结束，对德军来说，这场战役打输了。更糟糕的是，德国人费时数月辛辛苦苦拼凑起的预备力量，特别是那些快速部队，都被熔化在库尔斯克这座火热的熔炉中，并未实现其预定目标。对接下来很长一段时间而言，德军的进攻力量被消耗殆尽。从这一刻起，德军再也无法拼凑起他们的战略预备力量。

正如1815年的滑铁卢战役决定了拿破仑的命运，结束其统治并改变了欧洲的面貌那样，苏军在库尔斯克的胜利预示着战争转折点的来临，并直接导致两年后希特勒与德国的败亡，从而改变了整个世界的格局。

从这个角度看，"堡垒"行动是第二次世界大战中的一场决战。苏联官方的战争史中，准确地称之为"具有历史性意义的战役"。

奇怪的是，"堡垒"行动，或称之为库尔斯克战役，从未在德国人的观点中获得其应有的位置。如果有人问及斯大林格勒，然后再谈到库尔斯克，他会发现，所得到的回答，差异之大相当惊人。但从各个方面看，库尔斯克，而不是斯大林格勒，才是德军东线战事中一场致命而又具决定性意义的战役。

苏联军队已从1941—1942年的灾难中幸存下来；他们克服了危机，掌握了主动权，现在，战争如何进行将由他们来决定。我们在苏联官方记录中第一次看见他们充满自信的说法："在库尔斯克战役中，苏军部队在兵力和物资方面超过敌人两至三倍。"

毫无疑问，苏军的面貌已发生根本性改变。他们对坦克部队进行了改编，并能依靠庞大的坦克产量——这一产量远远高于德国的军火工业。另外，苏军的Su突击炮也出现在库尔斯克战役中，这是一种搭载在自行式车辆上的新式重型火炮。

当然，库尔斯克战役中，大批美国标准的军用卡车也使苏军获益匪浅。自1942年夏季以来，美国向苏联提供了434000部重型车辆。因此，斯大林在库尔斯克获得的胜利，美国功不可没。

但如果苏军士兵不被一种新的战斗精神所激励，这些物资上的优势也将毫无作用。与过去"保卫世界革命"这种陈腐的口号相比，"卫国战争"这一新口号给苏联军队带去更多的信念。

可是，德军最高统帅部未能正确地解读这一切。在很大程度上，他们依然坚持对苏军做出误判后所形成的错误观点，并对苏军中的政治委员加以污蔑。尽管战争初期政委的作用可能多少有些含糊，但自库尔斯克战役后，他们越来越受到前线士兵们的尊重，并与战地指挥员一起，与短视的上级、愚蠢的官僚主义者以及怯懦的失败主义者做斗争。

而在德国，政治委员总是被视作政党干部和残酷的狂热分子。这一严重误判的结果是，德军最高统帅部在1941年6月5日下达的一道灾难性命令中指出，不得将被俘的苏军政委看作普通军人，而应该被枪毙。诚然，大多数德军集团军司令和军长并未遵照这道命令，甚至要求将其撤销，但即便如此，这道命令的后果也够糟糕的。

实际上，苏军的政治委员都是些政治上积极、稳妥的人，他们的平均受教育水平高于大部分苏军军官。要正确认识政委这一角色，必须着眼于苏军政治委员制度的历史。在很大程度上，苏联军官团最初由沙皇军官组成，在布尔什维克政权看来，这些人在政治上不太可靠。内战期间，苏军中也有无产阶级出身的军官，但他们没接受过正规军事训练，通常也未受过普通教育。在这种情况下，采取政治委员制度便成了合乎逻辑的做法：除政治指导外，他还负责西方军队中由部队指挥官关注的那些工作——对士兵们的政治指示、教育、知识需求以及他们的福利。十月革命后的最初几年，在许多情况下，政治委员们不得不教会士兵们读写。这就很容易理解多年来他们与军官团在能力上的冲突必然出现的原因。苏军及其最后一战的历史清楚地透露出这一点。

现在的政治委员成为进一步被关照，接受训练的对象。除了政治教育，他还要完成一系列密集的军事培训。他必须能独自胜任纯粹的军事指挥任务，事实上，在部队指挥员缺席的情况下，他必须能顶替上去——连指导员担任连长，师政治委员接替师长。为满足这一任务范畴，军一级军事委员会委员自然由忠于政权、坚定不移的人担任，战争初期，这些人成为苏军实施抵抗的主导力量，并无情地督促士兵们以一切可能的方式继续实施抗击。也许他们很无情，但在大多数情况下，他们对自己同样很无情。

5

元首大本营里的泄密

德军最高统帅部中无密可保——"维特"发给"主任"的情报——鲁道夫·勒斯
勒尔发给莫斯科的电报——瑞士的红色间谍中心——"维特"是谁?

我们把话题重新拉回到库尔斯克战役上。今天，经常被阐述的观点是，苏军获得库尔斯克战役的胜利必然而又合乎逻辑。但这是一种基于意识形态或宣传的观点，根本不存在什么合乎逻辑、可以预测或必然的胜利。

苏联官方的《伟大卫国战争史》中提供了充分的证据。在第三卷里，我们发现了一份非常有意思的报告，来自沃罗涅日方面军司令部，换言之，也就是赫鲁晓夫和瓦图京，战役结束后，他们给最高统帅部发去这份报告。报告中指出，7月7日时，苏军的胜利岌岌可危，它取决于一个结果——霍特的部队是否能突破至奥博扬。近卫第6集团军的防线已被撕开。据守在其身后的是苏军两个坦克军的部分部队。他们是应该奉命发起一场毫无希望的反击呢，还是就地实施防御？报告中指出，这是个关键问题。在此危急时刻，正确的做法是什么？就是在这个问题上，赫鲁晓夫与朱可夫元帅之间开始产生严重的分歧。

为阻止德军装甲部队的推进，瓦图京将军赞同赫鲁晓夫的看法，命令坦克第1集团军的残部就地实施防御，并将剩下的坦克半埋入地下，从而形成一道反坦克炮壁垒。

但是，朱可夫元帅，作为南部战线斯大林的代表，强烈反对这种"对坦克的不正确使用"。他要求将这些坦克投入战斗，发起一场反击。赫鲁晓夫和瓦图京仍坚持他们的意见，朱可夫立即与斯大林取得联系，赢得了他对自己的支持。苏军最高统帅部就此下达命令：反击！

关于这一点，《伟大卫国战争史》一书中写道："未了解具体情况，斯大林便决定赞同朱可夫元帅的意见：（坦克）待在一个固定的阵地上，不可能阻止德军装甲部队的进攻。"

但赫鲁晓夫和瓦图京并未就此放弃。他们发动华西列夫斯基元帅，和他一起，成功地说服了斯大林修改命令。坦克第1集团军麾下的坦克军没有发起反击，而是把他们的坦克埋入地下，用火力和钢铁构成一道装甲屏障。

从军事角度来看，毫无疑问，朱可夫的观点是正确的。坦克不是用来埋入地下的。但在这种特殊的情况下，坚固的坦克屏障和猛烈的反坦克炮火确实阻止了德军的推进。

《伟大卫国战争史》中引用沃罗涅日方面军司令部的这份报告，附有完整的参考编号和详细出处，从而为后世将其牢牢记录在案。报告中指出："如果决定以坦克部队发起一场反击，我们的实力很快会被消耗殆尽，因为道路上已没有连贯的步兵防线。敌人肯定会突破至奥博扬，并将其获得的成功向库尔斯克方向延伸。"

"肯定会突破至奥博扬。"——对霍特来说，这就意味着胜利。

从德国人的观点来看，库尔斯克战役也许能很容易出现一个完全不同的结局。例如，这场战役发起的四个星期前，曼施泰因在哈尔科夫与其麾下的高级将领进行的一次会谈中商讨了这样一个问题：鉴于已知的情况（苏军已做好应对德军南北夹击的准备），放弃这种老旧的钳形攻势，代之以对库尔斯克突出部的最薄弱处发起打击——也就是其正面——取得突破后再向左右扩散，这会否是个更好的主意。

曼施泰因麾下的高级将领们对这个构思报以极大的热情。但它显然被陆军总参谋部所拒绝。希特勒本人，自法国战役后便对曼施泰因的战略能力报以极大的尊重，他似乎更倾向于这个构思。战役结束后，他对施蒙特将军所说的气话证实了这一点："这将是我最后一次听从陆军总参谋部（的建议）。"施蒙特立即讲这番话告诉给巴尔克中将。这是一段有趣的证词。当然，这并不能改变希特勒应为库尔斯克战役的失败而单独负责的事实，因为是他将进攻发起日期不断地推迟。

最清晰的一点是，一场战役，不管如何精心策划，在很大程度上仍取决于某些不确定因素：一名高级将领的洞察力、采取非常规决策的意愿、在关键时刻的勇气以及部队的英勇，最后是指挥官违背命令的胆量。

但在这些因素中，最重要、从一开始就决定了"堡垒"行动成败的一项是——泄密！它在库尔斯克战役中发挥了特殊而又显著的作用。即便到今天，这一重大泄密事件仍是个令人不安的待解之谜。

自1942年春季起，德国反间谍机构便已发现越来越多的证据证明，苏联最高统帅部目前正在获得出色的情报——都是些关于德国进行这场战争的绝密情报。

德国的军工生产，东线德军的实力和配备，新式武器以及德军最高统帅部的计划和意图，都被苏联获知。显然，这些间谍活动中，部分是德军防线后方的游击队和特务所为。另外，仇视纳粹政权的逃兵、被俘的军官和士兵也成为苏联情报机构有意或无意的消息来源。在这方面还必须加上高效的空中侦察。此外，在战场上接入德军电话线，截获无线电信号，德军参谋人员或作战部队出于时间紧迫或疏忽而用明码发送的电文，这些都是战术范畴内重要而又快速的情报来源。但这一切并不足以解释苏联上层如何能获知德军最高统帅部的战略意图、行动计划和准备工作这些详尽的情报。对此，1942年秋季前一直担任德国陆军总参谋长的弗朗茨·哈尔德大将，在1955年作为证人出席一次法庭审讯时，说了这样一番话："几乎所有的进攻计划，最高统帅部刚刚制订出来，甚至还没送到我的办公桌上，便已被敌人获悉，这是因为国防军最高统帅部内某个人的通敌行为所致。整个战争期间，我们一直无法阻止这种泄密。"

即便是小型间谍网也能收集到大量情报，下述事例便是个最好的证明。

1942年夏季，经过长时间搜寻，德国人发现了敌间谍机构的一部电台，并在华沙郊区的奥特沃茨克将其抓获。被捕者中包括阿尔济斯泽夫斯基上尉和迈尔中尉这两名前波兰军官，还有他们的一些重要帮手。这两位波兰军官在1941年夏季被一架苏联飞机空投到华沙南部。他们随身携带着一部电台和2500美元，任务是建立一个间谍网，收集军事情报，并用电台传送至莫斯科。

这名上尉一直在国内不停地奔波，以便收集情报，而那名中尉则负责操作电台。德国反间谍机构找到了代码和他们发给莫斯科的近500份密码电文的副本。这些电文被解密后，德国反间谍机构的官员们震惊得目瞪口呆。一年的时间里，这两名间谍在德军后方收集到的机密军事情报，数量之多难以细数。这些电报提供了1942年德军夏季攻势作战序列的完整信息。不仅仅是作战序列，还包括具体目标、参战部队以及各军各师的调动情况，这一切都被准确无误地记录下来。仅凭这两名波兰间谍所提供的情报，苏军总参谋部便可以毫不费力地推断出德军春季攻势的重点。2500美元，真够便宜的！

这一令人震惊的发现促使德军最高统帅部做出了怎样的应对？奥特沃茨克事件是否让德军上层人士认识到携带着电台的间谍（这是二战中出现的新型间谍）的危险性？他们是否意识到华沙间谍网并非一个孤立事件？反间谍专家们有没有带着他们的发现，直奔元首大本营，将这一切汇报给希特勒和最高统帅部？没有！

阿道夫·希特勒本人从未看过德国无线电通信安全机构破获华沙间谍网的报告。元首大本营的国防军通信主管埃利希·费尔吉贝尔将军[①]，以"报告太长，无法呈交给元首"为由，将这份报告退还给无线电通信安全部门。可当一份删减过的报告被递交上去后，它又被说成"太过惊人"。据说，如果被元首看见，"只会让他大发雷霆"。

莫斯科安置在德军后方的大批间谍——不光是在德国本土，还包括欧洲几乎每一个国家——早在战争爆发前便以勤奋、巧妙和惊人的胆量不停地忙碌着。这些间谍网携带着能与莫斯科，与苏军总参谋部直接联络的电台，他们无处不在——巴黎、马赛、波尔多、布鲁塞尔、海牙、柏林、伯尔尼、日内瓦、洛桑、哥本哈根、奥斯陆、哈默菲斯特、布加勒斯特、贝尔格莱德、索非亚、雅典、伊斯坦布尔和开罗。

1941年冬季在布鲁塞尔，1942年夏季在柏林和巴黎，这些间谍电台中的一部分被德国人破获。经解密，他们发出的情报副本揭示出一幅惊人的画面——苏联人获悉了几乎所有重要的秘密以及每一场战役的军事计划。

---

① 通信兵上将费尔吉贝尔是反希特勒密谋集团的成员，"7·20"事件中，就是他切断了元首大本营与外界的通信联系。1944年9月4日，费尔吉贝尔上将被处死。

接下来的几年，德国通信安全机构成功地发现并拦截了瑞士与莫斯科之间苏联间谍的往来电报。但这些电文的加密非常出色，其中的大多数直到1944年才得以破译。

对这些被发现或被截获的电文做简要分析便能获知，在苏德战争的每一个阶段，苏联间谍都为红军总参谋部做出了辉煌的贡献。其中的一些情报只能是来自德军最高层——实际上，这些情报肯定是出自德军最高统帅部和元首大本营，然后便直接进入日内瓦和洛桑苏联间谍的发报机。

1942年11月9日，就在德国第6集团军控制了斯大林格勒十分之九的区域，苏军最高统帅部准备在顿河上发起反击之际，德国无线电通信安全机构截获一份加密电文，经解密，电文显示出如下内容："致多拉。斯大林格勒西南方向以及沿顿河，德军的后方防御阵地在何处？主任。"

几个小时后，又发去了补充问题："致多拉。原在布良斯克地区的第11、第18装甲师以及第25摩托化步兵师现在何处？主任。"

发送这些电报的"主任"是身处莫斯科的军事情报主管，而收电者则是瑞士的苏联间谍网头目，他的化名是"多拉"。

11月26日，苏军坦克部队已将斯大林格勒和第6集团军团团围困，"主任"发电报给"多拉"："德军最高统帅部对苏军在斯大林格勒的攻势有何具体措施？"

这份电文非常引人关注。显然，苏军统帅部并不特别确定他们已成功地包围了德国的一整个集团军。他们是不是害怕又一次落入德国人的陷阱？他们是否需要确认这一点？

12月2日，莫斯科的"主任"指示他在瑞士的下属："近期的首要任务是准确了解东线德军的后备力量。"

1942年圣诞节那天，他又要求："'维特'应弄清在1月1日前，德军用新兵组建了多少个补充师？亟待回复。"

这份电报首次披露出德国境内的苏联间谍中最神秘的名字——"维特"。1943年1月16日，一封电报中再次提及"维特"这个名字："致多拉。露西和维特关于高加索战线的情报，东线所有最紧要的情报以及德军向东线派遣新部队的情况，应优先于其他一切情报，毫不延误地发送给我们。'维特'最新的情报非常宝贵。主任。"

在当时，这些被德国专家破译的电文中所提及的名字，很少或完全不为人知。而今天，我们几乎知道了一切。

"多拉"是位于瑞士的苏联间谍网头头的化名，他的真名是亚历山大·拉多，是一名匈牙利裔苏联间谍。他的间谍组织中包括一些狂热的共产主义者和接受过出色训练的专业间谍。这其中就有鲁道夫·勒斯勒尔，他是名德国难民，代号为"露西"。勒斯勒尔是苏联对德军事间谍中一名真正的王牌，完全能与间谍明星佐尔格博士相提并论，1941年冬季前，后者一直从驻东京的德国大使馆内为斯大林提供重要的情报。1897年，勒斯勒尔出生于考夫博伊伦。从1930年起，作为一家出版社的经理，他在柏林工作，并与教权主义者、自由主义者以及共产党组织保持合作。另外，他与左翼知识界一直有着密切的联系，其中包括舒尔茨-博伊森，博伊森当时还是一名共产主义学生领袖，后来成了以柏林为中心的"红色乐队"的领导。勒斯勒尔还与"国家布尔什维克"组织保持着良好的关系，恩斯特·尼基施圈子里的这些人赫然列在他的作者名单中。

勒斯勒尔的一个朋友是一名瑞士学生，后来发现他同时为瑞士情报机构工作。他名叫克萨韦尔·施尼佩，这个名字我们在后面还会提及。

1934年，勒斯勒尔移居瑞士，在卢塞恩，他成立了"新生命"出版社，从事人道主义、神学和哲学类书籍的出版工作。战争爆发前，作为一名间谍，勒斯勒尔并不活跃，显然他是故意保持着低调。战争开始后，他的机会来了。当时，他打开了精心准备的"设备"。在德国，他早已准备好发掘情报的来源。他的最佳情报来自国防军最高统帅部（OKW）内部，主要情报提供者便是"维特"。

这个以歌德笔下悲剧性人物为化名的人是谁？1943年1月16日，莫斯科的电文中给予高度称赞的人是谁？"维特"这个神秘人物是安插在德国高层中的苏联军事间谍。"维特"也是绝密情报的提供者，这些情报来自国防军最高统帅部和元首大本营，只有最接近者才能获悉。

如果莫斯科想知道某些特别重要的东西，德国领导层的某些绝密，他们便会在电报中要求"维特"："'维特'必须做这个"，"'维特'必须做那个"。总是"维特"。

1943年2月16日，"主任"指示"多拉"："通过露西，立即从'维特'那里弄清，维亚济马和勒热夫是否会被疏散。"2月22日，"立即从'维特'那里弄清国防军最高统帅部计划中克鲁格集团军群的目标。"

回复是什么呢？"维特"提供了苏军所需要的情报。可"维特"究竟是谁？

3月初，"中央"集团军群开始了针对库尔斯克突出部发起攻势的战略集结。10个师被调至奥廖尔地区的第2装甲集团军。这一调动，再加上进攻行动的其他需要，使德军统帅部不得不面对严重的交通问题。总共需要调集320列火车，奔赴目的地需要18天时间。整个计划取决于运输工作的顺利进行。这是"堡垒"行动的薄弱环节。苏军及时获悉了所有的细节。

关于这一点，时任"中央"集团军群运输主管的赫尔曼·特斯克上校最具发言权，他在一篇文章中指出："俄国人肯定很早便已获知德军的战略集结，因为从3月中旬起，两条部署线便遭受到严重的骚扰性袭击。由于敌人总是使用最有效的力量来实施这些行动，可以断定，这些部队的投入是受敌最高统帅部所操纵。"

换言之，对于德国人"堡垒"行动的准备部署工作，苏军最高统帅部拥有准确、可靠且详细的情报，从而得以在战略规模上指导其实施反措施。幸亏德国铁路工兵展示出即兴发挥的天赋，这才使部署免遭危险的混乱。但即便如此，情况也够糟糕的。

1943年4月15日，希特勒签署了"堡垒"行动的第6号作战令，命令中指出，5月3日为进攻发起的最早日期。五天后的4月20日，"多拉"向"主任"报告："对库尔斯克发起进攻的日期，原定于5月份的第一周，现已被推迟。"4月29日，"多拉"又补充道："德军新的进攻发起日期为6月12日。"

这一情报准确无误。这是德国国防军最为绝密的情报之一，知道这个秘密的只有十来个人。1943年5月7日，"主任"指示"多拉"："通过露西，从'维特'那里弄清有关国防军最高统帅部计划和意图的一切细节，并立即向我们汇报。"5月9日，"多拉"迅速做出回复，这份长长的电文超过120个电码组："多拉致主任。'维特'报称……国防军最高统帅部确信……"接下来便是大量的情报——关于德军最高统帅部所持的想法，他们对库班桥头堡和防御新罗西斯克的看法，以及大批关于德军意图的其他绝密信息。

5月13日，莫斯科收到如下警告："多拉致主任。'维特'报称，德军的空中侦察已发现苏军在库尔斯克、维亚济马、大卢基附近的集结。"

5月30日，莫斯科要求获得关于德军进攻计划的准确情报："致多拉。请露西和'维特'了解：（1）东线战场南翼德军的进攻具体将于何处展开？（2）以多少兵力并向什么方向进攻？（3）除南翼外，东线德军还打算在何处发起进攻？"

五天后的6月4日，也就是德军在库尔斯克突出部发起进攻的四个星期前，一份发给"多拉"的电报中，指示所有情报人员集中注意力，及时弄清德军在库尔斯克发起进攻的日期、计划和目标。

6月10日，"多拉"迅速做出的回复中包括了曼施泰因于5月28日给第4装甲集团军麾下的机械化部队下达的命令。

6月12日，还没有一名德军士兵看见被希特勒寄予厚望的新式坦克，"主任"便已获知"黑豹"坦克的存在："主任致多拉。请露西和其他人弄清被称作"黑豹"的重型坦克的所有数据。重点是：坦克的结构、技术特点和装甲强度。它是否配备火焰喷射器和烟幕发射器？生产这种坦克的工厂在哪？月产量数字是多少？"

这些问题大胆得令人震惊，它们涉及最高军事绝密的重要部分。"多拉"的回复未被截获，但毫无疑问，肯定是全面而又详尽。

"堡垒"行动前几周，瑞士秘密电台频繁地发送出加密电文，即便在今天看来，仍会令人对其活动的密度感到震惊。德国无线电监控机构截获的往来电文只有一小部分，但已足以表明，瑞士的苏联间谍出色地完成了莫斯科"主任"交付的任务。

"主任"不仅获悉了德军将在库尔斯克两个地点发起进攻的部队编制，还获知了德军装甲师的准确数量及其装备。除此之外，他还知道德国人的计划、主攻点以及战役初期的目标，电文中准确地列出了奥博扬和小阿尔汉格尔斯克。后来的事实表明，这两个地区的防御极为严密，成功地阻挡住德军的进攻，毫无疑问，这不是什么巧合。

莫斯科的"主任"还获悉了发生在国防军最高统帅部高层领导、希特勒最亲密的小圈子以及陆军总参谋部内的会谈内容。

德国所拥有的文件中，并未发现苏联间谍发送的关于"堡垒"行动最终发起日期的电文。而关于7月1日在元首大本营召开秘密会议的电报也下落不明。但苏联方面的资料表明，莫斯科收到过这两份情报。

提供这些情报的究竟是谁？二十多年来，查找"维特"的工作一直在进行，但迄今为止，没有人成功地发现他的真实身份。

今天，二战期间所有著名的间谍都已为人所知：佐尔格，在东京为斯大林工作，1964年11月7日，他被处决的二十年后，被追授了"苏联英雄"称号。"西塞罗"，英国驻安卡拉大使馆中的德国间谍，他将大使许阁森爵士存放在保险箱里的机密文件拍照，再卖给希姆莱的全权代表。"科罗"，他就是在柏林为莫斯科工作的舒尔茨–博伊森中尉。被称作"猫"的是一名法国女间谍。"肯特"和"吉尔伯特"是莫斯科派驻巴黎和布鲁塞尔的顶级间谍。"多拉""西西""露西""派克博""金"则是"红色乐队"在瑞士的重要人物。

时至今日，只有"维特"的身份一直未被发现。但他无疑是最重要的间谍之一，也是所提供的情报有助于决定战争结局的间谍之一。

佐尔格为苏军赢得了莫斯科战役，苏联自己也承认这一点。"维特"对库尔斯克战役发挥了至关重要的影响，而这场战役标志着战争的转折点。

在"狮笼"中，在元首大本营内，从事这种极度危险的工作，并以德国文学中的悲剧性主人公作为自己的化名，他究竟是个怎样的人？作为一个文学形象，维特是歌德自己在韦茨拉尔亲身经历的缩影，他毫无希望地爱上了克里斯蒂安·凯斯特纳的未婚妻夏洛特·布芙。可是，150年后，与他同名的一个人，在元首大本营的舞台上扮演了戏剧性角色，却未被撰写下来。

正如其他许多间谍的情况那样，无法准确地判定出"维特"是从何时开始其间谍活动。甚至连他的名字首次出现于瑞士发送至莫斯科的电报中究竟是何时也不十分确定。但可以肯定的是，"维特"是在1942年夏季开始其活动的。

这是个大致时间，当时，德国反间谍机构在柏林破获了"红色乐队"这个苏联情报网。化名"科罗"的空军中尉哈罗·舒尔茨–博伊森被德国的无线电监控机构锁定。"科罗"出色的间谍组织与德国的几个部以及军事部门有联系，遭到破坏后，莫斯科失去了其最优秀、最可靠、最狂热的间谍。

可是，短短几个星期后，这个缺口就被封闭上了。"维特"取代了"科罗"，而且，"维特"的情报甚至比"科罗"的更好，到达得也更快。亚历山大·拉多总是将这些情报优先传送给莫斯科。化名"西西"的拉赫尔·杜本道尔夫在日内瓦操纵着一部秘密电台。但在"维特"与苏联间谍网之间进行联系的则是鲁道夫·勒斯勒尔，他化名"露西"，是个德国难民，在卢塞恩出版人道主义小册子。

我们来仔细看看"维特"的这个联系人。经过多年不受干扰的活动后，拉多的秘密电台于1943年10月被瑞士警方破获。拉多侥幸逃脱。他躲在瑞士的共产党人中，并准备了藏身处，以防不测。

拉多的副手亚历山大·富特①是个英国人，他继续工作，但几个星期后，他和他的电台就被人赃俱获。不久后，拉赫尔·杜本道尔夫被暴露，最终鲁道夫·勒斯勒尔，大约在1944年5月中旬，也被警方逮捕。

但瑞士人并未将莫斯科的这些间谍关押得太久。他们一个接一个获得释放。直到战争结束后，他们才被瑞士的一个军事法庭宣判为"为某国从事间谍活动"。拉多、他的妻子以及富特，被缺席判处十二个月至三年不等的刑期。他们的通讯员和报务员则逃脱了短期监禁和罚款。

但有个名字却未出现在宣判名单上——鲁道夫·勒斯勒尔。瑞士总参谋部提交的一份宣誓证词中指出，战争期间，勒斯勒尔为瑞士情报机构工作，并做出了极具价值的贡献。军事法庭随即宣布，他无须接受指控。

瑞士地方法庭于1945年10月23日做出的这一判决表明，鲁道夫·勒斯勒尔是个双重间谍。负责和"维特"联系的这个人，同时为瑞士和苏联情报机构效力。

这个事实也被另一份瑞士文件所证实——1953年的一场审判中，间谍勒斯勒尔再度成为主犯。就像豹子不会改变其本性那样，勒斯勒尔也不会停止他的间谍活动。战争结束后，他再次效力于东方集团，这次是为捷克斯洛伐克的秘密情报机构工作。他提供了大批出色的情报：关于联邦德国的军事机密，关于未来德国

---

① 富特的代号就是上文提到的"金"。

军队结构的设想，关于驻扎在西德的美军的武器装备，关于演习的结果，关于喷气式轰炸机的型号，关于日德兰半岛的军事基地等等。总之是他利用战争期间德国军方人士的来源收集到了大量军事机密。从1947年至1953年的六年多时间里，勒斯勒尔炮制出160份报告，每份报告大约有20页。为此，他获得了48000瑞士法郎，外加各种津贴。

1953年，由于在杜塞尔多夫的掩护地址暴露，勒斯勒尔被捕。他把他的报告寄送至"约瑟夫·鲁道夫，利宁大街106号"，报告以包裹的形式寄出，如果出于某种原因无法投递，将会退回给虚拟的寄送人——"约瑟夫·施瓦茨，苏黎世"。瑞士邮政部门无法找到约瑟夫·施瓦茨，于是打开了这个包裹。在一个蜂蜜罐中，他们发现了微缩胶卷，里面全是令人震惊的军事情报。

这一次，勒斯勒尔在战时为瑞士情报机构工作的经历帮不上他了。他因为外国势力从事间谍活动而受审，并被判处十二个月的监禁。服完刑期，又活了几年后，勒斯勒尔于1958年去世。他被葬于卢塞恩州的克林斯村公墓。

1953年7月14日，瑞士检察官对勒斯勒尔和他的朋友克萨韦尔·施尼佩提出的正式指控中，对勒斯勒尔的职业间谍生涯做出如下简述："1939年春季，施尼佩结识了瑞士情报机构的一名官员——豪萨曼少校。当年秋季，施尼佩说服勒斯勒尔为豪萨曼收集情报。通过中间人的方式，勒斯勒尔随后向豪萨曼提供了对瑞士情报机构极具价值的情报，直至1944年。从1942年秋季起，勒斯勒尔将其情报中相当大的一部分（盟军对此极感兴趣）交给他在日内瓦的一个朋友，然后再传递给日内瓦的拉赫尔·杜本道尔夫，转交苏联情报机构。当时在西欧活动的苏联情报网拥有许多秘密电台，以'红色乐队'这个名字而著称。在该组织中，勒斯勒尔的化名是'露西'。1943—1944年的冬季，苏联间谍设在日内瓦和洛桑的秘密电台被警方破获。此前的一个军事法庭曾对该组织的人员提出过刑事诉讼，指控他们提供不利于某国的情报。这些人中包括勒斯勒尔，1944年5月9日至9月6日，他在押。1945年10月23日，地方法院认为他针对某国实施系统性的间谍工作，但根据刑法第20条，又宣布他无罪。当时一直没弄清勒斯勒尔从哪里搞到的情报，以及情报的传递方式。但作为一名间谍，他肯定是个出色的人物。"

瑞士检察官做出的这一评判无疑是正确的。但在这份报告中，有两个问题被轻描淡写地一带而过：勒斯勒尔进入瑞士，不是一个无害的难民，而是个训练有素的苏联间谍，他曾在德国为D日——也就是战争爆发——建立起一个重要的间谍网。为尽可能减少瑞士反间谍机构带来的麻烦，战争爆发后，他与瑞士情报机构建立起联系，进而成为双重间谍，但他的主要工作是为苏联情报机构效力。他的技能还被这样一个事实所证实——他不仅仅是瑞士情报机构的一名情报提供者，还有权参阅瑞士情报分析部门的情报，这个部门为瑞士总参谋部收集、分析关于德国的一切秘密情报。

就这样，勒斯勒尔不光拥有从自己在德国的间谍网搞到的情报，还获得了通过瑞士总参谋部五处"比罗·哈"的秘密渠道，从德国弄到的秘密材料。因此，苏联获益匪浅。苏联在瑞士的间谍网，每个月耗费30000美元。但付出这30000美元，莫斯科的"主任"不仅能得到自己的共产主义间谍网所提供的材料，还包括勒斯勒尔从瑞士情报机构那里搞到的机密情报，这些情报是瑞士情报机构出色的间谍们设法从德国获得的。在间谍史上，这确实是个了不起的成就。

这里有两份文件，确凿地证明了勒斯勒尔的确将从瑞士方面弄到的情报提供给了莫斯科。1943年4月17日，亚历山大·拉多发给莫斯科的一份电报中谈到德军东线兵力的详细数据。这份电文最重要的部分如下："多拉致主任。德国国防军自1943年1月1日起实施总动员的结果：由于新征召了286000人，适合现役的人员有所增加。另外……（几句乱码）290000人。从国防军其他部门抽调以及志愿者招募超过人数95000人。随时间的递延，还将有57000名青少年志愿者入伍。来自训练营、地方守卫力量以及工程建筑营中适合驻防任务或劳动的人，已被送至空军和托德组织。正常增加的适合现役人数，加上从医院康复出院的军人等，只有190000人。"

一个巧合使我们能够证明，拉多的重要情报是来自瑞士的秘密情报机构。1943年4月14日——拉多发出那份电报的三天前——豪萨曼少校将下述这份第623号秘密备忘录呈交给瑞士总参谋部，它写道："德国国防军自1943年1月1日起实施兵力总动员的效果表明：（1）陆军：通过新征，增加的适合现役人数为286000人。随时间的推延，还约有290000人将于4月至6月间应征入伍。通过特殊招募方式增加的适合现役人数为108000人。通过特殊招募方式增加的适合驻防和劳动任务人数为62000人……"

这份报告是战争期间，比罗·豪萨曼（代号比罗·哈）呈交给瑞士最高统帅部大约25000份报告中的一份。自1963年起，作为一份"机密文件"，它一直存放于科布伦茨的德国军事档案馆。能揭露出间谍的电码本却一直没有获得。

这些文件表明，第三帝国的领导层已被外国间谍渗透到了何种糟糕的程度。德国的军事当局和各个部里挤满了间谍。尽管盖世太保、帝国保安局和安保部门蒙蔽着广大群众，抓捕着政治不满分子、发牢骚说怪话的人以及失败主义者，尽管弗赖斯勒的人民法庭针对二流和三流罪行大量签署其死刑判决，但潜伏在最高军事和政治机构中真正危险且致命的情报收集者却一直未被发现。

他们是谁？是什么使他们为瑞士情报机构以及莫斯科效力？

战争爆发的很久之前，豪萨曼少校便已在德国建立起一个秘密组织，以便为瑞士总参谋部提供关于军事动向以及国家社会主义领导层的意图和目标方面的情报。一个伪装得相当出色的间谍网，通过招募合作者的方式，在军事指挥机构中组建起来。

战争爆发后，这个组织提供了极为宝贵的材料。送至瑞士的部分情报由柏林、科隆和慕尼黑的信使传送。这些人中的大多数采用非法穿越国境的方式，但有些情报也使用了外交邮袋。另外，两国间往来的商人非常频繁，出于各种原因，他们也会为间谍们效力。

某些送交瑞士，给比罗·豪萨曼的特别重要的情报，通过一种巧妙的方式，直接来自元首大本营，或来自豪萨曼在柏林的中间人。例如，通过这种方式，德国入侵挪威和丹麦的秘密日期——准确到哪一天，哪个小时——于1940年3月的最后一周被送至瑞士的最高统帅部。

瑞士总参谋部和瑞士联邦委员会决定将这一情报转交给丘吉尔，当时他还是海军大臣。3月30日，丘吉尔收到这份情报，4月3日将其提交给伦敦的战时内阁。这份轰动一时的情报与来自瑞典的其他报告一同被评估，却被认为缺乏实质性内容。首相张伯伦觉得它难以令人置信，便将其置之脑后。100个小时后，挪威和丹麦被德军占领了。

这个经典案例说明，外勤间谍辛辛苦苦弄来的出色情报，如果被总部错误地评估，将会复出等值的代价。出于这个原因，任何情报的接受者，总是急于获知该情报的来源，以评估其可靠性或其他。

目前，豪萨曼秘密情报处的全部间谍活动材料，以35毫米胶卷，每卷36张，共771卷的方式保存在科布伦茨的德国军事档案馆。豪萨曼先生将这些宝贵的材料提供给档案馆，以便用于军事史研究，但他在一份合同规定中坚持，没有他的允许，这些材料中的任何一部分都不得公开。

这些文件是豪萨曼向瑞士总参谋部所做的一份从1939年8月31日至1945年4月30日连续不断的每日报告。确凿无疑，为豪萨曼少校提供情报的人来自德国军事当局最高部门，他甚至跟希特勒最亲密的随从有过接触。

特别令人感兴趣的是豪萨曼从国防军最高统帅部各部门以及补充军司令部获得的各种情报。他还得到了德军在法国和意大利的军事行动、德国空军以及经济情况的最新报告。部队调动、德军训练单位的情况、特种培训班和训练区域的详情——这一切都是他每日的生计。德军伤亡数量的名单，几乎每天都很详尽地由豪萨曼转交给瑞士的最高统帅部。

另外，豪萨曼还从党卫队全国领袖最亲密的随从那里获得情报。另一个为他提供情报的人，肯定在德国外交部占据着重要职位，因为派驻元首大本营的外交部联络官赫维尔大使，提交给希特勒作为参考或决策的秘密备忘录原始文件的摘要甚至是照片，也都包含在豪萨曼的文件中。

德国外交部的重要指示也由德国驻伯尔尼和斯德哥尔摩的大使馆提供给豪萨曼。

因此，瑞士的总参谋部和联邦委员会对德国的军事绝密以及经济状况了如指掌。鉴于瑞士的中立立场，这种状况不会造成太大的灾难——如果鲁道夫·勒斯勒尔没有将这些情报中的瑰宝转交给莫斯科的"主任"。

亚历山大·拉多的电文被破译，里面提到了"维特"这个情报来源，电报落在德国无线电安全专家们的桌上，不用说，德国的反间谍机构，特别是帝国中央保安局，立即开始竭尽全力追寻那些神秘的情报提供者。

德国这些反间谍专家问自己的第一个问题是：这些情报是怎么被送到瑞士的？

1942年3月底，国外反间谍处接到线报，驻科隆的瑞士领事频繁来往于瑞士。

不仅频繁，而且每次都很突然。他经常取消约定、邀请和会谈，因为几个小时后他必须去赶科隆至巴塞尔的火车。这位外交官坐在火车的邮件房中，他的行李里总是带有一个黑色公文包。

3月29日，有人试图看看这个公文包里装着些什么，但这个非法行动未获成功，因为外交官先生非常警惕。保安人员只是从外面对这个公文包拍了照。

于是，德国反间谍机构根据照片做了个一模一样的公文包。待瑞士领事下一次旅行时，他们会设法将公文包调包。果然，领事穿过站台拥挤的人群时，发现自己被挤在五个行色匆匆的"旅客"中。其中的一个从他身边硬挤过去，贴得如此之近，以至于他的公文包也被挤落。

另一名"旅客"已站在他身旁，准备礼貌地鞠躬，并将那个替代品递给他。但计划再次失败，因为这位领事以英国外交官的方式，用一条细细的链子将公文包拴在手腕上。

可能是个巧合，但却是个令人兴奋的巧合，1942年3月31日，也就是德国反间谍机构试图对领事先生的公文包动手的两天后，豪萨曼给他的上级发去一份来自元首大本营最新指令的报告，主题是1942年夏季攻势的计划。这份报告的开头是这样一句话："指令已由德国元首大本营签发……"接下来便是关于德军预备力量调动方向的准确记录。

豪萨曼的报告继续写道："德国领导层现已决定，将可用部队之主力投入俄国中部的战斗，甚至不必等在乌克兰的战略集结完成。这一决定及其实施有重要的原因，最为重要的是，德军从诺夫哥罗德至库尔斯克的前进阵地必须得到巩固……待德军发起攻击，越过哈尔科夫，进入顿涅茨河河曲部。行动展开的同时，被德国国防军最高统帅部视为决定性，德国领导层的意图是……在莫斯科以西（从加里宁至卡卢加）的大圆弧地带，尽可能多地牵制俄国人的陆军和空军力量——可参阅关于这一问题的其他报告。"

这是德军1942年夏季攻势计划的精髓，该计划仍在制定中。要明白这份报告的重要性，我们必须知道，根据国防军最高统帅部的战时日志，夏季攻势的战略集结计划，第一次讨论是在三天前元首大本营的一次秘密会议上，也就是1942年3

月28日。这次会议的保密程度，国防军指挥参谋部副参谋长瓦利蒙特将军曾在一份报告中有所提及。他写道："3月28日下午，元首大本营召开了一次特别会议，出于安全原因，国防军统帅部、陆军和空军总参谋部中只有极少数军官获邀出席。根据自己所获得的口头指示，陆军总参谋长对夏季攻势的战略集结计划做了详细报告。"

瓦利蒙特的结论如下："从目前看来，莫斯科已完全不再是进攻目标——这与戈培尔日记中的说法相反。"这个说法针对的是戈培尔3月20日所写的日记，他把莫斯科称为夏季攻势的目标。这样看来，希特勒的这位政治密友，在消息灵通方面远比不上瑞士总参谋部，当然，多亏了勒斯勒尔，苏联最高统帅部对此也了如指掌。

如果没有确凿无疑的文件证实，如此令人震惊的故事是不会有人相信的。3月28日下午，希特勒的大本营召开了一次绝密会议。三天后，一份会议纪要被放在吉桑将军位于伯尔尼的办公桌上。又过了24小时，4月1日，拉赫尔·杜本道尔夫在日内瓦用她的秘密电台发出了电文："多拉致主任：德军夏季攻势的第一道指令……"

有趣的是，这个情报并非来自"维特"这个消息源，而是被注明"来自泰迪"。"泰迪"是德国陆军总司令部内为瑞士提供情报者的化名。因此，这份出自元首大本营中瑞士方面情报来源的报告，与"维特"的情报并不完全一致。换句话说，希特勒戒备森严的"狼穴"中，隐藏的间谍肯定不止一个。

德国无线电专家在1944年初开始对这一情况产生怀疑。"主任"与他的间谍们之间的往来电文，有1000多份被截获后遭到破译。"主任"的身份众所周知。"肯特"和"吉尔伯特"是他在法国和比利时的间谍头子，都已被德国方面抓获。"多拉"和"露西"的身份也被德国人查获，另外还包括他们的无线电报务员和联络员的姓名。

但隐藏在希特勒大本营、国防军最高统帅部和国防军陆军总司令部内的情报提供者，德国方面一直没能发现。

为破获这起案件，德国专门从国防军的一个无线电监控单位调来了近距离追踪组，该单位通常被部署在前线后方，从事无线电监听任务。这个无线电追踪组被秘密部署在腊斯登堡的毛尔森林，元首大本营和国防军陆军总司令部驻地附近。但他们一无所获，甚至连一丝"非法的无线电通讯"也没发现。

特种短波拦截单位对元首大本营实施了几个星期的无线电监测，最终一无所获，未发现任何可疑的无线电通讯。但截获的电文表明，至少有一些情报在几个小时内从东普鲁士传送至日内瓦。情报的传送方式，唯一的可能性是电台，因为一直以来，电话线最容易遭到监听。

肯定是通过电台。但又没发现非法的无线电通讯。一个不可避免的结论出现了，情报会不会是通过合法的无线电通讯被泄露出去的？元首大本营内的电台将指令发送给各集团军群和集团军，能否假设间谍是通过这种合理合法的方式将情报传递出去的呢？要么是腊斯登堡，要么是柏林的中继电台。

无线电操作员都会得到他们的密码本和相关频率的说明。他们打出什么，电文被发送至何处，他们对此并不知情。能否假设某人让一名无线电操作员以一个勒斯勒尔或豪萨曼正在瑞士监听的频率发出一份加密过的电文呢？但这种怀疑会被斥为荒谬。的确，这种方式很简单，但似乎是不可想象的。因为这需要先决条件，例如，国防军最高统帅部通讯处的一名高级军官必须参与其中，勒斯勒尔要知道密码，而在某集团军或集团军群司令部的一名高级参谋也要参与其中。问题的关键是，发送出去的每一份电报都会被记录下来；另外还需要一个接收者，接收时需要一名高级军官，要么是集团军作战参谋长，要么是地位类似的军官在场签收。所以，这种假设似乎是荒谬的。

真的很荒谬吗？但又没有其他的解释。

只有这样，通过这个最简单、最巧妙的方式，化名"露西"的勒斯勒尔才能通过电台接收到来自元首大本营或国防军陆军总司令部的紧急情报。

这个办法非常简单。瑞士方面会在某个特定的时间监听某个特定的频率，这个时间是元首大本营或柏林发送电文的时刻。如果信息中包含WRTR的呼号，瑞士的间谍们便会知道这是发给他们的电文，并将其记录下来。

难道德国人的密码不是经常更改吗？当然是，但密码可以通过交通员传递。一切都有可能——属于"维特"小组的国防军最高统帅部国防军通信参谋处处长或是他的一名高级军官可以提供密码。

那么"维特"呢？有没有可能他根本就不是一个具体的人？这个名字会不会只是元首大本营中某些将领组成的密谋圈的名称？会不会是他们出于政治反对派的原因，将希特勒的军事机密转交给身处瑞士的间谍勒斯勒尔？如果是这样的话，"维特"组织则是瑞士情报机构的消息来源，而不是为一名苏联间谍效力，他们甚至可能不知道自己的情报被转交到斯大林手中。最近几年里，这一观点被反复讨论。这是个德国大众似乎乐于接受的解释。

但有个非常准确的测试可以试一试。如果"露西"发给"主任"的"维特"的情报，与瑞士方面从德国高层获得的信息相同，那么，豪萨曼少校得到的关于库尔斯克战役的情报肯定与"露西"发给克里姆林宫的消息同样详尽、准确。

真是这样吗？6月25日，豪萨曼在第1027号密报中，汇报了第4装甲集团军在库尔斯克突出部南部战线的战略集结。但很奇怪，这一报告并不准确。里面既未包括进攻发起日期，也没有进攻目标。相反，希特勒涉及约德尔将军的假命令却被完整地记录在豪萨曼的备忘录中。直至7月8日的第1105号密报中，豪萨曼仍认为库尔斯克突出部的战斗根本不是德军发起的攻势，而是苏军发动进攻的结果。

可以肯定，勒斯勒尔发给"主任"的报告不是出自这个信息源。他的报告是如此准确，以至于当时挂中将军衔，担任军事委员会委员的尼基塔·赫鲁晓夫，与司令员瓦图京一起，于1943年7月2日亲自赶至沃罗涅日方面军辖下各部队的司令部，将德军发起进攻的日期通知给部下们。一个不可避免的结论是，至少这份来自"维特"的极其重要的情报并非一式两份，而是专门发给莫斯科的报告。

就此得出"维特"是苏联的情报提供者，只为苏联提供情报的结论合乎情理吗？实际上，这种唯一性甚至连勒斯勒尔都不敢把他的报告提供给瑞士人。顺便说一句，这是个合乎逻辑的步骤，因为苏联情报机构非常谨慎，他们不会让自己的间谍传送情报给别人，哪怕是他们的盟友。

"维特"这个苏联间谍，肯定是个欣赏莫斯科体制的家伙。他可能跟瑞典人温纳斯托姆相类似。温纳斯托姆是瑞典军队的一名少校，却为苏联情报机构干了十五年，并秘密拥有苏联将级军衔。只是一个偶然的机会，他才于1963年6月20日被捕，此前，他曾企图溜出这个国家。

但是，"维特"的身份直到今天也没被披露出来。他是否在世界上的某个地方享受着自己背叛国家的成果？他在等待新的工作机会吗？也许，他仍在从事间谍活动！

苏联情报人员的化名从来不是偶然或毫无意义的。那些化名总是跟间谍的真名有某种联系。"多拉"是从"拉多"更改而来。"派克博"是拉多在希特勒和墨索里尼的政治反对者方面的消息提供者的化名，这个名字由瑞士记者奥托·平德尔以及他的意大利联络人的姓名组合而成。作为经济情报的信息来源，"泰勒"出现在拉多的报告中，是德国间谍施奈德姓名的英语译音。勒斯勒尔的化名"露西"，来源于他的居住地卢塞恩。而"西西"则是拉赫尔·杜本道尔夫年轻时饲养过的宠物的名字。

那么，"维特"呢？这个化名是否跟某人对文学的兴趣，或是他在歌德研究领域所做的学术工作有关？[1]或者是vertep这个俄文单词的发音，这个词的意思是"贼窝"，或者，根据某种理论，这个词代表着元首大本营。

再或者就是现在最普遍的看法，"维特"是许多情报提供者的总称，勒斯勒尔把他们各自的报告汇总到一起，再以"维特"的名义发送出去。这个解释在许多方面都很有诱惑力。"维特"发出的急件，从形式到内容似乎都支持这一点。他的情报涵盖了许多不同的领域，详细情况提供得非常及时，一个人负责所有的一切，这有可能吗？另外，这个人作为一名叛徒，除拥有一个重要的职位外，他还必须尽心尽力地保持这个职位，否则他将失去它。此外，"维特"的情报里也有一些引人注目的错误，是那种可能因为团队工作而造成的失误。

但是，向一个"幻影"发送指示，指挥一个"幽灵"，或给它奖励，这完全违背苏联情报工作的做法。如果苏联依赖于某位间谍的情报，那么可以肯定，他们了解他。毕竟，熟悉情报来源非常重要，因为这有助于对情报做出正确的评估。

---

[1] 亚历山大·拉多的回忆录中指出，将"维特"这个化名与歌德的文学作品联系在一起是荒唐可笑的。勒斯勒尔发给他情报，再由他转发给"主任"，由于情报来源不同，为了让总部有个清楚的概念，他用了几个化名，例如"维特"，指的是该消息来自德国国防军；"奥尔加"代表消息来源是德国空军司令部；而"安娜"是代表德国外交部。但德国国防军中究竟是谁提供了这些情报，拉多本人并不知情，根据他与勒斯勒尔事先的约定，他也不能打听。勒斯勒尔死后，这个秘密被他带进了坟墓。当然，间谍所写的回忆录大多是不太可靠的，拉多的这种说法，究竟是为了澄清事实，还是意图遮掩某些秘密，不得而知。读者们可参阅《东进》一书的第一章。

本书的目的不是扮演侦探。我们想做的只是想确定这个神秘的间谍，以及他向苏军提供的情报在整个"堡垒"行动中发挥的作用。在那里，"维特"的身份依然被掩盖着，但却站立在历史上这场决战的边缘。

我们说"站在边缘"，这是因为只从"维特"这个方面解释"堡垒"行动的过程和结果，对投入战役的大批部队、大胆的决策以及交战双方所取得的成就和失误来说，未免太过简单化。库尔斯克，这场庞大的战役，是东线战事的顶点，也是苏德战争的转折点。造成这一历史性转折的，远不只是一名敌方的间谍。

为何库尔斯克战役开始时满怀信心，最终却遭到失败？德国为这场最后的攻势投入了大量装甲部队和兵力，为何以失败而告终？要回答这些问题，我们必须回溯至1942年的最后几周和1943年初。

第二部

曼施泰因

1

斯大林想要的不只是斯大林格勒

"巴达诺夫将军，继续前进，这是我们的契机！"——旅程结束于塔钦斯卡亚——坦克出现在曼施泰因的指挥部前——罗斯托夫，百万大军的逃生舱口——第1装甲集团军后撤——告别伊谢尔斯卡亚——26英里的冰面——从山口而下——克拉斯诺达尔，库班河上的中转站——40万大军的困境

时间是1942年圣诞节。"顿河"集团军群司令曼施泰因元帅的指挥部设在新切尔卡斯克（Novocherkassk），位于下顿河后方12英里处。元帅和他的参谋人员看上去一脸疲惫。第6集团军的命运令他们深感沮丧。

但在他们对斯大林格勒的情况倍感焦虑之际，还有个更为严重的事态。苏军最高统帅部显然将对战争的这一机遇加以利用，更确切地说，希特勒的错误决定使第6集团军前伸得太远，其虚弱的侧翼缺乏足够的掩护，这就使苏军有可能获得一个更大的胜利，而不仅仅是歼灭一个集团军。

自1942年11月19日起，苏联的三个方面军便一直在伏尔加河与顿河之间不停地发起进攻，他们已将斯大林格勒团团围困，并在意大利和罗马尼亚人的防线上撕开一个60英里的缺口，但他们的目的绝不仅仅是解放斯大林格勒并包围保卢斯的集团军。这一行动的背后是苏联最高统帅部一个更大、更惊人的计划。他们精心准备了很长一段时间，以极大的牺牲为代价，损失军队，丧失领土，几乎已达到输掉整场战争的地步，但他们终于要发起庞大的反击了：将从伏尔加河，从苏联祖国的发源地，从布尔什维克革命的圣地发起这场反击。过去丧失的一切现在将被夺回，他们即将对对抗希特勒的这场战争发起庞大的反攻。一如当年击败拿破仑，德国人将被消灭在苏联广袤的土地上。斯大林打算粉碎东线德军的整个南翼。对一百万德国军队来说，这将是个"超级斯大林格勒"——这就是斯大林的计划。他将投入总计八个集团军的兵力来实施这场庞大的行动，他们将从顿河中游和卡尔梅克草原向罗斯托夫和下第聂伯河攻击前进，借此切断并歼灭德军的南翼——辖七个集团军的三个集团军群。

军事史上从未有过与之类似，规模如此庞大的作战行动。另外，这个计划似乎已获得成功。一个小时接着一个小时，越来越令人震惊的报告被送到曼施泰因的地图桌上。他该如何，又该用什么去阻挡这股红色大潮呢？他怎样才能封闭顿河与顿涅茨河之间巨大的缺口呢？德军最高统帅部面临着前所未有的危险。

"安静。"将军说道。他那责备的目光落在正与一名传令兵说话的勤务官身上，受惊的少校沉默下来。此刻，唯一的动静是农舍中炉火的"噼啪"作响声——苏军坦克第24军的指挥部设立于此，现在是1942年12月23—24日的夜间。

将军把电话贴到耳边。"是，是，好的。"他轻声笑着，再次说出自己的名字。

"一切都在按计划进行。"将军汇报道。"意大利人似乎已望风而逃，他们根本没有在其第8集团军的后方区域实施抵抗。我的部队进展顺利。我们已深入到敌军腹地，一天内推进了大约30英里。我们的先头部队已到达塔钦斯卡亚（Tatsinskaya）。"坦克第24军军长V.M.巴达诺夫少将显然为自己在电话中向近卫第1集团军司令员所做的汇报感到自豪。库兹涅佐夫将军的声音听上去也很愉快："非常好，巴达诺夫同志。我会把您取得的成绩向上级汇报。但您得继续前进，一直向前，这是我们的契机。"

这的确是巴达诺夫的契机。他的坦克第24军被分派给近卫第1集团军，此刻远远地冲在苏军进攻楔子的最前方，而主力部队正穿过意大利第8集团军支离破碎的防线，向顿涅茨河推进。巴达诺夫几乎没有遭遇到任何像样的抵抗。部署在意大利防线纵深、奇尔河下游地区的拦截部队，在苏军攻势的冲击下很快便崩溃了。大炮和车辆被遗弃，许多军官扯掉军衔标记，试图更顺利地逃生。既然这样，普通士兵为何要逞英雄呢？于是，他们丢掉武器，也跟着逃跑了。

巴达诺夫的坦克军所要做的只是继续前进。1942年12月23日夜晚前，该军的

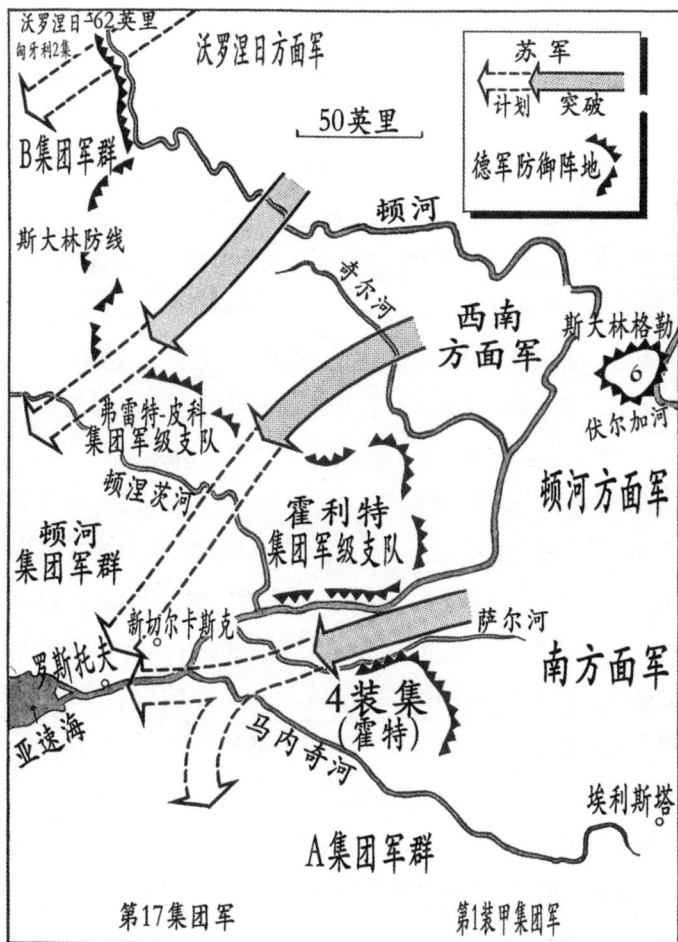

沃罗涅日–62英里
匈牙利2集
沃罗涅日方面军
50英里

苏 军
← 计划 → 突破
德军防御阵地

B集团军群
斯大林防线
顿河
齐尔河
西南
方面军
斯大林格勒
6
伏尔加河
弗雷特-皮科
集团军级支队
顿涅茨河
霍利特
集团军级支队
顿河方面军
顿河
集团军群
新切尔卡斯克
萨尔河
南方面军
罗斯托夫
亚速海
4装集
(霍特)
马内奇河
埃利斯塔
A集团军群
第17集团军
第1装甲集团军

▲ 1942年年底,随着顿河中游德军防线的崩溃,斯大林看到了取得决定性胜利的机会。他打算发起一场庞大的钳形攻势,夺取罗斯托夫,从而关闭退出高加索的大门。他甚至打算以一场更大规模的行动来包围德国的"顿河"和B集团军群。

先头部队已到达塔钦斯卡亚，这是个重要的前进机场，也是为斯大林格勒提供补给的中心，位于破碎的意大利防线后方150英里处。5天的时间，坦克第24军完成了这段行程，这是一场参照德军传统所完成的闪击战。5天，150英里，路程和速度都类似于战争第一周中曼施泰因的得意之作：对陶格夫匹尔斯的装甲突袭。十八个月前，他的第56摩托化军从蒂尔西特东部地区赶至陶格夫匹尔斯，4天内完成170英里。从那以后，俄国人学会了许多东西。

巴达诺夫将军放下军用电话，转身对他的参谋长说道："上校同志，您怎么看，我们是今晚就对敌人的基地和机场发起进攻，还是等到明天？"

上校慢慢地摇了摇头："明天，德国人会欢庆圣诞——这将是他们最伤感的一个节日。他们会准备小礼品，往杉树上插上小蜡烛，并为平安夜做准备。这会令他们疏于防范。我们也许会打他们个措手不及。"巴达诺夫点点头。然后，他向各级指挥员下达了命令。计划获得了成功。12月24日凌晨的浓雾中，巴达诺夫的坦克出发了。他们隆隆向前，径直冲入塔钦斯卡亚机场的跑道。

第8航空军当然意识到逼近中的危险，但第4航空队并未下令疏散这一重要补给基地及其庞大的仓库。命令是："守住！"可问题是，塔钦斯卡亚位于奇尔河德军主防线的大后方，面对苏军的一个坦克军，他们如何能守住？120人，1门88毫米高射炮和6门20毫米高射炮，这就是塔钦斯卡亚机场德国守军的全部家当。

在回忆录中，巴达诺夫将军记录下苏军坦克先头部队的发现：德国人的炮位和据点根本无人把守，机组人员也待在他们的掩体中。"所有人都在呼呼大睡。"将军写道。根据他的记述，苏军的一个迫击炮连发出进攻信号。几小时后，这个为斯大林格勒包围圈提供补给的重要基地未早德国人的激烈抵抗便落入苏军手中。巴达诺夫指出，他们缴获了350架飞机以及大量物资、食物和弹药，还包括完整的货运火车。

塔钦斯卡亚这个重要的基地，防御力量如此薄弱，这当然是个严重的失误。但还有一样是肯定的：巴达诺夫所说的缴获飞机的数字并不准确。机场上只有180架飞机。尽管有大雾，但大多数飞机还是冒着敌人的炮火起飞了。其中的124架安全飞抵其他机场。

尽管如此，这对德军来说仍是个可怕的打击。塔钦斯卡亚不光是斯大林格勒的补给中心，还是个交通中心，它是从罗斯托夫和顿涅茨地区而来的重要铁路线的终点站。对"霍利特"集团军级支队来说，形势尤为严峻。这支部队仍在塔钦斯卡亚东面很远处的奇尔河上，现在却发现自己的后方遭受到威胁。希特勒顽固坚守的灾难性策略将再次付出代价。坚决不许投降，守住，守住，守住，不惜一切代价守住！

不可否认，霍利特在奇尔河上据守的阵地相当重要，第48装甲军将从那里支援霍特对斯大林格勒的解围进攻。出于这个原因，前线这一有利的突出部似乎对国防军陆军总司令部有用。但希望和现实并不相符。危险一天天加剧，成功的希望变得越来越渺茫。可希特勒却拒绝正视这一危险。曼施泰因要求增援时，希特勒的回复是："我派不出任何援兵。"曼施泰因指出战略后撤不可避免时，希特勒哀叹道："失去高加索的石油和顿涅茨的矿产，战争就再也无法打赢了。"

曼施泰因的处境相当困难。他不仅要跟苏军作战，还要应付元首大本营。换做其他人早就认输了。但曼施泰因想出了办法，他采取了一种巧妙的战略轮换体系。

在这方面，他得到三位经验丰富的战地指挥官的鼎力帮助，他可以依赖他们——霍特大将，他的第4装甲集团军仍在顿河东南面奋战；霍利特将军，他混编的集团军级支队①位于顿河河曲部，控制着格尼拉亚河（Gnilaya）和奇尔河上的主防线；弗雷特-皮科将军，他率领着新组建的集团军级支队②，试图在米列罗沃与卡里特瓦河（Kalitva）之间建立起一处拦截阵地。

眼下最主要的威胁是巴达诺夫——苏军近卫第1集团军的先头部队。因为从塔钦斯卡亚到罗斯托夫只有80英里。曼施泰因知道，以目前的情况，一个大胆的坦克指挥官可以在三天内完成这段路程。巴达诺夫当然是大胆无畏的。如果他对罗斯托夫发起进攻，情况就真的危险了。倘若苏军成功地关闭罗斯托夫这扇大门，切断高加索A集团军群麾下各集团军唯一的陆上通道，800000名德军将士将被困住，而第4装甲集团军也将遭遇相同的命运。曼施泰因元帅清楚这一点，巴达诺夫将军对此同样心知肚明。

---

① 霍利特的集团军级支队是以第17军军部组建而成，1943年3月6日改为第6集团军。
② 皮科的集团军级支队实际上是以第30军军部组建而来，1943年2月3日重新更名为第30军。

▲ 苏军的9个集团军直扑罗斯托夫。最深的突破由近卫第2集团军达成,在态势图上,该集团军的行动宛如一条九头怪蛇。

　　新切尔卡斯克,曼施泰因元帅和他的参谋长舒尔茨少将以及作训处长布塞上校坐在一起,冷静地判断着形势。现在是做出大胆而又重要的决策的时刻,也是一名将领必须决定他能对自己的各级指挥官和士兵抱以多大期望的时刻。曼施泰因了解自己部队的能力,也知道拉伸这种能力所受到的限制。这正是他作为一名将领的高明之处。

　　霍特集团军位于"顿河"集团军群的南部战线,仍在进行对斯大林格勒的解围行动，曼施泰因要求他拨出一个师，以挽救塔钦斯卡亚。霍特完全明白眼下灾难性的状况，他义无反顾地调出麾下最强的一个师——劳斯将军指挥的第6装甲师。在去年的攻势中曾担任过曼施泰因参谋长的许纳斯多尔夫上校[1]，现在在该师指挥来自帕德博恩的第11装甲团。

在一个寒冷的夜晚，该师转身向北，赶往"霍利特"集团军级支队的防区，在那里，该集团军级支队顽强而又极具创造力的参谋长温克上校，已经用五花八门的部队构建起一道薄弱的防线。这是个艰难而又重要的决定，曼施泰因和霍特承担起这一责任。霍特的战线距离斯大林格勒30英里，随时可以恢复对第6集团军的救援性进攻，但随着第6装甲师被调离，霍特守住自己饱受重压的阵地的微弱希望就此丧失。

但这一救援性进攻，尽管开始时被报以极高的期望，可在当时的形势下，几乎没有成功的可能。就算不对巴达诺夫发起一次成功的打击，霍特的状况很快也会变得难以为继，因为他也将遭到被合围的威胁。他的唯一选择就是在较大和较小的灾难间做出取舍。

如果这种情况真的发生，较大的灾难倒是可以避免，但只能通过曼施泰因的计划。此计划基于如下考虑：奇尔河防线上，霍利特仍拥有的唯一真正的装甲部队是巴尔克将军来自西里西亚久经考验的第11装甲师。自12月中旬起，该师一直在霍特集群的左翼与渗透进来的苏军坦克进行着小规模交火。该师的第15装甲团由伯爵席梅尔曼上校指挥。

诚然，他只剩下25辆坦克，但巴尔克将军能人所不能，他以装甲掷弹兵、工兵和高炮单位加强这支装甲力量。并与卢赫特将军的第336步兵师相配合，在一场运动战中歼灭了苏军两股强大的突击力量，他们击毁65辆敌坦克，自己却无一损失。在这场战斗中，步兵也做出了出色的贡献，五天内，第336步兵师干掉了92辆敌坦克。

---

① 许纳斯多尔夫担任过第15摩托化军和第3装甲集群的参谋长，是霍特的老部下，跟曼施泰因似乎没什么关系。

这一胜利使曼施泰因得以将第11装甲师调出。12月23日夜间，冒着零下20摄氏度的严寒，该师彻夜行军，赶去对付巴达诺夫的坦克军。他们将与同样经历着强行军的第6装甲师一起去阻止巴达诺夫将军大胆而又危险的突袭。

卡里特瓦与奇尔河之间冰雪覆盖的平坦草原上，德军各装甲团再次展示出现代坦克战术的意义。随着第306步兵师辖下的掷弹兵营从东面将这一重要的补给中心封闭，并派出第579掷弹兵团的突击队重新夺回部分机场，德国人发起了反击。12月24日，第6装甲师的一支先头装甲支队在突击炮的支援下，夺回塔钦斯卡亚的北部地区。12月27日前，巴尔克将军的部队已将塔钦斯卡亚的苏联坦克军牢牢困住。第6装甲师封锁了苏军的退路，将其补给线切断，并沿贝斯特拉亚河（Bystraya）设防，以阻止苏军从北面发起对该军的救援。

塔钦斯卡亚之战打响了。遭到包围的坦克第24军措手不及。巴达诺夫接二连三地向方面军发出求救信号。瓦图京让他放心，并敦促他一定要坚守。然后，他投入自己手头的部队（两个机械化军和两个步兵师）去营救巴达诺夫。他下决心一定要救出巴达诺夫，并让他的坦克军能继续前进。对苏军统帅部而言，太多的东西处在紧要关头：他们希望能赶至罗斯托夫。但在这个冬季，俄国人的力量也已是强弩之末。

劳斯将军带着他的第6装甲师抗击着苏军的进攻。巴尔克的第11装甲师，与英勇的乌恩莱恩上校[①]所率的第4装甲掷弹兵团以及第306步兵师的掷弹兵们一起，将战斗演变成巴达诺夫在塔钦斯卡亚的一场代价高昂的惨败。

在这场寒风下的激烈的夜战中，苏军坦克第24军被歼灭。巴达诺夫的部队拼死抵抗，许多人打完最后一枪一弹。塔钦斯卡亚燃烧的粮仓和仓库照亮了幽灵般的战场——被击毁的坦克、被碾碎的反坦克炮、翻倒的运输车、冻死的伤员。

到12月28日，一切都结束了。残存的苏军部队从镇子北面突出德军包围圈，成功逃过贝斯特拉亚河。圣诞节前满怀信心地向罗斯托夫发起进攻的坦克第24军

---

① 值得一提的是，马丁·乌恩莱恩后来不仅出任第14装甲师师长，还在1945年担任党卫军第3装甲军军长一职，国防军军官出任这个职务有些奇特，而且，乌恩莱恩中将当时似乎并没有相应的党卫队"地区总队长"军衔，这是个很有趣的问题。

已不复存在。

苏军最高统帅部和最高苏维埃给巴达诺夫的部队戴上了英雄的光环。他们英勇地战斗到最后，更重要的是，他们前所未有的坦克突袭一直深入到德军防线的大后方，这对其他苏军部队来说将是个光辉的榜样。重新组建的该军因而被授予"塔钦斯卡亚坦克第2军[①]"的称号。巴达诺夫本人也成为苏军中第一个被授予苏沃洛夫勋章[②]的军官。

德军以大规模坦克编队发起闪击战的方法，现在显然已成为苏军的作战模式。但到目前为止，这种打法并未给他们带来胜利。德军装甲指挥官在战术技能上依然占有优势，这一点在四天后再次被证实。元旦前夕，就在1943年到来前，苏军坦克第25军试图效仿巴达诺夫的打法，结果落入陷阱。错误和鲁莽使他们陷入了一场灾难。

坦克第25军突破意大利第8集团军南翼防线时遭遇到的抵抗非常轻微，这使他们产生了错觉，认为前方已没有值得一提的对手，于是没有派出侦察部队便长驱直入。他们。各坦克旅从贝斯特拉亚河北面的林间空地中冲出，开着大灯，在马里耶夫卡（Maryevka）附近向渡口而去。他们打算渡过该河向南前进，对"霍利特"集团军级支队的后方发起打击。

但德军第6装甲师派驻贝斯特拉亚河的前哨部队注意到苏军向渡口而来。劳斯将军迅速制订了发起一场夜战的计划。他命令师里的75毫米反坦克炮单位前移，以拖延苏军坦克的推进。第11装甲团接到警报后立即进入戒备状态。然后，德国人故意让苏军坦克第25军的主力渡过贝斯特拉亚河，进入到马里耶夫卡。渡口随即被德军做好准备的反坦克和重型装甲侦察车单位封闭。

接着，劳斯将军在马里耶夫卡与罗曼诺夫（Romanov）之间发起一场坦克夜战。向前疾进的苏军部队遭到来自两侧和后方的打击。俄国人措手不及，做出的

---

① 重新组建的坦克第24军正式番号为"近卫坦克第2军"，又称"塔钦斯卡亚坦克军"。
② 巴达诺夫获得的是二级苏沃洛夫勋章，第一个获得一级苏沃洛夫勋章的则是朱可夫。苏军的最高勋章是"胜利勋章"，受勋者寥寥无几，主要是元帅级。除"胜利勋章"外，等级最高的就算"苏沃洛夫勋章"。

应对混乱而又紧张。但劳斯却像下棋那样，冷静地指挥着战斗。

燃烧的T–34照亮了战场。苏军坦克各自为战，一次次试图强行杀出陷阱。谁是友军，谁是敌人？这个问题只有在极近的距离内才能弄清。愤怒的苏军坦克车长们试图用坚固的T–34撞毁拦路的德军坦克，但德军四号坦克的机动性以及车长们丰富的经验此刻发挥了作用。这一点充分体现在苏军坦克群在新马里耶夫卡（Novomaryevka）发起的突围尝试上，守在那里的是博士贝克少校率领的第11装甲团第2营。

贝克手上只有10辆四号坦克，再加上很少的步兵。凌晨3点，苏军坦克冲了过来，并突入村内。一场坦克对坦克的战斗在农舍间爆发开来。以茅草覆顶的木屋很快便燃烧起来，闪烁的火焰制造出奇怪的阴影。

村内停放着一些损坏待修的德军坦克，这为贝克的小股战斗群提供了意想不到的帮助。透过村庄燃烧所发出的摇曳不定的光亮，苏军将那些损坏的坦克误认为是完好的德军坦克，一次次将他们的火力集中于这些停顿不动的诱人目标上。这使贝克率领的坦克获得了进入最佳射击位置的时间和机会。最后，他将自己这支小小的队伍从坦克残骸与农舍间撤出。

在这一脱离接触的过程中，贝克的指挥坦克——与其他指挥坦克一样，他的指挥坦克上只安装了一门木制假炮，因为坦克的内部空间必须留给体积庞大的电台设备和地图桌——与一辆T–34迎头相遇。苏军立即转动炮管准备开炮。"撞毁它！"贝克命令道。但这样一来他也很难保住自己的性命。救星是第7连连长格里克上尉，他的四号坦克埋伏在街角处，早已做好开火准备。格里克及时发现了那辆T–34，"开炮！"直接命中！

在村外重新集合时，贝克发现自己只剩下6辆坦克和25名步兵。一旦天亮，苏军便会明白他们的优势，那就糟了。出于这个原因，必须利用夜幕发起一场反击。在夜间实施欺骗是有可能的，黑夜有利于弱势一方。趁着夜色，通过灯光和噪音，可以让6辆坦克看上去像是一整个装甲营。

贝克少校将他的6辆坦克部署在村子四周。按照事先安排好的信号弹同时发起进攻。25名步兵在坦克间排列开，扯着喉咙高呼"呼啦"，并尽可能地用手里的轻武器猛烈开火。6辆坦克也拼命制造着噪音，并用曳光弹猛烈射击。这一虚张声势获得了成功。

贝克迅速赶至村中心。对方怀疑这是一场大规模反击，于是向贝斯特拉亚河退去。但在那里，他们将被正等着他们的德军反坦克炮逮住。

90辆苏军坦克渡过贝斯特拉亚河。天亮后，90辆被击毁的T-34散落在冰冷的战场上。就这样，坦克第25军，苏军近卫集团军的第二个攻击楔子，被消灭了。

德军第6装甲师的损失总计为23辆坦克。但由于控制战场的是德国人，大多数损坏的坦克可以由维修连修复。

随着苏军两支坦克部队被歼灭于"顿河"集团军群的北部防线，从东北方对罗斯托夫形成的迫在眉睫的危险得以避免。

苏军第6和近卫第1集团军从缺口北部边缘经米列罗沃向顿涅茨方向的推进造成了同样的危险，但这一威胁却被"皮科"集团军级支队麾下虚弱的部队成功消除。

对弗雷特-皮科将军手上可用于封闭近120英里缺口的部队来说，"集团军级支队"是个相当大的称谓。在米列罗沃，第3山地师的一部坚决而又成功地抵御着占据优势的敌坦克部队。一些战地训练团和仓促拼凑起来的营，与冯·兰肯残缺不全的装甲战斗群[1]一起，抗击着苏军数个坦克师的进攻。

最终，德军第304步兵师从法国调至苏联前线。这个师一直在平安无事的"大西洋壁垒"执行海岸守卫任务，在东线投入战斗仅仅12个小时后，师里的几个团便几近崩溃。但一个不容忽视的事实是，弗雷特-皮科与该师经验丰富的师长西勒少将，成功地安抚着这些步兵和炮兵在初次面对敌人强大的坦克部队时所产生的惊骇，并在短短几周内将他们打造成顽强的战士，这是个了不起的成就。幸运的是，弗雷特-皮科手上还有两个经验丰富，久经战火考验的装甲师——来自图林根的第7装甲师和来自下萨克森的第19装甲师，他们顽强的反击减轻了步兵防御作战的压力，另外，他们还保护了受威胁的前线的北翼。就这样，尽管

---

① 冯·兰肯少校带领的是第138装甲营，这是个独立装甲营，1943年4月被解散后并入第27装甲团。

"皮科"集团军级支队实际上只是个实力大打折扣的军级部队，却成为顿河与顿涅茨河之间一道成功的"防波堤"，他们采用弹性防御阻止了兵力比他们多20倍的敌人意图达成的战略突破。弗雷特-皮科正确地指出："这是一场步兵士气的胜利。"

德军在顿河与顿涅茨河之间防御作战的成功，为仍在高加索地区抵御着苏军铁钳北部颌口的德国军队撑住了敞开的大门。

但此刻，曼施泰因敏锐地感觉到，在其防线南翼，霍特第4装甲集团军的作战区域内，顿河与马内奇河（Manych）之间，由于缺乏可用的兵力以阻止这种危险，灾难正威胁着那里。

在这12月的最后几天里，每天清晨，霍特大将都会搭乘自己的装甲指挥车赶至麾下各个实力严重受损的师，并去师部拜望他们的师长。许多团已缩减为虚弱的营级单位，而营的实力则下降至连级力量。第4装甲集团军可投入战斗的坦克只剩下50至70辆，正常情况下，这还不够装备一个营。

夜幕降临时，这位意志坚强而又充满活力的集团军司令官便会筋疲力尽地返回自己的指挥部。他的参谋长范格尔上校正带着作战态势图、曼施泰因发来的电报以及电话交谈记录等着他。这是一场毫无希望的战斗，第4装甲集团军已在代价高昂的防御战中耗尽了自身的实力。

他们在夜间商讨的只有一个主题：第6装甲师被抽离后，第4装甲集团军如何能以剩下的小股力量守住自己的防线？希特勒拒绝让第16摩托化步兵师回到第4装甲集团军的建制内，所以，该师目前仍守在埃利斯塔的阵地中。而A集团军群答应从高加索地区调出的党卫军第5"维京"装甲掷弹兵师，此刻仍在途中。

范格尔上校每天都向集团军群询问自己该如何是好。每天他都从曼施泰因的作训处长布塞上校那里得到同样的答复：我们一直在要求希特勒尽快将第1装甲集团军调出，置于我们的指挥下，但却毫无作用。国防军最高统帅部无法决定任何事。

一步接一步地，从一道防线到另一道防线，霍特带着他的部队慢慢向西南方退去——从梅什科瓦河（Myshkova）到阿克赛河（Aksay），再从阿克赛河到萨尔河（Sal），再到库别尔列河（Kuberle）。通过突然发起的猛烈反击，他不停地骚扰着在身后紧追不舍的敌人。顽强、巧妙、别出心裁、不懈追求和英勇无畏，这些素质使这位大将得以用其虚弱的第57装甲军抵御着苏军三个集团军的优势兵力。他始终牢记着自己的下一步作战职责：他必须阻止苏军从东面和东南面向罗斯托夫推进，就像霍利特和弗雷特-皮科已消除了来自北面的威胁那样，他必须为仍在高加索地区的德国军队的后方提供掩护。

终于，12月底，希特勒批准高加索地区的德军后撤。但第1装甲集团军的后卫部队仍在捷列克河（Terek），距离罗斯托夫尚有400英里。

作战态势图上，东线德军的南部战线看上去相当可怕。到处都是红色箭头，标明了苏军的推进，把代表德军防御阵地的细细蓝线淹没在这片红色海洋中。霍利特与霍特的部队间已不存在任何安全联系，因为在1月中旬，第4装甲集团军已被迫赶往东南方的马内奇河。顿河与萨尔河之间出现了一个危险的新缺口，足有25英里宽。叶廖缅科方面军麾下的近卫第2集团军和第51集团军进入这一缺口后，正向前高歌猛进。

他们不停地向前。他们小心掩护着自己的左右侧翼，但两个集团军的主力却势不可挡地向着罗斯托夫挺进。他们的运动轨迹，在态势图上看去就像是一条巨大的九头怪蛇，它的触须威胁着霍特和霍利特。但这条行进中的九头蛇，其最前端已到达罗斯托夫东北方的顿河。这是罗特米斯特罗夫将军指挥的近卫坦克第3军，这支精锐部队在斯大林格勒战役中赢得了他们的近卫军称号。

新切尔卡斯克，"顿河"集团军群的司令部内，参谋们只要看一眼作战态势图，一股寒意便会油然而起。全世界的目光仍聚焦在斯大林格勒，但在这里，在罗斯托夫，在巴泰斯克的桥梁，才是真正的关键。这里正在形成的灾难三倍于斯大林格勒。这场与时间、与苏军的赛跑能获胜吗？冯·克莱斯特元帅[1]的A集团军群能及时赶至罗斯托夫，并从这扇狭窄的大门中全身而退吗？

1943年1月7日，一个冰冷的星期四，传令官安努斯上尉[2]冲入曼施泰因的房

---

① 克莱斯特晋升元帅的时间为1943年1月30日，正是因为他率领部队从高加索地区全身而退。
② 曼施泰因回忆录中指出，安努斯上尉的职务是"第一军需长"。

间："元帅先生，苏军坦克已渡过顿河，离这里只有12英里，他们正朝我们而来，显然想把我们干掉。我们的哥萨克护卫队①已被打垮，我们现在什么都没有。"

曼施泰因平静地看着他的传令官，只说了一句："是这样吗？"

此刻，陆军元帅曼施泰因展示出自己不仅仅是个天才的战略家，还是个遇事镇定自若的人。他讨厌惊慌失措或激动不安。

"我们能搞到各种东西，安努斯。"他面带微笑对这位上尉说道，"把你能找到的东西拼凑起来。隔壁有个坦克维修厂，可以肯定，那里多少有些可用的坦克。你把能用的坦克集合起来，出去干掉俄国人，把司令部的工作人员组织起来进行防御，我们就待在这里。我派你去应付这个小麻烦。"安努斯对元帅的冷静感到惊讶，他冲了出去。坦克维修厂！他怎么就没想到呢？

半小时后，安努斯上尉带着一支七拼八凑的坦克队伍从新切尔卡斯克赶往顿河，拦住了苏军正向前推进的侦察队，并将对方的坦克先头部队赶过河去。当天，天寒地冻，但却充满了刺激。

这个插曲是戏剧化形势的典型。苏军的一个坦克团，再加上一名雄心勃勃的团长，很可能在此刻决定这场战争。夺取罗斯托夫就将决定这场战争，这意味着一个毋庸置疑的包围圈，德军的三至四个集团军，近一百万兵力将被囊入网中。

为何南方面军②司令员叶廖缅科没有将这个任务交付给一位像这样敢打敢冲的指挥员呢？他是否高估了德国人的防御力量？或者是巴达诺夫坦克第24军的例子使他有了更清醒的认识？

---

① 来自俄罗斯和乌克兰草原的哥萨克部队，以及德占区中的高加索人和其他非俄罗斯部落所组成的部队，大多是叛逃至德军一方的苏军部队或是德国人从平民百姓中组建而成。他们有着"反俄"传统，而不是专门"反苏"，在德国人一方，他们担任"辅助单位"，主要是骑兵。战争结束后，斯大林对这些部落中的一部分实施了野蛮的报复，通常是将其全部人口驱逐至西伯利亚，并取消了他们曾享有的有限的地方自治。斯大林死后，赫鲁晓夫谴责了他的罪行，将一些部落从乌拉尔东部迁回，并允许他们在原先的住处定居。

② 1943年1月1日起，叶廖缅科的斯大林格勒方面军改称南方面军，辖近卫第2、第51和第28集团军，负责顿河下游和罗斯托夫等地的战事；而原斯大林格勒方面军的主要兵力，第62、第64和第57集团军转隶顿河方面军，继续完成斯大林格勒战役。叶廖缅科对这一安排感到不满，认为在最后时刻，赢得斯大林格勒胜利的荣誉全留给了顿河方面军。

马利诺夫斯基将军沉着脸，聆听着苏军坦克部队向新切尔卡斯克的突击未获成功的汇报。"即便是最优秀的部队，也无法完成不可能完成的任务。"他的参谋长面带歉意地说道。

将军点点头。这一点不需要别人来告诉他。作为近卫第2集团军经验丰富的司令员，马利诺夫斯基知道，即便像他麾下近卫坦克第3军这样的精锐之师，现在也已疲惫不堪。该军已处在一条极度脆弱的补给线的最末端，他们的战斗力已耗尽。而当初，罗特米斯特罗夫将军曾凭借该军引人注目的战斗力遏制了德军对斯大林格勒的解围行动。

马利诺夫斯基知道这一切，南方面军司令员叶廖缅科也知道。就连权力人物——方面军军事委员会委员尼基塔·谢尔盖耶维奇·赫鲁晓夫，也明白其中的困难。但莫斯科总部却拒绝接受。

赫鲁晓夫和叶廖缅科不得不执行统帅部的命令。现在，这些命令就放在马利诺夫斯基的地图桌上："近卫第2集团军应于1月7日夜晚前到达顿涅茨河；近卫坦克第3军应渡河至顿河西岸，并牢牢控制住渡口；步兵第98师应将突破口扩大；近卫机械化第2军应该……近卫机械化第5军应该……"

"应该，应该，应该！"马利诺夫斯基爆发了，他一边骂一边用手猛敲着地图桌。"仍在这里的德国人情况怎样？不是罗马尼亚人，也不是意大利人，而是德国人！总部似乎把这一点忘记了！"

可生气又有什么用呢？"巴泰斯克必须夺取——罗斯托夫必须拿下！"这就是赫鲁晓夫和叶廖缅科每天发来的命令：书面命令、电话命令、口头命令和紧急指令。

集团军将命令下达给各军，各军又将命令传达给各个团，各个团再下达至各营。

但命令并不能让战斗获胜。进展缓慢。非常缓慢。

直到1月20日，叶廖缅科缓慢的前进大军中的先头部队才在马内奇斯卡亚（Manyc-hskaya）渡过马内奇河，并向西面的巴泰斯克推进。叶戈罗夫上校率领着先遣支队。8辆T-34，3辆T-70，9辆装甲运兵车，5辆装甲侦察车和200名搭乘着车辆的步兵，向宏大的目标冲去，他们想以突袭夺取这一目标。近卫坦克第3军

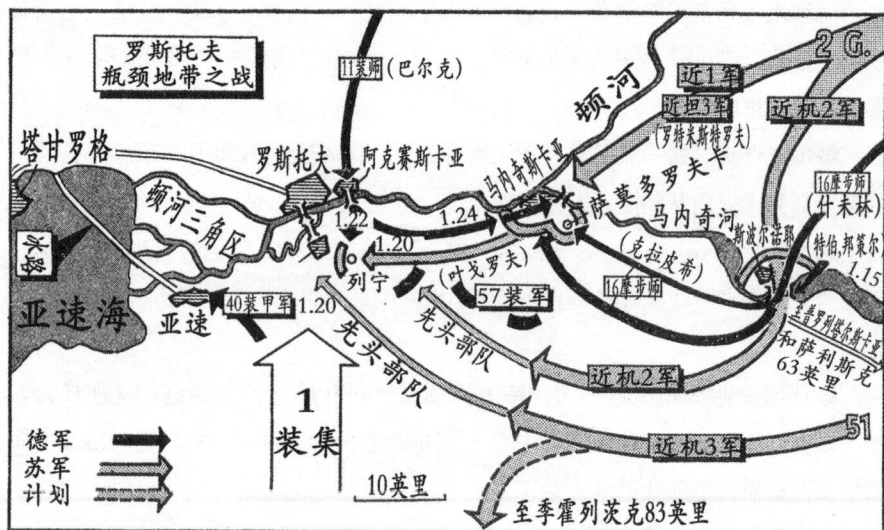

罗斯托夫
瓶颈地带之战

11装师 (巴尔克)

顿河

2 G.

塔甘罗格

罗斯托夫 阿克赛斯卡亚

马内奇卡亚

近1军

近坦3军

近机2军

(罗特米斯特罗夫)

顿河三角区

1.22

1.24

萨莫多罗夫卡

马内奇河

16摩步师

(什未林)

特伯,邦莱尔

1.15

亚速海

亚速

1.20

列宁

40装甲军 1.20

先头部队

(叶戈罗夫)

57装军

(克拉皮希)

16摩步师

斯波尔诺耶

近卫别里措尔斯基

和萨利斯克

63英里

德军

苏军

计划

1

装

集

先头部队

10英里

近机2军

近机3军

51

至季霍列茨克83英里

▲ 克拉皮希中尉的营坚守着萨莫多罗夫卡,阻挡住了苏军近卫第2集团军攻入罗斯托夫的瓶颈地带。德军赢得了时间以对马内奇斯卡亚的苏军桥头堡发起攻击,并将其消灭。就这样,罗斯托夫一直为后撤中的第1装甲集团军敞开着。

的主力等待着突袭成功的信号,以便挥师而上。所有的一切都已精心策划。再往南,第51集团军麾下的近卫机械化第3军,以一支强大的坦克战斗群向巴泰斯克挺进。这扇大门将被"呼"的一声关上。通往罗斯托夫的铁路线已被切断,"列宁"集体农庄也已到达。

在马内奇斯卡亚的桥头堡,马利诺夫斯基准备跟随两个军而上。东线德军南翼所受的威胁相当大。德国的三个集团军处在被切断的危险中。此刻,缺口的宽度只剩下19英里。

近90万德军士兵与斯大林格勒的噩运间仅隔着19英里。19英里,这根本就不算什么距离。这是个非常罕见的时刻,历史显著而又惊人地集中于几平方英里中,等待着这种或那种方式的推动。

"我们如何才能消灭马内奇斯卡亚这个危险的桥头堡?"冯·曼施泰因元帅问他的作训处长,特奥多尔·布塞上校。

"霍特凭其自身力量无法做到这一点。"布塞回答道。

"没错，显然他无法做到。可我们还有什么部队呢？"

曼施泰因走近地图。地图上清楚地表明了过去一周所发生的情况。曼施泰因元帅最终获得希特勒的批准，将"霍利特"和"弗雷特–皮科"集团军级支队撤至顿涅茨河。这就使他有可能抽调出部队支援霍特并守卫罗斯托夫。

"我们可以从霍利特那里调出巴尔克的第11装甲师，让该师穿过罗斯托夫，赶至顿河南岸，把他们交给霍特，从而对马利诺夫斯基的桥头堡发起反击。"曼施泰因自言自语地说道。

"可仅凭第11装甲师自身的力量，对付不了马内奇斯卡亚苏军强大的坦克军。"布塞提出反对意见。

曼施泰因点点头："但霍特还有个完整的第16摩托化步兵师，该师已设法离开埃利斯塔。什未林伯爵成功地率领全师从苏军第28集团军中穿过，以该师所辖的第116装甲营，再加上第503虎式重装营的一个连，对马内奇斯卡亚发起打击的力量就够了。"

曼施泰因提到什未林伯爵的第16装甲掷弹兵师在过去几周内所做出的出色成就。这个师仍被大家称作"第16摩托化步兵师"[1]，因为他们是在这个番号下打出的名声。"灵缇师"[2]完成过东线战事中最不同寻常、最富冒险性、完全是神奇般的任务——他们成为德国军队在卡尔梅克草原最东端的前哨，并确保了埃利斯塔的周边区域，直至里海和伏尔加河的南部河口。该师第165摩托车营辖下的远距离侦察队进入到里海的视线范围内，炸毁了从巴库而来的油罐车，甚至还打了个电话欺骗阿斯特拉罕的火车站站长。

几个月来，该师抗击着苏军第28集团军，掩护着第1与第4装甲集团军之间近200英里的缺口，从而使这两个集团军免遭来自卡尔梅克草原的包围。他们独自在茫茫的草原上，完全陷入自生自灭的境况，而这些来自莱茵兰、威斯特法伦和图林根的士兵们出色地履行了他们的职责。在整体形势对他们发出召唤之际，什未

---

[1] 第16摩托化步兵师直至1943年6月才更名为第16装甲掷弹兵师，尽管该师在1942年5月便辖有第116装甲营。

[2] "灵缇师"这个称谓来自他们在卡尔梅克草原上收留的一条猎犬，而该师的战术徽标也据此而来。

林伯爵不顾希特勒的命令，在关键时刻撤出他的部队，并沿马内奇河构建起一道新的斜向防线。最终，1943年1月中旬，第16摩托化步兵师挫败了苏军在马内奇河与顿河之间的一场极其危险的行动。

此刻，基希纳将军的第57装甲军也已投入到马内奇河的激战中。在这里，霍特的装甲集团军拼尽全力，试图守住马内奇河防线。如果要保持罗斯托夫和巴泰斯克附近顿河渡口的畅通，守住马内奇河防线便至关重要。

到1月12日止，基希纳一直以第23装甲师、党卫军第5"维京"装甲掷弹兵师、第17装甲师和第503虎式重装营控制着普罗列塔尔斯卡亚（Proletarskaya）东面的马内奇河桥头堡。随后，第16摩托化步兵师遭到苏军快速部队的突然袭击。苏军第28集团军强大的坦克和步兵部队向普罗列塔尔斯卡亚推进，试图在那里强渡马内奇河。与此同时，苏军第51集团军的一个机械化军对普罗列塔尔斯卡亚与萨利斯克（Salsk）之间发起攻击。近卫第2集团军麾下的一个军也从北面向斯波尔诺耶（Spornyy）冲去。他们将从那里扑向季霍列茨克（Tikhoretsk），从而与高加索方面军的部队取得会合。

苏军这一构思大胆的行动，目的是撕裂德国的A集团军群，阻止第1装甲集团军逃至罗斯托夫，与此同时，切断并包围第17集团军。

这是个极其危险的动作，适逢德军处在最糟糕的时刻——第1装甲集团军后撤中的车队被堵在巴泰斯克。大批医护列车和货运车队停滞在镇外。几条由南至北的道路，尽管路况糟糕不已，但也被堵得水泄不通。如果苏军突然杀入这些停顿不前的车队中，必将造成一场彻底的混乱。

腓特烈大帝曾说过："一名将领不仅需要勇气，还要有运气。"伯爵格哈德·什未林少将的勇气自不必说，但同时他也拥有运气。两天前，苏军从北面扑向马内奇河，特伯上尉的第116装甲营在反击过程中俘虏了一名苏军总参军官。这名军官的公文包中带有地图和命令，刚好是他们对斯波尔诺耶发起行动的计划和指令。

什未林伯爵丝毫没有犹豫，他调集起手上所有的部队，向斯波尔诺耶追去。

苏军已渡过大坝和在大坝受损部位搭建起的一座临时桥梁，此刻正向西疾进，朝第1装甲集团军的后撤道路扑去。他们的目标是巴泰斯克。

这是个深思熟虑的计划。但苏军第28集团军司令员格拉西缅科将军百密一疏,他没有把什未林计算在内。

1月15日早上,空气清新而又寒冷。格哈德·特伯上尉的各个装甲连,搭载着来自明斯特第60摩步团的步兵,从东北方向苏军据点冲去。他们毫不理会左右两侧发生的任何情况,只管向前猛冲。他们用无线电相互联系,用坦克炮猛烈射击,强行杀开一条血路。他们夺取了位于苏军后方的制高点,然后转过身,以三个突击队对敌人盘踞的村庄发起进攻。

掩护村庄的一辆T-34和四门76.2毫米反坦克炮被击毁。两辆T-34赶来助阵,一辆被当场击毁,另一辆转身逃离。

位于装甲战斗群左侧的是屈内中尉第3连的一个排,排长是汉斯·邦策尔中士,这个图林根人在处理桥梁和强化山丘防卫方面颇负盛名。像他这种适应力强、足智多谋的人,在任何一个装甲团里都将是骨干。

1943年1月15日,他再次证明了这一点。他的坦克一直冲到斯波尔诺耶的马内奇河水坝。邦策尔指挥着他的三号坦克向桥梁猛冲过去,坦克上的50毫米主炮轰击着苏军掩护桥梁的反坦克炮。

邦策尔中士回想起1942年7月的那天,他与排里的四辆坦克试图夺取马内奇河大坝,那是欧洲与亚洲的分界线。当时就是在这里,只不过方向相反而已。但那次,大坝在他眼前被炸毁了。

这次他会成功吗?是的,这次他很幸运。一切进展顺利。南坡上,一年前被缴获的苏军反坦克炮仍摆放在阵地中,尽管已有些生锈。

汉斯·邦策尔刚夺得斯波尔诺耶的桥梁,克拉皮希中尉便带领第60摩步团第3营冒着暴风雪,沿马内奇河南岸小心翼翼地驱车逼近了萨莫多罗夫卡(Samodurovka)。

在这里,苏军以其机械化步兵第2旅的部队,同样对桥头堡构建起强有力的保护——这是苏军用于攻向巴泰斯克的另一个危险基地。克拉皮希发起进攻。激战中,他冲向村子的西边。苏军第2旅参谋长被俘。对他的审讯和从他身上发现的文件,充分显示出敌人部署在马内奇斯卡亚的部队对那片狭窄地带所形成的严重威胁。罗特米斯特罗夫已下达严格的命令，将于1月23日对巴泰斯克展开总攻。他那获得加强的坦克军将在6点30分对镇子发起突击。坦克第55团和新调来的机动雪橇营拟作为一支先遣部队，以突袭的方式拿下位于巴泰斯克的大桥。集团军坦克部队指挥员亲自负责指挥。

克拉皮希中尉意识到，现在没时间提问。他做出了唯一正确的决定：控制萨莫多罗夫卡，不惜一切代价守住它。必须牢牢地守住村子，从而对苏军位于马内奇斯卡亚的主桥头堡继续构成威胁。

苏军已在巴泰斯克接近地展开行动，而克拉皮希的营成了卡在他们喉中的一根利刺。德国人控制的萨莫多罗夫卡，像根长矛那样，危险地指向罗特米斯特罗夫位于马内奇斯卡亚的桥头堡。罗特米斯特罗夫不可能冒着风险从萨莫多罗夫卡村冲过，以帮助他的先遣部队关上巴泰斯克的大门。他必须先对付克拉皮希。

克拉皮希寸步不让。他牵制着罗特米斯特罗夫的部队，阻止他们进入"瓶颈"。一名中尉阻挡在胜利与失败之间。一个掷弹兵营打乱了斯大林的计划。这一决定性行动使克拉皮希获得了骑士铁十字勋章的橡叶饰[①]。正是因为他果断的行动，曼施泰因才得以投入第11装甲师和第16摩托化步兵师，并于1月22日尚算及时地对位于马内奇斯卡亚地区及桥头堡的苏军展开了反击。

1943年1月22日，巴尔克将军的第11装甲师在罗斯托夫渡过顿河。

叶戈罗夫上校率领着罗特米斯特罗夫的先遣支队，在"列宁"集体农庄附近组织起全方位防御。

巴尔克的先头部队展开进攻。叶戈罗夫的8辆T–34损失了5辆，3辆T–70损失了2辆，不得不向后退却。逼近巴泰斯克的苏军先头部队被粉碎。

1月23日，第11装甲师连同第16摩托化步兵师的部分部队，以一次猛烈的突击攻破苏军掩护着马内奇斯卡亚的阵地。这个村子尤为重要，马内奇河就在这里汇入顿河，这里还有一条公路穿过宽阔的河流。只要村子和桥梁仍控制在苏军手里，他们便可以随时从南面发起向罗斯托夫的突击。

---

① 克拉皮希阵亡于1月22日，他不仅获得了橡叶饰，还被晋升为上尉，但都是追授。

进攻！什未林伯爵派出他的第116装甲营和第156摩托化步兵团，从东南方发起攻击，第11装甲师则对该村展开正面进攻。苏军在这里的防御极为严密，许多坦克半埋于农舍间，形成了钢铁碉堡。这些坦克难以识别，也难以消灭。

更糟糕的是，村子的东南边缘构设了一道巧妙的障碍，德军事先的侦察未能发现这一障碍。"小心，防坦克壕！"特伯上尉的装甲营，各个车长从他们的耳机中突然听到这个警告。

但他们已冲至防坦克壕前，反坦克步枪和反坦克炮猛烈的火力朝他们袭来。在积雪的覆盖下，这道防坦克壕很难被发现。一辆四号坦克误以为柔软的积雪下是坚实的地面，一头撞进深深的壕沟中。

特伯上尉和他的副官吉特曼中尉驱车沿壕沟而行，他们发现一个地方已被炮弹夷平。从这里通过！两辆坦克轰鸣着驶入村内。

但以两辆四号坦克对付半埋在地下的十来辆T-34，这很难说是一场势均力敌的战斗。特伯的坦克率先中弹，接着是吉特曼的。车组人员只能"弃船"。他们躲闪着，爬行着，滚入到覆盖着积雪的防坦克壕中。他们流着血，被冻得半死，筋疲力尽地返回到他们营的前哨阵地。

显然，这种打法无法让他们取得胜利。埋在村内的T-34坦克必须予以消灭，可该怎么做呢？

巴尔克想出个妙计。1月25日早上，他集中起所有炮火，猛轰村子北部。他下令发射烟幕弹。装甲侦察车和装甲运兵车小心翼翼地向前驶去，用曳光弹不停地开火射击。

巴尔克假装对马内奇斯卡亚的东北部发起一场大规模进攻。苏军旅长中计了。德国人前一天失败的进攻使他相信，他们今天想在东北方试试运气。为了以大量防御力量对付德国人的这一佯攻，他下令将埋入地下的T-34重新驶出，投入到村子的东北部边缘。

这恰恰是巴尔克一直等待的机会。他和他的作战参谋基尼茨中校坐在马内奇斯卡亚南面山头上一个视野极好的观察哨中。刚一看见苏军实施重组，他立即命令师属炮兵将炮火调整至村子南部，只留一个发射烟幕弹的连继续对北面实施佯攻。

随即，命令被下达："坦克前进！"

德国人的进攻几乎紧跟着己方炮弹的炸点。第15装甲团第3营在施密特上尉的带领下，由南至北席卷了整个村子。与此同时，席梅尔曼伯爵带着他的装甲团，从身后对村北部的苏军坦克发起攻击，并将敌人悉数歼灭。苏军步兵仓皇逃窜，结果被坦克追上，遭受到惨重的损失。

冯·豪泽上尉派出他的第61摩托车营追击溃逃中的俄国人。他们从村子北部仍在进行战斗的坦克旁冲过，展开激烈的追逐，彻底造就了苏军的这场灾难。

这是一场奇特而又令人难忘的战斗。多亏巴尔克的计策，德国人的伤亡低得惊人：1人阵亡，14人负伤。但苏军在马内奇斯卡亚损失了20辆坦克，阵亡人数超过600。

第二天，这个被击败的坦克军的军长，罗特米斯特罗夫——后来他作为"普罗霍罗夫卡之狮"和库尔斯克突出部坦克大战的胜利者出现——给近卫第2集团军司令员马利诺夫斯基将军发去一份清醒而又明确无误的电文："鉴于目前形势和严重的损失，部队此刻已无法进行任何作战行动。"

显然，20辆坦克，或者说一个坦克营的三分之二，即便对1943年1月的苏军来说，也是个数量相当惊人的损失。从布列斯特-立托夫斯克至斯大林格勒是一段漫长的路程，但不只是德军，苏军也不得不走完这1200英里，尽管主要是溃逃。他们的实力也已是强弩之末。

罗特米斯特罗夫将军的报告明确证实了1月26日近卫第2集团军坦克和机械化部队的情况：近卫机械化第5军只剩下2200人、7辆坦克和7门反坦克炮，所有旅长都已阵亡；近卫坦克第3旅和近卫机械化步兵第2旅只剩下6辆坦克和2门反坦克炮；近卫坦克第18旅只剩8辆坦克，2门反坦克炮和50人的作战力量；近卫机械化第2军也只剩下8辆坦克。

因此，整个近卫第2集团军在1月26日时只剩下29辆坦克和11门反坦克炮。这是1943年最初几周，苏军方面面临的严酷的现实。所以，叶廖缅科元帅在他的回忆录中写下"1943年1月，所有夺取罗斯托夫和巴泰斯克的进一步努力均未成功"也就不足为奇了。

罗斯托夫这扇通往高加索地区的大门依然敞开着。第1装甲集团军漫长的车队穿过狭窄的"瓶颈"，从这里成功溜走。

4天后的2月1日，第40装甲军军部传令官，来自汉堡的雷纳图斯·韦伯中尉，坐在塔甘罗格（Taganrog）一所古老的贵族房屋冰冷的客厅内，在一封家书中倾诉着过去24小时里所有的兴奋。

年轻的中尉向他的母亲描述了从高加索地区大踏步后撤所经历的刺激不已的冒险。第40装甲军军部和轻装单位跨过亚速海冰面，溜出了俄国人的陷阱。

"跨越冰面的这一行动标志着我们远征高加索的结束。我们能活着逃出罗斯托夫瓶颈，可以说非常幸运。"中尉在信中这样写道。

参加这场跨海行军的人，永远也忘不掉这番经历。这场冒险不仅被记录在该军的军史上，还不可磨灭地铭刻在每一位官兵的记忆中。

新年前夕，1942年的最后几个小时里，第40装甲军撤出远在捷列克河，远在高加索山脚下的阵地。再见，伊谢尔斯卡亚，这片血腥的战场；再见，北高加索和里海。但在告别时刻，这里没什么可留恋的——所有人只希望能及时逃出这个巨大的陷阱。希特勒迟迟未做出重要决策，这种情况再次发生。他只批准第1装甲集团军从某些地点撤出部分部队，但哪些地点必须坚守，坚守多久，由远在的腊斯登堡的他做出决定。

从捷列克河至顿河，这场大撤退持续了30天。白天，意味着坚守和休息，夜间则意味着行军。就这样，他们从一个防区撤至另一个防区。

他们在夜间行军，撤出了高加索油田的"应许之地"——位于捷列克河的这些部队，曾一路冲杀至格罗兹尼门前，距离巴库咫尺之遥。他们是来自柏林的第3装甲师、党卫军第5"维京"装甲掷弹兵师的一部、第13装甲师、第111、第370、第50步兵师以及第5空军野战师中的勃兰登堡人、下萨克森人、萨克森人、西里西亚人、安哈尔特人和奥地利人。除了他们，还包括哥萨克骑兵中队、高加索山地部落的志愿者营以及罗马尼亚第2山地师的部队。

第117步兵团反坦克连的阿尔斯莱本下士，每天都在他的日记中草草写下几句话，或是几个关键词。这使第111步兵师的整个长征像电影胶片那样展现在我们眼前——这部"电影"所描述的后撤场景同样适用于师里的其他团。白天，战斗。然后，快到20点时，出发。有时候，直到夜里22点才动身，甚至是凌晨4点。

阿尔斯莱本写道："反坦克猎兵们掩护着我们的后撤道路。无尽的车队沿这些道路向后而去。下雨。泥泞的道路。俄国人紧追不舍。后卫部队遭受到严重损失。遗弃的卡车被炸毁。损坏的车辆被丢在身后。"

他在1月6日的日记中首次提到一个被所有经历过这场后撤的人牢牢记住的名字："索尔达托-亚历山德罗夫斯科耶（Soldato-Aleksandrovskoye）。我们师暂时控制着库马河地区。"

库马河地区！库马河是德军放弃捷列克河后遇到的第一道河流屏障。各军和各师必须渡过该河继续后撤。至关重要的是，守住河上的桥梁，直至所有零星部队渡过河（包括所有补给车队和损坏的车辆）后，必须将桥梁炸毁，以拖缓苏军危险的追击，并为步兵和补给车队争取些时间。

索尔达托-亚历山德罗夫斯科耶极为关键，因为沿库马河北岸延伸的铁路线必须尽可能长久地保持畅通，以便为补给仓库的疏散所用。这些仓库里都是德军急需的物品：食物、零部件、燃料和弹药。

第111反坦克猎兵营营长穆舒卢斯少校，以他辖内的几个连，再加上第50步兵团的掷弹兵和工兵，在这些重要的桥梁前构建起一道防线，并在接下来的三天里坚决阻挡住了苏军从南面和东面发起的所有进攻。而苏军则急于抢在德军部队渡河前封闭库马河上的这些桥梁。

在库马河及其东部支流佐尔卡河（Zolka，这是一条深邃而又冰冷的山区河流）之间，苏军从格奥尔吉耶夫斯克（Georgiyevsk）向索尔达托-亚历山德罗夫斯科耶冲来。在列特罗夫斯基村（Letrovskiy）与库马河之间，皮德蒙特中尉带着反坦克猎兵营第2连和第117炮兵团的一个连，在一片危险的沼泽中构设起一道斜向防线，正位于通往索尔达托-亚历山德罗夫斯科耶唯一的道路上。而苏军则希望通过这条道路赶至库马河上的桥梁。

在一份很有启发性的报告中，皮德蒙特中尉描述了所发生的情况。他的部队守在起伏不平的地面上，视线范围不超过300码。天黑前不久，一名哨兵发现了敌人的骑兵，几百名苏军骑兵发起进攻。皮德蒙特将两挺机枪调至一座孤零零的房屋旁的阵地中。他提醒反坦克炮组做好准备。就在他刚刚打算派出侦察队时，苏军已向他们冲来。苏军骑兵沿一个宽广的正面向前冲杀，大约为一个中队的实力，150名骑兵。他们的冲锋枪不停地开火射击。

就在此刻，德军的两挺机枪突然开火。海恩和克拉布斯操纵的两门火炮也朝骑兵队列射出致命的高爆弹。反坦克猎兵们的第一轮齐射便将半数进攻者打倒在地，只有那些失去了主人的马匹仍向前冲来。幸存的苏军骑兵向左右两侧逃窜。皮德蒙特的部下们刚要欢呼相庆，苏军的第二波次攻击出现了。这一波次比前一轮更强大。

"开火！"苏军冲锋枪射出的子弹雨点般地落在反坦克炮的护盾上，德国人的一挺机枪哑了。但在皮德蒙特防线前50码处，俄国人被打垮了。

接着便是第三轮进攻。皮德蒙特只剩下一挺机枪可用，反坦克炮的炮弹也被打光了。苏军士兵的冲锋枪咯咯作响，他们高呼着"乌拉"，再度发起冲锋。在德军火力的打击下，大多数苏军骑兵倒下了。但也有30至40名骑兵冲过皮德蒙特的阵地，他们还从稍后方的炮兵阵地上驰骋而过。但他们的人数实在太少，被一个接一个地干掉，或是陷入不可逾越的沼泽中。苏军向东面的佐尔卡河退去，涉过河水返回到东岸。

幸运的是，苏军没有发起第四次冲锋。否则就危险了，因为皮德蒙特的弹药已耗尽。穿过沼泽的道路上挤满了被遗弃的车辆，司机们首先将自己隐蔽起来。直到夜间才有可能让道路重新畅通。

皮德蒙特中尉的报告真实、毫不夸大地指出："敌人的骑兵攻击给我们所有人留下了奇特的印象。一开始，我们并未太认真地实施还击，因为这看上去简直是在开玩笑。但没多久，我们就很不愉快地发现这种进攻对我方士气的影响。快速、连续的进攻波次令人不安，俄国人英勇得不可思议。苏军骑兵跨在马鞍上向我们全速冲来，手里的冲锋枪弹如雨下，靠火炮护盾，我们才得以生还。后来，我那些部下转移到新的阵地时，双膝仍在颤抖。约有200名苏军士兵倒在地上，非死即伤，而我方则是两人轻伤。"

与此同时，佐尔卡河的远端，穆舒卢斯少校带着他的第1连坚守在米哈伊洛夫斯基村（Mikhaylovskiy），饱受着苏军从东面发起进攻的重压。

第111步兵师的战斗群遭到包围。经过一场短兵相接的白刃战，他们杀开一条血路。这些士兵游过冰冷的河水，横渡到河对岸，不会游泳的人被其他士兵"接力"送过河去。

这些反坦克猎兵一步步向位于索尔达托-亚历山德罗夫斯科耶的库马河桥梁退去，已渗透进村子的敌机枪组，又被手榴弹和冲锋枪逐出。

就这样，穆舒卢斯少校的反坦克猎兵为第111步兵师和第3装甲师辖内的各团争取到两天的时间。

与他们相邻的第50步兵师的防区内，战斗同样打得如火如荼。弗雷德里希·施密特将军发现自己的部队正面临着敌人极其猛烈的坦克攻击。在苏军坦克旅发起的一次大规模进攻中，他的一整个营（第122掷弹兵团辖下的第3营）全军覆没。

德军的防线濒临崩溃。第50步兵师与第111步兵师之间出现了一个两英里的缺口。要是俄国人此刻发起进攻怎么办？他们确实发起了进攻。

但施密特将第150炮兵团投入受到威胁的缺口中，再加上来自第13装甲师的突击炮，他们在对方尚未到达防线前，成功地粉碎了苏军的坦克攻击。掷弹兵凶猛的机枪火力给敌步兵造成严重伤亡。他们向后退去。

在这场战斗中，第123掷弹兵团第3营的表现尤为出色。他们发起一场大规模反击，将突入阵地的敌人逐出。进攻的敌人是苏军的一个"惩戒营"，上级无情地驱使他们扑向德军防线，一直冲至德国人的营部，但他们最终被迫击炮和白刃战消灭。第123掷弹兵团第3营营长是埃利希·贝伦范格尔上尉，骑士铁十字勋章获得者[1]。没人想到，27个月后，这位青年军官会在德国最后一次悲剧性战斗（柏林战役）中成为德国国防军里最年轻的将军。

1月9日拂晓，第111反坦克猎兵营的克吕姆佩尔中尉带着第1连的一支反坦克部队，赶去据守镇子北部库马河上的桥梁。当时的河水很深，河岸也很陡峭，这

---

① 贝伦范格尔不仅是骑士铁十字勋章获得者，还得到了橡叶饰和双剑饰。柏林战役中，他被希特勒亲自提升为少将，负责柏林A区和B区的防御。负责元首暗堡卫队的党卫队旅队长威廉·蒙克率领暗堡工作人员突围时，看见贝伦范格尔带着一队崭新的"虎式坦克"和"大炮"，他简直不敢相信自己的眼睛，这一幕令他恍若时光倒流，回到了德军的全盛时期。1945年5月2日，贝伦范格尔和他的妻子在柏林的一条小巷自杀身亡。

是一道很好的坦克障碍，为炸毁桥梁提供了充裕的时间。但桥梁必须保持完好，直到最后一支德军部队赶到北岸。这种做法有风险，就是一场赌博。

桥梁接近地连接着一座高高的水坝。克吕姆佩尔做出部署：他将一门37毫米反坦克炮安排在桥梁南端，另外两门反坦克炮布置在北岸的大坝旁。后卫部队刚刚经过桥梁便有一辆卡车迎面而来。他们紧张地等待着。

不是敌人，而是赖内克中士的汽车，驾驶室内坐着两个人。汽车飞速驶过大桥。随即，驾驶员停下车，长长地松了口气。直到这时他才发现，坐在身边的排长赖内克已经死了。

苏军的一辆T-34进入了视野。它在桥梁南端300码处驶入阵地，这在37毫米反坦克炮的有效射程外。幸运的是，这辆坦克只满足于用主炮开火射击，而不是向桥梁冲来，尝试发起一次突袭。

下赌注的时刻已经到来。也许还有些德军的散兵游勇仍在河对岸，他们是不是应该再等等？但继续等待风险太大，是该炸毁桥梁的时候了。

布霍尔茨中尉向第50掷弹兵团工兵排的一名班长保罗·埃贝尔中士下达了命令：立即炸毁桥梁！战前是一名农业工人的保罗·埃贝尔点点头。掷弹兵和反坦克猎兵们用手上的一切武器为他提供火力掩护：高爆弹、机枪、冲锋枪和卡宾枪。所有火力都射向那辆T-34。埃贝尔以百米冲刺的速度越过大坝，向桥梁冲去。他成功地点燃了导火索。一道闪光，一声雷鸣般的巨响。但硝烟散尽后，每个人的心都为之一沉——只有部分桥梁被炸毁。一根导火索出了问题。桥梁仍可以使用。

另一端，苏军向被半摧毁的桥梁斜坡跑去，T-34慢慢地跟在想过河的他们身后。

在硝烟的掩护下，埃贝尔越过大坝跑了回来，此刻正为任务的失败而沮丧不已。"埃贝尔！"布霍尔茨向他喊道，"埃贝尔，没办法了，你还得去再试一次！"

中士低声咒骂着。所有的枪管再次喷射出掩护火力。苏军士兵赶紧隐蔽起来。落在T-34坦克上的机枪子弹叮当作响。埃贝尔又一次毫发无损地赶至桥边。他摆弄着导火索。这几分钟时间似乎停滞了。随即，他后退几步，朝斜坡跑去。一声剧烈的爆炸震颤着地面，随之而来的是桥梁坍塌的轰鸣。在浓烟的掩护下，埃贝尔中士再次越过大坝跑回到北岸。因为这番壮举，他被授予骑士铁十字勋章。[1]

直到1月10日，苏军才小心翼翼地渡过河来。德军后卫部队为他们的主力赢得了三天时间。整整三天！

这样的战斗总共持续了四周。1月31日，来自希尔德斯海姆的罗尔夫·阿尔斯莱本下士在他的日记中写道："现在，我们几乎已脱离险境。从莫兹多克算起，我们行军的路程超过300英里，后撤了整整一个月。"

没错，他们几乎已脱离险境。他们已接近巴泰斯克，已接近最后的桥梁，已接近逃出陷阱的最后一个漏洞。

与此同时，第40装甲军军部的雷纳图斯·韦伯中尉在他的日记中写道："我们已位于罗斯托夫南面的别雷地区（Belyy），和我们在一起的是第3装甲师的一部，以及派属给该师的某些军直属部队，还有些哥萨克骑兵中队。军里接到新命令，我们将被部署至顿涅茨地区。渡过亚速海，在塔甘罗格集结。行军的某些路段，我们必须跨越冰封的海面！！"两个感叹号恰好反映出雷纳图斯·韦伯对前景的感受。

1943年1月31日清晨，作战参谋和一个哥萨克骑兵中队从林卡村出发了。军里的轻装单位和哥萨克骑兵将取道冰封的亚速海，而坦克和重型车辆将从巴泰斯克的桥梁穿越罗斯托夫的"瓶颈"，因为亚速海的冰层无法承受它们的重量。

1943年1月31日是个朦胧的冬日。起初，沿季霍列茨克至罗斯托夫的公路所进行的这番跋涉取得了不错的进展。然后他们便来到亚速海旁的一座小渔村。硕大的指示牌示意队伍：由此前往冰面。渡海，前进！

工兵们已修建好一道通往冰冻海面的斜坡，并准确地标示出最初几百米冰雪覆盖的路面。

但过海赶往塔甘罗格的这段路程足足有26英里。这段道路先是跨过顿河三角洲，穿过冰冻的沼泽和沙丘，又越过一座岛屿，接着便到达深海处。

起初的冰面呈乳白色，崎岖不平。等到了深海处，冰面变得平滑无比，清明

---

① 保罗·埃贝尔在1944年的克里战役中被苏军俘虏，1949年获释，1986年去世。

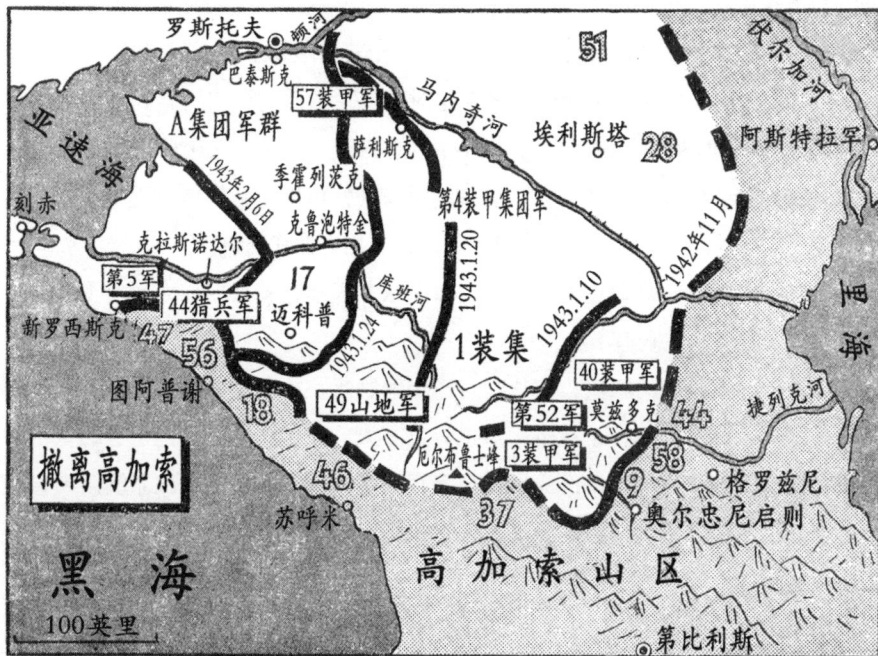

地图标注文字：

罗斯托夫 巴泰斯克 57装甲军 A集团军群 马内奇河 51 埃利斯塔 28 阿斯特拉罕

亚速海 萨利斯克 季霍列茨克 1943年2月6日 克鲁泡特金 第4装甲集团军 1942年11月

刻赤 克拉斯诺达尔 17 库班河 1943.1.20 1943.1.10

第5军 44猎兵军 迈科普 1943.1.24 1装集

新罗西斯克 47 56 18 49山地军 40装甲军 莫兹多克 44 捷列克河

图阿普谢 第52军 3装甲军 58 格罗兹尼 9

撤离高加索 46 尼尔布鲁士峰 37 奥尔忠尼启则

黑海 苏呼米 高加索山区

100英里 第比利斯

▲ 在一场艰难的后撤行动中，第1装甲集团军向北撤去，而第17集团军利用一系列临时构建的拦截线，在短短的四周内撤离高加索，进入到库班桥头堡。

如镜。行进路线被稀疏地标出，每隔上很远的一段距离便会出现几个空汽油桶。但很难把路走错，因为咯吱作响、易碎的冰面上布满了幽灵般的指示牌：大巴车、卡车以及重型参谋用车压破了冰面，往往只有车顶露在冰面上。路标和这些"警示牌"交替出现着。

这里的冰面隐藏着危险，有许多冰窟窿，还有些薄弱处。雾霭迫使驾驶员们放缓速度。长长的队列中，步兵和马拉运输队向前而去。哥萨克骑兵的队伍拉得很长，向塔甘罗格快步跑去。

第3装甲师的士兵们第一次有了全新的行军伙伴，对向前挺进的部队来说，这种"伙伴"闻所未闻，但从这以后，这将成为他们后撤中的常态。老百姓们伴随在德军队伍两侧蹒跚而行——哥萨克家庭跟随着家里参加德军志愿者部队或辅助警察的男性成员，他们害怕苏军回来后展开报复。这是一支杂乱不堪的运输队，农民们的手推车上堆得满满当当，长长的绳子牵着马匹和牛，还有孩子。

快到中午时，雾霭渐渐消散。就在这时，苏军的对地攻击机赶到了。伊尔-2在距离冰面不到150英尺的高度呼啸而过。他们投下炸弹，又用机炮猛烈扫射。这里没有沟渠，没有灌木丛，没有房屋，没有任何可供隐蔽的地方。目力所及之处，除了冰冻的海面，这里一无所有，而冰面平坦得像块煎饼。

队伍迅速散开。哥萨克骑兵中队向四面八方逃窜，骑兵们在冰面上飞奔，仿佛身后有妖魔鬼怪在紧追不放。

炸弹激起喷泉般的冰块，碎片叮当作响地洒落在冰面上。人们所能做的只有祷告或开火。许多人选择了祈祷，但也有很多人仰面躺在地上，用手里的步枪或机枪，向苏军的飞机射出愤怒的子弹。幸运的是，天空很快便再次布满阴云，甚至还下起了雪。在这片白纱的笼罩下，这场跨海跋涉继续进行着，长长的队伍缓慢地逶迤而行，像一条巨大的长蛇。

第40装甲军军长西格弗里德·亨里齐将军[①]和他的参谋长卡尔·瓦格纳上校，直到当天上午很晚时才离开他们的指挥部。一场猛烈的暴风雪使能见度几乎下降为零。在冰面上的一个岔路口处，他们这支小小的队伍停了下来，一辆农用大车从他们身边走过，毫不犹豫地踏上了向左的岔路。

瓦格纳上校示意蒙着头、驱赶着大车的那个人停下。他认为这个人可能是当地的一名辅助人员，于是用自己所能说出的最好的俄语问他：到塔甘罗格最近的路该怎么走？可是赶大车的家伙被吓坏了，他紧盯着这位操一口俄语的上校。瓦格纳这才反应过来：自己被误认为是俄国人了。于是，他又用德语重复了一遍问题。那名被吓坏的士兵松了口气，笑了起来。他用浓郁的萨克森口音回答道："很抱歉，上校先生，我也不认识路。"带着一丝狡黠的笑容，他又补充道："但我的直觉告诉我：阿图尔，往左走！"

---

① 第40装甲军原军长施韦彭堡于1942年10月被调回陆军总司令部。该军军长一职由费恩和埃贝巴赫短暂接管后，最终于1942年11月交给亨里齐中将。亨里齐所遗第16摩步师师长一职则由第8猎兵师师长什未林伯爵接任。

这个萨克森人的直觉非常准确，至少在亚速海这里起了作用。

塔甘罗格东面3英里处，亚速海冰面上的这条道路终结于工兵们修建的另一道斜坡，并重新汇入从罗斯托夫至塔甘罗格的沿海公路中。第40装甲军的队列再次踏上坚实的地面。但此刻，与俄国道路相关的一切运输困难再度出现：卡住的汽车，陷入泥泞的大炮，无法通行的沼泽地。步兵们此刻才意识到，跨海而行的那段旅程是多么快捷、顺利。

第1和第4装甲集团军的重装单位沿着拥挤的道路艰难向西。与他们混杂在一起的是德国空军的地面单位以及各种后勤机构。在他们当中，也有高加索山地部落的队伍。卡车、参谋用车、装甲侦察车、火炮、轻型坦克，一部车接着一部车。这是支一眼望不到头的队列。

疲惫的宪兵拼命地试图疏通桥梁和路口处堵塞的交通。

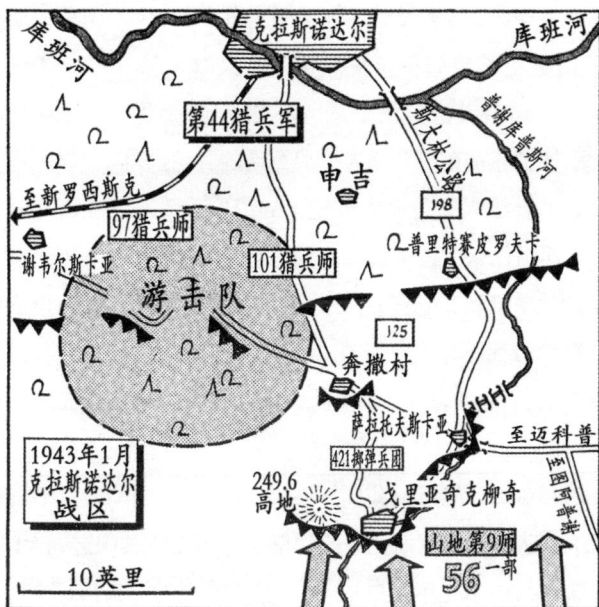

▲ 激烈的防御战中，德军第125步兵师掩护着第44猎兵军的后撤。

—— 139 ——

第40装甲军的先头部队于1月31日夜间到达塔甘罗格。军情报官坎杜希少校凑到匆匆点燃的火堆旁烤火时，若有所思地问他的波罗的海翻译："这场跨越亚速海的行军，您认为最令我们印象深刻的是什么？"

翻译的回答脱口而出："恐惧，少校先生，是恐惧！"

确实，跨越冰面的这场行军中，恐惧一直伴随着他们。但他们已逃出陷阱。当天传来的其他消息提醒他们，多亏曼施泰因出色的指挥技能，他们才得以幸免。此刻是1943年1月31日，当天，德国第6集团军在斯大林格勒全军覆没。

获救的这一刻，雷纳图斯·韦伯中尉也想到了斯大林格勒。在塔甘罗格写给母亲的信中，韦伯写道："归根结底，我们的逃生应归功于第6集团军在斯大林格勒的顽强抵抗，他们阻断了铁路线，牵制住了强大的苏军部队。"

这名年轻中尉在当时所写的情况，到今天依然正确无误。而且，这一点早已被历史事实所证实。第1装甲集团军的获救，以及整个A集团军群和部分"顿河"集团军群的获救，不仅仅是因为曼施泰因的将才以及部队的英勇，在很大程度上还因为第6集团军整个1月份在斯大林格勒的坚守。

在最后的拼杀中，第6集团军不仅吸引了苏军的6个集团军，还将对方牵制在伏尔加河，从而阻止了他们参与罗斯托夫的决战，另外——这一点可能更为重要——伏尔加河上的战斗意味着从斯大林格勒通往西面的三条主要铁路线被阻断，这就大大增加了苏军在罗斯托夫作战行动的补给困难。

实际上，这些补给问题是斯大林庞大的钳形攻势未能在高加索和顿河地区合围德军部队，进而困住东线德军整个南翼的真正原因。

苏联方面的记录证实了这一说法。在《伟大卫国战争史》第三卷第98页上我们读到："苏联南方面军，尤其是在1月初负责夺取罗斯托夫的近卫第2集团军，各种补给都不充足，特别是燃料和弹药，因为斯大林格勒战役使补给工作瘫痪，尤以铁路运输为甚。"

就这样，1月31日，适逢第6集团军在斯大林格勒的抵抗逐渐崩溃之际，第4装甲集团军的后卫部队跨过了罗斯托夫的桥梁。苏军无法关闭这扇大门。

2月5日，雷克纳格尔将军第111步兵师辖下的反坦克猎兵赶到现场，在几门88毫米高射炮的帮助下，将苏军坦克群阻挡了在德军逃生通道的安全距离外。

2月6日22点，雷克纳格尔将军来自下萨克森各个团里最后的部队跨过巴泰斯克的桥梁，随即穿过罗斯托夫——此刻，这里已是一座死城。在他们身后传来隆隆的爆炸声——巴斯泰克的桥梁正被炸毁。这一爆破实施得正是时候，因为苏军侦察队已从冰冻的顿河爬至桥墩处，正在拆除桥上的炸药。德国人的爆破成功了吗？或者，仓促后撤的德军会因为爆破只获得部分成功而受到指责吗？

两天后，2月7—8日的夜间，伴随着曳光弹间歇性的光亮，第300号坦克在阿克赛斯卡亚（Aksayskaya）跨过顿河的桥梁。第16摩步师的克劳斯·屈内是最后一个跨过这一德国工兵技能奇迹的人。经过10天不分昼夜地忙碌，基尔兴鲍尔中尉的第21舟桥修建队，在冰封的顿河上建成了这座桥梁。这座桥梁坚固到足以承受风暴和浮冰，所能承载的负重超过60吨，换句话说，所有装甲车和最重型的火炮都可以从桥上通过。

几分钟后，第675工兵营爆破班的瓦格纳中士炸毁了这座巨大的浮桥，这个工作耗费了一吨半高爆炸药。

任务完成了。第1装甲集团军从捷列克河至顿河的漫长后撤圆满结束，这是一段长达375英里的行程。从斯大林格勒接近地出发的第4装甲集团军，也已跨过马内奇河，成功到达亚速海北岸。

但在此期间，深深进入高加索地区森林和山脉的德军第17集团军麾下的各个师又发生了怎样的情况呢？厄尔布鲁士、克卢霍尔和桑恰罗山脉冰雪覆盖的山口，状况又如何？山下，黑海的沿海公路又出现了怎样的情况？还有，迈科普油田呢？

斯大林格勒的灾难，再加上苏军已推进至顿河，意味着德军位于黑海边缘，上至山口，下至油田钻探设备旁的阵地均已难以为继。他们不得不后撤。整个集团军已经动身。就在阿克赛斯卡亚浮桥的爆破声在冰雪覆盖的顿河哥萨克草原上回响，像对第1和第4装甲集团军50万官兵的获救致敬时，从某种意义上说，高加索西部第17集团军麾下的各个军同样转危为安。撤退行动最困难的部分已顺利完成，即便第1装甲集团军于1月初开始从捷列克河撤退后，劳夫大将的部队也必须坚守他们的阵地，以确保克莱斯特A集团军群的侧翼不受苏军挤压。最后，1月10日，第49山地军撤出他们在高加索高处的旧阵地，开始向迈科普地区退却。

第17集团军构想的后撤计划是向西北方逐渐脱离自己的各个防区，经"缆车防线"和"哥特防线"进入库班河下游的一个桥头堡。希特勒的想法是，在那里建立一个进入亚洲的跳板，40万大军将在那里做好于1943年夏季再度向高加索及其油田推进的准备。该桥头堡的基地将是克里木。

这个计划是希特勒幻想性战略的典型。这一点令人难以置信。难道不正是这个人在1940和1941年以精心策划的行动和大胆的即兴发挥震惊了整个世界吗？那时候，面对危急的形势，他的表现通常是谨慎小心。可是，自斯大林格勒战役以来，他一直以一种近乎病态的固执来指导这场战事，完全拒绝接受明确无误的事实。

但这些事实即便在最低级的参谋人员看来也太过明显了。在斯大林格勒，25万德军将士被包围，奇尔河与顿河之间出现了灾难性情况。可是，距离罗斯托夫200英里处的库班河上，40万德军士兵和2000多门大炮却被固定在那里，一如遭到了合围。

起初，希特勒甚至打算将第1装甲集团军也调入库班桥头堡。后来，因为战地指挥官们最为坚决的态度才说服他放弃了这一荒唐的想法，并将第1装甲集团军的主力转调给曼施泰因，只把第52军和第13装甲师派入库班桥头堡。

位于罗斯托夫的顿河桥梁对第1和第4装甲集团军意味着什么，那么位于克拉斯诺达尔和乌斯季拉宾斯卡亚（Ust-Labinskaya）的库班桥头堡对第17集团军麾下的步兵和山地军就意味着什么。对后撤的德军部队来说这是个重要的枢纽，也是个重要的补给中心。

因此，这里同样展开了一场与时间、与敌人的紧张赛跑。

这股德军已没有机动部队，摩托化单位也名存实亡，他们只有第13装甲师实力严重受损的小股战斗群——主要是步兵。步兵、山地兵部队以及马拉大炮，在四周内完成了250英里的行程。他们没有车辆，只有驮畜、马拉大炮和补给推车。大部分行程中，他们还要参与战斗。他们从厄尔布鲁士、克卢霍尔和桑恰罗山峰冰雪覆盖的山坡，从古奈卡山谷的沼泽，进入到库班平原，然后向西北方进入"哥特防线"，这是库班桥头堡前的最后一道壁垒。

这场后撤同样是军事史上几乎史无前例的成就，其特点是部分军官和士兵的英勇、奉献和勇于牺牲的精神，他们不仅携带着武器，还带有工兵铲，跟随在他

"顿河"集团军群

"霍利特"集团军级支队

1943年2月1日态势图

0 20 40
英里

第1装甲集团军

南方面军

顿河

2 G.

罗斯托夫

马里乌波尔   塔甘罗格   40装军

奥西片科   4装集

亚速

51

28

萨利斯克

北高加索方面军

44

58

亚 速 海

季霍列茨克

9

哥特防线

A 集团军群

第52军

第49山地军

克拉斯诺达尔

乌斯季拉宾斯卡亚

莫班

37

第5军   17   第44猎兵军

外高加索方面军

刻赤   塔曼半岛   斯拉维扬斯克

克里木

上巴坎斯卡亚   普里特赛皮罗夫卡   萨拉托夫斯卡亚

罗骑兵军   18

迈科普

46

阿纳帕

新罗西斯克

黑 海

格连吉克   47   56

滨海集团军
（彼得罗夫）

图阿普谢

▲ 德军的5个军集结于"哥特"防线后。为对付德国人的防御，斯大林投入了6个集团军。

— 143 —

们身边的是马匹和骡子。

与其他任何地方相比，这里更能让德国国防军从其进步的、现代化的组织结构以及没有社会壁垒和等级偏见的关系中获益。德国军队是世界上唯一一支军官与士兵分享同等伙食的军队。军官不仅仅是战斗的领导者，也是"工头"，是"佩戴肩章的士兵"，他们毫不犹豫地身扛肩挑，推动陷入泥泞的车辆。这种以身作则的榜样鼓舞士兵们克服了疲劳。这场大撤退也因而取得了最完美的成功。

对部队来说，后撤必然是令人沮丧的一个章节。自1942年11月以来，安格利斯将军的第44猎兵军和康拉德将军的第49山地军，在通往图阿普谢的公路上，沿高加索中央地区著名的军用公路，始终以令人难以置信的热情和勇于牺牲的精神牢牢守卫着自己的阵地。一直以来，他们的最终目标就在几英里外——黑海和土耳其边境。但他们却无法到达。

1942年11月中旬，下起了大雨。高加索的山峰、山谷和森林被闪电和狂风所席卷，小河变成奔腾的洪流，河水涌出岸堤。桥梁被冲走，大树被连根拔起。泥泞深可没膝，行进断无可能，哪怕是农用大车或驮畜。马匹和骡子陷入淹至肚皮的泥沼，车辆和大炮动弹不得。马匹和骡子消失在泥潭里，或因兽疥癣而死。马拉的战地厨房车在岸边被湍急的水流所席卷，人员和马匹像玩具那样被洪水冲走，最后被淹死。散兵坑和指挥部被淹没。掷弹兵和山地兵们因寒冷和疲惫而死在他们的战壕中。

炮兵们把弹药拖入干燥的岩石洞穴中。可这又有什么用呢？炮弹可以轻而易举地发射，但根本不可能命中目标：强侧风造成的偏差难以估量，目标几乎总是被错过。

医护兵为收容伤员并将他们后送所付出的努力难以言述。这场残酷战争的每一天都充满了人性化的英勇事迹。最后，战争自身消失于这片电闪雷鸣、狂风呼啸的山区。它被淹没在汹涌的洪流中，冻毙于冰川里，窒息在泥泞和被洪水吞没的山谷下。这里，甚至没有为双方的杀戮留下时间。再也没有飞机起飞，既没有轰炸机，也不见侦察机的踪影。

大炮、高射炮和突击炮也奉命后撤。高山上的阵地被紧急疏散。克拉斯诺达尔南面，被鲜血浸透的3400英尺高的泽马朔山也被放弃——这是海岸前的最后一道山脉，他们从山上可以看见大海和通往图阿普谢的道路，那是他们盼望已久的目标。

在这里，冯·希施菲尔德少校和博士拉瓦尔少校曾带着第98山地猎兵团的弟兄们浴血奋战。此刻，距离目标已如此接近，但他们却不得不放弃自己的阵地，正如第1装甲集团军的将士们不得不放弃捷列克河洒满鲜血的战场那样。

1月10日，第17集团军辖下的所有部队开始了被称作"缆车"的后撤行动，他们向戈里亚奇克柳奇（Goryachiy Klyuch）退去，赶往迈科普防线。冯·勒叙尔上校的战斗群，一直以第1山地师的部队坚守着高山上的隘口，已于1月4日与敌人脱离接触，并经过23天的边打边撤，成功退入迈科普地区。

来自符腾堡的第125步兵师后撤至克拉斯诺达尔南部地区。这是一道重要的防线，因为克拉斯诺达尔将成为整个第17集团军后撤的中转站。

对当时指挥第125步兵师的阿尔弗雷德·赖因哈特上校[1]来说，必须不惜一切代价守住整个镇子及其渡口。克拉斯诺达尔决不能轻易放弃，不仅仅因为这里是重要的交通枢纽，还因为它是个巨大的补给中心。镇内有许多装有各种物品的大型仓库。另外，由于刻赤海峡严重冻结，进入库班地区的其他途径受到限制，第17集团军40万人马的补给只能彻底依赖克拉斯诺达尔的仓库。而刻赤海峡的冰层化冻，至少还要等上七八个星期。

因此，赖因哈特的任务与霍特部队在罗斯托夫所执行的任务没什么不同。第125步兵师必须防止苏军从高加索山区的北坡出现，还必须不惜一切代价阻止敌人接近从戈里亚奇克柳奇通往克拉斯诺达尔、克雷姆斯卡亚（Krimskaya）和新罗西斯克仅有的两条后撤道路。赖因哈特的师必须守卫克拉斯诺达尔，必须确保道路，还必须对森林中的游击队实施清剿。他们的任务并不轻松。

在第125步兵师的掩护下，第44猎兵军带着他们所有的重武器，经克拉斯诺达尔成功撤出沼泽地。这是个了不起的成就。

---

① 第125步兵师师长当时为赫尔穆特·弗里贝上校，团长赖因哈特只是在1943年初暂时代理指挥该师。

与此同时，康拉德将军指挥的第49山地军也必须在高加索山区冰雪覆盖的各隘口与敌脱离接触。在这里，哈希乌斯将军来自弗兰克尼亚—苏台德地区的第46步兵师担任后卫部队，掩护着这场艰难的后撤。但行动很顺利。在这个过程中，最困难的是将重武器带过当时几乎不可逾越的古奈卡和普希什山谷。

我们应该读一读炮兵指挥官温克勒上校的记述，以了解重型火炮在撤退行动中遭遇到的困难。这些炮兵是在旱季期间进入到无路的峡谷中的，而此刻，他们站在谷底深达车轴的泥泞中。在这种混乱的情况下，温克勒上校凭手上区区十来辆拖车创造了奇迹。

他们从事的确实是一个不可能完成的任务。三辆拖车牵引一门重型火炮。拉动！继续！大炮一码接一码地被拖出黏稠的泥泞。然后，火炮被拆散，一个个部件靠人力送下陡峭的山坡。接着这些部件又被装上雪橇，然后是驮畜，最后是汽车。

就连作为即兴发挥高手的俄国人也无法完成这样的任务。他们被困难的地形打败，只能在很远的距离上尾随着后撤中的德军部队。挽救第17集团军辖内各军的完全是拼搏、汗水、创造性和不可动摇的勇气。

苏军重组后，将主攻目标放在从萨拉托夫斯卡亚（Saratovskaya）至克拉斯诺达尔的这一德军后撤道路上。这是通向北方唯一的公路，被称作"斯大林公路"，这条公路可供各类车辆全天候通行，甚至是重型车辆。苏军拼命想赶至这条公路。庞大的森林为他们提供了有利的掩护。几个月来，苏军作战小组和游击队已深入克拉斯诺达尔南部地区。这一点无法避免，因为德军防线太过稀疏。就这样，一个危险的游击区渐渐发展开来。偶尔会有一小群苏军游击队员或一名领导者在德军防线后方被抓获。

这种游击战极为野蛮，第97步兵师的作战报告中记录了其中的一个典型插曲。一支曾在图阿普谢与第97步兵师并肩奋战过的土库曼志愿者部队，他们以谢韦尔斯卡亚（Severskaya）附近一座被遗弃的村庄作为冬季过夜的栖身所，但部队指挥官偶尔会忘记派设哨兵。

一天早晨，这些土库曼人没来报到。一支德军巡逻队小心翼翼地走近那座村子，村内安静得似乎有些可疑。巡逻队队长握着手枪，率先走进一所屋子。部下们随即听见他大声怒骂起来。随后，他们目睹了屋内的状况。每间小木屋里的情形完全相同：土库曼人躺在床上，他们的头已被割掉。墙壁上用粉笔写着口号："叛徒绝不会逃脱惩罚！"

这种可怕的场面是苏联针对各种非俄罗斯、反布尔什维克民族与德军进行合作所采取的心理战的一部分。苏联情报机构在德军防线后方所采取的行动，很大一部分集中在监视和挫败这些通敌者上。这一工作进行得非常出色。这条秘密战线的军官和政委，通过定期征召的方式，在德军防线后方招募合适的居民。在这场秘密斗争中，莫斯科的间谍都是些真正的恶魔。

据第13山地猎兵团的亚历克斯·比希纳中尉描述，某天他手下的卡拉恰伊（Karachay）民兵在高加索的山坡上巡逻时，抓获了一名身材高大的苏军军官。审讯中，他拒绝透露自己是如何来到德军战线后方的。他只是转着眼珠，保持着沉默。

卡拉恰伊人剥掉他的军装对他进行仔细搜查，就在比希纳拿起他那顶做工精良的尖顶帽，割下帽子上镶嵌的大大的珐琅质五角星留作纪念品时，这名俘虏明显流露出紧张的神情。

比希纳用刀子在帽顶上割了几刀，一切真相大白：印刷在薄纸上的地图、来自莫斯科的命令和委任书、身份证明文件等，都出现在帽子的里衬中。巡逻中抓获的这个人奉命在库班地区建立起秘密战线。

但游击队也会在谢韦尔斯卡亚的树林地带展开激烈的公开战斗。德军第125炮兵团第8连便在那里被一支强大的游击队打垮。幸亏一个警觉的步兵排提供了掩护，这才使第7连逃脱了同样的命运。

德军第125步兵师对一名被俘苏军中士的审讯证实，苏军急于堵住德军的后撤道路。"我们的指挥员，"这名中士交代，"曾向部队宣读过来自总部的命令。命令上说，无论付出怎样的牺牲，必须截断德国人的退路。"

这一点并不令人感到意外。如果这一尝试获得成功，苏军的战利品将是整个第44猎兵军。

在右翼，双方为争夺关键的249.6高地，双方爆发了最为激烈的战斗。据守高地的是文岑上尉率领的第421掷弹兵团第3营。这位胡子拉碴、因数日未眠而显得面色憔悴的上尉坐在石屋中。屋外的机枪发出阵阵怒吼。

一名传令兵飞奔进指挥所："上尉先生，他们又上来了！"

敌人又来了，就像昨天和前天一样。这些苏军士兵中，每四个人里有一个穿着军装，在最好的情况下，每三个人里有一个端着步枪，他们没有任何重武器。他们高呼着"乌拉"向前冲来。最前面的是年轻的军官，有些还是军官培训学校的学员。跟在他们身后的是十三四岁的大孩子，另外还有些老人和残疾者。

看来，苏军也已用尽浑身解数。德国人的机枪刈倒了冲锋队列的第一波次。后面的人捡起死伤者的步枪，继续向前冲来。根据他们的相貌判断，所有高加索部落都派人参加了这一进攻。

很快，第3营阵地前方50码内，死者、伤者堆积如山。德导根本无从判断这些死伤者所属的部队，因为他们身上没有携带任何证件。

但我们现在知道，这些人是苏军第56集团军匆匆征召的"特别部队"，隶属于苏军新组建的山地第9师。

这场激战持续了四天。他们一次次发起冲锋。他们以己方阵亡者的尸堆为掩护，在这些可怕的屏障后实施重组。随即，伴随着令人不寒而栗的"乌拉"呼叫声，他们越过战友们的尸体，再次向前冲来。

"扔手榴弹！"只要在战斗中出现短暂的停顿，德军的各个排长便会大声下达这样的命令。苏军在那些尸堆后集结，只有手榴弹能够得到。

但这又有什么用呢？不断形成的尸堆，像移动的沙丘那样越靠越近。50码，20码，10码。"乌拉！"——他们已冲至德军指挥所。

文岑上尉召集起手上所有的人。赶紧发起反击，快！每个人都知道为什么要快。对这些狂热的民兵，他们有一些残酷的经历。德军突击队闪电般地杀回到他们先前的营部所在地，但展现在他们眼前的场景非常可怕。那些大孩子已为他们的伤亡报了仇。第3营的伙计们得到的又一个残酷提醒是：此刻，他们在亚洲作战。

重新夺回营部的战斗中，唯一活着的俘虏是一名身负重伤的苏军中尉。文岑上尉在这片屠杀现场审问了这名俘虏，要求他对这种暴行做出解释。这位苏军中尉只是耸耸肩，说道："你们德国人知道该如何作战，而我们仍在学习。"

他们学得不错。但此刻，他们仍在犯错，并为此付出了高昂的代价。因此，这些"红色卫队"和克拉斯诺达尔游击队的指挥员们以一种奇特的方式指挥着他们的部下。通过电台，他们用明码给下级指挥员下达战术命令，并伴以可怕的威胁："完成不了任务，我毙了你！"或是"要是胆敢后退，我就下令对你的部队开火！"

第125步兵师的前线监听单位听到了这一切，因此，赖因哈特和他的参谋人员始终都知道敌人会对哪里发起进攻，他的战术预备队总是抢在进攻者之前赶到相应的地点。

"有时候，我完全凭借苏军指挥员在电台中透露出的情况采取行动。"赖因哈特将军回忆道。无论在何处，每当苏军进攻部队的"乌拉"声打破拂晓的阴霾时，来自巴登—符腾堡各个营辖下的战斗组便已蹲伏在他们的机枪后，他们的卡宾枪也已架上战壕的胸墙，手榴弹放在触手可及之处。然后，敌人发起了进攻。

死亡上百次地席卷过平原，进入灌木丛，冲击着河谷的两侧。

"奥尔特利布团级战斗群"以近乎一个团的实力据守着奔撒村（Penzenskaya）。这个村子坐落在一个重要的岔路口，通往克拉斯诺达尔的旧公路在这里穿过从迈科普通往新罗西斯克的东西向道路。

苏军顽固地试图夺下这个村子。奥尔特利布少校不得不组织起部下实施全方位防御。为他的部队提供补给，必须以全副武装的车队来完成。车队的每一次运输任务都是一场冒险。苏军像印第安红番那样趴在地上静静地等待，他们的狙击手会将汽车驾驶员击毙，他们的工兵在路面上埋下高爆炸药，并采取远距离遥控引爆。这场战事的规模并不大，却令人筋疲力尽。

奥尔特利布控制着克拉斯诺达尔西面的接近地。

另一个掩护着通入克拉斯诺达尔市中心的接近地的重要据点是萨拉托夫斯卡亚，紧靠着从迈科普油田穿过山区直抵克拉斯诺达尔的"斯大林公路"。这条公路一年四季都可供重型车辆使用。但公路上也有几个危险的薄弱点——镇子北部深谷上的几座桥梁。

第125步兵师需要将每一个士兵投入到防线上的重点地段，因此，这些桥梁不得不由乌克兰志愿者部队守卫。他们由可靠的德军军士指挥，但毕竟与正规军队不太一样。

1月27—28日夜间2点，赖因哈特被他的传令官罗泽中尉叫醒："上校先生，俄国人已到达那些桥梁。"

赖因哈特大吃一惊："三座桥梁吗？"

"三座，上校先生！"

赖因哈特用斯瓦比亚语喃喃地咒骂了几句，随即说道："去把绍特中尉找来！"

第421掷弹兵团第14反坦克猎兵连连长，带着一个机枪排和一门75毫米反坦克炮赶往那些桥梁。第420掷弹兵团的一个连也被装上卡车，赖因哈特亲自率领该连出发。

他们来到第一座桥梁。

"派出侦察队！"

"桥上既没有友军，也没有敌人！"巡逻队发回报告。

赖因哈特的眼中闪过一丝怒气。

再赶往下一座桥梁。

一名德军军士独自蹲伏在斜坡旁的机枪后。他指指并未被火光照亮的第三座桥梁："那里刚刚传来几声枪响，还有几个逃窜的乌克兰人，我那些乌克兰部下就跟着脚底抹油了。敌人的一支突击队发起进攻，但被我的机枪火力阻止，现在显然已经撤走。"

绍特带着他的突击队，小心翼翼地靠近第三座桥梁。一辆斯洛伐克制造的军车在斜坡上燃烧着。透过火光可以看见一些苏军士兵正在挖掘散兵坑。靠近桥梁处，一名苏军哨兵翻寻着补给车，试图搞些战利品。

"这正是我所期望的。"第14连的迈尔中士喃喃地说道。他蹑手蹑脚地逼近那辆补给车，从牙齿间发出轻轻地"嘶"声。苏军哨兵转过身来。迈尔的枪托抡了上去。这个苏联士兵毫无声息地倒下了。

这正是绍特等待的时机。他带着自己的突击队逼近到最有效的距离内，随即用高爆弹和机枪向完全措手不及的苏军扫去。

跟随在绍特身后的，第420掷弹兵团的那个连粉碎了苏军最后的抵抗。这座桥梁再次得以确保。

第二天，第198步兵师的最后一个营、斯洛伐克快速师、第500特别营以及第101猎兵师的自行车营，穿过萨拉托夫斯卡亚，继续向克拉斯诺达尔而去。他们非常幸运，如果赖因哈特的斯瓦比亚部下未能保持道路的畅通，他们就完了。这是依靠一名指挥官的决策，或者说靠的是一名待在机枪后守卫着桥梁的士兵的英勇行为，使情况发生重大转折的另一个实例。

最后，赖因哈特得以命令他的各战斗群杀开血路，赶至克拉斯诺达尔的东面和南面，继续控制的掩护阵地。

苏军紧紧跟在他们身后。他们拼命试图超越德军后卫部队，突破至克拉斯诺达尔。最后几周出现的苏军部队，跟那些乌合之众的民兵完全不同。他们都是些年轻人，受过良好的训练，穿着崭新的卡其军装和短大衣。他们的装备没有一样是苏制品，军装、内衣、袜子和靴子都跟美国兵一样。只有凑近看才能发现他们是苏联人。

他们使用的轻武器也来自美国，他们的口袋里塞着骆驼牌香烟，罗斯福用之不尽的战争物资，此刻也出现在欧亚边界，用于对付德国军队。

但即便是这些配备了美式装备的苏军精锐部队，也未能成功地突破至克拉斯诺达尔。1月30日，第125步兵师在普里特赛皮罗夫卡（Pritsepilovka）两侧占据了新的防御阵地。同一天，集团军左翼，第49山地军的最后一支部队，利用乌斯季拉宾斯卡亚的军用桥梁渡过库班河，第13装甲师和第46步兵师的部队一直确保着桥梁的畅通。12个小时后，这些桥梁被第46步兵师的后卫部队炸毁。但第17集团军尚未脱离危险。

2

黑海上的警报

克里姆林宫的秘密会议——斯大林想要捕获第17集团军——奥泽列伊卡湾的冒险—— 一个炮兵营——库尼科夫少校突袭新罗西斯克——"小地"之战——政治委员勃列日涅夫

1943年1月24日，克里姆林宫召开了一次秘密会议。在这次会议上，斯大林提出了一份整个东线战事中最不寻常的作战计划。

通过各种文件、军事论文以及苏军高级将领的回忆录，现在可以将克里姆林宫地下掩体中召开的这次戏剧性会议准确地再现。

在最为保密的前提下，斯大林在最高统帅部的作战室内召见了高加索方面军和黑海舰队司令员。会议室的墙壁上悬挂着一张黑海地区作战态势图，其中包含高加索地区、库班草原以及沿海地带。将军们凑到地图前，斯大林开始了他的讲话。起初，他的声音很低，充满了对斯大林格勒的伟大胜利已初具规模的形势的欢欣。但他越说越生气，为他的将领没能将斯大林格勒的成功转变为一场巨大的胜利而恼火。

诚然，德国第6集团军已插翅难飞，但斯大林曾期望在伏尔加河与顿河之间给德军造成20个师损失的所有机会，都已像阳光下的积雪那样迅速融化了。

"黑海集群的部队未能完成分派给他们的任务，一直没能到达季霍列茨克。"斯大林抱怨道。他走到地图前，手里的指示棒划过山脉和草原，划过标示出敌我双方位置与动向的红线与蓝线。"北方集群的部队同样没能到达他们的既定目标。"他继续说着，用指示棒轻轻敲了敲萨利斯克和罗斯托夫。

室内一阵尴尬的沉默。将军们知道，斯大林已读过他们的报告，他们在报告中解释了包围德国A集团军群的宏大计划未能实现的原因。但他们也知道，斯大林不会相信他们的报告。

与希特勒一样，克里姆林宫的这位独裁者并不信任他的将领。他认为对军人必须"让他们不敢懈怠"，给他们下达严格的命令，偶尔允许他们提个想法，总之，一切都必须按计划进行。

"法西斯分子们的企图是什么呢？"斯大林像个小学校长那样问道。"答案显而易见。"他自己回答了自己的问题："希特勒只是将A集团军群的部分部队从高加索撤过顿河。至于其他部分，他的第17集团军，很明显，他想将其集中于亚洲大陆，塔曼半岛的一个桥头堡内。"

副总参谋长安东诺夫将军赞同地点点头。就在这时，仿佛事先商量好似的，斯大林转过身问他："安东诺夫将军，我们获得的情报怎么说？"

副总参谋长站起身走到地图前："根据我们的情报机构获得的情况，德国最

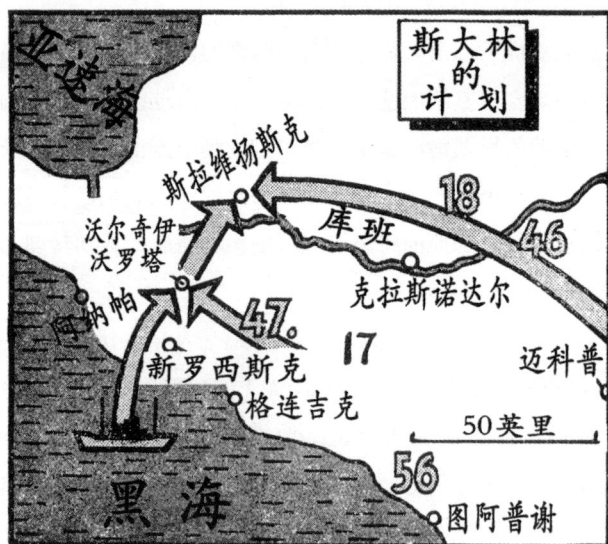

▲ 斯大林打算以一场海陆联合行动，切断德国第17集团军撤往塔曼半岛的退路。

—— 154 ——

高统帅部打算在夏季恢复对油田的进攻。出于这个目的，第17集团军和第1装甲集团军的部分部队将继续留在亚洲大陆。"

"正因如此，"斯大林补充道，"他们的第17集团军后撤得很慢，而且是边打边撤，以便挽救他们的大批物资，并尽可能多地控制住领土。但这样做时，希特勒也给我们提供了消灭法西斯的另一个机会，如果我们的动作够快的话。我们一定要切断他们撤往塔曼半岛的退路。"

斯大林显然为自己的计划所着迷。他的将领们意识到，他正以他的个人权威支持着这一计划，任何反对该计划的人都将遭到他愤怒的回敬。"彼得罗夫将军，"斯大林继续说道，目光望向对面的黑海集群司令员，"彼得罗夫将军将以他的第46和第18集团军推进至克拉斯诺达尔地区！"地图上的指示棒从迈科普移至库班。"他将夺取库班渡口，沿河流向西，直奔塔曼半岛。"

他提高了声音："与此同时，新罗西斯克将被一个钳形包围所夺取！"指示棒急切地敲打着地图，"第47集团军将对新罗西斯克防线发起一次正面进攻，并达成突破。"

彼得罗夫将军怀疑地摇着头。斯大林注意到他这一举动，转过身对他说道："我知道您会说些什么，尽管我还没有看过您的报告。您会说，第47集团军的突击力量太少，坦克太少，大炮也太少，无法执行这样一次深入敌防御纵深的作战行动。"

斯大林做了个轻蔑的手势："这些，我以前都曾听过！"

就像早已安排好这一修辞效果似的，他继续以缓慢、强调的口吻说道："我们将以一次海陆联合行动拿下新罗西斯克。特别部队和海军部队所组成的一支强大的登陆力量，将由黑海舰队在敌后方以突然袭击的方式，在夜间送上岸。这支部队将在一个有利地点粉碎德国人的海岸防御，并建立起滩头阵地。坦克旅和空降团将迅速跟进，并向沃尔奇伊—沃罗塔（Volchyi Vorota）扩大突破。然后，他们将与从新罗西斯克北部达成突破的第47集团军的部队会合。取得会合后，两支部队并肩前进，与沿库班河而下的部队会师，并与他们合兵一处。"

斯大林手里的指示棒在地图上指点着这一钳形攻势。好像这一切已经完成了似的，他说道："这样一来，德国第17集团军便与塔曼半岛隔绝了。"

在座的将领们目瞪口呆。一场两栖作战！可苏联军队对这种作战类型没有丝毫经验！就连拥有特种两栖部队的西方盟国，5个月前不也在迪耶普遭受到惨败吗？

但这些陆海军将领们知道，他们无法说服斯大林放弃这一计划。这个构思完全出自他不切实际的空想。将劳夫大将后撤中的部队一网打尽，这个愿望令他痴迷不已。

但这是个值得冒险的计划。毕竟，如果斯大林的海陆联合行动取得成功，获胜的战利品将是400000名德军士兵、110000匹马、31000辆马拉大车、26500部汽车以及2085门大炮。换句话说，这是一股比斯大林格勒包围圈中的第6集团军强大两倍的力量。

这个计划的精妙之处在于海上登陆。德国人面向陆地的防线，由他们自己和罗马尼亚部队据守，最近几周的情况表明，他们正在构设有效的防御。但沿岸设防的德军显然未意识到这些巨大的危险，因此对海岸线的防卫比较松懈，而且，在许多地段主要是由罗马尼亚军队负责。这就为苏军的突袭提供了机会，这个计划具备成功的可能性。

2月3日，驻防在格列博夫卡（Glebovka）的第789陆军海岸炮兵营营长博士拉迈尔少校很晚才睡。夜间的情况通报使他比平日更为忙碌：前线正逐渐逼近。他的营配备着105毫米长身管火炮和105毫米榴弹炮，所在的阵地作为"哥特防线"和库班桥头堡的拐角点，正变得日益重要。这里有些传闻。过去几天里，海上一直有许多活动。苏军巡逻船已离开奥泽列伊卡湾（Ozereyka Bay）。另据德国空中侦察报告，格连吉克（Gelendzhik）和图阿普谢港也出现大量活动。

过去的几个星期，这里还出现了大量无线电通讯。但两天前的2月1日，所有无线电通讯突然陷入沉默。这是个不祥的沉默。出什么事了？难道是苏联黑海舰队实施集结，保持无线电静默以掩盖自己的行踪？这便是德军海岸防御部队的参谋人员所提出的问题。

20点，拉迈尔一直在跟斯拉维扬斯克（Slavyansk）的集团军司令部通电话。那里同样关注到了敌人的无线电静默，司令部内出现了许多猜测和讨论。劳夫大将下令，克里木沿岸防御部队进入"一级戒备"。要是俄国人真打算以其黑海舰队发起进攻，那么可以肯定——至少这是斯拉维扬斯克的集团军司令部所得出的

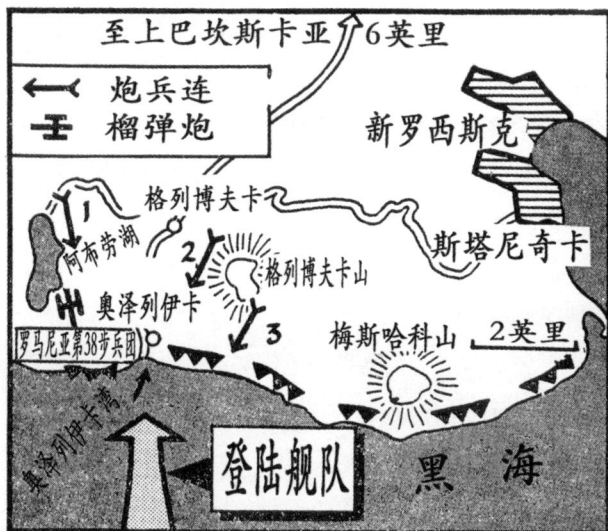

▲ 1943年2月4日,苏军试图在奥泽列伊卡湾登陆,却被德军炮火击退。

结论——他们的进攻目标只能是克里木半岛,或者是刻赤海峡。

不过,劳夫的参谋人员并未完全排除敌人对塔曼半岛发起进攻的可能性,出于这个原因,他们也给阿纳帕(Anapa)的海岸守军下达了"一级戒备"令。但是,集团军参谋部认为苏军不可能对新罗西斯克地区采取海上行动,因而并未给新罗西斯克和阿纳帕南部海岸那里下达戒备令

第73步兵师师长冯·比瑙将军和他的炮兵指挥官佩斯尔米勒上校并不同意这个看法。数天来,他们一直提醒上级,苏军有可能在奥泽列伊卡湾实施登陆。空中侦察表明,苏军在格连吉克—图阿普谢地区集结了相当数量的登陆艇。截获并破译的苏军电文中暗示,一场登陆行动将在距离格连吉克不太远的地方展开。鉴于这种情况,炮兵指挥官在奥泽列伊卡湾举行了一场持续数天的演习。结果并不令人鼓舞:可用的兵力和弹药并不足以应对一场大规模登陆行动。

因此,要想获得胜利,唯一的办法是等敌人的登陆部队靠近到他们的舰炮无法为其提供掩护的距离内再开火。换句话说,除非敌人逼近到距离海岸200码内,

— 157 —

否则不能开炮。所以只有敌人进入200码内，才会给海岸炮下达命令。

直到午夜，拉迈尔少校才在格列博夫卡他那所农舍中入睡。凌晨1点，他又被粗暴地唤醒。炮击！

就在这时，传令官埃哈德中尉冲入他的卧室："少校先生，俄国人采取行动了！他们正在炮击整个乡村！奥泽列伊卡河谷的观察哨刚刚发来报告，我们设在海湾的假阵地遭到敌重型舰炮的轰击。"

假阵地？"很好，"拉迈尔笑着说道，"炮兵阵地的情况怎样？"

"那里的情况似乎一切正常，少校先生。"

"太好了！"拉迈尔显得很高兴。他匆匆穿上自己的军装，来到隔壁房间的战地电话旁，接通了海岸上第3连和榴弹炮连的观察哨。

"海上出现了大口径舰炮的炮火闪烁。"炮兵观测员克赖珀中尉报告道。

"您能分辨出舰只吗？"拉迈尔问道。

"不能，少校先生，这里一片漆黑。我们所能看见的只是炮口的闪烁，现在我还不想打开我们的探照灯。"

"很好！"

拉迈尔确认了他的其他连队一切正常。几天前，霍尔舍曼中尉的第3连便已转移至奥泽列伊卡河谷东侧，隐藏在灌木丛中一个精心伪装的阵地里。炮口前方的港湾和大海仿佛囊中之物，而他们自身却隐蔽得很好。

海滩后方，第3连阵地的对面，拉迈尔在一片灌木丛中部署了两门105毫米榴弹炮，炮长是威尔·瓦格纳中士。

蒙尼希中尉率领的第2连据守在格列博夫卡附近的一座小山上。他们控制着河谷、海湾以及从海滩而来的道路。

科勒中尉指挥的第1连位于后方不到一英里处，阿布劳湖（Abrau Lake）的高地上，对海湾和大海都拥有清晰的射界。左右两侧的山坡上部署着几门罗马尼亚轻型榴弹炮，隶属于罗马尼亚第38步兵团。

军官和士兵们都已在各自的大炮旁就位。此刻，他们尚未被敌人的炮击命中。这里也没有遭到苏联海军舰炮的轰击。按照事先的计划，德军火炮没有实施还击。

这是个漆黑的夜晚，新月夜，所以第二天将出现日食现象。苏军真的会在昏天黑地中发起登陆吗？

拉迈尔打电话给第73步兵师师长冯·比瑙将军："敌人的炮击似乎预示着一场登陆，将军先生。"

比瑙和拉迈尔同样着急。他致电军部，但军部对此持怀疑态度："发起登陆？阿纳帕倒有可能，或是在克里木。可你那里……"

拉迈尔接通罗马尼亚第38步兵团第5连连长达比亚·尼古拉上尉的电话。罗马尼亚人负责拉迈尔防区前方的海岸防御。

"海岸防御"是个相当大的术语：沿沙滩布设地雷，构建铁丝网，紧随其后的是配备着机枪和步兵散兵坑的野战阵地。

直到凌晨一点过后，尼古拉上尉仍在用电话联系各支撑点，但其中一些尚未做出回复。有可能是电话线被炸断，或是阵地被苏军炮弹命中。

据观测员报告，苏军大口径舰炮的炮火落在海滩上，炸碎了铁丝网，并覆盖了海湾尽头的机枪阵地。苏军的炮弹，最远的落在了格列博夫卡。

拉迈尔少校走出他的小屋。雷鸣和闪光像一场夜间风暴那样从海上袭来。轰炸机在头顶嗡嗡作响，投掷下耀眼的白色照明弹和炸弹。

拉迈尔和他的连长们看不到的是，苏联海军部队和登陆艇已在不停开炮射击的驱逐舰和巡洋舰之间就位。

就是在这里，在第789陆军海岸炮兵营的防区内，在奥泽列伊卡河汇入黑海所形成的海湾处，苏军将主登陆场设置于此。这是个理想的地点——一个半圆形海湾，大约一英里半宽，布满碎石和零星的灌木丛；在其前方是一片平坦的沙滩；左右两侧陡峭的山坡上林木茂密，这将为登陆部队迅速提供隐蔽和掩护。

凌晨2点，重型驱逐舰"哈尔科夫"号上的海军中将奥克佳布里斯基看看手表，示意舰炮指挥官："炮火延伸！"

新的射击诸元已传达给各门舰炮。

"中将同志，炮击有效吗？"驱逐舰舰长问他的舰队司令员。

海军中将耸了耸肩。驱逐舰舰长知道他在想什么。海军方面对登陆发起时间并不满意。这位舰队司令员曾多次坚持，这样的行动需要一个满月的夜晚。对登陆部队来说，满月非常必要，他们可以准确地到达海滩，充分利用炮火掩护，并能看清楚掌握部队所取得的进展。

海上舰艇同样需要某种最低程度的光亮，以确保舰只与登陆艇之间的配合。在黑暗中如何能协调各个独立的行动呢？

这些就是海军提出质疑的理由。但陆军和斯大林对此并不认同。陆军将领们声称，黑暗非常重要。他们认为，苏军士兵对夜战有着丰富的经验，而德国人却缺乏这种经验。

"凌晨2点，尽管此刻天色尚黑，但第一波次突击队将以1500名海军陆战队士兵和坦克部队实施登陆，并建立起滩头阵地。被我方空中侦察确定的德军炮兵阵地，首先会被海军的掩护火力压制，海滩上的铁丝网、雷区以及机枪巢也将被粉碎。"这便是行动计划"第一阶段"的指令。

"第二阶段"指出：拂晓前，第二波次将携带重武器登陆。他们将在天亮前进入海湾，从而使海军部队靠近海岸时仍处在黑暗的掩护下。

命令就是这样，苏军的登陆战也将这样进行。

整整一个小时，从凌晨1点至2点，俄国人的大口径舰炮猛轰着海湾。他们毫不吝惜地射出大量炮弹，制造出一场地狱般的演奏会。雷鸣般的烟火绽放开来。海滩上地雷的爆炸就像是隆隆炮声的回响。铁丝网被炸成碎片。

此刻是凌晨2点，弹幕越过海滩，向内陆延伸。

"第一波次！"军官们喊道。各艘驱逐舰交换着灯光信号。驱逐舰队之间，搭载着海军陆战队员的登陆艇嘎嘎作响地向海滩驶去。在它们当中有两艘巨大的平底登陆舰，搭载着美制"格兰特""斯图尔特""李将军"式坦克。海军舰炮撑起一把炮火构成的大伞，掩护着登陆艇和滩头。像一条巨大的喷泉线，炮弹爆炸的喷溅在海湾尽头升起，火光和硝烟构成一道嘶嘶作响的帷幕。

I.P.波格丹诺夫中尉站立在搭载着他的排的登陆艇驾驶室顶部，透过夜用望远镜观看着眼前的场景。"看来，事情得到了正确的解决。"他喃喃地说道。

但在决定性的地点，事情并未得到正确的解决。确实，海滩上的铁丝网被炸成碎片，地雷带被破坏，罗马尼亚前哨部队也遭到粉碎。但苏联黑海舰队轰击了60分钟，并相信已遭到毁灭性打击的德军海岸炮兵阵地，其实是第3连的一个假阵地。德军其他炮兵连遭到的炮击也并不太严重。

罗马尼亚人的一个轻型榴弹炮阵地被一发炮弹直接命中，炮组成员早已四散奔逃。但是，海湾两侧峭壁的灌木丛中，尼古拉上尉的步兵仍坚守在他们的机枪后。

苏军炮火从滩头向内陆延伸后，海岸上的每个人都知道，决定性时刻到来了，俄国人即将发起他们的登陆。

克赖珀中尉命令他的大型探照灯从靠近海岸的山丘最东端短暂开启。探照灯光束扫过海滩，随即又掠至海面。战场亮如白昼。一支小小的、带有灰色阴影的船队出现在探照灯下。

此刻，对方已进入足够近的距离内。"开炮！"霍尔舍曼中尉的大炮吼叫起来，"开炮！"

105毫米榴弹炮炮弹轰鸣着蹿入海浪。瓦格纳经常演练这种打法，他那些部下对炮弹在近距离内爆炸所产生的可怕的冲击波早已习以为常。

炮弹一发接一发被射出。这么近的距离内，几乎不可能错过目标。

瓦格纳中士的耳朵里塞着棉球。他蹲伏在海滩上的灌木丛后，透过夜用望远镜搜索着海面。第3连的探照灯一次次亮起。尽管探照灯所在的位置被数次击中，其中的一次使设备遭到损坏，尽管此刻它遭到苏军系统的炮击，但这具探照灯仍在不时开启，为德军炮手近距离内的炮击照亮目标。

海面上不时发出爆炸的闪烁，一艘登陆艇被炮弹命中后发生爆炸。炮弹所到之处，高高的水柱喷向半空。

瓦格纳看着苏军登陆艇穿过地狱之火，逼近沙滩。"他们到达滩头了！"他快步跑至第一门榴弹炮旁，"将射程缩短50码！"

火炮瞄准手点了点头。

瓦格纳又跑到第二门榴弹炮旁。此刻，炮弹已轰然落在沙滩上。东面的山坡上，霍尔舍曼中尉的炮兵连继续向逼近中的苏军船只开炮射击。

尽管如此，苏军第一波次的海军陆战队还是到了海滩。但他们立即遭到罗马尼亚守卫部队机枪火力的纵向射击。

"那些该死的坦克在哪儿？"波格丹诺夫中尉嘟囔着。搭载着坦克的平底登陆舰难道不是一直伴随在他这艘登陆艇旁边吗？他亲眼看见第一批坦克驶下起降斜板，进入到海水中。

波格丹诺夫小心翼翼地抬起头。一辆"斯图尔特"坦克爬上离他几码远的沙滩。坦克引擎"噼啪"作响，然后，它停了下来。

波格丹诺夫冲了过去。他爬上坦克尾部，对炮塔内的车长喊道："别停在这儿，继续前进！其他坦克在哪里？"

这名坦克手绝望地挥舞着胳膊，大声咒骂着。"全是水！"他又补充道，"水太深了，透过排气管涌入了发动机！"

这就是其他坦克没能跟上来的原因。黑暗和混乱中，它们下水的地方距离海滩太远了些。令人难以置信的是，苏军指挥部门事先没有考虑到这种可能性。其实很简单，只要将排气管向上方加长，便能挽救这些坦克。

苏军登陆艇同样只能陆陆续续地赶到海滩处。有些登陆艇在德军炮火的打击下转身返回。还有些在黑暗中迷失了方向，在东面很远的地方靠岸，那里的海滩只是一条狭窄的通道，在其后方则是一道绝壁。

列昂尼德·谢多尼中士带着他的班，设法赶至海湾的东角。在那里，他遇到一个部署着三门轻型步兵炮的阵地，被一发炮弹直接命中后，罗马尼亚人放弃了这个阵地，但其中的两门火炮完好无损。谢多尼是一名炮兵，他立即抓住这个机会，用两门缴获来的大炮对着瓦格纳中士的榴弹炮阵地开火了。

对瓦格纳来说幸运的是，罗马尼亚工兵连连长拉迪乌上尉就在海湾后方，从一名传令兵那里听到苏军奇袭的消息。他没有犹豫，带上一个工兵排悄悄地摸到那个炮兵阵地处。一阵手榴弹攻击后，工兵排士兵们越过石墙，继而是一阵冲锋枪的扫射。

谢多尼中士当场身亡。拉迪乌上尉也在这场重新夺回炮兵阵地的战斗中阵亡。

与此同时，苏军突击队开始在海滩上集结。他们向海湾四周的山坡冲去。他们架设起迫击炮。他们蹲伏在他们的机枪后。

已经上岸的苏军坦克驶入灌木丛中。他们打哑了罗马尼亚人的机枪巢。他们向内陆推进，向格列博夫卡冲去。

瓦格纳的榴弹炮阵地被猛烈的迫击炮火力笼罩。半数部下已经阵亡，另外一半都已负伤。苏军向他们冲来。瓦格纳和几名幸存者设法逃入毗邻的森林中。

这位中士踉踉跄跄地跑到霍尔舍曼中尉身旁。"俄国人夺取了我们的阵地。我们来不及炸毁那些大炮，您得帮我们把它们炸掉！"

霍尔舍曼中尉立即下令用105毫米长身管火炮开火，那些榴弹炮和缴获它们的苏军士兵被一同炸成了碎片。

此刻是3点30分。狭窄的奥泽列伊卡湾再次回荡起激战的喧嚣。苏军遭受到严重损失。但他们的军官一次次调集部队。他们设法来到森林的边缘，沿奥泽列伊卡河两岸进行着试探并挖掘阵地据守。

负责为整个登陆行动发送信号的苏军指挥所，位于一片小树丛旁，靠近奥泽列伊卡河河口。传令兵们爬起身，跑向指挥所汇报情况。时间一点点流逝着。

但在海上的登陆部队主力仍在等待。最后，信号指挥员决定给舰队发去事先安排好的无线电和灯光信号："滩头阵地已建立！"随后，他又添加上"迫切需要增援"的代码。

过去的60分钟里，苏军海上掩护力量的旗舰上，参谋人员一直焦急地等待着这个信号。他们有两方面的焦虑：不光是海湾上发来的信号太晚，而且，搭载着登陆部队主力的运输船队现在还没有赶到。海军指挥部的动作慢慢腾腾。这是为何？

这个谜已被苏联方面的出版物揭开。这一延误并非因为拙劣的工作，而是深思熟虑的产物。海军司令部希望采用自己的方式，而不是陆军的打法。当第一道曙光出现时，他们才将实施登陆。所以，海湾处发来求救信号后又过了半个多小时，运输船队才带着登陆部队的主力赶到战场。

逼近海湾的这支船队令人印象深刻。一百多艘运输船，其中包括蒸汽轮船和快艇，即将报废的老旧船只和最先进的内燃机船。

登陆船队慢慢驶过担任掩护的战舰。三个海军陆战队旅和一个空降团，总计6000到8000人，挤在这些运输船上。坦克、大炮和突击炮也排列在特制的船只上。海面很平静。战舰的身影提高了登陆部队的士气。海上掩护部队的旗舰，重型驱逐舰"哈尔科夫"号，从海面上慢慢滑过。在她身边是两艘巡洋舰和五艘驱逐舰的剪影。右侧稍远处是三艘炮艇。这些舰艇之间是鱼雷艇、扫雷艇、反潜舰和海岸防御舰只。这些军舰挤在一片狭小的空间中。

运输船搭载着登陆部队向海滩驶去，士兵们没有发觉的一个惊人的事实是：

海军掩护舰只正从他们身边驶过，向外海而去。海军中将严格遵循着他的计划时间表。这个时间表要求：4点15分，拂晓前不久，所有海军舰只将从海岸附近撤出。

只有一些小型舰只违反了命令，继续留在海岸附近。

运输船队抵达海滩时，天色刚刚破晓。陆地上，数十双眼睛贴在夜用望远镜和战壕镜上，搜索着海面。

德国和罗马尼亚观测员惊讶地发现了苏军庞大的船队。电话通讯已不复存在，于是，传令兵被匆匆派了出去。

拉迈尔少校的各位连长同样失去了与营部的联系。他们只能各自为战。观测员报告："敌军登陆艇位于……"

接着传来的便是射击诸元："目标点，凯撒——二号装药——着发引信——全连方向20+——射程4950，开炮！"

第2连的第三轮炮弹齐射落在一艘大型运输船的甲板上，把她炸成一堆残骸，并引发了一场连锁性爆炸。紧接着，最前方一艘搭载着火炮和突击炮的登陆舰也遭到德军炮火的重创，随即倾覆。

霍尔舍曼中尉的连队进行着自由射击。一艘燃烧着的运输船向外海漂去，另外两艘船只在离海岸不远处沉没；一艘搭载着坦克的平底登陆舰倾覆；一条冒着烟的快艇撞上一艘机动船；登陆艇翻覆；突击舟冲向海滩，撞向一道火焰和硝烟构成的墙壁。

此刻，苏联海军的战舰本该参加战斗，以支援登陆行动。这些军舰中包括安装着180毫米口径大炮和100毫米口径高射炮的近卫巡洋舰"红色高加索"号和"红色克里木"号，装有四门现代化130毫米SK主炮以及大批76毫米高射炮的重型驱逐舰"哈尔科夫"号。可这些军舰早已消失于地平线，此刻正向她们的母港驶去。这些军舰严格遵守了命令。

在这种怪异的情况下，苏军登陆部队的主力该怎么做？现在，没人愿意或能够完成预定计划。因此，搭载着三个登陆旅的船队再次驶向外海，停在那里，犹豫不决。

经过一个小时紧张忙碌的信号交流以及繁复的命令后，海军中将指挥的舰队最终下令海上的运输船队返回基地。这是军事史上史无前例的一起事件。

已在奥泽列伊卡湾登陆的苏军部队对此一无所知。他们仍在英勇奋战。2月4日早上，苏军的一支突击队，在三辆坦克的支援下到达格列博夫卡，并向驻守在一座古老的葡萄庄园里的罗马尼亚迫击炮营发起冲锋。罗马尼亚士兵刚一看见坦克的身影，立即丢下酒窖和迫击炮逃之夭夭。

如果苏军突击队的指挥员此刻有一个连的兵力，格列博夫卡肯定会被他夺下。

可他只有一个排。

拉迈尔获悉这一情况后，立即派第2炮兵连的士兵们发起反击，并将营里所有的机枪调拨给他们。但这场反击未获成功。苏军士兵已牢牢据守在阵地中，并以缴获来的迫击炮打退了德军炮手们的反击。

拉迈尔随即命令位于格列博夫卡西面的科勒中尉第1连，对庄园和葡萄园实施炮击。罗马尼亚的达比亚·尼古拉上尉带着他的第5连发起冲锋，将苏军击溃。

入夜前，主要的危险已不复存在。第164预备高射炮营和古特斯切拉上尉指挥的第173反坦克猎兵营，击毁了6辆已达成突破的苏军坦克。获得加强的第229猎兵团第13连，在维乔雷克中尉的带领下，与罗马尼亚突击队一起，从格列博夫卡向海岸推进。此刻的海滩已变成可怕的墓地。

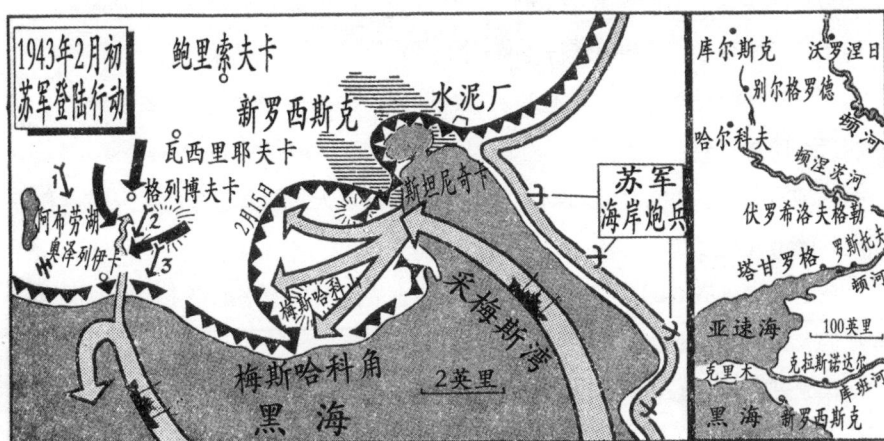

▲ 苏军登陆部队在新罗西斯克湾获得一处立足地。"小地"之战发展成一场历时7个月的战斗。

倾覆和沉没的运输船停在浅水处。这些船只之间是进了水或被击毁的坦克，海浪拍打着它们的履带，一次次涌过被潮水卷上岸的尸体。

清理小组数出620具尸体。31辆美制坦克被击毁。2月6日上午前，594名苏军士兵被俘。第一波次登陆部队的1500人中，剩下的估计已被海水吞没。还有些零星的战斗小组可能逃入内陆，还有些人试图杀开一条血路，赶至位于新罗西斯克的苏军防线，但成功的人寥寥无几。

斯大林的宏伟计划就这样在奥泽列伊卡湾遭到惨败。这一失败不仅仅是因为一些严重的错误，还因为一支德军海岸炮兵营和罗马尼亚部队的警惕和英勇。

对双方来说，这一结论的正确性已于1943年2月的同一天，在距离奥泽列伊卡湾仅有几英里的地方被证实。在那里，一名苏军军官的个性深深地铭刻在一次作战行动中，这就是斯塔尼奇卡（Stanichka）登陆战。这起战斗书写了苏德战争中的一个特别章节。

斯大林在奥泽列伊卡湾发起登陆行动的同一天晚上，一支数百名士兵组成的突击队在位于新罗西斯克郊区的斯塔尼奇卡附近登陆，以欺骗和分散德国人的注意力。指挥这支突击队的是Z.L.库尼科夫少校，他是一名海军陆战队军官，也是一名工程师。

库尼科夫从黑海舰队各个不同的单位中挑选出他的部下，他们都是些英勇无畏的士兵，接受过近战和破坏行动的专门训练。

2月4日拂晓前两小时，库尼科夫和他的部下们在格连吉克登上N.Y.济普亚东中尉近海防御第4舰队的船只。这些舰只靠近梅斯哈科角（Cape Myshkako）。距离目的地还有15～20分钟航程时，海湾东侧的苏军大炮对着德军的沿海防御和海岸炮兵阵地开炮了。

在这一炮火齐射的掩护下，济普亚东的小舰队冲向斯塔尼奇卡附近的海滩。库尼科夫和他的部下跳入齐胸深的海水，涉水上岸。

15分钟内，250名海军陆战队员登上了海滩。此刻，他们已位于新罗西斯克的门前，并控制了斯塔尼奇卡郊区的几座房屋。

新罗西斯克海军要塞的防御较为顽强，据守在这里的是德军第73步兵师。镇中有步兵、工兵、反坦克部队以及第186掷弹兵团的团部。另外，这里还驻有两个高级指挥部及其参谋人员——第16和第18港口指挥部。

驻守在防波堤西面的是一个105毫米榴弹炮连。海湾和港口防御的核心力量是第164预备高射炮营的一个作战支队，配备着两门88毫米高射炮。海岸和海滩防御由罗马尼亚第10师负责。

就在这些部队的眼皮下，库尼科夫少校在斯塔尼奇卡实施了登陆！伴随着拂晓的第一道曙光，他这支小股部队驶入采梅斯湾（Tsemes Bay）。他们越过德国人的海防炮，越过设立在港口1000英尺上方的一座秃山上，极具威胁的88毫米高射炮阵地。德国人未发一炮。

"我确实看见了那些船只。但这里一直没有接到警报，我无从分辨他们是友军还是敌人。"指挥高射炮作战支队的中尉后来在军事法庭上这样指出。

最终，苏军的大炮开火了，这名中尉这才意识到发生了什么情况，但此刻采取行动为时已晚。库尼科夫少校占据的滩头阵地位于德军火炮下方的射击死角。

第二个88炮阵地，据埃伯斯中士作证说，根本就没看见敌人的登陆艇。战斗刚一打响，通往连部的电话线便被切断。另外，这门高射炮很快便被数发炮弹击中，失去了战斗力。

罗马尼亚第10步兵师守卫滩头的部队，被苏军猛烈的炮击彻底打没了士气。第一批苏军士兵刚刚出现在被炸得支离破碎的滩头防御阵地前，这些罗马尼亚士兵未发一枪便仓皇逃窜。

半小时后，库尼科夫少校的一支突击队出现在一门尚完好无损的88高炮的阵地前。由于这些永备工事的火炮没有配备拖车，那名德军中尉下令将大炮炸毁，并带着部下撤离。后来，他为此而受到军事法庭的审判，但获判无罪。

另一门88炮，也就是被苏军炮弹炸坏的那门，炮组人员试图与连部重新取得联络，未果，随即将其炸毁。

面对这样的防御，库尼科夫少校的第一波次不仅未遭受严重损失，反而迅速站稳脚跟，并得以为后续登陆部队确保并扩大滩头阵地也就不足为奇了。就这样，苏军突击队的600名士兵，跟随在第一波次登陆部队身后，进入到一个已获得确保的阵地中。

可德国人却连连出错。新罗西斯克的各个指挥部做出了紧张不安的应对。实际上，让罗马尼亚人负责海岸防御只会令事情更为棘手。2月4日凌晨，一些匆匆拼凑起来的部队才对苏军滩头阵地发起反击。

但一切都很混乱。没人知道究竟发生了什么状况，掌握着确切情况的罗马尼亚指挥部已逃入山中。库尼科夫的部下们三人一群，五人一组，在乡村的各个地方猛烈射击，向不知情的人表明，一整个苏军师已经登陆。德军指挥部完全不能掌握真实的情况，这使他们难以做出决策。

苏联方面的资料使我们得以非常准确地再现斯塔尼奇卡登陆战过程中决定性的前几个小时。罗曼诺夫中尉带领着突击队的第一小组，一次进攻便夺下罗马尼亚人设立在海滩上的一处掩体。罗马尼亚士兵丢下完好无损的机枪和37毫米火炮逃窜。罗曼诺大把部下们安顿好，等待着德国人的反扑。最后，德军第170掷弹兵团第14连的一个排发起冲锋，却被掩体中的火力刈倒。

库尼科夫的第二个战斗组已渗透进斯塔尼奇卡，并在一所学校的建筑物内建立起阵地，以掩护滩头阵地面向新罗西斯克的侧翼。德军第73步兵师的工兵和掷弹兵试图赶走这些苏军。最后，他们将库尼科夫的部下从学校中逐出，并将这个战斗组包围。

对苏军来说，这是个危险的状况。如果对滩头阵地的侧翼掩护被消灭，整个行动将陷入岌岌可危的状态。德国人则可以从斯塔尼奇卡席卷整个滩头，并阻止苏联海军陆战队的主力到达其重要的目标——斯塔尼奇卡后方的制高点，梅斯哈科山。那里的山坡以及浓密的植被能为进攻方提供出色的隐蔽。

整个行动吉凶难卜。这是新罗西斯克战役中最为关键的几分钟。这场战斗总共持续了七个月，或者说，302400分钟。

苏联方面将科尔尼茨基评价为这一刻的英雄。他决定了这场战斗的结局。当他意识到自己的战斗组已处于绝望的境地时，便将15颗手榴弹系在腰间，拉着导火索，跃出校园的围墙，纵身扑入德军步兵排的集结地。这是颗人肉炸弹，他与德国人同归于尽。

包围圈被炸开。科尔尼茨基的牺牲使苏军士兵爆发出愤怒的力量。他们的两个战斗组成功取得会合，并建立起一道防线。通往斯塔尼奇卡高地和1400英尺高的梅斯哈科山的道路得到确保。库尼科夫成功占据了这些制高点。科尔尼茨基被追授"苏联英雄"称号，对他的评价是："避免了战斗第一个小时中出现的危机，并为最重要的打击铺平了道路。"战斗就是由这些人赢得的。

2月4日早上，德军和苏军参谋人员都发现自己正面临着一个极为惊人的状况。苏联黑海集群司令员彼得罗夫将军，一直为奥泽列伊卡湾主登陆行动的失利深感不安，但现在却发现，他的一小股士兵出人意料地在新罗西斯克前方夺下一处滩头阵地，而且还占据了一个战略要点。谁都没想到，一次分散敌注意力的佯攻居然会变成一场重大的胜利。

德军第73步兵师师长冯·比瑙将军和第5军军长韦策尔将军惊讶地承认苏军的突袭获得了成功。但他们也意识到，实际登陆的苏军只是小股部队。因此，交战双方都看到了相同的事实。但他们做出的决定却完全不同。巨大的灾难由此而起。

任何一个了解苏军士兵及其作战方式的人都应该知道，一旦对方达成局部突破，应当立即采取怎样的对策。只要让苏军挖掘阵地并建立起相应的防御，就很难将他们驱离。

因此，无论手头有什么兵力，都应该立即发起反击。应该将海军人员、职员、指挥部工作人员召集起来，另外还包括一切可用的部队，例如第73步兵师、罗马尼亚军队以及第10惩戒营。所有人员都应立即投入战斗，包括厨师、文员、鞋匠、面包师以及大批行政人员。所有的一切！马上！

但师部和军部却打算谨慎行事。他们进行的是一场经过充分准备的进攻。各个连和营从军属防线的不同地段抽调，反击将于2月7日发起。

2月7日，距离此刻还有整整三天！可彼得罗夫将军只等了12个小时，随后，他采取了行动。

在苏军海岸炮极为精准的炮火掩护下——这些大炮部署在采梅斯湾东面，只相距一英里——他于4—5日的夜间，利用快艇和小型海岸船只将一整个空降团投入到滩头阵地中。苏军士兵在海岸附近跳入海中，在冰冷的海水中游泳上岸。

接下来的两个夜晚，彼得罗夫毫不犹豫地将原打算在奥泽列伊卡湾实施主登陆的所有部队转调至这处滩头——三个海军陆战旅和特别部队。全部兵力超过

8000人，其中包括诸如红旗海军陆战队第225①和第83旅这样的精锐部队，另外还有配备着反坦克武器的步兵第165旅。就这样，2.5英里宽、2英里深的这个滩头阵地被部队和武器挤得满满当当。在这股力量的压力下，滩头阵地扩大至12平方英里，也就是3英里见方的一处阵地。

苏军第18集团军的一名政治委员在滩头阵地鼓舞着部队的士气，他对战士们展开政治宣传工作，以便让他们保持勇气——这个人名叫列昂尼德·勃列日涅夫，当时是一名佩戴上校军衔的政治军官②。

就是这位勃列日涅夫（今天已是苏联共产党的头号人物）给滩头阵地起了名字，这个名字成了激动人心的口号——"小地，最英勇、最无畏的土地！"

如果你不知道列昂尼德·勃列日涅夫的父母是以圣列昂尼德为他们的儿子命名的话，你可能会把这个名字与斯巴达国王列奥尼达画上等号。列奥尼达在公元前480年据守狭窄的温泉关（那是希腊中部与北部之间唯一的通道），抵御着兵力占据绝对优势的波斯大军，并与自己那支小小的部队中的每一个人一同阵亡在那里。为牢记这些英雄，斯巴达人在那里竖起一座纪念碑，上面刻着不朽的铭文："异乡的过客啊，请捎话给斯巴达人，我们遵从了他们的命令，长眠于此。"这是遵照命令坚守到死的最古老的一个记录实例。但是，正如我们所说的那样，列昂尼德·勃列日涅夫，这个劳动人民的儿子，是1906年以东正教一名圣人的名字命名的，而不是斯巴达英雄的名字。但在精神上，他是他的同侪。

2月7日，德军旨在肃清滩头阵地的反击行动开始"按计划进行"。对德军而言，三天前尚有可能实现的计划，现在被证明是一项不可能完成的任务。

苏军已挖掘了出色的阵地。他们据守在两侧和梅斯哈科山灌木丛中的单人散兵坑内，坚决不肯后退半步。这些单兵"堡垒"中的任何一个都必须以贴身近战来夺取。临时构建的防坦克屏障和经过精心伪装的"噗—砰"炮代表着更多的障碍。但更棘手的是东面山丘上，苏军海岸炮对进攻者的轰击。斯塔尼奇卡后方的

---

① 此处的海军陆战队第225旅应为第255旅的笔误。
② 勃列日涅夫当时是第18集团军政治部主任。

高地上，苏军观测员用电台指引这些炮火，没什么能躲过他们的双眼。

传令兵海因茨·斯坦鲍尔对自己所经历的这场战斗的最初几个小时中，来自弗兰克尼亚第213步兵团各个连队为争夺斯塔尼奇卡所遭受的情况做了说明。第1营已从阿纳帕赶来，就在他们继续向阿纳帕斯卡亚大街（Ulitsa Anapskaya）前进时，被一发炮弹直接命中，第2连第1排第2班的战士们悉数身亡。接下来的24小时是一场逐屋逐巷的争夺战，交战双方往往只隔着一条街。阿纳帕斯卡亚大街无法穿越。

在一片两百码见方的地区，为争夺两栋房屋，德国人付出了21人阵亡、70人负伤的代价。第73步兵师师长惊骇不已——他那些营刚刚恢复实力。

德军第198步兵师派出第305掷弹兵团参加斯塔尼奇卡的战斗，苏军登陆后不久，该师便提交了报告，这份报告中同样对战斗的激烈度描绘出一幅令人印象深刻的画面。第305掷弹兵团在最初几个小时中也遭到苏军优势炮火的轰击。尽管他们赶到了前线，但苏军重型海岸炮直接命中的炮弹还是让他们的一些班组被一扫而空。

经历了激烈的巷战，就在德军各个营试图向前推进，越过镇子边缘之际，遭遇到一道不可逾越的炮火网，根本无法穿越。苏军已坚守在人迹罕至、树林密布的山丘上，很难被发现，但他们却能清楚地观察到进攻方的每一个举动。

此外，实施反击的德军部队在重武器配备方面并不充足。第191突击炮营的几辆突击炮被分派给他们，却无法突破苏军反坦克炮构成的防线。2月8日入夜前，该团遭受了严重损失，不得不退回到他们的出发线。

第二天的情况同样如此，他们再次遭到炮火轰击。他们的战斗力消失了。第2和第3营营长阵亡。

2月9日，身处"狼穴"的希特勒失去了耐心。他下达了一道明确的命令："必须将俄国人赶入大海"。当晚，第125步兵师从克拉斯诺达尔附近的阵地中调出，穿过仍在燃烧和激战的镇子，对"小地"的苏军发起进攻。但这些来自斯瓦比亚的步兵同样未能取得任何战果。最初几天中致命的错误仍在发挥其作用。这又是一次投入兵力过少、过晚的例子。

最终，德军从六个最具经验、作风最顽强的师里抽调出部队，对"小地"发起猛攻。巴伐利亚人、斯瓦比亚人和第4山地师的奥地利人被牵制在梅斯哈科山这场代价极为高昂的战斗中。在"小地"，德军第125、第73、第198步兵师以及数个罗马尼亚步兵团遭受了相当惨重的伤亡。

争夺"小地"的战斗肆虐了七个月。最后，苏军在三四英里的滩头阵地上部属了78500名士兵和600门大炮：这些力量都从海上运来，并通过海路提供补给。但他们并未能冲出滩头阵地，对德军防线的后方发起打击。在奥泽列伊卡的主登陆行动失利后，"小地"的战斗成为苏军最高统帅部对士气的一种宣传，当然，也是出于政治目的。毕竟这是斯大林的登陆行动，因此，决不能放弃。

所以，列昂尼德·勃列日涅夫一次次渡海赶至滩头阵地。他发表演说，颁发勋章，为新加入布尔什维克党的成员颁发党员证。士兵的军饷本上写有"在小地参战"这一条，便足以被共产党组织立即接纳。他们在那里作战，在那里接受表彰，在那里牺牲。

库尼科夫少校在战斗中身亡。为纪念他的功勋，斯坦尼奇卡的郊区至今仍被称作"库尼科夫卡"。

罗曼诺夫中尉在战斗中阵亡。

第一登陆波次的海军陆战队员几乎都被埋葬于梅斯哈科山的土壤下。

列昂尼德·勃列日涅夫险险地逃过一劫。他所搭乘的渔船碰上一颗水雷，他被抛入海中。昏迷不醒的勃列日涅夫被水兵们搭救上来，当他在陆地上苏醒过来后，据说，他说了这样一句话："你可以杀死一个苏联人，但你永远无法战胜他！"至少，《伟大卫国战争史》这一官方历史中是这样写的（第三卷，第114页）。

3

第三次哈尔科夫战役

武装党卫军撤离城市——元首的命令并非第十一戒——斯大林得出错误的结论——发给瓦图京的命令："令左翼前进！"——波波夫落入陷阱——哈尔科夫第三次陷落——斯大林担心一场灾难——马恩河奇迹在顿涅茨河上重现

现在，让我们回到1943年2月中旬，真正的战略决策尚悬而未决的那些前线地段。就在最初的激战肆虐于梅斯哈科山，苏军指挥部仍希望从"小地"达成突破之际，事态已越来越明显，苏军第47集团军未能实现斯大林计划中的构想，即在新罗西斯克北部突破德国第17集团军的防线，并与海岸登陆部队取得会合。劳夫大将仍控制着局面，并一步步撤向其既设的"哥特防线"。

2月12日，劳夫放弃了克拉斯诺达尔。两天后，曼施泰因也放弃了更北面争夺激烈的枢纽——罗斯托夫。被任命为南方面军司令员①的马利诺夫斯基上将，和他的军事委员会委员赫鲁晓夫，与苏军先头部队一同进入这座城市。尼基塔·谢尔盖耶维奇·赫鲁晓夫向莫斯科总部郑重报告："罗斯托夫上方，静静的顿河上的这座堡垒，胜利的红旗再度自豪地飘扬起来！"

---

① 原"南方面军"司令员叶廖缅科因健康原因去疗养。他在回忆录中表明，自己的身体当时已无法坚持下去。而赫鲁晓夫在自己的回忆录指出，健康原因固然是一个因素，更重要的是叶廖缅科对斯大林格勒战役的最后阶段居然将自己排除在外深感不满，赌气提出了辞呈。但还有一种说法是，德国A集团军群顺利逃离使斯大林大为恼火，于是，叶廖缅科"被疗养"。可短短的两个月后，他又出任加里宁方面军司令员，这似乎证明叶廖缅科的说法是真实的。无论怎样，从这一事例上都能看出，他的的确确是斯大林的心腹爱将。

克里姆林宫内弥漫着胜利的气氛。希特勒的第6集团军已覆灭于斯大林格勒的冰天雪地中。克拉斯诺达尔和罗斯托夫也获得了解放。

伏罗希洛夫格勒（Voroshilovgrad）与别尔哥罗德之间，罗马尼亚人、意大利人和匈牙利人，这些德国盟友的军队也已崩溃，且防线上出现一个200英里宽的缺口。早在1月底，斯大林便已派出强大的机动部队进入这个缺口。他们渡过顿涅茨河，目前正向哈尔科夫挺进，那是乌克兰重工业基地的一座大城市。尽管最近数周遭受到一些挫折，但此刻，击破德军南部防线的时机似乎已经到来。如果苏军能大举渡过顿涅茨河，如果他们穿过德军防线上的缺口后大胆推进，如果他们到达第聂伯河，那么，冯·曼施泰因集团军群与后方交通线之间的联系将被切断，冯·克莱斯特位于库班和克里木地区的集团军群将再度陷入致命的危险中。这个伟大的最终时刻和决定性胜利会到来吗？

苏联的方面军司令员们是这样认为的。斯大林也这么看。"这是我们的契

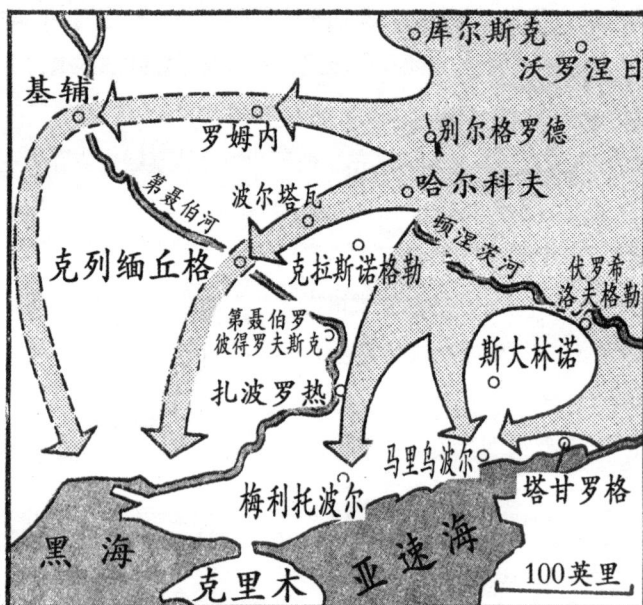

▲ 1943年2月，斯大林试图歼灭整个德军南翼的大胆计划。

机。"他不断提醒着他的将领们。他构思了一个新的、宏大的作战行动——他将在第聂伯河以东击败希特勒。他以近乎不顾一切的胆量驱使他的部队扑向他认为将取得决定性胜利的地点——第聂伯，这条俄罗斯大河的岸边。他的意图是在德国人到达该河前赶上对方，包围并歼灭他们。

这些日子里充斥着这一可怕的悬念。从清晨到黄昏，东线南翼的德国军队被笼罩在致命危险的阴影下。

面对这种状况，面对缩短防线以腾出部队的迫切呼吁，希特勒再次顽固地坚持，不得放弃一寸土地。在长时间的会谈中，他与他的将领们争论，并指出，如果顿涅茨盆地这一"苏联的鲁尔区"丢失，他就无法将战争持续下去。

尽管如此，还是有个人坚决反对这一战略，这个战略曾导致斯大林格勒的惨败，现在又将造成另一个"超级斯大林格勒"的失败，除非在关键时刻扭转乾坤。这个人便是"顿河"集团军群司令，陆军元帅冯·曼施泰因。

此刻，这位深谋远虑的战略家正坐在斯大林诺（Stalino），以焦虑的心情关注着事态的发展，但并没有丝毫的慌张。他在等待自己的时机。2月6日，他飞赴"狼穴"。在一场四个小时的会谈中，他最终让希特勒接受了腓特烈大帝的论断："想守住一切的人最终将失去一切。"

这是这场战争中一个相当罕见的情况：希特勒批准了一场大规模战略后撤。他同意让出顿涅茨以东地区，直至米乌斯河（Mius）。曼施泰因长长地松了口气。

现在，至少出现了一个机会。与时间、与天气、与苏军的赛跑得以开始。

"霍利特"集团军级支队边打边撤，从顿涅茨河撤至大大缩短的米乌斯河防线。现在，一切都取决于该支队能否牢牢地守住这道防线。

骑兵上将埃伯哈德·冯·马肯森指挥的第1装甲集团军的部队被调至顿涅茨河中游，集团军群遭受威胁的北翼。

霍特的第4装甲集团军从下顿河一路向北，穿过积雪和泥泞，赶至顿涅茨河与第聂伯河河曲部之间，"顿河"集团军群的西翼所在地。

道路上覆盖着厚厚的积雪。驾驶员们疲惫不堪。无休无止的交通堵塞，间或意外事故。队伍一直延伸出去很长一段距离。各个师长一次次视察自己的部队，督促他们，提醒他们危险的状况，恳请他们：前进，前进！

这是一场庞大的竞赛。在兵力和武器方面，苏军拥有八倍的优势。

曼施泰因的注意力始终集中于敌人的意图和实力，他只能凭自己的战略技能应对这一庞大力量的威胁。对这位统率着一批残兵败将的指挥官来说，唯一可用的策略是"后发制人"——待敌人的打击落下后再实施反击，这正是克劳塞维茨所说的"惩罚的利剑"。

曼施泰因元帅将他的指挥部从斯大林诺移至扎波罗热（Zaporozhye）。在这里，他密切关注着集团军群西北翼的事态发展。不过，他这支部队现在已不再是"顿河"集团军群，从2月14日起，作为部队重组的一部分，被更名为"南方"集团军群。

现在已谈不上什么防线。一些零星的战斗群分散在广阔的乡村，在一些重要地点构设起防御中心。这里也许有一个排，一门反坦克炮或一个机枪班，而整个连则据守在其他什么地方。"连"这个术语听上去令人放心，但第1装甲集团军辖下的各个连，作战实力最多只有60~80人。这么一点点兵力，却被赋予守住一英里半防线的任务，这还算幸运的。对那些不走运的连队来说，他们会在夜间无尽的黑夜中被苏军滑雪队绕过，第二天早上发现自己已遭到包围。第二天，营里便会发现，又损失了一个连，所谓的防线上又多了个缺口。

因此，至师一级的指挥部人员都被派入主防区中，构成防御核心。甚至连第1装甲集团军司令部，也用总部工作人员组建起一个加强连，这个连队已连续数日参加了战斗。

在他们左翼的友邻部队，情况也没好到哪里去。"兰茨"集团军级支队——后来更名为"肯普夫"集团军级支队——与一些德军预备部队的残部、"克拉默"军①、意大利山地军和少量预备队，接管了意大利第8集团军和匈牙利第2集团军的防区，结果发现自己卷入到哈尔科夫东面和东南面激烈的防御战中。

---

① 经常被提及的"克拉默"军，实际上就是原先的第11军，该军在斯大林格勒覆灭后，1943年初用隶属于匈牙利第2集团军的预备队重建，由汉斯·克拉默出任军长。1943年2月底，克拉默调至非洲，出任非洲军军长。原"克拉默"军军长一职由埃哈德·劳斯接任，于是，该军更名为"劳斯"军。4个月后，该军正式改称"第11军"。切尔卡瑟战役中被围的就是这个军。

曼施泰因也在焦虑地关注着这一地区。如果就像斯大林预期的那样，苏军成功地打垮"兰茨"集团军级支队，并在克列缅丘格（Kremenchug）渡过第聂伯河，那么，对他们来说，前进的道路已被肃清，他们可以一路杀至克里木半岛的接近地。如果他们成功堵住这些道路，德国第17集团军将被困住。然后，斯大林的梦想将变为现实——沿600英里的战线消灭希特勒的整个南翼，歼灭其三个集团军和两个集团军级支队。其结果将是个连锁反应：辖五个集团军的"中央"集团军群随后会发现自己身悬半空，无力支持，最后肯定会崩溃。如果有什么快速制胜法可以彻底击败东线德军，那么就是这个。

"这就是斯大林的目标。"曼施泰因继续对他的参谋长弗雷德里希·舒尔茨少将说道，"他直奔胜利的桂冠而去，为此，他不怕冒险。我们一定要诱使他采取极度冒险的措施，这是我们唯一的机会。"

曼施泰因对苏军作战意图的把握非常准确，仿佛对斯大林最高统帅部的计划和目的早已了如指掌。他对已被证实的东西感到怀疑——斯大林和他的总参谋部以及他的高级将领们确信，现在，世界上没有哪个将领或战神能阻止德国人在顿涅茨河与第聂伯河之间即将遭受的这场浩劫。

斯大林就是这样表述的："南方集团军群的部队已被粉碎，只能尽力撤往第聂伯河后方。"德军在第聂伯河以东实施任何抵抗，在斯大林看来都是不可想象的。米乌斯河的坚固防线？不可能！斯大林确信这一点。

一个人认准了某些东西后，很容易找到支持自己看法的证据。2月中旬，苏联西南方面军参谋长S.P.伊万诺夫中将向最高统帅部提交了一份报告，其中包含这样一句话："所有侦察数据表明，敌人正撤离顿涅茨地区，并将其部队撤至第聂伯河后。"

西南方面军司令员瓦图京将军毫无保留地赞同这一观点。不光是能干的战略家瓦图京，沃罗涅日方面军司令员戈利科夫上将也认为，曼施泰因的部队正在全面后撤。实际上，"霍利特"集团军级支队撤离顿涅茨河防线被苏军视为一个可靠的证据。

霍利特将军也许会让他的部队在米乌斯河停下，并在那里构建起一道防线，但这个观点在戈利科夫将军看来不值得考虑，因为这是不可能的。

德军正在全面后撤的想法确实具有相当的诱惑力，对苏军总参谋部和斯大林本人来说，这个假设迅速变为一种信念：德国人正全面撤出顿涅茨盆地，并试图退至第聂伯河后！南方面军参谋长提出某些轻微的质疑时，斯大林亲自安慰他："敌人正在后撤，他们的主力正退往第聂伯河后方。"

这是个令人惊讶的错误。造成这个错误的部分原因是情报机构的失误，这一点稍后再谈。

不管出于什么原因，苏军战线上的各方面军司令部，实际上是苏军最高统帅部本身，陶醉于被击败的德军南翼集团正仓皇逃窜的想法中。因此，还有什么比切断曼施泰因后撤路线并给予他的部队致命一击的计划更理所应当呢？

于是，苏联沃罗涅日方面军、西南方面军和南方面军接到了如下命令："不必理会补给问题或敌人的后卫部队，穿过后撤中的敌军，抢在春季泥泞期到来前到达第聂伯河，从而切断曼施泰因撤至该河的路线。"

1943年2月11日，最高统帅部发给西南方面军的一道命令中要求："你们应阻止敌军撤至第聂伯罗彼得罗夫斯克（Dnepropetrovsk）和扎波罗热，应将敌人逐入克里木半岛，封锁通往克里木的接近地，从而切断德国的南翼集团。"

这是一场豪赌。斯大林决定发起这场赌博，但这也是曼施泰因一直希望的。

一起特殊事件比其他任何事情更好地证实了苏军最高统帅部所犯的错误——这起戏剧性事件是一名德国将军的抗命引发的。现在回顾起来，这起事件更像是个出色的诡计，但事实并非如此。

"兰茨"集团军级支队——当时仍隶属B集团军群，尚未转隶给曼施泰因——于2月11日接到希特勒一道严厉的命令，必须坚守哈尔科夫，尽管这座城市已被苏军的两个集团军绕过，即将遭到包围。

坚守哈尔科夫这一毫无希望的任务交给了新组建的党卫军装甲军，该军由党卫军上将保罗·豪塞尔指挥。这个军刚刚从法国调来，辖内包括两支精锐部队，"帝国"师和"阿道夫·希特勒警卫旗队"师。

坚守哈尔科夫的命令愚蠢透顶，其动机完全是出于对声望的考虑。曼施泰因试图劝说希特勒放弃这个想法。目前，比坚守该城更为重要的是阻止正向哈尔科夫南部疾进的敌人，击败他们，最终遏制他们的全力推进，从而缓解"南方"集团军群左翼的压力，防止苏军达成突破，并渡过第聂伯河。

但希特勒不愿拱手让出乌克兰这座工业和政治大都市。尽管有过不幸的经历，但哈尔科夫就如同不久前的斯大林格勒，开始成为希特勒的一个关乎自己声望的问题。为了自己的威望，他准备将"警卫旗队"和"帝国"师这些第一流的作战部队投入到与斯大林格勒相似的命运中。

两天后的2月13日，希特勒再次重申了严格的命令：必须坚守哈尔科夫，必要的话，实施全方位防御。兰茨将这一命令传达给豪塞尔。现在，希特勒终于放心了：他相信党卫军装甲军的绝对服从。但他忽略了一个事实，该军军长保罗·豪塞尔将军是个理智、有指挥能力、勇于面对上级的人。

因此，所发生的事情揭穿了传说中经常被强加给武装党卫军及其领导者的谎言——据传，他们是一支党的军队，以盲从效忠于元首。

2月14日，苏军对这座城市的包围几乎已经完成。他们的坦克部队突破了北部、西北部和东南部的德军防御，已渗透至城市边缘地带。从波尔塔瓦（Poltava）至哈尔科夫的补给路线也处在苏军的炮火打击下。豪塞尔请求兰茨将军批准他突围。他对态势的清醒判断记录在军作战日志1943年2月14日的138/43条目中，其内容如下：

> 面向哈尔科夫东部和东北部防线的敌军，于2月14日获得极大的加强。沿丘古耶夫（Chuguyev）和沃尔昌斯克（Volchansk）公路发起的进攻被我最后的预备队击退。敌人在南部机场附近渗透进8英里，直至奥斯诺瓦（Osnova）。扫荡正在进行，但我方力量不足。没有兵力可用于封闭哈尔科夫西北方，以及阻止"大德意志"师防区内敌军的突破。目前，所有进攻力量都被牵制在南部。第320步兵师尚未进入主防线。据参谋人员汇报，该师的状况使其无法在接下来的几天内投入进攻作战。
>
> 哈尔科夫城内，有暴徒对我方士兵和车辆开枪射击。我们没有力量对其实施清剿，因为所有部队都在前线。这座城市，包括其铁路、店铺和弹药仓库，都已按集团军

的指令炸毁。城市在燃烧。系统性疏散变得越来越难。对哈尔科夫潜在战略重要性的假设已不再有效。请求重新确定元首的决定，哈尔科夫是否要坚守至最后一兵一卒。

兰茨将军对豪塞尔的请求深有同感。但鉴于几个小时前他刚刚从希特勒那里收到作为最后答复的明确指令，所以他拒绝对坚守令加以重新核实。第320步兵师的状况促使他更为坚定地做出了这个决定，该师正从被打垮的匈牙利第2集团军的防区内边打边撤，目前尚未赶到。

保罗·豪塞尔在德皇军队中便是一名经验丰富的总参军官，1932年以中将军衔在魏玛国防军退役，后来又加入武装党卫军，自始至终，他都不是个轻易屈服的人。对他来说，命令，哪怕是希特勒的命令，也并非神圣的戒律。他打电话给兰茨提出恳请。但兰茨将军还是拒绝了他的请求。豪塞尔再次给"兰茨"集团军级支队发报："要求在中午12点前做出与敌脱离接触的决定。签名：豪塞尔。"

兰茨拒绝。

于是，当天下午，党卫军装甲军报告："……2月14日16点45分已下达命令撤离哈尔科夫，2月14—15日夜间实施规避行动至乌德河（Udy）流域后方。命令同时已发至'劳斯'军。状况评估随后附上。"

鉴于希特勒明确的命令，兰茨将军此刻处在一种两难的状况下。尽管他和他的参谋人员私下里赞同豪塞尔的做法，但还是在17点25分通过第624号电报命令他："根据元首的命令，装甲军必须在哈尔科夫东面的现有阵地中坚守至最后一人！"

2月14日夜间，兰茨甚至命令该军的攻击兵力（这些部队一直在城市南部进行防御作战）调出一些兵力帮助守卫哈尔科夫，同时驱散出现在哈尔科夫后方（奥利沙内）的敌军。"兰茨"集团军级支队的电文中写道：

元首的决定是：

1. 哈尔科夫的东部防线必须坚守。

2. 正在赶到的大批党卫军部队必须被用于确保哈尔科夫交通线的战斗中，同时应击败从西北方对哈尔科夫施加压力的敌军。

这是个无法实现的命令。

哈尔科夫市中心，游击队已操起武器。与参谋长奥斯滕多夫和作训处长缪勒中校进一步协商后，豪塞尔在夜间再度致电兰茨。但集团军级支队司令重申了希特勒明确的命令，并拒绝豪塞尔获准撤离哈尔科夫的请求。这又将是一次斯大林格勒。

2月14—15日的夜间，苏军突入哈尔科夫的西北和东南部地区。党卫军"帝国"装甲掷弹兵师的一支装甲部队立即发起反击，再次将敌人击退。

2月15日中午，苏军再度发起进攻。此刻，这座被团团围住的城市，只在东南方留有一个小小的缺口。一旦这个缺口被封闭，豪塞尔的装甲军以及城市北部的"大德意志"装甲掷弹兵师①将全军覆没。

面对这种情况，豪塞尔与"大德意志"师所属的友邻军协商一致，终于下令辖内部队按战争逻辑行事。出于一名战地指挥官的职责和勇气，他下令撤出阵地实施突围。豪塞尔不愿遭受另一次斯大林格勒。

13点，豪塞尔通过以下电文向集团军级支队报告了这一决定："为避免部队被包围并保存物资，命令将于13点发出，部队将突围至城市边缘乌德河流域的后方。突破敌军防线的行动正在进行，城市的西南部和西部正展开巷战。"

电报发了出去。元首的命令被违背了。这会导致怎样的情况呢？

15点30分，豪塞尔的电台收到兰茨将军一道措辞严厉的命令："在任何情况下，哈尔科夫必须坚守！"

但豪塞尔没有理会这道命令，也没有做出回复。他向西南方发起突围。坦克为掷弹兵们清理出道路。炮兵、高射炮兵以及工兵掩护着他们的侧翼，拦住紧追不舍的敌军，然后在乌德河流域转过身来。

24小时后，"帝国"师的后卫部队穿过燃烧着的城市撤离。

---

① 此刻的"大德意志"师仍为步兵师，直到1943年5月才改为"装甲掷弹兵师"。而党卫军装甲军辖内的三个师也不是装甲师，而是装甲掷弹兵师，最起码在名义上是这样。

十字路口，燃烧的房屋所发出的闪烁中，伫立着"大德意志"师巨大的突击炮。他们等待着师里的后卫部队，因为赫恩莱因将军的"大德意志"师已放弃哈尔科夫西北方的阵地，尾随豪塞尔的部队实施突围，此刻正设法穿过这座城市。战斗遵循的是前线的逻辑，而不是腊斯登堡不切实际的命令。

久经沙场的"大德意志"装甲掷弹兵师同样经历了一些极其激烈的战斗。

凌晨时刻，雷默营里最后的摩托车传令兵和装甲运兵车隆隆驶过废弃的街道。潜入市中心的苏军士兵已从窗户和房屋的废墟中对他们实施狙击。游击队在市中心的红场上升起一面巨大的红旗。

"狼穴"又发生了怎样的情况呢？收到党卫军装甲军违抗他的命令的报告后，希特勒暴跳如雷。可还没等他打定主意该如何惩治豪塞尔①，豪塞尔决定的正确性已变得越来越明显。他为防御作战的决定性阶段挽救了两个不可或缺、随时可投入战斗、经验丰富的装甲师，另外还包括"大德意志"装甲掷弹兵师。

另外，哈尔科夫守军的抵抗以及他们的反击，使波斯特尔少将的第320步兵师再度与"兰茨"集团军级支队会合。因此，暂时放弃乌克兰这座大城市，并不会造成什么恶果，反而形成了战略优势。但德国一方没有人想到，德军放弃哈尔科夫对斯大林及其总参谋部所产生的心理影响。这一点现在已被苏联方面的资料所证实。哈尔科夫，苏联这座第四大城市的解放，不仅进一步加剧了苏军对胜利的陶醉，还证实了斯大林本人对德国人意图的判断。他了解希特勒，他认为，希特勒自己的近卫军居然会放弃哈尔科夫，这一点不可思议，除非这是德军全面后撤计划的一部分。

这是一个合情合理的结论——却是个错误的判断。斯大林绝不会允许任何一个部下拥有违抗上级命令的勇气。

---

① 为放弃哈尔科夫负责的不是豪塞尔，而是兰茨。但希特勒不承认将兰茨解职是因为哈尔科夫的丢失，而是称由一名装甲兵上将而不是山地兵上将去带领该集团军级支队更为合适。兰茨的职务由肯普夫接替，部队也更名为"肯普夫"集团军级支队。但兰茨很快又代理第49山地军军长一职，并于1943年8月起出任第22山地军军长。在这起事件中，基本上没什么人因抗命而倒霉甚至送命，这与希特勒后期的做法有很大的差别。

地图标注：

劳斯 GD 320 哈尔科夫 69
波尔塔瓦 党装军 3 T. 沃罗涅日方面军
克拉斯诺格勒 6 伊久姆
兰茨 集团军级支队（肯普夫）波波夫 斯拉维扬斯克 1 G. 西南方面军
新莫斯科夫斯克 3 G.
第聂伯罗彼得罗夫斯克 15 巴甫洛格勒 3装军 伏罗希洛夫格勒 5 T.
57装军 锡涅利尼科沃 48装军 红军村 1装集 30军 17军 新特军 突击第5集团军
扎波罗热 4装集 40装军 斯大林诺 29军 2 G. 51 南方面军
28 44
第聂伯河 霍利特集团军级支队 米乌斯河 罗斯托夫
50英里 南方集团军群 马里乌波尔 塔甘罗格
亚速海

1943年2月21日曼施泰因的反击战

▲ 曼施泰因对推进中的敌人发起打击：苏军先头部队在各处的突破被阻止，并被德军的钳形攻势所困。

因此，克里姆林宫的这位独裁者督促他的进攻部队以更加鲁莽的勇气向前推进。这一点尤其适用于西南方面军。哈里东诺夫少将[1]的第6集团军将在第聂伯罗彼得罗夫斯克与扎波罗热之间的右翼渡过第聂伯河。哈里东诺夫拥有两个步兵军、两个坦克军和一个骑兵军。集团军先头部队由150辆坦克组成。左翼是波波夫的坦克集群，辖四个坦克军、两个独立坦克旅、一个滑雪旅和三个步兵师，朝亚速海方向，经斯拉维扬斯克（Slavyansk），向"霍利特"集团军级支队的后方挺进。

此刻身处扎波罗热的曼施泰因，在作战态势图上紧张但却冷静地注视着斯大林的举动。克里姆林宫鲁莽的计划安排已愈发清晰，很明显，苏军最高统帅部旨在实施一场超大规模的行动，曼施泰因的参谋人员听见这位元帅说道："那就祝

---

① 哈里东诺夫已于1942年12月20日晋升为中将。

你们好运！"

祝他们好运！曼施泰因很快将发起他的反击，而斯大林将为他的错误付出沉重的代价，这一刻即将到来。

2月17日，希特勒兴奋而又紧张地赶至曼施泰因的司令部。他意识到，制定计划的不是他，而是出自一个杰出的战略天才。早在1940年，作为A集团军群参谋长，这位天才便制订出计划，赢得了法国战役的胜利。当时，曼施泰因萌生出一个想法，他要穿过艾弗尔无路的山区和阿登的森林——据说那里坦克无法通行——以一场意想不到的推进直奔海峡。而现在，他又有了另一个计划。他再次证明自己具有看穿对手的想法和意图并对其做出相应回敬的天赋。

曼施泰因向希特勒汇报了目前的状况："霍利特"集团军级支队已在米乌斯河站稳脚跟，正抵御着苏军三个集团军的猛烈进攻。A集团军群和"南方"集团军群的东翼几乎已获得掩护，尽管敌骑兵部队仍在前线的北翼游荡。

苏军近卫机械化第4军在米乌斯河防线中部达成的突破，已被德军第16摩步师和第23装甲师一部所发起的快速反击粉碎。苏军的一个军被包围在马特维耶夫库尔干（Matveyev Kurgan），已几乎全军覆没，其军部人员悉数被俘。米乌斯河上的防御性高炮仍在坚持。

冯·马肯森将军的第1装甲集团军，其左翼与"霍利特"集团军级支队毗邻，该支队与亨里齐将军的第40装甲军以及党卫军第5"维京"装甲掷弹兵师一起，成功阻截住苏军近卫第1集团军辖下的一些部队在数个地段发起的攻击，并封闭了对方的退路，但第1装甲集团军与"兰茨（肯普夫）"集团军级支队之间仍存在着一个巨大的缺口。而此刻，苏军强有力的推进正指向这个缺口。

这一推进的先头部队由波波夫中将强大的坦克集群担任，他们突破至红军村（Krasnoarmeyskoye），此刻已指向斯大林诺和亚速海上的马里乌波尔（Mariupol）。作为先头部队，波波夫拥有145辆T-34坦克，另外，西南方面军还为他准备了267辆坦克，作为实施致命一击的打击力量。

这就是当时的形势。该如何应对呢？

曼施泰因继续着自己的汇报：马肯森将军以西格弗里德·亨里齐将军的第40装甲军对付波波夫的坦克集群。以该军辖下久经沙场的第7、第11装甲师、党卫军

—— 184 ——

第5"维京"装甲掷弹兵师以及刚从法国调来的第333步兵师的一部,亨里齐将在东线南翼的春季战役中打一场决定性的战斗。

这里还有些希望,因为有一个装甲军的支持。

但再往西就只有唯一的希望了,但没有部队提供支持。苏军第6集团军正势如破竹地向第聂伯河推进。出于这个原因,曼施泰因打算将手上所有部队投入到那里,尤其是从哈尔科夫撤下来的党卫军装甲军。但希特勒反对。"不,"他说道,"为什么要用如此密集的兵力去对付一支想象中的敌军?"希特勒希望先将哈尔科夫重新夺回。哈尔科夫!他无法接受这个事实,豪塞尔竟然违抗他的明确命令,擅自放弃了这座大都市,这座乌克兰重工业的大型行政中心。他固执而又盲目地拒绝批准曼施泰因使用党卫军装甲军对苏军第6集团军发起侧翼打击,并要求,首先应对哈尔科夫展开一次有限的局部反击。直到这一任务完成后,曼施泰因才可以对哈里东诺夫的第6集团军发起攻击。

曼施泰因深感沮丧。希特勒提出的计划时间表危险得令人绝望——这个时间表是基于他的声望和短视。曼施泰因不打算照希特勒的要求去做。他知道很快将发生什么,于是想方设法说服希特勒将决定推迟到第二天再做出。

24小时后,希特勒收到一个极为有益的证明,说明曼施泰因一直是正确的,而他自己却错误地判断了形势。在2月18日中午的会谈中,传来一个爆炸性消息,苏军部队已渗透进第1装甲集团军与"兰茨(肯普夫)"集团军级支队之间的缺口,并推进至距离第聂伯河不到40英里处——距离扎波罗热只有60英里了。

希特勒怀疑地看了看"南方"集团军群作训处长布塞上校。自己会不会被愚弄了?他咕哝着说道:"我想知道详细情况。"

就像一直在等待这一要求似的,布塞滔滔不绝地开始讲述详情。"苏军步兵第267师在这里,克拉斯诺格勒以南。"他指着地图说道。他的手指随即又落在巴甫洛格勒上(Pavlograd):"该城被近卫步兵第35师的一个坦克营[1]夺取。守卫巴

---

[1] 近卫步兵第35师辖内并没有坦克营,此处应为隶属于坦克第25军的坦克营。

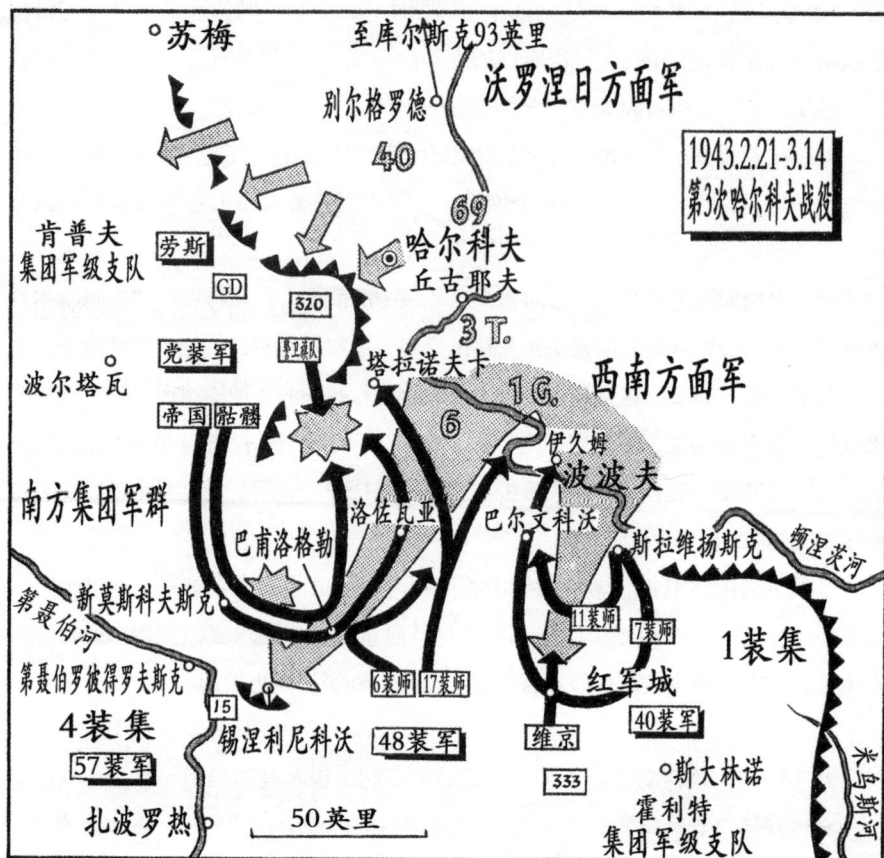

苏梅

至库尔斯克93英里

沃罗涅日方面军

别尔格罗德

40

1943.2.21-3.14
第3次哈尔科夫战役

69

肯普夫
集团军级支队

劳斯

GD

320

哈尔科夫

丘古耶夫

3 T.

党装军

第1骷

塔拉诺夫卡

1 G.

波尔塔瓦

帝国 骷髅

6

西南方面军

伊久姆

波波夫

南方集团军群

巴甫洛格勒

洛佐瓦亚

巴尔文科沃

斯拉维扬斯克

顿涅茨河

新莫斯科夫斯克

弟聂伯河

11装师

7装师

1 装集

第聂伯罗彼得罗夫斯克

15

6装师 17装师

红军城

米乌斯河

4 装集

锡涅利尼科沃

48装军

维京

40装军

57装军

333

斯大林诺

扎波罗热

50 英里

霍利特
集团军级支队

▲ 待苏军最高统帅部意识到第6集团军和"波波夫"坦克集群遭遇到的危险，已为时过晚。他们被德军大胆的快速机动所粉碎。曼施泰因的部队赶往顿涅茨河，对哈尔科夫发起进攻。

甫洛格勒的意大利师已弃城而逃。"

　　希特勒一言不发地盯着地图。承认自己犯了错，这可不是他的性格。但情报官艾斯曼少校送来的下一份报告令他没有了选择。党卫军装甲军辖下的第三个师，"骷髅"师，他已命令该师火速赶至前线，参加重夺哈尔科夫的战役，这个师在基辅下了火车，结果在波尔塔瓦附近陷入泥泞中。现在，希特勒不得不做出让步。他批准曼施泰因对苏军第6集团军和波波夫的坦克集群发起一场钳形攻势。

曼施泰因在地图上简述他的计划，解释着这一计划的可能性和合理性，这是个真正大胆的策略，灵光闪现中也包含某些预期风险，给希特勒在这方面上了一课。这个计划充满了热情，并未回避风险，而是对每一个危险加以仔细的权衡，以免发生某些灾难。

曼施泰因解释说，他将把所有装甲师调出，他的意思是，所有的装甲师。这些部队将从饱受重压的米乌斯河防线上抽调，以便将他们投入到对付集团军群西北翼敌军的战斗中。实际上，这个做法就是不顾苏军六个集团军在米乌斯河上对霍利特五个军发起的进攻。就他支离破碎的防线以及从东面夺取顿涅茨地区的计划来看，敌军达成突破的危险确实相当大。

但曼施泰因冷冷地向希特勒解释道："没有其他办法，我们别无选择。我们必须面对这一风险。在这两个风险中，敌人向第聂伯河的推进更具威胁。必须粉碎他们的推进。这是避免东翼危机的唯一办法。"

希特勒紧张起来。素以胆略著称的这个人，在这位元帅冷静的盘算面前慌了神。他感叹，他顾左右而言他，他打算淡化曼施泰因的计划，将这个大胆的行动变为一个折中方案——自1942年夏季的灾难起，这便是他一贯的策略。

但苏军一个战斗群的指挥员结束了希特勒并不周详的干涉，也挽救了曼施泰因和德国的南部防线。事情是这样的：2月19日，苏军坦克第25军的先头部队从巴甫洛格勒推进至锡涅利尼科沃（Sinelnikovo）火车站，从而封闭了这一铁路枢纽，而"霍利特"集团军级支队正是通过这里仅有的两条直达线获得补给。

更为严重的是，这一突袭使苏军距离扎波罗热已不到40英里。德意志帝国元首与苏军第6集团军先头部队之间，已没有任何稍大股的德军部队。在随行人员的催促下，希特勒决定搭乘飞机匆匆离开曼施泰因日益危险的指挥部。就在他的FW-200飞机从扎波罗热前进机场起飞，两架Me-109战斗机担任护航之际，最前方的苏军坦克离他只有6英里之遥。

这位高贵的访客消失在冬日灰色的天空中，向文尼察飞去。曼施泰因长长地松了口气。现在，他终于可以自由行事了。

"我们能用什么部队去对付锡涅利尼科沃的敌人呢？"曼施泰因在他的作战

会议上问道。"可以用第15步兵师，元帅先生。"他的参谋长回答道。

第15步兵师！九天前，布申哈根将军的这个师搭乘70节车皮，刚刚离开大西洋海岸的拉罗谢尔。这个师配备着精良的武器、冬装、雪橇和滑雪板、越野车和一个出色的反坦克营。这是个真正的天赐之物，其先头部队已于昨天（2月18日）抵达第聂伯罗彼得罗夫斯克。师里的第一批作战营将于2月19日赶到。但此刻他们在哪里？怎样才能以一道紧急命令掌握住该师，并指引他们扑向敌军？

无线电电报、电传打字机和电话发出了同样的问题："第15步兵师师长在哪里？"

很快便找到了他。布申哈根将军还在文尼察，大雾和暴风雪延误了他的起飞。

不过他的作战参谋——精力充沛的维勒默中校出现在了下第聂伯罗夫斯克枢纽站（Nizhnedneprovsk Uzel），这是第聂伯罗彼得罗夫斯克东北方的一座小火车站。

维勒默决定挑起这一重任，带上几个先行赶到的连队直扑锡涅利尼科沃。他接通第聂伯罗彼得罗夫斯克车站的电话："立刻让运送第15步兵师的列车继续前进！"

2月19日午夜，第一列火车到达下第聂伯罗夫斯克枢纽站，送来了第88掷弹兵团的三个连。

这位师作战参谋与营长贝克尔上尉匆匆商谈。搭载着马匹和车辆的车厢已脱钩。各位连长和排长获得了情况简介。伴随着一声汽笛，他们出发了。

此刻，步枪和机枪已伸向车厢外，列车轰鸣着穿过冬夜的黑暗，向锡涅利尼科沃而去。

士兵们紧张地趴在车窗和车门后，手里的武器做好了防备。冰冷的寒风穿过车厢。他们要前进15英里，一路上随时可能爆发战斗。

贝克尔瞟了一眼手表的夜光表盘："快到了。"这是一场奇特的火车之旅，从大西洋直接赶赴第聂伯河战场。

伴随着一声刺耳的尖啸，火车停了下来。出去！躲在温暖、舒适的小屋中呼呼大睡的苏军士兵还没弄清发生了什么事，来自弗兰克尼亚的这些掷弹兵便已出现在他们面前。这些苏军士兵被俘，铁路侧线也被肃清。

第二列火车顺顺当当地赶到，送来营部人员、三个步兵连、一个机枪连和三辆75毫米自行反坦克炮。

奇袭成功了。激烈的夜战中，第88掷弹兵团夺下全镇，并在敌坦克部队的猛攻下守住了该镇。

此刻，苏军切断了下第聂伯罗夫斯克枢纽站东面的铁路线，但布申哈根少将（他已搭乘鹳式侦察机亲自赶到这里）命令他的部队下火车，来到敞开的铁轨上。第88、第81和第106掷弹兵团以及第15工兵营占据了锡涅利尼科沃与新莫斯科夫斯克（Novomoskovsk）之间的斜向防线，这是第聂伯河大河曲前方的最后一道屏障。

对当时的德国人来说，这是个激动人心的时刻。只有在回顾这段历史时，人们才意识到，当时的情况是多么岌岌可危。

锡涅利尼科沃东面77英里处的红军村，波波夫坦克集群的先头部队已将第聂伯罗彼得罗夫斯克通往斯大林诺的铁路线切断，威胁着顿涅茨盆地的工业中心。

费利克斯·施泰纳将军的党卫军第5 "维京" 装甲掷弹兵师，试图驱散红军村的苏军。前进中，该师收到曼施泰因发来的电文："强大的敌军——波波夫坦克集群——在伊久姆（Izyum）渡过顿涅茨河，挥师向南，朝红军村方向而去。'维京'师应立即向西转进。任务：牵制波波夫坦克集群。"

但这个行动起初并未获得彻底的成功。"北欧" "日耳曼尼亚" "西欧" 党卫军装甲掷弹兵团的斯堪的纳维亚和荷兰志愿者们暂时挡住了波波夫的先头部队，并将他们挤压到一处——但"维京"师的坦克太少，而且，经历了高加索、顿河和米乌斯河的激战后，这些坦克早已破旧不堪。

"维京"师炮兵团娴熟而又灵活的炮击技术挽救了形势。施泰纳的炮兵指挥官吉勒将军，在红军村南面以一个巧妙的战术机动，成功地造成一种印象：德军在这里集结了相当可观的力量。通过连续的纵深和分段射击，吉勒的几个炮兵连令波波夫的参谋人员深感不安，他们认为自己面对的是一股优势兵力。波波夫对自己向西南方的推进也变得不那么坚决了。

此刻，所有的一切都在按曼施泰因的计划进行着。

波波夫坦克集群从斯拉维扬斯克经过，坚守在这里的是冯·丰克将军的第7装甲师。巴尔克将军的第11装甲师和来自勃兰登堡的第333步兵师现在可以在波波夫突击部队之间实施机动，并切断他们的补给。

顿涅茨与第聂伯河之间这出大戏的第一幕开演了。

苏军高射炮第663团的波格丹·什瓦库克中尉没来得及将情况报告从红军村发送至位于安德烈耶夫卡（Andreyevka）的旅部。德军第333步兵师的战地埋葬队在炸碎的炮位上发现他的尸体时，这份报告仍放在他的公文袋中。

但这份报告却表明，苏军一方，从将军到中尉，对态势的错误判断是如何根深蒂固：他们都被胜券在握的必然性所蒙蔽。

阵亡中尉身上发现的这份报告写于1943年2月11日。开头是这样的："红军村的解放令我欣慰，这里只剩下零星的法西斯团伙有待我们去俘获。列兵布图索夫俘虏了三名试图爬入我们指挥所的法西斯分子。他们被带到总部后枪毙了。我拦住一名牵着两匹马步行的苏军士兵，我怀疑他是个乔装改扮的德国人。我让列兵格沃兹迪克把他送到近卫坦克第4军的总部去。这家伙试图逃跑，结果被击毙。当天晚上，又有11名法西斯分子被打死，所以今天总共消灭了15个德国兵，其中包括一名军官。"

报告的结尾，这名中尉催促旅政治委员提醒负责高射炮第663团补给工作的基塔耶夫同志："补给工作组织得很糟糕。没有弹药，也没有食物，甚至没有一滴伏特加运抵前线。伏特加是战士们胜利追逐德寇时非常想要的东西。"

就在什瓦库克中尉在上述报告中写下自己的名字时，波波夫坦克集群的胜利追逐即将结束于红军村附近。

"维京"师的几个团从东面和东南面对红军村发起打击，并拦住苏军近卫坦克第4军的推进。现在，对亨里齐将军的第40装甲军来说，机会来了。反击！经历了跨越亚速海那场令人难忘的行军后，该军的主力一直部署在斯拉维扬斯克附近的防线上。现在是改换至机动作战，对波波夫集群发起打击的时刻了。第1装甲集团军司令冯·马肯森将军批准了亨里齐的行动。

此刻，所有的一切都以钟表般的精确地进行着。一直坚守斯拉维扬斯克的第7装甲师获准撤离该镇，进入红军村地区。而苏军并未注意到这一切。

春季化冻使路面变软。冯·丰克将军这支来自图林根的部队艰难向前，朝苏军的东翼扑去。

与此同时，布赖特将军位于斯拉维扬斯克地区的第3装甲军，接管了迄今仍由第40装甲军据守的防区。这样一来，更多的装甲部队被腾出，以参加对付波波夫集群的战斗。

巴尔克来自西里西亚的第11装甲师在红军村东北方投入战斗，插入到苏军坦克集群的后方。这些西里西亚人切断了波波夫的补给。陷阱已然设下。

2月18日，第40装甲军的前进监听排破译了一份波波夫集群发给西南方面军的电报。电报开头是这样一句话："所有的车轮都已停止。"接着便汇报了斯拉维扬斯克南面的补给线被切断后造成的灾难性补给状况。

"有意思。"这份电报被送至亨里齐的参谋长卡尔·瓦格纳上校的桌上时，他这样说道。

有意思。

这些被截获的苏军电文已成为令德军参谋人员放宽心的来源。

自2月6日以来，装甲军信号营监听排排长法斯本德中尉，一直在拦截苏军坦克集群与其方面军司令部联络所使用的超短波频率。由于苏军使用的密码相当原始，法斯本德的部下没用一个星期便将其破解。

2月12日，坎杜希少校将第一份破译的电文呈交给参谋长。从那以后，苏军的这些密电便成了军、集团军和集团军群每天的"食物"：他们现在对波波夫和瓦图京的意图了如指掌，他们甚至比苏军团长们更先知道他们的各个营将向哪里发起进攻。因此，他们总是能在正确的地点和正确的时间做好准备。

"所有的车轮都已停止。"2月18日这一惊人的报告，真的能让西南方面军司令员瓦图京清楚地意识到他所面临的真实状况吗？

从一开始，波波夫便对司令员的乐观抱怀疑态度。他这封电报开头所用的引文，其典故肯定是收电人所熟悉的，也许这不是个偶然。"只要你那强壮的手要它停止，一切轮子都要停止转动。"①这是最著名的无产阶级战斗口号之一。

---

① 这句话出自一首德国社会主义歌曲，列宁在1905年的全俄政治罢工演说中引用过这句话。

但瓦图京并不比斯大林更想放弃这一幻想。在他们两人看来，德国第40装甲军的行动是一种证据，说明敌人试图以绝望的后卫行动来掩护曼施泰因集团军群的后撤。

可现实却完全不同。波波夫的部队，后期补给已然瘫痪，正面临着一场灾难。德军第11装甲师居右，第7装甲师居左，党卫军（维京）装甲掷弹兵师居中，霜冻刚刚使道路再度变硬，第40装甲军便全速向北而去。

波波夫麾下动弹不得的坦克旅和机械化步兵营拼死抵抗，但德军装甲部队迅速绕开这些地点，把他们留给身后第333步兵师的勃兰登堡人去对付。

"别为夺取那些村庄和镇子浪费时间，继续前进！"这就是亨里齐将军的原则，也是现代灵活作战的基本宗旨。波波夫为之骄傲的坦克集群，像块蛋糕那样被迅速切碎。

2月20—21日的夜间，波波夫中将恳请瓦图京将军批准他的坦克集群后撤。

但瓦图京明确告诉他，不行！"对敌人发起进攻！"他督促他，接着又信心十足地补充道："敌人正在后撤，决不能让他们逃过第聂伯河！"

苏军统帅部同样很盲目——实际上，这里可能就是对情况做出奇怪的误判的发源地。因此，同样在2月21日，总参作战部副部长，斯大林的密友之一，A.N.博戈柳博夫中将，打电话给南方面军参谋长，通知他："组成坚固群体的敌军正在后撤。瓦图京的部队取得了出色的进展。他们的右翼已越过巴甫洛格勒。波波夫的坦克集群仍畏缩不前，这是因为他们没有全力对敌发起进攻。"

就在博戈柳博夫向南方面军传达斯大林对态势致命的误判之际，正在第聂伯河宽大的缺口上实施防御作战的德国第4装甲集团军司令霍特大将，接到了新的命令。他收到的是曼施泰因决定性的指令。过去两周里，元帅早已为此细心地铺平了道路，为这一调动，他与希特勒发生争执，并为此而大胆地暴露出米乌斯河防线以及哈尔科夫的前方地带。现在，是时候了。

发给霍特的命令简短而又令人印象深刻，上面写道："苏军第6集团军穿过了第1装甲集团军与'肯普夫'集团军级支队之间的缺口，目前正向第聂伯罗彼得罗夫斯克疾进，必须击败它！"

为执行这一行动，霍特大将得到三个军，他立即投入其中的两个，对哈里东诺夫将军莽莽撞撞向前推进的第6集团军发起一次钳形攻势——豪塞尔将军的党卫军装甲军从西北方扑来，冯·克诺贝尔斯多尔夫将军的第48装甲军则从东南方杀至。他们将在巴甫洛格勒会合。

基希纳将军的第57装甲军仍集结于第聂伯河河曲部。

这一开局使用了一个象棋术语，展示出曼施泰因的战略技能。这其中包含着一支处于劣势的部队面对兵力占尽优势的敌人时转败为胜的秘密。

战役开始了，时间是1943年2月19日。豪塞尔麾下的党卫军第2"帝国"装甲掷弹兵师深深地插入苏军第6集团军的侧翼。在里希特霍芬元帅的指挥下，第4航空队的斯图卡为他们开辟出道路。哈里东诺夫辖下的近卫步兵第4军被击退。步兵第15军被撕碎。经过激烈的战斗，萨马拉河上（Samara）巴甫洛格勒的铁路中心落入到德军手中。

铁钳的南部领口，克诺贝尔斯多尔夫将军的第48装甲军，以第17和第6装甲师向北攻击，并于2月23日夺得巴甫洛格勒周边地区。就这样，苏军向第聂伯河渡口推进，最危险的先头部队被斩断：装备精良的坦克第25军遭到切断。

该军惊恐地向第6集团军发报，要求获得新的指令。但他们收到的答复表明，苏军指挥部仍未弄清楚发生了什么状况。哈里东诺夫将军在回电中答复："执行原命令，继续向扎波罗热推进！"

也许会有人对如此固执的态度大摇其头，可凭什么哈里东诺夫就该比西南方面军参谋长伊万诺夫将军掌握更多的情况呢？2月20日，伊万诺夫在对总部所做的态势报告（这份报告于2月21日发给第6集团军）中指出："空中侦察发现斯大林诺与普罗科夫斯科耶（Prokovskoye）之间敌军的活动，这证实了我们的判断，敌人正继续向扎波罗热后撤。"

盲目得简直不可思议！伊万诺夫将军犯下了灾难性的错误。被他认为是正在后撤的德军部队，实际上是第40和第48装甲军麾下的各个师，曼施泰因正将他们投入到进攻中。

哈里东诺夫发给坦克第25军的命令被解密后放在霍特大将的桌上，霍特只是点点头，随手把它交给集团军参谋长范格尔少将，说了一句："对我们有利！"

就像下棋那样，曼施泰因现在在挪动了他的棋子。在此之前单独对付波波夫和苏军第6集团军的行动，现在要合并起来，变为一场协调一致的攻势。推进方向：东北方。第一个目标：顿涅茨河。

2月23日，亨里齐麾下的师突破红军村地区苏军最后的抵抗，沿一道宽大的战线，绕过巴尔文科沃（Barvenkovo），向北面和西面攻击前进。

波波夫坦克集群试图向北逃窜，并对这一后撤实施掩护。他致电瓦图京，请求提供援助。他剩下的坦克寥寥无几，燃油也被耗尽。现在他已没有大炮，没有弹药，也没有食物供应。

就在波波夫坦克集群的噩运已被注定之际，斯大林的电话找到了瓦图京。这位独裁者烦恼不已，他迫不及待地想听到自己的部队已按命令到达第聂伯河，堵住逃窜中德军过河的渡口，并使曼施泰因集团军群遭受到四倍于斯大林格勒的惨败。

但瓦图京此刻正因为波波夫的报告而变得越来越紧张，他试图提出异议。但斯大林愤怒地斥责了他："令您的左翼向前推进！"

于是，2月23日17点30分，瓦图京发报给波波夫："我想着重提醒您，您应该使用一切可用的手段，阻止并歼灭巴尔文科沃地区的敌军。否则，我将唯您是问！"

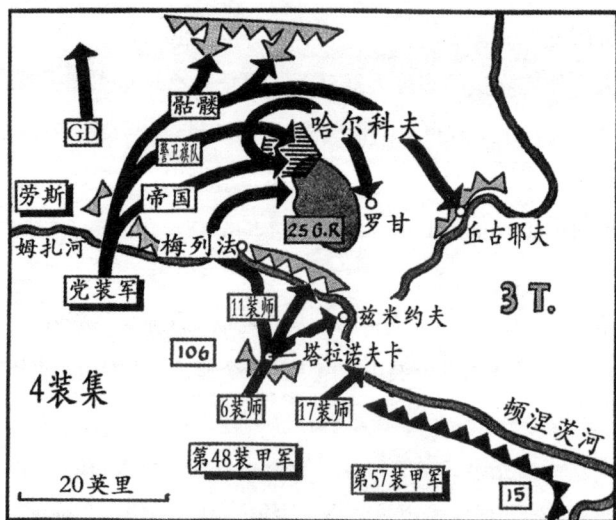

▲ 1943年3月15日，经过一番戏剧性的激战，武装党卫军重新夺回哈尔科夫。

倒霉的瓦图京！

2月24日深夜，他终于意识到过去两个星期来一直迷惑着他和总部的错误的程度。他知道波波夫坦克集群显然已被粉碎，而第6集团军也正处于危难中，其主力被切断，并遭到包围。

瓦图京赶紧下令，方面军所有进攻行动暂停，立即转入防御。为缓减压力，他要求上级督促位于哈尔科夫和米乌斯河地区的友邻方面军加强攻势。

太晚了！德国第40装甲军已冲过巴尔文科沃，波波夫的残部以及近卫第1集团军的一部英勇地试图拦截并堵住亨里齐的进攻。第333步兵师于2月27日夺取红军村之际，来自柏林第3装甲师的突击群也拿下伊久姆—斯拉维扬斯克公路，并将其切断。

2月28日，第7装甲师到达伊久姆南面的顿涅茨河。波波夫坦克集群被全歼。

2月28日夜间，第40装甲军越过一道宽广的战线，再次到达顿涅茨河，进入1月底在苏军冬季攻势中被迫放弃的阵地。

21天的激战中，波波夫坦克集群，瓦图京方面军这支强大的先头部队被粉碎。红军村和伊久姆之间的战场上，该集群丢下251辆坦克、125门反坦克炮、73门重型火炮、217挺机枪、425辆卡车以及大批迫击炮和反坦克步枪，另外还有3000具尸体。

奇怪的是，苏军第6集团军的番号与覆灭于斯大林格勒的德国集团军相同，后者因为希特勒的固执毁灭在伏尔加河，而前者则因斯大林的骄傲遭受到同样的命运。

苏军最高统帅部徒劳地试图援助受到威胁的部队，于是命令位于右侧的坦克第3集团军立即发起进攻。但德军第4航空队的斯图卡轰炸机和对地攻击机粉碎了该集团军的集结地。

通过一次迅猛的攻击，霍特麾下的装甲军超过后撤中的苏军部队，将其包围，并在苏军到达顿涅茨河之前将他们粉碎。

苏军6个坦克军、10个步兵师和6个独立旅被歼灭或遭到重创。总计615辆坦克、400门大炮和600门反坦克炮被摧毁，23000名苏军士兵阵亡在战场上。死伤比例通常为1比5，这就意味着苏军的损失达10万之众。德军抓获的俘虏只有9000

人，这个数字较少。但这一点很容易解释：德国人缺乏足够的兵力在困难的地形上彻底封闭这个庞大的包围圈。另外，寒冷的天气迫使德军部队在村内、隐蔽处和火炉旁过夜。这样，包围圈上势必出现缺口，相当数量的苏军士兵穿过这些缺口，成功逃过冰冻的顿涅茨河，但他们已没有任何武器、任何车辆和任何装备。

曼施泰因的部队赢得了一场梦幻般的胜利。自1941年战争爆发以来，东线德军遭遇到的最大威胁——被彻底歼灭的危险，已被避免。斯大林格勒惨败的影响被消除。这一胜利是以最少的兵力，但却是以相当的战略技能所获得，它将被永远记载在德军的东线作战史上。大胆的机动，冷静和沉着，最重要的是熟练灵活的作战行动——实际上是与希特勒僵硬的死守策略截然相反——确保了胜利。

要将苏军击败，东线德军将来该采取怎样的策略，曼施泰因做出了出色的示范。

德军的整条战线仿佛深深地松了口气。自1942年11月，斯大林格勒的灾难开始于伏尔加河与顿河之间以来，到处都是失败和后撤。现在，一股胜利的气息再度拂过东线冰冷的战场。德军官兵们再次下定决心，充分利用战争的这一转折，完成一切可能完成的任务。

可是，此刻最具诱惑的目标是哈尔科夫。它能被重新夺回吗？

2月底，顿河与顿涅茨河之间突变的气候原在意料之中。春天来了。但最糟糕的是，泥泞也随之而来。各条道路和小径上，棕色或黑色的泥浆深可没膝，所有的交通停滞下来，战争也陷入了停顿。

2月中旬，德军指挥部曾迫不及待地期盼"泥将军"尽快降临乌克兰，以阻止苏军在顿涅茨河与第聂伯河之间迅猛的推进；斯大林的将领们则将他们的希望寄托在春季的迟到上：他们希望在泥泞期到来前赶至第聂伯河西岸，逮住曼施泰因的部队。可现在，3月初，双方的希望发生了巨大的转变。德国人祈祷冬季气候能持续下去，因为战事的主动权掌握在他们手中；而另一方的苏军将领，每天早上怒视着晴雨表，研究着天气报告，想的只是一件事：化冻和泥泞。

唯一能阻止曼施泰因机动部队的只有泥泞，德国人恢复了他们的进攻活力，此刻已被歼灭的波波夫坦克集群和第6集团军在苏军防线上留下个120英里的缺口，这个缺口中没有苏军部队。唯一能挽救苏军的是"泥将军"，但天气这次站在了德国人一方。冬季气候仍在持续。曼施泰因向哈尔科夫而去。

苏军最高统帅部别无选择，只能采取一个大胆的临时举措——从沃罗涅日方面军的坦克第3集团军中抽调出2个坦克军和3个步兵师，迅速将其派往南方，投入到豪塞尔党卫军装甲军的前进路线上，以保护哈尔科夫。

但豪塞尔再次克服了一个极其困难的状况。确实，他的部队不得不在齐胸深的积雪中铲开一条道路，但苏军犯下的错误是，他们恰巧进入党卫军第1（警卫旗队）装甲掷弹兵师与党卫军装甲军另外两个实施进攻的师的防线之间。于是，豪塞尔驱动党卫军第3（骷髅）装甲掷弹兵师的侧翼，于3月3日将别列卡河（Bereka）以西的苏军部队包围在"骷髅"师、"帝国"师和"警卫旗队"师所构成的包围圈内。

德军对地攻击机粉碎了苏军集结部队以投入战斗的企图。雷巴尔科将军的坦克军和步兵师被歼灭。这是一场激烈的战斗。斯大林的近卫部队与希特勒的精锐师展开激战。苏军近卫坦克第15军军长在近战中身亡，距离豪塞尔的指挥部仅有100码。

情况随后发生了戏剧性变化——气候开始转暖。夜间的温度已无法保持地面的坚硬。道路化冻，泥泞出现了。

苏军想尽办法，试图获得几个小时或几天的时间。哈尔科夫南面25英里处，塔拉诺夫卡（Taranovka）、兹米约夫（Zmiyev）和梅列法（Merefa）附近，克诺贝尔斯多尔夫将军的第48装甲军正穿过从洛佐瓦亚向北通往哈尔科夫的铁路线。沙法伦科将军率领近卫步兵第25师投入到阻挡德国装甲军的战斗中。一连五天，他死死地坚守重要的据点，阻挡住试图从南面夺取哈尔科夫的德军。

但灾难从西面和北面而来。现在，党卫军装甲军再度投入战斗。随着苏军坦克第3集团军的战斗群被粉碎，党卫军装甲军的前进道路被肃清。按照霍特大将的命令，该军从左侧对哈尔科夫发起攻击——也就是从西面而来的一场包抄——并于3月8日前，再次伫立在这座乌克兰大都市的西郊。第三次哈尔科夫战役的最后一幕开始了。

豪塞尔在六天内赢得了这场战斗。就在四周前，他违抗希特勒的命令，放弃了这座城市，现在，他又重新征服了它。毫无疑问，正是这位将军的抗命挽救了党卫军装甲军、"大德意志"师以及英勇的第320步兵师，这是通往顿涅茨河与第聂伯河之间这场胜利的过程中重要的一环。

但豪塞尔的胜利被某种责备所玷污，直至今日，仍有军事历史学家对他横加指责。他们认为，出于对自己声望的考虑，豪塞尔过早地从西面攻入哈尔科夫市内，结果使他的部队陷入代价高昂的巷战中。他应该通过包围夺取哈尔科夫，一个庞大的包围圈不仅能将敌人囊括在城市中，还能防止敌人沿南部战线逃脱。这个批评合理吗？复夺哈尔科夫的过程中，究竟发生了什么事？对这个问题，豪塞尔将军有权获得一个客观的调查。

据党卫军装甲军作战日志记载，豪塞尔在1943年3月9日9点20分接到第4装甲集团军发来的如下电文："党卫军装甲军应由西至北，紧紧地封锁哈尔科夫。根据情况对市内实施侦察。如有通过突袭夺取该城的机会，应加以利用。签名：霍特。"

豪塞尔采取了相应的措施。他封锁了城市。他对市内情况进行了侦察。他看到发起突袭夺取该城的机会。而且，根据他发给第4装甲集团军的报告，他为这场进攻部署了突击队。3月10日，"警卫旗队"和"骷髅"师冲向哈尔科夫，进入城市北部。

3月10日夜间20点，第4装甲集团军的电传打字机给该军发去如下指令："党卫军装甲军应夺取哈尔科夫。其东翼将切断哈尔科夫—丘古耶夫公路。应以强有力的部队从东北方突入城内。城市西面只需将其封闭即可。"

根据这一命令，"警卫旗队"于3月11日早上突入城内。党卫军第2装甲掷弹兵团第3营，在马克斯·汉森的带领下，经历了艰难的巷战，一路杀至红场，就此打开通往市中心的道路。

尽管泽普·迪特里希"警卫旗队"的连队已在哈尔科夫城内东南部与苏军步兵第19师和坦克第179旅发生激战，但在该城南面30英里的姆扎河（Msha）上，沙法伦科将军仍以其获得加强的近卫步兵第25师，压制着德军第48装甲军。

霍特大将，这位机动作战大师，不得不采取无奈之举。他最不愿见到的事情就是自己的部队在前线遭到压制。这一点同样适用于第48装甲军和豪塞尔的部队。出于这个原因，他命令党卫军部队围绕哈尔科夫实施一场彻底的包围战，而不必顾及城内的战斗。

3月11日下午14点50分，集团军通过电传打字机给豪塞尔发去如下命令："第4装甲集团军将阻止敌军从第48装甲军的战线上向东逃窜。为此，党卫军装甲军应从哈尔科夫西部边缘抽调出'帝国'师，只留少量巡逻队，全师应转至哈尔科夫北部，装甲军的东翼。党卫军装甲军的任务是以该师发起一次向哈尔科夫东面的推进，向南扑向兹米约夫，进入第48装甲军正面之敌的后方，阻止敌人向丘古耶夫逃窜……签名：霍特大将。"

这道命令到达时，"帝国"师刚刚在城市西郊到达一道16英尺宽的防坦克壕。苏军据守在远侧，在安全的阵地里，以有效的防御火力抗击着德国人。后撤还是越过战壕——这是个问题。"元首"装甲掷弹兵团第16连没有犹豫。他们夺下这道7英尺深的战壕。他们用工兵铲在战壕坚硬如石的侧壁上砍出一道道浅浅的台阶，随即，他们冲出战壕，向城郊的第一排房屋扑去。

他们成功了！就这样，从西面进入哈尔科夫城的道路也已被打开。

豪塞尔发现这是个机会，他可以直接穿过哈尔科夫城的南部，从而以最短的路径奔向姆扎河敌军的后方，更重要的是，这是条路况良好的道路。实际上，如果他让"帝国"师脱离战斗，沿那些布满泥泞的道路绕过这座城市，耽误的时间肯定会更多。

3月12日中午前，"帝国"师战斗群已到达中央火车站。但霍特大将想起了斯大林格勒、马内奇河和罗斯托夫的惨痛经历，不愿相信他们能杀开一条血路，迅速穿过这座大城市。因此，在3月12日11点50分下达的一道命令①中，他严厉提醒豪塞尔应遵照命令行事，命令要求"帝国"师脱离巷战，并转至包围哈尔科夫的东翼。

豪塞尔服从了。尽管他仍相信"警卫旗队"和"帝国"师能够取得会合，并在很短的时间内击破苏军在城内的抵抗，进而挥师向南，但他还是服从了霍特的命令。

"哈梅尔"战斗群立即展开行动，与"骷髅"师的部队一起，设法绕过这座城

---

① 实际上这已是霍特的第二道督促令，因为3月12日凌晨1点15分，霍特已回电拒绝了豪塞尔先夺取城市，再向东发起进攻的建议。

市。在罗甘镇（Rogan），哈梅尔将苏军步兵第1288团逐离。通往丘古耶夫的道路被肃清。

3月15日，包围圈被封闭。同一天，苏军最后的抵抗在哈尔科夫拖拉机厂内崩溃。

以哪种方式赶往丘古耶夫会更好些，或者说，能更快地达到预期结果，本书不想对此进行探讨。但从现有的证据来看，有一件事可以肯定：豪塞尔指挥的党卫军装甲军，是当时南线德军所有大股部队中最具战斗力的一支部队，在争夺哈尔科夫的战役中，指导他的完全是军事方面的考虑，尽管如此，希特勒还是却在很长一段时间里不肯原谅他擅自放弃哈尔科夫的做法。"大德意志"师师长赫恩莱因和第320步兵师师长波斯特尔将军获得了骑士铁十字勋章的橡叶饰，保罗·豪塞尔却在四个月后，直到他的党卫军装甲军再次经历了激烈、代价高昂的战斗后才获得这一荣誉。

一通夜间电话交谈推断出苏军在哈尔科夫的失败。瓦图京命令雷巴尔科将军率领坦克第3集团军的残部杀开血路，突出哈尔科夫包围圈。此刻，一场不可估量的惨败，如幽灵般盘旋在西南方面军的作战态势图上。

过去的四周里，可怕的灾难已降临在苏军指挥部。

苏军第6集团军？已被粉碎！

波波夫坦克集群？全军覆没！

坦克第3集团军辖内的各个师？只剩下纸面上的空番号！

第69集团军？已被截断！

这是个可怕的数据统计：苏军的三个集团军，再加上第四个集团军的一部，还有个完整的坦克集群，都已被粉碎。12个军和旅仓皇逃窜，52个师和旅，其中包括25个坦克旅，从苏军指挥部的作战态势图上消失了。

如果德国人成功地利用这一形势，从哈尔科夫向北跟进，其后果难以预料。别尔哥罗德会丢失，库尔斯克也将无法据守。如果库尔斯克失陷，苏联中央方面军冲在最前方的部队，其后方将无法得到保护，五个集团军就将命悬一线。他们所处的位置，几乎无法抵御来自库尔斯克和奥廖尔的钳形攻击。

这就是当时苏军各指挥部在电话中不停商讨的态势。一道道电报发入空中：预备队！但他们还有预备队吗？卡图科夫将军的近卫第1集团军和第21集团军——这是苏军最高统帅部最后的战略预备队——被调上前线。

哈尔科夫的惨败抵消了斯大林格勒的胜利。哈尔科夫响起的警钟，即使是远在伏尔加河上的那座城市也能听见。斯大林下令，立即将舒米洛夫实力严重受损的第64集团军送往西面，以增援哈尔科夫。但这一距离足足有600英里！那些参加过斯大林格勒战役的老兵，现在将去挽救哈尔科夫的局势。

再一次，一场伟大而又具有决定性意义的会战即将开始，其结果悬而未决。

"步兵第340师，有生力量还剩下多少？"

"还剩275人，将军同志。"

12000人的师只剩下275人！

"那么，集团军的坦克旅呢？"

"一辆坦克也不剩了，将军同志。"

为了不让沃罗涅日方面军司令员F.I.戈利科夫将军提出更多的问题，第69集团军司令员克留琴金少将主动说道："我已没有可用于作战的部队了。没有一辆坦克。大炮只剩下100门。各个师只剩个空架子，没有一个师的兵力超过1000人。"

这就是苏军第69集团军在1943年3月17日的情况。哈尔科夫陷落后，就是这个集团军，被上级指望能阻挡住党卫军装甲军和"劳斯"军向别尔哥罗德这一重要交通中心发起的进攻。

这是个戏剧性的变化。最近一段时间，苏军庆祝了他们在南线获得的一连串重大胜利，并发现自己正沿着获取最终胜利的康庄大道高歌猛进。苏军坦克先头部队伫立在第聂伯河，胜利已在召唤他们渡过这条大河，这是苏联的命运之河，流经国内最富裕的省份。可现在，这些部队却再次后撤，还不光如此，接下来几周的形势看上去更令人悲观。《伟大卫国战争史》，对威胁着苏军的幽灵做出如下描述：

"德国人向别尔哥罗德的推进，威胁到我中央方面军的整个后方。向库尔斯克的推进，再加上从奥廖尔突出部南面发起的进攻，可能会导致大批我军部队被围。如果没有新锐部队投入，这种情况会非常严重。敌人充分利用了他们的这一成功：'大德意志'师夺取鲍里索夫卡（Borosovka），党卫军装甲军也于3月17

日清晨发起对别尔哥罗德的进攻。第69集团军无法组织起有效防御，为避免被围，该集团军撤至北顿涅茨河后。3月18日，敌人突入镇内，并将其占领。"

看看地图就会明白发生了什么情况。强大的德军装甲部队深入到苏联中央方面军的侧翼，该方面军向西形成一个梯次配置的突出部。这是曼施泰因的机会。3月初，他曾注意到这一点，并向希特勒建议过，他将从南面和北面发起一场钳形攻势，夹断包纳着苏军六个集团军的库尔斯克突出部。

实施这一行动的条件极为有利，因为德国第2集团军的反击以及德国第2装甲集团军在库尔斯克北部的顽强抵抗，已将"中央"集团军群南翼的力量肃清。对斯大林的统帅部来说，这一威胁就像是一场噩梦。他已没有部队来应付德军的这一行动。

但苏军从两个方面得到了帮助。冯·克鲁格元帅断然拒绝从他的集团军群抽调任何部队，他坚持认为，刚刚经历过激战的部队需要休整。他并不知道我们今天通过历史文件所知道的东西——考虑到苏军的部署情况，曼施泰因的这个行动根本不会出现任何差池。

为了让斯大林的好运更完满些，他强有力的盟友——"泥将军"——终于到达了战场。因此，这场战役的高潮以第4装甲集团军和"肯普夫"集团军级支队的一次推进而告终，尽管德军本可在快速重组后重新发起攻势，但这一计划无疾而终。

从第聂伯河至顿涅茨河，曼施泰因一路挥师猛进，可这一胜利居然未被加以利用，进而对敌人发起一场致命的打击，这一点在今天看来似乎令人难以置信。德军统帅部认为，这个行动可以推延至有可能（仅仅是可能）的某一天。一个极好的机会被错失了。灾难的种子被种下，而这场灾难将决定整场战争——库尔斯克突出部得以保存。现在，苏军统帅部最为担心的情况得到了缓解——这是自1942年的歼灭战以来，一直困扰着他们的一次。斯大林的中央方面军，被一次堪与马恩河奇迹①相媲美的奇迹所救。而等到库尔斯克战役发起时，形势已变得对

---

① 一战期间，德军一路势如破竹，巴黎已唾手可得，却在马恩河战役中败北，法国就此转败为胜，故称为"马恩河奇迹"。

斯大林有利。当时，没有人想到这可能是德军自斯大林格勒战役以来最致命的一个决定。111天后，德军发起了针对库尔斯克突出部的"堡垒"行动。犹豫不决的这111天使德国输掉了这场战争。尽管疑虑重重，但在3月份极有可能获得的成功——也就是通过库尔斯克突出部的一场胜利彻底改变东线德军的态势——正如我们所知道的那样，却在当年7月以失败告终。不过，1943年3月，这场灾难仍孕育在未来的子宫中。

1943年3月23日，冯·曼施泰因元帅为第聂伯河与顿涅茨河之间取得的这场胜利签发日训令时，他有充分的理由称赞他的部队和他那些战地指挥官。他们以成功的行动将东线德军从战争爆发以来最危险的威胁中挽救出来。与"中央"集团军群被切断的联系得以恢复，顿涅茨盆地的煤炭继续为德国的军事工业服务。南线德军的部队再次进入旧有的阵地中，他们曾在这些阵地里撑过了1941—1942年的冬季，1942年，他们又从这些阵地发起冲向高加索和伏尔加河的春季攻势。

在为这决定性的一章做出结论时，人们不可能不问，2月7日至25日之间，究竟是什么导致斯大林和他的高级将领们在一连串的胜利中做出如此深具灾难性的决定，并将其作为最高统帅部的决策？

毫无疑问，令斯大林和他的高级将领犯下错误的原因多种多样，但从2月21日起发给南方面军的指令以及2月20日西南方面军做出的态势分析，都强烈暗示出他们被情报机构的消息所误导，而这些情报一直被他们认为是可靠的。

这一点可以从《伟大卫国战争史》和一些回忆录中推断出来。斯大林对情报机构提供的消息报以极大的信心，特别是因为这些情报证实了他的希望。有理由相信，这些情报的来源是"维特"。

瑞士总参谋部那份源自豪萨曼的秘密报告，无疑通过勒斯勒尔传递给了莫斯科。报告中指出，自2月11日起，顿涅茨地区的德军将实施后撤，他们会留下强有力的后卫部队，如果必要的话，这些部队将被牺牲掉。

因此，在2月16日标注着"机密"的第284号报告中指出：

"在顿涅茨地区，苏军一支坦克军渗透至从戈尔洛夫卡（Gorlovka）通往第聂伯罗彼得罗夫斯克的铁路和公路线上，这使德军大股部队无法按指挥部的构想实施逐步后撤。德军对红军村及其西面发起的所有反击均告失败……德军一方，所有的一切都处于崩溃状态，部队仓促后撤，其中的大多数既没有大炮也没有弹药。德国人计划让他们的主力朝斯大林诺方向实施一场渐进的向心式后撤，但已不复可能，因为苏军在沙赫特（Shakhty）达成的突破造成了混乱。其结果是，德国人正被一场新的灾难打垮。德国人的损失，预计会大大超过他们在斯大林格勒的损失。自2月12日以来，他们已无法通过铁路线经戈尔洛夫卡或斯大林诺转移物资，因为铁路线和火车站拥挤不堪，状态极为混乱。"

这份报告与斯大林当时下达给他的各位司令员以及南方面军的指令完全一致。

还有更多的报告接踵而至。2月17日的第291号报告（毫无疑问，这份报告也以同样的方式传递给莫斯科）中指出："俄国人在红军村及其西部地带达成突破后（指的是波波夫的突破），德国人实施抵抗的目的现仅限于掩护部队撤离顿涅茨河河曲部。首先，他们会赶往第聂伯河河曲部至亚速海一线，第二步赶至第聂伯河河曲部—别尔江斯克（Berdyansk）一线，第三步赶至下第聂伯河。"

这难道不是斯大林的看法吗？

2月21日的第307号报告指出："哈尔科夫失守以及德军顿涅茨河临时防线的崩溃，被国防军最高统帅部评估为一场灾难。自2月17日以来，40多个德国师的部队或残部一直处于被切断、在无望的防御战中被粉碎、在徒劳的反击中遭受重创或是被追击中的苏军大股部队赶上并歼灭的危险中。这些部队中包括了德国陆军和武装党卫军近半数的装甲力量。"

这还是斯大林的看法。

报告的结尾部分指出："现在，冷漠和宿命论的绝望迅速而又极为显著地削弱了东线南翼德军部队的作战士气，甚至还包括德国人的后备部队，尽管他们并未投入战斗，但他们在后方临时阵地中能看到这场灾难。"

这些来自德军高层内部的引人注目的报告，难道不能解释斯大林和他的司令员——包括像瓦图京这样的天才——所下达的近乎莫名其妙的命令吗？难道它们不能解释面对来自前线所有的警报，苏军依然鲁莽行事的背后原因吗？只有来自"露西"的情报才能解释苏军的这番行动。

可"维特"为何要传递这种误导性情报呢？这名间谍总是将来自"狼穴"、毛尔森林或帝国总理府出色的一手情报提供给莫斯科的"主任"，难道不是吗？

答案很简单。顿涅茨河与第聂伯河之间的这场春季战役，不仅仅是战术问题，还涉及战略决策，这一决策主要在曼施泰因的司令部中做出，而不是在元首大本营。曼施泰因不会容忍任何干涉行为，他会根据实际需求行事，而不是迎合"狼穴"的意图。另外，在那些决定性的日子里，希特勒并不在腊斯登堡，而是在文尼察，而且只带了少数工作人员。大部分德军最高统帅部和元首大本营的工作人员都被留在东普鲁士——包括"维特"和他的线人。

因此，曼施泰因的意图和情况潜在的可能性并未被间谍们掌握，而在那些身处东普鲁士、远离战场、远离元首的高级参谋人员之间对态势悲观的看法占据了主流，于是，基于这些看法的报告得以大行其道。

这些情况解释了莫斯科的"主任"以及瑞士总参谋部通常都消息灵通的联络人——这位联络人身处元首大本营内——为何会得到错误的情报，并将不正确的评估提供给其客户的原因。

这起事件说明了单独一个人所犯的叛国罪的缺陷。即便是最好的间谍也有可能犯错。而如果这种错误恰巧被抱有危险的、一厢情愿的想法的情报接收者所认可，那么，这些情报就有可能引发一场灾难。

但是，111天后，"维特"弥补了他的错误。

第三部
北翼的战斗

1

列宁格勒：一座城市的悲剧

一场20世纪的围困——每天两片面包——饥饿——总体战——日丹诺夫和共青
团——OKW的一道密令及其背景——整座城市本该被炸毁

　　南线持续了七个月的争斗结束于1943年1月。尽管这场战事分布于600多英里
的战线上，但将被永远牢记的只有一个名字——斯大林格勒，伏尔加河上的命运
之城。同样，斯大林格勒战役之后的战斗也将被另一座城市的名字所铭记——库
尔斯克。这种以大型城市命名军事事件的做法并非偶然，也不是随意的决定，而
是一种象征。

　　在广袤的苏维埃帝国所进行的战争，主要集中在该国政治、经济和精神生活
方面最重要的焦点地带。因此，绝非巧合的是，就在斯大林格勒这座伏尔加河上
的大城市成为南线战事的主导之际，另一座大城市成了东线德军在最北翼实施一
场重要战役的支点，这就是列宁格勒。波罗的海上最强大的海军要塞，红海军的
母港，俄罗斯的文化瑰宝，以其300万居民成为苏联第二大城市——因而列宁格勒
是东线北翼军事行动的重点目标。

　　1941年9月后，北极海与伊尔门湖之间所发生的一切，都与列宁格勒这座涅
瓦河上的白色城市有关。与斯大林格勒相同的是，这里所进行的激烈而又残酷的
战斗，主要由政治神话所造成：列宁格勒是以布尔什维克世界革命之父的名字命
名，正如它过去的名字"圣彼得堡"是以俄国最伟大的沙皇来命名那样。革命在
这里诞生，这场革命使列宁格勒这座"共产主义的耶路撒冷"成为红色世纪的发

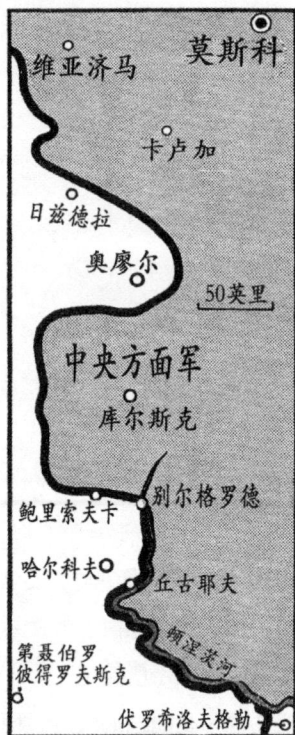

▲ 1943年3月，维亚济马与伏罗希洛夫格勒之间的战线。

源地。

列宁格勒在第二次世界大战中扮演的角色，始于希特勒所犯下的一个致命错误。

希特勒没有按照"巴巴罗萨"行动的构想，在进攻莫斯科前便集中"北方"集团军群的装甲力量夺下列宁格勒，而是在当年9月中旬突然中止了对这座城市郊区的进攻，并命令冯·莱布元帅将行动限制在包围这座城市上。

这是个令人难以理解的决定。列宁格勒最后的防御阵地已被刺穿。城郊的乌里茨克（Uritsk）及其电车终点站已被夺取。杜德尔霍夫高地（Duderhof）上最后的防御已遭到德军第36摩步师和第1装甲师的攻击；施吕瑟尔堡（Schlüsselburg）也被哈里·霍佩的战斗群和来自汉堡的第76步兵团拿下。这座城市陷入了恐慌。就在这时，希特勒取消了行动，撤出装甲部队，将他们投入到攻打莫斯科的战役中。他想用饥饿来征服列宁格勒。这个决定令第1装甲师的军官们大为吃惊。"我们从东普鲁士一路杀至列宁格勒门前，难道就是为了再走回去，整件事是不是搞错了？"他们这样抱怨着。

希特勒知道这道命令会引起议论，于是他向部下们做出解释。在1941年10月7日的绝密文件中，他告诉他的战地指挥官们：

元首再次决定，绝不接受列宁格勒或稍后的莫斯科的投降，哪怕是敌人主动提出。

全世界都知道我们这种做法在道义上的理由。在基辅，由于定时引信触发烈性炸药，德国军队面对着极大的风险，同样可预料的是，在莫斯科和列宁格勒，这种行径的规模会更大。事实上，列宁格勒遍布地雷，这座城市会抵抗到最后一人，这是苏联广播电台自己宣布的。那里还会有暴发传染病的严重危险。

因此，德军士兵不得进入这些城市。任何试图离开城市、向我方防线而来的居民都将遭到武力驱逐。一些较小的缺口，不必将其彻底封闭，如果这能使城内居民逃出城市，涌向俄国内地的话，无疑是受欢迎的。这一点同样适用于其他城市：夺取城池前先通过炮击和轰炸将其摧毁，再鼓励居民们外逃……所有战地指挥官都将被告知，这是元首的意图。

不攻打列宁格勒，而是通过饥饿的手段迫使其屈服，希特勒为这一命令所作的解释可能并未反映出他做出这个决定的真正原因。不过，对他将围困策略付诸实施而言，这个理由可能更简单些。更重要的是，这使他说服了他那些一心想夺取城池的将领们。他的理由难以反驳。1941年9月，德军攻占基辅后，苏军埋设的带有定时引信的地雷使他们遭受到相当大的损失，这一点千真万确。苏军使用远距离遥控，将一个个街区的建筑炸毁，结果，主干道被彻底摧毁。这些事件的报告令希特勒大为烦心。这种不同寻常、充满危险、"狂热"的行径总是给他留下了深刻的印象，而他更倾向于高估这些行径。

1941年10月底，拿下哈尔科夫后，第6集团军破坏了苏军在城内布设地雷的计划。如果苏军来得及将计划付诸实施，占领军将被埋葬在堆积如山的废墟瓦砾下。事实上已经给德国人造成了极大的损失。1941年11月14日，德军第68步兵师师长格奥尔格·布劳恩将军在自己的房子里被炸死。这栋建筑曾是军事委员会委员赫鲁晓夫撤离该城前的住处。他还居住在这里的时候便批准在屋内布设上带有定时引信的地雷。

希特勒频频谈起苏军的这些行径，并不无钦佩地将之与引发拿破仑在俄国灾难的莫斯科大火相提并论。

因此，日丹诺夫这位列宁格勒铁腕统治者的所作所为不会亚于基辅，这种设想并非没有道理。另外，希特勒还从他的情报机构处获得了关于列宁格勒情况的准确信息。在这方面，芬兰情报机构功不可没。长期以来，苏军准备炸毁这座城市的说法，一直被专家们怀疑，直到1964年和1965年，苏联方面发行的轰动一时的一些出版物才彻底证实了这一说法。

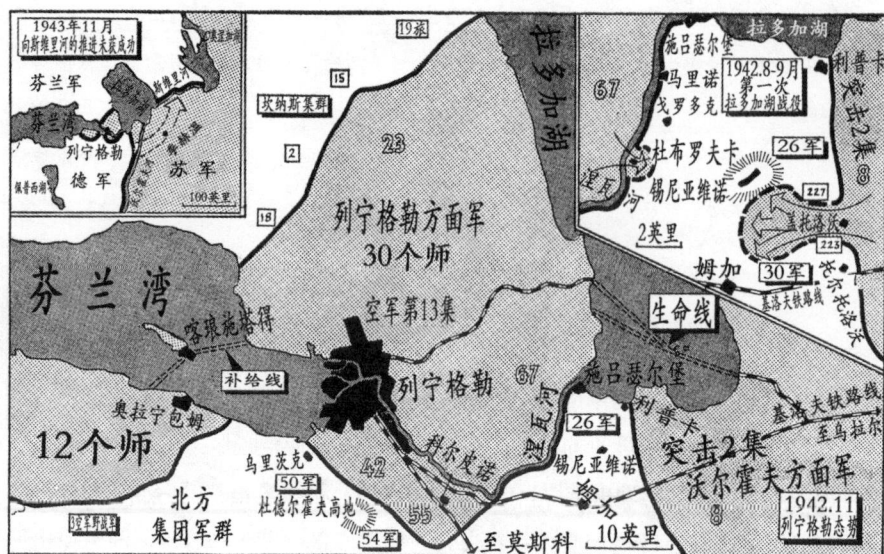

▲ 列宁格勒被德国和芬兰部队包围了900天。1941年11月，德军曾试图在斯维里河（左上角插图）与芬兰人取得会合，彻底封闭包围圈。1942年夏季，沿拉多加湖南岸9英里宽的通道，双方展开了激烈的争夺战（见右上角小图）。

在《军事史杂志》一篇题为"这是个秘密"的文章中，斯塔里科夫上校描述了在各个城市布设地雷并在受到威胁的主要中心地带安置炸药的计划。除此之外，斯塔里科夫还提到布劳恩将军在哈尔科夫的房屋，于11月14日4点20分以无线电遥控的方式炸毁。只有在电雷管和炸药短缺的情况下，他们才会放弃在所有大型广场、桥梁、交通干道以及运输设施布雷的计划。

比斯塔里科夫的文章更引人注目的报告来自海军上将潘捷列耶夫，他的著作名为《海上战线》，1965年出版于莫斯科。潘捷列耶夫曾担任过波罗的海舰队的参谋长，1941年8月，该舰队配属给列宁格勒方面军。

这位海军上将指出，1941年9月12日后，列宁格勒组建了由党控制的特别小组，负责进行炸毁全城的准备工作。战术和战略指令由红军党务总局的一支特别小组负责。他们的口号是："如果敌人突入我们的城市，必将被埋葬于废墟中。"计划规定了对所有主要建筑、桥梁、隧道、火车站、公园等实施爆破的详细安排，充满了诸如"应被炸毁""应被烧毁""应被破坏""已埋设带有定时引信的地雷"这样的字句。这是个冷酷得惊人的破坏计划。这些计划是否真的得到了贯彻，这一点值得怀疑。但如果真是那样，占领列宁格勒的德军将不得不仓促离开这座城市——就像拿破仑离开烈火熊熊的莫斯科那样。

密令下达四个星期后的11月8日，希特勒也向不安的德国公众以及惊奇地看着列宁格勒战役停顿下来的全世界做出了解释。这一解释与下达给德军战地指挥官的绝密文件有所不同，但其本质相符。在慕尼黑比格布劳啤酒馆所做的惯常演讲中，他说：

"任何一个从东普鲁士边境冲至离列宁格勒不到六英里处的人，都能完成这最后的六英里路程并进入到城内，但毫无必要。这座城市已被包围。没有人打算去解放它，它会自动落入我们手中。"

他这个说法将被证明是错的。而这个错误标志着"北方"集团军群一连串灾难性事件的开始，毫无疑问，这些事件将影响到这场战争的结局。

希特勒将一整支德国大军摆在这座城市门前放哨。他容许敌人继续坚守这座重要的军工中心和波罗的海舰队的海军基地。他甚至没有砍断奥拉宁包姆（Oranienbaum）包围圈，这是芬兰湾南岸一个宽大的苏军桥头堡，位于列宁格勒正西面。正如芬兰曼纳海姆元帅所说的那样，他继续"背负着这个沉重的包袱进行着这场战争"。

更令人无法理解的事实是，由于不夺取列宁格勒，进而与他的芬兰盟友建立起一条直接的陆地联系，希特勒自己挡住了自己的前进道路，并使苏军陷于列宁格勒和奥拉宁包姆包围圈内的近42个师得以幸免。

1941年9月24日，希特勒下令取消进攻之际，德军夺取列宁格勒只需要短短的几天。在这非常时刻，攻势的暂停以及第4装甲集群麾下第41摩托化军各快速师的后撤，这些错误与希特勒在敦刻尔克下达的停止令具有同样深远的影响。在那里，出于对敌情的误判，希特勒未能捕获到英国军队，结果让英国得到了防御其本土的部队。同样，在东线北翼的列宁格勒，他走错了关键的一步。他没能抓获20万至30万名俘虏并缴获这座工业城市中不可计数的战利品，从而取得最终的胜利，相反，他鲁莽地发起一场历时900天的消耗战，最后却以失败告终。

是什么原因使希特勒犯下这个错误？他为何不听他那些战地指挥官的建议？他为何会寄希望于列宁格勒的迅速崩溃？他低估了这座城市苏军的坚韧和顽强。

统治列宁格勒的是日丹诺夫。1892年出生于马里乌波尔的这位乌克兰人，是个不同寻常的人。他的顽强、决心和个人勇气激励起整座城市的抵抗。日丹诺夫向全世界做出了现代历史上的第一个范例：在一片狭小的区域中，残酷的总体战意味着什么。

说来也奇怪，与对陆地战争的兴趣相比，希特勒不喜欢与水有关的一切。就像在敦刻尔克那样，他对水的胆怯在列宁格勒再次误导了他。他认为这座城市已被包围，但他忽略了一个事实：尽管夏季列宁格勒的陆上通道已被切断，可这并不意味着被彻底包围。列宁格勒的腹地伸向拉多加湖西岸，那里的湖面只有20英里，并不比多佛尔与加来之间的英吉利海峡来得更宽。沿着湖东岸，苏军构设起他们的主防线。

不可否认，在白天，湖上的航行要听凭德国空军的摆布，但在夜间却并非如此。因此，从列宁格勒遭到包围的第一天起，拉多加湖便为这座城市提供了一条逃生线路。1941年10月和11月，德国人试图以第39摩托化军的快速部队绕过这座湖泊，与位于斯维里河的芬兰人会合，从而彻底封闭包围圈，但这个构想未能实现。

因此，让出季赫温①后，以施吕瑟尔堡和利普卡（Lipka）为基石，德国第18集团军只控制着拉多加湖南岸9英里的沿岸地带。靠近这片沿岸地带必须通过一条危险、狭窄的通道：右侧是沃尔霍夫方面军，那里的苏军正不停地施加着压力；左侧是涅瓦河，河后方据守着列宁格勒方面军的第67、第55和第42集团军。锡尼亚维诺的高地则控制着通道中间枯燥沉闷的沼泽地带。这条通道的南端是基洛夫铁路，该铁路线使列宁格勒经沃尔霍夫斯特罗伊（Volkhovstroy）通往乌拉尔。

---

① 1941年的季赫温争夺战可参见《东进》一书。

列宁格勒被包围前不久，日丹诺夫便将城内军工产业65000名重要的技术工人送出城外，并将40000节车皮的机械设备、机床和原材料转运至俄国内地。这清楚地表明，1941年夏季，苏军统帅部已预料到列宁格勒将会失守。这也解释了这座城市没有对长期围困做好相应准备的原因。

储存的原料和食物很快便被耗尽。城内的居民和20万士兵不得不通过空运获得补给，因为仅靠一些小船在夜间偷渡拉多加湖是不够的。但苏联空军无法完成如此庞大的补给任务。11月14日至28日间，他们只运入1200吨食物，平均每天86吨。

这个数字与一年后德国空军运入斯大林格勒的补给物资数量几乎相同，对斯大林格勒包围圈内的25万名将士来说，这是不够的。但在1941年冬季的列宁格勒，城内的人口超过了200万。专家们计算，要确保斯大林格勒包围圈内的25万名德军将士能活下去，每天需要的食物最低限度为306吨。而列宁格勒多达近十倍的人口不得不依靠这个数字三分之一数量的食物度日。

1948—1949年间的柏林空运，为西柏林250万居民空运的物资，起初是每天4500吨，随后便达到每天10000吨。而列宁格勒所获得的，尚不及这个数字的百分之一。其结果便是饥饿——前所未有的饥饿。一名工人每天的面包配给量是250克——大致是薄薄的五片。管理人员及其家属每人只能获得125克。士兵们也不得不勒紧裤带，前线战士得到的口粮是正常供应的一半，后勤和指挥部人员则只能得到三分之一。

11月底，情况稍稍得到改善，这是因为希特勒忽视了另一个问题——拉多加湖结冻，冰面足有5英尺厚。列宁格勒与湖东岸的苏军防线恢复了稳固的联系。

穿过冰面的一条道路被苏军开辟为"列宁格勒的生命线"。夜间，卡车隆隆地驶过拉多加湖，但车上运载的主要是弹药、零部件和军工生产原料，食品被排在供应清单的最后。返回时，这些卡车会捎上城内的伤员、儿童、老人以及无法从事劳动任务的妇女。大约有80万名居民通过这种方式被疏散。

但卡车耗尽了燃料，而整个苏军战线上，燃料供应一直很紧张。于是，日丹诺夫派出他的劳动大军，在冰面上铺设起一条铁轨，这条铁轨与拉多加湖另一端的沃尔霍夫斯特罗伊—莫斯科铁路线相连。冬季期间，通过这种方式，每天可将

4000～5000吨物资运入城内。但即便这样也无济于事，因为运入城内的物资中，80%是用于军工生产的原材料，这座饥饿的城市，仍忙着为整个前线生产迫击炮、冲锋枪以及最重要的坦克。

1942年夏季，日丹诺夫的劳动大军完成了一项尤为了不起的壮举：他们在拉多加湖湖底铺设了一条电缆和一根输油管道。斯维里河上的沃尔霍夫发电站，为列宁格勒的兵工厂提供了源源不断的电力。待湖面再度冻结时，冰面上又架设起一条高压电线。

饥饿是一种可怕的诱因，它迫使每一个居民投身于劳动大军或战斗营中。不参加劳动或战斗的人得不到任何食物，只会被饿死。列宁格勒的损失没有被准确统计成数据。苏联方面的资料来源指出，死亡人数达到60万至70万人。日丹诺夫和党组织通过动员平民所完成的劳动和防御任务令人难以置信：32000名妇女和姑娘充当随军护士；列宁格勒90%的共青团员在前线参加战斗；60万名儿童和青少年不停地投入到城市防御工作中。他们挖掘了440英里的防坦克壕——除了锹镐，他们没有其他任何工具。他们用树干搭建起200英里的障碍，并构建了5000座地下掩体。官方公布的数据是，列宁格勒投入了60万名青少年。人们不得不得出这样一个结论：这支劳动大军中包括9岁的孩子，甚至有可能连8岁的孩子也参与其中。

如此大规模动员平民的方式，历史上从未有过，在其他任何地方也未曾出现过，可它居然获得了成功。柏林保卫战期间显然未能做到这一点。帝国首都的防御指挥官要求大区领袖每天提供10万名平民用于修建防御工事，但大区领袖拒绝了这个无法被满足的要求。柏林防卫总监戈培尔博士，始终未能将每日从事防御工事修建的平民人数提高到超过3万。

苏联共产主义青年团并不仅仅只在列宁格勒代表着一支决定性的战斗力量。据统计，获得"苏联英雄"称号的总计有11000人（这一荣誉相当于德国的骑士铁十字勋章），其中就有7000人来自共青团。而德国7200名骑士铁十字勋章的获得者中，有多少出自希特勒青年团，没有准确的数字可用于比较。

零下40摄氏度的酷寒中，这些饿得发抖的孩子们挖掘着防御工事。饥肠辘辘的工人们则在被炮弹炸毁、冰冷的厂房里从事工作。每班工作时间长达12~14小时。然后，他们拖着浑身的疲惫回家。家里，没有灯光，没有水；一旦家具和书籍被烧光，炉内就再也见不到火焰。第二天，他们重新回到自己的工作场所。没有出现的人就得不到食物。让那些失败主义者倒霉去吧！

夏季，他们不会挨冻，但食物依然很少。现在的工作时间是15个小时，除此之外，还可以自愿顶班。夜里，妇女们排成长长的队伍，推着手推车，拉着雪橇，拖着沉重的步伐向前线和支撑点而去，为部队送去弹药，并把伤员和那些虚弱得无法参加战斗的人带回城内。

最可怕的场景莫过于运送死者。在我们现代化的城市中，几乎看不到一具死尸，可在这里却数见不鲜，人们对此早已麻木。一个男人，一个女人，或者通常是一个孩子，拖着一辆小车，或是一具粗糙的雪橇——有时候仅仅是几块木板——上面摆着一具用破布或报纸覆盖着的尸体，就这样把它们拉到墓地的群葬坑。

在这种可怕的场景后，日丹诺夫和党组织继续保持存在。不仅仅是存在，他还一次次拜访各位将领："我们必须进攻！我们必须穿过施吕瑟尔堡的瓶颈地，恢复与沃尔霍夫方面军的联系！"

他不知疲倦地制订各种计划，并将其呈交总部。这些计划都基于相同而又简单的原则：涅瓦河上的苏军第67集团军向东发起一次突破，与此同时，沃尔霍夫方面军的突击第2集团军从另一端发起进攻，与列宁格勒的部队取得会合。两支部队之间，最窄处不到9英里。900天内，这9英里一直是列宁格勒战役的焦点。

军事上的错误决定最糟糕之处在于，它们总是会造成一连串进一步的错误。1942年春季，希特勒意识到1941年秋季自己在列宁格勒的问题上犯了错，他决定予以纠正。"必须夺取列宁格勒！"他在指导1942年作战行动的第41号指令中这样说道。

曼施泰因夺下塞瓦斯托波尔这座世界上最坚固的堡垒后，希特勒决定将这位元帅和他的第11集团军以及威力强大的超级重炮调去攻打列宁格勒。

但将一年前正确无误的决定照搬到此时就大错特错了。就1942年夏季而言，德军的战略重点在南翼，对伏尔加河和高加索地区的攻势正在进行中。在那里，在这个决定性时刻，应该集中一切可用的力量，包括第11集团军。斯大林格勒战役很快便为该集团军的缺阵付出了代价。

但希特勒当时听不进任何批评意见，他命令必须夺取列宁格勒！曼施泰因的计划简单而又巧妙——他打算以三个军从南面突破苏军阵地。他建议渗透至城市边缘，然后停下来。辖下的两个军向东转进，他们将渡过涅瓦河。接下来，他们将粉碎这座城市。

这是个很好的计划。迄今为止，曼施泰因制订的计划还没出过岔子。但列宁格勒将证明一句著名的话语："世事如潮，如能乘风破浪，则可功成名就；如若贻误时机，则将一事无成。"①

---

① 这句话出自莎士比亚的《尤里乌斯·凯撒》。

2

拉多加湖南岸

涅瓦河上的死亡之舞——戈罗多克：发电站和医院——红旗水兵冲过冰面——战壕中的白刃战——赶至前线的虎式坦克——苏军达成突破——安多伊上校的反坦克猎兵挡住了苏军

1942年8月初，甚至还没等曼施泰因知道自己的新任务是夺取列宁格勒，莫斯科已掌握了希特勒的意图。"红色乐队"间谍网将德军的计划透露给了莫斯科，斯大林立即着手部署他的反击。

新部队以疯狂的速度调拨给沃尔霍夫方面军。新兵来自全国各地，大多只接受过三个星期的训练，另外还有来自惩戒团的人，西伯利亚人和土库曼人也被调了上来。16个步兵师、9个步兵旅、5个坦克旅和300辆坦克被交给沃尔霍夫方面军司令员。

8月27日，就在曼施泰因部署兵力，准备沿列宁格勒包围圈南部防线发起他的攻势之际，苏军抢先发动了进攻，来自沃尔霍夫方面军的打击落在德国人的瓶颈地带，以便与列宁格勒的防御阵地取得会合。德国第18集团军的东部防线在盖托洛沃（Gaytolovo）附近被刺穿。

突破口两侧，来自萨克森第223步兵师和来自威斯特法伦第227步兵师的部队拼死抵抗。文格勒上校带着第366掷弹兵团的威斯特法伦人所实施的抵抗是如此顽强，以至于苏联《伟大卫国战争史》一书中都不能不提到他。文格勒阻止了对方继续向北突破，尽管遭到苏军包围，但他在一片小树林的边缘死守阵地达数天之久，抵挡住苏军的一切渗透。文格勒带着这些威斯特法伦人，像一道大堤那样挡住了涌

施吕瑟尔堡
拉多加湖
P=工人新村

86R
328团
401团
227
滑雪12旅

67
涅瓦河
马里诺
136R
P3
P2
P1
412团
利普卡
57ZR

86R
坦61旅
268R
P4
坦122旅
突击2集

战地医院
13R
283团
284团
287团
128R
256R
374团第2营
P8

戈罗多克
发电站
391团
铁路
P5
374团
527R
71R

45G.R
社布罗夫卡
46R
170
96
伦茨战斗群
P7
366团
376R

399团
造纸厂
P6
锡尼亚维诺
盖托洛沃
1
314R
8

穆斯托洛沃

5山地师

1943.1.14日前
态势图
第26军

姆加
61
基洛夫铁路线
2英里

▲ 苏军试图与列宁格勒建立起一条直接的陆地连接。他们从东西两面对德军所占据的通道发起攻击。

来的苏军大潮。

苏军向西推进了8英里。他们杀至姆加镇外，这里是基洛夫铁路线的交通枢纽，也是他们的重点目标。瓶颈地带的宽度收缩为原先的一半。

在目前这种情况下，除了将准备发起攻势的部队用于防御和反击外，曼施泰因别无他法。他的部队与林德曼将军的第18集团军一同经历了激烈的苦战，圆满地获得了防御战的胜利——12000名苏军士兵被俘，244辆坦克被击毁。这是三次拉多加湖战役中的第一次，以顺利结束。

但现在是否还能按原计划发起对列宁格勒的进攻？首先，消耗的弹药和损失的兵力必须得到补充。9月份过去了，10月份过去了，列宁格勒周围依然保持着平静。随着11月的来临，斯大林格勒的灾难也在逼近。此刻，进攻列宁格勒的一切计划不得不被暂时搁置。

曼施泰因从涅瓦河与沃尔霍夫之间的战场上消失了。他再次赶往南方，以书写这部战争史中最令人激动的一章——伏尔加河、顿涅茨河与第聂伯河之间的战役。

列宁格勒的12月过去了。北极的严寒将阵地冻得坚硬无比。在涅瓦河和沃尔霍夫河上，士兵们坐在深挖于地下的掩体中，就这样等来了1月，等来了1月12日。

工兵部队的维纳克尔中尉是个习惯早起的人。7点不到，他已喝完早上的一杯咖啡，正从戈罗多克医院外的交通壕向最前沿的机枪阵地走去。

从锡尼亚维诺沼泽方向而来的一股寒风吹过第170步兵师的防区。刺骨的冷风穿透毛皮外套，深入骨髓。温度已降至零下28摄氏度。

"早上好，吕尔森。"维纳克尔对机枪后的士兵说道。

"早上好，中尉先生。"

"真冷啊。"

"冷得要命！"

"有什么情况吗？"

"没什么情况，中尉先生。可不知怎么回事，我不喜欢眼前的状况。您自己看看，视线内看不到一个伊万，也看不到一个活人。通常这个时候他们会在周围出现，拖着汤和面包进入他们的阵地。"

维纳克尔看看手表，快到7点30分了。他举起望远镜，然后又放下，擦了擦因寒冷而模糊不清的目镜。接着，他的目光向西掠过宽阔、冰冻的河流，眼前的景象平静得令人生疑。

自1月7日以来，涅瓦河便已结冻。戈罗多克附近的河面宽度约为600至900码。有些地方的冰层已厚达三英尺，其强度足以支撑坦克。在这种情况下，还是谨慎些为妙。

第240工兵营第2连连长维纳克尔中尉，已将自己的连部设在曾经的戈罗多克医院。尽管天寒地冻，但工兵们还是每天（经常还在夜间）都沿着河岸埋设反坦克和反步兵雷。他们将钢梁敲入通往河面的陡峭的斜坡中，另外还在医院两侧的松林里埋设了反坦克地雷。右侧的三角形树林带，几乎布满了地雷。

整个布雷计划准确地记在维纳克尔中尉的脑中，这正是他此刻紧盯着那片安静得出奇又灰暗无比的景观的原因。涅瓦河高耸的河岸比河面高了近40英尺，透过望远镜，维纳克尔中尉可以看见连队的整个防区。他的目光也能深入到对岸的苏军阵地。当然，这些阵地已经过精心伪装，但在更高的东岸，仍有可能看见那些灌木丛与被炮弹炸断的松树间所出现的情况。

"真是这样，我从未想到这地方会像死一般沉寂。"这位来自杜塞尔多夫的金发中尉喃喃地说道。可是，就在过去几天里，积雪覆盖的掩体下进行着大量的活动。

一股冷风从河谷吹来。施吕瑟尔堡与戈罗多克之间的世界霜寒遍地，一片寂静。突然，维纳克尔激动起来，他叫着机枪手："快看，吕尔森，涅瓦河雪地上的那些脚印！他们已在夜间摸到我们这一侧的河岸了！"维纳克尔将双肘撑在布满积雪的胸墙上，望远镜对准斜坡下方，一码码地搜寻着河岸处的铁丝网和弹坑。"他们在排雷！天哪！难道就没人——"

中尉的话没能说完。他本能地靠着战壕壁隐蔽起来，吕尔森也趴入战壕。一阵突如其来的炮火齐射使地面震颤起来。战壕左右两侧，炮弹的爆炸撕裂了坚硬的冻土。弹片响亮地撞上战壕壁。

维纳克尔和吕尔森趴在战壕里，他们等待着。难道这只是一次突然性打击？或者，还会有更多意想不到的事情？时间一分一秒地过去，飓风般的炮火越来越猛烈。现在，维纳克尔不再怀疑。"吕尔森，他们发起进攻了！"他凑到下士耳边喊道，随即站起身，猫着腰向设在医院的连部匆匆跑去。

炮弹的炸点似乎在追逐着他。但他的潜意识却在记录——多管火箭炮！伴随着尖啸和嘶嘶声，火箭弹低低地掠过陡峭的河岸。随即，隆隆的雷鸣声又在他脑中添加上新的记录——重型舰炮！"列宁格勒港口的苏联红海军。"这个念头闪过他的脑海。

但伴随着他一路跑向医院的最糟糕的声音是"噗—砰"的爆炸声——来自苏军出色的76.2毫米口径多用途火炮的平射炮弹。

维纳克尔赶到医院的车库时，全连已进入作战阵地。这里的建筑遭到最为猛烈的炮击，通往营部、师部以及各观察哨的电话线都已被炸断。

施吕瑟尔堡、利普卡与锡尼亚维诺之间，只有硝烟和火焰。涅瓦河与沃尔霍夫前线的沼泽和茂密的森林再次被炮弹犁了一遍。苏军的4500门大炮将飓风般的炮火投向德军阵地，炮击强度是东线北段的这片战场迄今为止从未经历过的。

4500门大炮！来自列宁格勒和沃尔霍夫方面军的这些大炮，对着德军的两处防区狂轰滥炸，这两处防区，每处只有9英里宽，这意味着每隔20英尺便有一门大炮。涅瓦河防线上，钢铁飓风呼啸、闪烁、爆炸，持续了整整2小时20分钟，而在这片瓶颈地带的东端，炮击持续了1小时45分钟。

"他们这次可不是在开玩笑。"掩体、散兵坑、支撑点和战壕内的德军士兵们说道。他们中的大多数人隐蔽在深埋于地下的坚固的掩体中。漫长的等待期间，列宁格勒和沃尔霍夫战线上的德军早已修建起名副其实的"地下城镇"，巧妙的战壕体系连接着各个支撑点。

苏军对此也很清楚，这正是他们对这些阵地实施如此猛烈的炮击的原因。他们试图以此消灭德国人的机枪巢、炮位、指挥部、接近地、横向交通壕以及树林中的营地。他们炸毁了桥梁、建筑、壕沟以及所有的电话线。随后，他们便发起了进攻。炮火渐渐向前延伸，苏军士兵紧随其后，向德军阵地冲来。伴随着他们的还有对地攻击机。

V.S.罗曼诺夫斯基中将的突击第2集团军从东面的沃尔霍夫发起进攻。他们的攻击区域从拉多加湖上的利普卡延伸至盖托洛沃，足有8英里宽。担任进攻的是7

个师和1个坦克旅。而守卫这片区域的德军只有一个加强师，这就是冯·斯科提将军来自威斯特法伦的第227步兵师。

西面的列宁格勒方向，进攻德军防线的是杜哈诺夫将军第67集团军麾下的各师，他们的攻击重点是马里诺（Maryino）与戈罗多克之间的区域。苏军投入了5个师和1个坦克旅。起初，他们只遇到桑德尔将军来自北德第170步兵师这一个师的阻击。后来，辛恩胡贝尔将军来自西里西亚的第28猎兵师才赶到该师身旁。

苏军这一双管齐下的攻势，目的在于粉碎德军狭窄的瓶颈地带，这条通道以其整个宽度贯穿了与列宁格勒相连接的陆地，随后，苏军将冲向这片瓶颈地带南端的基洛夫铁路。

戈罗多克的情况怎样？这里可是德军涅瓦河防御的重点所在。吕尔森下士躲过了炮击，他在狭窄的战壕中毫发无损。苏军的炮击向前延伸后，他站起身，抖落覆盖在身上的泥土和积雪，爬出战壕。

他随即看见向前冲来的苏军——这是步兵第13和第268师的几个团。他们排着密集的队形，冲过涅瓦河积雪覆盖的平坦冰面。士兵与士兵之间的距离不到一码。冲在最前方的是一些名副其实的巨人——他们是红旗波罗的海舰队[1]的水兵。他们被专门部署在戈罗多克和马里诺。和他们在一起的是拿着探雷器的排雷组，他们迅速向前冲来。

马里诺镇外的战壕中，第401掷弹兵团第2营的士兵们也看到了同样的场景。"他们疯了！"他们这样说道。第240自行车中队的步兵们坚守在戈罗多克医院右侧的河岸上，他们相互招呼着，"他们大概觉得我们都是些死人。"

他们更紧地握住手里的机枪，"装弹，准备连续射击！"

"再等等。"中士提醒他们。"让他们再靠近些。"机枪组组长普莱尔低声说道，他的副射手点了点头。他们的机枪布设在发电站的混凝土屋顶下，得到了很好的保护。

---

[1] 波罗的海舰队于1928年获得过红旗勋章，故称为"红旗波罗的海舰队"。

他们就这样在施吕瑟尔堡南面等待着；在马里诺等待着；在发电站等待着；在造纸厂对面和医院外等待着；在杜布罗夫卡的战壕中等待着，这里的进攻发起时间比其他地方晚10分钟。自夏季战役以来，苏军近卫步兵第45师一直盘踞在附近的河岸上。出于这个原因，苏军统帅部允许该师在战术时间表上将进攻发起时间推迟10分钟。

苏军的炮击弹幕已前伸至腹地。与此同时，德国炮兵的前进观测员蹲在他们的对讲机旁，呼叫炮兵连和炮兵团，将新的坐标传送出去。他们一次次发出要求："弹幕射击，方位……"

片刻后，榴弹炮和其他火炮的炮弹轰鸣着掠过德军阵地，在涅瓦河冰面上炸开。冰层被撕裂，出现了巨大的孔洞，一道钢铁和火焰构成的帷幕挂在德国人的支撑点前。德军炮手们随即搜寻着河对岸苏军实施第二波次和第三波次进攻的集结区。

指挥第240侦察营的伊尔勒上尉，带着他的自行车中队向前而去。他看见跨过涅瓦河冰面，穿过德军炮击的敌人，也看见自己120名部下据守的支撑点以及相邻处，第401掷弹兵团第2营近300名士兵守卫的防区前的状况，这一切令他的喉咙发紧。

他看到的是苏军两个师的主力，总计10个营的兵力，这一点今天已被苏联方面的资料所证实。换句话说，发起进攻的至少有4000人。冲锋中的苏军无遮无掩——没有树木，也没有灌木丛。他们知道自己会被前方的德军大炮发现，就像被驱赶者赶至空地处的鹿那样，但他们依靠的是先前苏军大规模炮击的影响。

这一景象持续了7分钟。此刻，苏军第一波次进攻部队已到达河中央，距离德军阵地不到400码。

……300码……200码。"开火！"

德国人的机枪吼叫起来，迫击炮砰然作响，步枪也噼里啪啦地响了起来。就像一把长柄镰刀砍下那样，进攻者倒在冰面上。许多人再次爬起身，向前冲来，"乌拉！"但能冲至结了冰的河岸处的人寥寥无几。德军步兵的火力瞄准了他们，他们要么找地方隐蔽，要么只能面对死亡。

第二进攻波次冲上冰面。第三波次，第四波次，第五波次又接踵而来。

▲ 整个东线，德军的防御力量捉襟见肘。苏军在列宁格勒、旧鲁萨、大卢基、勒热夫和更南面发起进攻，德军不得不仓促拼凑起部队实施抵御。

医院和发电站前，涅瓦河冰面上的死伤者堆积如山。一个波次接一个波次，苏军的进攻崩溃了，大多数人甚至没能到达陡峭的河岸边那些破碎的钢梁处就倒下了。

杜布罗夫卡的前线也活跃起来。在这里，A.A.克拉斯诺夫少将的近卫步兵第45师试图冲出桥头堡迷宫般的战壕，杀入格里斯巴赫上校第399掷弹兵团的阵地中。双方的阵地交织在一起，经常能看见一辆动弹不得的坦克、几道铁丝网、几颗地雷或横跨一段战壕的钢梁，这就是将双方阵地分开的标记。这就像第一次世界大战中，堑壕战期间那段漫长的岁月。

1942年夏季的第一次拉多加湖战役，苏军夺取了杜布罗夫卡的桥头堡。11月，除了向前推进几百码阵地外，他们被德军发起的一次反击再度击退。这里的每一码土地都是战斗和牺牲的见证。

一条战壕的角落处出现了这样的可怕场景——苏军士兵尸体冻僵的四肢从地面下伸出。起初，他们被炮火所掩埋，后来，这些尸体又被炮火掀了出来。现在，他们成了传令兵和巡逻队的路标："沿死者的手向右"或是"沿死者的手向左"。

被击毁的坦克斜靠在掩体旁，就像是受了致命伤的野兽。双方的雷区彼此相连，甚至布设在对方的雷区上，直到连工兵也无法确保其安全为止。这是一幅可怕的战争景象。

克拉斯诺夫将军的三个近卫步兵团冲至德军支离破碎的第一道战壕，但他们的战果仅限于此。在纵深和主防区错综复杂的战壕中，苏军被使用手榴弹、工兵铲和冲锋枪的贴身白刃战击退。

第399掷弹兵团的作战报告指出，经历了第一天的激战，不得不在夜间将苏军的尸体清理出战壕，以确保机枪清晰的射界。

不用说，苏军重点进攻的地区包括施吕瑟尔堡。在这里，苏军步兵第86师试图冲过镇南部冰冻的涅瓦河，以便从侧翼对施吕瑟尔堡实施包抄。

守卫在这里的是德军第401掷弹兵团第1营，这些来自汉堡和下萨克森的士兵隶属于第170步兵师，他们与来自威斯特法伦第227步兵师第328掷弹兵团的部队并肩奋战。苏军的精锐步兵团无法在涅瓦河东岸获得立足点。面对德军的防御火力，他们的进攻在冰面上崩溃。克拉斯诺夫将军不得不取消进攻。

但在马里诺，伊尔勒上尉第240侦察营与第401掷弹兵团第2营的连接部，苏军在付出3000人死伤的重大代价后，以第五波次的进攻突入德军阵地，并在戈罗多克北部乡间别墅附近获得一处立足点。

苏军工兵迅速构建起渡河设施，以便让他们的重武器跨过不太牢靠的涅瓦河冰面。坦克隆隆地驶过涅瓦河，撕开德军最后的防御中心，对突破口加以扩大。

第401掷弹兵团团长博士克莱恩亨茨中校徒劳地试图组织起前线的抵抗，结果和他的副官一同身负重伤。苏军向陡峭的河岸冲来。

苏军第67集团军司令员杜哈诺夫少将发觉机会来了，他立即将手中的一切力量投入到突破口。他把步兵第86师的残部从施吕瑟尔堡撤下，并将他们投入到马里诺。在这里，他集中起三个师的主力，再加上匆匆调来的坦克旅，向南、北、东方向呈扇形散开。

德军第401掷弹兵团的部队被迫退向施吕瑟尔堡。维纳克尔中尉的两个工兵排也被卷入到这一后撤的漩涡中。伊尔勒上尉以自己侦察营的余部和一些掉队的掷弹兵，匆促构建起一道薄弱的拦截线，这样，苏军就不会不受阻挡地冲入后方区域，冲入炮兵阵地，或冲向南方，进入戈罗多克的后方。因为，如果杜哈诺夫将军采用侧翼攻击的战术，在戈罗多克和杜布罗夫卡粉碎德军第170步兵师的阵地，那么，跨过锡尼亚维诺沼泽和高地，赶至基洛夫铁路线的道路将变得畅通无阻。涅瓦河上的战斗已到达高潮。

戈罗多克树林中的医院已被历时两个半小时的猛烈炮击所摧毁。半数建筑没了屋顶，门窗玻璃都已破碎，墙壁上布满炮弹爆炸造成的斑驳弹痕。但这里的地下室依然能提供安全的保护，士兵们靠着墙壁，抓紧时间睡上一两个小时，然后，他们再次赶赴前线，将战壕中正浴血奋战的战友替换下来。

身负重伤的吕尔森下士被安置在主建筑的地下室内，身边是他战友们。被送入地下室的伤员越来越多，而出去接替前线战友的士兵却越来越少。

涅瓦河上布满了苏军士兵的尸体。他们当中没有一个能冲过冰面，到达对岸的陡坡。但下午时，一些苏军到达了那里——在马里诺达成突破后，一些苏军部队转身向南。现在，他们试图攻破涅瓦河河岸上那些重要的石建筑堡垒。

情况看上去很糟糕。维纳克尔中尉的工兵连现在只剩下一个排的兵力。除了他们，这里还有第240自行车中队的一个排，以及"卡斯滕"战斗群中一些设法赶至医院的掉队的掷弹兵。

快到中午时，第240工兵营营长舒尔茨少校（他的战地指挥部设在发电站）赶到医院。英勇的维纳克尔中尉刚刚带着几名部下出去了，他们赶往医院右侧苏军达成突破的地段实施侦察。

伊尔勒上尉率领侦察营的残部坚守着被他们称作"环线"的阵地。在苏军与后方区域第170步兵师炮兵阵地之间，他们是唯一的一支德军部队。

"我们这点兵力很难守住，少校先生。"返回医院后，维纳克尔对舒尔茨说道。援兵赶到前，一切都只能依靠这个工兵营。

工兵是战斗中的技工，他们已习惯于这样的任务。尽管他们更适合担任桥梁修建者、渡船操作者、地雷埋设和清理者，更熟悉炸药和雷管，对铁钳、锤子、指北针和计算尺也了如指掌，但在整个第二次世界大战期间，他们经常在最危急的时刻投入到步兵作战中。这正是1943年1月，涅瓦河上的情形。

舒尔茨少校将工兵营第3连投入到医院两侧的防区。负责指挥的是该连连长布伦德尔中尉。入夜前，苏军的坦克和步兵已进入三角树林带，距离医院只有600码了。大口径迫击炮弹撕开了石制建筑，屋顶的龙骨开始起火燃烧。

但布伦德尔将冒着烟的建筑变成一座喷火的堡垒。每扇窗户后，他的工兵都构设起一个机枪巢，每扇天窗后他们都设有狙击阵地或观察哨。

苏军士兵在三角林中集结，准备发起冲锋。一个排接一个排地，他们从河岸突破口的小灌木丛冲出，跨过平坦的地面，进入饱受炮弹蹂躏的那片林地。

医院内的炮兵观测员仍在用无线电联系他的炮兵连，他们的阵地位于后方三英里处。他与炮兵连连长保持着联系。因此，在适当的时候，第240炮兵团辖内鲍尔的炮兵连会以密集的弹幕轰击三角林区域，粉碎苏军的集结阵地。率领进攻的两辆T-34误入一片伪装得极好的雷区，履带被炸断后动弹不得。医院的射击孔后发出一片欢呼。

鲍尔的榴弹炮继续轰击那片小树林。最后，苏军决定撤离这处危险的进攻阵地，就在他们逃向涅瓦河河岸时，又遭到来自医院窗口重机枪火力的打击。

"替换小组出发！"命令声在地下室里响起。疲惫的士兵们拿起步枪，迷迷糊糊地爬上楼梯。他们换下在零下26摄氏度的严寒中坚持战斗的战友，那些被冻得半死的士兵们跟跟跄跄地离开战壕，向世界上最美妙的东西——地下室里的暖炉——奔去。

苏军达成突破后，林德曼大将对瓶颈地带危急的状况并未抱任何幻想。作为一个现实主义者，他知道自己该做些什么。根据前线发来的报告，苏军可能的目标已在第18集团军司令部的态势图上显现出来。戈沃洛夫将军[1]把手中所有的力量投进他在马里诺打开的缺口中。他使用了四个步兵师和一个坦克旅，显然，他打算抢在德军援兵赶到前刺穿这处瓶颈地，与从东面攻击而来且同样强大的苏军突击部队会合，然后转身向南，席卷德军在涅瓦河上和沿东边布设的防御阵地。

这个计划不可避免地需要几个重心来承担。其中之一是第五工人新村，用俄语来说就是"Poselok 5"，或简称为"P5"。无论是向北赶往湖岸，或是向南经锡尼亚维诺到达基洛夫铁路线上的姆加，唯一可用于穿越沼泽地的道路都经过这座工人新村。

第二个重心是戈罗多克及其医院和发电站。苏军在这里遭到阻挡，无法直接赶往锡尼亚维诺高地。另外，戈罗多克也是位于苏军突破区南方的德军防线上的支柱。

要是林德曼手上有一个齐装满员的师作为预备队，再加上一个突击炮连、一

---

① 戈沃洛夫当时是列宁格勒方面军司令员，1943年1月15日晋升为上将，11月18日升为大将，1944年6月18日擢升为苏联元帅。

个装甲营和一些重型火炮，战场的态势不会恶化到现在这般地步。但第18集团军司令部没有这样一个师可用，也无法从任何一支友邻部队获得。

此刻是1943年1月中旬。斯大林格勒的灾难同样悬挂在涅瓦河的冰面上。与第18集团军相邻的部队的防区内，情况亦是举步维艰。在勒热夫，在大卢基，在杰米扬斯克，所有德军部队的生存岌岌可危。不堪重负的防线随处可见。苏军在各处发起进攻。与其他地方的情况一样，在这关键时刻，东线的北翼缺乏"最后的一个营"来扭转乾坤。

因此，林德曼大将别无他法，只能采用"灵活的临时性举措"这种糟糕的策略，自1942—1943年冬季以来，这是东线的典型做法。各个团和营不得不被拼凑到一起以应对危机，而不再以集结起来的大规模部队，以师级或旅级部队去面对敌军，然后再以出色的指挥击败对手。

林德曼手上唯一可用、可立即投入战斗的预备队只有来自久经沙场的第96步兵师的五个掷弹兵营。第96步兵师是个很优秀的师，组建于汉诺威，师里的士兵来自德国北部和西部。1月12日时，要是第96步兵师全师可用，天知道情况会变成什么样。但在战斗打响的第一天，第96步兵师已奉命将部分部队交给左右两翼的友军。因此，1月12日夜间，内尔德兴将军接受从锡尼亚维诺地区发起一次向西北方的反击，从而将敌人赶过涅瓦河的艰巨任务时，他只有半个师的兵力。

五个营对抗苏军的五个师！

对这个残缺不全的师来说，一个小小的补偿就是给他们配属了一个从第36高射炮团抽调出来的88毫米高射炮连；一个配备着150毫米榴弹炮的重炮连；最值得一提的还有一个虎式坦克连——冯·格特尔中尉率领的第502重装营第1连。四辆安装着88毫米长身管主炮的虎式坦克，再加上八辆准备担任掩护任务的三号坦克，将证明是对付敌坦克营的决定性力量。

可是，格特尔中尉在第一场战斗就送了命，他被安葬于锡尼亚维诺沼泽的公墓里。

踏过齐胸深的积雪，越过荒芜的沼泽，穿过饱受炮弹蹂躏的树林，第283、第284和第287掷弹兵团辖下的各营，于1月13日向北而去。戈罗多克、"夏迪斯森林""环线"——接下来的几天里，这些名字代表着最为激烈的战斗。

"环线"的第一次进攻中，四辆虎式坦克初次亮相。冒着零下28摄氏度的严寒，波尔曼上校的掷弹兵营击退了苏军步兵。随后，苏军24辆T-34发起攻击，其中的2辆被艾希施泰特中尉和古德胡斯下士击毁。24辆坦克损失了2辆，剩下的22辆钢铁巨兽将德军掷弹兵逼入到危险的境地。很快，三名连长相继阵亡。

就在这时，"老虎"现身了。这是一场历史性的战斗。自1942年8月第502重装营第1连作为一支实验性连队部署至列宁格勒，并经历了一些不太成功的战斗后，这些威猛的钢铁怪兽现在发挥出它们的威力。88毫米长身管火炮敲响了T-34的丧钟，12辆苏军坦克很快便在沼泽中起火燃烧，剩下的坦克仓皇逃窜。苏军向南的反击遭到遏制。

黄昏时，苏军再次试图在"夏迪斯森林"处，以坦克推进，意图穿越"环线"。德军虎式装甲连又一次接到警报："敌坦克接近中！立即列队迎战！"

汉斯·伯尔特中士[①]跟随着两辆虎式坦克出发了，一辆三号坦克为其提供掩护。伯尔特曾七次负伤，所在的坦克也被击毁过15次，接下来的18个月里，他将从中士一路晋升为上尉。他是这场战争中最出色的坦克车长之一。

两辆虎式坦克穿过积雪向前推进。暮光中，这两只钢铁巨兽涂着白色伪装的轮廓与冬季景观融为一体。一门苏军反坦克炮被打垮。伯尔特命令第二辆虎式坦克占据自己左后方的位置，成梯次配置，为自己提供掩护。就在这时，伯尔特的坦克旁，积雪像喷泉般蹿起——敌反坦克炮弹！

伯尔特迅速扫视一番，在那里！他转动炮塔，炮瞄手锁定一辆T-34，驾驶员停下坦克。"开炮！"炮弹从炮管中嗖嗖地蹿出。这发炮弹射失了。再来一炮！第二发炮弹直接命中，那辆T-34立即燃起一团大火。88毫米口径的炮弹犹如老虎的利爪，将对方的坦克轻松撕裂。

这一切顺利得就像是在法林博斯特尔附近的坦克训练场进行的训练一样。伯尔

---

① 汉斯·伯尔特是二战中德军最著名的坦克王牌之一，拥有139个摧毁战果，另一种说法是144个战果。伯尔特活着看到了战争结束，他去世于1987年。

特的虎式坦克干掉两辆T-34，它们燃烧着的残骸在沼泽地投下一道鬼魅的光芒。

但伯尔特随即被三辆苏军坦克包围，他们试图干掉他。这些苏军坦克手非常勇敢，他们隶属于坦克第61旅。

伯尔特的炮瞄手像钟表装置那样忙碌着。"先对付右侧的那辆。"中士冷静地指挥着。开炮！继续。开炮！命中了！

另两辆T-34试图逃入沼泽。他们想避开亮光。但伯尔特的"老虎"同样吞噬了这两辆T-34。"向后转！返回！"

"为我们担任掩护的坦克怎么样了？"伯尔特中士问道。

"无线电被击毁，"操作员回答道，"联系不上。"

两分钟后，响起一声致命的巨响。"发动机中弹！"驾驶员叫道。接着又是一声巨响。

遍布积雪的沼泽地上，苏军坦克燃烧着的残骸为一门隐蔽得极好的反坦克炮提供了出色的照明。在这片明亮的舞台上，伯尔特的虎式坦克就像个固定不动的活靶。对苏军反坦克炮来说，这是个轻而易举的猎物。

伯尔特的坦克起火燃烧，这有可能引发舱内弹药的爆炸。中士只得命令组员们离开。他们爬出坦克，躲入雪地中。

苏军步兵出现了，随即展开一场手枪与冲锋枪的短暂交火。伯尔特和他的组员们飞奔至附近的一片灌木丛中。

第二辆虎式坦克终于靠近过来。"他看见我们了吗？"伯尔特不知道。"要是他把我们当成了俄国人怎么办？"最好小心点。可该如何引起他的注意呢？伯尔特高喊起来，但激烈的战斗声淹没了他的声音。

他下定决心，一个箭步跳上那辆虎式坦克右侧的履带护罩，侧着身子向无线电操作员所在的位置移动。

他刚刚到达那里便听见车内的操作员喊叫起来："俄国佬爬到我们的坦克上了！"

现在该如何是好？伯尔特扯开嗓门喊叫起来。但在这片喧嚣的战场上，车内的人能听见吗？

"现在就等车长打开舱盖，用手枪对着我射击了。"他这样想着，双眼紧盯着炮塔。就在这时，舱盖稍稍开启了几英寸。

伯尔特高叫着车长的名字。幸运的是，这位车长立即反应过来。炮塔上的舱盖猛地被打开。三言两语后，他们赶去寻找伯尔特组里的其他人。伯尔特的组员一个接一个地被救上坦克。直到这时，伯尔特才意识到，他的背上卡着三块弹片。

战争中，幸运和不幸总是密切相关。就在德军第284掷弹兵团团长波尔曼上校指挥着"夏迪斯森林"中的战斗以及最前方虎式坦克的行动之际，苏军一次猛烈的空袭落在他设于"环线"的指挥部上。自行车排的军官和士兵，再加上团部人员，总计23人身亡。这是个沉重的打击。

在此期间，相邻的第283掷弹兵团在安多伊上校的带领下，朝医院和发电站的方向赶去，坚守在那里的德军士兵抵御着苏军猛烈的进攻。安多伊的部队在关键时刻赶到，苏军正以坦克第61旅强有力的部队和步兵第136师的一个团发起全面进攻。

在发电站，安多伊的部下发起突击，驱散了苏军，并与发电站内的守军取得会合。医院的战斗极为艰难。这里的建筑群已被彻底包围，苏军打算不惜一切代价，紧紧地封锁这里，从而一步步地杀入建筑内。

但第283团强行打开一个缺口，冲入医院。他们受到了工兵弟兄们的热烈欢迎，布伦德尔中尉率领的这些工兵是第240工兵营的第3连，他们将这所燃烧的医院变成一座名副其实的堡垒。当晚，第96步兵师的一个营接替了侧翼防御。伤员被撤离前线。

第二天早上，苏军再次发起进攻。所有的窗户后都堆砌了沙袋，工兵们蹲伏其后，眼睁睁地看着他们下方战壕中的情形——26辆坦克冲向第283掷弹兵团第9连。这些坦克肆无忌惮地驶过战壕，宽大的履带卷过机枪阵地和步兵射击阵地，试图将坑内的掷弹兵活活碾死。布伦德尔的部下们感到喉咙一阵阵发紧。

但北纬60度苏联的严冬被证明是这些掷弹兵的救星。此刻的温度是零下22摄氏度，土壤被冻得像岩石般坚硬。散兵坑的边缘同样坚硬无比，苏军坦克并未能造成太大的破坏。德军掷弹兵蜷伏在他们的散兵坑内，无疑，很不舒服，但不足以致命。

苏军坦克驶过战壕，朝医院而来，他们猛烈开火，以压制医院的守军，苏军步兵也发起了冲锋。他们几乎没想到德国人还会有什么抵抗。

但坦克驶过的战壕以及第9连的散兵坑中，那些掷弹兵现身了。面对凶猛的步兵火力，进攻中的苏军士兵被打得措手不及。他们的冲锋崩溃了。

与此同时，苏军坦克进入到第36高炮团第2营和德军重型火炮的射程内。安多伊上校的反坦克猎兵也赶了上来。冻得像石块般坚硬的大团泥土被抛入空中。这是一场火炮对坦克的激战。

最终取得胜利的是德军的大炮、高射炮以及第283掷弹兵团的反坦克猎兵。这场冬日角逐结束时，24辆燃烧着的苏军坦克歪七扭八地倒在锡尼亚维诺泥炭沼泽的边缘。就这样，德军第170步兵师在涅瓦河河岸防区内最大的危险被避免了。

3

沃尔霍夫与施吕瑟尔堡之间

文格勒的屏障——坦克第122旅发起攻击——齐格勒的营从敌军中穿过——荒凉
的锡尼亚维诺高地——争夺第五工人新村——"夏迪斯森林"中的一支炮兵部
队——红博尔的"蓝色"师——沼泽中的墓地

与此同时，瓶颈的中心地带，也就是第五工人新村附近，态势也已到达紧要
关头。连接拉多加湖的这条通道上，德军东侧防线的态势正向危险的方面发展。
自1月12日清晨以来，苏军突击第2集团军的七个师一直在猛攻拉多加湖上的利普
卡与基洛夫铁路线北面的盖托洛沃之间的德军防线。

利普卡是德军防御阵地的北角，尽管遭到苏军步兵第128师的猛烈攻击，但仍
被德军第287掷弹兵团第2营牢牢守住。可是，再往南的第四工人新村附近，苏军
步兵第372师成功取得突破。来自东波美拉尼亚的德军第374掷弹兵团第1营被打
垮。但据守第八工人新村的第2营却死守不退。

1月12日，暮色降临时已近16点，在第八工人新村，齐格勒少校的部下们已击
退敌人五次猛烈的进攻。苏军步兵第372师下定决心，无论付出什么代价也要在这
里达成突破。这些步兵团来自西伯利亚，另外还有些作风顽强的亚洲部队，打起
仗来冷酷无情。但齐格勒的这些波美拉尼亚人，像沃尔霍夫森林中的树木那样牢
牢地伫立着。

自年初起，获得加强的第374掷弹兵团，作为第207保安师的反击部队，被置
于第227步兵师的指挥下，以防御瓶颈地带的东侧。第2营在第八工人新村周围挖
掘的阵地非常出色。苏军发起冲锋。他们实施猛烈的炮击。他们再度发起冲锋。

▲ 苏军部队在第五工人新村北面取得会合。被切断的德军部队成功地向南突围。

　　1月13日前，齐格勒的阵地已被夷为平地，但他的部下仍在坚守，他们得到第196炮兵团的支援，该团向最前沿派出前进观测员。在饱受炮弹蹂躏的原始森林和冰冻的沼泽地中，苏军步兵第372师各突击团渐渐耗尽了实力。

　　第八工人新村南面的态势发展对守军而言不太有利。苏军在这里形成了他们的第二重点。为了这次进攻，波利亚科夫上校对他的步兵第327师进行了长时间的演练。通过细致的侦察，他们精心复制了德军第374掷弹兵团第3营以及文格勒上校第366掷弹兵团的阵地。这些复制品精确到每一个细节——防御护栏、交通壕、机枪阵地和掩体。

　　波利亚科夫上校对德军两股部队的结合部施加压力。在"圆形灌木丛"处，苏军步兵第327师将为1942年夏季第一次拉多加湖战役中，苏军第54集团军遭受的伤亡而复仇。

文格勒上校带着他那些来自莱茵兰和威斯特法伦的部下，曾阻止过苏军对突破口实施战略性扩大。但这次，波利亚科夫上校决定，不惜一切代价也要突破德军的防御屏障。他的突击团攻破德军最前沿的防御阵地，在第八工人新村南面达成突破。他们打算向北、向南席卷德军主防线。如果他们能成功地做到这一点，德军第227步兵师的前线将崩溃，波利亚科夫的部下将畅通无阻地赶往锡尼亚维诺的制高点。

但苏军的计划未能实现。文格勒的部下再次守住被突破区域的南角。第28猎兵师第83猎兵团第1营的士兵们一路杀至文格勒的指挥部，为他的防御屏障提供支援。在其中心地带，齐格勒少校的第2营犹如海中的礁石，死死守着第八工人新村。500名德军士兵打乱了苏军指挥部的计划：尽管遭到彻底包围，但这些波美拉尼亚人击退所有的进攻，守住了他们的"刺猬"阵地。1月12日、13日、14日，他们一直在坚守，没有补给物资运到，也没有弹药。他们与师部和团部已失去联系。

齐格勒的营仅凭自身的资源孤身奋战，他们执行着一项重要任务。由于无法向西推进，苏军不得不设法解决第八工人新村。苏军步兵第327师相当大的一股力量，以及随后被苏军最高统帅部调上来的步兵第18师，被牢牢地牵制在这一必争之地。

1月15日，经历了四天的激战后，德国守军耗尽了弹药。当天早上，一场猛烈的炮击后，苏军再次发起冲锋。伴随着"乌拉"声，他们逼近了，但随即被波美拉尼亚人的机枪火力遏制。苏军坦克第122旅的坦克在几处达成突破，但很快便被地雷和炸药摧毁。此刻，守军几乎已弹尽粮绝，很难再击退敌人的下一轮进攻。齐格勒面临着选择：被打垮后全军覆没，或者突围以保存有生力量。

少校召集起属下的军官，将这个问题摆在他们面前。他们是否应该继续坚守？还是选择投降？或者，至少试上一把，看是否能突出重围。

投降不在考虑范围内。肯定会被敌人枪毙，这似乎没太大的意义。那么，只有突围这一选择了。但突围能否成功难以确定，没人知道德军主防线在哪里。试图恢复无线电联络的努力依然未获成功。

此刻，勇气失去了意义。让自己白白送命并不是武德。面对敌人百倍的优势，面对冰雹般落下的炮弹和炸弹，意志力、勇气、服从或献身精神都毫无用处。诚然，战场上的勇气和胆量经常能战胜占据优势的敌人，但在一场现代战争的物资战中，从很大程度上说，其结果由大批的兵力和武器所决定。

因此，齐格勒突围的决定完全正确，而且，这个决定出色地诠释了"英勇"这个词的意义。

从第八工人新村实施秘密突围的行动开始于23点，少校亲自带队。在他身旁的是奥斯卡·施韦姆，来自罗兹的施韦姆能说一口流利的俄语。他在自己的制服外套了一件阵亡苏军中尉的军装。跟在他们身后的是一支强有力的突击队，再往后是一股战斗群，他们手里的步枪已装上刺刀。在他们身后的是伤员，这些伤兵躺在雪橇上，每具雪橇由两名士兵拖曳，端着冲锋枪的士兵担任侧翼掩护，营主力担任后卫部队。没有少校的命令，不得开枪。突围途中，不许吸烟，不许说话。

就在最后方的后卫部队在遗弃的阵地上展开一场疯狂的"烟火表演"之际，这支幽灵般的突围部队在苍白的月光下，冒着零下25摄氏度的严寒，踏过齐膝深的积雪逶迤而去。为他们指路的是猎户星座，因为他们将一路向南。"停下！"施韦姆突然用俄语说道，他故意提高了音量。队伍最前方的士兵立即停下脚步，在他们前面出现了几辆T-34的身影。这是苏军在第八工人新村周围设下的坦克包围圈。施韦姆步履蹒跚地朝对方走去。他与苏军指挥官交谈着，其他人看着他们点上香烟，打着手势。营副官贝克尔中尉相信自己听到了每一个部下的心跳声，雷鸣般地在冰冻的沼泽地间回响。施韦姆终于返了回来。他用俄语喊了几声没人能听懂的命令，又大声咒骂起来。随即他压低声音对齐格勒说道："我搞到了口令了，是'Pobeda'，也就是胜利的意思。也许这是个好兆头。"

施韦姆获得的其他信息与口令同样重要。他掌握了苏军坦克包围圈缺口的所在地。他们很快便越过这一缺口。多亏搞到了苏军的口令，他们才得以不费一枪一弹便穿过了苏军的第二道警戒线。"Pobeda！"施韦姆对一名苏军哨兵喊道，随即，队伍向左而去。

可这里依然没有德军防线的踪迹。没有激战声，空中没有火光，也没有维利式信号弹。

突然，他们出现在苏军的一处迫击炮阵地前。施韦姆喊出口令，但苏军指挥官起了疑心。他向前走来。施韦姆赶紧上前几步。他告诉这名军官，自己的队伍正赶往前线，奉命对德军防线实施一次特殊任务。

贝克尔中尉站在这两人身后两步开外。他的手塞在大衣口袋里，悄悄拨开了手枪的保险。

苏军指挥官似乎并不太相信施韦姆的说法。但来自波兰罗兹市的这个人成功地打消了他的一切怀疑。最终，他们得以继续前进。但他们的心里很不踏实。那些迫击炮就在身后！万一苏军注意到某些不对劲的东西呢？

齐格勒压低声音，将命令传递给后卫部队："我们必须打掉这个迫击炮阵地！"这样一来，他们就带上了一名货真价实的苏军中尉和41名俘虏。他们甚至带着这些俘虏穿过苏军最后一道防线，尽管他们在这里不得不杀开一条血路。

45分钟后，伴随着拂晓的微光，这支幽灵般的队伍到达德军前哨阵地。齐格勒来到第374掷弹兵团团部报到时，这里爆发出一阵热烈的欢呼。这不仅是因为这支已被注销的战斗群突然间安全归队，还因为冯·贝洛上校迫切需要每一个可投入第五工人新村的士兵，在此期间，那里已成为瓶颈地带战斗的焦点所在。

苏军在涅瓦河尚未获得成功，仅仅在瓶颈地带的东侧，越过一道宽广的防线，突破了德军的防御。他们只有两个狭窄的楔子，西面是马里诺的突破，东面则是在第八工人新村，这两个楔子缓慢地向德军控制的走廊地带的上部推进。但在第五工人新村的高地处，苏军突击队意图取得会合。如果他们获得成功，列宁格勒将得到一条狭窄的陆上通道，而此刻仍坚守在施吕瑟尔堡、利普卡和拉多加湖的德军第96和第227师将被切断联系。

这就是林德曼大将不惜一切代价想要阻止的情况。但第26军辖内的两个师，兵力并不足以肃清苏军的突破。第170和第227步兵师控制的防区太宽，每个师的防线长达15英里。

经历了最初几天代价高昂的战斗后，德军由于已没有预备队，无法发起反击，无法遏制苏军的楔形突破，也无法阻止他们取得会合。

1月14日，第18集团军从波戈斯特耶（Pogostye）包围圈——该作战区域位于基洛夫铁路线上，姆加东南方20英里处——调出来自东普鲁士第61步兵师的两个团级战斗群，并于1月15日将他们派入那片狭长的瓶颈地带。两个团级战斗群，而不是一整个师。该师的一个团不得不被留在基洛夫铁路线上。这又是一次以零打碎敲的兵力替代大规模行动的实例。

第61步兵师师长许纳尔中将亲自率领这两个战斗群。他穿过锡尼亚维诺和第五工人新村，与被包围在利普卡和施吕瑟尔堡的第227和第96步兵师重新建立起联系。但许纳尔的兵力太过虚弱，面对苏军来自东面和西面的进攻，他无法保持从第五工人新村至拉多加湖、施吕瑟尔堡以及利普卡的陆地连接的畅通。

主要的战斗是争夺这片肮脏的工人新村以及一些临时营房和一座小型泥煤处理厂。在地图上，这只是一个点——P5，但却是个血腥的点。苏军投入两个步兵师和两个坦克旅来进攻沼泽中这座小小的堡垒。P5也是个交叉路口，只有一条南北向的道路穿过这里。位于瓶颈地带北部的德军部队，通过这条道路获得补给。如果苏军占领第五工人新村，北部德军与后方的交通联系将被切断。

沿着泥煤处理厂专用铁路线低矮的路基和硕大的矩形盆地（泥煤在这里被挖出），冒着零下25至30摄氏度的严寒，许纳尔的战斗群坚守了整整四天四夜。他们确保了穿过第五工人新村，向南逃生的路线的畅通。

要阻止苏军取得会合，现在需要的只是几十辆坦克、一个突击炮连、一个炮兵团和几个配备反坦克武器的步兵营。但由于德国人连这么点预备力量也没有，因此，苏军获得了成功。1月18日，经过激烈的战斗，他们拿下第五工人新村，将许纳尔的战斗群切断。

苏联《伟大卫国战争史》一书，描绘出德军士兵顽强抵抗的一幅画面。在第三卷中我们读到：

苏军步兵第136师的部队，两次突入第五工人新村，但都无法获得立足点。1月16日夜间，步兵第18师的几个团三次从东面冲入新村，均无法将其拿下。该师的少数部队距离敌加强阵地已不到15~20码，却不得不一次次退回。德国人以绝望的勇气拼死抵抗。第二天入夜前，该师的部分部队，在坦克第61旅的支援下，到达工人新村的东部边缘，并展开逐屋逐巷的战斗。1月18日早晨，战斗再度激烈爆发。步兵第136师和坦克第61旅的部分部队从西面冲入工人新村。

从德国一方看，1月17日和18日的关键性时刻是这样的。第五工人新村内，泥煤处理厂高高的砖墙前有一座掩体，许纳尔将军的战地指挥部就设在这里。1月17日夜间，在闪烁的烛光旁，许纳尔研究着地图。三小时前，集团军司令部已批准仍在瓶颈地带北部的所有德军部队集结后向南突围，经过P5，沿锡尼亚维诺的高地建立起新的主防线。传令兵已被派出，现在正设法穿过积雪覆盖的沼泽。电报也已发给施吕瑟尔堡、利普卡和各沿湖阵地：突围！趁着夜色突围，方向——P5！

这就意味着，面对苏军强大的压力，德军必须不惜一切代价守住第五工人新村，以便让突围部队通过。

野战电话响了，与军部和第18集团军司令部的电话联系依然畅通。许纳尔拿起听筒，电话另一端是第26军军长冯·莱泽将军。"许纳尔，情况如何？"

"要说我们的情况糟透了，那还算乐观的说法，将军阁下！我最后的预备力量是一名军士和12名士兵。他们现在就在外面，正发起反击以封闭离这座掩体相

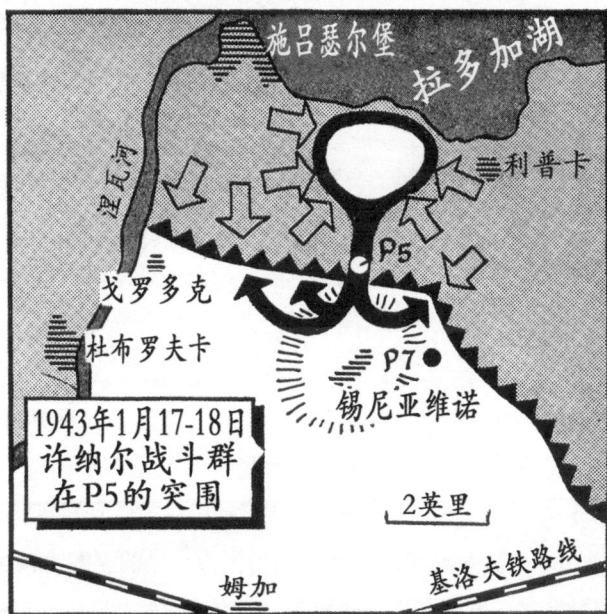

▲ 许纳尔将军一直坚守着第五工人新村，直到北面所有德军部队穿过这个新村向南而去。

当靠近的一次突破。"

就在这时，线路上发出"噼啪"声。"喂，"许纳尔喊道，"喂？"

没有回应。将军抬头看了看自己的副官，"电话线断了。"

"没关系，将军先生。至少现在没人来对我们指手画脚了。"中尉无奈地说道。

许纳尔点点头，他的铅笔划过地图。除了他自己的部队——第151和第162掷弹兵团——这里还有来自施吕瑟尔堡第328团的一个战斗群，来自利普卡第96步兵师的一个营和一个快速支队，另外还有来自拉多加湖各支撑点的第227步兵师的炮兵、反坦克猎兵、山地猎兵和掷弹兵，这些士兵都必须逃出这里。

他们能逃出去吗？苏军正在施加相当大的压力。他们当然知道正在发生些什么。因此，他们试图尽快夺取第五工人新村。

在苏军大炮的轰击下，这座小小的掩体颤动着。冯·贝洛上校派来的传令兵赶到了："苏军坦克逼近铁路路基！"许纳尔只剩下一辆配备着长炮管的三号坦克。它正停在工厂的空地处，伪装得非常好。行动！

三号坦克里的中尉让苏军靠拢到相当近的距离内。然后，他从80码外的隐蔽阵地开火射击，炮弹直接命中苏军坦克队列中第三辆坦克的火炮护盾。这辆坦克立即起火燃烧。第二发炮弹摧毁了为首的苏军坦克。而队列中的第二辆坦克，由于被卡在两辆被击毁的坦克中间，结果成了德军三号坦克轻而易举拿下的活靶。

棚屋和工厂里的200名伤员被迅速送上雪橇。在军医（一名年轻的中尉）的指导下，医护兵和尚能行走的伤员操纵着雪橇，沿公路赶往第六工人新村。他们的这一疏散非常及时，苏军在炮火的掩护下已杀至工厂，离许纳尔所在的掩体咫尺之遥。

许纳尔的副官立即调集通信兵、文员和传令兵发起反击，将苏军赶出工厂。

清晨时刻，天色尚未放亮，一名传令兵冲入砖墙旁的掩体。第151掷弹兵团——突围的先头部队——已经赶到。突围行动的决定性时刻到了。这些东普鲁士人以手榴弹和冷兵器夺路而出。这是一场代价高昂的突围。跨过沼泽上的积雪，无遮无掩地穿过苏军两个步兵师和两个坦克旅的集结区，德军这些战斗群一路赶往从戈罗多克延伸至锡尼亚维诺高地的德军新防线。守卫这道防线的是第

96步兵师的工兵、第5山地师的山地兵和第28猎兵师的猎兵，另外还有党卫军第4"警察"师的步兵。

战斗的焦点在第五工人新村，敌人潜伏在这里，机枪组隐蔽在泥煤堆后，步枪手躲在茂密的灌木丛中。苏军连队从侧翼发起冲锋，试图堵住德军的道路。苏军的大炮和多管火箭炮轰击着沼泽地。

清晨6点，德军第151掷弹兵团在第五工人新村遭遇到最后一群敌军。前进！手枪、刺刀、手榴弹和工兵铲——这就是他们的武器！

团长克鲁茨基少校在队伍前列阵亡，骑士铁十字勋章获得者——第6连连长科普中尉牺牲在他身旁。但这些东普鲁士人不仅杀出了包围圈，而且没有丢下一个伤员和阵亡的战友。

在他们身后，苏军再次冲入德军的逃生通道。因此，后面的德军战斗群不得不重新清理出道路。相同的场景反复重现：他们将伤员安排在队伍中间。积雪深达三英尺，医护兵们用雪橇拖着不能行动的伤员。不时会出现一匹马，拖着一大块铺垫着破烂毛毯的栅栏，上面躺着四名重伤员。前进！总共有6000名士兵和2000名伤员冲过沼泽中的这一逃生缺口。

天亮后，许纳尔将军终于下令让位于第五工人新村的战斗群撤离。苏军在夜间持续的白刃战中遭受到严重伤亡，这多少降低了许纳尔突围的风险。撤退的危险性比这位将军所担心的要稍小些。德军的侧翼掩护仍在坚守，尽管苏军坦克只是犹犹豫豫地尾随在身后。

清晨的微光中，锡尼亚维诺高地巨大的屏障像磁铁般吸引了德军士兵的目光。那就是他们的目标，赶到那里就能获救，那里就是他们排成松散的队形，端着武器穿越沼泽地的目的地。

他们在深深的积雪中艰难跋涉。只要苏军隐蔽在茂密的灌木丛或雪墙后的机枪响起，他们便立即趴倒在地面上任何一个凹陷处。然后，在战友们火力的掩护下，他们一码接一码，小心翼翼地向前爬去。摸出手榴弹，投弹！一道闪烁，一声巨响，随之而来的是惨叫和呻吟。前进！

到达锡尼亚维诺高地前，他们在弹坑中消灭了一支苏军战斗群。随后，他们到达了目的地。1月20日，许纳尔的部下跌跌撞撞地进入德军防线。第151和第162

掷弹兵团辖下的各个连队只剩下30~40人。第162掷弹兵团第1连，1月15日投入战斗时的兵力是128人，现在只剩下44人。[1]

负伤的德雷塞尔中尉用一根自制的拐杖支撑着自己，步履蹒跚地带着部下走过德军的第一道警戒线。守在这里的是第96步兵师的工兵，他们忙着在锡尼亚维诺高地北翼的主防线前埋设地雷。他们迎接了德雷塞尔和他的部下，这群第287掷弹兵团第5连的士兵们从利普卡而来。

相逢时的问候结束后，工兵们陷入了沉默，是该把路让出来，还是该让这些突围出来的战友重新进入阵地。他们能看出，该连的许多人失踪了。他们也看见，眼前这些人中的大多数都扎着血淋淋的绷带，能靠自己双脚站立着的人寥寥无几。

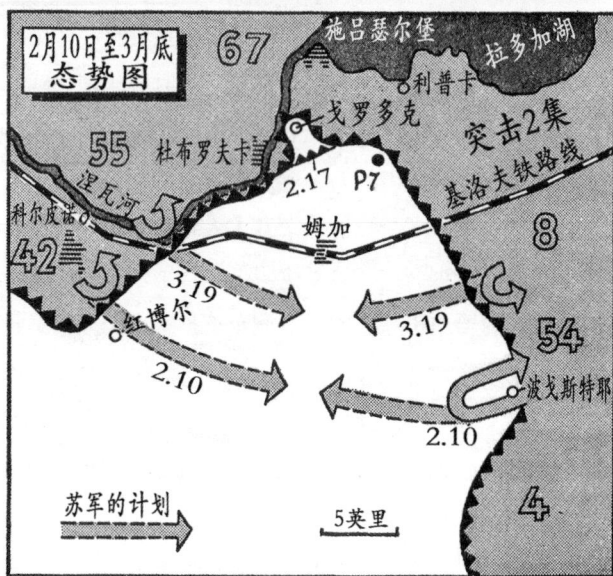

▲ 苏军未能实现第二次拉多加湖战役的战略目标，基洛夫铁路线和姆加仍被控制在德军手中。

---

[1] 许纳尔中将同样突围而出，并于4月18日获得骑士铁十字勋章。此后他又担任过第416步兵师师长和数个"要塞区"司令职务。1945年5月，许纳尔被英军俘虏，1947年获释。

德雷塞尔赶到临时营部报到时，他看见营部里只有团副官阿尔布雷希特上尉。营长呢？失踪了！营副官呢？阵亡了！大多数连长不是阵亡、失踪，便是负伤。全营只剩下80人。

"不行啊，德雷塞尔——任何一个还能端枪的士兵都必须直接进入新防线。"阿尔布雷希特说道，"这条从涅瓦河的戈罗多克穿过瓶颈地带，越过锡尼亚维诺高地，下降至文格勒在东侧的屏障的防线，无论如何都要守住。"

德雷塞尔点点头。连里的其他人也一样，这些刚刚杀出重围逃至德军防线的士兵，立即进入了新的防御阵地。

此刻是冬季最冷的日子，达到零下35至40摄氏度。白天，苏军用大炮和多管火箭炮轰击德军阵地。而在寒冷的夜间，苏军步兵会对德国人刚刚建立起、尚很薄弱的防线反复发起冲锋。苏军不惜一切代价想拿下锡尼亚维诺的制高点，但德军守住了他们的新阵地。之所以获得成功，是因为投入了从瓶颈地带北部突围出来的那些德军部队，除此之外，根本没有其他部队可用于防卫涅瓦河南端这些具有战略重要性的高地。

因此，对德军狭长通道最北端的拉多加湖沿岸地带实施疏散，从各个方面看都是个杰出的战术成就。大约有800000名士兵获救[1]，其中包括近2000名伤员。被迫丢弃的重武器均已炸毁。苏军几乎未缴获任何战利品，而且，更重要的是，他们没能抓获俘虏。德军撤离行动获得圆满成功的这一事实也被苏联军事史间接证明——他们宣布获得了胜利，但没有提及俘虏和毙伤的人数，这与他们的惯例截然不同。

但是，德军撤离拉多加湖南岸以及利普卡、施吕瑟尔堡等地，对苏军来说，获得了极大的心理成就感——对列宁格勒的封锁已被打破。的确，苏军最高统帅部投入巨大的人力和物力，只获得从沃尔霍夫前线至施吕瑟尔堡，一条5～7英里宽的通道，一道狭窄的泥煤沼泽地穿过这条通道，形成一条羊肠小道通往涅瓦河。可是，列宁格勒已为即将到来的夏季建立起一条陆地通道，尽管

---

[1] 德方公开资料如此。

狭窄，仍可被当作"生命线"，而他们在拉多加湖冰面上的通道会再次变成汪洋一片。

希特勒的计划是封锁、围困这座城市，逼其就范，但他在北翼整个战略所依仗的这个计划失败了。当然，德国在东线北翼的盟友——芬兰人——也意识到这一点，他们的军事行动依赖于德国人的进展。芬兰对其德国盟友的信心发生了动摇，他们的军事计划失败了。芬兰的卡尔·古斯塔夫·冯·曼纳海姆元帅原打算，待被围的列宁格勒陷落，立即将他置于卡累利阿封锁线上的军队调出，转而进攻摩尔曼斯克铁路线。这样一来，苏联重要的北部交通线将被切断，而美国运来的大批物资，使用的正是这条线路。失去美援物资，苏联将陷入经济困境，苏军最高统帅部的进攻势头也将被严重削弱。

这就表明夺取列宁格勒是多么重要，所以，尽管苏军在拉多加湖岸边取得的胜利微不足道，但在政治上却是个重大的胜利。诚然，苏军统帅部未能完成其第二次拉多加湖战役的重大战略目标，他们原希望沿一个宽大的正面，粉碎整个瓶颈地带，至少要杀至基洛夫铁路线，包括姆加。这将为被围的列宁格勒确保一条安全的陆地通道，并使其最终获救。

苏军未能实现这一目的。苏军对锡尼亚维诺高地的进攻失败了，那里的地面上布满了弹坑。A.A.日丹诺夫中将，军事委员会委员，同时是列宁格勒的守卫者，形象地说，他获得了一条细窄的乡间土路，而不是一条宽阔的公路。而且，他得到的是一条薄弱的补给路线，德国人的大炮甚至能控制这条路线。从锡尼亚维诺高地，前进炮兵观测员可以俯瞰远至拉多加湖的整片区域。

因此，从物质角度看，苏军最高统帅部只获得有限的胜利，但为此而付出的代价却极为高昂：他们投入了两个集团军——突击第2集团军和第67集团军，光是坦克便损失了225辆，也就是说，七个坦克营被报销。而在人员方面的伤亡则难以统计。

但是，这个胜利给苏联人民及其盟友带去的心理效应，完全抵消了苏军遭受到的巨大损失。对胜利的信念和对最高领导层的信心获得极大的鼓舞，日丹诺夫成功地将打破列宁格勒包围圈的胜利变为一场全苏联的欢庆。

1943年1月18日夜间，就在列宁格勒广播电台要求听众们做好收听一份特别公告的准备之际，包围圈被打破的传闻已席卷了整座遭受重创的城市，没有人准备去睡觉。第一批旗帜已挂了出去。那些单调的建筑物，缺乏抵御寒风的木栅板的窗户内传出了留声机播放的音乐声。希望再次被点燃——让这座城市遭受的苦难尽快结束吧。

午夜时刻，确切的消息来了。有关当局一直拖延到此刻，大概是为了确保消息的绝对准确。列宁格勒广播电台的公告以这番话作为开场："包围圈已被打破！为这一天，我们已等待了很久，但我们知道，它必将到来。正如我们在没有任何仪式的前提下将自己的亲人葬入公墓冰冷的土地里，向他们告别时发下的誓言那样：'封锁必将被打破！'"

无可否认，苏军未能到达基洛夫铁路线。但这一失败很快便得到补偿——没到25天，苏军铁路工兵便修建起一条22英里长的临时铁路线，跨过沼泽，沿拉多加湖湖岸，从波尔加米（Polgami）至施吕瑟尔堡，再从那里跨过一座临时桥梁，最终与列宁格勒铁路线相连接。当然，这条线路很容易被德军某天发起的进攻所切断，但这一点只有专业人士才知道。

26日，这条军用铁路线投入使用。列宁格勒城内工人们的面包配给马上从250克增加为600克，而其他居民获得的口粮也从125克上升为400克。这些数字比其他一切都更清楚地说明，列宁格勒仍是一座遭到包围和围困的城市。狭窄的通道，其宽度不超过5~7英里，其临时铁路线，无法确保这座要塞城市的正常补给。

这一情况迫使苏军统帅部在拉多加湖南岸这片被鲜血浸透的战场上继续做出努力，以便实现其战略目标——拿下基洛夫铁路线和姆加这一交通中心。战斗因此而继续，没有丝毫的停顿，第二次拉多加湖战役的第二和第三阶段开始了。

德军防线上的两块基石——戈罗多克支撑点及其医院和涅瓦河上的发电站；另一端是第366掷弹兵团在第七工人新村的强化阵地，根据该团团长的名字而被称作"文格勒屏障"——继续发挥其先前的作用。这两块基石和锡尼亚维诺高地的屏障决定了新爆发的战事的命运。

戈罗多克医院已成为一片废墟，主体建筑被彻底摧毁。但第240工兵营第3连的士兵们在布伦德尔中尉的带领下，据守着这片残垣断壁，并击退了苏军的多次进攻。面对敌人的坦克攻击，他们获得了第240炮兵团鲍尔少校第1营的特别帮助。

鲍尔的大炮设在"夏迪斯森林"的南部边缘。战斗打响后，前进观测员福尔克曼中尉便一直待在医院，指引炮兵火力。通过及时的防御性火力或集中轰击敌进攻重点，他一次次缓解了掷弹兵和工兵们的压力。

1月17日黄昏，凭借福尔克曼中尉提供的准确数据，德军炮兵连摧毁了苏军在三角林中的一处集结阵地。突然，他们之间失去了联系，德军大炮再未射出一发炮弹。发生了什么事？

福尔克曼的无线电操作员一次次呼叫连里的炮兵阵地，但却得不到回复。与团里也联系不上。

"我先去睡一会儿。"中尉说罢，来到地下室，在一张床铺上躺下。闷燃的废墟中冒出的烟雾，穿过通风道和楼梯飘入地下室。这里散发着恶臭，眼睛也被熏出泪水。但福尔克曼疲惫至极，倒下后便沉沉入睡。刚睡了半个小时他又被唤醒，"中尉先生，中尉先生，跟团里联系上了。"

福尔克曼坐起身："炮兵连发生了什么情况？"

军士犹豫了一下才说道："炮兵连被俄国人的坦克打垮了，所有人似乎都已阵亡。只有无线电操作员躲在某个藏身处，不时与赫兹上校进行联系。"

福尔克曼中尉从床铺上站起。被打垮？都已阵亡？"那么，那些大炮呢？那些大炮怎么样了？"这名军士耸了耸肩。

炮兵阵地距离这里1.25英里。1.25英里——先要穿过医院周围的包围圈，然后再通过暴露在敌人眼前的开阔地。但福尔克曼并未犹豫太久，"我得知道发生了什么情况，也许他们需要帮助。我去看看。"

福尔克曼往皮带上塞了五颗手榴弹，又把冲锋枪挎在腋下。就这样，他孤身一人走入夜色中。他从一棵树后跑到另一棵树后，从一片灌木丛跃至另一片灌木丛。他隐蔽在弹坑中或是落满积雪的泥煤坑里。

他来到泥煤加工厂的专用铁路线，铁路线后方就是从发电站通往师部的束柴路。他贴着道路前进。现在要小心点，一定是快到了。随后他辨认出炮兵第1排的阵地，月光下，那些大炮默默地伫立在胸墙后。

福尔克曼越过胸墙，弯下腰，这才发现阵地指挥官已阵亡，炮手们倒在火炮四周。有的尸体已被炮弹炸成碎片，有的身上布满了冲锋枪子弹弹孔。突然，福尔克曼猛地抬起身。他屏住呼吸聆听着，呻吟声再次传来。他小心翼翼地摸到四号火炮旁，跪下身子。炮架下躺着炮瞄手，冲锋枪子弹使他身负重伤，但还活着。

福尔克曼凑到伤员耳边低声询问。没错，他还有意识。苏军坦克攻陷他们的阵地时，这名炮瞄手一头扑到炮架下。蜂拥而至的苏军步兵将这些德军炮手扫倒，鲍尔少校和连长刚好也在阵地上，他肯定倒在很近处。福尔克曼搜寻着鲍尔少校。终于，他找到了鲍尔少校，但鲍尔少校和其他人一样，已经身亡。

奇怪的是，苏军并未破坏这些大炮。他们可能打算将这些大炮拖走。显然，他们认为自己很安全，而且有足够的时间。

时间，福尔克曼想到了时间。但他首先匆匆赶至急救掩体。掩体内空无一人。军医和他的医护兵倒在二号火炮旁，已经阵亡。福尔克曼在入口处发现一具雪橇，这是一具"拉普兰"船形雪橇，配有全套拖曳挽具和毛毯。他将炮瞄手搬上雪橇，再把挽具套在身上，就这样开始了返程之旅。每当雪橇出现颠簸，受伤的炮瞄手便发出呻吟。尽管此刻是零下20摄氏度，可福尔克曼还是忙得汗水淋漓。苏军巡逻队不时从他行进的道路上横穿而过，福尔克曼一次次扑倒在地，屏住呼吸，并把手捂在伤员的嘴上。

苏军炮兵轰击着沼泽和森林，福尔克曼不得不采取规避措施，这使他失去了方向感。现在，他必须加倍小心，以免遭到德军前哨士兵的误击。

终于，福尔克曼中尉听到微弱的交谈声，说的是德语，他高喊起来。几分钟后，他被送至友邻师（第96步兵师）的指挥部。

内尔德兴少将惊异地聆听着福尔克曼中尉的汇报。大炮依然完好？那里有些重伤员可能还活着？师作战参谋德格纳中校立即抽调工兵和掷弹兵，组建起一支强有力的突击队。在福尔克曼中尉的指引下，他们赶往被打垮的那个炮兵连阵地。

这一次，他们没能不费一枪一弹便到达炮兵阵地。苏军也往那里赶去，他们想拖走那些德制火炮。但福尔克曼的突击队把他们打了个措手不及，并将炮兵阵地占据。这时，另一支德军突击队也赶到了，是第240炮兵团赫兹上校派来的队伍。

黎明前，所有阵亡士兵的尸体都被收集起来，炮兵连阵地再次得到控制，防御被恢复。戈罗多克医院的守军重新获得炮兵连的火力支援。

在炮兵连连长被半摧毁的掩体中，他们发现了蜷缩在电台后，已经负伤的英雄——通信兵帕拉斯卡下士。炮兵阵地的整个战斗期间，他一直守在自己的电台旁，是连部的唯一生还者。掩体外停着一辆KV-1坦克，不停地开炮射击。帕拉斯卡一次次与团部取得联系，指引其他炮兵阵地对这些苏军坦克实施炮击。他的炮火指引非常出色，以至于苏军的坦克不得不从这里撤离。

第18集团军司令林德曼大将在他的每日晨报中获知了"夏迪斯森林"南部边缘所发生的这一血腥的插曲。他研究着作战态势图，"施佩特，我们的新防线能控制住瓶颈地带吗？"

集团军参谋长施佩特少将还未来得及做出回答，林德曼已接着说道："我们必须守住锡尼亚维诺高地！监视、骚扰，甚至阻截利普卡与施吕瑟尔堡之间苏军的交通，全靠这些高地。不光如此，一旦丢失这些高地，我们就无法守住姆加。要是姆加落入俄国人手中，他们就将夺取基洛夫铁路线，那么，我们的整个战略目标——围困列宁格勒，会变得毫无意义。"

林德曼大将说的没错。苏军拉多加湖战役的协调者伏罗希洛夫元帅，尽了一切努力，并接受了巨大的牺牲，以夺取沃尔霍夫与涅瓦河之间的这些制高点及其基石。他希望能彻底打破列宁格勒包围圈。

苏军的各个师不断对这些高地展开正面进攻。他们冲向第七工人新村和戈罗多克，用各种火炮猛轰这两处。他们投入了他们的坦克团，召集一波又一波的对地攻击机，对这两处基石狂轰滥炸，但这一切均属徒劳。自1月24日以来，负责指挥通道内所有德军部队的一直是希尔珀特将军①，这些部队也被命名为"希尔珀特军级集群"，他放弃了"夏迪斯森林"和第五工人新村南面的泥煤沼泽。新的主防线从戈罗多克径直穿过锡尼亚维诺高地，通向第七工人新村和"文格勒屏障"。

有时候，通道内参与作战的德军师多达十余个。除了来自集团军南部战区旧

---

① 这里的希尔珀特指的是第23军军长，步兵上将卡尔·希尔珀特。"希尔珀特军级集群"实际上就是第54军。希尔珀特后来还担任过第16集团军和"库尔兰"集团军群司令。他于1945年被俘，1948年死于莫斯科，最终军衔为大将。

有的东普鲁士师之外，还包括来自列宁格勒包围圈东南部的第5山地师和来自沃尔霍夫的第28猎兵师。

"许纳尔"战斗群守卫着锡尼亚维诺高地最为暴露的东北边缘。他们的工兵和第61步兵师的快速支队遭到极为猛烈的攻击，但却死守不退。在他们左右两侧是另外两个来自东普鲁士的师——第1和第11步兵师，他们与来自西里西亚第28猎兵师的猎兵们一起，同样进行着顽强的抵抗。锡尼亚维诺被摧毁的教堂周围所爆发的白刃战，是这场战役中最为激烈的战斗之一。

面对这个"东普鲁士方阵"，苏军试图经锡尼亚维诺强行突破至姆加的一切努力均告失败。在严寒中，暴风雪中，苏军雷鸣般的炮击声中，德军各实力严重受损的连队坚守着他们的战壕、支撑点以及被半埋的弹坑。经过八天连续不停地进攻，苏军最高统帅部意识到他们已无法更进一步。锡尼亚维诺的泥煤沼泽中布满了尸体。

苏军两个集团军的军事委员会委员和司令员向最高统帅部提出了看法："这毫无用处。我们的实力被严重消耗，却依然无法拿下这些高地。实际上，这些高地无法被正面进攻所夺取。德国人大大强化了他们的防御阵地。他们不惜削弱纵深侧翼的兵力，将所有的一切投入到锡尼亚维诺的屏障，而位于沃尔霍夫、波戈斯特耶地区、列宁格勒包围圈东南角、科尔皮诺（Kolpino）的侧翼则被削弱到危险的程度。那才是我们应该打击的目标。"

这是个合乎逻辑的想法，也是个颇具吸引力的计划——旨在对姆加北部和东部所有德军部队实施包围的一次钳形攻势。如果这个计划获得成功，苏军不仅能到达基洛夫铁路线，还能将十来个德军师囊入袋中。斯大林和他的最高统帅部，对战地指挥员们提出的这个计划充满热情并开始着手付诸实施。但斯大林和希特勒一样，总是犯下低估对手的错误。他再一次想以过少的兵力来实现过多的目标。

2月10日，苏军发起了他们的钳形攻势。东面，他们从波戈斯特耶包围圈的南部而来；西面，他们从科尔皮诺和红博尔（Krasnyy Bor）地区冲出（参见第214页地图）。

从东面发起攻势的苏军第54集团军遭遇到德军第96步兵师——该师被调离锡尼亚维诺前线，正在波戈斯特耶地区进行休整和补充。内尔德兴将军实力锐减的各个团没能享受到他们当之无愧的休整，不得不挺身应对激烈的森林战。他们与第61和第132步兵师的部队密切配合，遏制了苏军的进攻。苏军的攻势稍稍获得进展后便陷入停顿，他们掘壕据守，但最终却被逼得步步后退。战线的西面，党卫军第4"警察"师和西班牙"蓝色"师（第250步兵师）经受着苏军七个步兵师、五个步兵旅和三个坦克旅的冲击。

在埃斯特班·因凡特斯将军的指挥下，第262、第263和第269掷弹兵团辖内的西班牙营抗击着苏军在红博尔的进攻。苏军在这里投入三个步兵师和两个坦克营，总计33000人，他们还获得60辆T-34、数支反坦克炮部队以及187个炮兵连总计1000门大炮的支援。面对这一庞大的进攻力量，西班牙人在其20英里的防区上，只有2500人的一个加强步兵团，以及约2000人的三个营，另外配属给他们的还有一些特别部队和24门大炮，但没有坦克。

西班牙人与他们左侧友邻部队之间是一个4英里宽的缺口，守卫在这里的只有些巡逻队。由于兵力不足，埃斯特班·因凡特斯将军一直未能构建起他的第二道防线。不过，他保留了两个自行车中队、两个工兵连和两个炮兵排充当预备队。这点兵力并不多。

经过激烈的白刃战，苏军成功地获得2英里的进展，并拿下红博尔。但他们为这一战果付出了11000人阵亡的代价，而且，他们被卡在伊若拉河（Izhora）。西班牙人用匕首、工兵铲和手榴弹顽强抵抗。他们非凡的英勇值得被记录下来。

在这里应该举一个例子。掷弹兵安东尼·庞特用手榴弹和地雷成功地摧毁数辆达成突破的苏军坦克。在他干掉最后一辆T-34坦克后，庞特被报告失踪了。他肯定阵亡在涅瓦河这片冰冷的土地上，可能死于坦克履带下，也可能被一颗手榴弹炸成了碎片。他被授予西班牙最高英勇勋章——圣费尔南多桂冠十字勋章。

"蓝色"师的伤亡达3200人，其燧发枪手营损失了近90%的兵力。但这些西班牙人牢牢地守住了他们的支撑点，从而掩护了"希尔珀特集群"的侧翼纵深。仓促调上来的巴伐利亚第212步兵师的一部，在雷曼少将[①]的带领下发起一场反

---

① 这里的雷曼少将就是赫尔穆特·雷曼，柏林战役中的城防司令，后被魏德林接替。

击，将苏军先头部队驱散，粉碎了苏军取得突破的希望。

位于西班牙人右侧的友邻部队是党卫军第4"警察"师，该师得到党卫军第2摩步旅和"佛兰德斯"志愿者军团一部的加强，同样以残酷的白刃战遏制住苏军渡过冰冻的涅瓦河而发起的进攻。

苏军部队疲惫不堪，士气低落，不得不撤回到他们的出发阵地。但经过四周的休整，苏军最高统帅部于3月19日再度发起尝试，这次，他们稍稍向北，实施了一场较小型的钳形攻势。四周前，西班牙志愿者曾在涅瓦河上的红博尔地区抗击苏军的进攻，现在，"佛兰德斯"军团的志愿者们，在党卫军"警察"师辖内，面对着苏军第55集团军的攻势。

就在苏军突破德军阵地之际，舍隆上尉带领的这些弗兰芒人，以营级兵力发起反击。在88毫米高射炮战斗群和第502重装营第1连几辆虎式坦克的支援下，他们以一场艰难的白刃战夺回了"蓝色"师先前的主防线，并将苏军所有的进攻击退。他们在这里坚守了八天。

随后，师补给指挥官派出一些卡车，搭载着第5山地师的一个营赶至争夺激烈的前线，以接替这些弗兰芒人。山地猎兵们跳入弗兰芒人的战壕和散兵坑，却发现大多数人已经阵亡。只有45名弗兰芒人爬上等候着的卡车。500人中只剩下45人。

苏军的损失更为可怕。第二次拉多加湖战役是一场血腥的杀戮。锡尼亚维诺的泥煤沼泽、科尔皮诺和红博尔的森林，这些地方都成了可怕的战场。德国"北方"集团军群估计，苏军的损失大约为270000人。

戈罗多克的医院和发电站同样被炮火摧毁。2月17日，第170步兵师的工兵们最终放弃了前线的这一基石。南面三英里处，在所谓的"缅甸公路"上，一条新的、缩短的防线，从涅瓦河经锡尼亚维诺通至"文格勒屏障"，守在这里的是来自北德和东普鲁士的掷弹兵，以及来自西里西亚的猎兵。德军步兵、工兵、反坦克猎兵和炮兵们的持久力以及他们在最恶劣的气候及作战条件下表现出的毅力，再一次阻止了列宁格勒的苏军实现其目标。

与此同时，更南方900英里处，冯·曼施泰因元帅在顿河和顿涅茨河之间粉碎了苏军的攻势，这是两种完全不同的打法。通过他那些快速部队大胆、高机动性的行动以及他麾下装甲指挥官英勇果断的指挥，这位"南方"集团军群司令获得了他的胜利。但是，在拉多加湖南面的通道上，决定战役最终结果的是获得工兵、反坦克猎兵和炮兵支援的步兵以及单独的士兵。

这两种打法都表明，尽管危机重重，尽管他们遭到危险的逆转和严重的损失，但东线德军依然能靠士兵们的士气和毅力，以及他们指挥官的能力来弥补自身数量上的劣势。

1942—1943年冬季期间，苏军所获得的一切胜利都基于这样一个事实——在他们发起攻势的决定性地点上，德国人总是缺少一支最低限度的机动预备队。换句话说，就是缺少一股可被迅速派往任何一个危机发生地的力量。

在斯大林格勒，在马内奇河和米乌斯河，在顿河和顿涅茨河，一直出现同样的问题：缺乏决定性的2~3个经验丰富的机动师。德国最高统帅部面临着一个艰难而又至关重要的任务，解决这个问题不仅关乎东线德军的命运，还涉及整场战争的成败。这个问题就是，如何筹措战略预备力量，以阻止苏军从北极至黑海的各条战线发起的大规模进攻。

4

杰米扬斯克

瓦尔代丘陵上的包围圈——十万人在前哨执勤——苏军的战略支点——冯·罗森塔尔少校智胜铁木辛哥——撤离"选帝侯大街"——十天内疏散——12个师获救——铁木辛哥遭到指责

列宁格勒南面150英里处，伊尔门湖与谢利格尔湖之间，蘑菇状的德军前线在1943年年初时依然深深地插入苏联腹地。这里是德国第2军在杰米扬斯克周围的作战区域。这个"大蘑菇"中包含了德军的12个师，近十万人。而"蘑菇"的茎部只有6英里宽。

这些人的经历是这场战争中最激动人心的故事之一。

杰米扬斯克这个"半岛"是如何形成的？我们先把时间拉回至1941年德军发起进攻的那一年，第2军在布罗克多夫–阿勒菲尔特伯爵的率领下，到达了具有重要战略意义的瓦尔代丘陵，并将莫斯科与列宁格勒之间的铁路线切断。但这支部队被卡在这里。整个冬季，他们据守着这个过度前伸的堡垒。如果要重新恢复对莫斯科的攻势，这里就是个重要的据点。杰米扬斯克突出部将成为新攻势一条理想的出发线。

苏军总参谋部同样意识到这一点。出于这个原因，1941—1942年苏军庞大的冬季攻势中，充当北部杠杆的正是瓦尔代丘陵。苏军千方百计地试图突破伊尔门湖与谢利格尔湖之间的德军障碍，通过对"北方"和"中央"集团军群后方的打击，使德国人在列宁格勒和勒热夫的战线发生崩溃。

第2军辖下的各个师顽强据守。但是，1942年2月8日，他们遭到了包围，随

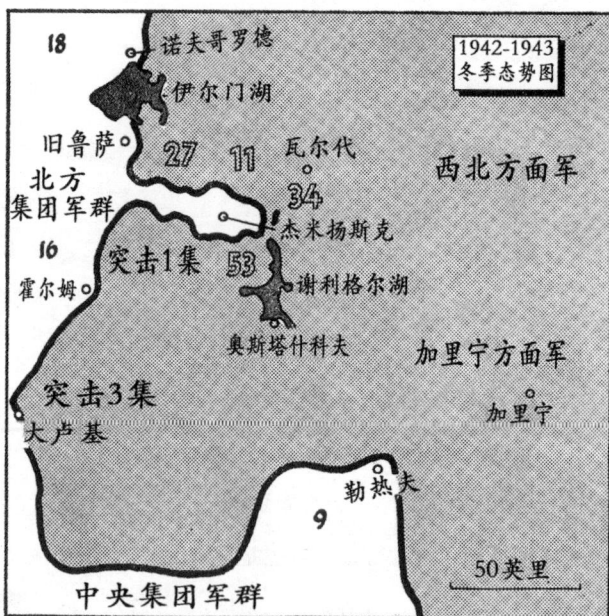

図中文字：

18　诺夫哥罗德　　1942-1943
　　伊尔门湖　　冬季态势图

旧鲁萨　27　11　瓦尔代　　西北方面军
北方　　　　34
集团军群　　○杰米扬斯克

16　突击1集　53
霍尔姆　　　　○谢利格尔湖

突击3集
大卢基　　○奥斯塔什科夫　　加里宁方面军

　　　　　　○加里宁

　　勒热夫
　　9　　　　　50英里

中央集团军群

▲ 杰米扬斯克这棵"大蘑菇"深深地插入敌方领土。希特勒希望坚守这一阵地，以此
为跳板，发起一场针对勒热夫的攻势。

后，不得不通过空运获得补给。在14500架次的任务中，德国空军的运输单位以他
们的Ju–52创造出历史上第一次成功的空运行动。

　　1942年4月底，包围圈外发起的解围进攻与包围圈内展开的一场反击，使他们
与洛瓦季河的德军主防线重新建立起联系。4月21日18点30分，拉穆舍沃这座被摧
毁的村庄附近，包围圈内向西推进的士兵们，隔着上涨的洛瓦季河1000英尺宽湍
急的水流，向冯·赛德利茨–库尔茨巴赫将军的解围先头部队挥手致意。

　　"他们来了！他们来了！"党卫军"骷髅"师一级突击队中队长伯克曼反坦克营
的士兵们喊道。在河对岸向他们挥手的是第8猎兵师工兵营的彼得上尉和一名下士。

　　他们之间只隔着泛滥的洛瓦季河。一旦桥梁建成，第16集团军从旧鲁萨至霍
尔姆的主防线与杰米扬斯克地区的德军部队之间的走廊将再次恢复。的确，这条通

往杰米扬斯克地区的走廊，或称之为通道，狭窄得惊人，但却被第2军死死守住。它阻止了苏军跨过伊尔门湖与谢利格尔湖之间的陆地桥梁，牵制了苏军的五个集团军。但在整个1942年，这里一直存在着这样一个危险——苏军有可能在茎部切断杰米扬斯克的这颗"蘑菇"。数月来，近十万名德军士兵处在危险的边缘。

苏军最高统帅部意识到这个机会，并将杰米扬斯克前线作为其1942年大规模冬季攻势的出发点之一，斯大林旨在通过这场攻势粉碎德军的东部战线，在他的算计中，杰米扬斯克是个重要因素。

正如斯大林格勒将成为打垮德军南方战线决定性的突破那样，苏军对杰米扬斯克的攻势代表着他们席卷"北方"集团军群战线的意图。在伏尔加河，苏军成功地获得了决定性突破，并歼灭了第6集团军，但在瓦尔代丘陵，他们的如意算盘却落了空。

斯大林选中铁木辛哥元帅来完成歼灭德国第2军十万名将士的任务。铁木辛哥元帅投入了三个集团军——第11和第27集团军将从伊尔门湖对狭长地带的北部防线发起进攻，而突击第1集团军则从南面向这条通道全力推进。

铁木辛哥对胜利充满信心。他的北部集群拥有13个步兵师、9个步兵旅和400辆坦克。与这一强大力量对抗的是德军的三个师——第8猎兵师、第81和第290步兵师。铁木辛哥的南部集群辖7个步兵师、4个步兵旅和150辆坦克。而与他们对阵的只有一个德军师——来自莱茵兰—威斯特法伦的第126步兵师。

铁木辛哥想以这些兵力来突破杰米扬斯克这棵"大蘑菇"仅有6英里宽的茎部。每个攻击集群负责三英里。只要稍事推进，德国第2军的十万人就将被囊入包围圈中。

1942年11月28日，进攻开始了。先是炮兵的大规模炮击，接着是空军的地毯式轰炸。低空飞行的飞机接连不断地对德军阵地实施空袭，制空权完全掌握在苏军手中。德国空军未对杰米扬斯克地区的守军提供了大规模支援，这里也没有一支较大的装甲部队。自第8装甲师离开这里赶往维捷布斯克后，第16集团军只剩下屈指可数的几个突击炮和装甲连，它们隶属于1941年组建于法国的第203装甲团。这些部队作为"绍尔"战斗群的一部，在男爵冯·马森巴赫中校的指挥下，奋战于旧鲁萨。这是集团军唯一可用的预备队。将杰米扬斯克地区的德军步兵与铁木辛哥的坦克大潮分隔开的，仅仅是战壕、铁丝网和雷区。

在硝烟和尘埃，火焰和闪光中，苏军的T-34逼近了，伴随在坦克身旁的是高呼着"乌拉"的步兵营。"冲向德寇的防线！只要穿过最前面的几道战壕，你们就算完成任务了。"苏军政委曾向各个连队保证过。这激发起他们的斗志。战斗打响的最初几个小时内，苏军在通道的北部战线上达成一些突破，铁木辛哥立即将预备队投入到这些缺口中。

负责指挥通道内德军部队的赫内中将，把他手上的工兵、通信兵、炮兵和驾驶员统统投入突破口。马森巴赫第203装甲团以连和排的形式，从旧鲁萨被派往危机发生地。泽米施上尉以第1营主力肃清了几个突破口，但此刻，他们缺乏步兵。

由于布罗克多夫-阿勒菲尔特伯爵身患疾病，杰米扬斯克地区的第2军现在由劳克斯中将[1]指挥，他们同样在各处搜罗最后的预备力量。连部被掏空，维修和补给连的人员被调出，所有能用的人都被派往遭受到威胁的前线。但这毫无效果。

求救电发往与他们相邻的第10军，但该军辖内的部队正在旧鲁萨地区忙得不可开交。

同样救急电也发给了第16集团军。集团军司令布施大将亲自致电劳克斯将军表达了他的遗憾："劳克斯，我甚至无法从集团军前线抽调哪怕是一个营给您！"

那么，集团军群呢？集团军群也没有预备队。前不久曾帮着应对第一次拉多加湖战役的曼施泰因第11集团军，现已不在这片地区。斯大林格勒的形势迫使将这位元帅和他的集团军司令部、集团军直属部队和集团军辖内的另一些部队从北方战线调至南方。北部战线德军主力据守在韦利日（Velizh）和维捷布斯克，并卷入到激烈的战斗中。实际上，德军的整个战线都已打得如火如荼。

因此，在瓦尔代丘陵上，赫内的部队只能依靠他们自身的力量。各小股战斗群面对占据绝对优势的敌军勉强自保。纪律、作战经验和战友情谊被证明是决定性因素。但这里并未形成任何防御中心，因为炮火炸毁了一切，这里也没剩下可

---

[1] 劳克斯很快被晋升为步兵上将，正式出任第2军军长一职，1944年又担任第16集团军司令。1944年8月底因侦察机坠机而伤重不治。

继续实施抵抗的反坦克炮，甚至连一挺机枪都没有——在这种情况下，再大的勇气、再严格的纪律也无济于事。敌人已下定决心要获得突破，并将残余的守军彻底碾碎。铁木辛哥所做的正是"压路机"的工作。每天，他们推进200码或500码，在某些地方能达到1000码。铁木辛哥果断的突破是苏军随时可能杀入第16集团军的后方区域。

面对这种危险的状况，赫内将军[①]麾下的各师显然已无法坚持太久，"北方"集团军群决定赌上一把。12月初，冯·屈希勒尔元帅分别从拉多加湖沿岸极其薄弱的防线、奥拉宁包姆包围圈、沃尔霍夫，抽调出第18集团军的三个师，投入到杰米扬斯克这个"大蘑菇"中。另外，他还留下原本要派往芬兰，加入第20山地集团军的第28猎兵师。

1942年12月，来自北德的第58和第225步兵师，以及来自莱茵兰—威斯特法伦

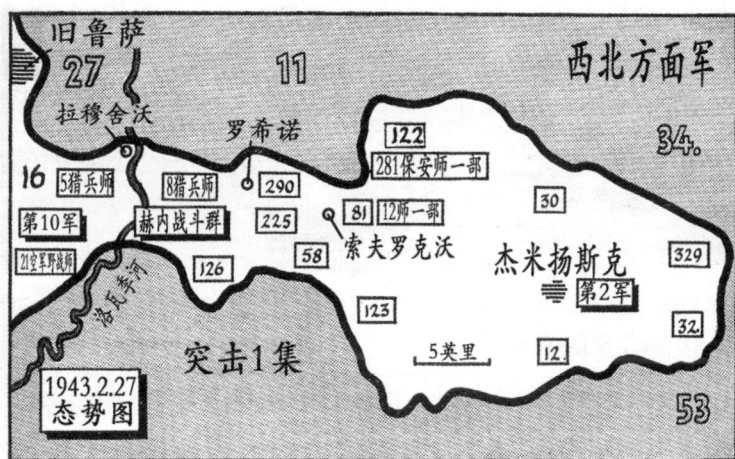

▲ 从1942年11月28日至1943年2月中旬，铁木辛哥元帅一直试图夹断通往杰米扬斯克6英里宽的"走廊"。

---

① 这里的赫内中将指的是原第8猎兵师师长古斯塔夫·赫内，此刻他已接管"劳克斯"军，而该军军长劳克斯接替阿勒菲尔特担任第2军军长。不久后，"劳克斯"军改称"赫内"集群。

的第254步兵师，即将面对有史以来他们所遭遇过的最激烈的战事。

将第18集团军的这些师调入饱受威胁的杰米扬斯克通道是个正确而又必要的决定。不过，这些部队撤出北部防线也就意味着：五个星期后苏军发起第二次拉多加湖战役时，列宁格勒与沃尔霍夫之间的通道上，德军将由于实力太过虚弱，而无法阻止苏军打破列宁格勒包围圈。

这又是一次同样的情况：兵力太少！兵力不够的状况无处不在。自1942年秋季以来，德军各条战线都出现了兵力"太少、太晚"的情况。

可是，希特勒不肯改变他"坚守每一寸既得阵地"的策略。他坚持自己的理论：最靠前、最暴露的支撑点必须守住，以便为将来的进攻充当最有利的出发地。因此，灾难不可避免地发生了。

三个师辖下的各团各营，从北部匆匆而来，刚刚到达旧鲁萨地区，便立即搭乘卡车或步行冲入"蘑菇"，投入到战斗中。

一个严重受到威胁的地区是"赫内"集群的北部防线，守在这里的是第8猎兵师的一部和朔佩尔少将来自西里西亚的第81步兵师。该师正处在苏军进攻的重点地带，辖下各战斗群遭到包围。他们夺路而出，却再度被围，于是通过激烈的白刃战再次杀出包围圈。12月17日，第81步兵师的第161和第174掷弹兵团，全部兵力加在一起只剩下310人。但在该师防区前，被击毁的苏军坦克多达170辆。这些数字足以说明一切。

12月17日，这些西里西亚人被第225步兵师替换下来。第225步兵师进入阵地的第一天，洛伦茨上校第376掷弹兵团的反坦克猎兵便在他们主防线前方的坦克墓地中添加了18辆T-34的残骸。

据守"蘑菇"南部屏障的是"施吕瑟尔堡征服者"霍佩少将的部队。15个月前，这个"泥煤沼泽之狐"带着一个加强团，在列宁格勒东面一个接一个地攻破工人新村，随后与来自汉堡的第20摩步师相配合，以一场突如其来的袭击拿下了施吕瑟尔堡。在此期间，霍佩已晋升为第126步兵师师长。他的几个团卷被入到极为激烈的防御战中，但是，苏军并未能成功突破德军主防线。让德国人庆幸的是，苏军犹豫得太久了。

霍佩把他的部队归拢起来，撤至一条缩短的战线，并构建起新的防御阵地。

就这样，苏军向北突破的致命危险，再一次在最后一刻被化解。12月4日，德军的援兵赶到——第58步兵师的第209掷弹兵团和侦察营。

苏军发起的一次坦克进攻，恰巧出现在第209掷弹兵团第2营的反坦克猎兵和配属给他们的高射炮战斗群的大炮前，结果被彻底歼灭。与第58步兵师一起，霍佩的第126步兵师肃清了通道南部防线的敌人，并建立起一道新的防线以挫败苏军的进一步进攻。

第58步兵师的另一股作战力量——第154掷弹兵团，被派至通道北部的防线上，刚一赶到，便加入第290步兵师投入了战斗。

罗希诺（Rosino）的情况最为危险。这里的苏军在强大的坦克部队的配合下向南推进，战斗达到高潮。但在这场激战中，这里的守军同样成功地堵住对方的突破，并构建起一道新防线。铁木辛哥被挡住了。他的部队恼怒不已，试图以坦克和火焰喷射器强行打开一个缺口，但他们仍未获得成功。这简直是个奇迹。铁木辛哥的部队在兵力上占据绝对优势，而且，他们的主攻放在屈指可数的几个地点，却未能突破德军过度延伸的防线，这怎么可能？

对此的解释不能简单归因于守军的英勇，还有些其他决定性因素：在长期的"围困战"中，德军阵地已得到最大程度的强化；高射炮、反坦克猎兵、大炮和突击炮之间的配合相当默契；各个师的军官、士官和士兵们相互了解；另外，两位军长——劳克斯将军和赫内将军不仅是技艺娴熟的战地指挥官，也是出色的临时防御组织者。

在罗希诺附近的战斗中，德军第184突击炮营的两辆突击炮表现尤为出众。他们在第255步兵师第377掷弹兵团防区内的行动，充分说明了铁木辛哥的坦克部队对杰米扬斯克两侧德军防线的突击为何会屡屡失利的原因。两位突击炮车长的作战报告都被留存下来，作为一份令人印象深刻的证词，十分详细地说明了这些武器是如何有效地参与了热点处的战斗。

这些突击炮其中一辆是安装着短身管火炮的三号突击炮，由霍斯特·瑙曼中士这位21岁的柏林人指挥。他奉命赶到索夫罗克沃（Sofronkovo）东面，在道路左侧准备迎战由北而来的敌军。里斯中士则带着他那辆配备长身管火炮的突击炮停在道路右侧，准备迎击由东而来的敌军。两辆突击炮之间的距离大约为100码。在他们之间是一座小山丘，这里也是德军斜向防线最前伸的位置。据守在这里的是第75猎兵团威德迈尔上尉的第3营，圣诞节时，该营从第5猎兵师位于左翼的防区调至这一关键地段，并被置于第225步兵师的指挥下。

此刻是9点30分，除不时出现的敌迫击炮火外，一切都很平静。一般说来，苏军的进攻会在10点整准时发起。所以，他们大概不会等上太久。正如他们想的那样，几分钟后，地狱之门敞开了——多管火箭炮、大炮、迫击炮喷射出碎甲弹和白磷弹。

"关闭舱盖！"瑙曼中士命令道。与此同时，里斯中士那辆长炮管突击炮的舱盖也"砰"的一声关上了。

突击炮组员在他们的铁盒子里坐了近一个小时。在他们四周，炮弹撞击着地面。弹片和飞起的石块敲打着钢铁"墙壁"。每当一发炮弹的落点非常靠近时，突击炮里的人便屏住呼吸，等待下一发飞来的炮弹。下一发炮弹会更近吗？让他们松了口气的是这次炮弹稍远了些。突然，一切陷入了平静。瑙曼打开舱盖向外张望，可什么也没看见。所有的一切都被浓浓的硝烟所遮掩，但这位经验丰富的车长知道，这里与树林边缘的距离是400码，敌人肯定就隐蔽在那儿，他们肯定会从那里过来。

他们像猎人那样等待着。这对瑙曼来说毫无新鲜感，他已干掉过15辆苏军坦克，他能再次赢得战斗吗？或者说，今天能否为自己的战绩再添加几个数字？

硝烟渐渐散去。瑙曼的眼睛紧紧盯着他这辆突击炮右侧80码外的一座小丘。就在那里，一辆坦克的炮塔在天际线的映衬下出现了，接着便是T-34的车身。这辆坦克向这里迅速驶来。

"右侧出现目标！敌坦克！"瑙曼叫道。炮瞄中士转动着瞄准装置上的手柄，已将那辆T-34的身影套入准星。第一发炮弹从短身管主炮中射出，对面发出了一声巨响。"直接命中！"车长说道。炮瞄手和装弹手疯狂地忙碌着，一发接一发的炮弹从突击炮中射出。

第一辆T-34的组员试图放弃被击毁的坦克。舱盖打开了，距离这辆动弹不得的坦克15英尺外，一些在一道反向斜坡上据守的德军用他们的机枪火力和手榴弹将那些车组人员射倒在地。

第二辆T-34随即出现。突击炮的短身管主炮连发四弹，"它起火了！"又有两辆苏军16吨的坦克出现在山头上，它们开火了。但炮弹的落点稍近了些。瑙曼的炮瞄手对这两辆坦克各发两弹，两辆苏军坦克同样燃起了火焰。

汗水从炮瞄手的脸上滑落。战斗只持续了一分钟，四辆苏军坦克已在瑙曼这辆突击炮前被报销。

"我们到山上去！"瑙曼下达了命令。驾驶员踩下油门，突击炮叮当作响地向前驶去。还没等他们到达山头，透过剪形望远镜，瑙曼中士发现另一辆T-34正从200码外逼近。"那里还有一辆！开炮！"

那辆T-34连中几弹。炮塔舱盖猛地被推开，一团火焰蹿了出来，舱内的弹药连续发生着爆炸。这时，苏军炮弹尖啸着落向德军突击炮所在的山头。

"敌炮兵正试图弄清我们的距离。"透过内部通话装置，瑙曼平静地说道。

"霍斯特，收兵吗？"驾驶员问道。瑙曼刚要同意，却发现六辆苏军坦克向一辆被击毁的T-34驶来。

"敌人又上来了！开炮！"决定这场战斗的是速度。显然，突击炮的速度更快些，六辆敌坦克冒着烟，在40码开外遭受到致命重创。

霍斯特·瑙曼刚满21岁，是第一个获得骑士铁十字勋章的突击炮组军士[1]。在杰米扬斯克的这场战役中，他所在的连队被德军最高统帅部的公报提及三次，后来，瑙曼因多次英勇的作战表现而被提升为军官。

一连两个星期，铁木辛哥投入他麾下的师和坦克旅，试图以反复的进攻强行突破德军北部防线，但他们失败了，200多辆苏军坦克被击毁在德军阵地前。

在杰米扬斯克这棵"大蘑菇"的南部战线上，铁木辛哥的突击第1集团军于1月2日再次发起大规模进攻。遭受到这一冲击的又是德军第126步兵师实力严重受损的各团以及第58和第225步兵师的各个营和战斗群。铁木辛哥将战火向东面更远

---

① 1943年1月1日至4日，瑙曼的突击炮击毁了12辆敌坦克，使自己的总战绩达到了27辆坦克。1月4日，他被授予骑士铁十字勋章。

处延伸，扑向德军第123步兵师和第12步兵师一部所据守的防线。但这位元帅发现这里也无空可钻。

他无奈地放弃了。从11月28日至1月12日这46天的战斗中，他的三个集团军阵亡10000多人，另外还损失了423辆坦克。

德军的伤亡也不小。杰米扬斯克通道和作战区域内的德军各个师的伤亡名单表明，17767名军官、军士和士兵在战斗中阵亡、负伤或失踪，这个数字充分说明了战斗的激烈程度。在11月28日至1月23日这57天中，伤亡人数达17767人！这是个可怕的数字，瓦尔代丘陵的前沿阵地付出了高昂的代价。

但毫无疑问，苏军还会向这里发起进攻。同样可以肯定的是，守军还将付出更高的代价，他们迟早会全军覆没。这是另一个斯大林格勒！

鉴于过度延伸的防线和兵力不足这一整体态势，继续承担这种风险还具有合理性吗？战地指挥官们的回答是否定的。

这也是元首大本营内，陆军总参谋长蔡茨勒大将的回答。他试图说服希特勒，让部队撤离瓦尔代丘陵。但希特勒起初完全听不进去，他的回答是"坚守"。在他看来，前线上突出的"堡垒"将为日后的攻势提供出发阵地。希特勒仍坚持以占领对方广阔的领土和经济重要地区为征服苏联的策略。斯大林格勒的废墟，这一可怕的警告使他稍稍产生了些许动摇，但他仍不愿修改自己的主张。

1943年1月下旬，危机变得明显起来，由于没有及时命令第6集团军从伏尔加河撤往顿河，该集团军全军覆没。蔡茨勒大将再次敦促希特勒，将杰米扬斯克这个半包围圈内的十万将士撤出，以免重蹈第6集团军的覆辙，并为陆军总司令部挽救这不可或缺的12个师。

希特勒不再断然拒绝这一请求，此刻的他在常识和固执间摇摆不定。

德军最高统帅部战时日志的记录者，赫尔穆特·格赖纳，在1943年1月30日写道："昨天，元首索要了一份关于杰米扬斯克地区补给情况的报告，以便帮助自己做出撤离该地区的决定。在这一问题上，元首顺便提到，他发现很难做出赞同撤退的决定，因为从目前看，他仍打算发起一次向奥斯塔什科夫的攻势以封闭前线的缺口，尽管他认为消灭列宁格勒更为重要。"

这是一个惊人的想法——从杰米扬斯克发起一场进攻，直扑勒热夫地区！"北方"集团军群与"中央"集团军群之间的缺口宽达80英里，希特勒想从受到威胁的杰米扬斯克包围圈展开一场攻势，从而封闭这个缺口！尽管他"认为消灭列宁格勒更为重要"。

消灭列宁格勒！就在12天前，苏军打破了德军围困这座城市的包围圈。此刻，希尔珀特的军级集群正在锡尼亚维诺的高地上拼死抗击着苏军优势兵力的猛烈进攻。

事情再一次清晰地表明，希特勒对战略问题过去那种冷静、客观的判断已让位于一种病态而又虚幻的痴心妄想。但是，第6集团军的噩运再次与杰米扬斯克的第2军擦身而过。瓦尔代丘陵上的十万名德军将士被两个因素所搭救——斯大林格勒严酷而又惊人的失败和一个名叫冯·罗森塔尔的总参少校。

1943年1月31日，希特勒终于被伏尔加河上的灾难所说服，对蔡茨勒的坚持做出让步。第二天，2月1日，在发给第16集团军的一份电文中，蔡茨勒批准第2军实施疏散。在几乎无路的地区所进行的这场后撤必须分阶段进行，不得丢弃任何一件武器装备。

"疏散行动将在70天内完成，"最高统帅部的命令中这样指出。70天！各师部的军官们禁不住笑了起来。70天内可能会出现很多变故！后撤当然不能耗费两个半月的时间。幸运的是，正如我们将看到的那样，这种情况并未发生。这场行动只用了规定时间的七分之一，因为劳克斯将军和他的参谋人员在最高统帅部的命令到来前很久便已做好疏散的准备工作。

自1月中旬以来，劳克斯将军按照他与第16集团军的默契，进行了必要的准备工作。第225步兵师的作战参谋冯·罗森塔尔少校，带领一个策划小组负责与撤退有关的一切问题。当然，"撤退"这个词不能出现在正式的通讯记录上，因此，"垃圾清理行动"成为该计划的代号。所有不知情的人都以为这个计划是为一场即将发起的进攻所做的准备。

清理组和劳动队建立起来，铁轨被铺设，束柴路被搭建。一个交通系统应运而生，从"蘑菇"的顶部径直通往通道处，为数支部队同时后撤提供了可能。德军士兵们卖力地忙碌着，战俘也被派去参加劳动。机械化除雪机嘎吱作响地穿过作战区域。就这样，出现了"一号公路""束柴大道""选帝侯大街""西里西亚长廊"。

后方仓库中一切不必要的东西、多余的车辆以及属于后勤补给单位的装备都被送上了窄轨铁路，这条铁路开始于波拉河（Pola）后方，穿过杰米扬斯克通道直达旧鲁萨地区。疏散物资被集中在那里的一些收容点。只有机械化和马拉雪橇被留下，以便为秘密筹划中的后撤行动所用。

冯·罗森塔尔少校和他的策划人员夜以继日地忙碌着。他们这个"地下组织"的工作高效、精确，未引起最高统帅部的丝毫怀疑。

1943年2月1日，撤离该地区的正式命令终于到达，大部分准备工作也已经完成。重装备的疏散工作可以立刻开始。到2月中旬前，大约有8000吨装备、5000辆马车和1500部汽车的货物已被疏散，若不是罗森塔尔的未雨绸缪，撤退行动可能刚刚才开始。军部告诉陆军总参谋长，疏散时间可以缩减至40天。但这并非就是最后的定论。

自1943年2月初以来，呼啸的暴风雪一直席卷着瓦尔代丘陵。吹集起的积雪深达数英尺，铺设好的铁轨和道路都被覆没。机械化除雪机不得不被调入，再次清理道路。德国人使用了一切伪装手段，以欺骗苏军和在战区中为苏军提供情报的老百姓。

来自谢利格尔湖的寒风吹过德军第32步兵师主防线前方的高地。风卷来的积雪很快便覆盖了在第94掷弹兵团防线前方的艰难地形中实施侦察的德军巡逻队的路径。但在一个巨大的雪堆后，德军士兵再次发现克雷奇默中士此前曾发现过一两次的情况——孤零零的一条滑雪道。

中士用他的雪杖指着滑雪道说道："就在我们到达这里前不到半小时，有人刚刚从这里经过。"

克雷奇默的同伴们点点头。贝伦斯下士说："难怪伊万们总是对我们的情况了如指掌。要是他们发现我们正准备后撤，肯定会朝我们扑过来。"

这些士兵踏着滑雪板，艰难地返回到他们的营部。克雷奇默中士做了情况汇报："一条孤零零的滑雪道向苏军防线而去。"然后，作为一名经验丰富的突击队和巡逻队队长，他又补充道："要么是战区内充当联络人的苏联老百姓，要么就是伪装成当地百姓的特务，可能居住在被老百姓当作栖身所的那些窑洞中的某一座里。"

所有营部人员对这种危险都很熟悉。眼下如此薄弱的防线，不可能阻止敌方特务来来往往的活动。必须设法争取最好的结果。在目前的情况下，所谓的"最好"就是给那些来往于战线间的特务提供虚假信息。必须愚弄他们，必须用假情报转移他们的注意力。

于是，从2月初起，沿着整条战线，一些奇怪的单位中出现了一些特种任务分遣队，并引来广泛的关注。例如，来自石勒苏益格–荷尔施泰因的第30步兵师里，出现了空军某野战师的"交接联络组"。2月12日，在第26燧发枪手团的防区内，空军某野战团的接洽组大张旗鼓地进行着"接管阵地"的准备工作。

空中行动也充斥着欺骗。要求增援的密码电文被发往集团军司令部，所使用的密码很容易被破译。按照事先的安排，集团军司令部回电，命令他们为即将到来的新部队、大炮和迫击炮单位构建住处。根本就不存在的幽灵部队在清晰可辨的"宿营地"架设起无线电发报机。

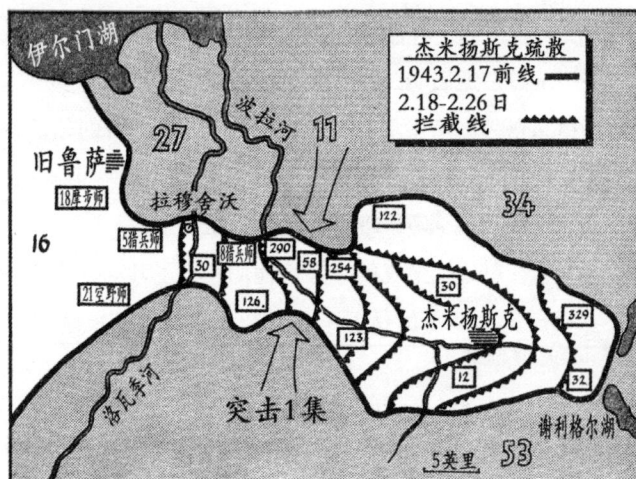

▲ 疏散杰米扬斯克包围圈的"齐滕"行动。十天内，12个师被分阶段撤出。

防线间的秘密滑雪者、游击队员和间谍们将这一切汇报给了苏军指挥部。但苏军对此疑心重重。战区间谍所报告的情况、侦察行动的发现和航拍照片的确表明德国人正在增援杰米扬斯克防线。但后撤难道不更符合逻辑吗？

　　例如关于马匹情况的报告。德国步兵师已将后方区域的马匹再次调入战地，这难道不是清楚地表明了后撤的一个举措吗？另外，德军士兵们也在谈论撤退事宜。而且，他们谈论的内容很快便传到当地农民的小屋中。

　　是否值得怀疑？这是不是一场欺骗？苏军最高统帅部决定，立即对通往杰米扬斯克战区的狭窄通道发起一场新的进攻。

　　《伟大卫国战争史》中提到，这些考虑促使苏军统帅部采取了行动。在第三卷里可以读到："红军在南面的进攻基础极为广泛，中部战线和列宁格勒地区牵制了敌人的有生力量，并迫使对方消耗其预备队。因此，消灭敌杰米扬斯克桥头堡的有利条件已经形成，在这个桥头堡中有敌人的12个师，代表着德国第16集团军的主力。"这是个正确、合理的分析。

　　第16集团军左侧的友邻部队是第18集团军，完全被牵制在斯大林格勒。杰米扬斯克南面的维捷布斯克，第59军在"中央"集团军群与"北方"集团军群的结合部进行着激烈的战斗。在勒热夫，第9集团军陷入一场激烈的防御战中已达两个月之久。更南面，曼施泰因元帅需要每一个营，以对付波波夫坦克集群的突击和瓦图京渡过顿涅茨河直扑第聂伯河的推进。

　　所以，这些情况清楚地表明，一旦杰米扬斯克周围的态势再度出现危机，第16集团军无法指望从友邻部队得到有效的援助。至于其自身的预备力量，第16集团军根本就没有。他们的最后一支装甲单位，被称作集团军"救火队"的第203装甲团①，年初时已按国防军最高统帅部的命令调往法国。

　　苏军知道这一切。对这些情况的掌握使他们充满了胜利的信心。铁木辛哥元帅再次接受了最高统帅部赋予的任务——俘获杰米扬斯克地区的十万名德军士

---

　　① 第203装甲团是一支出色的装甲救火队，没有他们，很难说"北方"集团军群能否抵挡住1941年苏军的冬季攻势。该团被调回法国后就地解散，两个营分别加入到"大德意志"师和第1装甲师中。

兵。显而易见，如果这次行动再遭败绩，这位元帅的职业生涯将岌岌可危。因此，"来自顿河的老狐狸"投入了手中一切可用兵力，再次对通道最窄处发起钳形攻势。

2月15日，星期一，清晨6点，杰米扬斯克"大蘑菇"中的德军士兵被一阵突如其来的苏军炮火粗暴地唤醒。"天哪！"他们说道，"在这最后关头，他们还是来逮我们了。"

从《伟大卫国战争史》一书中我们获知，苏军这场进攻得到了密切的协调配合。三天前的2月12日，列宁格勒方向的苏军，在拉多加湖南岸针对基洛夫铁路线发起新的攻势。这样一来，德国第18集团军便被牵制住。此时，"北方"集团军群无法从该集团军抽调任何预备力量。

而在勒热夫突出部和大卢基突破地带，苏军同样发起了进攻。所以，从相邻集团军群获得援助的希望也落了空，特别是他们的北翼，被牵制在激战中已达数周之久。这样一来，瓦尔代丘陵上的第16集团军不得不独自应付这一新的致命危机。

自7点钟起，铁木辛哥便以6个步兵师和3个坦克团对杰米扬斯克通道的北部防线发起进攻；他的打击落在三个德军师的阵地上——第290、第58和第254步兵师。

通道的南部战线上，苏军突击第1集团军以其6个步兵师和3个步兵旅的兵力，对霍佩将军第126步兵师的各个团展开攻击。6个师对1个师！另外，苏军第一波次的进攻中还包括50辆T–34坦克。

这里存在着被苏军突破的危险，特别是第126步兵师的南部地区。但铁木辛哥却未能在任何地段取得突破。战区内的德军指挥部意识到，这仅仅是个序幕罢了。到目前为止，苏军只投入了两个集团军，而在杰米扬斯克这棵"大蘑菇"周围，他们总共有五个集团军。五个集团军对12个师！苏军随时可能从各个方向展开大规模攻势。鉴于这一情况，特别是考虑到通道南部防线上的重要阵地，这些阵地决不能丢失，因此，防线必须缩短。赫内将军需要预备队来缓减通道"墙壁"所遭受的重压。然后，他们将离开这个陷阱！

劳克斯将军通过定向无线电连接与第16集团军司令部取得联系，他把自己的担心告诉给集团军司令。这种安全可靠的无线电连接是1942年5月由第1空军信号团构设的。这是一种性能出色的无线电通讯，最重要的是避免了过去一次次修复长途通信电缆所付出的大量人员伤亡。第1空军信号团第3连构设起这一定向无线电连接前，为修理和维护通讯电缆，短短几周内便有50人身亡、100人负伤，这几乎是半个连的兵力。现在，这一切已成为过去。而且，这种新的通信连接不会受到干扰。

"您有什么建议？"布施元帅①是个通情达理的人，他这样问他的军长。

劳克斯回答道："元帅阁下，应该立即开始疏散！"

"能做到吗？"布施焦急地问道。

"能做到！"劳克斯回答道。他们确实能做到。

到目前为止，冯·罗森塔尔的策划小组所进行的准备工作可使劳克斯将军在20天内完成撤退任务。20天，而不是原先设想的70天。鉴于危险的形势，元首大本营批准了这一行动。实施"齐滕"行动的电文立即被发出，这是疏散行动的代号。发起时间为1943年2月17日。

傍晚时，在渐黑的暮色中，位于东面和北面最远端的德军师向第一道拦截线退去。来自石勒苏益格-荷尔施泰因的第30步兵师和来自梅克伦堡的第12步兵师，与原先他们所做的一样，构成德军防线的支柱，他们将留在阵地上再坚守24小时。战争史上最大胆、最危险的撤退行动已经开始。

对于疏散行动的精准、指挥部人员的组织能力以及士兵们严格的纪律，石勒苏益格-荷尔施泰因第30步兵师的作战日志为我们提供了一幅令人印象深刻的画面。所有的一切都已得到精确的计划。

交通控制和行动监督确保了队伍在十字路口、桥梁和瓶颈地带的顺利通行。一切行动进行得冷静而又从容。没有灯光，四下里一片寂静。每当车辆抛锚时，它们便被推出队伍，在路边一块迅速清理出的空地上进行必要的维修，然后再次加入到撤退大军中。

---

① 1943年2月1日，布施大将已擢升为元帅。

远处传来的炮声不断提醒大家逼近中的危险。一旦支撑着通道的"墙壁"坍塌，部队将遭遇灭顶之灾，但德军士兵们并未流露出紧张的神情。他们对提供掩护的各个团充满信心，沿着仅有6英里宽的通道，这些部队在防线上已坚守了数月之久。接下来的20天，他们仍将继续守下去。

通道上的防线不断获得从后撤中的各个师里抽调出的预备队的增援，但出岔子的可能性依然很大。每场战斗都是个带有不止一个未知因素的数学题。其中一个因素是敌人：谁知道他们在筹划什么，在做些什么呢。另一个未知因数则是天气。现在，天气状况开始介入这场撤退行动，猛烈的暴风雪到来了！没用几个小时，所有道路和铁轨都被掩埋在雪中。人员和马匹吃力地穿过深深的粉状积雪。机动车辆陷入这些柔软的白雪中，深及车轴。撤退行动出现了堵塞而被耽搁，遭遇到无法按计划时间完成任务的危险，尽管所有的一切到目前为止执行得像钟表般精确。现在，敌人也介入了。2月19日清晨前，苏军指挥部发现德军已放弃战区东部边缘的阵地。苏军立即派出骑兵和滑雪部队展开追击，气候状况对他们有更为有利。苏军快速滑雪营穿过暴风雪，冲过德军后卫部队，试图堵住德军各个师的后撤道路。来自奥伊廷的第6步兵团第1营，在福格尔少校的带领下，步行在飘落着雪花的天地中。突然，苏军赶上了他们。福格尔的部下不得不以手榴弹和冷兵器展开一场激烈的白刃战，以便夺路而出。穿过积雪覆盖的田野，绕过敌人据守的村庄，福格尔的各个连队最终回到后撤道路上。

撤退途中有一件事令德军士兵们受到鼓舞。数月来，他们第一次享受到德军猛烈炮火的掩护。因为现在，这里再也不需要节约炮弹了。弹药库中堆积如山的炮弹，一直被拿着铅笔仔细计算的管理员小心守护着，现在却似乎取之不尽用之不竭。这些炮弹必须被用掉。因此，所有大炮使出浑身解数开炮射击。

2月19—20日这个风雪交加的夜晚，德军后撤部队准确按照计划时间到达第三道拦截线——这条防线围绕着杰米扬斯克镇划了条宽大的弧线。这样一来，亚翁河（Yavon）与波拉河上的道路和桥梁都为德军后撤部队保持着畅通。阵地构建得非常出色，守在这里的是第12、第30和第122步兵师的各个团。在他们的掩护下，重型和轻型火炮的机械化或马拉单位、高射炮部队、反坦克部队、通讯单位和救护车穿镇而过。掷弹兵的行军队列沿杰米扬斯克镇旁的另一条道路而过。

肆虐的暴风雪中，每个人都要留意不能与前面的战友失去联系，不能离开自己的队伍，不能偏离前方队伍所踏出的路径。踏着滑雪板的巡逻队在行进队列间提供掩护，他们的任务是防止苏军渗透进后撤队伍中。军部和各师部已下达严格的命令，在休息点不得生火取暖，以免暴露行踪给敌人。

但这种情况还是发生了。一支队伍在杰米扬斯克镇子边缘遇到一个物资储备相当丰富的仓库。管理仓库的军需官慷慨地将库存物品分发给路过的士兵们。这些物资中包括几桶法国白兰地。许多人开怀畅饮起来，还有人把随身携带的小酒壶也灌满了。寒冷的夜晚引诱着他们，使他们沉溺于过度的放纵中。

醉酒造成了鲁莽。很快，离杰米扬斯克镇主街道不远处的一座小木屋燃烧起来。这起到醒酒的作用，但为时已晚。呼啸的寒风将火种洒向镇内的各条大街和小巷。火星钻入钉着稀疏木板的窗户的缝隙，透过腐烂的屋顶飞入阁楼。很快，镇内到处都燃起火焰。熊熊烈火将马拉大车和匆匆而行的队伍映衬在幽灵般的光芒中。

穿镇而过的交通线路出现了严重混乱。房屋燃烧所产生的高温熔化了后卫部队指挥部连接军部的电话线。此刻想抢救任何东西都为时已晚。杰米扬斯克镇被焚为平地——唯一幸免的一座建筑是战地医院，里面还有50名身负重伤的苏军士兵。这座建筑在德军工兵们的全力抢救下幸免于难，甚至是完好无损。苏军伤兵被留下，照顾他们的是苏联医生和护理人员。

此刻，苏军全力压向后撤中的德军部队。后卫部队已卷入激战。波拉河与亚翁河上的桥梁出现的情况尤为危险。可是，铁木辛哥的快速部队未能在任何一处成功地赶上或包围德军部队。按照计划，德军顺利到达了第五和第六道拦截线。

截止到2月27日，撤退行动开始的10天后，杰米扬斯克地区和通道已被彻底疏散。按计划需要20天完成的任务，只用了10天，而最初的构想是70天。这是一项了不起的成就。

甚至连苏联官方的军事史也无法否认德军的这一成就，而且，这是由于铁木辛哥失职所致。我们在赫鲁晓夫时代出版的《伟大卫国战争史》一书中读到："战地指挥员所犯的错误应该受到谴责。"

铁木辛哥元帅对德国人的成功负有责任。确实，大约有1200平方英里的土地被丢给苏军，但德军没有一门火炮被丢弃；没有一辆完好的车辆和一件可用的武器落入铁木辛哥之手；数百吨弹药被炸毁；1500部损坏的车辆和700吨无法运走的食物被破坏。被丢下的只有10000座被精心照料过的墓地——它们默默地见证了杰米扬斯克周围这14个月来的激战。

12个师，近100000名将士和他们的武器装备得以挽救。对集团军群饱受威胁的北部战线来说，这是一股可观的预备力量。他们使布施元帅可以击退苏军跨过洛瓦季河，向"北方"集团军群后方实施进一步推进。接下来的几个星期，铁木辛哥的部队将在旧鲁萨地区的五场大规模战役中遭受到代价高昂的失败。

5

水牛行动

勒热夫，苏军大潮中的防波堤——四次夏季战役和四次冬季战役——200英里的前线太过漫长——250000人后撤——"你们的上级正在收拾行李！"——工兵们的"魔鬼花园"——电话监督下的炸桥行动——梦幻般的一场后撤——22个师被腾出

第二次世界大战期间，俄国的许多城镇和村庄位于或接近于决定性战役的中心，例如在杰米扬斯克所发生的战事。这其中，大约有五六个地名已成为军事史某一章节的标题。成千上万名士兵记住了东线战事中的这些地名，而且永远不会将之忘却。斯大林格勒、塞瓦斯托波尔、罗斯托夫，当然还有列宁格勒和莫斯科。最后还有勒热夫这座位于伏尔加河上游的镇子。战争爆发时，这里有54000名居民，是个历史悠久的古镇。

从1941年10月至1943年3月，这个镇子成为东线的支柱和关键性地点。由于其位于伏尔加河上游这一得天独厚的地理位置，几个世纪来，木材从这里顺流而下被运走，勒热夫一直是一个令人垂涎的目标，也是立陶宛、特维尔、加里宁和莫斯科这些"王子"和"大公们"发生争执的原因。她一直承受着太多的求爱和太多的争吵。自古以来她便是波罗的海与伏尔加河上游之间的经济和军事目标。她的战略地位也决定了她在第二次世界大战中的命运。1941年10月，来自东普鲁士第206步兵师的步兵营和来自莱茵兰—威斯特法伦第26步兵师的侦察营，在冲向莫斯科的途中拿下了勒热夫，结果，他们成为第一支到达伏尔加河的德军部队。他们赶至这条欧洲最大的河流，俄罗斯的"国河"。

苏军徒劳地试图将德国人驱离此地。在第一次大规模冬季攻势中，他们将重

点集中于此。他们成功收复了同样位于伏尔加河上的加里宁镇，德军统帅部被迫放弃冲向莫斯科的这一最东端阵地。但勒热夫守住了，并成为"中央"集团军群奔向莫斯科的战略路径上的决定性堡垒。

1942年1月和2月，斯大林命令叶廖缅科上将率领他的突击集团军驱散德国第9集团军辖内的各师。叶廖缅科先是对勒热夫发起一次并不成功的正面攻击，然后试图将其包围。在激烈而又代价高昂的战斗中，第9集团军的各个团守住了他们的阵地。叶廖缅科和他的近卫军士兵们从奥斯塔什科夫方向挥师南下，跨过一系列冰冻的湖泊。苏军从北面而来的这一推进构成了严重威胁，"中央"集团军群有可能发生崩溃。

但勒热夫与杰米扬斯克一样，这道巨大的防波堤在叶廖缅科涌来的大潮中岿然不动，这股洪流被阻挡在韦利日和大卢基。正是在勒热夫地区，莫德尔大将率领第9集团军迎来了中央战线上苏军第一次冬季攻势的转折点。

在四次夏季和冬季战役中，勒热夫像块岩石般伫立着。第9集团军的将士们超越了一切军事成就的标准。通过这些战役，莫德尔大将证明了自己是这场战争中最出色的战略防御家之一。

苏联方面的战争史专业出版物证实了勒热夫依然被牢牢掌握在德国人手中的这个事实给苏军统帅部造成的焦虑。莫德尔的集团军像只拳头那样对准莫斯科——他们距离克里姆林宫只有112英里。只要这股力量存在于距离莫斯科112英里处，苏联首都受到的威胁就不会消除。只要希特勒能获得恢复对苏联心脏发起进攻的机会，守住勒热夫就有其重要军事意义。

但是，斯大林格勒的惨败最终结束了对莫斯科发起一场大规模新攻势的所有希望。第6集团军25万人马全军覆没后，德军统帅部再也没有足够的兵力来发起这样一场庞大的进攻。

但就像他在杰米扬斯克所做的那样，希特勒迟迟不肯做出决定，以放弃这个暴露且消耗兵力，长达330英里的突出部。面对、"中央"集团军群和战地指挥官的建议，他固执地坚持着自己的观点。

今天，以事后诸葛亮的角度去看，很容易对希特勒的犹豫不决做出批评。但在当时，这确实是个艰难的决定。在苏联的第一个冬季遭遇到失败后，勒热夫突出部是德国人冲向克里姆林宫的途中仅存的一个前伸堡垒，也是伏尔加河上唯一被德军控制的土地。勒热夫地区的维亚济马，这个名字已被载入史册，1941年，就是在这里，在维亚济马和布良斯克的两场决定性战役中，苏军在莫斯科门前最后的抵抗被彻底打垮，63万名苏军士兵被俘。

随后，冬季的来临在这片具有历史意义的战场上破坏了德军的胜利成果。"要是能再试一次……要是能抓住另一个机会……"哪位军事领导者能对这样的构想视若无睹？又有哪位将领愿意放弃这样一个阵地？

撤出勒热夫，不仅仅意味着放弃一条防线或一处阵地，还是对所有胜利希望的放弃。希特勒知道，一旦他的部队撤离勒热夫，就再也不可能回去了。

但斯大林格勒的灾难随之而来，从列宁格勒至哈尔科夫再至高加索山区，各战线出现的危机，迫使希特勒不得不对他的总参谋长一再坚持的意见做出让步。1943年2月6日，他批准第9集团军和第4集团军的一部撤离勒热夫，并占据一道斜向防线，这条新防线缩短了200英里，并将过去弧形的突出部拉直。

这场大规模后撤的代号是"水牛"行动。国防军陆军总司令部给了第9集团军四周时间，以准备这场庞大的疏散。四周！这将迫使部队抢在春季泥泞期到来前在新阵地中做好防御准备。

莫德尔大将和他那些最亲密的部下坐在瑟乔夫卡附近的前进指挥部的地图室里，给他们分派着各自的任务。参谋长冯·埃尔弗费尔特上校、作训处长和运输官们蹲在地图和文件堆旁。在场的还有集团军的高级工兵军官。

该怎么做呢？首先要做的是对新防御阵地实施侦察。然后必须为部队与敌脱离接触安排好若干条独立的拦截线。

接下来就是作战区域的疏散行动，这片区域纵深60多英里。为使机械化车辆得以通行，必须构建大约125英里长的道路，另外还要为雪橇和马拉大车铺设近400英里的小径。这一切都要在寒冬中进行。所有的武器装备和物资都将被疏散，所以，这就包括一切经济资产，例如牲畜、粮仓和农业机械等。为此，200列火车和具备10000吨运载能力的汽车车队将提供帮助。运输计划必须将每一节车皮和每一部车辆都列入其中，甚至连摩托车手和骑兵的鞍囊袋也被计算在内。

所有的一切都得到细致的考虑。一项尤为重要的任务是60000名老百姓的疏

加里宁方面军

西方面军

伏尔加河

霍尔姆
涅维尔
大卢基
别雷
韦利日
维亚济马
维捷布斯克 斯摩棱斯克
中央集团军群
斯帕斯-杰缅斯克

谢利格尔湖
奥斯塔什科夫
伏尔加河 100英里
勒热夫 莫斯科

1943年初
勒热夫突出部 3月1日

涅希尼奇 图拉

30

29

列佩季哈

勒热夫 31

39

3月7日
3月12日

20英里

3月20日

14摩步师 251 87
206 6
253 第23军 129
110 256
86 71
第27军 95

别雷
246

2装师 102
41装军 337 36摩步师
39装军 5装师
342

6军 206
3装集 256
197
第27军 52
246
39装军 253 129
95 6

52
197
9
杜霍夫希纳 聂聂伯河
公路

瑟乔夫卡

格扎茨克 35
第9军 252
292

莫斯科
100英里

明斯克
斯摩棱斯克
中央集团军群

多罗戈布日
337
35
第9军 252
292
268
260
12军 98

水牛防线

维亚济马
20军 98
183
268
12军 260

20

5

10 G.

33

49

10

4

4
267

183
斯帕斯-杰缅斯克
56装军

前线
至1943.3.1日 ▬▬▬
1943.3.22日 ▲▲▲

▲ 守卫勒热夫突出部需要29个师。1943年春季的"水牛"行动缩短了防线,并节省下22个师。德军因此而获得了一支庞大的预备力量。

散工作，这些人都曾与德国人合作过。不能把他们丢下，听任苏军对他们实施报复。最后，待所有铁路运输工作彻底完成后，还要将600英里的铁轨和800英里的电线拆除并回收。

这场庞大的疏散，最重要的部分是29个师以及集团军、国防军陆军总司令部直属部队的行动安排——总计250000人和他们所有的武器装备。这一切都面对着一股强大的敌军。运输和战备状态，后撤和作战行动必须协调一致。这是个庞大而又复杂的任务。

保密是个大问题。所有的一切都必须尽可能地加以伪装，甚至是对自己的部队保密。可是，所有保密措施最终再次被证明毫无用处。2月中旬，就在大多数德军士兵仍被保密的"水牛"行动蒙在鼓中之际，苏军防线上的大喇叭已展开煽动："你们的上级正在收拾行李！小心他们把你们丢下！"苏联间谍再次获得了确切的情报。"维特"出色地为"主任"工作着。

实际上，与他们的行李相比，德军军官们还有些更需要担心的事情。一个令他们大为头痛的问题是：是否能以雪橇或轮式车辆作为后撤行动的基础。此刻是2月中旬，积雪依然很厚。可到了3月初，情况又将怎样呢？只有一个办法：为各种气候条件做好准备。

3月1日出现了化冻，道路变成汪洋一片。撤退行动计划于19点开始，所以，只能让轮式车辆先行。它们像一条巨大的、嘎吱作响的毛毛虫，部队已准备好投入行动。电话线被拆除，地雷也已布设好。但随着夜幕降临，温度突然陡降，道路再次结冰。于是又使用了雪橇。所有的一切匆匆转运起来。19点整，最前方的部队开始了撤退。只有后卫部队仍与敌人保持着接触。

来自明斯特的第6步兵师，辖下的各个营从他们位于勒热夫附近，伏尔加河上的阵地撤出。他们连夜行军，武器、挖掘工具、作战背包和手榴弹使他们疲惫不堪。经历了长期的阵地战，这些士兵已不再习惯于长途行军。他们跟在雪橇和大车旁，默默地向后跋涉。队列变得越来越长。拂晓时，这些部队终于到达积雪覆盖下的第一道既设拦截阵地。他们已后撤了20英里。

与此同时，伏尔加河阵地中，留下的后卫部队只有原先的三分之一。前一天组建起的9个战斗群，现在只剩下3个。这些士兵们来回奔跑，从一个阵地赶至另一个阵地，不时用步枪和机枪开上几枪，以便给敌人造成阵地里依然有人据守的印象。

但苏军早已起了疑心，他们决定亲自侦察一番。随着夜色让位于拂晓第一道灰色的曙光，一些朦胧的身影出现在德军第58掷弹兵团第9连的战壕前。德军士兵隐蔽在战壕中，苏军几乎就在他们的头顶上。指挥该团后卫部队的赫策尔中尉此刻刚好在这片阵地上。他是一名以冷静著称的军官，首先命令一挺机枪对前沿阵地实施扫射，以阻止更多的苏军接近战壕。然后，他带着一队士兵从两侧席卷了整条战壕。

半小时后，一切都结束了。苏军转身离开，他们从战壕退入中间地带，已无法抓一名俘虏带回去。这一直是他们的任务。这样一来，苏军指挥部依然没能弄清德国人的动向。

可是，伏尔加河旧阵地的左侧地区形势变得愈发危险。在列佩季哈（Lepetikha）的一个突出部，苏军以猛烈的迫击炮轰击拉开了进攻的帷幕。200名红军战士从伏尔加河对岸的沟壑中跃出，冲过冰面。

幸运的是，苏军迫击炮火只在德军薄弱的防线上造成轻微伤亡。苏军冲过冰面之际，赫策尔的部下已在轻型步兵炮和机枪后就位。苏军士兵们先要冲过河流，然后再跨过一片开阔地。就在他们冲至河中央时，赫策尔发出命令："开火！"

火炮和机枪向进攻中的苏军步兵喷吐出凶猛的火力。冲至德军阵地前的苏军士兵寥寥无几，被制服后便投降了。

就这样，这些只配备着轻武器的英勇的掷弹兵，以不多的兵力掩护着撤退大军的后方。24小时后，部队主力已经撤走，这些后卫部队离开他们的阵地，在后方四英里处占据了一道新防线。

事态变得严重起来。此刻，苏军已发现德军的撤退。他们肯定会派出强大的兵力展开迅猛追击，以赶上后撤中的德军，切断他们的退路，包围并消灭他们。

必须不惜一切代价阻止这种情况的发生。一般说来，后卫部队并不适合长时间执行这种任务。那么，怎样才能有效地拖缓苏军的追击呢？

炸毁所有的道路、小径、铁路、桥梁和建筑，德军大举进攻的阶段，苏军曾极为彻底地执行过这种措施，而自斯大林格勒的灾难发生以来，元首大本营也曾给南方战线的各集团军下达过这种命令，但对长时间阻止一支敌军来说，这并不是一种有效手段。另外，事实多次证明，后卫部队通常既没有时间，也没有足够的人力来对一切重要设施实施有效的爆破。

但是，还有个办法。在两次世界大战中，延缓敌军追击最有效的方法之一是使用地雷，而布设地雷的方式多种多样。首先是反坦克雷，这种地雷遇上重东西便会爆炸，例如一辆装甲车、一辆货车或是一门大炮，碾上就会爆炸。然后是反步兵雷，这种地雷非常敏感，轻轻一碰便会爆炸，它的爆炸方式有两种，一是当即爆炸，而是跳入空中大约三英尺高，然后再炸开，在这种情况下，弹片会射向受害者的头部或躯体。

这些致命的地雷被埋设在德军放弃的战壕、阵地、掩体、河流和溪流渡口、凹陷的道路和狭窄部。人为设置的路障处也巧妙地连接上高爆炸药。

但这种传统的布雷方式对苏军来说并不新鲜。战争最初两年的后撤中，他们在这方面获得了丰富的经验，已成为地雷战高手。其结果是，他们知道哪里有可能埋着地雷，也知道该如何将其排除。因此，传统布雷方式已不再是延缓苏军在开阔地带实施追击的有效手段。必须采用些更有效的办法。

第9集团军的高级工兵军官和他们的部下知道该怎么做。他们拥有第一次世界大战的经验，其中有些人还有来自非洲的经验，在那里，为保护和封锁某些暴露的沙漠地带，隆美尔在地雷运用方面展现出精湛的技艺。

那些布设得极其巧妙、复杂的雷区被隆美尔称作"魔鬼花园"，这种完美的死亡陷阱结合了心理学和地雷及炸药在布设方面所能达到的极致。一支敌军部队冒冒失失地闯入这样一个"魔鬼花园"，会立即失去其进攻的势头。因为，如果前面的人被炸成碎片，或者身边的战友被炸死或炸成重伤，再或者车辆被炸毁，甚至是坦克被炸得动弹不得，那么很显然，没人敢往前踏出一步，除非地面被一寸寸探测过。待排雷小组赶到后，他们的电子探雷器会对所有金属做出反应，通常只会发现一些诱饵——故意埋入地下的空罐头盒或弹片。可一旦"魔鬼花园"的闯入者再次变得鲁莽起来，他很可能踏上一颗真正的地雷而被炸死。或者，就算他及时发现危险，并将地雷挖出，然后又发现旁边的一颗，接着又是一颗，他仍有可能被炸飞，因为刚刚被清除的地雷下往往隐藏着第二层地雷。

隆美尔在非洲的"魔鬼花园",以一种新颖的方式被"种植"于勒热夫。

第9集团军经验丰富的工兵们发明了埋藏地雷的新方法。他们将炸药固定在房屋的前门,如果门被推开,死神便会裹着火焰和弹片扑向房门入口。隐藏的反坦克雷,雷管用一根细线连接至窗户,一旦窗户被推开,死神便会再度发起袭击。死神甚至会潜伏在看似无害的梯子、小推车、铁锹或铲子后。只要这些工具被移开墙壁,一根隐藏的细线便会触发一个诡雷。阴险的"魔鬼机关"隐藏在楼梯的踏板下。它们潜伏在炉灶中,炉门连接着触发线。一些半开的盒子里摆放着"文件",这可是苏军特别感兴趣的东西,但盒盖却连着一颗诡雷。工兵们接受过这种类型地雷战的专业培训,他们经常在敌军的火力下布设诡雷。这种地雷战的效果相当惊人。最强大的后卫部队也无法完成的任务,却被地雷和诡雷以一种最奇妙的方式做到了。最初24小时内,紧追不舍的苏军在勒热夫的"魔鬼花园"中遭受到严重伤亡,某种恐慌在他们当中爆发开来。空中,苏军的无线电信号里包含着警告、令人毛骨悚然的陈述以及务必要特别小心的紧急指示。对德国人暗藏地雷的恐惧,像个幽灵那样困扰着苏军部队,拖缓了他们的追击速度。

由于苏军无线电通讯通常不用密码,德军后撤部队的无线电监听部门得以获知地雷所造成的毁灭性影响。德军第206步兵师拦截到一名苏军军官发给师部的电文:"我把马赶入马厩后走进屋子,身后传来一声巨响。马厩和马都不见了。那些该死的弗里茨在我们意想不到的地方把地雷埋得到处都是。"另一封电报则禁止士兵们进入任何建筑,使用任何水井或拿取任何值钱的东西,直到排雷小组进行过仔细检查为止。一种"地雷精神错乱症"产生了,它侵蚀着苏军士兵的勇气、作战精神和追击敌人的斗志。这正是莫德尔所要达到的目的。

只用了21天,他便撤出勒热夫突出部。在这21天里,第9和第4集团军辖下的各个师一路进行着战斗,后撤了近100英里。他们放弃了一条330英里长的战线,在后方100英里处占据了一道新防线,这条防线将原先的弧形战线拉直,其正面只有125英里。德国人省下的不仅仅是这200多英里的防线,还包括几乎一整个集团军的兵力。一个集团军司令部,四个军部,包括3个装甲师在内的22个师被腾出。这是个果断的战略举措。对"中央"集团军群来说,这意味着没有预备力量的可怕日子结束了,正因为没有预备力量,才导致了斯大林格勒的冬季所遭受的严重损失。

但苏联官方的军事历史却拒绝承认莫德尔所取得的成就。面对苏军两个方面军对突出部的不断攻击，德国的一个半集团军在未遭受严重危险的情况下顺利撤走，这是苏联方面绝不肯承认的。实际上，对德军的后撤，苏军未能实现任何一次突破，也未能完成任何一次对德军侧翼的有力推进，更别说包围德国人了。

这一事实意味着对当时苏军指挥员战术技能的严厉批评，这也是苏联军事历史学家们对这一行动的一切研究做出过激反应的原因所在。

苏联方面出版的《伟大卫国战争史》第三卷中指出："通过有力追击，加里宁方面军和西方面军破坏了德寇后撤的计划进度。德寇丢下部分物资，并在人员和技术装备方面遭受到严重损失。"但这完全不符合历史事实。

书中继续写道："自二战结束后，西德的一些军事历史学家试图将德军的后撤描述为一场按计划撤退的成功模式。但是，敌人在后撤期间遭受到的损失证明了此类说法可疑的性质。敌人在红军的打击下被迫仓促撤离勒热夫，根本没有时间进行有组织的疏散。"

为支持这一论点，苏联方面的出版物甚至引用了步兵上将格罗斯曼的著作，当时他担任来自明斯特的第6步兵师师长。但格罗斯曼这位勒热夫周边地区作战行动的记述者，却在对自己老部队所参与的行动的记述中，证实了与苏联方面截然相反的论点。他的部队在那里坚守到最后一刻，而且根据他的描述，第6步兵师完整无损。

第78突击师和第98步兵师的作战日志保存完好，这些日志提供了进一步的证据。莫德尔不得不仓促撤离勒热夫的断言，被一段有趣的、可能是战争史中独一无二的插曲所打破。希特勒曾因为桥梁未被及时炸毁而有过多次不愉快和惨败经历，他产生了疑虑，并决定亲自确定位于勒热夫的伏尔加河大桥，在德军撤离后被彻底炸毁。

当然，希特勒并不打算亲赴勒热夫。相反，他想出个奇特的办法——用电话来监督桥梁的爆破。于是，位于文尼察"狼人"的元首大本营与勒热夫大桥的爆破小组间被架设起一条通讯专线。电话听筒贴在耳边，元首兼德国武装力量总司令亲自监督河上桥梁的爆破工作。他听到了爆炸的巨响，大量桥柱被炸得飞入半空。这声巨响说服了他，并向他证明，他的命令得到了贯彻。在完成爆破的几个小时后，德军最后的后卫部队也已撤离勒热夫，苏军侦察队才试着渡过伏尔加河。

莫德尔的各个师和海因里奇将军第4集团军的左翼部队，严格按照计划，抢在泥泞期到来前占据了新修建的防线，这道强化防线从斯帕斯-杰缅斯克（Spas-Demensk）起，经多罗戈布日（Dorogobuzh）直至杜霍夫希纳（Dukhovshchina）。这些阵地由29000名工兵和施工队在七周时间里修建完毕，阵地得到铁丝网和地雷区的保护，并获得支撑点和暗堡的加强。部队主力赶到后，他们转过身来，牢牢地站稳了脚跟。

德军的防线守住了。1942—1943年激动人心的冬季战役就此结束。勒热夫突出部成功疏散后，"北方"和"中央"集团军群防区内所有的危险地点都已被消除。在南方，顿涅茨盆地的整个工业区也再次落入德军手中。

6

大卢基

沼泽中的城堡——三个师对一个团——近卫步兵亚历山大·马特洛索夫——不成功的救援尝试——15辆战车隆隆驶入堡垒的庭院——"布达佩斯"支撑点的白喉—— 一片面包和手枪中的八发子弹——"我从大卢基来"——每个军衔中绞死一个

不提及大卢基（Velikiye Luki）所发生的战斗，冬季战役就不够完整。这座古老的城堡位于洛瓦季河与西德维纳河之间，维捷布斯克北面广阔的沼泽地带中。这是座美丽的老城镇，战争爆发时有30000名居民，关于她的民间传说过去曾吸引过苏联国际旅行社的大批游客。

1941年德军大举进攻期间，大卢基开始扮演重要角色，这一重要性一直延续至苏军从莫斯科地区发起第一次大规模反击。1941年8月，经过激烈的战斗，来自下萨克森的第19装甲师、来自黑森第20装甲师的一部以及第253步兵师夺取了这座镇子。

四个半月后，苏军对沼泽中的这座城堡发起反击。1942年1月9日，叶廖缅科上将和普尔卡耶夫将军率领着他们的突击集团军①越过一连串湖泊，从奥斯塔什科夫直奔维捷布斯克，试图以一次合围战歼灭蓄势待发，准备扑向莫斯科的"中央"集团军群，从而解放莫斯科以西的广大领土。但苏军的推进被德国步兵的拼死抵抗所阻，他们的力量不得不消耗在霍尔姆、韦利日和大卢基这些"防波堤"上。

德军第83步兵师的一部，从法国匆匆调至苏联，守卫这座"沼泽中的城

---

① 叶廖缅科上将当时指挥的是突击第4集团军，而普尔卡耶夫中将则为突击第3集团军司令员。

市"，这座城堡横跨在从列宁格勒、基辅和莫斯科通往白俄罗斯和波罗的海的重要道路上。

1942年的整个夏季，苏军突击第3集团军一次次以突然而又猛烈的炮击试图攻破大卢基的防御。但是，德军第277掷弹兵团在冯·拉帕德上校的指挥下，死死守着他们的阵地。补给很困难，因为大卢基两侧并不存在连贯的防线。在其北面，特别是霍尔姆和洛瓦季河方向，只有实力虚弱的巡逻队。直到霍尔姆南面才重新出现一条连贯的防线，由第8装甲师防守。该师的参谋人员不得不眼睁睁地看着他们南面的防线突然间溃散，而苏军则在那里肆无忌惮地从穷乡僻壤征召年轻人入伍，牵走所有的牲畜，并将一切有用物资搜刮一空。在这种情况下，德国人的装甲列车（来自慕尼黑的第3号装甲列车和第28号辅助装甲列车）发挥出重要作用。没有它们，补给物资根本无法送至大卢基。

1942年11月19日，苏军第二次大规模冬季攻势在南线打响，其重点位于斯大林格勒和顿河。与此同时，苏军在北线的进攻旨在牵制德军，并清除维捷布斯克地区那些恼人的"防波堤"。苏军突击第3集团军最终将杀入维捷布斯克，但欲夺取维捷布斯克，首先要拿下大卢基。

普尔卡耶夫将军投入三个师对大卢基发起进攻，苏军三个师对德军一个团。苏军从北面和南面冲过大卢基，穿过德军第83步兵师的一连串支撑点，包围了这座镇子。城堡内是冯·萨斯中校率领的7500名德军士兵，他们守卫着一条13英里长的防线。据守这里的是第83步兵师的掷弹兵、炮兵、工兵、辎重和医疗单位，他们得到了加强。还有些部队在后撤途中发现了城堡中的德国守军，干脆加入其中，这些部队是：铁路工兵和建筑单位、第3迫击炮团的火箭炮单位、第17轻型观测营、一个德国保安营和一个爱沙尼亚志愿者营，爱沙尼亚志愿者营里的爱沙尼亚人是在战斗中从苏军一方成批投靠过来的。另外，这里还有第286陆军高射炮营的三个排和一个轻型高炮排，此外还包括第736陆军炮兵营第2排的重型迫击炮，第183炮兵团第3营和第70摩托化炮兵团的一部。这就是个微缩版的斯大林格勒。

普尔卡耶夫将军当然很想以猛攻拿下这座城堡，但这一尝试失败了。于是，他以炮击和轰炸，有条不紊地展开了对这座城堡的打击。这场轰击一天天持续着。一座建筑接一座建筑、一个掩体接一个掩体、一条街道接一条街道被夷为平地。火焰在废墟中跳跃燃烧着。

大卢基的德国守军从空中获得了微薄的补给，主要是食物和弹药。由于小小的作战区域仅7平方英里，许多空投物资落入镇外敌军的防线，于是，斯图卡俯冲轰炸机被用于空投补给，在这场战争中，这还是第一次。为执行这个任务，第6航空队组织起一支混合行动组。率领这个小组的是第4轰炸机联队联队长海因茨–约阿希姆·施密特。他和他的行动人员以大伊万湖（Great Ivan Lake）为基地，以便尽可能地靠近受到威胁的城堡。尽管苏军在空中占据着极大优势，尽管他们在城堡四周组织起对空防御，但施密特的飞行队还是竭尽所能地将"补给炸弹"准确投入日渐缩小的空投区。一般说来，装有食物和弹药的补给罐会准确地落在指定地点。不过，补给物资很快便被迫减少了25%，后来又不得不减至一半。

12月13日，一场猛烈的炮击后，普尔卡耶夫将军的四个步兵师和一个坦克旅，在城堡西面发起总攻。为争夺洛瓦季河上的桥梁，双方展开激战。守在这里的是阿尔布雷希特中校和他的工兵，他们面对着十倍以上的敌人。苏军各个连队一次次突入德军小小的桥头堡，但每次都被使用工兵铲、刺刀和手榴弹的白刃战所击退。阿尔布雷希特中校身负重伤，子弹射穿了他的喉咙，他躺在自己的指挥部里，仍在指挥他那些工兵实施防御。

1942年12月26日，圣诞节的第二天，苏军以强大的坦克部队从南面和西南面发起进攻。激烈的巷战中，苏军沿一个狭窄的正面，强行穿过城镇。守军的重型步兵炮和反坦克炮被一个接一个地消灭。面对敌人的坦克，德国人的支撑点很快便陷入绝望无助的境地。

苏军步兵营打得非常英勇。特别是共青团员，这些狂热的青年共产主义者，在接下来的几周里，很快便以忠于职守的精神声名鹊起。近卫步兵第254团的列兵亚历山大·马特洛索夫以自己的生命赢得了"苏联英雄"的称号。

马特洛索夫所在的连队被压制在德军的一座暗堡前，暗堡内的机枪令他们付出惨重的代价，马特洛索夫结束了这种状况。他悄悄爬到暗堡的射孔前，将自己的身体压了上去，从而挡住暗堡内德国人的视线。他抓住机枪枪管，直到牺牲后，他的手指仍紧紧地攥着枪管。利用这一短暂的停顿，他的连队消灭了这座暗堡。

1943年初，冰冻的沼泽地只剩下两座支撑点——城堡和火车站。守卫城堡

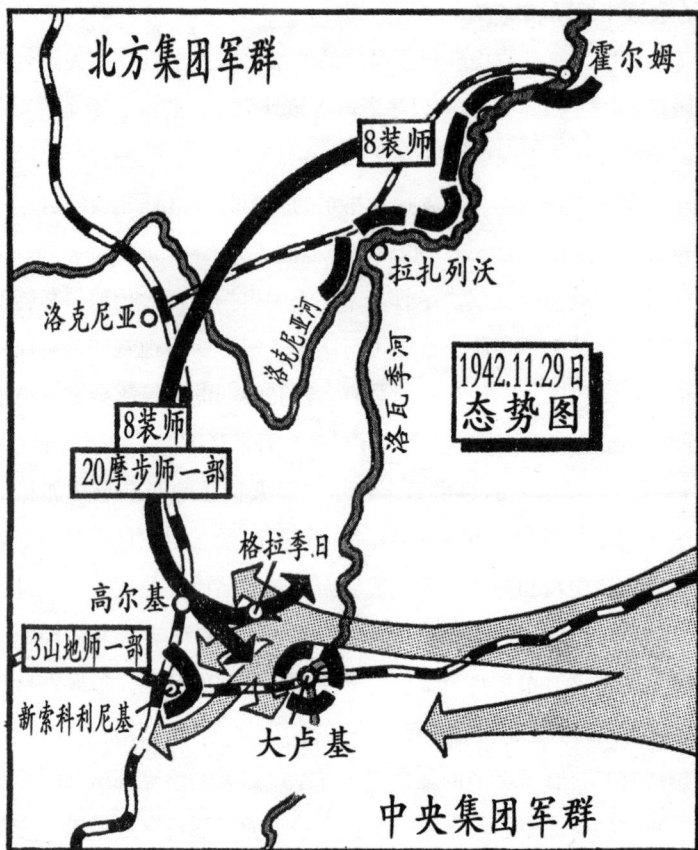

▲ 大卢基被围后，从西北方发起的第一次救援尝试失败了。

的是达奈德上尉指挥的第83步兵师野战仓库营。他带着427名部下防御着一片100×250码的区域。

而在镇子东部的火车站，冯·萨斯中校带着1000名部下据守着已被摧毁的铁路设施和兵营。士兵们期盼能获得解救，在严寒和饥饿中，正是这种期盼使他们得以坚持下去。45个投向他们阵地的补给罐，只有7个落入他们手中。城内的300匹马早已被吃掉。每天，每十个士兵只有一条面包，每二十个士兵分享一个肉罐头。

这些士兵的经历是我们今天难以想象的。他们不能睡觉，不能进行最简单的洗漱，身上爬满虱子，又脏又饿，还要作战。每天，大约有3000发炮弹落在他们的阵地上。他们没有时间将阵亡战友的尸体移走。伤员们躺在废墟中，只能获得最简单的照料。饮用水是他们冒着生命危险从城墙外的一个池塘打来的。那座池塘里扔着一辆被击毁的苏军坦克和死去的车组人员。

可德军主防线在哪里？有没有采取措施解救这座被围的城堡？德军确实进行了救援尝试，可又一次出现了兵力不足的情况。

率先赶来的是布兰登贝格尔将军的第8装甲师。来自柏林–勃兰登堡的这个师一直部署在东线，由于师里有许多来自波罗的海的军官，故有其特殊性。该师辖内的几个团刚刚放弃了位于霍尔姆南面的阵地。按照计划，该师本应搭乘火车赶往斯大林格勒地区。但是，鉴于该师家门口态势的发展，这个值得称赞的计划被取消了。

11月21日夜间，第8装甲掷弹兵团收到一道电话命令："全团立即对正向大卢基西面推进之敌发起进攻，对方已越过列宁格勒—敖德萨铁路线。你们团将解救新索科利尼基（Novosokolniki）。"

"解救"是个实实在在的词。新索科利尼基，这一后方基地和战地医院中心，已遭到苏军坦克营和机械化旅的攻击。德军第3山地师的后勤补给单位正在约布斯基上校的带领下拼死抵抗。

第二天早上，该团在高尔基（Gorki）与猝不及防的敌军遭遇，并将其成功击退。第二天，师里的两个装甲掷弹兵团一路向东杀去——第28团在团长冯·沃尔夫男爵的带领下，冲上高尔基东面的高地；第8团则向大卢基而去。

第8装甲掷弹兵团贝恩德·冯·米茨拉夫上尉的第2营，在十来辆缴获坦克的支援下，击退苏军后夺取了格拉季日村（Glazyri）。救援行动开始了。

施密特少校以第10装甲团寥寥无几的坦克牵制着敌人。米茨拉夫上尉的营冲上村东面的高地。他们已经能看见远处的大卢基的尖顶。缺乏一个有可能改变战场态势的决定性的营，这种情况再度出现。施密特的坦克耗尽了弹药。第1营仍在后方犹豫不前，第2营必须进行重组，以实施防御。苏军很快便卷土重来，他们发起了反击。

冯·斯科提上校久经沙场的第80炮兵团再次赶来助阵。斯科提又一次证明自

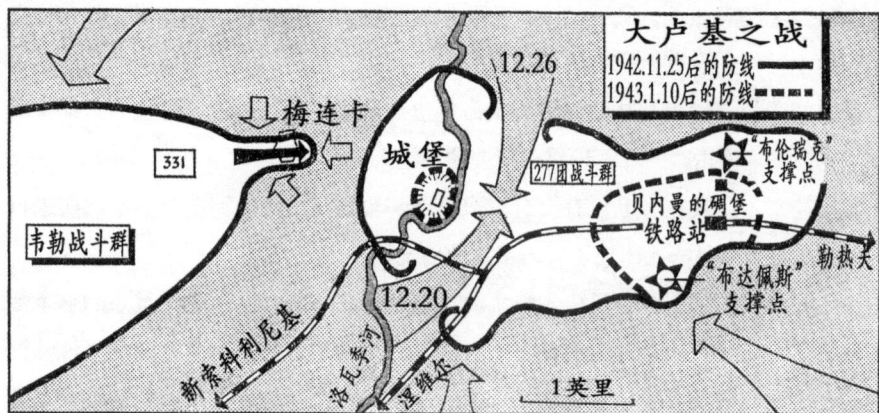

大卢基之战
1942.11.25后的防线 ——
1943.1.10后的防线 ----

12.26
梅连卡
331
城堡
韦勒战斗群
277团战斗群
"布伦瑞克"支撑点
贝内曼的碉堡
铁路站
"布达佩斯"支撑点
勒热夫
12.20
新索科利尼基
洛瓦季河
诺维兹
1英里

▲ 救援大卢基的第二次尝试，在距离该城几英里处同样陷入停顿。要塞内的抵抗崩溃了。

已是指导和集中全团炮火的高手。这些炮手成了这场战斗的主力，因为在当时，第8装甲师严重缺乏坦克。该师配备的是缴获的苏式坦克，一些捷克造斯柯达-38型战车，还有几辆德制四号坦克。几个营停了下来，来自汉堡第20摩步师和第291步兵师各一部所组成的"雅施克"战斗群投入战斗，但即便这样也未能改变态势。从西北方平稳推进至被包围的大卢基的第一次尝试以失败告终。

冯·斯科提上校为这座被围城市提供了唯一的帮助——他命令辖下的远程火炮进入前线，对普尔卡耶夫将军突击第3集团军围困大卢基的部队展开猛烈炮击。

与此同时，从西南方发起救援行动的准备工作也在紧锣密鼓地进行中。就在库尔特·冯·德·切瓦勒里将军以其第59军麾下各师守住维捷布斯克周围的一道掩护线之际，第11集团军前任参谋长韦勒将军[①]组织起一个救援战斗群，12月24日前，该救援群距离大卢基已不到6英里。

第291和第331步兵师各一部、第76装甲掷弹兵团一部、第10装甲团一部以及

---

① 此时的韦勒中将是"中央"集团军群参谋长，很快他便出任第1军司令，1943年8月担任第8集团军司令一职。

第237突击炮营一部推动着这个救援楔形队伍经过新索科利尼基，进入到被围城市的视线中。但部队和车辆遭受到严重损失，陷入深深的积雪中。不过，韦勒并未放弃。

来自奥地利的第331步兵师，在博士弗朗茨·拜尔中将的率领下，最终到达距离大卢基西部边缘不到2.5英里处。但他们再也没有力量继续向前了。2.5英里！这段路程很短，却是一段天堂与地狱间的距离。

1月9日，德军进行了最后一次救援尝试。第5猎兵营营长特里布凯特少校带着一个战斗群，以坦克、突击炮和装甲车向大卢基发起攻击。战斗群里的装甲车来自第8装甲师，坦克来自第15装甲团第1营，突击炮则来自获得加强的第118装甲营。

"保持前进和射击！"这是他们接到的命令。决不能停下。车辆被击毁后，车组人员便爬上并未停顿的其他车辆。采用这种方式，特里布凯特成功地突破苏军强大的包围圈。他们损失了一些坦克和装甲车，但这个战斗群却杀入了城中。

15点06分，达奈德上尉和他那些饿得半死的部下看见德军坦克从堡垒的城墙处驶入。他们喜极而泣，相互拥抱在一起。"他们成功了！"他们不停地叫着，"他们做到了！"

15辆战车叮当作响地驶入城堡的庭院，其中包括科斯克中尉第15装甲团第1营的最后三辆坦克。但战争的命运开始与达奈德的营为敌。苏军刚刚意识到德军已达成突破，便立即集中炮火，对城堡区展开猛烈轰击。

特里布凯特随即命令他那些战车离开废墟中这片狭窄的院落，通道只有一条。但一切似乎都在跟他作对。一辆坦克穿过城堡的入口时被四发炮弹命中，当即动弹不得，它的履带被炸成了碎片。

特里布凯特的小股战斗群被陷住，成为苏军各种口径火炮的活靶。他的战车一辆接一辆地被击毁。这是一场前所未有的灾难。幸存的猎兵和坦克组员们加入到守军中，成了步兵。

1月15日，德军一个伞兵营试图杀入城堡，但这一尝试同样遭到了失败。

1月16日，灾难降临到大卢基东部地区。"布达佩斯"支撑点内的德军出现了白喉这一疾病。在这座建筑里的是第277步兵团第2营营部和收容着300名伤员的急救站。建筑起火燃烧，苏军的坦克就在外面。这时，施瓦贝少校决定投降。

冯·萨斯中校同样在他被摧毁的指挥部内停止了抵抗。

韦勒将军获悉这一情况后，决定立即结束城堡内的这场悲剧。他致电特里布凯特少校（作为一名高级军官，特里布凯特少校已于1月9日负责起指挥工作）："镇内守军立即向西突围。"

守军向西突围，这很好。可伤员们怎么办？特里布凯特与达奈德上尉商讨这个问题。他们得出的结论是，伤员们不得不被丢下。为避免发生恐慌，突围一事要对他们保密。只有跟伤员们一同留下，与他们同生死共患难的军医和四名医护人员被告知了这个秘密。上尉军医维尔海姆博士拿到一封密封着的信件，并被告知突围后两个小时才能将其打开。

夜间2点，守军集合，他们只剩下180人。大家都知道事情的严重性，于是带着必死的决心出发了。他们突出苏军的三道防线，消灭了敌人的一门反坦克炮和两个机枪阵地，攻克了苏军的一个支撑点，带着7名俘虏，最终于5点30分到达德军主防线。

当然，城堡内的伤员并不知道这一切。他们的眼中充满恐惧，聆听着每一声动静。他们倾听着命令。随着战斗结束的沉寂潜入地下室中，一次可怕的行动开始了：30名伤员相信他们在一名中尉和一名中士的带领下，可以靠步行冲出去。经过一番艰难跋涉，他们中的18人到达了德军防线。

随后，第三群人也设法逃至德军阵地。

共有八个人从大卢基的东部逃出，经历了一番令人难以置信的磨难后，他们设法赶至德军防线。大卢基东部的一千名守军中只逃出了他们八个人，其中的一个是第183炮兵团第9连连长贝内曼中尉。他穿越敌军防线的故事，是那些构成东线战事中一个特别章节的戏剧性冒险之一。这个故事值得记录于此。

故事发生在1月13日19点。在几条铁路专线之间，德军的几个抵抗点仍在坚守。贝内曼中尉数了数暗堡内的部下。这里只剩下41人，其中的20人身负重伤，躺在地上和床铺上。

这些士兵的情形凄惨无比。一连数晚，他们守在战壕中，水壶里灌着一些咖啡替代品，背包里就放着小片面包——一条面包的七分之一，这就是他们每天的口粮。

当晚22点，他们与观察哨之间的联系中断了。暗堡旁那座碉堡的哨兵刚被换下来便跑进来报告道："观察哨和营部正遭到苏军坦克的轰击，两个地方都已起火。"

显然，大卢基炮兵指挥官亨尼希斯少校已经完蛋了。就在12个小时前，他还打电话到暗堡："贝内曼，你们要守住暗堡！我来守住观察哨。"

士兵们打着盹。空气凝重得令人喘不过气来。伤员们呻吟着。没有吗啡，也没有绷带，医护兵什么也提供不了。

拂晓，临近7点时，贝内曼走到小小的碉堡处查看情况。事情变得严重起来，整座建筑几乎已被摧毁，地板上被炮弹撕开一个深深的大洞。从地板下可以钻过这个洞，透过被炸毁的墙壁查看到外面的情况。

贝内曼清楚地看见，观察哨已落入苏军手中。显然，对方即将对自己所在的暗堡发起猛攻。

一辆T-34慢慢移动到战壕旁。贝内曼目不转瞬地盯着它，结果疏忽了身后发生的情况。突然，背后传来一阵声响，是俄语喊出的命令，还有枪声。苏军已从另一侧到达碉堡和暗堡。

贝内曼钻到地板下，苏军士兵出现在离他不到两英尺的外墙处。他们将手榴弹投向房门，又用冲锋枪对着暗堡的射孔开火射击。

从暗堡的入口处传来一名德国士兵的喊叫声："别开枪，我们投降！我们都是伤员！"

一名苏军士兵用德语喊道："出来！"暗堡门打开了，贝内曼的部下们高举双手，踉踉跄跄地走了出来。

"武器呢？"一名苏军军士问走在最前面的一个德国士兵。那名德国兵朝暗堡晃了晃头。

"把武器都拿出来，快点，快点！"苏军叫道。这些德军士兵转身回去，把他们的武器弹药取了出来。

随后，一名翻译赶到这里。他命令这些战俘高举双手走进旁边的碉堡。

贝内曼钻过地板上的大洞爬远了一点，蜷缩在一个角落处。在他的正上方，审讯开始了。

"是军官吗？"一如既往，这是第一个问题。然后便是："职业？"如果回答是"工人"，翻译便会说："很好！"

"农民？很好！"

有个人回答说："职员。"那名翻译说道："也不错！"

有个问题被苏军反复提及："有拍照吗？"这句话的意思是询问是否有照相机。但只有一名德军军士拥有这一令人垂涎的物件。

审问结束后，这些俘虏被命令跳入战壕。"快点！快点！"然后，他们列队向"红房子"而去。

伤员们将毛毯裹在肩上，沿着战壕踉跄而行。没人虐待他们，有的只是不停地喊叫："快点！快点！"并伴随着令人紧张、充满威胁意味的枪栓拉动声。

这一整天，贝内曼一直躲在碉堡的地板下。中午过后，一长列战俘从碉堡前走过，约有500～600人。他们的情形看上去凄惨无比。几名军官只穿着袜子在雪地中蹒跚而行，他们的毡靴已被夺走。

"没什么比这更惨的了。"贝内曼这样想着。此刻，这名来自下萨克森菲塞尔赫费德的军官打定了主意——决不能被俘。他没有地图，只有个便携式指南针。他的口袋里还有一把手枪和八发子弹。另外还有点口粮——七分之一条面包。这就是他的全部家当。这些东西够他穿过广袤的沼泽，到达德军防线吗？

时间到了19点30分，贝内曼逃生的第一晚开始了。他爬出自己的藏身地，钻出窗户，然后站直身子，大胆地走入战壕，随后又滚下右侧的斜坡。

皎洁的月光下，这片废墟沐浴在一片怪异的光亮中。冰冻的积雪在他的毡靴下嘎吱作响。现在要小心点了，他已到达苏军士兵剪开铁丝网，让德国战俘通过的地方。

贝内曼也打算从这里溜过。"站住！"突然一个声音叫道。贝内曼继续向前奔跑。又是一声喊叫："站住！"

糟糕！他一头趴在雪地上。接下来的半个小时，他趴在地上装死。然后，他慢慢爬动着，设法钻过了铁丝网。

突然，在他四周出现了动静。苏军士兵围捕着脱缰的马匹，赶着它们向马克西莫夫（Maksimovo）而去。这是个好机会，他孤零零的一个人跟在马群旁，不太会引起别人的注意。

贝内曼匆匆向前而去。突然，他颤抖起来：雪地里好像蜷伏着什么东西，一动不动。他小心翼翼地靠近过去，发现是一具德国士兵的尸体。50码外，又有一具。沿路上，到处都是这种可怕的标记。每隔三五十码便有一具已无生命迹象的躯体。他们向前俯卧着，有的裹着毛毯，有的四肢摊开倒在雪地上。显然，这些都是伤员，在赶往战俘营的途中，他们想休息一下，结果被活活冻死了。

直到他走上另一条更远的路，那些可怕的路标才消失不见。贝内曼迈开大步向前走去。此时的夜晚明亮而又寂静。他看看自己的指南针，四天前，他曾在镇子西北方2.5英里处留下个三角测量点。那就是他现在要去的方向。

沼泽地里的雪橇痕迹通往各个方向。每当有苏军的雪橇队靠近，贝内曼便隐蔽进灌木丛中。

2.5英里后，他到达了那个三角测量点，接着便穿过第一条由东向西的大型补给道路。当晚，他还将跨过6~8条这种被踩得结结实实的雪路。路边或清理出的雪堆旁，有一些苏军的军用电话线。逃亡的第一晚，贝内曼用刀子割断了许多条电话线。此后，他再也不用为此而担心了。

路上没多少车辆。他只遇到大约20辆汽车，所有车辆都开着大灯，充满自信地向前驶去。当然，他们不必担心游击队的袭击。当晚24点前，贝内曼到达了冰冻的洛瓦季河。他必须跨过这条河流。对岸，有一条与河流相平行的道路，从涅维尔（Nevel）通至旧鲁萨。他继续向北而去。

清晨5点左右，他渡过纳斯瓦河（Nesva），然后便踏上莫洛季村（Molodi）附近最后一条东西向公路。贝内曼知道这个村子，他曾在观察哨中用战壕镜查看过这里——它是唯一一座从沼泽森林中突出的村落。

天色已亮。白天是野兽和逃亡者的天敌。他必须找个藏身处。公路外100码处，他找到个地方——一片6英尺高的柳树丛。白天是一段漫长的时光。零下20摄氏度的严寒中，他不得不待在一个固定的地方，这是种无尽的折磨。贝内曼数着身边的树木，估测着距离，每隔半小时便屈膝十次。然后，为稍事改变，他会原地踏步，或是用双臂拍打自己的身躯。

夜色终于降临了。此时，距离他逃亡出来已过去24小时。他只站立着睡过一会儿，为缓解口渴，他吸吮积雪；为对付饥饿，他吃过一小片面包。每次他只咬下一小块，然后花很长时间来咀嚼。如果他咀嚼的时间够长，面包浆会在他的嘴里产生甜甜的味道，最重要的是，这使他不急于把面包吞下去。

第二晚的逃亡非常吃力。首先，他的逃生路线要穿过一片满是积雪的茂密的森林，然后，还要跨过一片平坦的沼泽，那里长满了高高的芦苇和茂密的柳树林。疲惫的贝内曼继续向前，第二次来到纳斯瓦河。就在这时，出事了。他脚下一滑，从陡峭的河岸上滚落，头撞在了地上。他恍恍惚惚地站起身，喘着气。对面的河岸上，一名苏军哨兵好奇地看着他。那名士兵拉动枪栓顶上一发子弹，但除此之外，他什么也没做。

贝内曼站在那里，一分钟过去了，又过了一分钟，第二名苏军士兵出现在对岸。两名哨兵交谈了几句。然后，新来的那名士兵跑下岸堤，大声喊道："Parol！"意思是"口令"。

贝内曼拔腿就跑。子弹从他身边呼啸着掠过。他爬上岸堤，气喘吁吁地奔向一条壕沟。很快，他跳入壕沟，紧紧地趴在地上。在他周围，枪声四起。

"他们会找到你的，他们会找到你的！"他不停地对自己说道。但苏军并没有找到他。此刻，天色已黑，月亮升了起来。这救了贝内曼。四周的声响消失后，他开始爬起身继续逃亡，现在该向西去。他将指南针转向40——这个方向上有一颗耀眼的星星。他朝这个方向逃去。

他被笼罩在一片漆黑、茂密的森林中。厚厚的雪地上，动物留下的曲折痕迹是这里唯一的生命迹象。贝内曼沿着小径而行。在这里，不必担心遇到人类。因此，天色放亮后，他仍继续前行。早上8点，他已站在森林的边缘。此时，他被高高的芦苇所包围，只好放慢脚步，小心翼翼地向前走去。

突然，前方传出说话声。他屏住呼吸，透过芦苇丛悄悄向外张望。他发现自己正位于一条苏军防线的中间，这道防线就设在茂密的芦苇丛前方。每隔200码便有一挺机枪，机枪阵地的前方站立着一些端着步枪的哨兵。

贝内曼爬入一个覆盖着积雪的坑中，从这里可以观察到外面的情况。他咀嚼着最后一块面包，又吞下几把雪。

几个小时过去了。刺骨的寒冷钻入他的皮肤，像一只只冰冷的手指那样慢慢爬上他的身躯。这股寒意沉重地压在他的大脑和心脏上。他的呼吸开始变缓，他测了测自己的脉搏，每分钟45下，已接近被冻死的边缘。

17点，芦苇丛边缘的苏军哨兵换岗了，这是个机会。贝内曼猫着腰，从哨兵间跑了过去。但在皎洁的月光下，想溜过前线是没有希望的。同时，他也没有足够的力气爬回去。

他莽莽撞撞地站直身子走了回去，随即转身向北。右边的某处传来叫声："口令！"他未加注意。一声步枪的击发声响起，接着又是机枪的三发短点射。

他穿过开阔地，避开哨兵所在的灌木丛。走了一英里多后，他突然发现自己正处在苏军主防线的中间。高地四周的情形使他辨认出前线的方向。向西射击的机枪火力令他识别出那些阵地。他猫着腰，躲躲闪闪地溜过前线。在这一过程中，他丢失了自己的手套。他将帽子撕为两半，用布片裹住自己的双手，这样趴在雪地上时，自己的双手就不会被冻伤。

他的体力消耗得很快，不一会便喃喃地自言自语着，"我再也走不动了。"说着，他倒了下去。片刻后，他又爬了起来，"我还能再走一段！"

这种情形每隔半小时便会重演。每次倒在雪地上，那种彻底放弃的冷漠念头很可能会要了他的命，但每次他都强迫自己重新站起来。沿着野兔留下的痕迹，向西面月亮的方向而行。从凌晨2点起，金星为他指明了方向。凌晨4点，第三个夜晚即将结束，白天就要到来时，他突然发现前方有一个谷仓。谷仓内堆满干草，他一头钻了进去，呼呼大睡起来。

但只睡了两个多小时，饥饿、口渴和害怕被冻死的恐惧唤醒了他。他爬了起来，心想决不能死在这堆干草里，必须马上离开。于是，他用尽力气走了出去。此时，四周已泛起鱼肚白，他踉踉跄跄向前走去，一些农舍出现在视野里。

"口令！"有人叫道。让他们去叫吧，他漠不关心地继续向前。十步，二十步……突然，一个念头闪过他的脑海：那声喊叫是怎么喊的？Parole？结尾的字母是"e"，这肯定不是俄文单词。难道是……

但此时叫他思考实在太过困难，他只能本能地让自己的双脚踉跄而行。他的大脑似乎被冻僵了。

他又挣扎着向前走出500码，穿过一片开阔地。可他的脑子里还在不停地重复着——Parole！盘问他的会不会是个德国人呢？

天亮了。耀眼的阳光下，他识别出一条铁轨。铁路线！突然间，他再次成为训练有素的炮兵军官。这肯定是通往洛克尼亚的铁路线，这是敖德萨—列宁格勒主干线的一部分。这片地区位于洛克尼亚和新索科利尼基之间，大卢基的正西面，还在德国人手中。他很清楚地知道这一点。他曾在观察哨里聆听过最后一次作战报告，第8装甲师战斗群所进行的救援行动已跨过这一地区，并确保了这段铁路线的安全。

不用再犹豫，他已完成了自己的跋涉。于是，他转过身，重新向那些有人居住的农舍走去。他来到一座单独的农舍前，握着手枪敲了敲门。一位老人开了门，目不转睛地看着他。贝内曼指指外面："德国兵还是俄国兵？"

这个老人摇着头："德国人！"说着，指指对面的一座石头屋。贝内曼踉踉跄跄着走了出去。他挣扎着走到对面。他的嘴唇颤抖着，读出了房门上的战术徽标：第80装甲炮兵团[1]第5连。"从科特布斯而来的第80炮兵团。"他喃喃地说道。他知道著名的第3轻装师，该师已于1940年改编为第8装甲师，并在北部和中央战线证明了他们作为一支装甲部队的价值。

他跌跌撞撞地走进房门，面前是一间被当作连部的大房间。屋里的士兵吓了一跳，因为他们看见门口处站着一个鬼怪——瘦削的身形，一只手裹在迷彩外套的风帽中，胡子拉碴的脸上满是冻疮。他们呆呆地坐在那里，说不出话来。

幽灵般的访客被屋内的铁炉子深深地吸引了。炉上摆着德国军队所用的白色搪瓷杯，杯子里的咖啡替代品热气腾腾。他拿起杯子，凑到嘴边不停地喝了起来。然后，他放下杯子，说出的第一句话是："我从大卢基来！"

屋里的士兵们跳起身，塞了张椅子给他。贝内曼一屁股坐下，他不停地笑着，泪水从他那张被冻得惨白的脸上淌下。在刺骨的寒风中，他走了60个小时，一共25英里远的路程。而且，他没被苏军抓住。他逃出了大卢基的地狱——他是第183炮兵团第9连的贝内曼中尉。

---

① 第80炮兵团原属第3轻装师，第3轻装师改编为第8装甲师后，该团也随之更名为第80装甲炮兵团。

就这样，贝内曼逃脱了被俘的命运，也逃离了遭受报复的下场：一名狂热的苏联领导人后来为大卢基的失败展开了这场报复。战争结束后，他们从战俘营里挑出那些曾在大卢基战斗过的德军士兵，把他们带回到城堡，召开军事法庭对他们进行审判。每个军衔中挑出一个判处绞刑：一名将军、一名上校、一名中校、一名少校、一名上尉、一名中尉、一名少尉、一名上士、一名中士、一名下士和一名列兵。

1946年1月29日，这些人被公开绞死①在大卢基的列宁广场。在他们当中包括第277步兵团团长、城堡要塞司令、几名连长、铁路官员、一些下级指挥官和普通士兵。其他人则被判处20或25年监禁。在他们当中，只有11人生还，并于1953—1955年间回到德国。

这就是大卢基，1942—1943年冬季战役的重点地区之一。一位比交战双方任何一个将领更有力的将军结束了这场关键性战役，他就是——"泥将军"！

---

① 被绞死的德军军官中包括冯·萨斯中校和冯·拉帕德上校。

第四部

最后的机会

1

下一步？

动员了11200000人——防守还是进攻——趁敌疲惫之际对其发起打击——错误的决定

没经历过苏联泥泞期的人，根本不会知道什么是真正的泥泞。随着1943年3月底冰雪化冻时期的到来，地面上的战事宣告结束。每一双靴子、每一部车辆、每一个军事行动都陷入深深的泥潭中。前线停顿下来。这条战线从列宁格勒起，经旧鲁萨，沿奥廖尔和库尔斯克突出部延伸至别尔哥罗德，再沿顿涅茨河和米乌斯河直达亚速海。德国第17集团军坚守在库班桥头堡，守卫着通往克里木的通道，从而掩护了东线德军的南翼。这条战线停滞在泥泞中，就此结束了德军的危机期。斯大林格勒的惨败所引起的大滑坡已然停止，东线德军面临的主要危险被避免，局面已趋于稳定。

但道路中的泥泞会变干，化冻期过后将迎来春季和夏季。到那时会发生些什么呢？这是个战略问题。在整个战争的背景下，东线战事该如何继续？先前的两场战役并未能使苏联屈服。

面对那些逆转和危机，东线的第三场战役该如何进行？德军统帅部能把希望寄托在这场战役上吗？还有希望吗？

但有一件事可以肯定。1943年初的泥泞期为德军统帅部提供了一个宝贵的喘息之机。随着消耗大量兵力的突出部被拉直，几个月来，德军首次获得了预备力量。时间、预备力量和武器装备——这是战争的三大要素。

希特勒最初构思"堡垒"行动时，他所想的并不仅仅是一次军事行动。1943年4月，他签署了关于搜罗所有被占领土的战俘和有工作能力的平民的秘密指令，这清楚地表明，他意识到了影响德国经济的瓶颈。德国缺乏的不仅仅是士兵，还包括工人。在德国国内，越来越多的人被召入军队，以满足组建更多部队的需求，但这样一来，军工生产、矿山、运输和农业生产方面的人力缺口便越来越大。

1943年1月，德国武装力量最高统帅部需要80万补充兵力——但即便是最无情的征召也只能凑到40万。战时经济生产将失去这些人，因此，他们的工作必须由外籍劳工替代，主要是来自东方的劳动力。

于是，在"确保战俘、劳动力和战利品"的指令中，希特勒为所有军事行动确立了一项重要目标，即除歼灭敌军外，必须为重要的战时生产搜罗战俘和平民劳动力。战争已恢复到其最原始的形式——以战利品和奴隶为目的。

这番努力取得了成功。1942年5月，德军部队有940万人；1943年春季，这一数字上升至1120万。1942年5月，德国拥有的劳工数量为3550万人，而到1943年春季时，这个数字达到3360万。也就是说，德国在这一年中组织了200万士兵和100多万名劳动力。

德国的战时生产也得到明显增加——尽管存在着敌人的轰炸和对食物供应的焦虑。新上任的军备与战时生产部部长阿尔贝特·施佩尔，组织起重要军用物资的大规模生产。1942年初，德国每个月只出产350辆坦克和50辆突击炮，而到1943年初，坦克的产量已经翻了一番，而突击炮的数量增加了四倍。

就这样，工程师的设计创造技能与数百万工人的劳动生产技能在军火工业中相结合，新式武器变戏法似地从被炸毁的工厂中生产出来。其中最重要的是虎 I 和虎 II 重型坦克、被称为"黑豹"的新式中型坦克、庞大的"费迪南德"突击炮、重型高射炮和自行高炮。这些军工奇迹都被寄予厚望，利用它们或能扭转战场态势。

只有一个领域出现了令人费解的停滞——德国的军事领导者未能听到原子时代正在走近的脚步声。德国的物理学家们不停地写着备忘录，并在会议上提出这一项目。他们指出根据德国科学家所发现的核裂变现象开发一种新式炸弹的可能性。但军方的武器发展办公室拒绝采纳这一建议，因为根据相关指导原则，不得

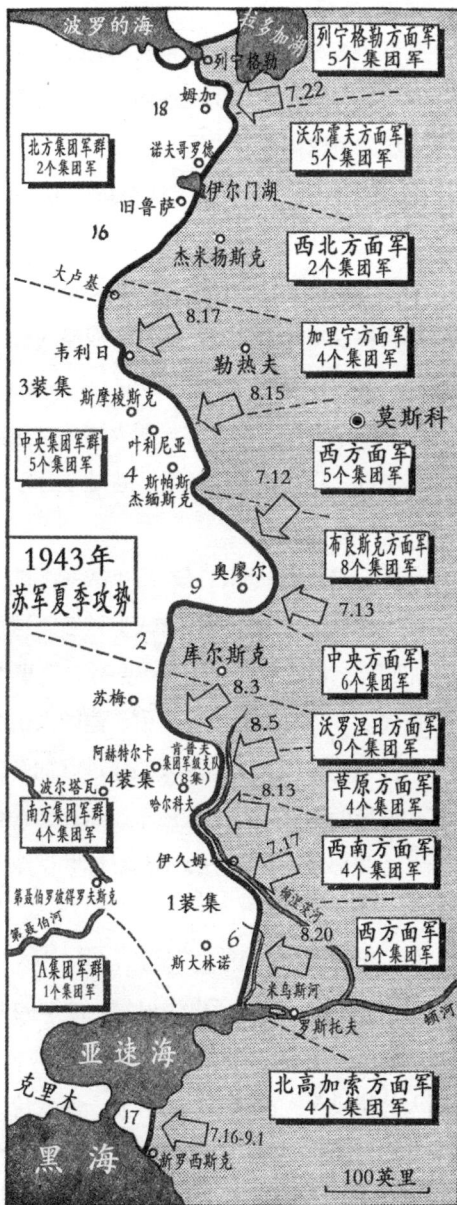

波罗的海

拉多加湖

列宁格勒

列宁格勒方面军
5个集团军

姆加

18

7.22

诺夫哥罗德

北方集团军群
2个集团军

伊尔门湖

沃尔霍夫方面军
5个集团军

旧鲁萨

16

杰米扬斯克

西北方面军
2个集团军

大卢基

8.17

韦利日

勒热夫

加里宁方面军
4个集团军

3装集

斯摩棱斯克

8.15

⊙ 莫斯科

中央集团军群
5个集团军

叶利尼亚

西方面军
5个集团军

4 斯帕斯
杰缅斯克

7.12

1943年
苏军夏季攻势

9 奥廖尔

布良斯克方面军
8个集团军

7.13

2

库尔斯克

8.3

苏梅

8.5

中央方面军
6个集团军

阿赫特尔卡

肯普夫
集团军级支队
（集）

沃罗涅日方面军
9个集团军

波尔塔瓦

4装集

8.13

草原方面军
4个集团军

哈尔科夫

南方集团军群
4个集团军

伊久姆

7.17

西南方面军
4个集团军

1装集

第聂伯罗彼得罗夫斯克

第聂伯河

6

8.20

西方面军
5个集团军

斯大林诺

A集团军群
1个集团军

米乌斯河

顿河

罗斯托夫

亚速海

北高加索方面军
4个集团军

克里木

17

7.16-9.1

黑海

新罗西斯克

100英里

▲ 库尔斯克战役后，德军战线前排列着苏军的61个集团军。按
下来会发生些什么？

— 301 —

开发耗时需9个月以上的任何武器。

从事后的角度看，人们很容易得出结论：早在1943年，战争已不再有获胜的希望。甚至在当时，德国军事领导者也已意识到这场战争无法打赢。他们不得不面对的问题是"该如何阻止这场战争以惨败而告终？"

答案不一定是政治革命、叛乱、诛戮暴君或反抗，或许还有些其他的创造性办法。

一份对军事和经济形势的清醒评估表明，随着1943年春季的军事胜利和新的经济动员，德军最高统帅部再次获得为对苏战争制订新战略的机会。新战略不再基于征服庞大的苏联这种幻想（这是一种灾难性的幻想），而是基于一个铁一般的事实：德国的力量，充其量只能将苏军削弱，并让斯大林政权动摇到愿意进行谈判的程度。不是胜利，但却是平局。以过去的经验看，这是个合乎逻辑的结论。希特勒会明白这一形势所迫，并及时转向吗？

陆军元帅冯·曼施泰因，这位已证明自己在各条战线上都是最重要将领之一的人物，是东线战事应按上述原则进行的主要代言人。诚然，这种做法无法掩饰战役的失败，反而会使它更加明显，但这种打法至少不会导致军事上的败亡。

但真相再也无法被掩盖。"巴巴罗萨"行动中，德国人试图以快速闪电战击败苏联，夺取其经济资源，并以一个庞大的钳形攻势穿过高加索地区和埃及，击败大英帝国位于非洲、中东和波斯的军队，但随着德军撤离高加索和阿拉曼，这个计划已彻底失败。这就是德军统帅部现在不得不缩小其目标并试图在东线用谈判解决问题的原因。

现在是决定性的时刻。整个时代已走到了十字路口。现在仍有时间避免灾难性的结局，以纠正1941年6月22日的错误。历史注视着从波罗的海至黑海的战场，很少会出现前途未卜到如此程度的决定。同时——真的存在平局的机会吗？

对苏军来说，从斯大林格勒至顿涅茨河，同样是一条代价高昂的道路。斯大林并未能实现他包围整个德军南翼的目的。苏军同样遭受重创。

那么，前景如何呢？这正是冯·曼施泰因元帅所想的问题："前几年我们所进行的那种对敌深远目标的攻击，已超出我们的能力。我们现在的不二之选似乎应该是防御。"

防御！但该是哪种防御呢？防御作战有两种：一种是死守，也就是守住已夺取的一切领土；另一种是灵活的弹性防御，将后撤与反击相结合。死守绝不可行，德军的兵力不足以采取这种措施。从黑海至北冰洋的防线太过漫长，无法将其加强为一道坚固防线。以"南方"集团军群为例，在其470英里的战线上，只有41个正规师和3个保安师[①]。按照防御战原则，这条防线上缺少20~30个师。死守的风险也很大，苏军会以他们庞大的兵力、强大的集中炮火、数量众多的坦克和规模越来越大的空中力量，以压倒性优势发起进攻，在数个地点同时突破德军的防线。

事实上，1942年和1943年冬季，苏军最高统帅部已将这种模式发展为一种精湛的技艺。只要德军防线的某个区域发生崩溃，苏军会迅速以强大的突击力量对下一个目标发起攻击。

这样一来，德军统帅部被迫将其战略预备队和寥寥无几的机动部队调来调去，这些部队从未能及时赶至正确的地点。结果，苏军达成了突破，德军被孤立的前沿防区遭到包围，最终实施的后撤导致人员和物资严重受损。高加索山区、伏尔加河与顿涅茨河之间所进行的战役就是一个很好的例子。

显然，在1943年，紧抱"死守"的信条毫无成功的希望。那么，曼施泰因认为能获得平局的战略基础是什么呢？曼施泰因说："我们必须充分利用德国仍占有优势的那些因素。尽管从整体上看，我们现已转入防御，但仍需设法给予敌人沉重的打击，使其付出重大伤亡，俘获其大量人员，最终迫使他们求和。即便在战略防御的框架内，我们也必须确保实施灵活的机动作战，因为这是我们的优势所在。"

换句话说，这个构思不是为了采取大规模攻势，而是让苏军发起进攻，然后，在恰当的时候，待对方的进攻势头消耗殆尽后发起反击。实际上，1943年春季，在顿涅茨河与第聂伯河之间所展开的防御战中，曼施泰因已证明了这一策略。如果战争仍将继续下去——同盟国在卡萨布兰卡提出的"无条件投降"要求

[①] 曼施泰因在回忆录中指出，在"南方"集团军群760公里的防线上，只有32个师。

已使德国别无选择——那么，曼施泰因的策略则是避免军事失败的唯一希望。

但如果有人认为希特勒会承认现实情况，并放弃他过于奢侈的计划的话，那么他只会发现自己是一厢情愿。1943年春季实施的后撤和战线紧缩刚刚为他提供了一些战术和战略预备队，他便再度沉溺于狂热的幻想中。希特勒自负的骄傲压倒了他的判断力。他又一次被引诱进而发起进攻。库尔斯克突出部，奥廖尔与别尔哥罗德之间这个前伸的"阳台"吸引着他，于是，他发起了被称作"堡垒"行动的钳形攻势。

为此，他投入了自己所有的预备队，特别是那些刚刚经古德里安重整过的装甲部队。他想歼灭集中于库尔斯克突出部内的苏军坦克部队主力，然后一鼓作气，横扫苏军1943年预备力量的整个中心。他相信，通过这一决定性的战役，他将再次获得东线主动权。事实上，他甚至梦想在这次行动后，再发起一场针对莫斯科的攻势。

古德里安、曼施泰因、莫德尔和其他许多将领都恳请他放弃这个念头。他们指出这一行动存在的危险，并坚定指出这将会进一步推延夏季攻势的展开。国防军指挥参谋部也发出紧急通知对此表示反对：鉴于过度延伸的战线以及西线和意大利遭受入侵的威胁，这些预备力量应被投入到其他更需要的地方。有些日子，希特勒听取了他们的建议，犹豫着避开这场豪赌。但最终他还是孤注一掷，将所有法宝投入到库尔斯克这片血腥的战场上。

我们已知道所发生的事情。被间谍出卖的"堡垒"行动失败了。刚刚辛苦重组和补充起来的战略预备队被消耗殆尽；配备着虎式和黑豹坦克的装甲部队，在对库尔斯克突出部苏军庞大的防御阵地实施进攻的过程中被严重削弱。

随之而来的便是灾难。苏军统帅部所做的，正是曼施泰因曾建议过希特勒的做法——趁敌疲惫之际对其发起打击。就在库尔斯克战役到达高潮之际，苏军针对莫德尔集团军的后方发起一场由北至南的大规模攻势。在库尔斯克北部战线，他们迫使德军取消进攻，并利用混乱突破至奥廖尔地区第2装甲集团军的防线内。

在那里，自1943年7月12日起，苏军在库尔斯克北部的牵制性进攻发展成一场激烈的攻防战，第9集团军参与进攻的部队，有相当大的一部分被卷入其中。尽管"中央"集团军群南翼左侧纵深遭到灾难性突破的威胁被再度阻止，但苏军还是抢在曼施泰因和莫德尔获得圆满成功前，在最后一刻使德国人中止了"堡垒"行动。

　　结果，德军统帅部现在面临的情况，远比1943年春季前线的稳定局面来得更为糟糕。德军几乎所有的预备力量都被耗尽。东线最主要的机动部队也被粉碎或遭到重创。战线被拉伸至破裂的边缘。这是苏军最高统帅部等待了12个月的时机，也是自1942年夏季以来，斯大林一直梦寐以求的时刻。希特勒输掉的不仅仅是胜利，还包括一切取得平局的希望。

2

库尔斯克后遗症

苏军四处出击——别尔哥罗德和奥廖尔失守——阿赫特尔卡的意外事件——"你
们的将军还在树林中吗？"

尽管1943年中期的情况极为困难，东线德军仍设法取得了一些非凡的成就。第2装甲集团军和第9集团军在莫德尔大将[①]的指挥下，成功地守住了奥廖尔突出部。德军的疲惫之师再次阻止了苏军突破至布良斯克和第聂伯河。

但苏军并未停步不前。7月17日，两个方面军的强大力量，在伊久姆两侧对德国第1装甲集团军位于顿涅茨河中段的阵地发起进攻。冯·马肯森大将再次率领着他那些被严重削弱的部队挡住苏军的攻势，并使局势得到部分控制。然而，沿霍利特将军第6集团军[②]在米乌斯河上的防线（自1941年12月以来，双方对这条靠近亚速海的河流争夺得异常激烈），苏军在斯大林诺东面，米乌斯河东岸的古比雪沃（Kuybyshevo）附近成功达成突破，并一路杀至马里诺夫卡（Marinovka）德军第294步兵师的防区。第513掷弹兵团被迫弃守这座小镇，但该师还是设法封闭了这一危险的突破。

曼施泰因从北面投入党卫军第2装甲军，从南面投入经验丰富的第16摩步师，

---

① 1943年7月至8月，莫德尔出任第2装甲集团军司令，随后又返回第9集团军，成了名副其实的救火队员。而第9集团军司令一职，这段时间里一直由莫德尔和约瑟夫·哈佩轮流担任。
② 1943年3月，"霍利特"集团军级支队更名为第6集团军。希特勒后来为此懊恼不已，他觉得"第6集团军"这个番号太不吉利，不该让霍利特的部队恢复这个倒霉的集团军番号。

随后还包括第23装甲师。这些快速部队再次阻止住苏军向顿涅茨中心地带的推进，从而遏制了一场严重的危机。可是，现有兵力不足以消除危险。"太少，太晚"的灾难性模式再度上演。

8月3日，就在德军刚刚完成反击，恢复了第6集团军原有的旧防线后，党卫军第2装甲军再次被抽出，派往北方。

的确，拖了很久的库班桥头堡疏散工作现在终于启动了，第13装甲师和其他一些部队从克里木向北而去。但就在这些权宜之策在米乌斯河和顿涅茨河中游成功遏制住危险态势的同时，8月初，一个新的威胁出现在"南方"集团军群北翼的别尔哥罗德地区。德军的空中侦察发现，强大的苏军部队正位于别尔哥罗德以东地区。看来，苏联沃罗涅日方面军发起一场经哈尔科夫直奔第聂伯河的大规模攻势已迫在眉睫。

斯大林打算重复他在1942年春季失败的尝试：他想从后方切断"南方"集团军群的交通线，给该集团军群和A集团军群造成一场不可避免的失败。1943年8月3日，方面军司令员瓦图京和他的军事委员会委员赫鲁晓夫，从别尔哥罗德两侧发起大规模攻势。这次行动，他们动用了5个集团军。

根据苏联方面的资料，与德军相比，瓦图京在大炮和坦克数量上占有六倍的优势。沿突破正面，他在每英里的战线上部署了370门大炮和迫击炮。步兵师身后是两个精锐坦克集团军：坦克第1集团军和近卫坦克第5集团军。他们集中起坦克，以提供强大的突击力量：每英里前线上拥有112辆坦克。

沿第2装甲集团军在奥廖尔地区的防线，激烈的战斗爆发开来。但南面的局势更为严重。面对苏军重新发起的进攻，尽管第6集团军暂时守住了他们收复的主防线，但德军南线的灾难目前正迅速逼近别尔哥罗德的两侧，由于一些机动部队已被抽调给第6集团军和"中央"集团军群位于奥廖尔的南翼，别尔哥罗德的德军防线被严重削弱。

经过三个小时的激战，苏军近卫第5和第6集团军辖下的步兵师突破德军防御，瓦图京投入了他的两个坦克集团军。他们沿霍特第4装甲集团军与其南面相邻的"肯普夫"集团军级支队之间的结合部撕开德军防线，深深插入到德国人的防区内。他们绕过哈尔科夫，直奔波尔塔瓦。冯·曼施泰因元帅赶紧从前线各处抽调战术预备队，但别尔哥罗德的失陷已无法挽回。

令这场灾难雪上加霜的是，莫德尔在北面的奥廖尔突出部陷入更大的麻烦中。第2装甲集团军最终被迫撤离奥廖尔，以免遭到合围。

别尔哥罗德失守！奥廖尔丢了！哈尔科夫已处于绝望的境地！这一次，大崩溃不可避免了吗？

克里姆林宫当然希望如此。8月5日晚，斯大林下令在莫斯科进行了一场雷鸣般的火炮齐射仪式，自战争爆发以来，这样做还是第一次。特别公报自豪地宣布：别尔哥罗德和奥廖尔已被收复。乌克兰和俄罗斯中部这两座历史悠久、具有战略重要性的交通中心获得了解放。庆祝和评论清楚地表明，克里姆林宫已不再担心其控制权会有任何改变。苏军意识到，他们正向胜利而去。莫斯科的礼炮激励着别尔哥罗德地区的苏军指战员奔向更大的目标，斯大林元帅在九个月前曾向他们描述过这个目标——迫使德国"南方"集团军群离开第聂伯河，退往亚速海，在那里将其歼灭。

曼施泰因命运已定？霍特第4装甲集团军与"肯普夫"集团军级支队之间，存在着一个宽达34英里的危险缺口。通往第聂伯河之路向苏军敞开着。另外，希特勒命令劳斯将军沿公路撤向哈尔科夫的第11军进入这座城市，并再次下令："不惜一切代价守住哈尔科夫！"这给斯大林帮了大忙。

霍特大将带着他的第4装甲集团军向西南方退却，以便在哈尔科夫北面构建起一条新的防线。问题是，这一点是否还能做到？来自下萨克森的第19装甲师跟随着第48和第3装甲军一直在苏军突破处苦战，现在正穿过苏军防线，一路向西退去。

8月6日下午，第19装甲师师长古斯塔夫·施密特中将正在第48装甲军的战地指挥部里。军长冯·克诺贝尔斯多尔夫将军在地图上向他指出自己打算在格赖沃龙（Grayvoron）—阿赫特尔卡（Akhtyrka）地区建立起第4装甲集团军拦截阵地的位置。"施密特，最重要的是尽快将我们的部队带到那里。'大德意志'师的先头部队已占据拦截线。我们必须阻止俄国人，否则，整个集团军群将面临一场彻底的崩溃！"

施密特点点头，自信地答道："我们会做到的，将军先生！"他立即命令辖内的各个团向阿赫特尔卡赶去。可他并不知道，他的第19装甲师已被苏军超越。

苏军坦克部队深深地进入到他的后方，并于8月7日晨在格赖沃龙切断了公路，而第48装甲军新设立的斜向防线正是从这里经过。

没人注意到这场即将到来的灾难。就在几个小时前，第19装甲师的运输单位驶过这条公路时，并未遭遇任何意外，师部人员毫不知情地赶往阿赫特尔卡，以便占据新防线，为行动做好准备。

施密特将军坐着他的指挥坦克，行进在队伍的最前方。他的无线电操作员拨弄着旋钮，对副官克内中尉说道："俄国人的一股无线电通信，似乎不太寻常。他们叽叽喳喳，就像在战斗中那般兴奋。"

还没等克内中尉做出回答，犹如晴空霹雳，地狱之门突然敞开了。反坦克炮弹发出巨响和火焰，这些炮火来自道路两侧的树林。德军车队遭到伏击，车辆被击毁，一股股火焰腾空而起，弥漫的烟雾中混杂着车辆燃烧的气味。

师长所在的那辆坦克的车头前发出一声爆炸，坦克陷入弹坑中。"快出去！"施密特将军喊道。他们爬出坦克，跳入路边的壕沟中。

苏军的T-34出现在道路上，没用几分钟便将这支德军车队消灭殆尽。克内中尉看见师作战参谋冯·翁格尔中校被一串机枪子弹击毙。一辆T-34径直向他们驶来，他们一个接一个地朝树林逃去。到处都是大群大群的苏军士兵，施密特将军、克内中尉、驾驶员许特下士和他们的无线电操作员只好隐蔽在一棵大树的树干后。他们所拥有的全部火力仅仅是两支卡宾枪和两把手枪。

一群苏军士兵发现了他们，并试图活捉他们几个。他们的卡宾枪子弹很快便打光了。

施密特将军低声对克内中尉说了几句。然后，他大声对许特下士和无线电操作员说道："没希望了！你们俩设法逃出去。克内中尉和我想办法引开俄国人，尽量给你们点火力掩护。"

许特惊讶地看着他的将军。引开俄国人？火力掩护？他们刚刚躲到这里时，将军和克内中尉的手枪里不是只有四发子弹了吗？

古斯塔夫·施密特中将来自温斯特鲁特河上的卡斯托尔夫，他出生于1894年，是一名骑士铁十字勋章橡叶饰获得者。他猜到了这位陪伴自己多年的司机的想法，于是微笑着，故作严厉地重复道："你们快走吧，这是命令！"他又对许特说道：“要是能做到的话，去看看我的妻子，告诉她我爱她，再把这一切都告诉她。”

两人撒腿逃离，无线电操作员冲在前面，许特跟在后面。但他们并没能逃太远，一头撞上一群苏军士兵，结果被俘。他们被带到一间陈旧的工具房，这里被一名肥胖的苏军少将当作自己的指挥所。就在许特他们接受审问时，一名苏军中尉走了进来，向将军汇报了一些情况。

苏军少将通过翻译问许特：“你们的将军还在树林中吗？”

许特小心翼翼地答道：“我们也不知道将军在哪儿。”

于是，苏军少将让他们俩跟那名中尉一起去，中尉还带着五名苏军士兵和一辆手推车。施密特将军和克内中尉的遗体倒在树干旁。

他们带着两具尸体回到苏军旅部，许特和无线电操作员在那位苏军少将面前立正，许特说道：“将军先生，我们请求您批准安葬我们的将军和中尉。”

一旁的翻译做了解释。苏军少将点点头，对那名中尉说道：“给他们找个好地方。”

他们将两具尸体埋葬于别廖佐夫卡村的边缘。日期是1943年8月7日，时间是15点。五年零三个月后，许特下士从苏联战俘营回到德国。

第五部

奔向
第聂伯河

1

第四次哈尔科夫战役

第11军陷入绝望境地——第282步兵师的恐慌——苏军坦克隆隆驶入城内——第6
装甲师转败为胜——罗特米斯特罗夫的T-34遭遇伏击——向日葵地边缘的戏剧性
事件——希特勒："哈尔科夫必须守住！"——曼施泰因："我宁愿失去一座城
市，而不是一个集团军！"——"我的元首，我要求得到自主行事权。"

施密特将军阵亡后，来自下萨克森—威斯特法伦的第19装甲师，指挥权由第
73装甲掷弹兵团团长泽格尔上校接替①。苏军继续迅猛向前，结果，第19装甲师的
主力很快便发现自己已陷入格赖沃龙包围圈，这个口袋里还囊括了第255步兵师和
第57及第332步兵师的一部，另外还有来自西里西亚的第11装甲师。负责统一指挥
包围圈内德军部队的是波佩将军。

苏军的四个集团军冲向构成刺猬阵地的各德军战斗群，但苏军并未能成功地
杀入包围圈。相反，德军第11和第19装甲师集中起所有的突击炮和坦克，强行打
开一条通道。在这场戏剧性突围中，被围德军的各步兵团脱困而出，向阿赫特尔
卡而去，"大德意志"师的先头部队已在那里为他们准备好阵地。这些部队到达
后，转过身来，据守在新的防线中。

就这样，冯·克诺贝尔斯多尔夫将军的第48装甲军与第4装甲集团军麾下的其
他快速部队相配合，再一次成功地挡住苏军在苏梅与阿赫特尔卡之间向第聂伯河
的推进。但是，机动力量的缺乏使德军无法封闭千疮百孔的前线。苏军达成突破

---

① 泽格尔上校只是暂代师长一职，正式接任第19装甲师师长的是汉斯·克尔纳中将；瓦尔特·波佩
中将是第255步兵师师长。

的危险依然存在。这种焦虑沉重地压在疲于奔命的"南方"集团军群头上。如果敌人在哈尔科夫西北方，或是在南面的米乌斯河防线发起一场突破性进攻，就能一路杀至第聂伯河，没什么能阻挡住他们。

这一写在墙上，或者说标在态势图上的局势令所有参谋人员担心不已。如果苏军现在就成功地渡过第聂伯河，集团军群将全军覆没。为防止这种情况的发生，至少要提供些哪怕是最小规模的预备队。但基于"守住一切，不得放弃任何地点"的战略，预备力量从何而来？哈尔科夫就是在这一战略指导下的最新例证。希特勒下令守住该城，但如果遵从他的命令，最终失去的不仅仅是哈尔科夫，还包括辖六个师的第11军。整整六个师！如果放弃哈尔科夫，靠这支部队就能避免威胁着米乌斯河与集团军群北翼的灾难。但希特勒下令："哈尔科夫必须守住！"

不得不执行这一命令的人是装甲兵上将埃哈德·劳斯，这位奥地利人是个经验丰富、战功卓著的装甲指挥官，本书在前文曾提到过他——1942至1943年寒冷的新年夜期间，在塔钦斯卡亚的战场上，当时斯大林格勒的命运仍悬而未决。现在，他和他的第11军在顿涅茨河上再次被赋予了在一个关键地点阻止苏军大规模攻势的任务。

瓦图京将军麾下的部队，在霍特第4装甲集团军的北翼达成突破后，已蔓延至波尔塔瓦盆地。如果科涅夫将军草原方面军辖下的各集团军现在能迅速冲过哈尔科夫奔向第聂伯河，那么，曼施泰因的集团军群就完了，而冯·克莱斯特的集团军群也将被切断在克里木。

这种焦虑令曼施泰因元帅彻夜难眠。由劳斯将军阻止科涅夫的突破至关重要，他应该尽可能长久地拖住科涅夫的部队，以便让霍特大将挡住瓦图京的坦克集团军。

以他自己的四个师（第168、第198、第106和第320步兵师），另外还有原属第4装甲集团军，以及由于苏军达成突破而被推向第11军的两个师（第167步兵师和第6装甲师），劳斯将军在八天的迟滞作战中慢慢退向哈尔科夫的外围防御带。

秋日炎炎，厚厚的尘埃笼罩着道路。

"哈尔科夫必须守住！"

六个月前，就连"大德意志"装甲掷弹兵师的精锐团、"帝国"师和"警卫旗队"师这两个党卫军装甲师也未能守住这座城市。现在，难道六个已遭到重创的步兵师能守住？8月11日，希特勒命令经验丰富的柏林第3装甲师赶往哈尔科夫，掩护劳斯将军暴露的左翼。

　　韦斯特霍芬将军的各个团从米乌斯河出发，这条生长着鲟鱼的河流隆隆地流过斯大林诺，穿过七月底的一片战场，在这片战场上，苏军突击第5集团军和近卫第2集团军的几个营被德军一场猛烈的反击所逼退。

　　坐在第3装甲掷弹兵团第2连连长的装甲车上，奥托・滕宁下士再次看到了那片可怕的战场，几天前，他所在的师发起反击，粉碎了苏军的一个桥头堡。

　　上千具苏军士兵的尸体倒在这片烈日烘烤下的广袤平原上。大多数人的手中仍紧紧地握着上了刺刀的步枪，还有些人紧攥着他们的短柄反坦克手榴弹。

　　战场上弥漫着一股令人作呕的尸臭味。装甲车上的掷弹兵们用手帕捂住了鼻子。滕宁打了个寒战，自言自语道："这就是我们的杰作。"

　　旋转的尘埃洒落在第3装甲掷弹兵团的战车上，给眼前的场景覆盖上了一层轻纱。灰尘落在手上、脸上和钢盔上，就连滕宁的番茄上也占满尘土。这些番茄被他放在驾驶座上方机枪旁的钢板上，以便让它们在阳光的烘烤下更快地成熟。他们正驱车赶往哈尔科夫战场，即将到达一个他们此前从未听说过的村庄。这个村庄的名字，作为一场杀戮的发生地，将永远铭刻在他们的记忆中，这就是波列沃耶村（Polevoye）。

　　第3装甲师被部署在哈尔科夫城外，第11军暴露的左翼。再往左去，什么都没有，有的只是将霍特第4装甲集团军与"肯普夫"集团军级支队分隔开的一个缺口，瓦图京将军的部队正从这个缺口蜂拥而入，有些部队已转身赶去包围哈尔科夫。

　　设在哈尔科夫地区的补给仓库极其庞大，按照希特勒的命令，这里储存着可供两个集团军三个月补给之用的一切物资，但现在，这些仓库的命运已定。在德国国内严重短缺的各种物资，在这里却多得难以想象，但它们即将落入敌人之手。

　　"南方"集团军群的这些仓库中的其中一座，位于哈尔科夫西北方大约15英里处的费斯基集体农场。巨大的仓库和地下酒窖中，纵横交错地贮存着法国酿酒

中央集团军群
(克鲁格)

9集
(莫德尔)

中央方面军
(罗科索夫斯基)

格鲁霍夫

库尔斯克

沃罗涅日方面军
(瓦图京)

1943.8-9月初

2集
(魏斯)

苏梅

别尔格罗德

阿赫特尔卡

哈尔科夫

基辅

4装集(霍特)

波尔塔瓦

草原方面军(科涅夫)

伊久姆

西南方面军
(马利诺夫斯基)

文尼察
75英里

卡涅夫

第聂伯河

克列缅丘格

8集
(肯普夫集团军级支队)

1装集(马肯森)

顿涅茨河

南方面军
(托尔布欣)

第聂伯罗彼得罗夫斯克

巴甫洛格勒

斯大林诺

顿河

扎波罗热

南方集团军群
(曼施泰因)

6集
(霍利特)

塔甘罗格

第聂伯河渡口
43.8.22前线

别里斯拉夫

赫尔松

马乌波尔

亚速海

彼列科普

100英里

黑海

A集团军群
(克莱斯特)17

克里木

近坦5集　53　69

3装师　168　106　198　320

别斯基　波列沃耶

7 G.

哈尔科夫

6装师　282

3装师

11军

42军

党2装军

57

前线
8.12
8.17
8.22
8.23后

▲ 第四次哈尔科夫战役。德军坚守着这座城市。但是，1943年8月22日，曼施泰因命令第11军撤离该城。他需要这个军来阻止苏军向第聂伯河的突破。

工业整整一年的产量，另外还有数以百万的香烟、雪茄和罐头食品，足够一个中等规模的城镇舒舒服服地享用六个月之久。

一想到这座仓库要不了多久便会落入苏军手中，第3装甲军的军需官便心痛不已。于是，他捎话给自己能联系到的所有的师：派出你们所能腾出的一切运输工具，仓库的物资能拿多少就拿多少。

对此，他并未抱太大的希望。很长一段时间来，每当有运输任务需要完成时，所有单位都抱怨车辆短缺。但在任何一场战争中，只要是与吃喝有关的东西，无论是哪国的士兵，总能克服一切困难。很快，这位军需官便惊奇地看到，一支庞大的运输车队赶到了他的仓库。

这再次证明，如果有必要，无论多么繁忙，哪怕已做出过相反的保证，许多部队的运输和行李单位还是能抽调出车辆。这些单位随身携带的大批物品纯粹是为了让日子过得更舒适，而且，在后撤期间，这些车辆还挤占了道路，使作战部队无法顺利通行。

但这次，在费斯基集体农场，这种糟糕的做法被证明是有用的。没用两天，十来个师的运输单位便将大批宝贵物资装上车，运回到"肯普夫"集团军群。这支部队刚刚更名为第8集团军，由曼施泰因的前任参谋长韦勒将军指挥。士兵们唯一不感兴趣的是大坛装的伏特加。这种酒被他们丢下——毕竟，在法国白兰地、西班牙波特酒和意大利基安蒂红葡萄酒中做出选择已经够困难的了。谁会要伏特加呢？

当然，没人想到这些备受白眼的俄国伏特加会变成一种有效的秘密武器。但这种事情偏偏就发生了。苏军赶到仓库后没多久，几个团的战斗意志便暂时消失了。他们花了三天时间，将这里的坛装伏特加全部喝光。这是个非常了不起的"成就"。

奥托·滕宁在他的日记中写道："就在那些'同志'因伏特加的宿醉而呼呼大睡，忘掉与这场该死的战争有关的一切时，新调来的党卫军'维京'装甲师利用这段时间，在费斯基集体农场后方的高地上顺顺当当地挖掘了战壕。"就这样，从北面而来，对"劳斯"集群的侧翼包抄被阻止，哈尔科夫又获得48小时的安全。而且，在曼施泰因艰难的计算中，这是一段很长的时间。

但战争的命运反复无常。某方一直保持好运是很罕见的。战争也不是个数学问题。每场战役受不确定因素的影响非常大——士兵的勇气、指挥官的决心等，但指挥官的怯懦、畏惧，最糟糕的是恐慌，同样有可能影响到一支部队的表现。

这个现象再次出现在哈尔科夫。新调来的第282步兵师于1942年在法国组建，师里的一些军官和士兵缺乏东线作战的经验，他们被部署在第11军和第42军之间的结合部。该师仍在使用马拉大车和MG-34机枪，用于反坦克防御的也只有37毫米炮。与敌脱离接触的过程中，该师的几个团不得不撤出顿涅茨河上精心构筑的工事。8月10日，该师左翼的第848掷弹兵团突然遭到一支强大的苏军坦克部队的攻击。

在后撤行动中突然发现自己正处于敌方坦克的攻击下，即便对一支经验丰富、作风顽强的部队而言，也是一项高度危险的任务。而对第848掷弹兵团来说这未免太过艰难，他们遭受到了严重损失。突然间，恐慌爆发开来，整个团四散奔逃，一些残部逃入哈尔科夫城内。

这一事件在薄弱的德军防线上引发了连锁反应。整个师惊慌失措，苏军坦克部队不受任何阻碍地穿过后撤中的德军部队。师作战参谋冯·勒费尔霍尔茨中校拼命阻止溃逃的部队，但毫无效果。这场绝望的悲剧并不需要由他来承担责任，但这场恐慌很可能会导致哈尔科夫的失陷，于是，他拎着手枪，独自一人挡在苏军T-34坦克前。苏军的坦克从他身上碾过，隆隆驶向哈尔科夫。他们冲入城市东部，攻入拖拉机厂，驶入各个工厂的大门，厂里的熔炉仍在工作，气动锻压机仍在轰鸣，几万名工人仍在为德国装甲部队生产零配件。德军在哈尔科夫的抵抗就此结束了吗？德军的防御部队会在恐慌和混乱中土崩瓦解吗？

战斗士气的崩溃令集团军群司令部目瞪口呆。一个可怕的念头出现了，有必要以严厉的军事法庭来制止这种糟糕的情形，在这场战争中，这还是第一次。8月12日，集团军群司令部对是否要采取这种最后的威慑行动进行了激烈讨论——是否应将第282步兵师里的每十个人中枪毙一个。但这个想法最终并未付诸实施。这些士兵被集结起来时便已紧张过度。最后，来自莱茵兰—威斯特法伦的经验丰富的第6装甲师，在克里索里上校①的带领下挽救了形势。该师冲向拖拉机厂，将苏军逐出城市，封闭了他们对哈尔科夫危险的渗透。

接下来，苏军又尝试在西面碰运气。除了留有一条狭窄的通道外，这座城市已被全部包围。苏军著名的近卫坦克第5集团军从西北方而来，加入到顿涅茨盆地这座大城市的激烈争夺中。

第3装甲师的几个团在波列沃耶村进行着激战，那里是苏军进攻的中心。第75

---

① 廉·克里索里上校1942—1944年间一直担任"代理"职务——第13装甲师、第16装甲师、第333步兵师、第6装甲师，最后终于正式出任第20空军野战师长一职。1944年9月，在意大利与游击队的战斗中阵亡，死后被追授为中将。

装甲炮兵团的大炮猛烈开火，直到炮管被打得滚烫。苏军飞机投掷着传单，传单上写道："第3装甲师的伙计们，我们知道你们是勇敢的战士。你们师里的每个人都拥有铁十字勋章，但我们这里的每个人都有一门迫击炮。投降吧！"第3和第394装甲掷弹兵团的士兵们表情严肃，但却轻蔑地用靴子将传单踢到一边。这些士兵是无法被劝说投降的，他们的作战记录里从未有过这样的污点。

广袤的向日葵地被笼罩在炽热的阳光下。在这些田地的后方，劳斯将军以棋盘方格模式部署着他的反坦克炮、突击炮和88毫米高射炮战斗群。沿着进入哈尔科夫的通道，80个炮兵连完成了这一掩护。党卫军"帝国"装甲师也已赶到，他们的黑豹、虎式坦克和突击炮隐蔽在既设阵地中，两个装甲掷弹兵团沿哈尔科夫—博戈杜霍夫铁路线占据了伪装良好的斜向防线。

苏军一方，罗特米斯特罗夫将军的近卫坦克第5集团军也在部署进攻事宜。斯大林曾下达过命令："必须尽快拿下这座城市。"

缺乏耐心的斯大林制造了一种奇怪的状况。由于一份形势报告中的某个错误，他已向盟国派驻莫斯科的各位武官通告哈尔科夫已被收复的消息。他不愿否认自己的说法。于是，出于对自己威望的考虑，他下达了这道命令。但威望通常是个糟糕的顾问。德国第4航空队的空中侦察发现，苏军正准备在通道上发起正面进攻。塞德曼将军第8航空军的斯图卡俯冲着扑向敌阵地。这些飞机上携带着1800公斤的炸弹，这种巨型炸弹原打算用于对付军舰。重型炸弹投向罗特米斯特罗夫坦克部队所集结的村庄和树林。地面上激起的泥土像是巨大的喷泉，爆炸造成的震荡像地震波那样穿过地表，传播到很远处。苏军的进攻被推延了24小时。但罗特米斯特罗夫的力量仍很强大。

8月19日上午，尽管遭到德军炮火的拦截，但罗特米斯特罗夫的坦克部队还是排列成三个攻击楔形，越过地面上的沟壑，穿过向日葵地向前推进，一直杀到从阿赫特尔卡通往哈尔科夫的主干道上。他们发起进攻，闯入德军反坦克炮和高射炮构成的防御"棋盘"中。几个星期前，德军装甲团和突击炮营在库尔斯克战役中所经历的事情，现在轮到苏军坦克营在哈尔科夫城外体验了：他们被德军精心构设的反坦克防御体系所打垮，大批坦克被击毁。最后一股强行通过的苏军坦克部队，又遭到潜伏的黑豹、老虎和突击炮的攻击，不是被击毁便是仓促后撤。184辆被击毁的T-34散布在这片战场上。但斯大林需要哈尔科夫。

第二天，罗特米斯特罗夫将军改变了他的战术，以一个庞大的坦克楔形（200辆T-34），沿铁路线发起攻击。这股坦克大军消失在500亩之大的向日葵地里。一人多高的向日葵像是被一把无形的镰刀割断似的，纷纷倒伏在坦克履带下。这支钢铁大军继续向前逼近。但在这片向日葵海洋的边缘，隐蔽的猎手们等待着：一大群黑豹、老虎和"费迪南德"坦克歼击车。在他们当中，还部署着不可抗拒的88炮。

罗特米斯特罗夫的坦克从农田的掩护中出现了。"开炮！"雷鸣般的炮声，闪电似的火光，一股股火焰腾空而起。在教堂钟声般的爆炸声中，150辆苏军坦克被击毁在向日葵地的边缘。

但罗特米斯特罗夫还有160辆充当预备队的坦克。而且，斯大林需要哈尔科夫。

烟幕后的天空一片血红。激战声减弱了。夜幕降临，气候闷热不堪。午夜前不久，向日葵地里再次传出发动机的轰鸣和履带的叮当声。空中挂着一轮新月，四下里一片漆黑，伸手不见五指。这次，罗特米斯特罗夫将军想以夜色作为自己的盟友。照明弹嘶嘶地划破了夜空。

"各就各位！敌人的坦克发起进攻了！"开火的命令被下达："一点钟方向，穿甲弹，100码，开炮！"一辆T-34被炮弹直接命中，很快便燃起大火。在这片光亮中，德军士兵们看见低矮的苏军坦克正沿公路隆隆而行。没多久，德军坦克便与它们发生接触。

黑豹和T-34相互撞向对方。他们在近距离内彼此开炮射击。苏军英勇地突破了德军的反坦克区域。但此刻，德军装甲主力已投入战场。

发生这场夜战的高地被激战所产生的微光照亮，能见度大约为100码。两股坦克大军展开一场规模庞大的夜间决斗。被突击炮和反坦克炮击毁的坦克熊熊燃烧，成为T-34试图达成突破的标记。

三个小时后，战场沉寂下来。没人知道战况如何。天亮后，结果揭晓了：劳斯将军，这位经验丰富，经历过多次坦克战的装甲部队指挥官赢得了这场决斗。又有80多辆T-34被击毁在战场上。已达成9英里深突破的敌军坦克中，只有三辆到达哈尔科夫西郊。在那里，他们又遇上第106步兵师的师部人员，师部直属的反坦克组干掉其中的两辆，并将第三辆T-34缴获。

可是，第11军辖下的各个师同样损失惨重。第3装甲师的第394装甲掷弹兵团只剩下两个步兵连的实力。各单位的大批军官在战斗中阵亡。戴岑上尉的侦察营只剩下80人，而第167步兵师的第331掷弹兵团被抽调出来充当预备队，该团到达时只剩200人。

第11军辖内其他部队的情况也与之类似。第6装甲师只剩15辆坦克，第503虎式重装营只剩下9辆坦克，而三个突击炮营总只剩24辆突击炮。但哈尔科夫仍在德国人手中，而且，苏军近卫坦克第5集团军已被击败。

"南方"集团军群司令部内，布塞将军记录着收到的作战报告。哈尔科夫正在坚守。但冯·曼施泰因元帅没有心思庆祝这场蔚为壮观的胜利。哈尔科夫迟早会被包围。这不仅意味着将有6个师被困，还意味着苏军将穿过该城直扑第聂伯河，进入到第8集团军的后方。曼施泰因俯身于地图上，对布塞说道："我宁愿失去一座城市，而不是一个集团军！"

曼施泰因并不知道苏军最高统帅部的命令，但他做出了精明的猜测，历史已证明他猜得没错。8月10日，苏军统帅部下令，从哈尔科夫至第聂伯河的一切主要通道，以及曼施泰因第8集团军和第1装甲集团军所有的后方交通线，必须予以切断。这是颇具威胁性的一招，受到影响的不仅仅是哈尔科夫。

曼施泰因提醒希特勒留意这种可能性，但希特勒明确要求守住哈尔科夫。"这座城市的失陷会造成严重的政治影响，"他恳请这位元帅，"土耳其人的立场取决于这座城市的状况，还有保加利亚人的态度。如果放弃哈尔科夫，我们就会在安卡拉和索菲亚大丢脸面。"

但曼施泰因的态度仍很坚决。"我不打算为某些可疑的政治考虑而牺牲掉六个师。"他对布塞说道。

他想起斯大林格勒。因此，8月22日，他下令撤离哈尔科夫，为争夺顿涅茨地区这座重要的大城市所进行的激战就此结束，22个月中，这座城市已是第四次易手。

希特勒很不情愿地同意了。他接受了曼施泰因的决定，因为在东线南翼战场，现在还不能缺少曼施泰因的战略技能。但从这一刻起，他的心中便埋下了对这位出色部下怀疑的阴影。曼施泰因，这位东线战场最优秀的将领，继续以他巧妙的权宜之策避免着灾难的发生。他将自己的预备队从一处调至另一处，但这是个危险的游戏。为避免敌军在他的北翼（哈尔科夫地区）达成突破的危险，曼施泰因被迫从自己的南翼抽调部队，并将他们派至北部。但很快，更大的危机出现在南翼，苏军对那里已被严重削弱的防线发起了打击。

就在德军撤离哈尔科夫之际，苏联南方面军麾下的各集团军在托尔布欣上将的指挥下，冲过米乌斯河，突破了霍利特的第6集团军。不到三个星期前，党卫军第2装甲军和第29军，包括第23和第3装甲师以及第16装甲掷弹兵师，已设法稳定住霍利特的防线。但现在，党卫军装甲军和第3装甲师已被调至北翼，托尔布欣面前的道路畅通无阻。他可以深深地插入顿涅茨盆地的心脏地区，特别是第聂伯河上的扎波罗热。如果他成功地做到这一点，克里木和位于库班桥头堡的德国第17集团军将被切断。

但该如何防止这种状况呢？就连不是参谋军官的人都能看出该怎样做。曼施泰因直言不讳地告诉他的最高指挥官阿道夫·希特勒：如果国防军陆军总司令部仍坚持其守卫顿涅茨地区的命令，那么必须提供至少六个装甲师。如果国防军陆军总司令部不能提供这些部队，米乌斯河上暴露的突出部就无法守住。在这种情况下，就必须收缩防线，这样，至少能沿一条更短、更有利的防线挡住敌人。"在这种情况下，我要求自主行事权，"在发给东普鲁士的希特勒的电文中，曼施泰因这样写道。

对希特勒来说，没有任何字眼比"自主行事权"这几个字更令人震惊。在他看来，一位将领要求自主行事权无异于叛变。希特勒从"狼穴"打电话给曼施泰因，这一回复反映出元首大本营对曼施泰因所提要求的不安："不要采取任何行动，我亲自过来。"

2

米乌斯河上的战斗

文尼察的会议——顿涅茨地区危在旦夕——苏军在古比雪沃达成突破——霍利特的第6集团军已无法继续坚守——第29军被包围——"上刺刀！"——龟防线后的安全——苏军沿一条宽大的战线发起进攻——曼施泰因和克鲁格要求设立一位东线总司令——整个南翼处在危险中——发给曼施泰因的急电——最终获得批准，撤至第聂伯河后

　　文尼察附近的树林，夏季时炎热而又密闭。这里没有荫凉的树荫，也没有凉爽的微风。乌克兰夏季的炎热沉沉地压在松柏的顶部。对易受天气影响的人来说，这是个糟糕的地方。

　　设在这里的元首大本营被称为"狼人"，希特勒在这里指挥了1942年的夏季战役，因此，这个地点不是一个好选择。希特勒对天气极为敏感，这种气候令他感到不适。在这里他几乎总是表现得脾气暴躁、咄咄逼人、不相信任何人。

　　1942年10月下旬，他很高兴再次离开他的前进指挥部。自那以后，这座大本营便被闲置。只有军械库、通讯中心和安全屋被"南方"集团军群的后方机构占用。"狼人"只是希特勒偶尔使用的一座指挥部，在很罕见的情况下，他会视察东线的中央防区，这时，"狼人"便成为他的基地。他很不情愿地搬到第聂伯河后方这片密不透风的树林中。他不喜欢这里，也从未在此感到过愉快。在这片闷热的松林中，他既未获得过好运，也没能保持清醒的头脑。

　　因此，8月27日，不得不离开自己钟爱的"狼穴"赶赴乌克兰时，他对此感到不快。只有少数随从陪他登上那架庄严的四引擎"秃鹰"飞机。一天前，先遣人

—— 323 ——

员已搭乘鲍尔①的数架亨克尔飞机离开，以便在文尼察做好相应的准备。

　　1942年夏季，"狼人"显得神秘而又寂静。当时，德军正向斯大林格勒高歌猛进，并推进至高加索地区，但现在，1943年夏季，他们又退了回来。文尼察正位于苏军大规模攻势的路径上。

　　希特勒召集曼施泰因和他的各集团军司令，在文尼察召开一次会议。另外，曼施泰因元帅还主动邀来第11军军长劳斯将军，这位哈尔科夫的守卫者，刚刚经历过一场大战。和他一同前来的还有第23装甲师师长冯·福曼将军，过去的两周里，福曼将军的几个团，与第16装甲掷弹兵师和第17装甲师的战斗群一起，一直在顿涅茨河中游的伊久姆地区抗击着苏军9个步兵师和9个坦克旅的进攻。所以，这位"南方"集团军群司令给自己带来两位证人，鉴于他们的个人表现及其所率部队堪称楷模的作风，希特勒不会对这两位的诚信产生疑问。由他们来证明前线负担过重的危险肯定很有分量。

　　曼施泰因列举了两个数字来证实眼下的困境。"南方"集团军群在过去几个月的激战中共损失133000人，但只获得33000人的补充。这是个10万人的赤字。但这位陆军元帅还能提供进一步的详情。霍利特的第6集团军在1943年7月17至8月21日之间损失了23830人，获得的补充兵力为3312人，缺20000人。同一时期，冯·马肯森大将的第1装甲集团军损失27291人，获得的补充为6174人，缺21000人。

　　这就是曼施泰因提交给希特勒的数字，这些数据本身便说明了问题。曼施泰因继续说道："这就是我方的状况，我的元首。另外——"他取出昨晚第6集团军提交的书面态势报告，"这是敌军的情况，我的元首。"他转身对第6集团军司令说道："霍利特将军，请您向元首讲述敌我双方的力量对比好吗？"

　　步兵上将霍利特，这位经验丰富的集团军司令自1942年11月起便在东线各关键地段苦战，他不需要什么书面文件，第6集团军的那些数字已经深深地印刻在他的脑海中："我的第29军只剩下8706人，面对着69000名俄国人；第17军只剩9284人，面对的是49500名俄国人；第4军的情况相对较好，还剩13143人，面对着18000

①　汉斯·鲍尔是希特勒的专机驾驶员，后成为元首飞行中队负责人。

——　324　——

名俄国人。我方兵力总计31133人，苏军兵力为136500人。坦克力量对比与之类似：昨天，托尔布欣可投入的坦克有165辆，我方还有7辆坦克和38辆突击炮。"

霍利特停了下来，曼施坦因立即接过话头，冷静地说道："敌人正在加大压力。以我们现有的兵力，顿涅茨地区无法坚守，我的元首。第1装甲集团军的情形也不太妙。第8集团军和第4装甲集团军所处的位置无法长时间阻挡敌人向第聂伯河的突破。另外，据我们所知，'中央'集团军群的南翼，也就是第2集团军的防区，情况同样非常危险。您要么给我们调来新锐部队，也就是12个师，要么放弃顿涅茨地区，以便在集团军群内部腾出必要的部队。除此之外，我看不出有什么其他办法。"

希特勒不想做出决定。他承认眼下的局势很困难，也知道人员损失很严重，特别是军官的伤亡。他为士兵们的表现向各位指挥官表示感谢，但随后，他又直率地要求，每一寸土地必须反复争夺，直到敌人确信他们的进攻徒劳无益为止。曼施泰因并未放弃，他坚持自己的看法，要么派援兵来，要么撤军。"我到哪里去找援兵？"希特勒说道。

曼施泰因答道："让'中央'和'北方'集团军群腾出他们能腾出的一切部队，我的元首，这样，我们就能将这些部队部署在这里，投入到苏军攻势的重点地区。"

"我得想想。"希特勒含糊其辞地说道。曼施泰因却不肯放松。他认为，现在是决定性的时刻。

希特勒终于做出了决定。由于他认为主动放弃经济地位重要的顿涅茨地区是不可接受的，所以他答应曼施泰因立即给他增派几个师，这些部队将从"中央"集团军群调来。另外，"南方"集团军群中一些疲惫不堪的部队也将被从前线较平静地段调来的部队所替换。

曼施泰因和他的将军们带着极大的宽慰返回到各自的指挥部，开始为新形势制订计划。但他们的计划徒劳无益。

就像也出席了文尼察的军事会议那样，苏军在第二天对克鲁格"中央"集团军群的两翼发起进攻，并在第2和第4集团军的防线上达成局部突破。在这种情况下，根本无从考虑（实际上已经下达了命令）调拨部队以帮助曼施泰因。8月28

▲ "南方"集团军群为守卫顿涅茨地区而战。1943年9月14日，苏军突破了该集团军群的北翼。

日，冯·克鲁格元帅亲自去见希特勒，并向他解释，自己无法抽调出哪怕是一个师的兵力。"北方"集团军群，迄今为止成功地守卫着他们广阔的防线，也不愿调出任何部队。曼施泰因什么也没得到。而且，正如他预料的那样，形势变得危急起来，尤其是在米乌斯河。

8月27—28日夜间，苏军的两个快速军突破第6集团军薄弱的防线，转身向南直奔马里乌波尔，并穿过三道未设防的叶兰齐克河谷（Yelanchik），扑向第29军后方。任何延误都将非常危险。霍利特第6集团军疲惫不堪的部队沿一条长达120英里的防线苦战，他们没有任何战略预备队。过去的十天里，第29军、第4军和第17军的各个师一直试图以一切权宜之策阻止敌人的全面进攻。但霍利特这位考虑周详的指挥官，更多的是缺乏兵力，而不是武器。

党卫军第2装甲军的军部人员、军直属部队和"警卫旗队"师已被希特勒调至意大利；"骷髅"师在哈尔科夫作战；而第16装甲掷弹兵师、第17和第23装甲师

— 326 —

自8月初以来，作为第1装甲集团军的救火队一直留在伊久姆地区。所以，第6集团军只剩下三个虚弱不堪的军。平均算起来，前线每英里的守卫兵力约为130至160人。他们如何能阻止苏军大股部队的猛攻呢？

十天前的8月18日，在第17军防区与卡利诺夫卡（Kalinovka）和175.5高地之间，德军第294步兵师已被苏军近卫第2集团军和突击第5集团军打垮。苏军统帅部正将一个个军投入，让这些部队穿过古比雪沃附近狭窄的缺口。这个缺口原先只有2英里宽。2英里！对霍利特来说，这曾是个多么好的机会啊，只要他手上有哪怕是一点点战术预备队。

但苏军似乎非常了解德军的状况。托尔布欣毫不担心地命令他的各个师穿过危险、狭窄的通道。霍利特缺乏预备力量，无法截断苏军鲁莽的推进，尽管这是个只有2英里宽的缺口。

皮克尔将军第3山地师的战斗群和从克里木调来的第13装甲师先头部队，徒劳地对通道侧翼发起攻击，这条通道的宽度已被苏军扩大到8英里。第259突击炮旅的突击炮和第13装甲师的装甲战斗群从西南方向北发起反击，却未获成功。他们半英里半英里地推进，最终在突破区域推进了4英里，但他们缺乏足够的力量来完成最后的冲刺。

注定要发生的事情终于还是发生了。第6集团军已无法阻止苏军的突破。8月28日，敌军席卷向南，并于29日到达塔甘罗格沿岸。

沿亚速海驻防的第29军被苏军包围。来自下萨克森的第111步兵师、来自弗兰克尼亚的第17步兵师和来自德国中部的第13装甲师拼尽全力，试图避免被歼灭的厄运。第15空军野战师的残部和来自比勒费尔德的第336步兵师已被击溃，他们设法逃至包围圈中主力部队的身边。1943年8月30日，幸亏鲁德尔"斯图卡"联队的全力支援，第13装甲师和第259突击炮旅终于在费多罗夫卡（Fedorovka）成功撬开苏军的包围圈。布兰登贝格尔将军[①]于8月31日下令突围，各步兵师从这个缺口蜂

---

① 布兰登贝格尔将军原为第8装甲师师长，1943年5月起代理第29军军长，当年8月正式担任军长一职。

拥而过。位于最中央的是齐默尔将军来自纽伦堡的第17步兵师。普罗伊斯上校的第21掷弹兵团突破苏军包围圈，穿过托罗皮罗夫斯基（Toropilovskiy）的高地。

南面，第111和第336步兵师从亚速海北岸朝马里乌波尔和梅利托波尔方向突围。这股集中起来的战斗群由雷克纳格尔中将[1]指挥。"上刺刀！我们出发！"包括司机在内的每个人都知道什么是生死攸关的时刻。就像德军过去发动的大规模攻势那样，传统的战斗呐喊"呼啦"声，再次响彻米乌斯河与亚速海之间的战场。德军的高射炮和突击炮构成了突围的先头部队。

他们成功了。付出重大的牺牲后，这股部队再度与德军主防线会合。第111步兵师作战参谋弗兰茨中校的口袋里揣着一份截获的苏军明码电报，这是苏军第51集团军司令员发给坦克第19军军长的一份电报，日期是8月30日。"中午12点我进入塔甘罗格市场之前，必须俘虏德国的雷克纳格尔将军。"但这次，坦克第19军无法为他们的集团军司令员做到这一点了。

第29军的遭遇显示出米乌斯河上的战斗已变成一场不计后果的赌博。冯·曼施泰因元帅不想这样继续下去。在一番直率的电话交谈中，他要求希特勒批准将第6集团军后撤40英里。新防线的名称是"龟"。陆军工兵部队和托德组织的建筑工人以疯狂的速度将其修建完毕，想以此为屏障，保护斯大林诺重要的工业中心。它能守住吗？能守多久？这是关乎整个顿涅茨地区命运的关键问题，正如希特勒不断告诉他那些将领们的那样，控制这片地区是继续这场战争不可或缺的先决条件。

斯大林知道希特勒担心的是什么，所以，在南线，在曼施泰因集团军群的防线上，没有给他任何喘息之机。9月初，在伊久姆地区，马利诺夫斯基对德国第1装甲集团军和第6集团军的北翼发起攻击；与此同时，瓦图京将军做好了在阿赫特尔卡地区对霍特第4装甲集团军的防线发起大规模进攻的准备；科涅夫将军的草原方面军也对德国第8集团军的阵地展开进攻，从哈尔科夫地区，从北面和东面发起打

---

[1] 赫尔曼·雷克纳格尔中将是第111步兵师师长，后擢升为步兵上将，1945年初于维斯瓦河上的彼得库夫阵亡，当时他是第42军军长，而该军正是《东进》一书中在克里木抗命的那支部队，时任军长是中将汉斯·冯·施彭内克伯爵。

击，最终迫使韦勒将军再次将其防线后撤。危机无处不在。除了危机，别无他物。

曼施泰因打电话给克鲁格，这两位负责指挥东线重点地段的元帅一同飞赴东普鲁士，希望迫使希特勒做出些最基本的决定。他必须给他们增派援兵。另外，同样重要的是，他们想让希特勒放弃既影响健康又毫无益处的权力过度集中，希特勒现在身兼国家元首、武装力量最高统帅和陆军总司令数职。两位元帅要求设立一个最高指挥机构，将所有战区交由一位总参谋长全权负责。而且，希特勒应放弃他对东线战事的个人指挥，委派一位总司令负责整个东线，这位总司令将对东线战事拥有完整、独立的控制权。他们想结束希特勒对东线战事灾难性的直接干预。

这一举动代表着最高级别的战地指挥官对帝国最高领导危险的权力集中所发起的一次合法攻击，这是一个具有重要历史意义的举动，但并不广为人知，也未得到应有的赞赏。

东普鲁士元首大本营的这场会谈发生于9月3日。但"狼穴"中的这个人并不打算向他的元帅们让步。确实，克鲁格成功地获得批准，将"中央"集团军群的南翼撤至杰斯纳河后方；希特勒还同意放弃库班桥头堡，并将第17集团军调入克里木；希特勒还批准曼施泰因将第6集团军从米乌斯河撤往"龟"防线，如果别无他法的话。但他的让步仅限于此。

希特勒又一次拒绝做出重大决策。他坚持他那可怕的错觉，拒不承认敌人的实力，对目前的问题不再是如何赢得胜利而是如何避免失败的现状视而不见。所以，他采取折中的办法，选择短期解决方案，使用权宜之策。放弃顿涅茨盆地？绝对不行！从其他战区抽调部队增援东线？绝对不行！最粗暴的是，他直截了当地拒绝了设立东线总司令的提议。

两位元帅一无所获地返回他们饱受重压的前线。当天晚上，盟国军队在意大利南端登陆。

三天后，元首大本营为其不顾后果的漠视付出了代价。马利诺夫斯基大将的西南方面军以其麾下的近卫第3集团军，对德国第1装甲集团军与第6集团军之间的结合部发起了一场猛烈的攻势，在康斯坦丁诺夫卡（Konstantinovka）两侧撕开了德国人新构建的"龟"防线。苏军两个快速军冲过德军第62和第33步兵师残余的支柱，穿过一个近30英里宽的缺口，直奔巴甫洛格勒而去。不知以何种方式，弗雷特-皮科将军设法以第23装甲师和第16装甲掷弹兵师的战斗群挡住敌军。冯·福曼将军甚至取得了成功，9月11日、12日，他与第9装甲师相配合，堵住了第6集团军与第1装甲集团军之间的缺口。在一次迅猛的装甲部队突袭中，弗里茨·费希纳上尉率领第23装甲师获得加强的黑豹营，甚至一路杀至苏军坦克第23军的补给路线上。可这又有什么用呢？疲惫不堪的步兵已消耗殆尽。

苏军坦克再次强行向西突破。他们的先头部队直奔第聂伯罗彼得罗夫斯克的第聂伯河渡口。与此同时，苏联中央方面军麾下的各集团军，在司令员罗科索夫斯基将军的指挥下，对"中央"集团军群与"南方"集团军群的结合部发起打击，以强大的部队突破了德国第2集团军的防线。

曼施泰因第4装甲集团军的北翼遭到包抄，不得不向后退却。前线被撕开一个危险的新缺口。现在，苏军畅通无阻地奔向第聂伯河中游，基辅受到威胁。曼施泰因不打算任由事态继续发展下去。

9月7日，他给希特勒发去一份急电："集团军群正面对苏军的55个师和2个坦克军。苏军正将更多的部队从其他战线调来。苏军将其主攻放在这里，南方战线。我需要援兵，或批准放开手脚，进一步后撤至防线更短、地形更有利的防区。"

这份电文的语气生硬、坚决而又毫无妥协之处。希特勒意识到曼施泰因是认真的。9月8日，他再次登上他的四引擎"秃鹰"机，飞赴扎波罗热，曼施泰因的司令部。他的情绪有些悲观。在元首大本营，他早已料到意大利盟友随时会无条件投降。结果，欧洲的南翼被暴露出来，敌人出现在德国后方。出席扎波罗热会议的还有冯·克莱斯特元帅和新任命的第17集团军司令，工兵上将耶内克。曼施泰因站在巨幅态势图前，向元首描述了过去几天里详细的战斗情形。他焦急地指出他的北翼所遭到的威胁，苏军在那里进行着准备，打算一举包围他的集团军群。"如果这种情况发生，我们将损失两个集团军，我的元首，再也没什么办法能把他们带回来了。"

▲ 1943年9月中旬，军事史上最大胆的后撤行动开始了。近100万德军士兵撤出600英里的防线，经六座桥梁渡过第聂伯河，然后再次散开，在附近的河岸上坚守着400英里的防线。

　　曼施泰因的手划过地图，落在第6集团军的防线上，"这里的情况也不太好。马里乌波尔正处在危险中。这里的缺口有30英里宽。我没有可用于封闭这一缺口的部队，守卫龟防线的兵力也不够。不管是否喜欢，我们必须后撤。"

　　希特勒专注聆听着。"您有什么建议？"他问道。

　　曼施泰因说出自己早已准备好的回答："首先，我建议立即将'中央'集团军群撤至第聂伯河后方。这将缩短近三分之一的防线。节省下的兵力可用于加强第聂伯河防线，包括位于第聂伯河下游的克里木接近地，并可使从扎波罗热延伸至梅利托波尔的'沃坦'防线得到守卫。"

　　希特勒摇摇头。将"中央"集团军群撤至第聂伯河？不，这不可能！这意味着大批物资的损失，而且，耗费的时间也太长。

希特勒对撤至第聂伯河的反对，表明他并不理解过去几个月里曼施泰因多次实施过的那种快速、大规模的机动。到目前为止，全靠曼施泰因在这方面的技能才避免了威胁南翼长达数月之久的灾难。可希特勒拒不承认这一点。

但在扎波罗热察看作战态势图时，他至少明白了一件事：要"南方"集团军群坚持下去，就必须派出他们急需的援兵。他答应曼施坦因，将从"中央"集团军群抽调出辖4个师的一个军。该军将立即投入到两个集团军群的结合部，以防止曼施泰因的北翼遭到包围。希特勒还承诺再提供4个师，这样，第聂伯河上最重要的渡口最终将得以确保。到目前为止，第聂伯河及其桥梁尚未采取任何准备工作，以便对苏军的突破实施真正有效的防御。

无可否认，1943年8月初，国防军陆军总司令部完成了对构建"东方壁垒"（也就是第聂伯河的防御工事）的研究工作，并将报告提交给希特勒。8月12日，他下令立即开始相应的工作。但除了当地的保安措施外，没有采取任何动作。这一疏漏很快便被证明是灾难性的。

最后，为说服曼施泰因守住第聂伯河前方的阵地，希特勒答应将第17集团军的部分兵力调给他。自9月4日以来，该集团军一直忙着撤出现已毫无作用的库班桥头堡并退入到克里木。

曼施泰因过去曾失望过多次，于是他提议，这些命令应该立即下达，就在扎波罗热签发。但希特勒愤怒地拒绝了这一建议。可是，在他登上自己的"秃鹰"准备返回元首大本营之际，希特勒再次转向曼施泰因，以安慰的口吻说道："您会得到那些师来守卫第聂伯河桥梁的。命令今晚就会下达。"

命令确实下达了。"中央"集团军群接到了抽调第4、第8装甲师和另外两个步兵师的命令，但冯·克鲁格元帅并未遵从命令，他认为自己不能交出这些师。于是，所有的一切继续保持着原样。

24小时后，曼施泰因焦急地致电陆军总参谋长蔡茨勒将军："请告诉元首，他也许应该预料到，苏军突破至第聂伯河的灾难随时可能发生。"在电传打字机发送的报告中，曼施泰因补充了被记入历史的一句话，采取权宜之策和折中手段的人将为过去几周形势的急转直下承担责任："如果有些远见，如果目前形势已证明不可或缺的援兵能及时提供，眼下这场有可能最终决定东线战事乃至整个战争的危机，本来是可以避免的。"

在此之前，从未有任何将领将东线战事的失败归咎于希特勒。他对此作何反应？元首大本营并未做出答复。但如果希特勒认为靠保持沉默便能让曼施泰因对自己的命令俯首帖耳，那他就错了。

苏军最高统帅部并未顾及希特勒的如意算盘。斯大林没有等待，他不会像元首大本营期望的那样，浪费时间让自己的部队休整，就而是敦促他那些疲惫的部队继续对曼施泰因的北翼发起攻击。"消灭南方集团军群，这是胜利的关键！"斯大林提出这样的口号。在前线后方被解放地区的所有城镇和乡村，他把能拿枪的人都动员起来。男孩子和老人被征入军队，在赶往前线的途中换上军装并接受训练。他们可以领到一支步枪、一件军上衣或一条军裤、一双靴子，也许还有一顶钢盔。他们只需要学会如何装子弹，如何射击，其他就没了。然后，他们发起进攻。通过这种方式，苏军西南方面军在亚速海沿岸地区，仅用三个星期便征召了80000人。这是一场全面战争。

9月14日，斯大林所希望的事情发生了，而曼施泰因对此早有预料——沃罗涅日方面军的几个师突破了"南方"集团军群的北翼，撕开德军防线，向西南方的第聂伯河冲去。苏军到达苏拉河（Sula）与乌代河（Uday）之间的奥科普（Okop），因此，距离切尔卡瑟（Cherkassy）只有75英里了。再往北，在涅任-博布罗维察地区（Nezhin-Bobrovitsa），罗科索夫斯基中央方面军的先头部队距离乌克兰首府基辅已不到46英里。这是个真正的威胁，苏军有可能在德军防线后方夺取重要的第聂伯河渡口。

现在，前调预备队，在第聂伯河前方阻止敌军的所有机会都已被错失。机会的错失是由于希特勒致命的优柔寡断。曼施泰因向元首大本营做了简略汇报："敌军有可能突破至克列缅丘格和基辅。明天早上我将命令第4装甲集团军撤至基辅两侧的第聂伯河，以防止该集团军被割裂成小股后遭到包围，并被歼灭于第聂伯河前。"曼施泰因还宣布，他已命令第8集团军和第1装甲集团军立即撤至第聂伯河。另外，他还警告道："在掩护部队没有到达的情况下，能否成功渡过第聂伯河尚值得怀疑。"

国防军陆军总司令部作战处惊慌不已：就连陆军元帅冯·克鲁格，通常他都是希特勒坚守策略的支持者，当天也发来一份不可能更加严重的电文。"将我的主力撤至'东方壁垒'（第聂伯河防线）已不可避免，"他报告道。但希特勒还是给曼施泰因发去一份急电："命令切勿下达。元首希望您明天亲赴'狼穴'面议。"

元首与曼施泰因之间的第四次会晤在紧张的气氛中开始了。"现在的问题不再是守住第聂伯河防线或具有重要经济价值的顿巴斯地区，我的元首，而是关乎整个东线的命运。"曼施泰因就这样开始了这场会谈。

他勇敢的话语和他们身后铁一般的事实，最终使希特勒明白了其中的道理。他同意将部队撤至第聂伯河和杰斯纳河后方的主防线。只有在南翼，第6集团军将坚守第聂伯河东面的"沃坦"防线，这条防线从梅利托波尔延伸至扎波罗热——第聂伯河的河曲部。9月15日，曼施泰因下达了相关命令。一个重要的决定已被做出。但这项任务能及时完成吗？或者，已为时过晚？部队能及时到达渡口，并抢在苏军赶到前渡过河上的桥梁吗？

战争史上激动人心的篇章就此拉开了帷幕。

3

东方壁垒

第聂伯，命运之河——守卫工业宝藏的屏障——扎波罗热大坝——90行字的一道
命令——沿600英里的前线后撤——无尽的队列——焦土

第聂伯河——多么非凡的一条河流！它仅次于伏尔加和多瑙河，是欧洲的第三
大河流，也是俄国欧洲部分的第二大河流。它起源于瓦尔代丘陵，向南流经1419英
里后汇入黑海，是土壤肥沃的乌克兰的生命线，这条河岸上仁立着俄罗斯的摇篮。
这是一条令人印象深刻的河流。四十英尺深，两英里宽，与俄罗斯境内几乎所有的
河流一样，它的西岸是一片陡峭的悬崖，因而构成了理想的防御阵地。

这就很容易明白，为何在1943年夏季，这条河流代表了德军总参谋部和战地
部队无声的希望。在这道天然屏障后，可建起一片强大的防御区，这就是"东方
壁垒"。自库尔斯克战役失利后，国防军陆军总司令部便一直梦想着这道壁垒。
苏联红军会被这道壁垒所阻，他们将停下前进的脚步。

早在数月前，希特勒便已知道他的那些将领们的想法。但由于他的战略信条
是"不惜一切代价坚守"，所以哪怕是战略迟滞行动，在他看来也是一种不可饶
恕的大罪，所以在很长一段时间里，他禁止在第聂伯河西岸构建工事、掩体和战
壕。"一旦知道在后方有一道构设完善的强化防线，我那些将军和部队就会脚底
抹油。"希特勒这样说道。直到8月中旬，苏军攻势向第聂伯河席卷而来时，他才
勉勉强强、不甚情愿地批准沿第聂伯河和杰斯纳河开始构建一道"东方壁垒"。
他批准了，但并没为这项工程提供人力资源。

现在，9月中旬，几个月的不作为将在几天或几个小时内遭受到报应。

眼下的形势已变得极其危险。如果不能将逼近中的苏军阻止在第聂伯河防线，那会怎样呢？克里木将失陷，乌克兰也会丢失，苏军将轻而易举地到达罗马尼亚边境。所以，很明显：东线战事的命运全系于第聂伯河。

对斯大林来说，第聂伯河代表着战略、经济和政治方面最具诱惑力的奖品。这条大河不仅是一条军事战线，还是伫立在乌克兰和罗马尼亚重要原材料前方的最后一道屏障。只要德国军队控制住第聂伯河以西的肥沃地区，便掌握了俄罗斯的粮仓，那里有面包和牛奶、鸡蛋和肉类。更重要的是，第聂伯河后方所拥有的不仅仅是肥沃的土地。在那些黑色土壤下，埋藏着工业世纪最梦寐以求的宝藏。在克里沃罗格，孕育着乌克兰的铁矿石；在扎波罗热和尼科波尔，埋藏着宝贵的锰矿石和有色金属（铜和镍），这对军工生产极为重要。德国方面的需求，有30%以上来自这里的资源。

最后，在第聂伯河这道两英里宽的防坦克壕后方，伫立着罗马尼亚的油田，当时，1943年，除俄罗斯的土地外，罗马尼亚油田是欧洲最重要的资源。

罗马尼亚油井满足了德国一半的石油需要。如果没有那里的石油，机动部队和空中力量的大规模行动不可能进行，战争将输掉。只要德国控制住罗马尼亚的石油，就不会为坦克和飞机所需要的燃料而着急。第聂伯河已成为这场战争的命运之河。只要德国军队控制住它，帝国领导层便能继续其军事和经济活动。

这并非一个基于德国方面过度乐观的理论，而是得到苏联官方历史《伟大卫国战争史》第3卷完全支持的观点。令人难以置信的是，即便在1943年夏季，"狼穴"中的那个人继续对事实视而不见。1943年6月21日，曼施泰因将问题交给国防军陆军总司令部："这一年夏季，是守住顿涅茨地区重要，还是设法让俄国人在第聂伯河上耗尽其实力重要？"国防军陆军总司令部的答复是："元首两个都想要！"

两个都想要。但两个都实现不了。

斯大林早已意识到第聂伯河屏障对战争未来进程的重要性。而且，他认为他那位身处东普鲁士的对手正以同样的冷静评估着局势，并试图在一个恰当的时机将部队撤至那道重要的防御屏障后。这种后撤恰恰是斯大林所担心的。他认为，德军及时撤至强化的第聂伯河防线后，是对他获取胜利最大的威胁。这就是他在

1943年春季不停敦促他那些元帅的原因：你们必须阻止德国人在第聂伯河后方组织起防御；你们必须不惜一切代价予以阻止。我们一定要到达第聂伯河！在苏军总参谋部内，这是一种期盼，一种希望，一种压倒一切的想法。

苏军1943年夏季和秋季的作战计划，在理论上便是以这种想法为基础的。苏军最高统帅部打算以其夏季攻势彻底粉碎东线德军的南翼，接下来便跨越第聂伯河。为实现这个目标，斯大林投入了手中的一切力量。据《苏联军事史杂志》披露，苏军最高统帅部在其南翼集中了全部步兵部队的40%，全部坦克力量的84%。

斯大林以此获得了庞大的力量集结。与德国人相比，在兵力和物资方面，他都占有六倍的优势。他所准备的，是二战中苏军最强大的攻势之一。所有的一切都被押到这张牌上：军队、武器、游击队、间谍和宣传。部队的士气被提升至一个新高度。第聂伯河被宣布为一个神圣的目标，将其重新夺回意味着胜利曙光的到来。

斯大林唤起的不仅仅是他那些将领和指战员的荣誉感及爱国热情，还包括他们的虚荣心。9月9日，在一道发给各方面军和集团军的指令中，斯大林答应他的军官和士兵们，如果在攻克第聂伯河与杰斯纳河的战斗中表现杰出，他们将获得最高级别的勋章。

有趣的是，苏军最高统帅部的做法与德国在这方面的原则并不相同，在德国人看来，任何一名军人，无论是将军还是列兵，都能凭其勇敢赢得任何一枚勋章。而斯大林的指令中透露出的等级结构让人想起德皇时期的德国军队。如果第聂伯河战役取得胜利，集团军司令员将获得一级苏沃洛夫勋章；师长和旅长将获得二级苏沃洛夫勋章；团和营级指挥员将获得三级苏沃洛夫勋章。而在克服这条大河的战斗中贡献出具有英雄主义的决定性壮举的普通士兵，将被推荐获得"苏联英雄"称号。

9月15日，星期三，第聂伯河河曲部的扎波罗热，仍是一派典型的俄罗斯夏末风情。河面上吹来一股凉风。庞大、优雅的水坝，是当时欧洲所有水坝中最大的一座，为士兵们提供了一处理想的浴场。横跨在河上的大坝是一座巨大的、令人印象深刻的建筑，它有2500英尺长，顶部铺设着铁轨和一条双向车道。利用被水坝截住的水流，发电站的涡轮机组能产生550000千瓦的电流。这座发电站为整个西乌克兰工业区提供电力，是布尔什维克政权的样板工程，象征着整个国家电气化和工业化的共产主义目标。出于这个原因，发电站被授予"列宁"的名字，引物他曾在1920

年提出过这样一句口号：“共产主义就是苏维埃政权加上全国电气化。”

1941年苏军后撤期间，根据斯大林的明确指令，第聂伯河上的这一技术奇迹被他们炸毁。水电站未能完好无损地落入德国人手中。大坝被炸毁，船闸形同虚设。但由于苏军来不及作进一步的破坏，或者是他们认为破坏的程度已经足够，发电站仍完好无损。只是一发歪打误撞的炮弹引发了大火，消防水灌入到机器中，结果导致发电站停工了一段时间。但是，对大坝进行了一番艰难的维修后，发电工作很快得以恢复。尽管如此，还是耗费了德国人三年时间的辛苦工作，直到1943年初，电力供应才得以彻底恢复。

从那时起，扎波罗热大坝的军事指挥官基特尔少将便一直认真地守卫着这一工业瑰宝。两个高射炮团护卫着水坝和发电站，以防遭到空袭。这里还设置了栅栏和海军的鱼雷防护网，以防止苏联海军突击队的突然袭击，以及漂流而下的水雷或空投的鱼雷。随着战线愈发逼近，基特尔以“私下招募”的方式加强了对这些设施的保卫力量。出现在扎波罗热的散兵游勇都被他拦下，并被编入一个战斗群中。这是一个多少显得有些乌合之众的战斗群，人员来自六个不同的师，基特尔少将组织起这支队伍，用于保卫扎波罗热和水坝。

“南方”集团军群司令部设在这座繁忙、整齐的工业城市西部的一幢行政楼里。1943年9月15日，曼施泰因最亲密的合作者，布塞将军[1]，坐在地图室中，正对撤退命令进行着最后的修改。陆军元帅和他的作训处长舒尔茨·比特格尔上校深夜才从元首大本营赶回。他们再次检查命令。命令以这样的字句开始：“集团军群将撤至第聂伯河上的沃坦防线。后撤速度仅应由保持部队战斗力这一因素来决定。”

保持战斗力，这是令曼施泰因最为焦虑的问题。他身边的工作人员都知道这种焦虑有多严重。负责协调一切战略措施的参谋长布塞，对此有过如下阐述：“敌人所需要的仅仅是一两个多少掌握我方坦克战原则的将领，如果他们有的话，我们就麻烦了。由于我方退往河上桥梁时收缩兵力必然会出现缺口，而敌人

---

[1] 1943年3月1日起，“南方”集团军作训处长布塞上校出任集团军群参谋长，同时被擢升为少将。原参谋长舒尔茨调任第28猎兵师师长。这两人在1944年间都晋升为步兵上将。

将穿过这些缺口抢在我们之前到达第聂伯河桥梁。他们所需要的只是一位古德里安，愿上帝保佑我们！"

"我们只能寄希望于他们尚未得到经验教训，"曼施泰因说道，"最近几周的情况使我相信，他们还没学会。"

曼施泰因指的是阿赫特尔卡和斯大林诺危机状况的发展形势。在那里，苏军错失了一个独特的机会，他们本可以从北面冲向西南方，以无情的坦克推进直奔第聂伯河，将"南方"集团军群压迫成背靠亚速海的形势，并在第聂伯河寥寥无几的渡口的东面将自己的部队歼灭。

尽管苏军将领深深插入到德军防线中，但他们未能对这一突破加以利用。他们当中，还没有出现一位古德里安，一位隆美尔，一位霍特，尤其是没有出现一位曼施泰因。目前还没有。

曼施泰因的后撤令关乎四个集团军的生死，却只有90行字。这90行字代表着一项至关重要的作战计划。命令中的两点，也就是第7和第8点，展示出曼施泰因的领导风格："（7）所有做出的决定和下达的命令必须基于这样一个认识，只有一支完整的部队才能战胜各种困难，而一支丧失恢复力和士气的部队则无法完成其作战任务，尤其是后撤行动。各集团军不必简单地向下传达列在本指令中的进一步目标，但应执行严格的日常领导。（8）各集团军应上报其意图，不得延误……集团军群将据此协调行动。"

这是整个战争期间，曼施泰因最艰难、最危险的一次行动。他的部队经历着一场激烈的防御战。600英里长的防线已被撕开多处。面对占据优势、信心十足的敌人，他那些虚弱不堪的部队和充当"救火队"的单位饱受着重压。在这种情况下，这支由4个集团军，15个军部和63.5个师所组成的大军及其所携带的一切装备——近100万士兵和在军队中服务的平民——将后撤数百英里，他们将分阶段撤离，且战且退，不能丧失凝聚力，不能发生恐慌。这100万人必须从600英里长的战线上撤下；四个集团军中的三个，所辖的五十四个半师，必须撤向河上的六座桥梁，一个排接一个排地渡过这条欧洲最大的河流之一。

但这只是任务的一半。到达河对岸后，第1装甲集团军、第8集团军和第4装甲集团军，以及他们北面的友邻部队——"中央"集团军群，必须再次散开，赶在穷追不舍的敌军到达西岸前，尽快占据一条450英里长的防线。看看地图便能明白这是军事史上最为大胆的后撤行动。如果成功，一场巨大的危机将被避免；反之，东线德军将面临一场灾难，可能会损失一百万人。战争自身的命运也将处在危险的边缘。

就像后撤行动中纯粹的军事问题还不够困难似的，另一系列额外任务也增加了集团军群的担忧。大约20万名伤员，连同战地医院以及德国、匈牙利、罗马尼亚、斯洛伐克和乌克兰红十字会的工作人员也必须一同后撤。另外，还有大批俄国老百姓同样需要疏散。近期实施后撤的经历表明，在被收复地区，苏军会立即动员16至60岁之间的健康男人，并将他们编入作战部队中。《伟大卫国战争史》一书中提到，单是苏军的一个集团军，第13集团军，便于9月初在其防区内的被收复地区征召了30000人，从而使其作战部队急剧膨胀。这些人加入部队后被授予武器，这些武器通常是在战斗过程中从伤员或阵亡者手中接过来的。

但在整个南线，苏军共有25个集团军。所有部队都以这种方式征召补充兵。时任德军第24装甲军军长的内林将军，在一篇对这种做法的评论中指出："这些人不是真正的士兵，但他们跟着其他人一同奔跑，他们冲过防线上的缺口，将我们淹没。"实际上，这正是这种大规模征兵的意义所在。故此，为防止苏军这种危险的实力增加，符合征兵年龄的男子以及各主要工业和食品生产企业的工人必须随德国军队一同后撤。"南方"集团军群的防区内，这些平民的总数约为20万，由于他们的家人也被允许跟他们一同撤离，所以，实际数字大约两倍于此。

就这样，德军部队、乌克兰警察部队和辅助单位、来自高加索部落哥萨克骑兵中队的志愿者、土库曼军团和工人队伍的身后，跟随着庞大、混杂不堪的平民队列。他们被允许携带上自己的财物和家畜。漫长的队列沿着公路和铁路向第聂伯河而去。整个群体都在移动。一名来自汉堡的中尉写信给他的母亲："这支队列令人激动而又显得不真实，同时还有点奇特和无情。一个国家和一支大军都在移动，所有的一切都朝那条大河而去，我们希望那里能再次给我们提供一条安全的防线。"

但阻止苏军得到的不仅仅是人力资源。9月7日，帝国元帅戈林，以"四年计划"负责人的身份代表希特勒签发了一道特别命令，指示各集团军司令带走所有的食物和原材料储备、集体农庄和国营农场的所有牲畜以及军工厂的一切工业和农业机械设备。谷物和含油类果实、马匹、牛、羊、猪、打谷机和拖拉机、机床和机械工具，另外还包括各种车辆——所有的一切都要带上，并运至第聂伯河后方。最后，这支庞大的队伍完成后撤所依靠的铁路上的所有车皮也要被带走。部队所过之处，留下的只是空空如也的乡村。

还不止如此。为了在第聂伯河东面的最后一段土地上尽可能地延缓苏军的推进，使追击者无法紧跟着后撤的德军渡过河去，第聂伯河以东12至25英里的一片区域将变为一片荒漠。不能运走的东西将被彻底破坏——炸毁、烧毁或摧毁，每一栋房屋、每一座桥梁、每一条道路、每一棵树木和每一个谷仓。敌人进入的将是一片荒野，他们找不到地方休息，没有吃的，没有喝的，没有遮风避雨处，没有任何能帮助他们的东西。焦土！这种做法第一次大规模融入德国的战略计划中；德军第一次采用了可怕的纵火和破坏手段。1941和1942年间，斯大林曾多次使用过这种方法，尽管所获成功的程度不一。

就这样，德军从顿涅茨地区和乌克兰东部向西撤去。他们带着200000头牛，还有数量巨大的马匹——总共153000匹。他们紧紧凑在一起，身体冒着热气，被笼罩在遮天蔽日的尘埃中，像一大群囚犯那样，走过乌克兰黑色的土地。约有270000只羊被赶向西面，40000辆农用大车颠簸着朝第聂伯河而去。就在太阳消失于无尽的队列所扬起的厚厚的尘云后时，3000辆列车携带着谷物、含油类作物、人、拖拉机、打谷机、机床和损坏的坦克，隆隆驶过斯大林诺与基辅之间的铁路线。

德军统帅部对这些数字感到兴奋，他们错误地认为，一个地区可在一场仓促后撤中被席卷一空，或是变成一片无法通行的广阔沙漠。

几十万头牛、马、羊无法赢得一场战争。被摧毁的工厂和矿山也无法永久性地使一个已下定决心的国家的生产瘫痪。这种措施并不是胜利的保证，却很容易长期损害一个国家的声誉。

部队本能地意识到这一点。曼施泰因亲自下令，这些措施应被限制在从军事角度看绝对必要的范畴内。于是，集团军群的一道指令规定，必须给留下来的居民保留足够的粮食和牲畜，以帮助他们渡过难关，直到下一个收获季节。

第6集团军的作战区域内，五分之一的库存粮被留下。但是，集团军作战日志中对这种措施提出抱怨。出于人道主义的考虑，结果却导致军事上的损失，因为苏军到达后，立即没收了这些粮食。实际上，《伟大卫国战争史》也证明了这一点，尽管有不同的解释。书中指出：当地居民对德国人隐藏了这些粮食，以便在获得解放时把粮食交给苏军。

很快，事情变得很明显，"除焦土外不得留下任何东西"的命令只能在一个有限的范围内得以实施。大多数情况下，军事行动和推迟开始的后撤往往使部队来不及认真准备爆破工作。这一点被许多师的作战日志所证实。一份典型的记录来自第23装甲师："本师所执行的'焦土'行动与友邻部队的情况相同，只进行了很短的时间，因为事实证明这根本行不通。"类似的说法也能在"大德意志"装甲军和其他许多师的官方记录中找到。

内林将军的装甲军被部署在曼施泰因集团军群的重点地带，当时正在基辅东南方参与战斗，他报告说："在我第24装甲军的防区内，并未实施焦土政策，因为时间不够。大批牲畜被丢下，还包括农作物。个别谷仓被烧毁，但村庄完好无损。"曼施泰因的参谋长布塞将军报告道："焦土政策只在敌方领土一片狭窄的区域内实行，扩大范围是行不通的。但这些措施无疑增加了苏军准备渡河进攻时的困难。"

可是，时至今日，德国国防军一直为其在顿涅茨地区的疏散和破坏措施遭受严厉指责。战争结束后，一些将领、军官和士兵在苏联被判以重刑，有些人甚至被处死。就连陆军元帅冯·曼施泰因也于1949年在汉堡被英国人的军事法庭判处徒刑。诚然，对"焦土政策"起诉书上的17项指控，曼施泰因被宣判无罪，因为法庭承认这些措施在军事上的必要性。只有一项英国法庭不接受其军事必要性——对一些平民的挟持。这项指控和其他一些罪名使曼施泰因被判有罪。英国军事法庭的判决随后虽有所减轻，但这个判决依然在德国和国外帮着确定了这样一种观点："焦土"是德国人发明的一项不可饶恕的政策。可事实并非如此。没人想掩饰在俄国所发生的事情，但历史真相应该从宣传中脱离出来。

"焦土"，这个词让人想到燃烧的村庄、烟雾弥漫的城镇、被炸毁的工厂、腾起的黑色蘑菇云等等。这是一幅可怕的画面，但并非苏德战争所独有。"焦土"并非被创造发明于顿涅茨河与第聂伯河之间。这种破坏策略与战争本身同样古老。而在第二次世界大战中，是斯大林率先宣布了这一举措，并将其作为己方行动的一个重要组成部分。

1941年7月3日，德国人发起进攻的十天后，他在对居民、部队和游击队的首次广播讲话中宣布："我们必须组织起一场无情的战斗。决不能让敌人得到哪怕是一辆运输工具、一片面包和一升燃料。集体农庄必须将他们的牲畜和粮食全部带走，不能带走的必须予以彻底破坏，桥梁和公路必须炸毁，树林和仓库必须烧毁，必须为敌人创造令他们难以忍受的条件。"

这听上去难道不像剧作家海因里希·冯·克莱斯特创作的《阿米尼乌斯之战》中，抵抗罗马军团的日耳曼部落首领阿米尼乌斯所说的话吗？公元9年，阿米尼乌斯对他的诸侯说："要是你们想召集起你们的妻子和孩子，并把他们送至威悉河右岸……要是你们想破坏你们的田地，杀光你们的牛群，要是你们想焚毁你们的家园——那我就是你们要找的人。"

他们烧毁了自己的家园，杀光了自己的牛群。正如公元前55年，凯撒的后撤大军渡过莱茵河的第一处渡口后，烧毁了农庄和村落，牵走了牲畜，并将谷物收割一空。

1689年，法国陆军大臣卢瓦侯爵下令将德国的巴拉丁地区夷为平地，因为他想沿法国东部边境设立一片荒芜的保护地带。"烧毁巴拉丁地区！"他敦促那些法军将领。从海德堡至摩泽尔河，在这片100英里长，50英里深，人口茂密的耕地上，火与剑制造出一片焦土。

卢瓦侯爵下达"焦土令"15年后，在西班牙王位继承战期间，英国军队在约翰·丘吉尔这位著名的第一代马尔博罗公爵的指挥下，在英戈尔施塔特—奥格斯堡—慕尼黑地区实施了焦土战术，以免让法国和巴伐利亚军队获得任何栖身之所。

同一时期，查理十二世带领的瑞典人在俄国沃尔斯克拉河的东面制造了"焦土"区，以保护他们的冬季营房免遭沙皇军队的袭扰。其实，这位瑞典国王效仿的是彼得大帝的战术，前一年，彼得大帝将斯摩棱斯克地区夷为平地，以此来阻止瑞典人杀向莫斯科。

在这方面，苏军当然也是个中好手。几年前，他们曾在涅瓦河以这种战术成功对付过瑞典人，舍列梅捷夫将军当时曾写信给沙皇："我想告诉您，万能的上帝和最伟大的圣母已满足了您的愿望：我们洗劫并破坏了一切，所以，在这片土地上，除了满目疮痍已别无他物。"

一百多年后，另一封寄自俄国的信也谈到了"焦土"。写信的是霍亨洛赫地区一位农民的儿子，他是拿破仑大军中的一名火枪手，从别列津纳将这封军邮寄给他的双亲："俄国人摧毁仓库，牵走牲畜，并纵火焚烧他们的房屋和磨坊，就连水井也被他们破坏。"他的父母回到位于陶博山谷的家中后，惊恐地读到了这份信件。

欧洲军事学伟大的创始人和指导者，普鲁士将军卡尔·冯·克劳塞维茨，为这幅画面添加了更多的内容："……他们还摧毁桥梁，并砍断许多路标，这是令敌人迷失方向的好办法。"

即便在西半球，在美国这个现代文明的摇篮中，我们同样看到了破坏策略。亚伯拉罕·林肯，这位黑奴解放者和美国最受爱戴的总统，在1865年的内战中采用"焦土"作为战斗的决定性形式，并且由他的将领们大规模地实施了这种手段。当时的威廉斯教授谈到林肯的总司令——那个被称作"我们这个时代最伟大的人"的格兰特将军时指出："他知道，破坏敌人的经济资源，与摧毁其军队一样，都是有效且合法的作战形式。"

而格兰特的部下谢尔曼将军，也采取了相应的措施。他烧毁了亚特兰大，焚毁了佐治亚州，破坏了美国南方最富饶的大片土地之一。这种破坏并非以野蛮的名义进行，而是被冠以战争合情合理的逻辑。亚特兰大市长提出抗议时，谢尔曼说道："战争是残酷的，无法做到文雅。"

战争是残酷的，到处都一样。而且，它仍将这样持续下去，甚至比以往更甚，只要看看我们现代的战争手段就能得出这一结论。任何一个发动战争的人都实施过"焦土政策"：法国人和瑞典人，美国人和英国人，德国人和苏联人，日本人和中国人①。

是谁首先创造了"焦土"这个词？在何处？不得而知。但被烧毁的土地，诸世纪来数见不鲜，在我们这个地球上更是随处可见——莱茵河、内卡河、奥得河、维斯瓦河、多瑙河、布尔的瓦尔河，以及美国的查塔胡其河。但第聂伯河上的焦土令我们的良心最为不安：那些灰烬依然滚烫。

---

① 抗战期间，中国政府也曾打出过"焦土抗战"的口号。日本人执行"三光政策"，而我方则有"坚壁清野"。这些都是"焦土"的相同形式。

4

奔向第聂伯河

穿过雨水和泥泞——谁更快？——"夏伯阳"游击队发给瓦图京的电文——卡
涅夫的警报——麻鸭的三次鸣叫——夜河上的船只——格里戈罗夫卡的苏军渡
口——普里皮亚季河上的"湿三角"地带——卡涅夫的桥梁

大雨倾盆而下。经历了炎热的夏季，乌克兰富饶的黑土地灌饱了雨水。所有
的尘埃变为泥浆，泥浆又将整个地区变成一片泥潭。很快，所有道路成了没膝深
的沼泽，根本无法通行。卡车被陷住，马拉大车艰难地向前挪动。目前尚能应付
的只有重型拖车和履带式车辆。各个师、团和营举步维艰。这还只是9月中旬。
令人担心的是：难道秋季泥泞期到来了吗？今年为何会来得如此之早？如果是这
样，德军撤往第聂伯河东面不远处那条梦寐以求的"黑豹"（沃坦）防线的途中
正面临着一场灾难。没人料到会遇上这场泥泞。

9月18日，"南方"集团军群将曼施泰因的指令传达给各集团军，命令他们撤
至第聂伯河，并尽快渡过河去，到达西岸后立即部署机动部队，以确保各桥梁间所
有受到威胁的地段得到守卫。目前据守河岸的仅仅是些补给单位、维修部门、训练
单位和战地铁路指挥部，另外还有些急救和运输单位。这是一场泥泞中的赛跑。

马肯森的第1装甲集团军边打边撤，一路赶往扎波罗热和第聂伯罗彼得罗夫斯
克的桥头堡。9月19日，一个晴朗的秋季周日，伴随着激烈的防御战，亨里齐将军
第40装甲军的战斗群在第聂伯罗彼得罗夫斯克南面的安东诺夫卡（Antonovka）搭
乘渡轮渡过河去。24小时后，该战斗群又从西岸重新渡过河来，赶至扎波罗热水
坝，进入河东岸掩护着扎波罗热和水坝的半圆形桥头堡。第17军辖内的步兵师据

守着这一向东延伸12英里的突出部。幸运的是，到目前为止，苏军的行动仅限于侦察巡逻，列柳申科中将近卫第3集团军的主力尚未赶到。宽阔的第聂伯河河谷呈现出一派和平景象，只有匆匆向西而行的运输和补给单位预示着即将要发生的事情。位于克列缅丘格和切尔卡瑟的河流渡口，是韦勒将军第8集团军的目标。

第4装甲集团军防区内的态势相当危险。该集团军以辖内的两个军，第7和第13军，杀开血路撤向位于基辅的德军桥头堡，始终饱受着苏军的重压。辖内的第24装甲军已与集团军分离，该军将在基辅以南75英里处的卡涅夫（Kanev）渡过第聂伯河，并被置于第8集团军的指挥下。此刻，第24装甲军军长内林将军身上的担子很重，苏军近卫坦克第3集团军在雷巴尔科将军的率领下，形成苏军第聂伯河攻势的先头部队，他们试图超过德国人，抢在内林之前渡过河去。第24装甲军又一次发现自己处在战斗的中心地带——这种情况在顿涅茨河与第聂伯河之间的战斗中频繁发生。

从奥尔沙河（Orshitsa）至第聂伯河，德军各个师的车辆和行军队列艰难前行，他们是来自下萨克森的第10装甲掷弹兵师、第57、第34和第112步兵师。这些步兵团来自上巴伐利亚、莱茵—黑森、莫泽尔、莱茵兰、威斯特法伦和巴拉丁。他们能赶在苏军之前渡过河去吗？

"幸运的是，俄国人也同样饱受着泥泞的困扰。"参谋长黑塞上校试图安慰军情报官，博士克内上尉。令克内感到绝望的原因是他那些外出实施侦察的军官到现在一个也没回来。"昨天，韦伯中尉花了12个小时，可只走了6英里，上校先生！"克内感叹着。

"别抱怨了，"参谋长对他说道。"携带着作战文件的卡车也陷住了。几个师都被困在泥泞中，他们的师长觉得我们让他们后撤简直是在发疯。他们看不出有什么理由要撤退，因为没有苏军追赶他们。但他们不知道集团军所处的位置，也不知道要是我们不想遭到侧翼包抄，就必须后撤。这就是我们得尽快赶至那座桥梁的原因。"

黑塞上校在双膝上摊开地图，研究着最新的态势。"俄国人冲入几个宽阔的缺口中，这必然导致我方的几个集团军挤向寥寥无几的桥梁，"他自言自语着。"敌人正试图渡过河去，如果可能的话，他们会抢在我们之前渡河。"地图上清楚地反映出这种意图：军后撤区域被标为蓝色，孤零零地置身于代表着苏军的硕大红色箭头中。在其左右，没有与德军其他部队的联系。

就在这时，军部的翻译格赖纳少尉冲了进来。经过艰难跋涉，他从第10装甲掷弹兵师的师部赶回，浑身沾满泥泞。他的报告并不令人感到鼓舞："士兵们在泥泞中挣扎。他们已几天未合眼，身上没一处干的地方。他们连续奋战了几周，但他们仍在坚持。第聂伯河像海市蜃楼那样吸引着他们。他们师的作战参谋迈齐埃中校告诉我：'士兵们期待着一条精心构设的防线。他们都期盼得到让他们实施防御的掩体和兵营。他们希望能找到干燥的掩体，并结束这场撤退，结束遭遇伏击、遭遇侧翼包抄或被切断的持续恐惧。'"

黑塞上校面无表情地聆听着。掩体！防线！休整和安全！他是否该告诉这位少尉，自己压根儿就不信这些东西？他是否该告诉他，在第聂伯河对岸等待他们的，除了几条战壕和一些保安部队外别无他物呢？也许连这些都没有，只有俄国人！但他没有将自己的焦虑透露给这名少尉，相反，他以一种刻意的正式语气问道："第10师对面的俄国人在做什么？"

格赖纳少尉明白过来，毕竟他是情报部门的人，每天都在跟敌人的报告打交道。于是，他回答道："俄国人已把部队派往西面，正利用波尔塔瓦—基辅铁路线赶往第聂伯河。"

"格赖纳，您在开玩笑吧？"

"上校先生，是真的。施密特将军和他的情报官卡斯特尔王子上尉，明确指示我向您汇报这一切。据可靠侦察，俄国人投入了超出我们想象的大批劳力，以惊人的速度修复了被破坏的铁路，现已对其加以使用。当然，信号设备尚未被修复，所以，他们向西的运输工作靠目视进行。他们现在已越过格列比翁卡（Grebenka）。"

"这就使情况更加危险了。"黑塞上校说道。

9月21日16点，几份被截获的电报放在第8集团军司令韦勒将军的桌上，此刻他正待在斯梅拉（Smela）的前进指挥部中。这些被截获的明码电文来自苏军游击队的发报机，署名是"夏伯阳游击队"，显然是在回复一个询问。电报中指出，第聂伯河西岸，卡涅夫北部的弯曲处没有德国军队。

这些报告基本上正确无误。第聂伯河西岸，格里戈罗夫卡（Grigorovka）与勒日谢夫（Rzhishchev）之间的弯曲部，除德军的一个惩戒连，根本没有其他部队。韦勒对此感到不安。根据空中侦察报告，苏军先头部队正向该地区逼近。难道，瓦图京打算对卡涅夫北部的第聂伯河河曲发起一场突袭？若果真如此，韦勒不会感到惊讶。过去几个月的战斗中，这位苏军大将已证明自己是个出色的战术家，也是个大胆的指挥员。

韦勒立即向内林将军发出警报。电报于20点45分到达第24装甲军军部：内林应立即派出快速部队，经卡涅夫赶往受到威胁的第聂伯河河曲部的南岸。

但韦勒知道，就算第24装甲师的快速部队也没办法飞过去。要是苏军打算在9月22日渡过河去，而内林的部队又未能及时赶到，那该怎么办？

第8集团军参谋长，博士施派德尔少将想出个办法。在卡涅夫南面的切尔卡瑟，有一个"南方"集团军群的武器装备训练中心，可以派他们去应付这个麻烦。当晚22点30分，训练中心的指挥官接到电话命令：立即将训练中心的人员组成一支应急队，赶至卡涅夫，进入卡涅夫北部的西岸阵地。两个小时后，这些人登上卡车，隆隆地驶入夜色。大雨早已停止，风和温暖的气候迅速使道路变干，但夜间仍有些寒意。第聂伯河上笼罩着一片雾气，遮蔽了对岸的情形，也遮蔽了韦勒和内林所担心的东西。

近卫军列兵I.D.谢苗诺夫小心翼翼地拨开芦苇，向河面望去。他专注聆听，但一无所获。在他身旁蹲着一名游击队员。"那艘小船在哪里？"谢苗诺夫问道。

"距离这里五六步远，就在河岸下方，被芦苇盖着。"

"我们过去吧！"谢苗诺夫模仿了三声麻鸭的鸣叫。芦苇沙沙作响，另外三名近卫军士兵爬了过来——V.N.伊万诺夫、N.Y.佩图霍夫和V.A.瑟索利亚京。他们伏在谢苗诺夫和那名游击队员的身边。他们不知道的是，这一刻，历史已将目光投向他们。他们不知道自己的名字将永载史册，甚至不知道自己的行动能否成功。作为近卫坦克第3集团军，更确切地说是正奔向第聂伯河的整个苏军部队中的第一人，他们能顺利渡过这条大河吗？在他们当中，最年轻的是谢苗诺夫，一名18岁的小伙子，其他人也都没超过22岁，这四人都是共青团员。他们该怎么做？

"夏伯阳"游击队发电报给瓦图京大将，告诉他位于格里戈罗夫卡的西岸没有德军驻防，而韦勒将军根据截获的电报做出了准确的推断，这一点被证明至关重要。瓦图京这位精明的方面军司令员立即抓住了他的机会。第聂伯河河曲部向东北方伸出，单从战术理由上看，这里似乎是个合适的渡河点，而游击队发来的情报起到决定性作用。瓦图京打电话给雷巴尔科将军，雷巴尔科兴奋不已，立即接通了近卫坦克第51旅。

"旅长同志，您的先遣支队到达河边了吗？"

"是的，将军同志。"

"你们跟'夏伯阳'游击队联系上了吗？"

"是的，联系上了，将军同志。"

一阵难以察觉的停顿后，接着便传来决定性的命令，"那么，渡河吧！"

短短的五个字，第聂伯河会战就此拉开了帷幕。

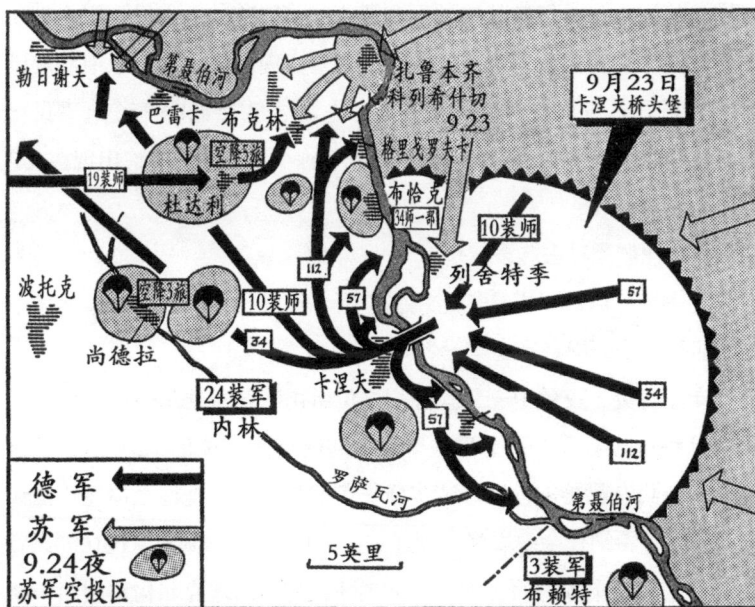

▲ 苏军竭尽全力，试图在布克林强渡第聂伯河。这场战役将由一次大规模空降行动所决定。但内林将军的第24装甲军使苏军遭受到一场惨败。

"工兵和渡河装备呢？"

雷巴尔科的语气变得冰冷，"您不能傻等他们，你们要自己搭木筏或泅渡过河，明白吗？"

"明白，将军同志！"

近卫坦克第51旅将靠木筏或泅渡跨越第聂伯河。

希纳什金中尉指挥着旅里的冲锋枪连，他奉命在格里戈罗夫卡与扎鲁本齐村（Zarubentsy）之间渡过第聂伯河。他的连将担任先遣队，列兵谢苗诺夫、伊万诺夫、佩图霍夫和瑟索利亚京就是他连里的志愿者。此刻，午夜已过，河面上的雾气越来越浓，能见度下降至60～70码。谢苗诺夫和他的战友悄无声息地爬到河岸边。在这里！他们移开芦苇，将小船推出。谢苗诺夫紧紧地抓住船舷。

现在要特别小心。那名游击队员用两只旧麻袋兜住船桨。几名近卫军士兵已将他们的冲锋枪用布裹上，以防发出暴露行踪的声响。他们小心翼翼地爬上船，这样便不会发生倾覆。谢苗诺夫翻过船舷，用一只脚将小船推离河岸。他们立即被卷入湍急的河水中，但健壮的瑟索利亚京已将船桨伸入水里，用力划动起来。那名游击队员坐在船尾，用小小的船舵控制着方向。小船在河水中静静漂流着。"划得用力些，否则我们就偏得太远了。"游击队员低声说道。"我一直在用力。"瑟索利亚京使劲划动船桨。西岸的峭壁像个黑色的影子，出现在夜色中。

"再划几下。"

"够了！让船漂过去。"

"我下去！"谢苗诺夫从船上跳下。河水淹没到他的腰际，但河床很坚硬。他推着小船靠近了河岸。

他们专注聆听，夜色中一片寂静。这位游击队员（他是格里戈罗夫卡村的一个渔民）已将这几名近卫军士兵送至准确的地点——村北部200码处。他们将在这里对德军哨兵发起袭击，并假装实施一场登陆行动，把德军巡逻队被吸引到这里。与此同时，希纳什金中尉将率领连主力和120名游击队员渡过1000码宽的河面到达北岸，在扎鲁本齐村的正下方，为尾随在身后的坦克旅构建起第一个小型登陆场。一旦实现登陆，该连将对格里戈罗夫卡村发起进攻。凌晨2点，四名近卫军士兵的枪声在格里戈罗夫卡村边缘，德军双哨岗的前方打响。

"赶快列队集合！"德军军士冲进村里的兵营，大声喊叫着。惩戒连的一个排驻扎在这里。一个排！这些士兵都是些被判刑后打发到东线来服役的囚犯，他们被派至第聂伯河上的格里戈罗夫卡村。谢苗诺夫四个人在农舍间来回穿梭，手里的冲锋枪不时射出阵阵点射。这一刻他们在某处，下一刻又出现在另一处。他们造成一种假象：苏军的一整个营已在格里戈罗夫卡渡过第聂伯河。

在此期间，希纳什金中尉的连队在扎鲁本齐村的上方和下端渡过第聂伯河，悄无声息，一枪未发。他们是如何做到这一点的？他们得到工兵的帮助了吗？浮桥？渡船？橡皮舟？希纳什金没有这些。他的部下们将木板和横梁钉在一起，还捆了些水桶在上面。这就是他们的木筏，有的大，有的小。每具木筏上携带四名士兵和一门火炮。擅长游泳者攀附着木筏，并帮着引导木筏的方向。黎明时分，希纳什金中尉的连队发起进攻，并将扎鲁本齐村和格里戈罗夫卡村的德军巡逻队驱散。

就这样，9月22日早上，苏军在卡涅夫北部渡过第聂伯河。他们建立起一座登陆场，而本应占据并守卫这一区域的德军第24装甲军，此刻仍在卡涅夫东面的河对岸。苏军畅通无阻，从卡涅夫直至基辅东南方，分配给该军整整60英里的河岸防线上，没有一支真正的作战部队。

一场灾难正在传播。令情况更为糟糕的是，苏军第13集团军几乎于同一时刻在北面120英里处的切尔尼戈夫（Chernigov）渡过第聂伯河，就在"南方"集团军群与"中央"集团军群的结合部。德国人完全没有预料到这个渡河点，因为普里皮亚季河在这里汇入第聂伯河，形成一片巨大的沼泽地带。

可是，自9月中旬以来，游击队偷偷铺设了一条伪装出色的束柴路以穿过沼泽地，从而为苏军部队提供了快速而又隐蔽的方式穿越沼泽直抵河畔。结果，9月26日，苏军成功地构成了一个小型登陆场，它像根手指，气势汹汹地指向波兰边境。

诚然，第2、第8、第12装甲师和第20装甲掷弹兵师各个虚弱的战斗群成功进入到"第聂伯河—普里皮亚季河"三角地带的桥头堡，从防线其他地段调来的步兵师也暂时封闭了大部分危险的渗透，但"中央"集团军群与"南方"集团军群结合部上被撕开的缺口，显然将成为危机的滋生地。

但这种情况现在尚未发生。确实，德军总参谋部"东线外军情报处"的一些明眼人士一直在警告普里皮亚季河口存在的危险。可在9月份时，这一危险与另一个更严重的危机相比相形见绌——希纳什金中尉在格里戈罗夫卡的登陆场对德军第聂伯河防线所形成的威胁。苏联军事史作者们称之为"布克林登陆场"。

1943年9月22日早上，"南方"集团军群作战区域内的所有参谋人员都将注意力投向那座小小的渔村。上午11点，位于切尔卡瑟的武器装备训练中心，指挥官屋内的电话响起，打电话来的是第8集团军司令韦勒将军本人。他问道："昨天您派了多少人去卡涅夫？"

"120名士官生，将军先生！"

"120人？"电话里沉默了片刻，"立即用卡车把这120人送往格里戈罗夫卡，让他们对渡过河来的敌人发起反击，封锁住他们。"

武器装备训练中心的120名士官生，这就是9月22日上午11点，第8集团军司令用于对付苏军"布克林"登陆场的全部兵力。显然，这是个力量不够充分的权宜之策。但除此之外，根本没有其他兵力可供使用。内林的几个师必须守住卡涅夫桥头堡，以对付苏军的猛烈进攻。要到9月22日入夜后，内林的第一支快速部队才有可能渡过河去。在这12个小时中，格里戈罗夫卡可能会发生许多变故。

最后，疯狂的电话联系产生了一丝希望。德军第19装甲师的一部已于9月21日渡过第聂伯河，目前驻扎在基辅附近。正在吃午饭时，师属侦察营被召集起来。"大家赶紧上车！"——出发后，他们赶往当时整个东线最受威胁的地段。来自汉诺威的第73装甲掷弹兵团，在冯·门茨少校的带领下尾随其后，在他们身后的则是该师的主力。

从基辅至格里戈罗夫卡不到60英里。通过一条状况良好的道路，第19装甲师侦察营赶到目的地只需要两个半小时。对第8集团军来说，这两个半小时令人心急火燎。苏军将领知道这是一个天赐良机吗？他们会冲出桥头堡，直扑罗萨瓦河（Rossava），并在第8集团军与第4装甲集团军之间钉入一个楔子吗？

9月22日19点28分，韦勒的一封电报发至内林将军位于河东岸普罗霍罗夫卡（Prokhorovka）的军部："尽快将可用部队调至西岸，以增援正在第聂伯河河曲部激战的第19装甲师侦察营。"尽快！内林希望在第二天清晨前完成这个任务，但雷巴尔科将军也明白自己的任务。

对内林将军来说，9月23日清晨的到来伴随着一个糟糕的意外。"敌坦克发起进攻！"有人喊了起来。10辆、20辆、30辆……44辆T-34从北面而来，沿第聂伯河东岸隆隆而行，向来自摩泽尔第34步兵师辖下第253掷弹兵团的前沿防线扑去。坦克上搭载着苏军步兵。苏军的意图很明显——他们想夺取桥梁，阻止内林的军渡过河去。雷巴尔科将军派出自己的坦克，希望能堵住渡口。这是个大胆而又合理的计划。这个计划似乎已获得成功。

经过前段时期的激战，希佩尔上校的第253掷弹兵团只剩下几百人。苏军冲过他们的主防线，径直向桥梁驶去。在其前方数英里处的列舍特季村（Reshetki），驻扎着第14连的连部。

奥古斯丁上尉有一门75毫米反坦克炮，属于第34反坦克营第3连的两门自行火炮及其车组人员，另外还有20来名士兵。他发现一场灾难正在逼近，立即以列舍特季村的几座农舍为屏障，构设起防御阵地。奥古斯丁上尉这支小小的部队击毁了苏军的16辆T-34。敌步兵不得不跳下坦克寻找隐蔽。12辆坦克被击毁在开阔地中，但有11辆T-34达成突破，向第聂伯河的桥梁隆隆而去。现在，德军只剩下一支配备着反坦克炮和高射炮的小股掩护部队。

一场战役完全依靠几个人的勇气和牺牲精神，这样的时刻再次到来。这些士兵将应对眼前的这场危机。与此同时，军部的黑塞上校将各个师的反坦克武器及人员搜罗起来，将他们火速派往桥梁接近地，置于第253掷弹兵团团长费迪南德·希佩尔上校的指挥下。

希佩尔上校用手中的一切抵御着苏军坦克。反坦克炮和步兵炮、地雷和磁性手榴弹终于将T-34击退。上午10点前，这场危机得以避免。但半个小时后的10点30分，第8集团军将第4装甲集团军发来的一份电报转给内林：第19装甲师的部队正在格里戈罗夫卡苦战，急需援助。

时间是14点，内林将军现已将他的军部移至第聂伯河东岸的克列贝尔达（Keleberda）。军用电话响了起来，韦勒将军的声音出现在另一端：第聂伯河河曲部的情况很糟糕。扎鲁本齐村控制在敌人手中。争夺格里戈罗夫卡的战斗仍在继续。敌人正向西面和西南面推进。敌人正将大炮和车辆渡过河去。

幸运的是，内林将军在几天前便已让他的运输单位和后方机构渡过第聂伯河。因此，他可以顶着敌人沉重而又危险的压力，将自己的作战部队迅速带过河上的大桥。他把自己的前进指挥部直接设在桥梁东端的斜坡上。第10装甲掷弹兵师师长奥古斯特·施密特将军负责桥头堡的安全，他的作战参谋迈齐埃中校是个经验丰富的总参军官。来自下巴伐利亚的这个师现在负责全军的安全渡河。第24装甲军可靠的军史作者，雷纳图斯·韦伯中尉[①]，在一封家书中写下自己的感受："9月23日，我们顶着苏军坦克的压力，强行渡过第聂伯河时，不禁令我想起瑞典查理十二世的悲剧。1709年，他被迫率领自己的残部在佩列沃洛奇纳亚向俄军投降，因为他无法渡过这条河流。而我们很幸运，因为我们有一条铁路桥。"这的确很幸运。

这座桥梁位于卡涅夫。第24装甲军的工兵已给这座桥梁搭设了第二层——在铁轨的上方，他们构建起一条公路桥，这样一来，铁路交通继续贯穿建筑工地，部队和车辆仍能使用这座桥梁。

自15点起，第24装甲军的各个团已开始跨过这座奇特的高桥。这座双层大桥是工兵们的杰作。桥梁东坡的军部内，气氛非常紧张。谁将赢得这场比赛？苏军的飞机何时会出现，并对这座桥梁发起攻击？这么长一段时间，他们的飞机都没现身，这很奇怪。但他们确实没来。

当晚21点15分前，来自巴伐利亚第57步兵师的各个团在师长特洛维茨上校的带领下渡过第聂伯河。他们立即散开，占据桥梁两侧的河岸。此刻，利布中将来自黑森—威斯特法伦的第112步兵师正在渡河。该师以强行军赶了上来，他们经常一口气行军40英里，以确保与军主力恢复联系。

午夜过后不久，第258掷弹兵团踩着桥上的木板渡过河去。该团第7连由伊塞尔霍斯特中尉带领。左侧的队列是来自杜塞尔多夫的黑尔莫德下士带着的第1排，这些士兵累得筋疲力尽，冻得瑟瑟发抖。该团随即沿河畔向北而去，进入第聂伯河河曲部，以对付在格里戈罗夫卡登陆的苏军部队。

霍赫鲍姆中将率领来自摩泽尔的第34步兵师，同样在夜色的掩护下跨过大桥，随即再次出发，向军防区的左翼而去。最后一支过河的部队是第10装甲掷弹兵师。该师的几个战斗群仍在东岸据守着正逐渐缩小的桥头堡。9月24日凌晨3点

[①] 雷纳图斯·韦伯中尉在前文出现时是第40装甲军的传令官。

30分，该师来自下巴伐利亚的几个团终于跨过第聂伯河上的大桥来到西岸。此刻，天色已破晓。

内林将军站在桥畔，仰望天空，搜寻着灰蒙蒙的地平线。俄国人的空军会来吗？可他们没来。很奇怪，这座桥梁没有遭到任何空袭，这一点令人难以理解。难道是因为瓦图京将军手上没有空军？

瓦图京手里确实有一支空军力量，整个空军第2集团军被分配给他的方面军。但该集团军的力量都已投入到第聂伯河河曲部，以掩护渡河部队免遭德国空军的攻击。克拉索夫斯基中将无法腾出飞机对卡涅夫的桥梁发起攻击。他手中的每一架飞机都要留给另一次大规模行动，这是这场战争中一次独特的作战行动，斯大林认为这个行动会在第聂伯河上取得决定性胜利。而在德国人这一方，事先没人想到苏军这场完全令人意外的行动。

内林将军看着他的行军队伍。"我们还需要多长时间？"他问站在自己身边的韦伯中尉。"要不了一个小时，将军先生！"韦伯的估计被证明是正确的。4点30分前，第24装甲军麾下的所有部队都已渡过第聂伯河来到对岸。13.5个小时。这是一个巨大的成就。但这也说明，该军辖下的那些师已缩小到何种程度。

内林将军是最后一个过河的人。此刻仍留在东岸的只有一些小股掩护单位和后卫部队，他们将守住斜坡，直到桥梁被炸毁。河岸下方为他们准备了橡皮艇和冲锋舟，这样就不必通过桥梁过河。他们所执行的是战争中最艰难的任务——担当后卫，尽可能长久地迟滞敌军。据守多久？何时撤离？在这种关键时刻，没人会给一名后卫部队指挥官下达相应的指令，他必须独自承担责任；也没人会向他建议遵从命令行事，这是一个艰难的职责。

5点整，第10装甲掷弹兵师师长奥古斯特·施密特将军，与第10工兵营营长博普斯特上尉站在河西岸一道狭小的山沟中。在他们面前，一名军士跪在一具电起爆装置前。

"都准备好了吗？"

"一切都准备好了，将军先生！"

感谢上帝，这两位军官不约而同地想到。就在24小时前，他们还不敢确定能在适当的时刻将炸毁卡涅夫大桥的"一切"都"准备好"。

军长、军参谋长和军工兵营营长一直为能否抢在苏军到来前将炸药布设完毕而忧心忡忡。这个问题折磨着每个人的神经，但此刻，一切都已准备妥当。施密特将军再次登上能看见那座桥梁的河岸，用望远镜查看着桥梁的情况。那座大桥显得平静而又冷清。施密特走了回来："动手吧！"

工兵军士按下引爆器，所有人都趴倒在地。伴随着一道闪光和雷鸣般的巨响，碎片窜入空中，硝烟和尘埃四散飞扬。烟雾散尽后，巨大的桥梁只剩下几根支离破碎的立柱，横梁和木板沿着第聂伯河的河水向下游漂去。

直到这时，大家才意识到，苏军统帅部没有尝试任何行动以夺取第聂伯河上的这座桥梁，这太奇怪了。他们没有派出机降部队，没有投入伞兵，没有实施构思大胆的坦克突击，也没有派遣啸聚于森林中的游击队。这一疏忽的原因何在？难道，苏联人对自己夺取重要河流渡口的能力缺乏信心，认为他们无法完成这种在战争初期德国人曾多次上演过的成功突袭？就像曼施泰因的装甲部队向陶格夫匹尔斯的推进，或是古德里安在诺夫哥罗德—谢韦尔斯基对杰斯纳大桥的突袭，或是赖因哈特在加里宁夺取伏尔加河上的桥梁，又或是1943年1月，第16摩步师在后撤期间夺取马内奇河大桥的那种大胆突袭模式。苏军在第聂伯河上没有进行任何与之类似的尝试，他们依靠的是自己的创造力，并对自己不需要桥梁便能获得成功充满信心。而且，情况看上去似乎证明他们是正确的。

他们在多个地段渡过这条大河，迅速、毫发无损，使用的仅仅是一些临时举措。不光是在佩列亚斯拉夫（Pereyaslav）的第聂伯河河曲，还在切尔尼戈夫的上游，9月份剩下的几天里，从洛耶夫（Loyev）至扎波罗热，沿440英里长的第聂伯河，苏军共获得了23个渡口。

但苏军的如意算盘中还是出现了一个错误。的确，他们将他们的连、营，甚至是团级部队迅速送过河去，并在对岸建立起登陆场，但他们发现，很难将这些登陆场扩大到一个能从这里发起一场大规模攻势的程度。从河对岸将坦克、重武器和弹药运过河来的工作遇到极大的困难。运送这些装备，他们需要坚固的桥梁，但从他们所控制的那些小型登陆场无法构建桥梁。

意识到这一失误后，苏军统帅部打算以一个激进的办法来纠正这个错误。他们发起了一场行动，整个战争期间，如此规模的行动，苏军只实施过这一次。

5

布克林桥头堡

苏军渡过河来——坏消息从各处传来——科列希什切的风车房——"伞兵们，各就各位！"——苏军的三个旅跳入灾难中

　　几个月来，黑尔莫德下士从未吃到过一顿像9月24日这么好的早餐。这一整夜，他所在的连队一直在行军，不停地行军。但在拂晓时，行军结束了，士兵们欢呼起来。他们终于摆脱了卡涅夫大桥前方的那个"捕鼠器"，现在可以稍事休息了，但首先要吃早饭。战地厨房人员给他们分发了果酱、沙丁鱼、咸牛肉和真正的咖啡。吃罢早餐，他们一个个倒在草堆中呼呼入睡。时间是上午8点。但他们并未能获得他们应该得到的休息。"各位连长立即去见团长！"叫声传遍了谷仓。

　　伊塞尔霍斯特中尉挣扎着站起身，这种突如其来的召唤通常带来的是坏消息。没错！十分钟后，令人痛恨的命令下达了："赶紧列队，准备出发！"接着便是常见的混乱："我的靴子……？""你有没有看见……？"每句话的开头都伴随着士兵们的咒骂。卡车停在谷仓外，至少他们不用再步行前进。但用卡车运送步兵，通常意味着情况很紧急。

　　第7连集合后，伊塞尔霍斯特中尉向士兵们简单地介绍了情况。苏军已在北面的格里戈罗夫卡渡过第聂伯河，必须挡住他们，直到更强大的德军部队赶到为止。

　　"又是老一套。"士兵们小声咕哝着。基尔贝格少尉带着他的第1排登上卡车，随即出发。

　　来自第聂伯河河曲部苏军渡河点的消息很不妙。但是，基于雷巴尔科将军的

近卫坦克第3集团军已于48小时前在右岸站稳了脚跟这一事实，眼下的情况却没有进一步恶化，这一点又令人费解。

9月24日，苏军位于格里戈罗夫卡与布克林之间的登陆场约为3英里深，4英里宽。9月24日下午晚些时候，苏军以6辆坦克和两个营的兵力扑向古德里安少校率领的第19装甲侦察营，该营已赶来封闭这座桥头堡。苏军的压力从第聂伯河河曲部向西南方延伸。与此同时，在上游9英里的巴雷卡村（Balyka）附近，莫斯卡连科上将第40集团军的一个旅近1000名士兵也已渡过第聂伯河，并向东南方推进，挤压着第19装甲师薄弱的先遣支队，这是那里唯一的一股德军部队。很明显，这两股苏军试图取得会合。

德军第19装甲侦察营赶去对付巴雷卡和布克林的苏军。古德里安大将的小儿子古德里安少校[1]，证明自己是个即兴发挥的高手。维修和运输单位也冲至第一线加入到激战中。苏军死死守着阵地，要将他们逐出那些贯穿高耸的西岸的沟壑似乎不太可能。

内林将瓦尔德马·迈耶少校所率的第10装甲掷弹兵师装甲侦察营派往巴雷卡村。但他刚刚命令他们出发，另一条坏消息接踵而至。9月24日早上，一支50人的苏军战斗群在上游9英里的斯泰基村（Stayki）附近渡过第聂伯河，并在河岸的沟壑中站住脚跟。第34步兵师临时拼凑起一支队伍，赶去处理这一新险情。他们接到的命令是："肃清桥头堡，消灭河流这一侧的敌军。"

可即便这么小的一个登陆场也无法被消灭。这又是个老生常谈的话题：一旦苏军获得立足地，就很难将他们驱离。他们是实施顽强防御的高手。他们会伏在射孔或胸墙后开火射击，直到德军士兵的枪口对着他们，或被刺刀顶住后背时才会放弃。另外，斯泰基村的地形对苏军尤为有利。陡峭的河岸上，沟壑和岩石的缝隙为他们提供了理想的掩护。在他们阵地前方，平坦的地面很容易用机枪火力加以扫射，并击溃一切进攻行动。

---

[1] 古德里安的三个儿子分别是京特·古德里安、库尔特·古德里安和罗纳德·古德里安。京特一直在第116装甲师服役，库尔特则在第25装甲师，罗纳德的情形不详。但古德里安这三位儿子都在国防军中服役，并获得过高级勋章。这里的"古德里安少校"有可能是罗纳德·古德里安。

德军战斗群封闭了这支苏军部队。他们用迫击炮轰击对方，用大炮和步兵炮切断他们的补给运送。截获的电报显示，这股敌军损失惨重。三天后，他们陷入饥饿状态。

但苏军并未放弃。尽管这处桥头堡已被压缩到非常小的地步，但仍需要继续加以监视和封闭，否则，它很可能会突然间再度变得危险起来，而这种危险将威胁到整个防线。内林继续将战斗群从卡涅夫调至敌人的渡河点，特别是巴雷卡村和布克林—格里戈罗夫卡地区。

9月24日黄昏，德军第258步兵团赫特尔少校的营在格里戈罗夫卡村外挖掘着阵地。第7连位于科列希什切的风车房处。所有人都在忙着挖掘散兵坑，突然，有人喊了起来："敌机！"

苏军飞机呼啸着从头顶飞过。所有人立即跳入战壕或散兵坑中。一些苏军飞机似乎飞得特别低。在它们身后是一群大型飞机所构成的编队，像参加阅兵式那样整齐排列着，至少有45架。左侧也是一股类似的编队。这些都是大型运输机，飞行高度约为2000～2400英尺。战斗机和截击机在编队侧翼和上方提供掩护。"以前我从未见过空中有这么多俄国人。"朔姆堡中士说道。

这群苏军飞机并未投下任何炸弹，也没有用机载火炮或机枪实施扫射。它们从第聂伯河蜂拥而来，大摇大摆地飞过德军防线。显然，它们并未意识到德国人就在下方的战壕和支撑点中。

第聂伯河上的黄昏早早降临。现在是9月末，17点后，黑夜便开始接掌一切。可为何那些苏军飞机都开着机舱内的灯呢？一些在低空飞行的飞机甚至以强力探照灯扫射着长满灌木的地面。"他们究竟要干什么？"黑尔莫德喃喃地说道。身边的军士将望远镜贴到眼前。"他们想搞猢狲的把戏！"他咕哝着。接下来的一刻，他的怀疑被证实了。"他们跳下来了，"他喊道，"伞兵！"他掏出信号枪，一颗白色照明弹腾空而起。在刺眼的光芒中，一顶顶从天而降的降落伞清晰可见。

随之而来的是战争史上最富戏剧性、最非同寻常、最吸引人的章节之一。到目前为止，笔者从德国一方收集到的资料包括内林将军的个人记述和回忆、德军相关部队的战时日志和大批目击者的回忆，另外还使用了自1962年来苏联方面出版发行的论文和回忆录，特别是G.P.索夫龙诺夫的一份记述。

这是一次惊人的行动。黑尔莫德下士和连里的其他人仍在发愣。一场大规模伞兵空降？这种情况，即便是那些东线老兵也从未经历过。他们中有些人曾听说过，1942年2月，来自符腾堡—巴登第260步兵师的运输单位在第13军后方遭遇过苏军空降旅。除此之外，他们只知道苏军经常会空投下5至80人不等的突击队，主要用于实施破坏行动，或是为游击队提供特殊装备或领导人。

黑尔莫德和他的战友们惊奇地看着眼前这幅壮观的景象。但伊塞尔霍斯特中尉尖锐的喊声令他们伏倒在地："瞄准敌伞兵开火！"各种武器立即开火射击。步枪的射击声响成一片，机枪的连发窜入半空。子弹射穿了降落伞，被撕破的降落伞像旗帜那样飘摆着，伞下的士兵犹如石块般坠落下来。即便降落伞完好，伞下的士兵也很无助，因为他们的下降速度很慢，结果成为数百支步枪可以轻而易举击中的活靶。

全营左侧，风车房所在的山丘上，德军的一门20毫米高射炮吼叫起来。炮弹飞向上空密集的飞机队列。一架飞机被击中，机身被炮弹撕开。火焰和硝烟中，机上的伞兵纷纷跳下，他们中的大多数人未能将降落伞打开。即便有些成功开伞的士兵，也被坠落下来的飞机残骸裹挟着摔向地面。

科列希什切的风车房上方，越来越多的运输机嗡嗡作响地向西飞去。此刻，天色已黑。曳光弹和信号弹拖着亮光窜入空中，雪白的丝绸降落伞闪闪发亮。装着武器、弹药和食物的空投罐慢慢飘落下来。不远处的一片树林中，许多降落伞缠绕在树上。一些树木被装点得像是奇特的圣诞树。

赫特尔少校跑了过来："普法伊费尔排和措恩排，跟我来！"士兵们跟着他们的营长飞奔而去。半小时后，他们带回来第一批俘虏。这些迅速出现的苏军属于近卫空降第5旅，该旅的主力正在西面的杜达利（Dudari）实施空降。而在科列希什切第112步兵师防区内实施伞降的这群伞兵，与他们的主力失去了联系。

德军迅速组织起搜索队，临时指挥中心也被构设起来。只要在地面上发现降落伞，苏军伞兵就不会逃得太远。他们还没来得及判明方向或加入到大股队伍中，便在沟壑里一个接一个被俘。"Ruki verkh（把手举起来）。"如果对方没有迅速将双手高高举起，便会立即被手榴弹或冲锋枪放倒。拂晓时，德军掷弹兵们看见科列希什切风车的叶片在第聂伯河晨风的吹拂下转动起来。一具叶片上挂着一副被撕破的降落伞，降落伞已被鲜血染红，阵亡伞兵扭曲的尸体仍挂在绳索上。

西面的杜达利地区，近卫空降第5旅主力所降落的地带上，同样发生了一场灾难。这些伞兵刚好遇到德军第10装甲师赶往巴雷卡村的一支队伍。而在杜达利村，苏军伞兵恰巧落在德军第73装甲掷弹兵团装甲车营的部署区域内。该团是来自下萨克森第19装甲师的先头部队，在卡尔纳上校的带领下从基辅赶来，以缓解该师侦察营所遭受的重压。

没有一支空降单位比他们更加倒霉、更加不幸。这些苏军降落到一片布满各种武器的地带。他们像一场暴风雪那样降落下来——一场死亡的暴风雪。

时任第19装甲师作战参谋的布林德中校，对此做出如下引人注目的描述："他们的第一次空投是在17点30分。苏军伞兵还在空中时便遭到机枪和一门双管20毫米高射炮的火力打击。苏军的空投部队拉得非常开，他们的大型运输机每隔半分钟飞抵一架，最多两架，就这样将伞兵们投下。这使我们的打击更为有效。有些苏军飞机显然意识到灾难正在发生，于是转身向北飞去。我方毁灭性的防御火力和耀眼的白色照明弹从各个地方窜入空中，显然令俄国人感到惊慌。他们现在胡乱丢下伞兵，把他们撒得到处都是。这些伞兵被分割成一个个小型或超小型战斗群，这就注定他们要遭到失败。他们试图隐蔽在狭窄的沟壑中，但很快便被发现，不是被俘虏就是被打死。"

只有旅长成功地在自己身边聚集起150名伞兵，并在格鲁舍沃（Grushevo）东面的一片树林中站稳脚跟。在这里，他们组织起激烈的抵抗。戈尔德曼少尉所率的第73装甲掷弹兵团第3连尝到了苦头，这使他们知道，要是苏军在更为有利的条件下实施空降并有时间挖掘防御阵地的话，将会发生些什么。那些苏军伞兵中，肯定有冷静从容的神射手。戈尔德曼的连队遭受到严重伤亡——许多人被子弹击中头部。经过一番激战，这150名苏军士兵才被打垮，他们的指挥员也当了俘虏。还有些伞兵杀开血路，逃入切尔卡瑟西面的广袤森林，加入到在那里活动的游击队中。

苏军这一代价高昂的冒险目的何在？他们空投下三个旅，近7000人——第5旅在杜达利地区，靠近第聂伯河河曲部；第3旅沿着罗萨瓦河的沼泽地，位于更后方；而第1旅的部分部队落在卡涅夫大桥后，另一些部队降落在南面更远处，落入内林右侧的友邻部队，第3装甲军的作战区域内。

缴获的命令和地图揭示出苏军的两个目标。一方面，苏军最高统帅部希望掩护布克林这个战术登陆场，抵御德军的反击。空降第5旅将阻止从南面或东南面而来的德军预备队向第聂伯河运动，从而在卡涅夫西部建立起一道屏障，挡住逼近中的德军部队。空降第3旅将守住尚德拉（Shandra）—利波维伊（Lipovyy）地区，并牵制住德军的战术预备队，直到苏军第40集团军赶到。

这是一个很好的计划，但执行的时间太晚。德军部队已进入苏军伞兵旅意图阻止他们进入的地区。

但除了这个战术目标外，苏军三个空降旅所追求的是个更大的战略目标。只要看看空降地区的地图便能对这个目标一目了然：空降第1、第3和第5旅西部战斗群的任务是沿罗萨瓦河的沼泽河岸站稳脚跟。他们将与在巴雷卡、勒日谢夫和卡涅夫南面渡过第聂伯河的部队一起，构成一个宽广的桥头堡，从而在布克林渡口周围建立起第二道屏障。这样一来，一个大型的部署区将得以确立，苏军便可在这片区域集结两个集团军。

据被俘的苏军空降第5旅旅长交代，随着初次空降行动的结束，苏军将于9月26或27日在卡涅夫大桥东南面实施另一次大规模空降。运输滑翔机将携带重型装备和坦克赶到。9月24日降落在第3装甲军作战区域内的小股部队仅仅是这一行动的先头部队和掩护力量。显然，第一阶段空降行动的彻底失败导致后续行动被取消。

实际上，所有的一切都经过巧妙的计划，但实施起来却错误百出，导致其结果成了一场军事灾难。杜达利与罗萨瓦河之间的空投地区，在最初的24小时里，苏军空投下1500名伞兵，结果692人阵亡，209人被俘。被俘人员中还包括空降第5旅的乐队队长和图书管理员。为何把他们也派来参加行动呢？在审讯中，这两人交代："是命令！"被俘的第5旅旅长也说是"命令"："我奉命带上所有的人。"于是他将旅里所有人都投入到行动中，尽管其中只有一半人接受过跳伞训练，平均每个人也仅试跳过7~10次。另一半人此前从未跳过伞，他们来自七个不同的团。医护队则由妇女组成。

他们的服装和装备也是多种多样——有些人穿着飞行服，其他人穿着皮夹克，还有些人穿着短大衣。相比之下，女军医和医护兵的装备惊人地精良。

但整个行动中最令人费解的是，空降在夜幕降临时进行。正常的空降行动通常应该在白天实施。诚然，苏军是黑夜的宠儿，他们在夜色中的辨路能力比德国人强得多。但即便如此，在黄昏实施空降也是个严重而又致命的错误。伞兵们着陆后无法实施机动，因为他们缺乏交通工具。另外，黑暗也使散落在各处的人员难以完成集结。雪上加霜的一个事实是，出于保密的考虑，部队和他们的军官直到飞机起飞前一个半小时才获悉此次行动的情况简介。因此，就连军官们也没时间在地图上研究目标地区，更别说普通士兵了。他们被投向一片完全陌生的地带[①]。军官们借助进场飞行时匆匆绘制的草图，徒劳地试图确定自己所在的位置。黑暗中，他们无法找到画在地图上的地标。许多俘虏黯然承认："这是一场灾难。"

另一场灾难则是源于大批飞行员的无能。他们驾驶的飞机混杂在一起，失去了自己在编队中的位置，或将机上的伞兵投向错误的地点。遭遇到高射炮火时，他们攀升至3000英尺高度，这又导致伞兵和空投罐更加分散。另外，许多伞兵对这场实战猝不及防，他们以为这是一场在敌军已被肃清的地带所进行的空降演练，根本没想到会遇到抵抗。跃出机舱后，他们发现自己正处在凶猛的火力打击下，对他们来说，这已不仅仅是意外，而是剧烈的冲击。一些士兵平安落地，并能继续投入战斗，但他们的士气已然低落。内林将军将他的看法总结如下："苏军统帅部对时机、目标区域和此次行动的可能性缺乏一种判断力。这场行动极不专业。其战略思想正确无误，但执行部分被搞砸了。显然，这场行动的背后没有专家。部队太过分散，无法迅速集结以实施有条不紊、协调一致的行动。"

"当然，对我们来说这是个幸运的意外。而对俄国人而言，更具灾难性的是德军的三个师恰巧穿过他们的空降区。不过，就算没有这种意外，俄国人的行动也不会成功，因为他们选择的时机不对。如果这场空降行动赶在第24装甲军渡河前实施——也就是说在河对岸本军的后方地带——同时夺取或破坏我们在卡涅夫构设的桥梁，对我们军来说，这将是一场真正的危机。而且，受影响的不仅是我这个军，

---

① 诺曼底登陆中，美军第101空降师同样在夜间空投，同样遭遇到一场混乱，但由于地面上的德军比他们更加混乱，才避免了一场灾难。

而将是整个集团军。"

"9月23日晨，40辆苏军坦克从卡涅夫附近的树林中冲出，距离桥梁接近地只有几英里之遥，在最后时刻才被阻止，我们面临的危险程度已变得明显起来。对苏军统帅部来说，这是一个重要时刻。这一刻，他们地面和空中力量的联合行动将打乱我方的第聂伯河防御，从而实现其战略目标。"

"实际上，如果在9月23日午后，以一场突如其来的伞降夺取第聂伯河上的桥梁，可能会具有决定性作用。"

24小时后的9月24日，内林将军的第24装甲军渡过第聂伯河，苏军统帅部错失了一个天赐良机。他们投入空降旅的时机为时过晚，已毫无意义。但战争史本身就是错失良机的历史。

布克林桥头堡的灾难对苏军空降部队的打击肯定非常沉重。直到战争结束，他们一直未能从这场惨败中恢复过来，再未执行过任何重要的行动。

很长一段时间里，苏联军事历史学家们对三个空降旅这次不成功的行动保持着彻底的沉默。《伟大卫国战争史》和苏联历史学家所做的标准记述中从未提及卡涅夫空降行动，只是在《伟大卫国战争史》第56幅地图中，一个小小的标记暗示出这一行动：在布克林村的名字下，标了个小小的红色降落伞。但在文字上，没有一个字的说明、解释或评述。只有这个小小的标志记录了在1943年9月24日，基辅与卡涅夫之间的第聂伯河河曲部上空所发生的事情。

直到近期，俄罗斯的军事期刊才开始对此次行动加以探讨。他们的记述证实了德方描述的画面，更加清晰地揭示出行动的不足之处。下面就是例子。

空降第5旅的实际降落地点与计划相差近20英里。为了蒙蔽德国人，苏军采取了一些荒唐的措施：直到伞降开始后，占据相关阵地的前线部队才获知空降部队的行动。直到9月24日16点，空降第5旅旅长才将行动命令下达给他的部队——也就是行动发起前的一个半小时。这样一来，哪里有时间向士兵们解释此次行动及其目标呢？[①]

---

① 据赫鲁晓夫回忆录记载，一些伞兵降落在苏军自己的阵地上。由于前线士兵根本不知道这一伞降行动，这些伞兵被当作弗拉索夫"俄罗斯解放军"的人而被处死。

另外还有计划本身。这个计划起草得相当官僚主义，完全无视前线的实际情况。将几个空降旅运送至机场的工作应该在9月17至21日间完成，但由于铁路运输的任务过于繁重，这个工作直到9月24日，也就是空降行动发起的当天才结束。

　　但更糟糕的情况接踵而至。由于气候恶劣，许多运输机迟到了，有些甚至根本就没来，到达的飞机比所需要的数量少很多。最后，由于"糟糕的状况"，这些飞机无法按事先的设想搭载上20名伞兵。所以，每架飞机只能搭载15人，最多18人。就这样，所有的计划都乱了套。

　　空降第3旅的情况也没好到哪里去。该旅空投下4575名士兵，但他们的45毫米火炮却未能被投下。13架飞机没找到空投区，于是，他们带着机上所载的东西转身返回基地。2架飞机错过了目标区，结果将伞兵们远远地投放到后方区域。另一架飞机则让机上的伞兵直接跳入第聂伯河，结果都被淹死。还有一架飞机完全错过了目标区域，结果，机上的伞兵降落在苏联遥远的后方区域。

　　对空降第5旅来说，他们只得到48架运输机，而不是计划中的65架。由于加油的问题，起飞被推迟了一个半小时。另外，机场上没有足够的燃料。种种原因导致飞机毫无计划地逐一起飞。但是，第5旅成功地空投下1000多人的两个营。由于燃料短缺，进一步的空投被取消。

　　那些空投下去的伞兵又发生了怎样的情况呢？根据苏联方面的记录，有43个小组，总计2300名伞兵，在第3和第5旅军官们的指挥下进行重组，主要在德军后方的卡涅夫与切尔卡瑟之间的森林中成了游击队。不过很早以前，那里便构建了一些大型游击队营地。

　　7000名士兵只剩下2300人。无线电装备则是另一篇令人伤心的章节。空降第3旅旅长和他的参谋长没有电台。由于在降落过程中太过分散，再加上大批装备的损失，大多数指挥员失去了电台联系。为重新建立起联络，三个携带着电台设备的空降群于9月27—28日的夜间被空投下去，但他们也错过了目标区域。于是，在9月28日，一架波-2飞机携带着电台设备起飞，但它却被德军击落。直到9月底，苏军第40集团军才与卡涅夫森林中的600名伞兵成功地取得第一次无线电联络。

　　同样令人惊讶的是，卡涅夫附近森林中的游击队力量并未被列入苏军最高统帅部空降行动的计划中，尽管据说有七个游击支队一直在这片密林中活动。难道苏军最高统帅部及其将领们没想到这一点？或者是那些游击队当时的战斗力并不像今天宣传的那么强大？总而言之，卡涅夫西面空降行动的惨败揭示出，1943年夏季，苏军在这一地区并没有什么令人钦佩的作战行动。

炮兵元帅沃罗诺夫在他的回忆录中遗憾地指出："可悲的是，必须承认，我们作为空降作战的开拓者，对这些部队的使用并没有切实可行的计划。"沃罗诺夫说的没错：苏军确实是空降作战的先驱。早在1932年高加索地区进行的演习中，他们便使用了伞兵。

克斯特宁将军曾担任过多年的德国驻莫斯科武官，在他去世后出版的文集中我们读到："在高加索山区所进行的这些演习中，我首次看到伞兵部队新颖的作战方式。这番经历令我难忘的原因是，几年后，在德国航空部有人告诉我，我发回柏林的那些军事演习和伞兵空降的照片，促使戈林建立起自己的空降部队。"

徒弟很快便超过了他们的老师。对苏军来说，空降部队的技术、物资和人员问题似乎一直未能解决。

第六部

基辅与
梅利托波尔之间

1

柳捷日村

涅费多夫中士和22名部下——第聂伯河河岸致命的延伸部——克拉夫琴科的坦克
渡过杰斯纳河——苏军最高统帅部改变计划——夜间的重组

　　1943年9月25日夜间，雷巴尔科将军刚刚产生一丝模糊的怀疑，灾难已降临到苏军首次发起的大规模空降行动上。但他仍抱有一丝希望，盼望他那些伞兵至少能在某些地点取得战术上的胜利。他试图从布克林和巴雷卡这两个小小的登陆场发起攻击，以便与伞兵部队取得联系，并为他们提供支援。

　　但电台中的沉默并不是因为技术上的故障。分散的伞兵小组躲在杜达利、尚德拉和布恰克（Buchak）附近，接下来的几天，德军搜索队搜捕着他们。

　　德军统帅部对苏军的这个行动感到震惊。他们无法相信苏军会停止这一行动。元首大本营、集团军群和集团军司令部都认为苏军会实施进一步空降。他们担心苏军会不惜一切代价取得一个战略桥头堡，从而将强大的坦克部队部署在右岸。出于这种担心，德军第20装甲掷弹兵师和第7装甲师在月底前被调了上来。

　　"南方"集团军群的一道命令表明，冯·曼施泰因元帅并未怀疑瓦图京的意图。曼施泰因致电韦勒：第8集团军必须尽快解决渡过河来和实施空降的敌军，以阻止敌人旨在将坦克集团军调过河来的架桥行动。曼施泰因在命令中提到的坦克集团军指的是雷巴尔科的近卫坦克第3集团军。他有充分的理由将该集团军视作一场噩梦。但该集团军的惊人之举并未出现在布克林，而是在一个完全不同的地方。这一惊人之举开始于一名中士的进取精神。

距离布克林那场不成功的空降行动48小时后，苏军在北面78英里处又发起另一场突袭，就在乌克兰首府的门前——这场突袭导致了第聂伯河中游战事的转折点。这次突袭再次证明，即便在现代战争中，战事的进程也是由勇敢的个人行为所决定。

　　就在内林将军的战斗群忙着在布克林地区肃清苏军最后的伞兵部队之际，苏军第38集团军的先头部队（步兵第240师）在基辅上方的斯瓦罗姆耶村（Svaromye）附近到达第聂伯河。河对岸是柳捷日村（Lyutezh）。守卫这一地区的是豪费将军的第13军，来自黑森的第88步兵师和来自勃兰登堡的第208步兵师据守在100英尺高的陡峭河岸上。该地段河宽达650至750码，水深6至20英尺，基辅下游的河面更宽。

　　根据斯大林9月9日的命令，第38集团军进行着渡河的准备工作。但正如72小时前布克林河曲部的情形一样，工兵和建桥设备都未到达。于是，附近树林中的树木被仓促砍下，钉在一起构成木筏。9月26日的夜幕降临在河面上，苏军步兵第931团的各战斗小组，从东岸将木筏和小渔船推入河中。就在他们几乎要到达西岸之际，一声枪响打破夜色——一名德军哨兵发现了苏军的小型"船队"。照明弹嘶嘶窜入漆黑的夜空，将河面照得一片通明。船只和木筏像靶子那样暴露在步枪的射程内。德国人的机枪火力泼水般射出。曳光弹标识出子弹的去向。第一艘船被打得千疮百孔，第二艘也是如此。苏军士兵趴在低矮的木筏上，随着河水漂浮。子弹掠过他们的头顶，或直接射入河中。很快，德国人的轻型步兵炮开火了，炮弹将木筏一只只击沉。苏军步兵第931团的登陆尝试以一场惨败而告终。

　　南面数英里处，苏军步兵第836和第842团的几个营进行了同样的尝试，但在河中央也遭到德军火力的打击。步兵第836团的一个营全军覆没，没有一个人到达河对岸。步兵第842团第2营的主力，情况也没好到哪去。但在凌晨4点，第5连第2排在涅费多夫中士的带领下，搭乘着4艘小渔船的22名士兵成功地到达河对岸。他们在距离河面200码处陡峭的河岸上挖掘阵地。他们所拥有的武器包括八支冲锋枪、五支卡宾枪、一挺轻机枪和一挺重机枪。9月27日早上，德军以排和连级兵力发起反击，却被占据有利地形的涅费多夫及其部下们击退。

　　这又是个老生常谈的话题：一名坚定的领导带着一小群下定决心的苏军士

▲ 在基辅北面的柳捷日，苏军弥补了他们在布克林遭受的失败。瓦图京突发奇兵，强渡第聂伯河，夺取基辅，并向西南方疾进。

兵。德国人不得不把这些苏军士兵一个个从阵地中逼出。

9月27日入夜前，涅费多夫中士只剩下10名部下。他用电台呼叫团部，汇报了他这个小组所在的确切位置。9月27—28日夜间，苏军利用15艘小渔船，设法将75名士兵渡过河以增援涅费多夫。另外，拂晓时，萨瓦和瓦宁上尉各带一个战斗小组，划着木筏渡过第聂伯河，赶到涅费多夫身边。

通过这种方式，9月30日前，苏军步兵第240师已将两个携带着野炮的步兵团和一个重型迫击炮团的部分兵力送过河去。这座登陆场的正面宽达两英里，深度为一英里。德军和苏军都没想到，这一小段陡峭河岸所代表的桥头堡将左右第聂伯河战役的胜负。一连数天，争夺柳捷日的战斗异常激烈。如果该村落入苏军手中，这将成为一座战略性桥头堡的雏形。随后柳捷日失守了。现在的问题是，豪费将军的第13军是否有足够的力量重新夺回柳捷日，并将敌人的登陆场封闭。

　　10月3日深夜，近卫坦克第5军军长克拉夫琴科中将设于布罗瓦雷（Brovary）的军部里，军用电话铃声响了起来：他应立即赶往沃罗涅日方面军司令部，瓦图京将军急着要见他。"非常紧急。"值班军官重复道。克拉夫琴科立刻登上自己的座车，向方面军司令部全速驶去。接下来的一个小时是战争史上饶有趣味的一段过程。

　　克拉夫琴科描述了这样一幅场景："瓦图京和他的军事委员会委员赫鲁晓夫告诉我关于步兵第240师成功渡河的消息。但赫鲁晓夫为这一成功泼了些冷水：'渡过河去的部队遭受到严重损失，正在进行艰苦的防御作战。他们是否能继续守住右岸的那片土地很值得怀疑，除非我们能以坦克支援他们。'这时，瓦图京插话道：'不幸的是，杰斯纳河在您的坦克军与第聂伯河之间穿过，这条河有330码宽。在目前的情况下，构建一座桥梁至少需要8～10天。但这样一来就太晚了，我们必须立刻以坦克支援他们。您的军靠得最近，我们别无选择——您必须将您的坦克驶过杰斯纳河。您得想办法找一处浅滩。'"

　　克拉夫琴科是个干劲十足的人，了解到这一情况后，他只说了一句："司令员同志，我会做到的！"他立即赶回自己的坦克军，领军驻扎在布罗瓦雷西北方的树林中，距离杰斯纳河只有几英里。

　　克拉夫琴科接着写道："杰斯纳河的渔民和坦克第20旅的坦克兵们都知道，在列特基村（Letki）附近有一处浅滩。共青团员们潜入河中查看了河底的状况。河底由沙子构成，因此是可以通行的。但河水深约7英尺，超过了T-34坦克的涉水深度，所以我们必须将坦克变成临时潜水艇。车身和炮塔上所有的缝隙、舱门和盖子必须用纤维束和腻子做好防水处理，再覆盖上油帆布。新鲜空气通过舱口盖进入发动机，废气则顺着连接在排气管上的一根垂直的延长管排出。浅滩处已由两排标杆标出。随即，坦克挂上低速挡，穿过这条怪异的通道向前驶去。车长坐在炮塔上，给驾驶员下达着操作指令。"

　　《伟大卫国战争史》以充分的理由称赞了这一壮举。但书中又写道："此前从未有过坦克部队以水下泅渡的方式渡过任何一条类似的河流障碍",这个说法的准确性只对苏军有效。两年前,1941年6月22日,内林将军第18装甲师的第18装甲团在布列斯特—立托夫斯克的北面渡过布格河,那里的河水超过12英尺深。诚然,德军的"潜水坦克"进行过专门的准备和测试,但他们是在完全盲视的情况下行驶的,因为就连封闭的炮塔也被淹没在水中。

让我们回到克拉夫琴科的报告上。这位将军指出:"渡过杰斯纳河后,全军迅速到达第聂伯河。但这条河流太深,无法涉水而过。由于没有浮桥,我们准备投入行动的90辆T-34坦克不得不以某些权宜之策渡过河去。河岸的浅滩处停着两艘大型驳船,是后撤的德军丢下的,两艘船的损坏都很轻微,我们的行动就靠它们才得以完成。每艘驳船可搭载3辆坦克,10月5—6日夜间的10次摆渡运过去60辆坦克。这些坦克刚一到达对岸便投入战斗。24小时后,登陆场被扩大至4英里深,6英里宽。"

从这一刻起,克拉夫琴科的坦克军成为苏军在第聂伯河西岸守卫其登陆场的关键力量。这些T-34阻止了豪费将军的步兵师冲入苏军的防御阵地。柳捷日登陆场牢牢地伫立着。结果,苏军最高统帅部发现自己面对着一个全新的局面。最高统帅部原先的作战计划并未设想到渡过第聂伯河后的主攻从柳捷日发起。决定性进攻将从布克林的第聂伯河河曲部展开。在那里,瓦图京已集结起三个强大的集团军,并以雷巴尔科将军经验丰富、装备精良的近卫坦克第3集团军为先锋。

按照最高统帅部9月29日的指令,雷巴尔科下达的命令是从布克林登陆场发起一场钳形攻势,粉碎基辅地区的德军防御,从南面夺取乌克兰首府,然后转身向西南方而去,从而包围德军的整个南翼。这个计划再次反映出斯大林的旧梦:彻底歼灭曼施泰因的集团军群。

但斯大林的算计又一次太过乐观了。内林将军的第24装甲军和已进入这一地区的冯·克诺贝尔斯多尔夫将军的第48装甲军,挫败了斯大林的计划。的确,德军第7装甲师在10月初从西北方突破至格里戈罗夫卡并粉碎苏军登陆场的尝试再度失败。但至少这个登陆场现在已被彻底封闭和遏制。德军第112步兵师以第258掷弹兵团第2营发起的一次反击,甚至重新夺回了格里戈罗夫卡南面沿第聂伯河延伸的高地,这多亏了伊塞尔霍斯特中尉所率连队的大胆推进。就这样,德军一道坚固、不可逾越的防线阻止了瓦图京向西的推进。他被封锁在这座登陆场中。突破德军防线的一切尝试都以失败告终。10月份里，苏军发起两次大规模攻势，但两次均告失败。

《伟大卫国战争史》对布克林登陆场的失利做出如下总结："战斗进程清楚地表明，在这一地段无法预期获得迅速的胜利。"这是德国军队一个出色的防御成就。

鉴于这种情况，苏军最高统帅部更改了他们的计划。这个决定在戏剧性的情况下被做出，时任瓦图京副手的格列奇科元帅在1963年出版的一本出色著作中对此做出了描述，它揭示出苏军在第聂伯河获得胜利最具启发性的秘密。

格列奇科写道，10月18日，方面军军事委员会向苏军最高统帅部汇报，第38集团军已在基辅北面的柳捷日登陆场突破敌军的抵抗。这里有一个可对这一成功加以利用的机会，但方面军对此缺乏必要的兵力。可苏军最高统帅部对这个重要信息未做出反应。

"几天后，"格列奇科继续写道，"方面军军事委员会委员再次致电最高统帅部，提醒他们，这里存在着一个从柳捷日登陆场取得决定性胜利的机会，但这需要将一个坦克集团军调至这一地区。"

瓦图京显然是想离开将苏军部队困住的布克林登陆场，将进攻重点转至柳捷日。但让斯大林放弃他的布克林计划不太容易。德国一方的情况亦是如此：战地将领们与他们统帅的关系很僵。

无法确切地知道是不是斯大林最终对沃罗涅日方面军（顺便说一下，10月20日，该方面军更名为乌克兰第1方面军）的建议做出了让步，还是瓦图京、赫鲁晓夫和格列奇科自行承担起自主行事的责任。格列奇科写道："方面军军事委员会决定，将进攻重点从布克林调整至柳捷日。这意味着必须将整个近卫坦克第3集团军、数个步兵军和炮兵主力调出布克林登陆场，再转移至柳捷日地区，这段路程大约为120英里。这是个艰难的行动，必须两次渡过第聂伯河，还要渡过杰斯纳河。这一切都在敌人的眼皮下进行，不能让他们有所察觉，行动的成功取决于战略突然性。"

格列奇科的著作中透露，这个决定反映出军事行动中的一种新元素。苏军首次放弃了他们"一旦做出某个决定，就将不惜一切代价执行到底"的特性。瓦图京和格列奇科采用了曼施泰因的战术，这种手法被棋手们称为"王车易位"，从而向现代战略迈出了第一步。另外，这其中还包括隐瞒己方部署和欺骗对手的艺术。在这些领域，瓦图京和格列奇科同样展示出精湛的技艺。

格列奇科写道："10月25—26日夜间开始实施重组。近卫坦克第3集团军、炮兵第7军、步兵第13军和其他一些部队离开登陆场。瓢泼大雨降低了能见度，也减弱了队伍发出的声响。部队在河对岸集结，他们白天休息，夜间行进。他们排列成四支行军队列，平行地向前线而去。他们用七个夜晚完成这场行军，同时采取了一些精心安排的保密措施。部队行进途中严格执行无线电静默。另一方面，近卫坦克第3集团军所有通信设备都留在布克林登陆场，继续保持繁忙的无线电通讯。旧阵地上，撤出的坦克和车辆被模型所替代。这些假货看上去是如此逼真，以至于德国空军在10月底对它们进行了两次轰炸。从登陆场发起的佯攻促使德军指挥部为一场根本就不存在的攻势进行着准备，其目的是为了阻止德国人将部队撤离，并诱使他们将更多的预备队调入虚假的主攻地带。第聂伯河上也搭设起一些桥梁，似乎是要调来新的部队，这使敌人坚定了他们的信念：苏军的大规模攻势将在这里发起，就在布克林地区。这种伪装和欺骗完全获得了成功。曼施泰因不仅没有撤离布克林的任何部队，实际上还有所加强。"

因此，布克林登陆场的诡计可与这次大战中伟大而又具决定性的欺骗行动相提并论。蒙哥马利元帅是欺骗行动的高手，他两次大规模使用了这一手段：一次是在北非，在阿拉曼的决定性战役中，他将精心搭设的模型安置在南面，从而对隆美尔隐瞒了自己将从北面发起进攻的意图。第二次的规模更大，1944年夏季，他将大批假人和模型布置在英伦三岛，以说服希特勒，让他相信在法国的第二次登陆即将发起，从而阻止他将所有可用部队及时调至诺曼底前线。

当然，苏军的重组并未像格列奇科暗示的那样，令德军指挥部毫无察觉。据霍特的作战日志记载，第4装甲集团军司令部很清楚，强大的苏军坦克部队已渡过杰斯纳河，正向西北方前进。对苏军来说幸运的是，恶劣的气候阻止了德军的空中侦察，所以日志中写道："无法确定其行踪。"

霍特的侦察也判明，柳捷日地区存在着机动部队的集结。霍特甚至打算以一次装甲部队突击粉碎敌人的准备活动。但希特勒却禁止这一进攻行动。

就这样，柳捷日登陆场布满了各种武器装备，它已变成一扇大门，苏军即将冲出这扇门，发起规模庞大的出击。瓦图京的准备工作不受干扰地继续进行着。截至11月初，他已在河东岸集结起三个集团军、一个坦克军和一个骑兵军。他还集结了规模庞大的炮兵力量。格列奇科写道："2000门大炮和迫击炮，外加500具火箭炮，已在登陆场内做好行动准备。因此，沿第38集团军4英里的进攻正面，每1000英尺的距离上，火炮密度超过90门。这就意味着每隔10英尺便有一门大炮或迫击炮。东线过去的战役中，从未有哪次得到过如此大规模的炮火支援。总之，在柳捷日突破地带，苏军的实力远远超过德国人——步兵力量为三倍，炮兵力量为四倍半，坦克优势则达到九倍。"

苏军的计划值得这一努力。

该计划是什么？从广义上说，夺取基辅，这次是从北面；歼灭德国第4装甲集团军；夺取第聂伯河西面的交通中心，包括远在德军防线后方的日托米尔（Zhitomir）、别尔季切夫（Berdichev）和文尼察；最后转身向南，包围并歼灭德军的整个南翼。这是个大胆的行动。

这个计划能成功吗？斯大林最终能实现自斯大林格勒战役以来一直梦寐以求的目标吗？

▶ 布托沃的磨坊, 这里是 "堡垒" 作战的关键地点。

▼ 德涅斯特河: 桥梁上的堵塞。

▲ 别尔格罗德附近的战斗：防坦克壕前遭遇炮火的车辆。

▲ 苏军发起反击：在树枝间实施射击控制。

▲ 冲锋中的德军掷弹兵。

▲ 赫鲁晓夫、奇斯佳科夫和伊布扬斯基在库尔斯克前线。

▲ 苏军在奥廖尔地区实现突破。

▲ 撤退：铁路线被炸毁。

▲ 防御：苏军已冲至德军防线前。

▲ 穿过泥潭，沿束柴路而行：每天只能行进3英里。

▲ 五一城附近的战地厨房车。

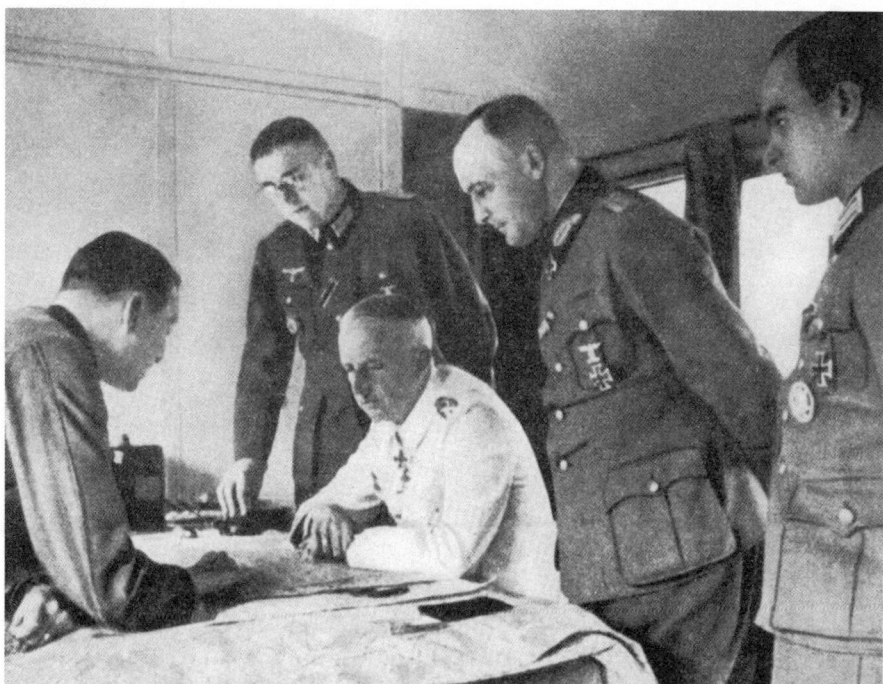

▲ 陆军元帅冯·曼施泰因在他的指挥专列中。和他在一起的是艾斯曼少校、布塞上校、舒尔茨少将和施佩希特中尉。

▲ 波内里附近，战场上的一辆"费迪南德"。

▲ 别尔格罗德地区，虎式坦克正向前突击。

▲ 发射架上的火箭弹。

▲ 炮组人员奔跑着寻找隐蔽。

▶ 电力发射的火箭弹呼啸着划过天空。

▲ 维捷布斯克地区的后方基地。

▲ 用雪橇将伤员送往急救站。

▲ T-34发起进攻。

▲ 一门重型反坦克炮直接命中一辆敌坦克。

▲ 高加索山峰中的战斗。

▲ 拉巴山谷中，骡子被装车运走。

▲ 克里木的一个村落里，运送补给物资的驴子。

◄携带着磁性高爆反坦克雷的装甲掷弹兵。

▶炮兵观测员携带着步话机，跟
随步兵一同前进。

▲坦克和掷弹兵冒着严寒发起进攻。

▲ "焦土"：1943年9月20日，奥波什尼亚附近。

▲ 涉过库班河的一条支流。

▲ 库班河上的轻型高射炮。

▲ 苏军突击队在新罗西斯克附近登陆。

▲ 1943年2月，苏军登陆战失败后的奥泽列伊卡湾。

▲ 第三次哈尔科夫战役：武装党卫军部队穿过城郊北部。

◄ 党卫军第2装甲军军长保罗·豪塞尔将军搭乘一辆装甲车，跟随他的坦克一同向前。

▼ 苏军炮兵拖曳着大炮进入阵地。

▲ 列宁格勒：借着夜色掩护，补给物资沿冰封的拉多加湖——这座城市至关重要的生命线——运入城内。

▶ "死亡之路"——城内已没有棺木，死者就这样被送往公墓。

▲ 苏军试图利用摩托雪橇穿越伊尔门湖: 他们的进攻被德军炮火所粉碎。

◀ 拉多加湖南岸的德军重型火炮。

▲ 休息中的士兵和牲畜。

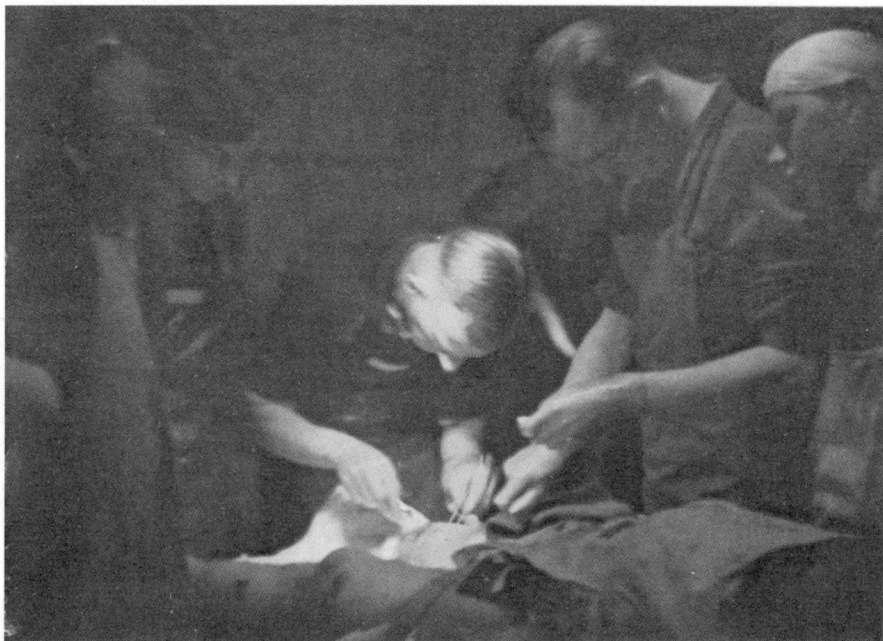

▲ 在夜间忙碌着的军医: 奥列尼诺附近的一所急救站。

▲ 顿河与顿涅茨河之间的草原, 重伤员被送上一架"容克"飞机。有三名士兵被永远地留在这片草原上。

— 397 —

▲ 杰米扬斯克包围圈: 进攻!

▲ 一个被夺取的支撑点。

▲ 杰米扬斯克地区，被夺取的一个苏军阵地。

▲ 俘虏。

▲ 大卢基的巷战：冲锋中的苏军士兵。

▲燃烧中的谷仓和被丢弃的犁。

▲田野中燃烧的谷堆。

◀排雷。

▼奥廖尔南部的逐屋争夺。

▲ 1943年，第9集团军：波斯特尔将军、莫德尔大将和冯·奥斯陶中尉。

▲ 勒热夫：防线上的高射炮排。

▲ 卡图科夫上将（右）和他的军事委员会委员波佩利将军。

▲ 在迫击炮的支援下，苏军步兵发了起进攻。

▶ 在南部战线执行完任务后返回：一架梅塞施密特110和一架意大利战斗机飞过布达佩斯上空。

▼ 高加索山区的拉巴河谷，德军山地猎兵就是在这里进行了激烈的战斗。

▲1943年夏季，第11装甲师的防区。

▲马匹和"犀牛"：传令兵将指令递交给坦克歼击车的指挥官。

▲ 苏军坦克营冲入德军防线。

▲ 苏军的进攻被击退：德军突击队员查看着一辆被击毁的"约瑟夫·斯大林"型坦克。

▶ 医护兵正救治
伤员。

▲ 第聂伯河以东地区被疏散：骑着马的士兵们纵火焚烧谷堆。

▲ 一群群马匹被赶往西面。

▲ 苏联妇女们在日兹德拉公路上为阵亡的德军士兵挖掘坟墓。

▲ 勒热夫附近，经历了几天的激战后，急救站旁的一处墓地。

▲ 众多孩子中的一个，众多房屋中的一所。

▲ 掷弹兵的"火炮"——"铁拳",这是一种巴祖卡式的反坦克武器。

▲ 第聂伯河岸上的机枪阵地。苏军就在对岸。

▲ 1943年11月20日，日托米尔被德军夺回。

▲ 宣誓中的苏军游击队：他们郑重起誓，将战斗到最后一滴血。

▲ "我已突围"：拜尔莱因少将在基洛沃格勒。

▲ (上两幅) 第24装甲师挣扎着穿过乌克兰春季的泥泞。

▲ 科尔孙包围圈：他们就是这样突围的。

▲（上两图）"贝克"重装甲团准备从包围圈外发起他
们的救援进攻。

▲ 战场的遗迹。

▲ 他们杀开血路，突破苏军的围困，重新返回到德军防线：突围士兵正向朗将军报到。

▲ 死里逃生：逃出明斯克包围圈的德军伤兵。

▲ 苏军集结地："向维斯瓦河前进！"

2

目标，基辅！

彼得罗夫齐校舍的地下室——近卫部队的冲锋——来自北海和勃兰登堡的士兵冲
入缺口——拉着汽笛，开着刺眼大灯的坦克——基辅已无法守住——第88步兵师
的覆灭——第25装甲师的悲剧——德军的反击未获成功——霍特被解职

    柳捷日登陆场中的新彼得罗夫齐村（Novo–Petrovtsy）紧贴在苏军防线后。方面军司令员瓦图京的指挥部设在一座被摧毁的校舍的地下室中。50码外就是近卫坦克第3集团军和第38集团军的作战指挥部。两位司令员——雷巴尔科将军和莫斯卡连科将军——和他们的军事委员会委员一起，待在前进指挥部里。各个军长和师长也在相距很近的指挥部中。这种情况在军事史上可能绝无仅有，包括方面军司令部在内的这么多高级指挥机构，挤在如此狭小的空间里，紧贴在主防线后，位于挤满了部队的登陆场当中。

    这么多将领挤在前线并非某个错误所致——这是计划的一部分。除其他方面外，部队将意识到此次行动的特殊重要性，它需要上至司令员，下至每一个士兵付出十二分努力。苏军部队召开了战前会议，军事委员会委员、政治委员、立功的共产党员和满身勋章的士兵发表了讲话。欢快的气氛中，一种对胜利的信心被激发起来。

    优秀的士兵被郑重地接纳为共产党员或预备党员；光是在10月份，方面军便发展了13000名新党员。他们宣誓，为确保胜利绝不吝惜自己的生命，他们将夺取基辅，作为革命胜利26周年的献礼。瓦伦丁·科米萨罗夫中士的誓言被广泛宣扬："只要我还有最后一滴血，只要我还能看见，只要我的双手还能握住步枪，

我就将战斗到底！"

11月1日，校舍的地下室里，尼基塔·谢尔盖耶维奇·赫鲁晓夫对军事委员会成员们概述了行动计划，瓦图京也在场。"不惜一切代价，必须在十月社会主义革命纪念日①拿下基辅。"他宣布道。

不惜一切代价！

瓦图京没有计算相关代价。他打开了地狱之门。

11月3日拂晓，2000门大炮和500具火箭炮对柳捷日的德军阵地发起炮击。40分钟内，炮弹冲破晨雾。剧烈的炮口闪烁撕破雾霭和阴霾。清晨的薄雾刚刚消退，苏联空军第2集团军的飞机便出现在上空，朝德军阵地倾泻下炸弹。随即，第38集团军的步兵团，在克拉夫琴科近卫坦克第5军的支援下发起冲锋，高喊"乌拉！"

苏军的打击落在三个德军师头上——第88、第68和第208步兵师，分别来自弗兰克尼亚、黑森和勃兰登堡。苏军的炮击和轰炸极具毁灭性，以至于他们的步兵在最初几百码内几乎没遇到什么抵抗。直到当天晚些时候，德国人的抵抗才变得猛烈起来。可是，莫斯卡连科将军辖下的各个师在德军防线上成功撕开一个6英里宽的缺口，并深入德军纵深防御4～6英里。

霍特大将紧急投入尧尔将军来自汉堡的第20装甲掷弹兵师，以及来自勃兰登堡第8装甲师的一部，以对付达成突破的苏军部队，但纯属徒劳。他们根本无法遏制苏军6个步兵师和1个坦克军的进攻势头。

来自汉堡的掷弹兵们赶到分配给他们的拦截线时，那里的战斗正如火如荼地进行着。苏军抢在他们之前到达那里。德军掷弹兵团展开激烈而又凶猛的抵抗。他们发起反击，采取规避，又再次发起冲锋。他们与来自图林根第7装甲师的战斗群共同发起进攻。他们甚至恢复了一些阵地。

就在这时，瓦图京拉开了他这场攻势的第二幕。11月4日夜间，他将雷巴尔科

---

① 苏联的十月社会主义革命纪念日是每年的11月7日。1917年11月7日，俄历为10月25日，故称为十月革命。

近卫坦克第3集团军辖内的坦克旅投入战场。他们冲过第38集团军打开的突破口，越过己方步兵部队，继续向前冲去。

夜幕降临。对忙着重新构建防御阵地的德军士兵们来说，接下来发生的事情是他们过去从未经历过的。战场被照得亮如白昼，空中充斥着刺耳的尖啸——雷巴尔科的那些坦克开着大灯，拉着汽笛向德军阵地冲来。这些坦克一发接一发地开炮射击，没有丝毫的停顿。它们还搭载着第167和第136两个步兵师的步兵。伴随着这一压倒性火力，他们冲入德军防线。雷巴尔科想以探照灯的光亮制造恐慌。他还记得德军斯图卡用轰炸机于对付苏军步兵的"耶利哥号角"所产生的效果——斯图卡伴随着刺耳的汽笛呼啸俯冲而下，总能在苏军步兵中造成极大的恐慌。雷巴尔科希望自己这支尖啸的、鬼魅般的坦克大军能产生同样的效果。在德军第13和第7军防线的许多地段，他的这个做法获得了成功。

当然，更为有效的是T-34坦克旅密集的火力。尽管冯·曼陀菲尔将军以自己的装甲战斗群发起了一次反击，但第7装甲师仍无法阻止苏军穿过位于基辅西面5英里处的伊尔片（Irpen），并沿日托米尔公路向法斯托夫（Fastov）推进，那里是基辅西南面最重要的交通中心。第7装甲师的主力和第20装甲掷弹兵师[1]的几个团发起一场反击，尽管最初获得了成功，却无法成功消除两翼遭受到的威胁。这些图林根人和弗兰克尼亚人不得不向后退却。来自伯格多夫的第90掷弹兵团被逼入城市北部；11月5日，夜色降临后，在奥托上尉的带领下，该团杀开血路冲出该城，并穿过苏军防线，撤离了所有伤员。

德军第88步兵师撤入基辅西部。该师师长罗特少将试图恢复部队的秩序。但他后来在对付苏军步兵先头部队的战斗中阵亡[2]。

霍特大将第4装甲集团军的指挥部里，看看作战态势图便能明白苏军的意图。雷巴尔科坦克集团军的目标是穿过基辅，直扑德军战略补给线和曼施泰因集团军群的横向交通线。另一方面，莫斯卡连科将军的第38集团军将直接对乌克兰的首

---

① 第20摩步师于1943年改为第20装甲掷弹兵师，但辖内的两个团——第76和第90掷弹兵团直到1944年底才改为装甲掷弹兵团。

② 1943年11月6日，海因里希·罗特中将伤重不治，第88步兵师师长一职由冯·里特贝格中将接任。

府发起攻击。

蒙蒙细雨将基辅这片战场笼罩在寒冷的灰光中。大自然可能是灰蒙蒙的，但霍特大将的战略态势却是一片漆黑。与过去几个月的情况相同，德军在这里没有足够的预备队。几个可用的装甲师仍被希特勒留在第聂伯河下游，因为他无论如何都不愿失去尼科波尔和那里的锰矿。另外，他也担心克里木的接近地。

出于这个原因，1943年10月底，来自图林根—黑森的第1装甲师从希腊调至东线，并集结于基洛沃格勒地区（Kirovograd）。这个获得补充和改装的装甲师将在克里沃罗格（Krivoy Rog）北部地区寻找发起反击的可能性，但暂时仍忙于将他们的热带装备更换为必要的冬季装备。另一股大规模预备力量——第17集团军，被希特勒留在克里木，因为他不想让这艘掩护着罗马尼亚油田的"航空母舰"落入苏军手中。面对希特勒的拒绝，曼施泰因从第17集团军抽调部分兵力用于第聂伯河战役的一切尝试均告失败。希特勒援引政治和经济上的论据，他认为，一旦撤离克里木，会在相邻的土耳其人、罗马尼亚人和保加利亚人中造成不利的影响。这个老生常谈的问题，总是导致曼施泰因与希特勒之间的冲突：究竟是该加强曼施泰因集团军群的北翼，以避免遭到战略合围的威胁，还是应当优先考虑政治和经济利益？德国人没有足够的力量同时完成这两项任务。希特勒自己也意识到这一窘境。"但是，"他告诉曼施泰因，"这是个必须要冒的风险，我准备亲自承担这个责任。"

地处基辅—日托米尔公路上的马尔卡洛夫（Markarov），霍特大将在他的指挥部中俯身于地图前。参谋长范格尔少将做着汇报："基辅已无法守住。第7装甲师、第20装甲掷弹兵师以及党卫军'帝国'装甲师战斗群已被迫撤离基辅。城内的第88步兵师无法阻止不利的态势发展。现在的问题是及时拦阻苏军快速部队对法斯托夫—别尔季切夫—日托米尔地区，我后方交通线的危险推进。如果我们失去法斯托夫和卡扎京（Kazatin）的铁路调车场，整个集团军群的生命线将处于危险中。"

霍特点点头。军用电话响了起来。是第7军，他们要求增援。可霍特能去哪里找援兵？事态无情地发展着。苏军第38集团军冲入基辅。德军第88步兵师的主力被消灭在这座燃烧的城市中，其残部丢下重武器和装备，杀开血路向南面和西面逃窜。

11月6日午夜[1]，苏联十月社会主义革命纪念日的拂晓到来之际，克拉夫琴科将军近卫坦克第5军的先头部队隆隆驶入市中心的主街道——克列夏季克大街。独立侦察第4连挎着冲锋枪的步兵们冲进党部大楼的废墟，升起一面红旗。苏军攻势发起的三天后，这座乌克兰首府再次回到苏军手中。

基辅北部地区的德国守军几乎没有采取任何正确的行动。大多数装甲部队在并没有掌握实际情况的前提下投入战斗，第19装甲师的主力甚至被调往布克林。唯一一项出色得令人钦佩的是德国铁路工人组织所完成的工作。没有一名火车司机被丢在基辅。当最后一个车站被放弃时，德国铁路员工和战地铁路突击队总共转移出24911节车皮，上面搭载着抢运出来的设备。

当天的英雄是尼基塔·谢尔盖耶维奇·赫鲁晓夫。这位乌克兰第一书记身穿将军制服进入基辅，并被誉为该城的解放者。对他来说，这是个伟大的日子。

真正的胜利者，雷巴尔科将军，对庆祝活动并未太在意。他指挥着近卫坦克第3集团军辖下的诸坦克旅，穿过基辅向南而去。尽管被德军第10装甲掷弹兵师击退，但他迅速重组，并从基辅西南方德国第7军防线上宽阔的缺口冲入。他越过伊尔片地区，切断了仍据守在基辅地区的德军部队的后方交通线。他堵住通入基辅的公路，并于11月7日拿下法斯托夫，这一交通中心位于基辅西南方30英里处，曼施泰因集团军群北翼所有的交通补给线都要穿过这个镇子。奉命守卫该镇的是两个保安营，一个由休假人员临时组建的应急营，还有些隶属于作战和探照灯单位的高炮人员，这些七拼八凑的部队被雷巴尔科的钢铁大军一扫而空。第7装甲师的一个小型战地指挥部于11月5日赶至这里，却无法阻止这场灾难，不得不杀开血路，步行逃回自己的师里。

这一情况发生得太快，甚至对德国铁路员工来说亦是如此，他们刚刚将疏散出来的物资运至法斯托夫。所有的列车都停在庞大的铁路调车场的侧线上。其中包括45个火车头。事实证明，调车场内的一切都无法挽救了——在东线，这些东西比在

---

① 另据赫鲁晓夫回忆，11月5日夜苏军便已进入基辅，6日解放该城。

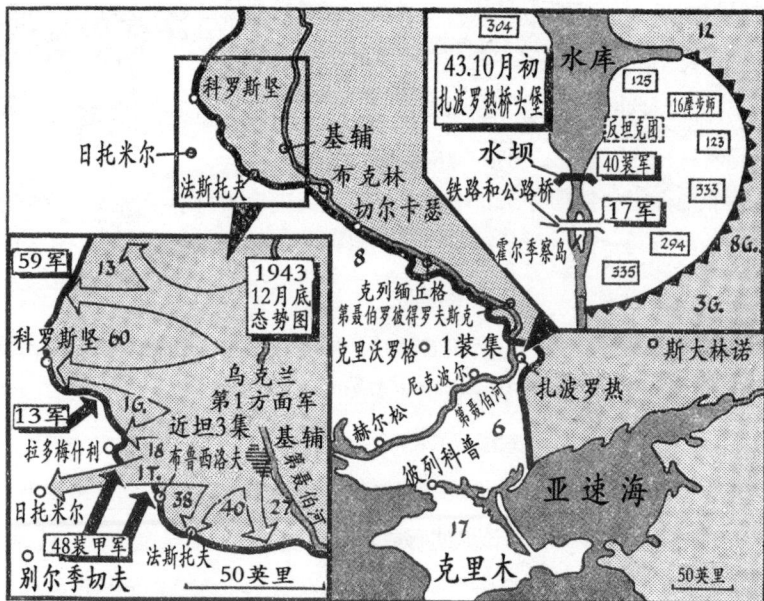

科罗斯坚
日托米尔
法斯托夫
基辅
布克林
切尔卡瑟

304
43.10月初
扎波罗热桥头堡
水库
12
水坝
铁路和公路桥
17军
反坦克团
16摩步师
125
123
40装军
333
294
335
霍尔季察岛
8G.
3G.

59军
13
科罗斯坚
60
1943
12月底
态势图
8
克列缅丘格
第聂伯彼得罗夫斯克
克里沃罗格
1装集
斯大林诺
乌克兰
第1方面军
近坦3集
基辅
13军
1G.
尼克波尔
拉多梅什利
18 布鲁西洛夫
1T.
赫尔松
第聂伯河
6
依列科普
扎波罗热
亚速海
日托米尔
38
40
27
48装甲军
法斯托夫
50英里
17
克里木
50英里
别尔季切夫

▲ 雷巴尔科的坦克集团军绕过基辅，对准曼施泰因集团军群的补给线。一场危机也出现在扎波罗热桥头堡。10月14—15日夜间，亨里齐将军不得不下令炸毁发电站和水坝。

其他地方更具价值。这是一场灾难，但更糟的是雷巴尔科已进入"南方"集团军群后方这个事实。

曼施泰因获悉法斯托夫陷落这一惊人的消息后，立即飞赴腊斯登堡去见希特勒。他想说服希特勒将指派给第聂伯河下游防御作战的三个装甲师调出，交给自己，在法斯托夫地区实施防御和反击。

但希特勒再次拒绝。他对失去矿床和克里木的担心甚于对曼施泰因北翼的关心。曼施泰因绝望了。"如果那里出了什么差错，我的元首，整个'南方'集团军群在劫难逃。"这位陆军元帅警告道。这个警告至少赢得了一个小小的让步——希特勒批准将两个装甲师（第1装甲师和"警卫旗队"装甲师）投入到基辅地区，而不是第聂伯河下游。但这两支部队仍在运输途中，目前尚无法使用。

于是，另一个决定被做出，而这个决定将被证明是灾难性的：使用第25装甲师。火车刚刚将该师从法国运来，他们将直接投入法斯托夫。

这个师在当年夏季刚刚组建，满编的第9装甲团将其加强后，从挪威调至法国，在那里，该师进行了第一次作战演练。目前，这个师正在赶往第4装甲集团军的运输途中。第25装甲师的师长是冯·舍尔将军，一个能干的军人。但光有师长能干又有何用？这个师尚未做到彻底融合，此前从未以一个师的编制参加过战斗，而且，他们也缺乏东线作战的经验。但霍特大将别无选择。尽管疑虑重重，可他不得不将该师投入法斯托夫，不惜一切代价都要将这个交通中心控制在德国人手中。

另外，霍特的决定也是基于另一个考虑。冯·舍尔将军从古德里安那里得到的不仅仅是一个装甲团，还包括完整的第509虎式坦克营。这就意味着45辆虎式坦克。另外还有第9装甲团90辆四号坦克。135辆可投入战斗的坦克支撑起真正的希望。据粗略估计，雷巴尔科所拥有的坦克多不到哪里去——而且都是些粗劣的T-34。

但我们再次看到这样一个事实，战斗和整场战役经常被失误、混乱或错误的命令所决定。虎式装甲营和第25装甲师的装甲团主力，本来有可能避开这片战场，从而免遭法斯托夫的噩运。该师的轮式车单位在别尔季切夫卸载，以便赶往法斯托夫，但其装甲部队却不在这里。24小时前，他们被火车送往东南方，此刻刚刚到达基洛沃格勒车站，距离别尔季切夫120英里。当然，基洛沃格勒一直是该师原先的目的地，只是集团军没有及时通知这些装甲部队新的目的地。

结果，该师的装甲掷弹兵、炮兵和工兵不得不在没有坦克，也没有反坦克营突击炮支援的情况下面对雷巴尔科的坦克旅。第146装甲掷弹兵团在法斯托夫南面一头撞上苏军近卫坦克第55旅的大群T-34。苏军巡逻队已及时发现德军的队列，该旅旅长冷静地准备了一场突袭。德军第9连被击溃。第6连闯入到一片地狱中，连长、几乎所有的下级指挥官以及160名士兵阵亡于T-34坦克密集的炮火下。恐慌爆发开来，迅速席卷了整个第2营。

尽管遭受到严重损失，但冯·舍尔将军仍亲自率领他的部队再次向前冲去。他们的攻击力很快便消耗殆尽。两天后，待第9装甲团的先头部队终于从基洛沃格勒折返回来时，第25装甲师严重减员的各个营，在他们师长的带领下，再次对法斯托夫发起进攻。他们击退苏军，冲至该镇的边缘。一支德军突击队甚至夺回了车站的铁路专用线。经过一番激战，他们被再次击退。但他们再度发起进攻，随

— 423 —

即又被逐出。最后，进攻僵持在镇外1.5英里处的高地上。德军的损失太大，已无法对苏军的侧翼纵深实施决定性突破。菲辰下士和一群被打散的士兵赶到第6连时，他发现这支原有12人的小组，现在只剩下两名士兵和一名军士。而第6连也只剩下75名尚能作战的士兵。75人！十天前，他们在法国登上火车时有240人。

但是，倒霉的第25装甲师实现了一个重要的目的——该师阻止了雷巴尔科向南席卷的势头，并与党卫军"帝国"师的一支战斗群、第10装甲掷弹兵师和新近调来的第198步兵师一起，封闭了苏军的突破口。这给予曼施泰因充裕的时间，以调集新锐部队，发起一场大规模反击。

斯大林再次错失了歼灭德军南翼的良机。的确，苏军成功完成了一次大幅度跳跃，并夺下日托米尔，那里是第4装甲集团军的大型补给中心和食物仓库。但"南方"集团军群麾下的第13军，在马滕克洛特将军①的指挥下，以第8装甲师和第20装甲掷弹兵师暂时封闭了苏军的突破。更北面，第59军以第291步兵师和"C"军级支队，沿科罗斯坚（Korosten）两侧两个集团军群的结合部，阻挡苏军的突破。对曼施泰因来说，最严重的危机已经过去。他的第48装甲军拥有6个装甲师和几个掷弹兵师，代表着一股强大的力量，此刻正集结于法斯托夫至日托米尔一线的南面，正准备对向西推进的苏军部队的侧翼发起打击。

至少这次，曼施泰因从希特勒手中搞到了一股可观的作战力量。各个师已从欧洲各地调来——从挪威，从希腊，从意大利北部。他们当中包括一些作风勇猛、东线作战经验丰富并获得部分新装备的部队，例如党卫军第1"警卫旗队"装甲师和国防军第1和第19装甲师。该军被置于赫尔曼·巴尔克将军②的指挥下，他是德国国防军中最出色的战地指挥官之一。但是，即将给已集结于基辅桥头堡的苏军四个集团军和两个独立军造成一场决定性失败，并将他们赶过第聂伯河的德

---

① 马滕克洛特将军并非第13军军长，但他是"马滕克洛特"集团军级支队的司令，第13军则隶属于该支队麾下。

② 第11装甲师师长巴尔克于1943年11月14日出任第48装甲军军长，军衔也晋升为装甲兵上将，而在此前的半年多时间里，他像走马灯似地临时代理了"大德意志"师师长、第14装甲军和第40装甲军军长职务。巴尔克是德国国防军中擢升得最快的将领之一，1938年还是名中校，1943年底已成为上将。

军第48装甲军的六个师，实力并不够强大。

古德里安意识到这一点。11月9日，他要求希特勒提供更强大的部队。"将南方集团军群和A集团军群所有可用的师都调集起来，哪怕要冒上极大的风险也在所不惜。"他这样建议道。和以往一样，希特勒赞同发起反击，但投入的部队却不够。而错误的决定总是要付出代价的。诚然，第59军成功地稳定住了科罗斯坚的态势。第48装甲军重新夺回日托米尔—拉多梅什利（Radomyshl）—布鲁西洛夫（Brusilov）—法斯托夫周边地区，这一成功的反击再次证明了由经验丰富的装甲指挥官率领的德军装甲部队，在战争的第五个冬季仍能完成些什么。一个占尽优势的敌集团军被击败，其进攻势头遭到遏制，一个军被粉碎。但不可能完成的任务终究未能完成——德军没能夺回基辅。第4装甲集团军的进攻势头也已消耗殆尽。苏军得以守住基辅这一战略桥头堡的核心。

这座桥头堡的深度不到50英里，宽度近120英里。沿着这一宽阔地带，德军前线现已被推离第聂伯河中游。苏军这个突出部，目前已获得进攻部队的补充，危险地向西面伸出。

目前的局势完全由希特勒的错误一手造成，但霍特大将——这位身经百战的指挥官却成了替罪羊。他被解除第4装甲集团军的指挥权，接替他的是劳斯将军。

3

扎波罗热

第聂伯河上，保卫着侧翼的要塞——六个师和一个重型坦克歼击团——马利诺夫斯基以三个集团军发起进攻——空投下的公文包中的一封密信——斯大林的黑—白—红军团——水电站大坝处的危机——"亨里齐，您在拿自己的性命冒险！"——200吨炸药——苏军赢得一场意义深远的胜利

危险不仅仅潜伏在基辅地区。在克列缅丘格和切尔卡瑟，形势也显得很严峻：在英勇的游击队的积极协助下，科涅夫大将以其乌克兰第2方面军的部分部队，在这里构建起一个强大的登陆场。但是，自10月中旬以来，最危险的地点一直是扎波罗热。对苏军统帅部来说，扎波罗热及其巨大的水坝和庞大的发电站（这是共产主义电气工业的样板）是个充满感情色彩的目标。某种类似斯大林格勒的威望受到了威胁。

在希特勒的计划中，扎波罗热同样扮演着特殊的角色。9月中旬期间，他以很好的理由要求曼施泰因应构成一个大型桥头堡，以保护这座城市及其水坝。陆军元帅对此并不太感到高兴，因为他在西岸迫切需要每一个团。但希特勒坚持这一要求。50万千瓦的发电量处在威胁中，这是维持西乌克兰工业区正常运作必不可少的电力。基洛沃格勒的冶金厂和克里沃罗格的矿山正在全速运转。难道让这一切都因为失去扎波罗热的电力供应而受到威胁吗？

但经济方面的考虑并非希特勒要求坚守扎波罗热的唯一原因，战略上的考虑同样重要。只要在扎波罗热保持河东岸的一座桥头堡，苏军就无法在第聂伯河河曲与亚速海之间冒险推进至第聂伯河下游河段，进而获得进入克里木的通道。扎波罗热桥头堡理想地掩护着第6集团军的侧翼，同时威胁着从北面扑向第聂伯罗彼

得罗夫斯克的苏军部队。

就连曼施泰因也不能不考虑希特勒的这些观点。苏联出版的战争史书籍证实，德军这座桥头堡，对苏军向第聂伯河下游推进的作战行动形成严重障碍。扎波罗热——这座侧翼的要塞，阻止了苏军对克里木的进攻。因此，希特勒要求不惜一切代价守住这座桥头堡。

这个必须"不惜一切代价"且吃力不讨好的任务被交给了亨里齐将军经验丰富的第40装甲军。以自己的三个装甲师和山地兵上将克赖辛第17军的几个步兵师，亨里齐聚集了一股集团军级规模的战斗群。他们守卫着扎波罗热的水坝。不用说，这股力量并不足以既保卫西岸，又坚守东岸25×12英里的突出部。实际上，这个堡垒由六个师和一个重型坦克歼击团守卫。但苏军最高统帅部对此投入了一整个方面军，辖三个集团军、一个空军集团军和两个坦克军——其中包括近卫第8集团军这样的精锐部队，该集团军由斯大林格勒的守卫者崔可夫将军指挥。三个集团军和一个空军集团军对付六个半师。苏军的兵力优势为十比一。

尽管如此，苏军的第一次大规模进攻还是被德军成功击退。这一胜利主要归功于什未林伯爵率领的来自莱茵兰—威斯特法伦第16装甲掷弹兵师发挥出的战斗精神，以及冯·容根费尔特中校第656重型坦克歼击团所提供的防御力度。那些被称作"波尔舍老虎"的超重型"费迪南德"突击炮，以其88毫米主炮一辆接一辆地击毁敌人的T-34坦克，第216突击装甲营①的47辆战车上配备着150毫米口径的榴弹炮，以其毁灭性火力成为名副其实的移动堡垒。

不幸的是，冯·容根费尔特的团只有一个突击装甲营和两个"费迪南德"营。如果这个数量能多个2～3倍，再加上几个满编的步兵师和装甲师，扎波罗热战役的进程可能就会改变。单靠一个重型坦克歼击团是无法赢得胜利的。

亨里齐将军担心不已。前线各个师的实力正被削弱，援兵并未赶到。最要命

---

① 第216突击装甲营组建于1943年夏季，当年6月调至东线，成为第656重型坦克歼击团的第3个营，该团的另外两个营分别为第653和第654重型坦克歼击营。第216突击装甲营配备的是"灰熊"式自行火炮。这里需要指出的是，德国人的部队编制非常细致、烦琐。例如，上面提到的这些单位属于德军装甲部队，但坦克歼击团和坦克歼击营属于反坦克单位；而突击装甲营又属于坦克单位，与虎式坦克同类。常见的突击炮营则属于炮兵单位。因此，Sturmpanzer-Abteilung 216这样的单位不能与突击炮混为一谈。

的是补给情况——自10月初以来，弹药已少得可怜，甚至无法对出现在视野中的敌军队伍实施炮击。

10月10日上午，马利诺夫斯基又一次发起进攻。他投入方面军辖下的三个集团军。他再次选择周日作为进攻发起日，以期星期天的气氛会使德国守军疏于防范。所有火炮的猛烈齐射拉开了进攻的帷幕。苏军首次投入了独立炮兵师，这使他们得以将炮火迅速集中于重点地带——在这种突破战中，这是个至关重要的问题。直到后来，以第18炮兵师进行试验后，德军统帅部才批准了类似的改编，用炮兵部队组建了炮兵旅和人民炮兵军①。

扎波罗热的德军防线遭受着此前从未经历过的炮击强度。马利诺夫斯基以前所未有的弹药消耗量将德军主防线犁了一遍，然后，他放出了他的"压路机"。

进攻的南部地区，新亚历山德罗夫卡（Novo-Aleksandrovka），霍斯特曼少校率领的自行火炮向突入防线的苏军扑去。冲在最前方的是伫立在炮塔中的魏斯巴赫少尉。霍费尔少尉一直冲至防坦克壕边。主干道南面，莱德中士和哈伯曼下士阻止了苏军向新亚历山德罗夫卡的突击，并将他们击退回出发阵地。到夜间，48辆被击毁的苏军坦克散落在桥头堡前方。

第二天发生的情况与之类似。苏军发起进攻，德军实施反击。第二天和第三天的战斗，面对苏军丝毫没有减弱的进攻行动，亨里齐的步兵们同样进行了英勇的防御。苏军不断从后方调来新锐部队，以维系这场大规模攻势。他们发起冲锋。他们被打死。他们被打垮后退回。他们再度发起冲锋。

10月12日早上，出现了一段战争史上饶有趣味的插曲。德军第123步兵师师长劳赫中将给亨里齐将军送去一个曾由苏军用降落伞空投至第123步兵师防区内的公文包。里面放着一封封着口的信件。信封上写着：第123步兵师师长，埃尔温·劳赫将军启。

"亲爱的劳赫。我多次尝试派出手持白旗的使者与您取得联系，但您的部下

① 尽管德军后期也拥有炮兵军，但主要是由炮兵旅更名而来，实际编制普遍是5~6个炮兵营，完全名不副实。

总是朝他们开枪射击……故此，我选择了这一方式……"

"我相信您一定还记得我们一同在军事学院学习的那段日子……"

"您的师已陷入困境……您的师已被包围，正面临着一个新的斯大林格勒……带着您的师到我们这边来，全体一起……我已与苏军最高统帅部协商过，为您的师和您本人提供体面且有利的条件……得体的待遇，战俘将被允许保留个人财务，军官可以保留其个人武器。全师官兵将待在一起并参加劳动工作……战争结束后，您的师将首先被遣返回国。签名：炮兵上将冯·赛德利茨。"

这是一封冯·赛德利茨将军的来信，他在斯大林格勒战役中被苏军俘虏，这封信是苏军心理战的一部分。但部署在大坝北部，掩护第聂伯河西岸的德军第304步兵师的士兵们却遭遇到"自由德国全国委员会"更为激进的行动。该师师长报告，一些船只上插着黑—白—红三色德国国旗，船上的人高唱德国国歌，试图在该师的防区内渡过第聂伯河，但已被守军火力所击退。

德军的电台也能听到斯大林"黑—白—红"军团的声音。汉斯-京特·范霍芬上校曾长期负责第440装甲军级信号营，因而对这支老部队的通讯情况非常熟悉，他在电波中对那些年轻的德军中尉发表讲话。范霍芬也在斯大林格勒战役中被俘，当时他是第6集团军通信主任，随后，他加入了"自由德国全国委员会"[①]。

范霍芬不仅在他的营里受到欢迎，在第40装甲军军部，他的理智判断也大受赞赏。于是，他继续进行着诱惑，"被俘后能得到体面的待遇和良好的食物"这种极为可疑的承诺出现了。德军士兵们热烈地讨论着这些建议，但一般说来会予以拒绝。士兵们无法接受"在战场上展开反对希特勒并和他的政治制度做斗争"这种提议，也不能接受用假话欺骗自己战友的做法。

10月13日，战役打响的四天后，苏军成功地在德军防线上达成一个巨大的突破。危机已然来临。敌人突破至水坝的危险迫在眉睫。

第40装甲军的作战日志清晰地记录下当日形势的严重性。重型坦克歼击团的突击装甲营突然用电台发出警报："苏军渗透！8辆T-34和两个步兵团已深入德军

---

① 范霍芬不仅加入了"自由德国全国委员会"，还是该组织中的积极分子。

主防线达3英里。"德军威力强大的自行火炮再次成功挽救了形势：3辆T-34被击毁，其他坦克转身逃离。苏军步兵被笼罩在弹雨中，不得不向后退却。但很明显的是，鉴于双方的力量对比，这种危险的状况会一次次发生——冯·容根费尔特重型坦克歼击团的火力不可能出现在每个地方。

为防止这种紧急情况，亨里齐的集团军级战斗群曾下令在水坝和铁路桥的接近地构建一些小型防御带。这些阵地为实施爆破提供了掩护。这项任务需要进行大量准备工作——水坝里的水位至少要降低15英尺，以防突如其来的洪水危及第6集团军防区内的下游桥梁。

另外，往硐室填塞炸药也需要24小时。但是，何时开始爆破的准备工作，这一决定权并未像第1装甲集团军参谋长温克将军曾建议过的那样，交给战地指挥官来负责。国防军陆军总司令部明确表态，他们将保留对这些措施的批准权。亨里齐急得像热锅上的蚂蚁。

10月13日上午，水坝首次遭到苏军有准备的炮击。亨里齐将军再次要求国防军陆军总司令部批准自己自主行事。但对方没有回复。几小时后，苏军达成突破的威胁开始显现。亨里齐再次向国防军陆军总司令部发出呼吁。水坝东面接近地的指挥部中，亨里齐每隔五分钟便接通他的通讯中心："还没接到'狼穴'的指示吗？""没有，将军！"情报官坎杜奇少校一分钟也不敢离开电话。各师师长纷纷来电询问作战指示。但"狼穴"保持着沉默。希特勒还在睡觉，元首大本营里没人敢去唤醒他。于是，亨里齐将军亲自打电话给第1装甲集团军司令马肯森大将。"大将先生，我将下达向硐室填充炸药和降低水库水位的命令——这个责任由我来承担。"

马肯森没有跟他争辩，他知道亨里齐的焦虑。他只是简短地说了一句："亨里齐，您在拿自己的性命冒险！"亨里齐确实在冒险。

10月14日，苏军坦克朝水库方向完成了另一次纵深渗透。在这关键时刻，第16装甲掷弹兵师的战斗群和第125步兵师第421掷弹兵团设法堵住了这一突破。猛烈的炮火炸断了通入水坝硐室的引爆电缆。工兵军官们不得不再次上前，修理被炸断的线缆，并铺设新的引爆电缆。

200吨炸药，10辆货车的载重量，被堆在水电站的涡轮机房内。40吨炸药放入水坝的碉室，另外还有100颗1000磅的航空炸弹，这又是50吨炸药。

亨里齐下令于18点45分炸毁铁路桥，发电站和大坝则在当晚20点引爆。但集团军工兵指挥官却无法批准按下起爆按钮的命令——奉命保护桥梁和水坝的第16装甲掷弹兵师的后卫部队仍未接到通知。"给第16师发电，告诉他们两个小时内将引爆炸弹。"作训处长布劳恩少校给通讯官下达了指示。过了一会，通讯官不安地走了回来："少校先生，我们联系不上第16师。"

"该死！"

第40装甲军的作战参谋，克里斯蒂安·施特克勒少尉搭乘一辆吉普车被派了出去。"您必须找到什未林伯爵，至于如何找到，那是您的事！"

施特克勒少尉驱车出发。扎波罗热的许多地方已燃起大火，甚至连道路两侧的树木也成了熊熊燃烧的火炬。大批心存疑虑的士兵匆匆向西，朝铁路桥的方向走去。但他们当中没人知道第16装甲掷弹兵师的师部此刻在哪里。凭着一名老兵的本能，施特克勒少尉在镇子北部边缘的一座农舍中找到了该师的师部。果然在这里——昏暗的屋内，将军坐在一群参谋人员中，借着烛光研究着地图。施特克勒少尉将电文交给他，并向他介绍了情况。什未林伯爵立即做出安排。"我们将守到所有部队过河为止！"第16装甲掷弹兵师坚守着铁路和公路双层桥前方的防线，直到最后一刻。引爆时刻到来后，未能过河的部队将用小船和木筏摆渡至河中央的霍尔季察岛（Khortitsa）。至于容根费尔特的重型坦克歼击团，此刻仍在扎波罗热南面，正在通往梅利托波尔的公路上，他们掩护着部队的侧翼。于是，一座坦克摆渡桥被搭建起来。

10月14—15日夜间，午夜即将到来时，桥梁和水坝被炸毁。一声震耳欲聋的巨响。可是，尽管使用了大量高爆炸药，800码宽的水坝上，巨大的混凝土墙壁只被撕开几个缺口。伴随着一声轰鸣，水库中60英尺深的蓄水冲出缺口。湍急的水流深达数英尺，迅速淹没河谷中的地面和村庄。苏军先头部队小心翼翼地进入这座燃烧着的镇子，然后慢慢逼近到水坝东面的斜坡。

南面，最后几辆德军突击炮渡过了第聂伯河。

4

沃坦防线之战

托尔布欣的"压路机"隆隆碾向梅利托波尔——苏军30次发起冲锋；30次被击退——德国第6集团军只剩下25辆坦克——一个军夺路而逃——一个集团军获救——但是，克里木陆地连接被切断

对苏军来说，扎波罗热战役并不是一次蔚为壮观的胜利。德军没有遭受可供他们隆重宣布的重大损失。但这很可能是苏军1943年在第聂伯河上取得的最重要、最具深远意义的胜利之一。《伟大卫国战争史》一书中恰如其分地指出："随着扎波罗热的解放，南乌克兰的形势获得了根本性改变。"这句话千真万确。现在，苏军得以前伸至第聂伯河下游、第聂伯河河口以及克里木接近地。苏军最高统帅部没有丝毫犹豫，迅速展开对德国第6集团军的打击。

世界上没有哪支军队能在一整年中执行持续不断且代价高昂的后撤，同时进行激烈的防御作战，还既没有援兵，也没有充足的武器弹药补给。数字定律使他们感觉到，第聂伯河下游与其他地方没什么两样。德国的这个集团军面对着苏军六个集团军。霍利特大将手上拥有11.5个德国师和2个罗马尼亚师——这些部队经历了几个月的防御战和后撤，早已疲惫不堪。

第29军辖下的各师退向沃坦防线。在这一艰难的过程中，第17步兵师第55掷弹兵团三天内击毁了40辆T-34坦克。但即便是最英勇的部队也无法在毫无遮蔽的草原上长期阻挡并击退苏军六个集团军的进攻。苏军的优势超过了他们以往所经历的任何一次战斗。10月初，苏军以45个步兵师、2个机械化军和3个坦克军，外加2个骑兵军的兵力发起对沃坦防线的攻击。

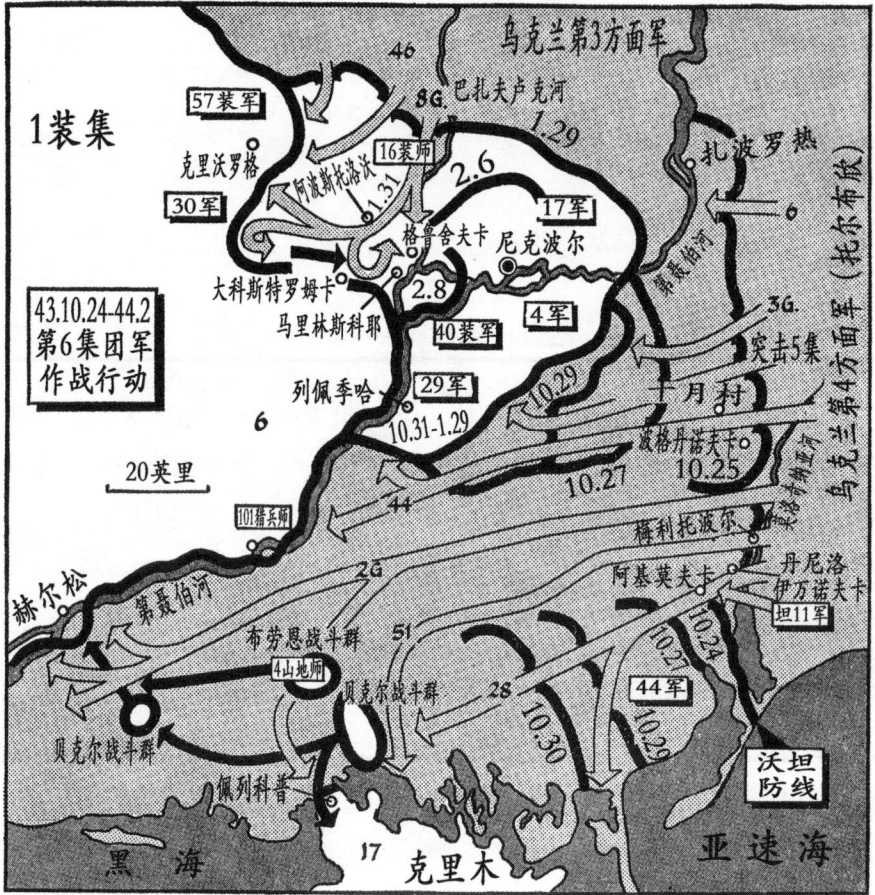

▲ 第聂伯河下游战役导致克里木的陆地连接被切断。建立尼科波尔桥头堡的意图是将此作为一块跳板，以便为将来重新建立这一连接所用。

800辆坦克向前扑来，400个炮兵单位和200具火箭炮为这次攻势提供支援。在这一打击下，第6集团军站立不稳。德军2个装甲师和3个突击炮营的181辆坦克和突击炮，投入到苏军"压路机"驶来的路径上。各步兵师虚弱的步兵团在荒芜的诺盖草原上拼死抵抗。掷弹兵、山地猎兵和空军野战师人员知道利害攸关。他们必须守住扎波罗热、亚速海与第聂伯河河口这片毫无特色的三角形草原。否则，位于克里木的第17集团军将全军覆没。

但在这片地狱般的草原上，他们该如何实现这一目标呢？这里没有坚实的道路，从第聂伯河至前线，只有些小径和土路穿过一片广袤无垠的区域。此刻，秋季的沙尘暴猛烈席卷过这片地面。德军与亚速海之间，没有一条河流可供他们挖掘阵地以便据河防御，也没有一座高地可资利用。他们的大炮暴露在平坦的草原上，这里没有一棵树木，没有任何灌木丛能为这些大炮提供隐蔽。

被过度吹嘘的沃坦防线其实只是一条仓促挖掘而成的防坦克壕，再利用沿草原边缘构设的几条步兵战壕对其加以掩护。只有莫洛奇纳亚河（Molechnaya）加高的河岸代表着最温和的天然屏障。克里木和罗马尼亚的命运将决定于这片竞技场。

从9月27至10月8日，整整两个星期，第6集团军守卫着他们的防线。然后，苏军的打击落在他们头上。10月9日上午10点，这是个彻底打破常规的进攻发起时间，托尔布欣拉开了这场战役的序幕。先是猛烈的炮击。一个小时内，15000发炮弹在一条9英里宽的地带上炸开，也就是每隔3英尺便落下一颗炮弹。苏军步兵随即发起冲锋。他们怀着必胜的信心，胳膊挽着胳膊，高呼着"乌拉"向前冲来。经过这番炮击后，苏军并不认为德军还会有太过猛烈的抵抗——但实际情况令他们大吃一惊。被炮弹犁了一遍的草原上，德军机枪向苏军队列猛烈扫射，他们的榴弹炮也开火了，多管火箭炮发出刺耳的尖啸。托尔布欣的突击营被打垮，潮水般地退了回去。随即，他们再次向前涌来，直到被再次击退。第二天，星期日，他们又一次发起进攻。接着是星期一、星期二、星期三……每天如此，就这样一连持续了两周。

"目标是歼灭德国第6集团军。一旦击败该集团军，进入克里木的大门就将对我们敞开，"每天早上，托尔布欣大将都会对乌克兰第4方面军的各级指挥员进行宣传动员。"这个目标将决定战争的胜负，值得付出任何牺牲。"

沃坦防线南翼的梅利托波尔周围，爆发了最为激烈的战斗。苏军士兵的尸体堆积如山，坦克第11军损失了上百辆T–34。霍利特的第6集团军再次抗击着斯大林格勒的幽灵——托尔布欣想让霍利特的部队在第聂伯河上遭遇另一次斯大林格勒。梅利托波尔的战斗以毫不亚于斯大林格勒的激烈程度进行着。

与戏剧性的斯大林格勒战役相比，波格丹诺夫卡（Bogdanovka）、十月村（Oktyabrskoye Pole）、阿基莫夫卡（Akimovka）、丹尼洛伊万诺夫卡（Danilo-Ivanovka）和梅利托波尔南面的种植园，都是些战争史中鲜为人知的地名，却是这场大战中最为血腥的战场之一。苏军对十月村发起30次冲锋，30次被击退。对第3山地师的猎兵、第258和第17步兵师的掷弹兵和第13装甲师冯·加扎少校战斗群的士兵们来说，这些日子糟糕至极。在这些战斗中，苏军损失了62辆坦克。

梅利托波尔南面种植园的德军部队同样获得了成功。许多奋战于扎波罗热与亚速海之间的德军士兵，现在可能会忘记某些师的番号，但他们会记住那些战术徽标。看见路牌上的徽记，他们便知道在左侧或右侧，他们可以依靠哪些部队——来自洛林第79步兵师的十字架，第111步兵师的白色钻石，来自黑森第9步兵师的九角星，来自威斯特法伦第336步兵师的狗头以及来自弗兰克尼亚第17步兵师的刺刀。

北翼，第17装甲师的坦克与第101猎兵师和第302步兵师的掷弹兵们一起，同样经历了激烈的战斗。许茨上尉率领的第13装甲侦察营，以其摩托车步兵和装甲侦察组掩护着暴露出的侧翼。这是一支纪律严明、英勇无畏的作战单位，他们一直奋战到最后一刻。

但在霍利特大将看来，第聂伯河下游东面的这场战斗，从一开始便毫无希望。从长远看，数字定律无法被忽视。

10月23日，梅利托波尔失陷。这使苏军获得了向南推进至克里木的机会。托尔布欣投入了所有部队，以期达成一场决定性突破。他将三个新锐步兵军调至前线，并在突破点集结起400辆坦克。

10月24日，他以六个步兵师和两个波次的坦克冲向梅利托波尔西南方德国第44军的防区。战壕中的德军掷弹兵被打垮。德军应急部队和突击炮赶来迎战。托尔布欣的94辆坦克被击毁，进攻被遏制。这是整个战争期间战斗最激烈的日子。

这些日子属于"冯·哈克"装甲战斗群。第13装甲师的坦克、突击炮和装甲车，在冯·哈克上校的带领下，阻挡住敌人的推进。这些日子也是第336和第370炮兵团以及第93重型坦克歼击营的光荣日，他们顽强抵抗，奋战至最后一刻：他们先以大炮和突击炮抗击敌军，接着便是冲锋枪、刺刀、工兵铲和手榴弹。最后，他们全军覆没。

10月27日中午，第73步兵师报告，他们的实际作战兵力还有170人，这是其编制兵力的百分之一。而这个师刚刚于10月4日分配到第6集团军。第111步兵师作战兵力只剩下200人。各师各军的重武器，60%已被毁。整个集团军只剩下25辆可用的坦克和突击炮。的确，即便在后撤期间，他们的维修单位也在拼命地忙碌，以便尽快将坦克和其他装备修理完毕后投入战斗，但损失实在太大。苏军同样遭受到可怕的人员伤亡，坦克也报销了数百辆。但无论何时何地，苏军总是比霍利特多一个营、一个团或一个军。据苏联方面的资料透露，他们在战场上始终保持着十倍的优势。

就这样，克列伊泽尔中将第51集团军的坦克部队在梅利托波尔地区向北出击，冲向德军第73步兵师的右翼，在德军防线上撕开一个9英里宽的缺口。

霍利特大将无法迅速腾出兵力封闭突破口。防线就像一堵崩溃的大坝，缺口处坍塌得越来越厉害。托尔布欣的部队潮水般涌入这个越来越宽的缺口。苏军第51集团军及其坦克第19军的右侧，扎哈罗夫中将的近卫第2集团军以一个机械化军冲过突破口，淹没了仍坚守在阵地上的一个德军小股战斗群，很快将缺口扩大至28英里。一场灾难性大崩溃正在形成。在这片风沙席卷、严重缺水的诺盖草原上，自斯大林格勒战役后重新组建的第6集团军会再度遭遇没顶之灾吗？

事实证明，封闭28英里宽的缺口根本无法做到。第6集团军被一切为二，分成南北两股，南面的一股实力较弱，但这两股力量都在拼死抵抗，以避免遭到合围。

南面，安格利斯将军的第44军面临着艰难的局面。该军的前方和后方，都是占尽优势的敌军。而他们与第聂伯河下游之间，是一片30英里无水的沙漠。

但此刻，这些德军部队展现出他们真正的精神。布劳恩少将的第4山地师为后撤中的第44军担任"破城锤"。第13装甲师的小股装甲战斗群，在冯·哈克上校的带领下，加强了突击群的实力，并以寥寥无几的坦克掩护着该师的侧翼。他们向第聂伯河攻击前进。在他们南面，"贝克尔"战斗群带着第370步兵师、第336步兵师的残部以及罗马尼亚的几个步兵团向西杀开一条血路，从敌军部队中强行穿过。正转身向南的苏军第51集团军，被德军这两股战斗群刺穿。

在此期间，苏军近卫第2集团军正一路向西，朝第聂伯河河口而去。但这一危险的推进被德军再次逼退。11月初，"贝克尔"战斗群、第13装甲师、罗马尼亚步兵团残部穿过德军第4山地师的一道拦截线。他们在赫尔松（Kherson）利用渡船和一座浮桥渡过第聂伯河。

第44军获救了。除部队外，约有15000部机动车辆和相同数量的马拉大车以及大批重武器被抢运出来。苏军在这场战争中规模最大的一次突破和追击未能实现其真正的目的。德国第6集团军将部队撤至克里木与尼科波尔之间的一道新防线上，他们完整无缺，继续保持着战斗力，并在第聂伯河构设起一道新的防线。

但是（这是个重要的但是），过去几个月里一直左右着希特勒的想法和国防军陆军总司令部决定的克里木接近地丢失了。现在，这座半岛的陆地交通被切断，而德国第17集团军仍在岛上。可怕的一幕开始了。对第17集团军来说，宝贵的时间正在流失。

霍利特南部集团态势的巨变意味着苏军也能支配北部集团两个军的行动进程。事实证明，恢复克里木北部接近地中断的联系已不复可能，即便国防军陆军总司令部默认这一损失。第6集团军北部集团的部队将他们的防线向后收缩。他们接到的指令是在第聂伯河南岸，尼科波尔的前方，建立一个宽大的桥头堡，以保护重要的锰矿资源。但这只是任务的一半。希特勒还有更多的想法。与锰矿同样重要的是从这个前伸的突出部尽快发起一场攻势的希望，这一攻势将对克里木接近地发起打击，从而将已推进至第聂伯河河口的苏军部队切断，重新建立与第17集团军的联系。

从纸面上看，这是个很好的计划。但一厢情愿并不是战略。不过，接下来的几周却受到这一希望的激励。

5

尼科波尔以西

卡尔梅克人的反游击战——舍尔纳集群的"女士们，恕我失陪"行动——崔可夫的近卫部队期盼胜利——白刃战——马里林斯科耶的暴风雪——战争与和平之间16英尺的稻草——16个师安然逃脱——尼科波尔包围圈被打破

1944年2月初，下巴伐利亚的一个小镇中，山地猎兵格哈德·埃特尔的父母收到儿子寄来的一封军邮。他在信中问道："你们知道尼科波尔离慕尼黑有多远吗？1055英里！我是从我们的炮兵竖立在炮位上的一块路标上获知这一点的。"尼科波尔位于慕尼黑东面1055英里处。相比之下，当时同样在德国公报中日复一日出现的著名的意大利蒙特卡西诺修道院，距离要近得多。意大利中部离慕尼黑只有440英里，1944年2月，德国伞兵和掷弹兵们在那里抗击着美国人。

严格地说，在信件检查制度下，列兵埃特尔不该提及他被部署在尼科波尔桥头堡的事情。或者，这些话应该被检查员抹去。但从1944年年初起，这种检查制度已变得相当松散。另外，他的父母也已从他一名负伤的战友那里获知了他身处何方，他的话只是回答母亲在来信中提的问题罢了。

慕尼黑、维也纳、杜塞尔多夫、什未林、柯尼斯堡、布雷斯劳和德累斯顿的母亲们对尼科波尔异常关心，这一点不足为奇。1944年初，每个德国人都知道第聂伯河上这座苏联的产镍城。一月份的第一周，德国最高统帅部每天的公报都以这样一句话为开始："在尼科波尔桥头堡……"

二月份，措辞出现了意味深长的变化。最高统帅部公报现在的开场白是："在尼科波尔地区，昨天……"

2月5日："在尼科波尔作战区域，苏军加强了……"

2月6日："在尼科波尔地区，我们的各个师继续……"

2月7日："在尼科波尔地区，敌人继续以强大的力量……"

2月9日："我们的士兵以堪称楷模的精神，在尼科波尔激烈的防御战中击退了……"

2月10日："东线敌军在尼科波尔以西的尝试再度失败……"

最后，2月11日："我们的东线军队，在尼科波尔以西地区和克里沃罗格南部，再度击退了强大苏军的进攻。"

接下来，一连七天，尼科波尔这个名字从公报中消失了。关于第聂伯河上的这座桥头堡，没有任何消息。有什么真相被掩盖了吗？

2月15日早上，一场暴风雪出现在第聂伯河下游。温度迅速下降至摄氏零下15度。刺骨的寒风和暴风雪造成的黑暗，为尼科波尔这场大戏的最后一幕构设起舞台。

第聂伯河南面的桥头堡阵地丢失已有两周了。的确，苏军未能成功突破德国人的防御屏障。在第聂伯河南面激烈的防御战中，来自东普鲁士的德军第24装甲师，以其装甲战斗群发起大规模反击，一次次挽救了危急的状况。该师击毁了290辆敌军坦克、130门反坦克炮、60门各种口径的大炮、31门迫击炮和25架飞机，另外还抓获800名俘虏。该师自身的伤亡总计500人，其中包括一名出色的军官——骑士铁十字勋章橡叶饰获得者，来自汉堡的格奥尔格·米夏埃尔上尉[①]。

但光凭英勇是无法打赢一场战役的。苏军近卫第8集团军从北面发起进攻，该集团军投入9个步兵师和数个坦克旅，穿过德军第16装甲掷弹兵师前方的缺口，进入到桥头堡后方，这座桥头堡在一月底已根据形势做出了大幅度更改。

负责指挥桥头堡内德军部队的是山地兵上将费迪南德·舍尔纳。希特勒将这个危险地点委托给这位非常适合这一任务的将领。1942年时，舍尔纳仍在指挥奥地利的第6山地师，我们介绍摩尔曼斯克战事时曾提到过。随后，他在北极前线担

---

① 格奥尔格·米夏埃尔是第26装甲掷弹兵团第2营营长，死于敌狙击手枪下，身后被追授少校军衔。

任第19山地军军长，自1943年10月起，他带着自己的军部人员接管久经沙场的第40装甲军，该军就此改称"舍尔纳"集群或"尼科波尔"集团军级支队，自11月25日以来，他一直指挥着桥头堡的防御战。每个总参军官都知道这位难相处的战地指挥官。他以杰出的个人勇气、坚韧和决心而著称，同时，他还具备出色的战术技能，并相信铁一般的纪律。他是个英勇无畏的军人。第一次世界大战期间，作为德国阿尔卑斯军巴伐利亚步兵团中一名年轻的中尉，突破伊松佐河后，他与隆美尔及其符腾堡山地步兵营冲上克罗法特山防御严密的要塞，并拿下第1114高地。1917年10月24日，确认了这一壮举后，他获得帝国陆军颁发的最高——蓝色马克斯。隆美尔带着他的符腾堡猎兵，支援了巴伐利亚人的正面进攻，并冲入东北方30英里的玛塔杰尔山，这一战绩使他在10月27日①也获得了蓝色马克斯勋章。这两位英勇的中尉，在二战期间都成为杰出而又冲劲十足的指挥官。

自1943年年底起，面对占尽优势的敌军，舍尔纳以极大的干劲和谨慎组织起尼科波尔桥头堡的防御。这是个艰巨的任务。德军防线划过一条弧线，长达75英里，但毫无防御纵深。防线后方6～9英里便是宽达650～1300码的第聂伯河，在其前方是普拉夫纳沼泽（Plavna），这片广阔的沼泽低地上活动着大批游击队员。

这些秘密部队活动在人迹罕至的沼泽中，如果不是威利·利林塔尔中士，这些游击队将对德军防线构成严重的威胁。这名来自汉堡的中士与卡尔梅克的阿布希诺夫少校于11月底赶到，他们还带着五个骑兵中队，由来自卡尔梅克草原游牧部落的1200名志愿者组成。自1942年夏季起，这些人便站在德国一方与苏军作战。他们的妻子和家人曾跟随第16装甲掷弹兵师，从埃利斯塔周边的开阔地一路赶往西面。没有人比他们更擅长实施侦察和追捕。他们令普拉夫纳的游击队举步维艰。

战斗打响后，德国的两个军（第29和第4军）被置于第40装甲军的指挥下，这支部队被命名为"舍尔纳"集群。该集群共有9个步兵师，外加一个装甲师——第24装甲师，这是他们唯一的战术预备队。后来，克赖辛将军的第17军也加入到集群

---

① 隆美尔获得"蓝色马克斯"并非于1917年10月27日，当时被授予这一勋章的是施尼伯中尉，当年12月10日，隆美尔才获得"蓝色马克斯"。

中。精明的参谋长冯·卡尔登上校成为舍尔纳将军理想的搭档。尽管形势艰巨，可舍尔纳一直遵从着希特勒坚守突出部正面的决定。但当崔可夫将军的近卫第8集团军于1月31日和2月1日从北面对桥头堡后方发起致命打击后，舍尔纳不再犹豫，也不再等待元首做出任何新的决定。他于2月2日发起"女士们，恕我失陪"行动。这意味着违背了来自元首大本营的一切命令，第聂伯河对岸的阵地将被放弃。南面防线的部队利用尼科波尔和列佩季哈两座饱受重压的桥梁渡过第聂伯河，赶去对付从北面冲来的苏军近卫第4机械化军和近卫第8集团军的其他部队。

战事再次稳定下来。在关键时刻，苏军向第聂伯河的突破又一次被遏制，第聂伯河与阿波斯托洛沃（Apostolovo）之间有一条狭窄的通道，这条通道一直保持着畅通。此刻，舍尔纳抵抗着希特勒的每一个干涉尝试，开始执行突出包围圈的计划。他的口号是"不能犹豫！"，这与希特勒的一次次犹豫形成了鲜明对比。就这样，舍尔纳将军和他的参谋长完成了一次杰出而又大胆的突围行动。

舍尔纳总是和他的士兵们在一起，所以他很清楚自己能指望这些疲惫之师做到些什么。正是这种判断使他在最后时刻阻止了一股充满自信的敌军完成其向第聂伯河的最后推进。

第3山地师首先被"舍尔纳"集群撤出尼科波尔桥头堡，并被部署在格鲁舍夫卡（Grushevka）的西面，以提供侧翼掩护。紧随其后的是第17步兵师，该师接管了远至马里林斯科耶（Maryinskoye）的防区。2月8日，"齐默尔"和"洛尔希"战斗群，以第17步兵师和第3山地师的部分兵力，在第4军的指导下，从那里发起对阿波斯托洛沃的进攻。德军的攻击目标是铁路线和托克阿波斯托洛沃车站（Tok-Apostolovo）。"米特"战斗群的进攻取得成功，但也让德军掷弹兵和山地猎兵们付出了巨大的代价——特别是第17步兵师，他们必须深深插入到敌军渗透区内。掷弹兵们不得不用帆布带扎紧自己的军靴，以免脱落在没膝深的泥泞中。乌克兰的泥浆，黏稠得令人难以想象。要拽出一门陷入泥泞中的轻型反坦克炮，甚至需要十匹马来拖曳。

付出巨大的努力后，沿狭窄通道延伸的保护线得到了加强。在这道防线的掩护下，第17军的部队向西而去。崔可夫的近卫第8集团军进入阿波斯托洛沃以西地区。

自2月10日起，第24装甲师的"林登贝格"先遣支队一直阻挡着苏军穿过阿波斯托洛沃这座交通中心继续向前推进的道路，甚至一度迫使对方退入城内。这为保持狭窄通道的畅通创造了先决条件。

第3山地师、第97猎兵师、第17步兵师和布莱尔将军第258步兵师的各个团已被严重削弱，但正是靠来自这些部队的小股战斗群，舍尔纳一次次击退敌人对狭窄通道侧翼的大规模进攻。崔可夫中将的近卫第8集团军疯狂地试图打破德国人撑开尼科波尔陷阱的屏障，但却徒劳无获。斯大林格勒的胜利者这次高估了他这支声名卓著的集团军的力量——原先是第62集团军，由于斯大林格勒的战绩，他们被授予近卫第8集团军的番号。

舍尔纳的各个师从第聂伯河撤离。就在第125步兵师被派去加强第4军之际，尾随其后的各部队利用格鲁舍夫卡和佩列维斯季耶（Perevizskiye）的桥梁渡过巴扎夫卢克河（Bazavluk）。苏军继续保持着压力。格鲁舍夫卡的渡口是一座小小的桥梁。在这里爆发出的恐慌很可能会危及整个行动。舍尔纳将军驱车赶到现场。2月8日，他和一些宪兵站立在桥梁附近，不时命令轻型高射炮对着涌向桥梁的德国运输单位的头顶上方开炮射击，这个做法有些蛮横，却有效地提醒了大家：必须排队！

在此期间，第97猎兵师和第24装甲师的先头部队死死守住逃生口的西部支柱——大科斯特罗姆卡（Bolshaya Kostromka）。来来回回的争夺战中，双方士兵用冷兵器展开了你死我活的搏斗。据守在另一端的是第3山地师的卡林西亚人和施蒂利亚人以及第17步兵师的弗兰克尼亚人。尽管地形复杂，气候恶劣，他们还是在马里林斯科耶与上米哈伊洛夫卡（Verkhne-Mikhaylovka）之间挖掘了阵地。来自下奥地利的第9装甲师，在约拉塞将军的带领下，正从北面赶来，以便与突出陷阱的"舍尔纳"集群会合。

1944年2月15日清晨，刺骨的霜冻中，第138山地猎兵团的贝格曼下士趴在他的机枪后，对整体作战形势一无所知。他只知道必须守住马里林斯科耶的防线，否则，整个"舍尔纳"集群将遭遇没顶之灾。

苏军发起了一次又一次冲锋，他们下定决心要取得突破。漫天飞舞的雪花使能见度下降至仅有10码。贝格曼射出一条又一条的弹链。突然，他仰面倒在一旁，鲜血从头部的一个伤口喷出。他的副射手立即接过机枪，对着左侧扫射起来，激战的喧嚣从邻近机枪阵地的前方传出。此刻，那挺机枪沉默下来。"要是他们被打垮，俄国人就会从那个缺口涌入。"负伤的贝格曼咕哝着，"我得去看看情况。"他朝那里爬去，但在途中，他再也动弹不得。贝格曼脸朝下，趴在地上死去了。

但马里林斯科耶，这个逃生通道的支柱被撑住了。它之所以能守住是因为每个德军士兵都付出了超出常人的努力——例如贝格曼，例如霍尔茨英格尔少尉。霍尔茨英格尔年仅24岁，他带着山地反坦克营的两辆突击炮，在上米哈伊洛夫卡击毁9辆T-34坦克，从而阻止了苏军坦克旅的突破。

夜间，山地猎兵们出发了。第387步兵师已经赶到，第125步兵师在其左侧，他们接管了通道的掩护任务。

暴风雪肆虐着。德军士兵们蒙着头踉跄而行。他们完全靠指南针指引方向，因为此刻的能见度不到一条胳膊长。这两周来，他们一直在进行战斗。此时他们蹒跚向前。有些士兵倒在地上，但这将意味着死亡，于是，他们的指挥官催促他们再次爬起身继续前进。顶着暴风雪，他们到达大科斯特罗姆卡。暴风雪中，他们遇到一股突破德军第24装甲师虚弱的支撑点的苏军战斗群。他们的枪栓被冻住，无法开枪射击，于是不得不使用了刺刀。最后，这些士兵在西南部边缘找到几座房屋。随即，战斗平息下来。在这片冰冷刺骨的草原上，苏军的战斗意志和他们的武器一样，也被冻住了。

第144山地猎兵团第2营的战区内，摄氏零下30度的酷寒甚至导致了一场奇特的休战。德军士兵和苏军士兵同时发现了一个大草垛，他们不约而同地钻了进去。他们彼此发现了对方，但都挥着手高呼："停战！"苏军士兵爬入草垛的东侧，而德军士兵则占据西侧。16英尺的稻草伫立在战争与和平之间。第二天早上，两股士兵默默地离开，朝各自的方向而去。然后，他们将转过身来，再次投身于战斗。

2月15—16日夜间，任务完成了——德军逃出尼科波尔包围圈。当天晚上，英国轰炸机群在西柏林投下3300吨炸弹。但两天后，尼科波尔这个名字再次出现于德军最高统帅部的公报中。"争夺尼科波尔的战斗异常激烈。"公报中这样说道，随后，这份军事公报以委婉的语气最终宣布了桥头堡的丢失。

公报并未披露究竟发生了什么事。但博士马丁·弗兰克少校条理清晰的第6集团军作战日志却对此有着清楚的说明。他这样总结道："第6集团军的16个师，大部分车辆都已损失。补给单位的大多数物资，特别是面包和肉制品加工连队、战地厨房，以及大批重型装备不得不被丢弃。但各个师的人员都已获救。"

但是，后撤行动之精准，最令人印象深刻的证明是：舍尔纳没有丢下一名伤员。1500多名伤兵在最困难的条件下得以挽救，他们躺在农用大车上，在第40装甲军哥萨克骑兵中队的保护下安全撤离。情报官坎杜希少校在他的日记中，对尼科波尔的最后一幕做了更多的个人记述。他写道："包围圈被突破。舍尔纳已做了道别①。没有他和他的参谋长，我们此刻大概都得去西伯利亚。在尼科波尔战斗过的每个人，永远不会忘记是舍尔纳救了自己。"

---

① 舍尔纳的离开是因为他赶去担任第17集团军司令一职，但一个月后，他又出任"南乌克兰"集团军群司令。

6

第聂伯河中游的冬季战事

基洛沃格勒的危机——参加巡逻的将军——四个师被围——"我们得突出去！"—— 一个宽大的坦克楔子——第3装甲师堪称典范的机动——钳形攻势——奥运会金牌得主哈塞的牺牲——遭遇科涅夫的坦克第67旅——鲁德尔无情的空中打击

伏尔加河记载了斯大林格勒战役的发生，顿河标志着德国失败的开始，而第聂伯河则在这场世界大战中被鲜血染红。几乎就在舍尔纳的集团军级战斗群穿过阿波斯托洛沃与马里林斯科耶之间争夺激烈的通道逃生之际，在北面200英里处的第聂伯河中游，另一场冬季战事正接近其尾声。

日期是1944年1月7日，地点是列列科夫卡（Lelekovka）一所来自柏林第3装甲师的战地指挥部内。时值正午，但小小的农舍内却昏天黑地，以至于师作战参谋不得不点上一盏油灯。威廉·福斯中校已将他的座椅移至火炉前，在他面前摆着一张地图桌。

福斯是个大忙人。第3装甲师的新任师长拜尔莱因将军，大多数时间都跟部队一起待在前线。他按照古德里安、隆美尔这两位老师的原则来率领部队。今天一大早，为了亲自了解实际情况，他又带着一支装甲侦察队出去了。"情况糟糕透顶！"他注意到这一点。

自1月5日起，苏军便以两个机械化军（第7军和第8军）从北面冲过基洛沃格勒，渡过了因古尔河（Ingul）。最新的报告也证实一股强大的坦克部队已穿过镇子的南部。难道，苏军自10月中旬以来在基洛沃格勒①以东及其周边地区所进行的激烈战事即将获得圆满的胜利？自10月份他们在克列缅丘格南面强渡第聂伯河后，两个月来，苏军一直试图在这一地区取得进展。但科涅夫并未能获得决定性突破。每次在关键时刻，总是有某些德军部队挡住其前进的道路。第23装甲师便是其中之一。"大德意志"师的装甲团也给科涅夫的坦克旅造成一场惨败。10月18日，星期一，第11连的泽普·拉姆佩尔中士，驾驶着一辆确实需要维修的虎式坦克，击毁了18辆苏军坦克。他为此被授予骑士铁十字勋章，可还没来得及佩戴上勋章，拉姆佩尔中士便阵亡于基洛沃格勒的战斗中。

德军第11装甲师也以其掌握的每一个技巧，巧妙地应对着一股占据优势的敌军。冯·维特斯海姆将军诱使苏军的一个坦克旅进入到山谷中的伏击圈中，他用师里所有的反坦克炮和损坏的坦克构设起这个陷阱。伏击圈入口处，劳赫尔特中校的第15装甲团埋伏于此。苏军坦克旅进入陷阱的那一刻，德军的各种武器一起开火。36辆苏军坦克顷刻间化为乌有。

在基洛沃格勒参加战斗的另一支部队是来自萨克森的第14装甲师。第190高地成为"多马施克"②战斗群的战场。

拉姆克将军第2伞兵师的伞兵们在这里度过一个残酷的12月，并证明了自己作为一支"救火队"的价值。在基洛沃格勒的这些日子里，有一个名字在师里无人不知，无人不晓——施米德尔博士，他是名外科医生，也是第1医护连的副主任。在伞兵中，施米德尔博士享有近乎传奇的声誉。"施米德尔会让你康复如初！"这句话成了口号。他的声望来自于这样一个事实：施米德尔会将每一名重伤员后送至战地医院，哪怕是动用将军的汽车也在所不惜。

基洛沃格勒见证了这场大战的整个悲剧和所有苦难。在东线作战过的老兵，每十个人中就有一个知道基洛沃格勒。这里是战事为之凝滞的地点之一。德国人

---

① 基洛沃格勒在许多书籍中被译为"基洛夫格勒"，实际上，这座城市曾在1934年被称为基洛夫格勒，但1939年改为基洛沃格勒。而真正的基洛夫格勒则位于斯维尔德洛夫斯克州。这是两个很容易混淆的名称。

② 约阿希姆·多马施克是第14装甲师第108掷弹兵团第1营营长，1944年6月获得骑士铁十字勋章的橡叶饰。战后他又加入西德联邦国防军，一直服役到1970年，最终军衔是中校。

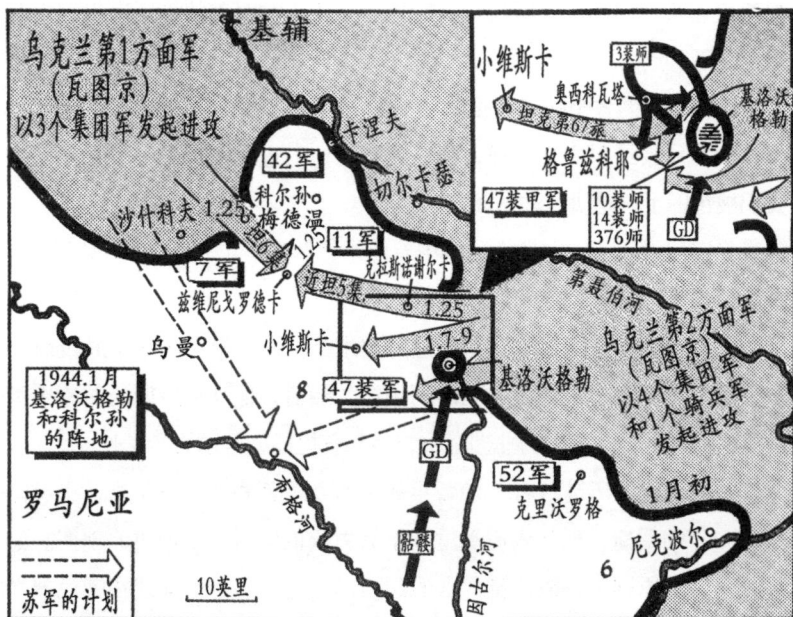

▲ 会师五一城：乌克兰第1方面军麾下的各集团军对准了德国第8集团军后方的布格河。铁钳的另一钳口由科涅夫的乌克兰第2方面军担当。但这个宏大的计划失败了。苏军只构成了一个较小的包围圈——科尔孙包围圈。

坚决不肯放弃，但科涅夫也不肯松劲，最高统帅部的整体计划无情地驱使着他。决定性原因并不仅仅是战略。科涅夫的计划是征服西乌克兰重要的基洛沃格勒工业中心。这样一来，他将包围盘踞在这一重要地区的四个德军师。

正是为侦察这一危险的态势，拜尔莱因将军天一亮便跟着一支巡逻队出发了。

此刻是中午12点。广阔无垠的雪地笼罩在朦胧的光线中。发动机的轰鸣渐渐靠近，履带叮当作响。拜尔莱因的巡逻队返回了。这位将军钻出装甲车，双手用力拍打了身体几次。在摄氏零下20度的严寒中，待在冰冷的指挥车内毫无乐趣可言。然后，他走进农舍，来到福斯身边。

"事态越来越严重了。"说着，他俯身于地图，解释道："俄国人正涌过基洛沃格勒。他们已从西面切断了这座城市的补给通道。我从未见过这种情形。一支庞大的补给车队，主要由马拉大车组成，正跟随坦克部队向前推进。"

福斯点点头："不出我所料，将军先生。我们与军部的电话通讯已中断，电台联络也断了。"

"与我们相邻的各个师有什么消息？"

"他们的侦察结果完全一样，将军先生。他们也跟军部失去了联系。毫无疑问，我们被包围了，陷阱已被封闭！"

陷阱确实被封闭了，在这个陷阱中有四个德军师：第3和第14装甲师，第10装甲掷弹兵师和第376步兵师。

拜尔莱因走到火炉旁。他在东线只待过十个星期。第一次冬季战役前，1941年秋季，适逢德军在东线获得胜利的高潮期，随后，他从俄罗斯的霜冻中被调至非洲沙漠的烈日下。在那里的非洲军中，他一直担任隆美尔的参谋长。

所以，他没有经历过1941—1942年那个恶名昭著的俄罗斯冬季，也没体验过1942—1943年的后撤。他从未遭受过苏军兵力或俄罗斯冬季造成的创伤。他从隆美尔那里学到的原则是，战地指挥官的判断远比遵从元首大本营在铺设着绿色台面呢的桌子上签署的书面命令更为重要。

"我们得突出去，"将军说道，"在我看来，基洛沃格勒太像斯大林格勒了。"

"我完全同意！"福斯点点头，"但我们已接到元首严格的命令，不惜一切代价守住这座城市。"

拜尔莱因对此表示反对："傻坐在这里是无法守住这座城市的。要不了几天，我们的战斗力将消耗殆尽，而且，根本没有补给物资运到。接下来，物资储备也会消耗完。但如果我们现在就把握主动，突出包围圈，从外面展开对基洛沃格勒的行动，那么还有可能实现某些目标。我们现在还能做到这一点。这就是我们的任务。装甲师的用途是机动战，而不是守卫某个强化阵地。"

这就是从"古德里安装甲学校"中毕业出来的德军坦克指挥官的信条。拜尔莱因一直奉行这一信条，并决心继续遵循它。他很幸运，不必寻求上级的批准，因为此刻，他已失去与军部或其他上级指挥部门的联系。电传打字机的联络也已中断，一连数个小时，通讯接收端毫无反应。战地指挥部回归到原始状态。

这就出现了一个有趣的问题。二战中的指挥工作，在很大程度上取决于通信技术的发展。重大军事决定可在几分钟内下达或传送出去。大股部队的行动能以闪电般的速度加以协调。过去，通讯员和传令兵只能拼命鞭策自己疲惫的马匹，克服各种气候，命令送达时却发现为时已晚。而现在需要的只是一份加密的无线电电文，跨越数百英里、利用分米波传输的一通无法被监听的通话，或是用电传打字机进行沟通。

但现代通信技术带来的好处经常被其造成的问题所抵消——遥远的上级指挥部门可以不受距离限制地对战场上的行动加以干涉。不断提出问题，处分战地指挥官，不根据战场情况而做出更改命令的决定等等。因此，无论苏军还是德军，战地军官和指挥员的自主权受到了严格控制。这种情况在出现危机的时候特别容易造成灾难性后果。斯大林格勒便是最典型的例子，除此之外，还有许多深具说服力的其他例证。因此，突然间沉默下来的电话和电台通讯，对一名战地指挥官来说，可能是个幸运的机会，现在他必须依靠自己的判断力和作为一名军人的良知来行事。

拜尔莱因将军决定在基洛沃格勒实施突围。另外几个师的师长都是经验丰富的东线指挥官，觉得不能跟着他贸然行事。但拜尔莱因并未泄气。

他与第10装甲掷弹兵师师长奥古斯特·施密特将军商讨了自己的计划，并安排第10师的各个团接替第3装甲师的防御阵地。

分发完午餐后，拜尔莱因立即将他属下的军官们召集起来。"今晚我们将实施突围。不是为了逃命，而是为了恢复我们的行动自由。"这位将军宣布道。所有的军官都很高兴。作战命令立即下达——以一种完全非常规的方式，直接下达给各单位指挥官。

他们组织起五个战斗群：A、B、C、D、E。"A"战斗群担任突击队，配备了所有可用的坦克、装甲车连、工兵和自行火炮；"B"战斗群由工兵、炮兵和韦尔曼上校率领的第3装甲掷弹兵团组成；"C"战斗群由补给车队和拖曳着的受损车辆组成，另外还包括伤员和医护单位；"D"战斗群由博伊尔曼中校率领的获得加强的第394装甲掷弹兵团构成；"E"战斗群担任后卫，由戴希恩少校的装甲侦察营组成。侧翼掩护由反坦克和自行高炮单位提供。集结区位于基洛沃格勒郊区的列列科夫卡，突围时间：夜幕降临后。

整个师的集结从未这么快过。军官和士兵们情绪高涨。17点30分，全师做好了行动准备。通讯官给军部和集团军司令部发出最后一份电报："第3装甲师将向西北方冲出包围圈，以封闭前线的缺口，并在包围这座城市的敌军的后方采取行动。"拜尔莱因随即下令关闭电台，以免收到取消行动的命令。

这是个没有月光的夜晚。空中阴云密布。温度为摄氏零下25度。积雪在他们的靴子下嘎吱作响。整片田野已被皑皑白雪所覆盖。

他们出发了。坦克队列构成一个宽大的楔形。不许开灯，不许点火，不许开枪。拜尔莱因将军坐在他的吉普车内，跟随第一股战斗群一同行动。突然，出现了敌人炮口的闪烁。反坦克炮！为首的德军坦克中弹，随即起火燃烧。火光照亮了范围很大的一片战场。附近的德军队伍也被照亮。但黑暗模糊了所有的轮廓，所有的一切看上去似乎更大、更粗壮、数量也更多。在苏军看来，第3装甲师像一支幽灵部队那样出现在眼前。他们紧张而又疯狂地用所有武器开火射击，从而暴露了自己的阵地。坦克舱盖砰然关闭。进攻！

德军坦克发起攻击。炮兵为其提供火力掩护。工兵和装甲掷弹兵们尾随其后。没用几分钟，最前方的坦克便冲入到苏军阵地中，掷弹兵和工兵们随即将敌人肃清。苏军的抵抗迅速崩溃。他们丢下反坦克炮和高射炮四散奔逃。被俘的苏军士兵指出，德国人在诡异的光亮中发起突然袭击，给他们的感觉是至少有一个装甲军发动了庞大而又密集的进攻，结果在这些苏军士兵中造成恐慌，他们原以为自己的阵地是很安全的。

拂晓前，第3装甲师已突破敌人的包围圈，损失相当轻微：一辆坦克及其组员。弗拉基米罗夫卡（Vladimirovka）被德军重新夺回，巨大的缺口也被封闭。拜尔莱因将军立即命令全师向后转，于1月8日早上向奥西科瓦塔（Osikovata）前进，对包围基洛沃格勒的苏军部队的后方发起打击。

第聂伯河与布格河之间的风险程度，清晰地暴露在第47装甲军的作战地图上。

1月7日，冯·福曼将军已被迫将设在基洛沃格勒北部边缘的前进指挥部撤离。城外的苏军坦克突然间消失不见。他将自己的军部转移至西面28英里处的小维斯卡（Malaya Viska）。在他看来，在混乱的主防线中根本无法指挥他这个由7个师组成的超级庞大的军——这几乎是一个集团军的规模。他需要一片宽阔的地区来掌握全局，在小维斯卡，这一点更容易实现。在这里，他的指挥部靠近来自五一城（Pervomaysk）的补给铁路线，并位于第4航空队的大型机场旁，鲁德尔中校的"殷麦曼"斯图卡联队就部署在这个机场，随时准备对战场上任何危机发生地实施干预。

1月8—9日夜间，冯·福曼将军和他的参谋长赖因哈德上校，借着烛光俯身研究着他们的地图。苏军的主要目标在他们看来一目了然。瓦图京乌克兰第1方面军辖下的各集团军，在基辅赢得了他们的胜利，并在别尔季切夫地区达成突破，现在，他们向东南方而来，直奔比萨拉比亚的布格河，进入到德国第8集团军的后方。科涅夫在基洛沃格勒的突破代表着瓦图京攻势的姊妹篇，是铁钳的第二个钳口，其目标同样是布格河。但这一推进是向西南方。这两股攻势将在乌曼—五一城地区会合。这几乎已到达罗马尼亚的边境。

如果苏军的这场大规模行动获得成功，那么，不仅是第8集团军会被包围，其覆灭将使马利诺夫斯基的行动大大提前，德国第6集团军也将在劫难逃。现在已没有什么能挽救克里木的德国第17集团军覆没的命运。其实，这正是斯大林长期以来一直寻求的目标——歼灭德军南翼，取得一场伟大的胜利。

摇曳的烛光下，福曼将军和他的参谋长意识到逼近中的灾难。必须从西北方阻止敌人向乌曼突破——这是第1装甲集团军的任务，曼施泰因元帅已将该集团军调至这一地区。胡贝将军[1]能获得成功吗？福曼对此感到焦虑。但无论发生什么情况，他的第47装甲军必须堵住发生在基洛沃格勒的突破。福曼和赖因哈德忙乱地制订着计划。该怎么做呢？

基洛沃格勒南面的情况看上去非常糟糕。苏军坦克位于城市西南方30英里处，他们与罗马尼亚人的前线之间空无一物。这里只剩下唯一的希望——"大德意志"师已通过强行军调了上来，紧随其后的是党卫军"骷髅"装甲师的一部。他们已对苏军坦克第18和第29军的侧翼展开打击，并与对方发生激战。可他们能成功地阻止住敌人吗？

---

[1] 1943年10月，冯·马肯森大将被调至意大利出任第14集团军司令，所遗第1装甲集团军司令一职由装甲兵上将胡贝接掌。

基洛沃格勒的情况又怎样？1月8日，三个德军师仍被包围在城内——第10装甲掷弹兵师、第14装甲师和第376步兵师。希特勒的一道新命令将他们牢牢钉在城内：基洛沃格勒将作为一座"要塞"被坚守至最后。

因此，多亏拜尔莱因的大胆突围，他的第3装甲师是此刻成为避免基洛沃格勒北面最大的危险发生唯一可用的部队。该师必须粉碎已达成突破的两个苏军机械化军，从而使被围德军的获救成为可能。这就是第3装甲师必须要做的，也是他们唯一能做的。

命令、电话、电报。时间是凌晨2点。就在这时，步枪的射击声和坦克炮的巨响爆发开来，打断了正在制定计划的福曼将军。机场上的高炮连开火了。坦克警报！

第47装甲军军部里有一位著名的德国运动员：副官哈塞少校。他是德国马术障碍赛骑手，1936年柏林奥运会金牌得主。哈塞推开地图室的房门，一股风吹熄了蜡烛。黑暗中，少校平静地说道："我们必须离开，将军先生。苏军坦克已冲入村内。我带军部人员负责指挥部的防御。"

无畏、冷静，就像在马术障碍赛中展现的那样，哈塞少校组织起文员、传令兵、摩托车派件员以及军属通讯营的人员实施防御。他们用地雷、高爆炸药和轻武器抵抗着，装甲军军部没有反坦克武器。

搭载着步兵的苏军坦克穿过村落，炮击着一座座农舍，车辆起火燃烧，他们朝所看见的一切开火射击。这股苏军是一支完整的坦克旅——机械化第8军的第67旅。他们将整个村庄夷为平地，随即对机场发起进攻。

冯·福曼将军和他的参谋长带着最为机密的文件和作战地图，于千钧一发之际逃出村子。哈塞少校在战斗中身亡。和他一同阵亡的还有传令官贝克尔中尉，以及军属通讯营的许多人。

除两台发报机外，军部的其他通信设施都已丢失，这些装备非常宝贵，在现代战争中绝对不可或缺。冯·福曼将军和他的指挥部被迫搬迁至新米尔哥罗德（Novomirgorod），第8集团军的一个电话交换站，直到最重要的那些通信设备得到补充，以确保在这关键时刻至少能以一种简易的方式继续指挥自己的部队。

苏军这个幽灵般的坦克旅继续在德军后方地区活动了一段时间。尽管出现了这些令人沮丧的情况，冯·福曼将军的计划还是获得了成功。拜尔莱因发起大胆进攻，首先扑向苏军机械化第7军，然后便是第8军；他以局部战斗牵制住苏军，阻止其继续向西推进，以此为被困在基洛沃格勒—列列科夫卡的三个德军师提供了他们急需的救援。

24小时后，希特勒终于批准位于列列科夫卡的德军部队自主行事。1月9—10日夜间，通过一场大胆的反击，三个师成功地撤过因古尔河，在未遭受进一步损失的情况下进入格鲁兹科耶（Gruzkoye）的西部地区。他们在这里建起一道强有力的防线，左侧与第3装甲师相连，而他们的右侧则是"大德意志"装甲掷弹兵师。显然，拜尔莱因将军的各个团没有让冯·福曼失望。这些经验丰富的部队，与党卫军"骷髅"装甲师一起，阻挡住基洛沃格勒南面的苏军部队。危机过去了。

科涅夫坦克第67旅所实施的突袭，进展如何？作为苏军构思大胆的"布格河会师"计划的开路先锋，著名的罗特米斯特罗夫近卫坦克集团军的这支战斗群取得了怎样的成果呢？该旅在腹地与德国第47装甲军的追击部队展开激战。许多T-34沦为被称作"空中反坦克炮手"的鲁德尔中校的牺牲品。带着他的反坦克飞行中队，鲁德尔在小维斯卡与格鲁兹科耶之间白雪皑皑的平原上追逐着苏军坦克。苏军的坦克一辆接一辆地遭到无情的猎杀。在鲁德尔和他飞行中队的打击下侥幸逃生的苏军坦克，又遇到第47装甲军的反坦克组。这些苏军坦克无一幸免。

1944年1月份这些关键的日子里，冯·福曼将军在基洛沃格勒赢得了一场重要的防御胜利。苏军未能实现包围德国第8集团军，从而为歼灭德军南翼创造先决条件的目标。德军实力严重受损但却英勇无畏的各个师，通过大胆而又灵活的行动，以攻为守，给苏军造成严重损失，阻止了他们向胜利的前进，再一次挫败了斯大林的计划。拜尔莱因将军对态势和力量做出明智的判断，大胆违背希特勒的命令，采取了正确的军事行动，从而为此次胜利拉开帷幕。由于第3装甲师从基洛沃格勒包围圈中突围所获得的胜利非常明显，德军最高统帅部的公报对拜尔莱因和他的部队提出表扬。但拜尔莱因并未获得勋章。因违背命令而获得一枚勋章？这对希特勒来说太难以接受了。尽管如此，四个月后，拜尔莱因仍被调去指挥德军当时装备最精良的装甲部队——装甲教导师。

一连两个星期，德国最高统帅部的公报每天都提及基洛沃格勒的战事，总是与激烈的战斗、严重的威胁、代价高昂的险情相联系。现在，这个名字突然从官方的战事报告中消失了，取而代之的是另一个名字。最高统帅部公报几乎每天都以这样一句话为开场白："切尔卡瑟西南方……"但切尔卡瑟的西南方位于基洛沃格勒北面30英里处。

名字变了，战场发生了转移，但苏军仍在追逐同一个目标：歼灭德国第8集团军。

在基洛沃格勒遭遇失败后，苏军统帅部并未放弃这个目标。他们继续寻求达成这一目标的方法，但已不再采取大规模战略合围与乌曼—五一城取得会合的方式，而是以较小的规模实施攻击。苏军打算夹断第8集团军的一个突出部，这个突出部向东伸出，直抵第聂伯河，其顶端位于卡涅夫和科尔孙（Korsun）东南方。该突出部挡住了苏军前进的道路，像个楔子那样将瓦图京和科涅夫的方面军分隔开，从而对他们的侧翼构成一种持续的威胁。

正是基于这个原因，希特勒现在坚持要守住它，一定要在最后一块第聂伯河正面阵地立稳脚跟。他打算，一旦有机会便从这个有利位置再次向前推进，直扑40英里外的基辅，从而恢复第聂伯河上的防线。这个突出部约有60英里深，横跨弧线的直线距离大约为80英里，所涉及的面积约为5000平方英里。

这个危险的突出部由两个军守卫——施特默尔曼将军的第11军和利布中将的第42军，总计六个半师，56000名士兵。

对德军统帅部而言，苏军的目标并不是什么秘密。早在1月24日，第3装甲师的侦察部队便已证实大批苏军已集结于基洛沃格勒北面30英里处的克拉斯诺谢尔卡（Krasnoselka）。当然，德军的侦察当时并未能探明科涅夫集中在此的部队的实力——四个集团军和一个骑兵军被部署在德国第8集团军的北翼，面对着施特默尔曼将军的第11军。

第七部
南翼的灾难

1

切尔卡瑟

56000人处于绝望的境地——陷阱在兹维尼戈罗德卡关闭——科涅夫将军代价高昂的错误——西方向解围集群夺取雷相卡——239高地的厄运——又一次"距离包围圈6英里"——"口令——自由——目标—雷相卡，23点。"——朱尔任齐与波恰平齐之间的地狱——222高地上的屠杀——格尼洛伊季基奇河上的事件——军长之死——战役统计

1月25日，科涅夫展开进攻。一场猛烈的炮击后，苏军近卫部队发起冲锋。雷若夫将军的近卫第4集团军试图强行打开一个突破口。但德军早已对此做好防备。步兵们顽强抵抗，炮兵密集而又凶猛的火力牢牢压制住雷若夫的部队。

科涅夫不得不提前投入他的精锐坦克部队——罗特米斯特罗夫将军著名的近卫坦克第5集团军。但这次，即便是这些普罗霍罗夫卡的英雄也不够走运。在德军反坦克炮和黑豹营长身管火炮的猛烈打击下，罗特米斯特罗夫的进攻崩溃了。

但德国人并未能高兴太久。黄昏时，来自黑森州第389步兵师的右翼，未能抵挡住罗特米斯特罗夫麾下坦克旅的持续进攻。

战争之神对科涅夫青睐有加。他看到了机会，立即将新锐部队投入突破口。施特默尔曼将军发起反击，以两个装甲师封闭敌人的渗透。他将自己的防线拉直，以这种方式腾出特洛维茨将军来自巴伐利亚的第57步兵师，并将其投入到抵御敌军的战斗中。

战斗的焦点位于集团军左翼的卡皮塔诺夫卡（Kapitanovka）。1月26日，来自

西里西亚的第11装甲师和来自德国中部的第14装甲师在这里再次取得成功。但他们辖内实力虚弱的装甲掷弹兵团已无法继续坚守这一地区。

战役的进一步进程被科涅夫的一个惊人之举所决定。冯·福曼将军对此情形做出如下描述："不顾损失——我说的是不顾一切损失——大股俄国人的部队向西涌过正向他们开火射击的德军坦克。这是个惊人的场景，一个令人不可思议的场面。实在没有什么其他的可与之相比——大坝崩溃了，汹涌的洪水涌过平坦的地面，越过我们的坦克，这些坦克被寥寥无几的掷弹兵所围绕，就像伫立在潮水中的礁石。下午晚些时候，令我们更为惊讶的一幕出现了，俄国人的三个骑兵师，排成密集队形，从我们的防线疾驰而过。这是我很久以来都没见过的场面，看上去似乎极不真实。"

冯·福曼这样一位杰出、经验丰富的将领所做的这一引人注目的记述，总结出战况的戏剧性特点。

卡皮塔诺夫的防线已被突破。但祸不单行。早在1月初，所有德军战地指挥官便对苏军铁钳的第二个颌口深感焦虑，这一推进由乌克兰第1方面军执行，他们从基辅出发，经白采尔科维（Belaya Tserkov）向东南方出击，现在的情况日趋严重。苏军的三个集团军，包括克拉夫琴科将军的坦克第6集团军在内，在突出部西面，第1装甲集团军的防区内，突破了德国第7军薄弱的防线。

来自巴伐利亚的第88步兵师和来自巴登—符腾堡的第198步兵师抗击着苏军坦克群。他们被击溃。德军防线上出现一个宽大的缺口。德国人没有可用于封闭这一缺口的预备队。在毫无阻挡的情况下，苏军各个师向东南方而去，他们将与科涅夫将军从西北方而来的部队会合。这两股大军仅隔60英里——在坦克部队看来，这段距离根本不算什么。如果他们取得会合，陷阱将被砰然封闭，两个德国军将被包围在卡涅夫突出部内。

他们取得了会合。1月28日，克拉夫琴科与罗特米斯特罗夫的坦克组员在兹维尼戈罗德卡（Zvenigorodka）会师。惨烈的切尔卡瑟包围圈之战即将开始。

苏军再一次成功地运用了斯大林格勒战役的秘诀。通过一场两翼包抄的合围行动，德军向东伸向第聂伯河的卡涅夫突出部被夹断。德军第42和第11军的六个师外加一个独立旅遭到包围，已陷入困境。德军防线上出现了一个60英里宽的缺口。现在，红色大潮将涌过这个缺口，扑向罗马尼亚，因为罗马尼亚边境以东已没有任何障碍。

苏军统帅部又一次获得了机会，三周前他们在基洛沃格勒曾赢得过同样的机会，但由于冯·福曼将军第47装甲军和第8集团军各个师的英勇抵抗，他们丧失了那次机会。这次，苏军最高统帅部会抓住这一机会吗？"俄国人会怎么做呢？"1月28日，曼施泰因将属下的将领们召集到乌曼时这样问道。"他们是打算消灭这个包围圈呢，还是继续向前推进？"

"俄国人会怎么做呢？"第47装甲军军长冯·福曼将军在新米尔哥罗德向他的参谋长赖因哈德上校提出了同样的问题。

"科涅夫的大批部队已经一字排开。他会不会绕过包围圈，看住它，再将手

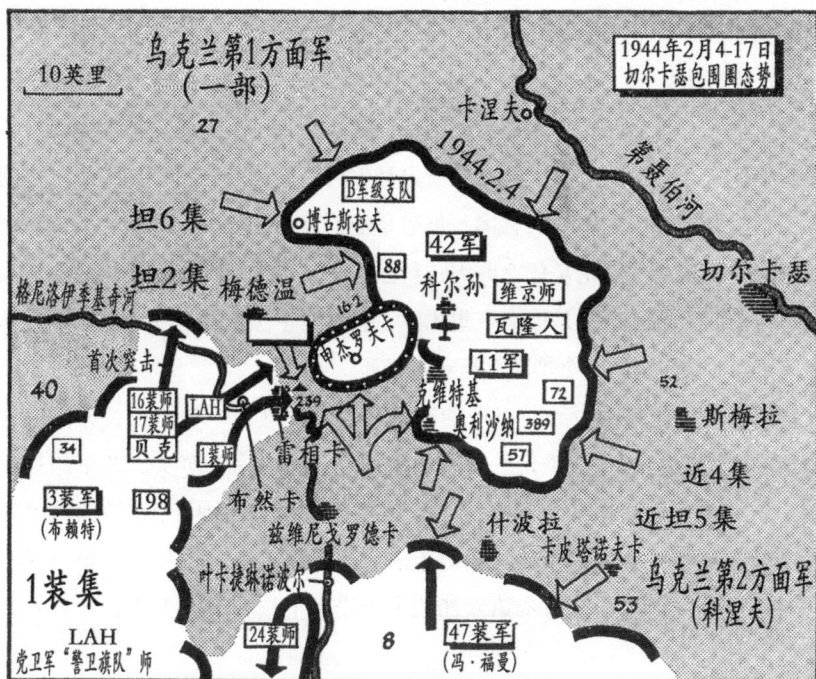

▲ 六个半德军师被困于科尔孙包围圈，它也被称作"切尔卡瑟包围圈"。为挽救这些部队，德军统帅部做出了最大的努力。西面的第3装甲军，距离包围圈已不到6英里。

— 461 —

上所有的力量投向布格河？在1942年的斯大林格勒，叶廖缅科就曾用过这一招，他绕开那座城市赶到了顿河。"

从战略角度看，接下来穿过这60英里的缺口，进入一片完全不设防的地区，似乎是一个显而易见的举动。这个大胆、大规模的行动必然会导致整个德军南翼全线覆没。实际上，如果科涅夫和最高统帅部协调员朱可夫元帅正确判断乌克兰第2方面军的态势，他们就会发现，确实没有别的选择。

谁会错误地判断形势呢？谁会忽略德国人所面临的灾难性状况呢？如果游击队的"神勇"有传说中的一半，那么可以肯定，苏军指挥部早已通过他们的秘密活动获知相应的情况了。不管怎样，从1月28日起，苏军战地指挥部肯定已从包围圈后方他们自己的老百姓那里获悉，德国人已没有一条连贯的防线。1941年夏季，当时的苏军曾处在与德国人现在的状况完全相同的情况下，古德里安、霍特和克莱斯特发起大规模合围，粉碎了苏联欧洲部分的红军部队。现在，同样的命运会落到德国人头上吗？不！苏军最高统帅部并未利用这一机会，发起一场大规模的决定性行动。

1943至1944年冬季，苏军最高统帅部，特别是朱可夫元帅和科涅夫大将，为何没有抓住这个独特的机会，彻底歼灭第聂伯河西面德军的整个南翼，这个问题到今天都没有一个令人满意的答案。难道是他们高估了德国人的实力？或是误判了包围圈内的状况？无论是什么原因，科涅夫和朱可夫选择了较小的解决方案，集中起他们的六个（后来是七个）集团军，包括两个杰出的坦克集团军和数个独立坦克军，对被包围的六个半德军师实施清算。

这是个奢侈的兵力投入，对此的理解只能基于这样一个假设：苏军对包围圈内德军实力的判断完全错误。所有迹象似乎都指向一个事实，苏军的行动是出于一个简单而又奇怪的错误。苏军显然相信，他们包围了德国第8集团军的主力，特别是其装甲部队和集团军司令部。这个观点被2月3日的一番交谈所证实，对话双方分别是苏军总参第六部的卡利诺夫上校和科涅夫指挥专列的负责人克瓦奇上校。

克瓦奇对卡利诺夫说道："韦勒指挥的德国第8集团军被包围在卡涅夫突出部内。包围圈里的德军不少于九个最好的摩托化师，另外还有一个武装党卫军师和

'瓦隆人'摩托化旅。又一个斯大林格勒正在形成。"

这很有意思。但卡利诺夫不仅跟克瓦奇通了话,还与科涅夫本人做了交谈。这位大将证实了他的专列负责人所说的情况。"这次我们做到了,"科涅夫说道,"我已将德国人牢牢钳住,绝不会让他们再次逃脱。"毫无疑问,科涅夫认为他已包围了整个德国第8集团军的十个半师及其司令部。因此,他估计被围的德军人数超过10万。继而由这个误判制造出德军损失和被俘的数字,甚至在德国,这个数字直到今天还不容置疑地出现在一些公开出版物中。

导致科涅夫判断出错的一个原因很可能是德军第112步兵师。出于迷惑敌人的目的,该师被赋予"B"军级支队的番号,该支队由三个严重受损的步兵师构成:西里西亚第332步兵师、萨克森第255步兵师和萨尔—巴拉丁第112步兵师的残部,作为"师级战斗群"被合并于第112步兵师师部的指挥下。"B"军级支队的战斗力仅相当于一个师,负责该支队的是福凯特上校[①]。

苏军判断错误的另一个原因可能是基于这样一个事实,包围圈内还有第168步兵师第417掷弹兵团的战斗群和工兵营一部,另外还有第167步兵师的第331掷弹兵团。此外,包围圈内还有第14装甲师的第108装甲掷弹兵团,第213保安师的一个营以及第323步兵师的滑雪营。毫无疑问,苏军根据来自这些部队的俘虏将其判断为一个个实力完整的师。

无论造成错误的原因是什么,苏军以两个方面军的主力这种庞大的力量发起了"新斯大林格勒"攻势。乌克兰第2方面军司令员科涅夫大将负责这一攻势的指挥工作。

德军统帅部很快便注意到苏军过于谨慎的举动。1月31日,德军第47装甲军的无线电监听排截获了什波拉(Shpola)苏军工兵指挥员的一份电报。苏军坦克第20军这位喋喋不休的工兵指挥员向集团军汇报了雷区布设的情况。

---

① 福凯特是第107炮兵指挥官,即Arko107。利布将军代理指挥第42军后,第112步兵师交由福凯特指挥,故此,他担任"B"军级支队指挥官。切尔卡瑟战役后,阵亡的福凯特被追授少将军衔。

布设雷区意味着已达成突破的苏军正在包围圈南部边缘组织相应的防御，尽管这里暂时没有人对他们形成威胁。实际上，包围圈的后方呈彻底敞开的状态。

对科涅夫，必须公正地指出，他很难预料到德军部队会继续留在第聂伯河。按照逻辑，他们应该转身离开，并试着与第47装甲军重新取得联系。但希特勒又一次下达坚守令，从而阻止了合乎逻辑的举动。包围圈内的两位军长——利布和施特默尔曼，奉命以他们严重受损的六个师，沿一条200英里的弧线，不惜一切代价守住整个战线，同时还要建立起一道新的防线，以掩护其后方。构成刺猬阵地，死守到底！这正是希特勒在斯大林格勒的指令！正如他一直不愿撤离伏尔加河那样，现在的他又严令死守第聂伯河上的最后一段阵地。他不想放弃自己的计划：待时机到来后，利用卡涅夫突出部为跳板，发起对基辅的新攻势。至于现实情况，希特勒拒绝承认。"我就是现实"大概一直是他的座右铭。

希特勒的坚守令意味着炮兵上将施特默尔曼（自1月31日起，他被赋予指挥包围圈内所有德军部队的职责）必须以闪电的速度，将其过度延伸的200英里防线再度加长，以便构设起一道60英里的新防线，在南面掩护其敞开的后方。一般情况下，这种做法通常不会取得成功。但由于苏军的优柔寡断，德国人成功地做到了这一点。

2月1日，一场暴风雪席卷过第聂伯河与布格河之间冰冻的土地。此刻适逢乌克兰的隆冬，温度为摄氏零下15度，积雪厚达2英尺。乌曼东面的缺口处，德军第1装甲师的侦察营下了火车，以加强第198步兵师虚弱的部队。包围圈内的补给队驾着雪橇，从一个战斗群赶至另一个战斗群。苏联空军未采取行动——恶劣的气候使他们停留在地面上。当然，这种天气也令德国的空投补给受到影响，但这似乎只是个小小的代价，因为这种气候有利于防御，并使发起快速、不被察觉的行动成为可能。"这种气候最好能维持下去。"参谋军官和士兵们祈祷着。

但在2月1—2日夜间，天气出人意料地好转了。随即出现了化冻。带着暖风，"rasputitsa"降临在这片黑色土地上。"rasputitsa"指的是早春的泥泞，乌克兰语的意思是"无路通行"，在这段时期里，所有的一切都被黏稠的泥泞所吞噬，当地农民也躲回到他们的暖炉旁。但施特默尔曼的部下们不能蜷缩在暖炉边，他们必须行军，必须转移阵地，必须阻止突破的敌军。这一切都在没膝的黑色泥沼中进行。黏稠的泥浆拔掉了士兵们脚上的靴子，撕裂了装甲车和拖车的履带，困住了马匹。没有任何车辆可以通行。只有党卫军第5"维京"装甲掷弹兵师①的坦克和突击炮，以最高每小时2~3英里的速度穿过了泥沼，但燃料的消耗相当惊人。夜里，灾难性霜冻再度降临，这些坦克又被困在深深的、被冻得坚硬无比的泥浆中。第二天早上，不得不使用喷灯让这些坦克脱困。

尽管如此，施特默尔曼不断进行着重组。他阻挡住苏军在西面和东南面的进攻，缩短防线，腾出些部队，并将其派至危险地段。第42军放弃了第聂伯河，将其触角拉向北面。在东南方，第11军将其主防线一步步后撤。通过这种方式，一个地段也许能省出一个营，以加强受到威胁的其他地段，或是能腾出一个战斗群，用于封闭被突破的缺口。

只有一件事至关重要——必须保持一条连贯的防线，另外，包围圈中央的科尔孙村及其前进机场必须尽可能长久地坚守。正是在科尔孙这个重点地带，战役最初的12天里，激战一直在持续。因此，苏军非常恰当地将这场战役称为"科尔孙包围圈"。"切尔卡瑟包围圈"这个词则是德国最高统帅部的发明，但并不太准确。

这是一场56000名士兵——巴伐利亚人、黑森人、弗兰克尼亚人、奥地利人、萨克森人、萨尔—巴拉丁人以及武装党卫军志愿者团里的比利时人、荷兰人和斯堪的纳维亚人——抵御苏军六个集团军进攻的战役。

斯大林格勒的惨败是因为"太少、太晚"所致。1942年11月，救援准备工作浪费了太多的时间，而德军统帅部提供给救援行动的可用兵力又太少。从斯大林格勒战役中学到教训的不仅仅是各战地指挥部，也包括元首大本营。因此，希特勒对"切尔卡瑟—科尔孙"危机的反应非常迅速，包围圈刚一形成，他立即批准冯·曼施泰因元帅集中起两个强大的装甲群歼灭突破德军防线的敌人，并重新建立与科尔孙集群的联系。

---

① 此时的"维京"师已改编为装甲师。

希特勒打算投入九个装甲师，集中于第3和第47装甲军内，这两个军分别由两位经验丰富的军长指挥——布赖特将军和冯·福曼将军。这些救援部队中包括一些出色的单位，这些装备精良、经验丰富的装甲师，每一个都抵得上苏军的一个坦克军。在他们当中有第1装甲师、第16装甲师和党卫军第1"阿道夫·希特勒警卫旗队"装甲师。

救援计划大胆且雄心勃勃。曼施泰因的想法不仅仅是打破包围圈，他还想以自己的钳形攻势来歼灭突破德军防线的苏军部队。以古德里安惯用的装甲部队打击方式，苏军将被拦截于兹维尼戈罗德卡以北，卡涅夫将被守住，被困的德军部队将获救，第1装甲集团军与第8集团军之间巨大的缺口也将被再度封闭。这是个很好的计划。两位集团军司令看上去满怀信心，包围圈内的官兵们也充满了希望。他们实施坚守的决心被这种希望所加强，只要再坚持5~10天，包围圈外的大规模解围行动就将展开。

但元首大本营发给各集团军和军的紧急电文又有什么用呢？在第聂伯河与布格河之间，有一位将军的权力远比希特勒更大，在乌克兰的这片战场上，他的命令比来自腊斯登堡森林中的电令更管用，这位将军就是统治一切的"rasputitsa"。面对士兵们陷入泥泞中，大炮卡在泥浆里，装甲车在泥沼内动弹不得等情况，最好的计划和最勇敢的精神都无济于事。行动该如何执行？但部队必须前进，因为大部分装甲师必须经长途跋涉赶来，直接对科尔孙包围圈发起向心攻击。

这些部队的艰难跋涉不仅被显著地描述在第1、第14和第16装甲师的师史中，甚至连第24装甲师的惊人之旅也为此提供了一个佐证。1944年初，该师位于阿波斯托洛沃—尼科波尔战场，是舍尔纳将军手上唯一一支完整的快速预备队。科尔孙即将到来的灾难令希特勒注意到这个极具战斗力的装甲师。他决定将这个师从舍尔纳手上调出，将其投入到北面①——这一距离超过200英里。该师将担任第47装甲军解围行动的先锋，充当破城锤的角色。

---

① 抽调第24装甲师的主意并非出自希特勒，而是曼施泰因。希特勒对曼施泰因擅自抽调第6集团军兵力的做法极为愤怒，很快便将第6集团军转隶A集团军群，而不再由曼施泰因的"南方"集团军群统辖，其目的就是为了防止曼施泰因继续擅自抽调部队。

冯·福曼将军焦急地等待着他的"破城锤"。他搭乘自己的"鹳"式轻型飞机，在第24装甲师的必经路线上进行搜寻。终于，他在下方的地面上发现了这个来自东普鲁士的著名的装甲师。但对该师的坦克、装甲车和掷弹兵来说，地面上根本无路可走，有的只是深深的泥床。白天，部队被陷在泥泞中，只有在寒冷的夜间，泥浆被冻结后，他们才能获得些进展。师里的坦克不得不充当起拖车的角色。

在军官们的驱使下，队伍不断向北推进，一英里接着一英里，每天晚上，第24装甲师师长，男爵冯·埃德尔斯海姆将军都会给这些军官发表讲话，告诉他们，科尔孙包围圈内的56000名战友的命运取决于本师的前进速度。这些东普鲁士第1骑兵师的继承者①终于赶到了他们的目的地。2月3日晚，冯·埃德尔斯海姆将军报告说，装甲战斗群的先头部队已做好明晨发起进攻的准备。先头部队已到达兹维尼戈罗德卡的正南面，五天前，苏军在这里会合，从而封闭了包围圈。在他们面前的是罗特米斯特罗夫的坦克军——在这些东普鲁士人看来，这并非一道不可逾越的障碍。

福曼的计划简单明了。埃德尔斯海姆将军的第24装甲师将于2月4日早晨突破苏军防线，然后，军里另外四个师的战斗群与他们一同投入扫荡敌军的行动，过去四天里，福曼的这些部队一直在战斗，其中有些单位仍被牵制在东面的防御战中。考虑到敌军过度延伸的情况，这个经过仔细权衡的计划似乎万无一失，而且，应该能获得成功。但结果却证明并非如此。

就在救援"科尔孙包围圈"被围部队的行动即将开始之际，尼科波尔的情况急转直下。苏军在舍尔纳的后方达成突破，对整个集团军级支队构成威胁。由于第24装甲师被调离，第6集团军已没有可担当预备队的大股部队。所以很自然地，该集团军要求增援。出于对尼科波尔的担心，希特勒于2月3日决定，第24装甲师必须立即返回阿波斯托洛沃。

该师已进入出发阵地准备发起进攻，再说，由于道路泥泞，他们无论如何也无法在几天内赶回到阿波斯托洛沃——但这些争辩徒劳无益。问题的关键在于，

---

① 第24装甲师由第1骑兵师改编而来。

第6集团军需要的不是一个装甲师，而是步兵！但这并未能打动希特勒。

向后转！穿过遍地的泥沼，搭乘火车兜个大圈，该师返回了。不用说，他们到达得太晚，既无法扭转阿波斯托洛沃的形势，也无法挽救舍尔纳的桥头堡。装甲部队赶到时，刚好来得及投入到保持后撤通道畅通的行动中——但他们无法阻止桥头堡的丢失。

可从另一方面来看，如果第24装甲师在"科尔孙包围圈"投入战斗，可能会吸引大股苏军部队，从而使第47装甲军的其他部队突入包围圈内。两个被包围的军可能已获得解救，并为一场决定性行动创造出先决条件。但希特勒的固执阻止了这一切。这支来自东普鲁士的杰出部队不得不扮演了一个真正的悲剧性角色——在兹维尼戈罗德卡，他们被贸然的干预所阻；而在阿波斯托洛沃，他们又到得太晚，无法阻止灾难的发生。[1]

但这并非一连串愚蠢决定的结束。现在，第24装甲师已转身离开，原定由第3和第47装甲军联合发起救援行动的计划宣告失败，正确的决定应该是投入第3装甲军，直接对包围圈发起一场突贯，不要在次要目标上浪费更多的时间——尤其是第1装甲师的先头战斗群已从别尔季切夫赶到，从而可以接管第198步兵师南面敞开的侧翼的掩护任务。

结果却根本不是这样！元首大本营坚持认为，第3装甲军应按照原先的计划，先向北发起进攻。到达梅德温（Medvin）的高地后，向东转，包围并歼灭包围圈与第47装甲军之间的苏军部队。这是个很好的计划，但却基于太多的"好像"——好像单独一个装甲军能一个接一个地击败苏军的五个集团军；好像深深的泥泞根本就不存在；好像1941年的情形仍能重演。这是一连串荒谬、愚蠢、可怕的决定。

2月4日早上，布赖特将军发起进攻。他的部队只有一部分已就位，可用的只有第16、第17装甲师和贝克中校率领的重装甲团。但他们还是出发了。"贝克"装甲团冲在最前面——这是个由34辆虎式坦克和47辆"黑豹"组成的强大方阵。为他们

---

[1] 另外值得一提的是，经过这番艰难的来回折腾，第24装甲师车辆的损失相当严重，而且完全得不偿失。

提供侧翼掩护的是第34和第198步兵师，另外还有武装党卫军"警卫旗队"装甲师的先头部队。这场进攻向北而去，穿过泥泞，穿过敌军阵地。一英里、两英里……六英里。但仅此而已。泥泞的地面和苏军的四个坦克军迫使布赖特的进攻停顿下来。

但布赖特将军并未放弃。经验丰富的"警卫旗队"师主力和第1装甲师的先头部队已经赶到。布赖特将他们投入战斗。这两支久经沙场的部队成功地为德军部队打出一片活动空间，从而使第16装甲师得以再次向前攻击前进。2月8日前，"贝克"重装甲团的老虎和黑豹，与第16装甲师和"警卫旗队"的一部已到达格尼洛伊季基奇河（Gniloy Tikich）。这条河在"科尔孙包围圈"的命运中扮演了决定性的角色。

第3装甲军的各个团付出了最大努力，但他们再也无法前进一步。向北的推进陷入停滞。他们距离包围圈只有19英里。希特勒终于意识到自己的错误，他批准了赶至包围圈的最短路径——直接向东推进。2月11日，原先担任东翼掩护的第1装甲师成为"西方向解围集群"的先锋。科尔将军的装甲战斗群以一次大胆的突袭夺取了格尼洛伊季基奇河上的布然卡村（Buzhanka），并迅速拿下河上完好无损的桥梁。该师建立起一个桥头堡。这里是通往包围圈边缘最短的途径，但苏军也意识到这一点。因此，苏军和向北延伸的高地迫使第1装甲师不得不寻找另一个藏身处——雷相卡（Lysyanka）。这个镇子坐落在德军Ju-52和He-111飞机的飞行路径上，这些飞机飞向科尔孙包围圈，为施特默尔曼的部队提供空运补给。为执行这一任务，塞德曼将军的第8航空军投入1536架次的飞机。从乌克至科尔孙的距离只有60英里。但另一方面，气候恶劣，苏军的防空火力也很强大。尽管如此，克纳普少校的部下们还是在两个星期内为包围圈运去2026.6吨补给物资，另外，容克运输机还撤离了2825名伤员。塞德曼这些运输机中队组成的嗡嗡作响的空中桥梁的下方，第1装甲师的黑豹坦克和装甲掷弹兵们在2月11—12日夜间实现了一个惊人的突破——他们冲入到雷相卡的南部。

获得加强的第1装甲团穿过雷区和反坦克防御带，攻入雷相卡镇。

齐利奥克斯少尉听到电台里呼叫着自己的名字，他赶紧将耳机贴紧耳朵。团长弗兰克中校对他说道："齐利奥克斯，赶紧夺桥！"

齐利奥克斯带着第2连的坦克，设法赶至镇东面的桥梁处，面对着苏军的T-34、反坦克炮和野炮。

"渡河！"一声巨响，为首的黑豹坦克跟跄着歪倒在一旁。随即，就在德军坦克眼前的这座钢结构桥梁被炸飞。齐利奥克斯大声咒骂着，带着第1营的坦克来到河岸边。装甲掷弹兵肃清了镇子南部。这一天是2月12日。

2月13日，汉斯·施特里普尔中士驾驶着他的黑豹坦克，在前一天侦察过的浅滩处渡过30码宽的河流。其他坦克在经验丰富的车长们的指挥下跟了过去。在这些坦克身后，莱本中尉带着第113团的掷弹兵涉水渡过深及肩膀、冰冷的格尼洛伊季基奇河。河对岸，苏军近卫坦克第5军的12辆T-34正等着他们。但施特里普尔中士率领的黑豹坦克打垮了对方。第1营的两个黑豹装甲连在克拉默上尉的带领下跟了上去。深夜前，德国人已建起一座深达半英里的桥头堡。

14日是星期一。新的一周并未出现良好的前景。温度下降，但并未低至让河水结冻到足以负重的程度。架桥的材料也没有运到。

突然，情况发生了转变。17点45分，施特里普尔中士带着他的队伍，在苍茫的暮色中以突袭夺下雷相卡东北部边缘一座40吨的桥梁。在一场反坦克战中，施特里普尔得到了一份天赐的礼物，他击毁了守卫着桥梁接近地的两辆精心伪装的T-34坦克，这是他的第59和第60个战果①。

夺得一座桥梁的消息不胫而走。但没人知道该如何行事。拂晓时，军长布赖特将军搭乘他的"鹳"式轻型飞机赶到。在第1装甲师的前进指挥部，他会晤了科尔将军。要想获得成功，现在就是个机会。主攻将被调整至全军的右翼。命令如下：下一个进攻目标——239高地。

这个高地是包围圈接近地上的一个制高点，位于雷相卡东北方2英里处。如果能将它夺取，解围行动将顺利完成。从那里到包围圈边缘仅有6英里。6英里，10000米——在体育场的煤渣跑道上，赛跑运动员只需要30分钟便可完成。而对切

---

① 由于施特里普尔在切尔卡瑟战役中的出色表现，他于当年6月4日获得骑士铁十字勋章的橡叶饰。施特里普尔是德军装甲部队中的一张王牌，他在整个战争期间获得了70个战果。

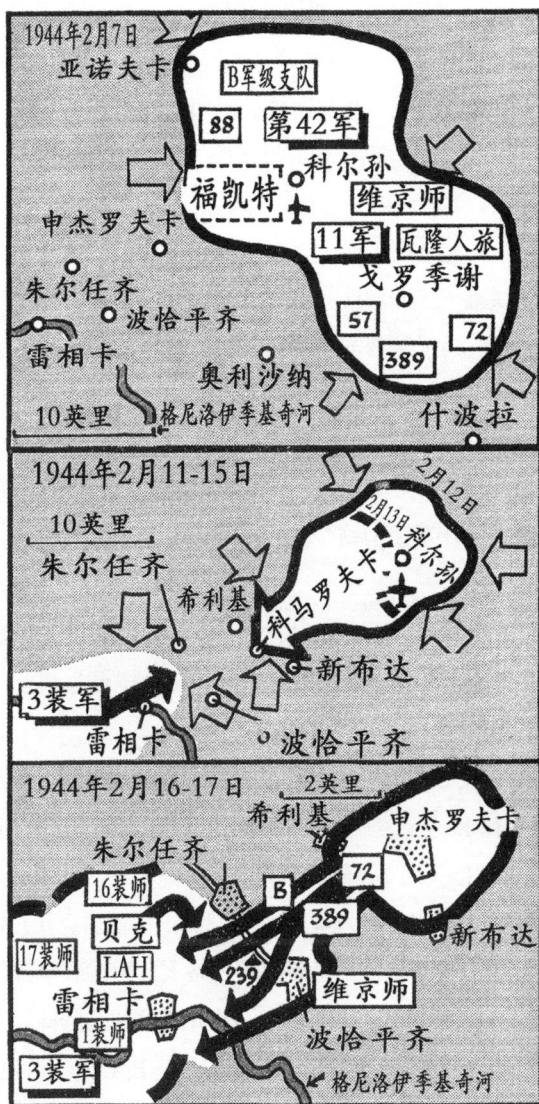

1944年2月7日

亚诺夫卡

B军级支队

88　第42军

福凯特　科尔孙　维京师

申杰罗夫卡

11军　瓦隆人旅

朱尔任齐　戈罗季谢

波恰平齐　57　72

雷相卡　389

奥利沙纳

10英里　格尼洛伊季基奇河　什波拉

1944年2月11-15日

10英里

2月12日

朱尔任齐　2月13日科尔孙

希利基　斜马罗夫卡　科尔孙

3装军　新布达

雷相卡　波恰平齐

1944年2月16-17日

2英里

希利基　申杰罗夫卡

朱尔任齐　72

16装师　B

贝克　389　新布达

17装师　LAH

239

雷相卡　维京师

1装师　波恰平齐

3装军　格尼洛伊季基奇河

▲ 科尔孙包围圈内的德军转向正在赶来的援兵。开始时，一切都很顺利。但救援进攻中的失利造成一场灾难: 239高地仍在苏军手中，第3装甲军无法将其夺下。

— 471 —

尔卡瑟阴霾冬日下的10000多人来说，这段距离则是个永恒。

239高地只是个地理位置，但它四周的山坡和峡谷却洒满了鲜血。这座高地在苏德战争史中占有永久的地位。

"弗兰克"装甲战斗群在"贝克"重装甲团的虎式和黑豹坦克的加强下，再次对239高地发起攻击。与此同时，第16装甲师击退了苏军的所有反击。但苏军近卫坦克第5军军长同样意识到这座高地的重要性。他的部队沿着从梅德温而来的公路，一次次从北面发起进攻，同时也从东面和南面的树林发起坦克突击。就这样，2月16日，他在东面投入20辆T-34，在东南面投入30辆T-34，发起对239高地的突击。泽特上校的炮兵压制着苏军步兵，黑豹坦克击溃了苏军的坦克群。施特里普尔中士也取得出色的胜利，他的七辆黑豹坦克共击毁27辆T-34。这是个辉煌的成就，但毫无用处。

埃贝林上尉带着70名掷弹兵，与冯·德恩贝格尔少尉所率的3辆坦克相配合，成功夺下通往239高地途中的十月镇（Oktyabr），但此后的进攻却被苏军的防御火力和反击所阻。

苏军从道路两侧的密林一次次发起大规模突击。此刻，无论是牺牲还是魔咒都已派不上用场，无论是"警卫旗队"得到加强的装甲掷弹兵营还是鲁德尔的斯图卡，都无法改变战场的态势。

到2月16日夜间，第113装甲掷弹兵团第2营只剩下60人。600人的营只剩下60人！第1装甲掷弹兵团和"警卫旗队"的情况也好不到哪里。一些连队只剩下10人，最多12人，连长和排长们不是阵亡就是负伤，这些连队的番号不得不被取消。装甲工兵营和装甲团的情况也与之类似。他们只剩下12辆黑豹和几辆四号坦克尚能作战。雷相卡北面5英里处，从梅德温而来的公路上，第16装甲师陷入代价高昂的防御战中。西面，第17装甲师仍在与苏军的一个坦克军拼死作战。"警卫旗队"的主力在维诺格勒（Vinograd）进行着激烈的防御战，其实也已是强弩之末。第198步兵师只剩下个空番号。这一切明显表明——第3装甲军发起的救援进攻失败了。在距离苏军包围施特默尔曼56000名将士的铁环5.5英里处，德军的救援行动陷入僵局。第1装甲集团军参谋长温克将军于2月16日夜间驾驶一辆履带式摩托车赶到第1装甲师，想看看能否为自己的老部队做些什么。但他唯一的发现是：第3装甲军的实力并不足以打垮苏军强大的防御。

包围圈内，德军各个团等待在他们的出发阵地中。他们聆听着隆隆的坦克炮声，观看着西面炮火的闪烁。他们相互询问："是不是援兵来了？"

前线士兵所看见的战场只是一小片区域——只是他目力所及之处的那一小片。他们坚守在自己的阵地上，置身于坦克中或火炮后。他们发起冲锋或抵御着敌人的冲锋。他们看着敌人高呼着冲来，甚至能看见对方的眼白。他们击退敌人或被敌人打垮。但在硝烟和火焰后，在争夺林地和溪流、山丘和沟渠、村庄和峡谷的激战中，相关的战略和战术对这些士兵来说依然是个未知数。只有研究每日作战态势图的人才能感觉出战斗的脉动，辨别出计划或混乱。

科尔孙包围圈的作战态势图展现出一幅英勇而又具历史意义的画面，一个计划为切尔卡瑟西南方阴暗而又血腥的事件留下了深深的印记。

2月7日，德军统帅部意识到，包围圈无法长期坚守，救援部队能否迅速突破至被围部队身边越来越值得怀疑。这个包围圈以科尔孙和戈罗季谢（Gorodishche）为中心，形成数字"8"的形状。从西北伸向东南的轴线，长度为28英里。对从南面发起救援行动的第47装甲军来说，这是个有利的位置，因为包围圈的南端几乎延伸至什波拉地区，而冯·福曼将军正打算从这里发起他的进攻。但随着第24装甲师的来回调动，已无法指望从南面展开一场成功的救援，对被围部队来说，将部队调整至从西面而来的救援方向，尽可能前伸到第3装甲军的来向，这一点变得越来越重要。这就意味着变更阵地，改变包围圈的形状，这样一来，包围圈的纵轴将由东向西延伸。这就像在敌人的人海中将一艘战舰转向一样。

2月7日上午11点40分，第8集团军用电台对被围的两个军下达了指示："施特默尔曼集群应缩短防线，并将包围圈向申杰罗夫卡（Shenderovka）移动，以便在时机到来时，朝包围圈外发起救援行动的部队的来向实施突围。"

施特默尔曼将军立即执行移动包围圈的艰巨任务。东面，武装党卫军的几个营放弃了戈罗季谢，北面，第88步兵师撤出亚诺夫卡地区（Yanovka）。科尔孙及其机场则是这一移动的旋转点，由于补给的关系，施特默尔曼集群必须守住这里。实施重组，听上去容易，实际上艰难得令人难以置信。所有道路上都是深深的泥沼，唯一可供通行的路径是铁路路基。

2月11至13日的三天里，包围圈内实施了根本性重组。申杰罗夫卡、新布达（Novaya–Buda）和科马罗夫卡（Komarovka）这些村落无疑为德军向西南方发起突围，冲破苏军包围圈的行动提供了有利的跳板。

来自摩泽尔的第72步兵师对新布达的进攻，其激烈度对突围行动第一阶段来说颇具典型性。在一片开阔的山坡上，苏军牢牢据守着构建在雪地上的阵地。德军士兵必须冲上这片遍布积雪的山坡，他们没有任何遮蔽，形成了完美的目标。这个艰巨的任务被交给第105掷弹兵团。克斯特纳少校决定发起一场夜袭。

计划很简单，完全基于每个士兵的作战表现。这是一场原始意义的战斗——人对人的白刃战。最前方的突击队配备着刺刀、工兵铲、冲锋枪和机枪。紧跟在身后的是团主力，他们携带着重武器——第172炮兵团的四门火炮，每门炮由八匹马拖曳。

2月11日夜里20点30分，没有月光，四下里漆黑而又寒冷。德军士兵悄无声息地逼近了苏军的阵地。他们的白色伪装服使敌人难以发现他们的身影。不许出声！不许说话！不许开枪！他们能听见第一座支撑点内苏军士兵的说话声。就在这时，一名苏军哨兵发现了某些动静，他盘问道："停下！口令！"

"冲啊！"这就是罗特上尉的回答。他们一边冲锋一边开枪射击，随即跃入战壕。这是一场冷兵器的对决，敢于阻挡他们的人都被刺刀捅倒。突击队从两侧扫荡着战壕，并提供侧翼掩护。

突袭获得了成功。该团随即发起猛攻，穿过苏军阵地的梯次纵深。马匹牵引的大炮紧随其后。他们穿过暴风雪和敌人的火力，夺取了200高地的周边地带。午夜过后不久，他们到达苏希尼（Sukhiny）—申杰罗夫卡公路。就在这时，苏军一支毫无防备的车队从东面驶来，他们正赶往申杰罗夫卡。在车队中，能看见几辆多管火箭炮发射车。"把高射炮调到前面！"在200码距离上，苏军车队遭到德国人20毫米自行高炮的火力打击，很快便土崩瓦解。车上携带的燃料发生爆炸，巨大的火球在雪地上熊熊燃烧。德军对新布达的进攻开始于凌晨1点，到凌晨2点30分前，这个村子已落入德军手中。苏军运输和骑兵部队在睡梦中被打了个措手不及，他们没有抵抗，而是四散奔逃，250人成了俘虏。

第72步兵师右侧的进攻同样取得了进展。来自汉堡的党卫军"日耳曼尼亚"装甲掷弹兵团对申杰罗夫卡发起冲锋，这是日后实施突围行动的第二根支柱。这里同样爆发了激烈而又残酷的白刃战。随后，争夺科马罗夫卡的战斗也付出了高昂的代价，但这里距离包围圈边缘仅有4英里。

2月13日，星期天，东面的科尔孙被疏散。作为交换，西面的科马罗夫卡最终被德军第72步兵师夺取，面对敌人凶猛的反击，他们以一场激烈的防御战守住了这个村子。在新布达，比利时志愿者组成的"瓦隆人"突击旅，以六辆坦克、四门反坦克炮和四个50~100人不等的连队击退苏军发起的几次反击。该旅有200多人阵亡，其中包括其首任指挥官卢西恩·利珀特中校，他曾是一名比利时总参军官。旅里的参谋莱昂·德格雷勒中尉接替指挥，他带领部下击退苏军的反扑，守住了新布达。

2月15日，第72步兵师夺取了科马罗夫卡北面的小村希利基（Khilki）。"拿下这个村子对日后实施突围行动至关重要。"师部致电第105掷弹兵团。克斯特纳少校的部下们明白这一点。就这样，希利基被夺取。

此刻，包围圈外的第1装甲师和"贝克"重装甲团徒劳地试图拿下239高地，以便发起最后的突击，最终与施特默尔曼的先头部队会合。但他们再也无法前进一步。鲁德尔的斯图卡联队发起救援性进攻，帮助他们拦截苏军的反击，并压制住敌人，但这里再次出现了老生常谈的问题——他们缺少十来辆坦克，缺少几个掷弹兵营，对贝克中校的黑豹坦克来说，最要命的是缺乏燃料，连续作战已使他们的燃料消耗殆尽。

在此期间，包围圈内的德军部队危险地挤在申杰罗夫卡周围4×5英里的地域内，准备朝救援部队的来向发起突围。他们还不知道救援行动已陷入僵局，仍在等待意味着自由的命令。如果突围的命令不能尽快下达，他们将遭遇没顶之灾；一旦苏军意识到目前的状况，并集中炮火轰击包围圈，将造成一场灾难性后果。

在此期间，苏军想方设法了解包围圈内的情况。"自由德国全国委员会"的人员身穿德国军官制服溜过防线，以进行侦察活动。2月11日，这样的一名军官出现在德军第1装甲侦察营的阵地上，并开始打听部队的实力、武器和目标。前线单位与师部核实后立即接到命令："逮捕他！"但此刻，这名间谍已然消失。苏军在电台中宣布派出军使的消息后，几名打着白棋的苏军军官出现在某德军师的师部，向德国人提供了投降的条件。

据第3装甲军作战日志记载，2月10日，冯·赛德利茨将军以"德国军官协会"主席和"自由德国全国委员会"副主席的身份，通过"自由德国全国委员会"的电台对包围圈内的德军士兵发表讲话。他呼吁这些士兵停止抵抗，并向他们承诺良好的食宿条件及人身安全，承诺不拆散部队，仍由他们原来的军官们加以管理等。这种声明并未能影响德军部队的军心。大多数听到广播，读到空投下的传单的官兵对此没有多加理会。赛德利茨的名字在德军部队中没什么分量，不足以引起官兵们认真的思考。

56000人挤在这个缩小的包围圈内，忍受着苏军炮火和传单的轰炸，等待着救兵的到来。他们的情况每个小时都在恶化。最后，冯·曼施泰因元帅决定下达突围令，不再等待元首大本营的批准。他的决定是基于第1装甲集团军参谋长温克少将一份明确而又坦率的报告。

2月15日上午11点05分，第8集团军致电包围圈："第3装甲军的行动受到限制。施特默尔曼集群必须以自身的努力实施突围，直至朱尔任齐—239高地一线，在那里与第3装甲军会合。"这道命令给随后发生的事埋下了悲剧的种子，因为命令中没有说明一个重要的事实——尽管"贝克"重装甲团和第1装甲师的装甲战斗群反复尝试，但239高地仍未被掌握在苏军第3装甲军手中。可施特默尔曼必然从这些字句中得出结论：待他赶到239高地时，他会遇到德军的救援部队。实际上，等他到达那里，遇到的是苏军强大的坦克部队。这一事实是切尔卡瑟这场悲剧的根源。2月15日早上，第8集团军仍在盼望第1装甲师的先头部队或"贝克"重装甲团在16日投入他们最后的虎式坦克，最终拿下239高地。但第8集团军参谋长施派德尔少将随后却在集团军司令部内表示，这种可能性并不大。因此，似乎是第8集团军故意对这一重要而又危险的情况含糊其辞，以免在一开始就动摇施特默尔曼的军心；他那些严重受损的部队需要鼓起所有的勇气和信心，以完成他们充满风险的突围任务。

施特默尔曼肯定对某些情况有所怀疑。他不仅要求增加空投的弹药量以执行突围行动，还于2月16日夜间致电第8集团军："施特默尔曼集群可以沿自身防线突破敌军的包围，但无法对第3装甲军前方的敌军实施第二次突破。"

话说得很明确，意思是：作为实施突围的条件，我要求肃清239高地及其两侧的敌军阵地。这个要求正是第3装甲军的将士们一直不断努力，试图完成的任务，但在不利的状况下，他们已无法做到这一点。如果将这个情况通报给施特默尔曼，他还会发起突围吗？或者，他会产生犹豫和动摇吗，就像14个月前，保卢斯在斯大林格勒的犹豫和动摇那样？

斯大林格勒的幽灵已隐约可见。在那里，类似的不确定性曾导致突围行动致命的延误，最终以一场惨败而告终。另一个问题是，元首大本营此刻尚未批准这一突围。曼施泰因的突围令随时可能——就像在斯大林格勒那样——被否决掉。

值此时刻，曼施泰因这位有责任感的集团军群司令快刀斩乱麻地做出了决定。他将所有的条件、考虑和责任问题推到一旁，于2月16日给施特默尔曼下达了简洁而又明确的命令："口令——自由，目标——雷相卡，23点！"

第42军的电台收到了这份电报。几分钟后，它被放在"施特默尔曼"集群参谋长弗朗茨上校的桌上。他长长地松了口气。这是一道实施突围行动的明确命令。这里不会再出现一次斯大林格勒。早已拟就的突围计划，几天来一直放在各参谋军官的文件箱中，现在终于要付诸实施了。

负责指挥突围行动的第42军军部设在申杰罗夫卡西北部边缘的一座农舍内。整个包围圈已严重萎缩，只剩下四座村落。其中的新布达，在此之前一直由英勇的瓦隆人守卫，但很快便被放弃，而希利基和科马罗夫卡仍在抵御着苏军猛烈的进攻。申杰罗夫卡的农舍中挤满了伤员。这里有4000名伤兵，自2月10日起，他们便已失去搭乘飞机撤离的机会，因为德军飞机无法在科尔孙满是泥泞的机场上着陆。这是4000个痛苦的悲剧因素。混杂在这些伤员收容所之间的是各个营、团和师的战地指挥部。村庄的街道上、菜园里、农舍的四周，停放着各种大炮、待修的坦克、战地厨房、摩托车以及马拉大车。四下里燃起小小的篝火——按照命令，各部队正在焚烧文件、作战日志以及不再需要的个人用品，例如信件、笔记本和纪念品等。除了白刃战所需要的器具以及能随身携带的几样物品外，其他东西一概不带。任何能使用的东西都不得留给苏军。只有武器、作战车辆和战地厨房会得到疏散。女性通讯辅助人员被分配到各部队中，经验丰富的指挥官将承担起对她们的保护之责。每个人都知道，如果被俘，等待这些姑娘的将会是什么。尽管为她们提供了尽可能的照料，但这些姑娘还是几乎全部损失掉了。

第42军作训处长赫尔马尼少校召集各部队指挥官，向他们简介突围计划。现在已没有秘密可言。每个人都必须知道计划安排和自己要做的事情，尽管没有人发问。

作战态势图被钉在墙上。摇曳的烛光映照着地图上红蓝色的标记。"这里是希利基—科马罗夫卡一线。我们安排了三个突击楔子，呈纵深梯次配置。没有炮火准备。第一阶段必须保持安静。敌人将被我们的刺刀打垮。然后再以一个快速行动突围至朱尔任齐地区（Zhurzhintsy）和239高地。我们将与第3装甲军在那里会合。"

赫尔马尼的手轻轻划过地图。他的乐观想法希望得到证实，于是他证实了这一点。几条铅笔线勾勒出态势：

"B"军级支队位于右侧；第72步兵师居中；党卫军"维京"装甲掷弹兵师位于左侧。这里大约有40000人，由利布将军负责指挥。施特默尔曼将与后卫部队留在包围圈内。担任后卫的是特洛维茨将军来自巴伐利亚的第57步兵师和里特贝格伯爵来自巴伐利亚—苏台德区的第88步兵师。第389步兵师，除反坦克营外，师里的其他部队和第167及第168步兵师一些分散的群体都被配属给第57步兵师。这样一来，特洛维茨将军又得到3500名士兵。里特贝格伯爵的师实力稍差。因此，总计6500名士兵为突围行动提供后卫掩护。无法移动的伤员及其医护人员被留在包围圈内，他们将被移交给苏军。这是突围计划中最令人痛苦的一部分。但并非每个部队都遵从了这一命令。

接下来便是计划简报中最难的部分。各位军官被告知，他们应督促属下的军士和士兵写封简短的家信，然后将这些信件相互交换——以防万一，以此确保他们最后的信件能被寄回家中。

这位作训处长又郑重其事地补充了几句关于战友情谊的话，这种情谊将在接下来的几个小时里接受其最大的考验。战友情——这是个难以言述的字眼。现在，这个词将变得清晰明确，它的基本概念对每个人都将至关重要。

我们在这位作训处长的报告中读到："2月16日，星期四，22点。我们默默地坐在指挥部里。没有其他命令可以下达，也没有指令需要签发——这是20天前被包围以来的第一次。每个人都在想家。包围圈外寄来的最后一封家书已被烧毁，还包括四年战争岁月里一直带在各人身边的那些物品——妻子和孩子的照片、歌德的《浮士德》或欧根·罗特的《世界历史中的女人》。"

此刻的形势已非常明确，施特默尔曼的突围部队将在239高地遭遇苏军坦克，而不是德军巡逻队，第3装甲军决定将实情对施特默尔曼和盘托出，并向他通报雷相卡桥头堡的情况。布赖特装甲军的参谋长默克上校，1955年才从苏联战俘营释放回德国，2月16—17日夜间，他们试图用电台通知施特默尔曼。但对方的电台已不再做出回复。就在这一重要电文传入空中时，包围圈内的突围行动已经展开。

申杰罗夫卡的地狱之门敞开了。三个师的接敌路线穿过这个村子，沿一条狭窄的街道而去。沟壑上唯一一座桥梁被一辆从巷子里突然驶出的坦克堵住。工兵们折腾了几个小时才将它推入山谷，然后，他们不得不对这座桥梁进行了一番抢修。

交通不可避免地夹杂着混乱。所有人都在大声喊叫。苏军的炮弹在各处炸开，每颗炮弹都能击中目标。受伤者被拖入农舍。军部的门口躺着一名参谋，他的头已被弹片削掉。

此刻是22点30分。低空飞行的He-111投下一箱箱弹药。伴随着巨响，这些弹药箱落在战地厨房车和农用大车间。敌人的炮击愈发激烈。爆炸就发生在第42军军部的前方。这时，利布将军赶到了。他戴着他最喜欢的白色毛皮帽，平静而又乐观。与他同来的是第11军参谋长格德克上校，他们一同商讨了突围行动最后的细节。

23点，时间到了。夜里一片漆黑，没有月光，没有星星。温度计停顿在摄氏零下4度。但有一股寒风从东北方吹来。幸运的是，对行进中的德军来说，这是一股顺风，而监视中的敌人则位于逆风处。这股寒风有时会非常强烈，甚至还裹挟着雪花。对一场希望避开敌人双眼和双耳的行动来说，这种气候很有利。

"B"军级支队在右翼行动，走在最前面的是第258团级战斗群的部队。在左翼发起进攻的是武装党卫军第5"维京"装甲掷弹兵师，其先头部队由第5装甲侦察营担任。在该营身旁的是来自黑森第389步兵师的反坦克营，这个营的第3连由原第66高射炮营的人员组成，而第66高炮营已覆灭于斯大林格勒。此刻全营的兵力只剩下97人，第3连的人数为30人。突围楔子的中央是第72步兵师，打头阵的是第105掷弹兵团。

克斯特纳少校手上有一份缴获的苏军地图，这份1:10000的军用地图清楚显示出他的进攻路线，与他的棱镜罗盘组成了绝佳的导向工具。这一点很重要，因为这里根本就没有道路：部队的前进路线横跨过开阔的乡村，穿过田野和牧场。冰冻的泥浆上覆盖着结了冰的积雪。克斯特纳向部下们下达了明确指示：不许发出不必要的声响，不得吸烟。更重要的是，他已下令所有步枪不得将子弹上膛，以免神经紧张的士兵过早扣动扳机，从而破坏突围行动的突然性。第一处苏军阵地被他们用刺刀夺取，第二处阵地也被打垮。只在一个地段发生了激烈的争夺，他们不得不以白刃战夺取敌人的这个炮兵阵地。第72步兵师的主力紧跟在他们身后。接下来的行动也会像这样轻而易举吗？此时时间是凌晨3点30分。克斯特纳少校、罗特上尉和本德尔中尉研究着地图。他们已到达朱尔任齐东南面的沟壑。在他们前方，高地的山脊上是通向波恰平齐（Pochapintsy）的道路，径直翻过239高地。

此刻天色尚黑。如果一切都已按计划进行，现在应该已到达第1装甲师最前方的据点了。可是，经过一番仔细的侦察，本德尔中尉很快返了回来。"确实有坦克，"他说道，"但不是德军的。6辆T-34守在朱尔任齐的南面出口。东南方1.5英里处，同一条道路上，还有更多T-34的身影。"

这可能意味着239高地已被敌人夺取。尽管有无线电静默令，但克斯特纳还是决定立即将这个出人意料而又危险的情况报告给师里。然后，他带着队伍再次悄无声息地向前而去。他又一次提醒自己的部下："不到万不得已不许开枪。"

第105掷弹兵团排成一股狭窄但却松散的队列，向前穿过道路，恰巧从两股苏军坦克部队之间的缺口处通过。苏军什么也没发现。现在要小心，放轻脚步比手榴弹更有效。他们已越过239高地上方那条公路200码远，这时，先头小组停了下来。一名中士轻轻走到克斯特纳身边，低声汇报道："少校先生，敌人的阵地就在前面，面向西。但我觉得那些伊万们都在睡觉。"

面向西的阵地？这只能是苏军防御德军解围部队的阵地。换句话说，这是突围部队的最后一道障碍。"进攻！"克斯特纳下达了命令。他们再一次以枪托、工兵铲和刺刀发起攻击。这场白刃战悄无声息，没有发出任何战斗的呼声。但没人想到，惨烈的切尔卡瑟突围只是刚刚开始而已。

这是场短暂的战斗。苏军仓皇逃窜，但他们向四面八方胡乱射击。枪声惊动了近卫坦克第5军，他们的坦克掩护着从朱尔任齐至波恰平齐的道路。这些坦克打开大灯，照明弹嘶嘶地窜入空中。现在，他们终于看见德军第72步兵师的主力正越过开阔地，逼近了公路。

"小心！德国人！"坦克指挥员大声喊叫着，"开火！"突然间，一场实力不平等的战斗打响了。第72步兵师的主力遭到压制。

但第105掷弹兵团的各个连队匆匆向前。他们再次发现前方出现了三辆坦克的轮廓。克斯特纳亲自摸近过去。是黑豹坦克的身影！此刻，车体上的十字徽标已清晰可辨。他跳起身，在拂晓的曙光刚刚出现之际，用尽全身气力喊出了口令："自由！自由！"

黑豹坦克的舱盖打开了。克斯特纳的部下们已到达德军第1装甲师的前哨防线，构成该防线的是来自埃尔福特第1装甲团的第1连。男爵冯·德恩贝格尔少尉爬出坦克，迎接了克斯特纳。他们成功了！

第105掷弹兵团突围而出。三周前，包围圈被封闭时，该团有27名军官和1082名士兵，现在只剩下3名军官和216名士兵。只有216人！但他们带出来十一挺轻机枪和一挺重机枪，一门迫击炮和一门步兵炮。每个士兵还携带着自己的步枪或冲锋枪。他们的突围行动几乎没有什么伤亡，只有20来人负了轻伤。[1]

那么，其他部队的进展如何呢？

党卫军"维京"装甲掷弹兵师的突围地区位于第72步兵师左侧。党卫军第5装甲侦察营在德布斯中尉的带领下，同样迅速完成了突围的第一阶段。就在党卫军第5装甲团最后几辆战车再度击退苏军对申杰罗夫卡东部边缘的一次夜袭之际，第5装甲侦察营的第一次尝试便突破了苏军在西面的包围圈，苏军的反坦克和机枪阵地被德军打垮。波恰平齐制高点上的第一处阵地被德军的突袭所夺取。

几乎与克斯特纳第105掷弹兵团到达的时间相同，党卫军装甲侦察营也赶到了

---

[1] 克斯特纳率领的突围是切尔卡瑟被围部队中最幸运、最成功的行动。几天后，他获得了骑士铁十字勋章的橡叶饰。此后，他担任过第905师和第16人民掷弹兵师师长，1945年被美军俘虏，1946年获释，最终军衔为上校。1990年，克斯特纳去世。

靠近239高地的公路。他们现在面对着苏军封锁包围圈的主阵地。德布斯中尉同样辨别出高地上苏军强大的坦克屏障。但他决定发起进攻。

时间是4点30分。面对苏军的防御火力，他们的第一次冲锋在山脚下崩溃了。德布斯的部下和跟在他们身后的"瓦隆人"突击旅被困于机枪的纵射火力下。如果有4～5辆黑豹坦克也许能扭转局面，但装甲侦察营只剩一辆三号坦克。装甲团里的其他坦克已卷入申杰罗夫卡的坦克激战中，他们追逐着敌人的T-34和JS-Ⅱ型坦克，并牺牲了自己。德布斯再度尝试，但还是徒劳。苏军异常强大的防御现在已彻底清醒过来。

这时，"维京"师的主力赶到了。另外，第72步兵师未能在北面跨越公路的部队也涌了过来。"B"军级支队的情况也好不到哪里去。菲比希上校带着第112师级战斗群，兵不血刃地打垮了苏军的第一个支撑点，并消灭了他们的一个机枪阵地。该师级战斗群向西南方推进，结果与第72步兵师的主力相遇，于是将方向调整至南面。

天色已拂晓。苏军坦克和反坦克炮射出的炮弹在德军队列中炸开，这些部队无遮无掩地散布在毫无特色的地面上。他们的反坦克炮和野榴炮被困在沟壑冰冻的两侧，尽管每门大炮都已安排了8～10匹马来拖曳。除了"铁拳"，这些德军士兵没有其他反坦克武器，他们躲避着，试图在苏军的这场屠戮中生还下来。人群向南涌去。按计划实施行动的一切希望已然破灭。每个人都想为自己在这片混乱中找出逃生之路。

这里有数百人组成的密集队形，也有较小的群体，甚至还有单独的士兵，他们都试图逃出苏军的火力范围。最后，他们再次转身向西，向自由而去。苏军步兵被刺刀打垮，他们的骑兵也被击退，但苏军的坦克仍在不受阻碍地向德军队伍开炮射击。

第389反坦克营第3连的那门20毫米高射炮已不复存在。但这些士兵拖着一辆装有12具"铁拳"的手推车。克劳斯上士带着这个连队——如果仅剩的这20人还能称为一个连的话。他们无法穿过峡谷，因为苏军坦克排列在山坡上方，不停地炮击着下方的峡谷。"跟我来！"克劳斯对第2排的炮长弗里茨·哈曼下士喊道。

他从手推车上抱起三具"铁拳"，塞到哈曼的胳膊下，又给自己拿了三具。他们俩小心翼翼地凑到峡谷边缘的死角，逼近了停在上方的苏军坦克。两人站起身，瞄准敌人的坦克。轰！轰！

两辆T-34起火燃烧，浓烟从车身内涌出，这为两人提供了理想的掩护。哈曼又击毁两辆苏军坦克，克劳斯也干掉一辆。剩下的四五辆T-34紧张起来，很快便转身驶离。道路被肃清。峡谷间立刻涌满了向前推进的队伍。一条新的道路已被打开，直通波恰平齐的榉木林。

没有最高统帅部公报，没有军功纪念章，也没有勋章推荐书会提及这番壮举——这些无名英雄在这场突围战中的英勇行为。

"B"军级支队的主力在福凯特上校的带领下，与第188炮兵团的一部，在其进攻初度受阻之际，先头攻击部队抓住一个有利之机，冲过239高地两侧的道路。他们成功了。各团级战斗群设法赶至树林中，这里不再受到敌坦克的威胁，随后，他们到达十月镇和雷相卡——尽管他们未能将任何重武器带出来。

第42军军部对这些情况尚一无所知。利布将军和他的军部人员已跟上从申杰罗夫卡发起突围的第一阶段。参谋长和作训处长站在一所农舍外，仔细聆听着。

队伍从他们身边默默地走过。马蹄在冰冻的地面上发出的"哒哒"声被黑夜和寒风所吞噬。军长来到这两人身边，问道："前方有什么消息吗？"这其实是个例行公事的问题。"没有，将军先生。"科马罗夫卡和希利基方向都听不到激战声，但是否能确定突围先头部队此刻已冲出敌人的包围圈了呢？"你们觉得这种寂静意味着什么？"利布问道。弗朗茨的嗓音有些沙哑，他回答道："这只能意味着一件事——第一波次已经通过，他们用刺刀突破了包围圈。"

"那么，先生们，我们出发吧。"利布说着，将他那顶高耸的白色毛皮帽用力往头上压了压，迈开大步向他的马匹走去，看上去就像个俄国大公。

午夜过后不久，利布将军在希利基的西部边缘设立起他的作战指挥部。这个村子构成了德军突围通道的右侧支柱，必须不惜一切代价守住。但苏军从侧翼对其施加的压力越来越重，他们已到达村子的东部边缘。形势变得愈发危急。如果希利基被苏军夺取，德国人的突围通道将彻底崩溃。

"我需要一个可靠的战斗群去挡住那些俄国人，"利布抱怨着，"我们还有什么兵力吗？"

一名奥地利炮兵指挥官①迈步走到地图桌前。站在烛光中，他平静地说道："我只剩下100名士兵，但我会守住那里，将军先生，您放心好了！"他确实守住了，直到最后一名德军士兵撤离阵地。他甚至还带着这支后卫部队离开了那个危险地点。

清晨6点，利布的军部人员跟随着最后一支部队，策马离开希利基。

"谁去通知施特默尔曼，我们已开始突围，不再接受任何指令了？"利布问他的参谋长。弗朗茨指了指一名骑手。情报官冯·梅尔亨布上尉主动请缨。这位来自梅克伦堡的马术障碍赛骑手默默地将手举至钢盔旁敬了个礼。他将他的花斑马调转方向，片刻后，他已驰骋着穿过敌人的炮火。

利布的队伍慢慢地策马向前。这是一幅可怕的景象，一场拿破仑式的后撤。军需官甘朔少校骑着一匹强健的灰马走在队伍外侧。他那头高大的德国狼犬跟随在一旁。"请转告我的妻子我爱她。"在希利基时，他这样对赫尔马尼少校说道。"我没办法突出去，"他轻声补充道，"请照看我的狗，我不想让它变成一只流浪犬。"赫尔马尼看着甘朔跟随着队伍一同前进时，怎么也无法将那些话语逐出自己的思绪。难道这就是死亡的预感？他不知道。

每年的这个时候，西乌克兰的黎明通常会在清晨6点到来。但1944年2月17日这个血腥的星期四，暴风雪阻止了充足的光线出现在白天。队伍继续向前，跨过冰雪覆盖的开阔地。农用大车咯咯作响，车上的伤员们呻吟着。大多数单位并未遵从丢下伤员的命令，在这方面，苏军曾给他们留下过太多恶劣的印象。

远处传来激战声。士兵们愈发紧张起来。敌人的火炮加强了对德军队列的轰击。炮火袭击着行进中的队伍。所有人都已散开，受惊的马匹四散奔逃。赫尔马尼胯下的杂色马被弹片击中后倒下。这位少校跟跄着爬起身，寻找着他的副官和地图盒。但在这场混乱中，连人都找不到，更别说什么地图盒了。此刻，机枪火力也从右侧袭来。他们面对的是朱尔任齐与波恰平齐之间的苏军坦克屏障。和前

---

① 这位炮兵指挥官是第86炮兵团的诺伊费尔纳上校。

方队伍一样，他们同样试图转身向左侧而去。

弗朗茨上校胯下的马匹也被击中。最后的车辆和火炮被卡在一条从地面的凹陷处向上延伸的冰冻的山坡上。敌人的反坦克炮朝他们开火。佩戴着全套挽具的马匹四散奔逃。弗朗茨拦住一匹炮兵的牵引马，飞身跃上马鞍，向山坡上冲去。令他震惊的是，大约15辆T-34正在逼近。这些坦克隆隆穿过狭窄的峡谷，峡谷中，一长列插着红十字旗的农用大车停在那里。苏军坦克上的机枪扫射着那些马匹，然后像压路机那样碾上那些大车。履带将所有的一切碾为齑粉。

"猪猡！猪猡！"弗朗茨喘着气骂道。他知道那支大车队是"维京"师疏散的重伤员。吉勒将军不愿丢下他们。大约140名伤员被送上伊塞尔施泰因博士所指挥的履带式车辆。另外100名重伤员和来自"B"军级支队急救站伤势较轻的30名伤员，被安置在农用大车上，这支大车队由"维京"师医护连主任托恩博士负责。对这些伤员来说，战争就此结束，弗朗茨眼睁睁地目睹着这一切。托恩博士救出十来名伤员。而伊塞尔施泰因博士的车队则在申杰罗夫卡西面遭到坦克袭击，伊塞尔施泰因博士死在一辆T-34坦克的炮火下。

在这片地狱中，突然传出大量嘶哑的吼叫。弗朗茨扭头望去。这怎么可能？1944年还会有这种事情？一名骑手带着3000~4000人冲出峡谷，朝敌坦克防线和森林边缘一片空地处的反坦克炮阵地扑去，这个阵地挡住了德军士兵逃入森林的道路。带领这场大规模冲锋的是米勒中校，而那些士兵则是第72步兵师的一部，他们冲过苏军的防线，逃入到树林中，在这里，他们不再受到敌坦克的威胁。弗郎茨上校加入到冲锋队列中。苏军的机枪火力扫射着他们，反坦克炮不时在队列中炸出一个个缺口。

一辆JS-Ⅱ坦克与一辆T-34之间有一个不超过50码的缺口。弗朗茨催动胯下气喘吁吁的马匹，穿过风雪，冲过这个缺口。现在，他与森林边缘只隔着一片田地。就在这时，一块嘶嘶作响的弹片击中他那匹马的头部，马的前腿跪下，在地上翻了个跟头。弗朗茨幸运地从马镫中脱出，再次毫发无损。他那支配备着瞄准镜的狙击步枪掉在死马旁的地面上。他捡起步枪，跑入森林中隐蔽起来。

看看决心和果断能做到些什么是一件很有意思的事，而其军事意义则应考虑到，面对疯狂的大规模突围，缺乏步兵支援的坦克，能力相当有限。德国人在战争第一年的合围战中一直认为，面对德军的坦克屏障，苏军的突围是无法获得成功的。而在战争后期，苏军似乎也抱有同样的错误看法。如果负责239高地的苏军指挥员或科涅夫大将本人能亲眼看看2月17日早上发生在波恰平齐森林中的事情，他们就将意识到自己所犯的错误。

第72步兵师、"B"军级支队、"维京"师和第389步兵师中越来越多的群体聚集到这里。他们已穿过敌坦克构成的防线，尽管高地上的道路看上去已被苏军的火力彻底封锁。的确，他们将最后的车辆、最后的突击炮和装甲车、最后的大炮和农用大车丢弃在波恰平齐村外的沟壑中，事实上，许多人甚至扔掉了随身携带的轻武器，但他们保住了性命。不过，他们很快就将发现，更大的灾难即将到来。

弗朗茨上校藏身的那片森林中突然爆发出喊叫声。一时间枪声大作。"瓦隆人"突击旅的两名士兵出现了。"敌人的一挺机枪在空地对面封锁了离开这片森林的去路。我们无法通过，已遭受到一些伤亡。""瓦隆人"报告道。

弗朗茨上校拿起他的狙击步枪，在这两名士兵的陪伴下，小心翼翼来到空地处。苏军的机枪就在对面。透过瞄准镜，弗朗茨清楚地看见了操纵机枪的苏军士兵。三个人，300码。弗朗茨扣动扳机，迅速连发三枪。然后，他挥着手，穿过一片浅浅的凹地向前跑去。他跑出去四五步远，其他人仍在等待。直到他们发现苏军的那挺马克西姆依然保持着沉默时，这才跟了上去。他们一路向前，向西南方而去。

军长试图让他这支三四千人的队伍恢复些秩序。军官和士兵们的身体和精神都已疲惫不堪，但他们依然意识到，纪律比混乱的"各顾各"要好得多。突然，赫尔马尼少校出现在弗朗茨身边。"上校先生，"他说道，"现在我们毫发无损地在这个地狱中相遇了，看来，我们肯定能突出去。"

但厄运继续尾随着他们。在雷相卡正东面的222高地，他们原以为终于到达了德军的前哨阵地，但却发现小山上的五六辆坦克是苏军的T-34。他们又一次遭受到严重伤亡。赫尔马尼手里的冲锋枪都被击碎了。

最重要的是他们不能停下。继续前进！继续前进！就这样，他们喘着粗气逃至格尼洛伊季基奇河。

时间很快便到了11点。经历了长途跋涉后，他们看见河边挤满了人。河面超过30码宽，河水深达6英尺。水流湍急，河岸陡峭而又冰冷。

目力所及之处，河面上见不到一座桥梁。

第1装甲师夺取的桥梁和来自耶拿的第37装甲工兵营匆匆搭建的一座临时步行桥，目前由"警卫旗队"师最后的一些掷弹兵们守卫着，就在北面1.5英里处。只有1.5英里！但没人知道这一点。驱使这些突围士兵跳入河中的只有一个念头——过河，逃到对岸，这样，苏军的坦克就无法追上了。

这种压倒一切的想法没有给他们留下任何冷静思考的空间。在239高地遭遇到的失望令这些士兵沮丧不已。他们觉得自己被遗弃、被出卖了。他们争吵着，咒骂着。他们所关心的只是赶紧逃出这个地狱。

此时的温度为摄氏零下5度，一股冰冷的寒风扑面而来。可这又有什么关系呢？4辆T-34赶至几百码处，用高爆弹和空爆弹朝拥挤的人群开炮射击。这太可怕了！德军士兵三十人一群四十人一组，盲目地跳入冰冷的河水中。整群整群的人被淹死。马匹的尸体漂浮在浮冰中。河面只有30来码！但即便只有30码，要越过冰冷的湍流也需要强大的体力和冷静的头脑。该死的恐慌！

弗朗茨上校[1]找了个稍稍空阔些的地点，用力向对岸游去。他游到一棵柳树下，柳树枝垂入水中，仿佛一只只伸出的援助之手。但这些"救星"几乎意味着他的没顶之灾。一根柳树枝勾住大衣，将弗兰茨拖入水中。他的手指开始僵硬，他的身子开始发沉。就这样完了吗？年轻的居尔登普芬尼希中尉刚好看见上校的困境，在他看来，弗朗茨和其他许多人一样，就要被淹死了，于是他一把拉住弗朗茨，把他拖上河岸。赫尔马尼少校[2]也平安到达了对岸。

"维京"师也赶至格尼洛伊季基奇河边，吉勒将军明智地将部下们组织起来有序渡河。他穿着件毛皮衬里的外套，拄着根多瘤的手杖，站立在河边。他已将

---

① 第42军参谋长弗朗茨突出了包围圈。1944年9月，他出任第256人民掷弹兵师师长。1945年初被美军俘虏，1947年获释，最终军衔为少校。弗朗茨去世于1975年圣诞节。

② 第42军作战处长赫尔马尼也逃出了包围圈，很快他便出任第26步兵师作战参谋，随后又进入总参作战处。1956年，赫尔马尼加入联邦德国国防军。

4500名士兵安全带至这里，其中，70%的人来自他的师。此刻，他不想让这些部下再遭到任何严重的损失。他下令将最后一辆拖车推入河中，以充当应急步行桥的临时桥墩，但湍急的水流迅速将这辆履带车卷走。一些农用大车也被推入河中，同样被水流冲走。

吉勒将不会游泳的士兵挑选出来。一个会游泳的士兵后面接着一个不会游泳的士兵，就这样交替构成了一条人链。将军走在第一条人链的最前方，亲自踏入水中。但在河中央，第三个人突然松了手。人桥断裂了。救命！接着是一片尖叫和咒骂声。那些不会游泳的人无助地被河水卷走。吉勒的参谋长舍恩菲尔德中校将部下们召集起来，又一次进行尝试，但又有许多人被淹死。

党卫军"日耳曼尼亚"团的多尔上尉跟随后卫部队赶到了。他们用大车拉着伤员队伍中最后的幸存者穿过雪地。多尔的掷弹兵和第14装甲师闯入包围圈的一个战斗群一直照料着这支伤兵队。在击退苏军坦克凶猛攻击的过程中，"维京"师遭受到整个突围行动中最惨重的损失。

那群来到河边的人在干什么？他们是"瓦隆人"旅里的比利时人。在一辆农用大车上搭载着伤员和他们的前任指挥官——在2月13日的战斗中阵亡的卢西恩·利珀特中校。他们的队伍遭到苏军坦克的攻击后，四名士兵带着利珀特的遗体一路赶至河边。他们不想让苏军得到他的尸体。这具尸体被裹上一张防雨帆布，在四名士兵的努力下被带过河去。在对岸，他们带着这具尸体再度穿过积雪，攀上冰冷的山坡，一路赶至第3装甲军的前哨阵地。

吉勒将军的副官韦斯特法尔上尉，试图搭乘最后一辆三号坦克渡过河去。但这是不可能做到的。韦斯特法尔不得不游过格尼洛伊季基奇河。他平安到达河对岸，这不仅意味着一名英勇军官的获救，还代表着施特默尔曼将军最终命运的一位重要目击者的生还。

一直有传闻说施特默尔曼将军是被党卫军的人枪杀的。但施特默尔曼并非被谋杀，而是在战斗中死于苏军的反坦克炮。当时的情况如下。在波恰平齐附近的一处凹地，由于机械故障，施特默尔曼将军的汽车无法行驶，在这里，他遇到"维京"师参谋长的一辆越野车。但这辆车也爆了个轮胎。因此，舍恩菲尔德和韦斯特法尔跑上冰冻的山坡查看情况，敌人的火力扫射着山顶。就在这时，施特默尔曼和他的副官赶到了，他已筋疲力尽。看见停在一旁的越野车，他打算在不更换轮胎的情况下将车驶上山坡。但司机无法控制住车辆，结果这辆车被陷住。就在这时，苏军反坦克炮射出的一发炮弹击中这辆汽车，从后部将其撕开。施特默尔曼和他的副官被弹片击毙。

一名俄国辅助人员和驾驶员设法将这两人拉出汽车。然后，他们跑上山坡，向舍恩菲尔德和韦斯特法尔报告："将军和他的副官都死了。"

"真的？不是重伤？"

"不是，一级突击队大队长，直接命中后背，当场就完了。"

舍恩菲尔德中校立即下令，任何车辆不要再驶上这个地狱般的山坡。

这就是施特默尔曼将军之死的真实记述[①]。

格尼洛伊季基奇河，这条湍急的河流揭示出人性中被隐藏的另一面——恐惧的"悬崖"、怯懦的"洞穴"，但也有英勇气概、战友情谊和自我牺牲精神闪耀的"山峰"。

例如，沃勒中士在河里来回游了三次。他用皮带和肩带匆匆做成一根安全带，通过这种方式，将三名不会游泳的士兵安全带过河去。第389步兵师的两名军士，将伤员绑在木板上，拉着他们渡过河去。第389反坦克营第3连五名走散的士兵来到河边，克劳斯上士也在其中。他们还押着六名俘虏，这是他们打垮苏军的一个反坦克炮阵地时抓获的。就在几个德国人脱掉大衣准备跳入河中时，一旁的苏军战俘用力摇着头。这些俄国农村小伙子的做法完全不同。他们解开大衣衣扣，滑下河岸进入水中，让大衣像翅膀那样摊在水面上，然后，他们游动起来。

弗里茨·哈曼下士对苏军的这种做法没什么信心。在一个河湾处，他看见河水几乎已被冻结至河中央，一些年轻的士兵正贴着冰面向前爬行。他也打算如法炮制。但冰面噼啪作响，发生了破裂，哈曼落入水中。他试图用双肘撑住自己，

[①] 据传，施特默尔曼将军打算投降，故而被党卫军士兵射杀，这个传闻没有任何证据可资证实；另外一个说法是，施特默尔曼阵亡时，紧紧地攥着手里的步枪，这个以讹传讹的说法更不知出自何处。苏军关于切尔卡瑟包围圈之战的纪录片，证实了舍恩菲尔德所说的施特默尔曼将军身亡的真相。

但冰面再次发生断裂。就这样，一码接一码，他挣扎着爬过破裂的冰面。他死死抓住浮冰，折腾了半个多小时。就在哈曼筋疲力尽之际，一名战友将卡宾枪枪托伸过来，将他拖上对岸。他获救了！

其他人在哪里？他一个战友也没看见。就连克劳斯也不知去向。哈曼步履蹒跚地向前走去。别回头，那是一条通向战争地狱的河流。

利布将军试图骑马渡河。但他胯下的那匹骟马再也坚持不住，被河水卷走后淹死了。利布将军挣扎着游到对岸。

博士霍恩上校，这位经验丰富的第72步兵师师长，带着他那些来自摩泽尔的部下，同样游过了格尼洛伊季基奇河。他的军装被冻住，硬得像块木板，但他一直站在西岸等待，直到最后一群部下安全渡过河来。

"B"军级支队指挥官福凯特上校没能赶到河边。在对苏军一处反坦克炮阵地发起进攻时，他身负重伤。后来他死在苏联的囚禁中①。

渡过河来的第一批生还者，穿着冻得僵硬的军装，一个个筋疲力尽、步履蹒跚地来到雷相卡，一头扑入"警卫旗队"和第1装甲师巡逻队及前沿哨所那些战友的怀中，这些部队立即意识到桥头堡南面1.5英里处的绝望状况。在装甲掷弹兵和一个装甲排的掩护下，第37装甲工兵营的突击队立即出发赶往下游。引导小组向到达东岸的大批突围部队挥手示意，指示他们向北去，赶往第1装甲师设在雷相卡的架桥点。

有些突围部队明白了西岸战友们发出的叫声和信号。但越来越严重的恐慌妨碍了一场有计划的绕道行动。赶至河边的苏军坦克加剧了这场混乱。最后，布劳恩少校带着来自图林根的装甲工兵，每个小组由第1装甲团的两辆黑豹坦克提供掩护，在数个地段搭建起几座应急步行桥，现在可以从这些桥上渡过格尼洛伊季基奇河。就这样，至少那些突围出来的后卫部队——他们同样偏向了南面——可以用这些临时搭建的桥梁过河，而不必跳入冰冷的河水中了。

---

① 福凯特上校身负重伤，苏军巡逻队发现他后，大概觉得他快死了，价值不大，带上他又太麻烦，于是，干脆开枪将福凯特当场射杀。

尽管经历了激烈的后卫掩护作战，但特洛维茨将军还是带着他来自巴伐利亚的第57步兵师以及第389步兵师的残部，作为一个连贯的整体来到河边。他将3000名部下送过河去，另外还有随队的250名伤员。为"施特默尔曼"集群担任后卫，坚守防御阵地时，他总共有3500人。已负伤的特洛维茨本人是最后一批踉跄着逃出科尔孙地狱的人员之一。

第88步兵师师长，伯爵里特贝格将军，同样带着他的部下赶至格尼洛伊季基奇河的渡河点。2月16—17日夜间，第246掷弹兵团的巴伐利亚人、巴拉丁人和斯瓦比亚人一直沿192高地坚守包围圈的北部防线，进行着艰苦的作战，随后才一步步向后撤去。这个团一路杀至河边，实力已被彻底耗尽。跟随师主力赶到这里的还有一支奇怪的队伍——俄国妇女队伍。她们曾在德军部队里担任过辅助工作，害怕遭到苏军的报复，因而跟随德军一同突围。

里特贝格伯爵是一名炮兵将军，来自费尔登，也是位著名的马术障碍赛骑手。他在渡河点发现，就连那些久经沙场的军官也变得惊慌失措起来，他们不顾一切地挤开人群，抢先渡过河去。里特贝格用他出了名的讥讽口吻说道："从什么时候开始军官有优先逃跑的权利了？"这句话说出后，渡口处的秩序立即恢复了正常。

党卫军"瓦隆人"志愿者突击旅最后的单位，通过不同的路径成功赶至第1装甲师设在雷相卡的桥头堡。"瓦隆人"的后卫部队在新布达一直坚守到2月17日早上。然后，按照命令，他们跟随着旅里的第一波次单位，超过突围部队，随即发现自己与"维京"师的人一同遭遇到波恰平齐北面的"坦克陷阱"。这些"瓦隆人"设法赶至一条峡谷，他们击毁了两辆T-34，以获得239高地南面一片树林的掩护，经过一番激战，他们从大群哥萨克骑兵中穿过。在树林中，莱昂·德格雷勒将他那些散兵游勇召集起来。他们守卫着雷相卡东面数英里处的这片树林，直到黄昏时刻。随后，在德格雷勒的带领下，他们静悄悄地出发，于2月18日到达第1装甲师的前哨阵地。这支队伍总共有3000人，包括许多平民和旅里最后的632名"瓦隆人"。

甘朔少校呢？这位第42军的军需官带着死亡的预感，骑着他的灰马赶往格尼洛伊季基奇河。他没能渡过这条河流。他的勤务兵带着他的狗游过河去。稍早些时候，这位少校曾试图为部队侦察一条安全路线，但后来，人们只看见他那匹无主的灰马再次出现在河边。在那之后，连这匹马也不见了。

所有的批评直指第3装甲军，特别是第1装甲师，科尔孙包围圈内的部队发起突围时，他们未能全力以赴地使突围部队免遭239高地的噩运。但这种指责毫无根据。第1装甲师以寥寥无几的士兵和坦克坚守雷相卡桥头堡达9天之久。2月17日，利布和吉勒将军带着他们的部下到达雷相卡时，第1装甲师只剩下12辆可用的四号和五号坦克，还有几辆已损坏的坦克被用于固定防御，另外还有80名装甲掷弹兵和3个装甲工兵群，就是这些兵力保持着跨过格尼洛伊季基奇河道路的畅通。这些士兵在科尔少将、泽特上校和贝克中校的带领下，在雷相卡抵御着苏军猛烈的进攻，几乎已到了崩溃的边缘。正是他们的坚守使突围部队得以穿过布然卡赶往后方。重伤员从雷相卡和布然卡被空运送往乌曼，这多亏了博士柯尼希斯豪森上尉对此的关心。

第1装甲师一直坚守着雷相卡桥头堡，直到2月19日早上，最后的后卫部队赶到为止。该师已无法做出比这更多的努力。1944年2月中旬以前，鉴于德军各部队的实力严重耗损，再大的英勇，再多的牺牲也无法抵消前几个月里，德军高层在基辅与基洛沃格勒之间的战场上所犯下的严重而又致命的错误。

2月16日晚，就在朱尔任齐与波恰平齐之间的树林和高地道路前，"贝克"重装甲团与第1装甲师的装甲战斗群在实力几乎消耗殆尽之际，布赖特将军于16—17日夜间投入了"警卫旗队"的两个营，试图突破苏军的屏障。投入一整个师也许能获得成功——如果确实有一个师可用的话。但两个营管什么用？即便对一支精锐部队来说，这也是个不可能完成的任务。

遭受到严重的伤亡后，这两个营止步于239和222高地前方冰冻的山坡。这一点不足为奇。科涅夫在突围地区集结了两个坦克集团军的主力，另外还有两个步兵集团军的12个师和一些独立骑兵部队。

用两个营去对付两个集团军的主力。

当然，苏军也疲惫不堪，早已丧失了充沛的活力。这大概是德军被围部队迅速突破第一道包围圈，而损失相当轻微的原因所在。但从朱尔任齐至波恰平齐的高地上，苏军控制着无路可走而又结冰的山坡，这是个相当理想的防御阵地。

尽管如此，"施特默尔曼"集群的突围还是挽救了该集群60%的人员，这是个惊人的成就。近35000人平安逃生，他们被带至乌曼东面的集结区。这并非故意贬低苏军所取得的胜利。这一胜利的意义在于，他们成功消灭了六个半德军师的战斗力，这六个半师丧失了他们全部的武器。确实，德国第8集团军和第1装甲集团军之间的缺口，被两个装甲师发起的反击暂时封闭，但这条薄弱的防线又能撑多久？

曼施泰因的指挥专列喷着蒸汽，沿第聂伯罗彼得罗夫斯克—利沃夫主干线，跨过乌克兰西部白雪皑皑的广阔区域，从乌曼驶向普罗斯库罗夫（Proskurov）。

这位陆军元帅已去乌曼的医院和收容中心看望过科尔孙包围圈的幸存者。他对那些官兵发表了讲话。切尔卡瑟这一章已然结束，但他又有了新的焦虑。俄国人会按兵不动，直到前线的缺口被某种方式再度封闭吗？这是一个问题。另一个问题是：用什么兵力去封闭缺口？除了"瓦隆人"志愿者突击旅外，从科尔孙包围圈内逃脱出来的部队，没有一个有实力承担起这个任务。但"瓦隆人"旅仅剩的632名官兵已被调至西线接受补充。这就意味着德军这六个半师丧失了参与进一步作战行动的能力。在其防线中部，曼施泰因缺少六个半师。这是个严峻的形势。

正是这种形势证明了苏军在科尔孙获得胜利的重要性。这个胜利的战略结果远比给德国人造成的损失重要得多，尽管直到今天，苏联方面一直通过歪曲伤亡和被俘人员的数字，使这些损失成为科尔孙战役的主要特点。例如，苏联历史学家捷利普霍夫斯基教授，列出德方的损失为52000人阵亡，11000人被俘。《伟大卫国战争史》一书则指出，击毙55000人，俘虏18000人。

这些数字荒诞可笑。这将意味着不到56000人的被围德军，被击毙和被俘虏的人数却达73000人。文件证据披露出一幅不同的画面。他们是时候接受这个证据了。

第8集团军的每日报告指出，截至1944年2月11日晚，被围的两个军，包括俄国志愿者在内，总计56000人。除此之外，共有2188名伤员被飞机运出包围圈。根据两个被围军的参谋长所做的记录，突围后赶至德军防线，并被记录为安全到达收容站的人数约为35000人。涉及这场战役的各师各团，他们的作战日志也证实了这些数据。他们的平均损失约为20%至30%之间。因此，切尔卡瑟的伤亡统计数是18800人。当然，所有的艰辛、痛苦和毁灭无法包含进任何统计表中。乌克兰孤寂的239高地和被上帝遗弃的格尼洛伊季基奇河上发生的悲剧，已被载入史册，这才使其有了深远的影响。

2

胡贝包围圈

"东线外军情报处"的报告——蔡茨勒的尝试——普里皮亚季河与喀尔巴阡山之间——第1装甲集团军遭到包围——曼施泰因给希特勒的最后通牒——伯格霍夫的冲突——来自胡贝的电话——希特勒做出让步——"向西突围，命令随后附上"——朱可夫徒劳的等待——跨过四条河流，穿过两个敌集团军——移动的包围圈——布查奇会合点——斯大林的陷阱被突破——救星的离去

曼施泰因的指挥专列慢慢驶过文尼察车站。车站管理员和运输负责人站在站台上举手敬礼。元帅、布塞将军和舒尔茨–比特格尔上校坐在办公车厢内研究着地图。传令官施塔尔贝格中尉从腋下取出一个塞满各种报告和电报的文件夹，将文件一份份递至桌上。

通过态势图和前线报告，不是先知的人也能看出前景一片灰暗。集团军群的预备力量都已耗尽。各个快速师由于连续不断的作战已遭到严重消耗。第8集团军及其左侧的第1装甲集团军的主防线上的步兵力量补充极为薄弱。只在第聂伯河河口与舍佩托夫卡（Shepetovka）之间还剩下一条连续的防线。从这里至普里皮亚季沼泽，存在着一个50多英里的缺口，守在这里的是一个虚弱的军——豪费将军来自纽伦堡的第13军。他的重任是守卫普里皮亚季沼泽南面具有战略重要性的地带，以阻止苏军的进入。自11月中旬，苏军第13集团军穿过第聂伯河与普里皮亚季河之间的"湿三角"地带后，这片地区便遭受到持续数月的威胁。

豪费将军是一名能干的总参军官，他成功拖延了苏军的推进，却无法阻止对方。现在，苏军以6个集团军的实力踏上罗夫诺地区（Rovno）的土地，就位于旧波兰边境的前方。他们威胁着沼泽地区西部边缘重要的铁路中心科韦利（Kovel），一场针对曼施泰因北翼的打击似乎即将到来。

曼施泰因元帅焦虑地注视着这种危险的态势发展。他视察了第59军的前线，该军军长是他的前任参谋长，舒尔茨中将，通过这次视察，他获知了坚守前沿支撑点的兵力是多么捉襟见肘。他一次次向元首大本营发出警告，多次要求增派援兵，并提议将一个集团军集结于遭到威胁的罗夫诺地区的后方。

可希特勒只是耸耸肩："我到哪里去找一个集团军呢？"于是，临时凑合的情况又一次出现了。霍特大将被解职后，奥地利装甲兵上将劳斯统辖的第4装甲集团军接管了捷尔诺波尔（Ternopol）周边地区。而第1装甲集团军则已进入舍佩托夫卡以东地带。为避免遭到合围，曼施泰因现在所能做的只是削弱自己的中央防区，撤出强大的装甲部队，并将他们置于集团军群北翼，以便为该地区最糟糕的情况做好准备。集结于舍佩托夫卡以南地区的党卫军"阿道夫·希特勒警卫旗队"装甲师，集结于布格河的第1、第6和第16装甲师，另外还有第11装甲师，都被抽调出来。

到目前为止，一切都还算稳定。但这些权宜之策造成一个新的危险——从第8集团军抽出半数以上的装甲部队，进一步削弱了这支已经很虚弱的力量。而此刻，第8集团军面对的是乌克兰第2方面军的六个集团军。科涅夫用于消灭科尔孙包围圈的这股大军，经过短暂休整，现正准备再次发起新的攻势。六个集团军！而韦勒将军，除了没有坦克，还因为切尔卡瑟的损失而缺了六个半师。这些事实很能说明问题。

因此，科涅夫得到一个真正的机会，他可以直抵比萨拉比亚和罗马尼亚这些深具诱惑力的目标。但是，如果希特勒更有效地投入其可用部队，这条防线也很容易被守住。

苏德战争期间，苏军的战略意图从未像现在这般昭然若揭。他们的兵力集结、地理位置和政治意图，清晰地透露出苏军的计划。而他们的逃兵和俘虏则提供了最后的细节。

一份有趣的文件揭示出这一点。3月初，当时还是总参谋部一名上校的赖因哈德·盖伦，提交了一份对当前态势的评估，清晰地勾勒出苏军的意图。根据间谍提供的情报以及侦察数据，盖伦准确地分析了苏军最高统帅部的计划。他在报告中指出："苏军准备对德军南翼发起一次钳形攻势。为此，他们将在短期内，以乌克兰第1方面军对我们位于普里皮亚季沼泽南面的第59军发起一场大规模攻势，从而向波兰攻击前进。与此同时，他们会转身向南，直奔德涅斯特河，包抄德军南翼。科涅夫的乌克兰第2方面军将从兹维尼戈罗德卡地区发起进攻，突破已被严重削弱的第8集团军，向罗马尼亚推进，并与乌克兰第1方面军相配合，包围我们仍位于德涅斯特河以东的第1和第4装甲集团军。"

这就是盖伦的判断。

但希特勒拒绝承认这些显而易见的危险。他对所有的建议充耳不闻，并寄希望于春季泥泞期，他认为，泥泞将使一切大规模行动陷入瘫痪。

但俄国的"泥将军"并没有听从希特勒的意愿，并给予他充足的时间。雨雪交替，温度在冰点上下徘徊，其结果是，敌人的活动，尤其是夜间和清晨，并未受到太大妨碍。

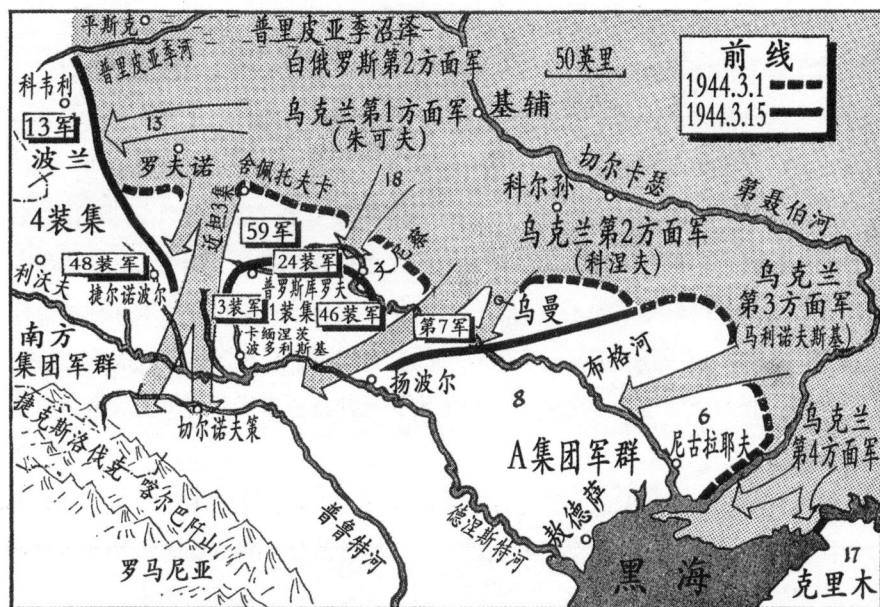

▲ 1944年春季，德军南翼的危急时刻：苏军冲向喀尔巴阡山，包围了德国第1装甲集团军。此刻只有一个缺口尚存——南面，德涅斯特河。但曼施泰因却下令：向西突围。

"狼穴"中弥漫着沮丧的气氛。该如何说服希特勒调集起可用的兵力去肃清这样一个灾难性的局面呢？

陆军总参谋长蔡茨勒将军使用了他所知道的每一个伎俩。他曾巧妙地问希特勒："假如您是俄国人，我的元首，您现在会怎么做？"按照逻辑，蔡茨勒以为希特勒会说"进攻"。但希特勒却闷闷不乐地答道："什么也不做！"这简直是违反常理，希特勒知道这一点，蔡茨勒也知道。但他试图以"什么也不做"来掩饰自己的失败。他不想放弃每一寸土地。克里木？必须坚守；挪威？必须守卫；匈牙利？必须占据；意大利？必须守住；法国？决不能从那里撤出，相反，还应增派兵力，以做好应对盟军入侵的准备。

希特勒想守住一切，但他却忘了普鲁士腓特烈大帝的至理名言——"想守住一切的人最终将失去一切。"希特勒坚持他的"要塞"战略，要求部队拼死守住他亲自挑选出的这些地点。他相信，以1807年科尔贝格①（Kolberg）曾用过的这种办法，这些"防波堤"一定能阻挡住苏军的大潮。

就这样，1944年3月4日这个星期六的早上，阿道夫·希特勒被证明他是大错特错了。斯大林最强大的集团军群——乌克兰第1方面军——对曼施泰因的左翼发起进攻。这一打击由朱可夫元帅亲自指挥。瓦图京将军遭到乌克兰民族主义分子的袭击而身负重伤后，朱可夫于2月底接替他出任方面军司令员。瓦图京——这位充满干劲的苏军将领于4月15日去世。他是苏军总参军事学院有史以来创造出的最出色的将领之一，也是苏军中为数不多的现代型指挥官之一。现在，这位杰出的将领在战争的关键时刻消失了。他的位置由朱可夫替代，朱可夫是斯大林最信任的将领，在此之前一直是苏军最高统帅部的全权代表，也是关键地段战役的协调人。从现在开始，这位精力充沛、坚韧不拔的元帅将在东线所有重大战事中留下他的个人特性。

战役打响了。一场激战在普里皮亚季河与喀尔巴阡山之间爆发开来。苏军第13集团军对豪费将军的第13军展开进攻，并以艰苦的战斗将豪费虚弱的步兵力量

---

① 1807年，科尔贝格要塞的坚守造就了普鲁士著名将领冯·格奈泽瑙。

打垮。在其南部，朱可夫以4个集团军对舒尔茨的第59军发起打击。一场猛烈的炮击落在德军阵地上，德国人的防线最终被撕开。在德军第7装甲师各个奋力抵抗的支撑点之间，以及第96和第291步兵师的阵地上，苏军坦克集团军的战斗群涌过德军防线上的缺口，向西南方而去。党卫军"警卫旗队"装甲师立即发起反击，却无法阻止苏军的纵深突破。12个小时后，朱可夫麾下的第18集团军穿过了30英里宽的缺口。

就这样，德国第4装甲集团军被一切为二。第13军被迫向西和西北方后撤，而第59军的第96和第291步兵师不得不退入第1装甲集团军的防区。

但此刻，曼施泰因的精心准备发挥了成效。集结在其北翼后方的两个装甲军——布赖特将军的第3装甲军和巴尔克将军的第48装甲军——及时赶到战场，以阻止局势的进一步恶化。巴尔克拦住被击溃的德军部队，并一步步退向捷尔诺波尔；第7装甲师、党卫军"警卫旗队"装甲师和第68步兵师的一部构成刺猬阵地；布赖特的第3装甲军封闭了敌人的渗透；而遭到突破的第59军，在第1装甲师主力和"贝克"重装甲团所发起的一场反击的掩护下，又设法杀了回去。但是，为挽救北翼形势所做的努力必将付出相应的代价，而为此买单的是第8集团军。

3月5日，伴随着清晨第一道曙光的出现，苏军1000多门大炮和迫击炮的齐射落在乌曼地区，德国第8集团军的左翼阵地上。随之而来的是科涅夫将军乌克兰第2方面军的部队，同时伴以415辆坦克和247门自行火炮。韦勒将军没有任何力量可有效地抵御这股大军。他被打垮了，他的集团军也被撕成碎片。五天后，科涅夫的坦克冲入德军顽强防御的乌曼。他们穿城而过，直抵布格河。尽管该河正处于泛滥期，但苏军还是以惊人的即兴组织能力渡过河去，继续向德涅斯特河快速推进。

与此同时，苏军的第5和第7近卫集团军，在第聂伯河下游对霍利特的第6集团军发起进攻，牵制其兵力，以防止他们增援韦勒。苏军的每一个举动都与其他部队协调一致，正如赖因哈德·盖伦上校在他的情报分析中预测的那样。

3月16日，科涅夫切断了利沃夫与敖德萨之间重要的铁路交通线。德军南翼最主要的补给线就此瘫痪。3月17日前，科涅夫的进攻部队已渡过275码宽的德涅斯特河——这是喀尔巴阡山前方最后一条俄国河流——同时转向西北方，以包围德国第1装甲集团军。灾难正以不可思议的速度逼近着。3月26日，苏军先头部队跨过罗马尼亚边境，踏上了东南欧的土地。

朱可夫的进展却没有科涅夫这么迅猛。面对乌克兰第1方面军，德军装甲部队进行了顽强的抵抗。第1装甲师成功救出被迫向东南方后退的第96和第291步兵师。沙利·诺伊迈斯特上校是一位著名的奥地利马术障碍赛骑手，他率领着来自魏玛第1装甲掷弹兵团的一个营，还有些直接从休假列车上召集来的士兵，以一种令苏军深感绝望的顽强守住旧康斯坦丁诺夫（Staro-Konstantinov）。但这种顽强并未能改变这样一个事实：第59军的防线已在舍佩托夫卡与罗夫诺之间被撕开个大口子。

第3装甲军以灵活的防御暂时守住了布格河。第59军的装甲和步兵部队在最后关头阻止了经普罗斯库罗夫后撤的部队遭遇到来自西面的包围。但在旧康斯坦丁诺夫、普罗斯库罗夫和戈罗多克的激战并未能改变态势。苏军无尽的步兵和坦克队列穿过泥泞，渡过德涅斯特河的各条支流，继续向南推进。

3月29日，朱可夫强渡德涅斯特河，夺取了古老的布科维纳的切尔讷齐乌（Cernauti），现在这里被称为切尔诺夫策（Chernovtsy）。他的部队已位于"南方"集团军群后方一条宽大的战线上。而乌克兰第2方面军的先头部队从东面而来，正在靠近他的先头部队。

追逐了曼施泰因一年，他一直希望避免的噩梦终于成了现实。这是一场大灾难。第4装甲集团军的防线被撕开，不得不向西后撤。第8集团军被粉碎。第聂伯河下游的第6集团军被隔断，并在数个地段被马利诺夫斯基的乌克兰第3方面军突破。最糟糕的是，胡贝将军的第1装甲集团军被困于布格河与德涅斯特河之间的一个大口袋中，与第4装甲集团军的主力相隔绝，他们之间存在着一个50多英里的缺口。如果被包围的这22个师（其中包括一些最优秀的装甲师）遭遇斯大林格勒的命运，那么，地球上就没有什么能挽救德军那500英里长的南翼。大坝将崩溃，苏军这股大潮将不受任何阻碍地向西奔涌。斯大林即将取得他伟大的胜利，即将完成自斯大林格勒以来他一直追求的目标。而在这个过程中，希特勒一直是他的最佳帮手。

他总是对部队提出过高的要求，顽固地下达着坚守令，他对守卫每一寸土地的致命坚持——这一切耗尽了东线德军的力量。自发起"堡垒"行动以来，持续不断的作战行动已将大多数师的实力消耗殆尽。现在，应付的账单已被提交。

这是这场战争中最激动人心的阶段。这其中隐藏着德国失败的秘密，但也揭示出一个悲惨的事实：在东线战场上，一位德国将领一直以百战不挠的精神试图扭转不利的军事态势，在布格河与德涅斯特河之间的这一灾难性时刻，他再次证明了自己的才干——但也是最后一次。这一阶段的战事构成了第二次世界大战中最伟大的篇章之一。

3月23日，曼施泰因在设于利沃夫（或按照德国人的叫法，称之为"伦贝格"）的指挥部中，要求希特勒火速增派援兵，以便与被围的第1装甲集团军重新建立起联系。

该集团军目前只能由空运提供补给。但对于空运补给，曼施泰因曾有过不幸的经历。斯大林格勒就是个深具说服力的例子。德涅斯特河上的问题并不会更容易。三月份的最后一周，暴风雪一直在肆虐；另外，作为作战部队后撤的一部分，机场几乎每天都发生移动。胡贝将军已下令，抛弃一切不必要的负载，以便将每一滴燃料都用于坦克和自行火炮。值此危急时刻，最重要的是保持部队的机动力，甚至不惜牺牲一切物资、基本用品和人员档案。

通过这种方式，胡贝成功地保持着部队的机动性。德国人不断发起进攻，苏军一次次被击退，使他们在北面和西北面达成合围的企图落了空。尽管补给困难，并实施了包括轻武器弹药在内的最为严格的节约措施，但德军还是实现了这一目的。当然，他们无法长时间继续下去。

眼下的形势要求他们必须迅速做出一个重要的决定：何时突围，向哪里突围？再一次的，一个极其必要的决定被元首变成了一起戏剧性事件。此刻，一连数天，希特勒一直在贝希特斯加登指挥着各战区的战事。他和他那些最亲密的伙伴坐在伯格霍夫的"鹰巢"里，将目光转向南部。一场危机已隐约可见。欧洲的南翼怨声载道——位于德国盟友的防线后，在保加利亚，在罗马尼亚，尤其是在匈牙利，德国的这些盟友越来越焦躁不安。他们已感觉到灾难即将到来。

3月24日，伯格霍夫对曼施泰因的要求做出回复：第1装甲集团军应坚守其布格河防线，并通过自身的努力恢复与后方的联系。

利沃夫的曼施泰因元帅读到这一命令，被气得浑身发抖。这又是一次斯大林格勒，这是一条通往灾难之路。他立即打电话联系伯格霍夫，这条专线上安装着一个扰频器，以防搭线窃听。时间是13点。另一端，接电话的是蔡茨勒将军。

曼施泰因说道："要求'坚守并封闭第1和第4装甲集团军之间巨大缺口'的命令根本无法做到。请转告元首，我将下令让第1装甲集团军突围，除非在15点前我能得到他立即派援兵给我的明确保证。"

这是一个最后通牒，是一名陆军元帅面对他的最高统帅所做出的具有明确威胁意味的反抗。

15点。伯格霍夫没有做出任何答复。

时间一分一秒地流逝着。时间的拖延对第1装甲集团军不利，却有利于朱可夫。

15点30分。"南方"集团军群的作训处长拟定了让第1装甲集团军突围的初步命令。第1装甲集团军的目标已经改变，胡贝将军将受命在谢列特河（Seret）恢复与第4装甲集团军的联系。用通俗易懂的话来说就是："准备向西突围。"

16点。伯格霍夫做出回复。集团军群作战处的一名军官宣读了命令：元首同意第1装甲集团军重新建立起向西的联系，但他仍要求该集团军应守住目前的完整防线。

布塞将军将这份电文递给陆军元帅，曼施泰因冷淡地看了看："模棱两可的回复！既要突围，又要坚守。我倒很想知道如何能做到这一点。"

布塞点点头。"这与他在斯大林格勒的态度如出一辙。"布塞说得没错。当时是1942年12月，希特勒最终同意，批准第6集团军实施突围，但前提是他们能守住斯大林格勒和伏尔加河上的阵地。由于这个无法实现的条件，第6集团军的获救被证明是不可能做到的。现在，同样的灾难会落在第1装甲集团军头上吗？曼施泰因下定决心，不惜一切代价，绝不容许悲剧再次上演。

曼施泰因又一次接通蔡茨勒的电话。他对陆军总参谋长说道："元首的命令无法做到。看清眼下的形势真的很难吗？"

"对我来说不难，"蔡茨勒将军答道，"但元首仍未意识到情况的严重性。"

"真是这样吗？"曼施泰因说道，"如果这样的话，我将根据形势要求采取一切必要的措施。"

3月24日17点35分，通过No. 58683/10号电传信号，曼施泰因向第1装甲集团军下达了向西突围的初步命令。半小时后，希特勒已获知这一命令，但他并未对曼施泰因的决定大发雷霆。19点，他将他的副官长施蒙特找来："发一封急电给曼施泰因，请他明天到这里来汇报情况。”于是，施蒙特给陆军元帅发去一份急电。19点30分，利沃夫收到了电文：“元首命令冯·曼施泰因元帅于明天，3月25日，到伯格霍夫向他汇报情况。”

在伯格霍夫，希特勒客厅里硕大的落地窗将镶着木板的房间变成一个露天舞台，从这里可以远眺贝希特斯加登的美景。在这个舞台上，曼施泰因即将与阿道夫·希特勒展开一场交锋。在这里，以茂密的原始森林为背景，一场关乎22个师，20余万将士生死存亡的战斗即将打响。

舒尔茨-比特格尔上校在窗户旁的大型地图桌上摊开地图。曼施泰因介绍了形势。他以令人信服的逻辑提出自己的要求：第1装甲集团军将以其装甲部队向西突围，穿过已位于南部战线后方的两个苏军集团军，以此来恢复与第4装甲集团军的联系。为实现这一目标，必须收缩该集团军的东部和东北部防线。但是，以其现有兵力来看，行动获得成功的前提是第4装甲集团军向东推进，从而与第1装甲集团军的部队在其突围路径的中途会合。毕竟他们要克服近50英里敌军控制的地区。为此，目前正在捷尔诺波尔地区进行苦战的第4装甲集团军，有必要获得新锐部队的补充，至少是一个装甲军。

希特勒的双手拄在地图桌上，一直静静地听着。随后，他直起身子，对曼施泰因厉声说道：“我到哪里去为第4装甲集团军找援兵？在法国，那里的入侵已迫在眉睫，一个营也腾不出来。在匈牙利，霍尔蒂不可靠的态度使我们有必要以军事占领的方式控制这个国家，从那里抽调哪怕是一个团，都将冒上让霍尔蒂达成某种肮脏的政治交易，从而跳离我们这辆战车的风险。您自己也说了，只有第4装甲集团军以新锐力量向东推进，第1装甲集团军的突围方能成功，否则，整件事就是毫无意义。第1装甲集团军必须留在原地，务必以其自身力量肃清其后方。没有别的选择！”

希特勒快速、有力地吼出了这番话。他发作了，铺天盖地的指责投向面前的这位元帅——他耗尽了他的预备力量，不停地为焦点地带索要援兵，不断地回避作战。“您还想继续战斗，可事实是，您退得越来越远！”

曼施泰因的脸涨得通红。在场的人都有些惊慌。一场激烈的冲突即将发生。

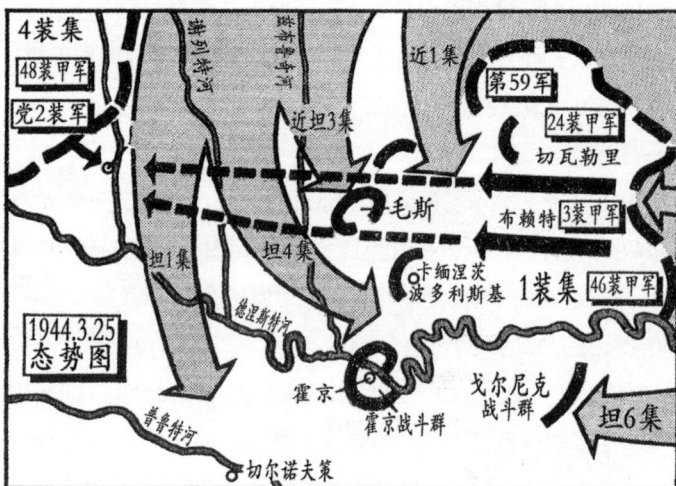

▲ 朱可夫元帅预料德国第1装甲集团军将向南突围，渡过德涅斯特河。因此，他将自己的主力调至南面，试图在那里拦住胡贝。但被围德军却向西杀去。待朱可夫意识到自己的失误，一切已为时过晚。

陆军元帅接受了这一挑战，他以冰冷而又故作平静的口气说道："我的元首，您正为所发生的事情提出指责。八个月来，您一直给我们的南翼部队提出一个接一个难以完成的战略任务。为解决这些问题，您既未给我足够的援兵，也未赋予我自主行事权。如果您当初那样做了，现在就不会为眼下的灾难性局面哀叹。责任完全在您这一面。"

没等希特勒镇定下来并做出反驳，曼施泰因继续说道："马后炮现在于事无补。我必须在今天给第1装甲集团军下达突围的命令，否则，该集团军将遭遇没顶之灾。我要求您予以批准。"

蔡茨勒将军刚想插话，希特勒已转身离开。他边走边说："我不能同意您的看法。今晚的会谈我们再讨论其他问题。"他离开了会客室。客厅内一片骚动。曼施泰因从容地走入一旁的小客厅，来到希特勒副官长施蒙特将军身边，说道："请转告元首，如果他觉得无法同意我的看法，他应该委派其他人来接掌集团军群。"说罢，曼施泰因扣好皮带，戴上军帽，走了出去。

曼施泰因住在贝希特斯加登酒店。走进房间没多久，电话便响了起来。是布塞将军从利沃夫打来的电话。与希特勒进行了一番争论后，曼施泰因现在又遇到胡贝将军这个大麻烦。第1装甲集团军这位出色的独臂司令官一直缠着集团军群，要求突围——但不是向西，而是要求向南突围，渡过德涅斯特河，因为在那里，沿包围圈边缘一条近60英里的防线上，只有河流和薄弱的苏军侦察部队。

胡贝违反原计划，试图向南逃出陷阱的要求有其合理性。3月24日他已下达命令，按照曼施泰因的构想，从德涅斯特河北部向西突围，利用向东和向北的防线为此提供掩护。但3月25日，形势出现恶化。苏军在普罗斯库罗夫西南方达成的纵深突破迅速向南发展，并将第59军的一部和第3装甲军切断。卡缅涅茨–波多利斯基（Kamenets Podolskiy）和霍京（Khotin）受到威胁，向西突围的道路已被苏军所阻。

第1装甲集团军司令和他的参谋长卡尔·瓦格纳上校一致认为——变化的形势剥夺了集团军的行动自由。现在，从北部腾出的部队不得不用于解决卡缅涅茨—波多利斯基南面的威胁，向西突围似乎太过危险。权衡一切可能性，向南突围的风险较小，那里，所有的工兵营和桥梁修建队已集结于德涅斯特河上。这些观点便是胡贝在电话中向曼施泰因的参谋长布塞将军所作的解释，此刻，布塞又把这些意见转达给贝希特斯加登的曼施泰因。

将被围的集团军撤过依然畅通的德涅斯特河，不需要代价高昂的激战，这当然是个诱人的想法。如果向西突围，则需要解决六条河流和苏军两个精锐集团军的问题，相比之下，向南面实施突围的风险当然会小些，撤向南面的方案更具诱惑力。胡贝很清楚突破一股强敌的相关风险，因为切尔卡瑟的悲剧就发生在第1装甲集团军的眼皮下。胡贝不想让自己的部队面对那种灾难，这就是他急着要求曼施泰因立即批准向南突围的原因。

但胡贝并未能对局势的整体发展做出正确的判断。如果他的集团军向南突围，第1和第4装甲集团军之间的缺口将变得更加巨大，苏军最终将获得一条畅通无阻的道路直达加利西亚。他们所要做的只是不断地向前推进。

所以，向南突围的话，第1装甲集团军能逃出德涅斯特河北面的包围圈，但又将直接陷入另一个包围圈中，这个包围圈甚至更加危险，其后部将是无路可退的喀尔巴阡山。

曼施泰因意识到这一危险。更重要的是，他看到了这种战略必要性：第1和第4装甲集团军之间的缺口不能再扩大了。如果苏军因此而获得畅通无阻的路径，穿过加利西亚直抵布雷斯劳和布拉格，那么，第1装甲集团军逃入喀尔巴阡山没有出口的山坡又有什么用呢？

不——胡贝必须向西突围。他的突围路径必须直接穿过正向南推进的两个苏军集团军。这当然会引发激战，但除了使该集团军获救外，此举还能获得某些战略优势，朱可夫的部队将被突破，并将被切断与后方的交通，就此陷入瘫痪。第1装甲集团军获救的同时，将为肃清整体态势打下基础。这就是曼施泰因的计划。

陆军元帅的这个计划一直被指责为一场赌博。其实，这种批评低估了作为一名战略家的曼施泰因。他从未混淆过大胆与赌博、精明与草率。集团军群看到的不仅仅是向西推进的必要性，还能确定，这一推进将带来获得成功的一个切实可行的机会。

命令第1装甲集团军向西突围的决定性因素，除基于战略上的考虑外，还因为集团军群所掌握的敌军部署情况。曼施泰因幸运地获悉了朱可夫的意图，甚至包括每一个细节。集团军群情报官冯·布卢姆勒德尔上校监听着突破德军防线的苏军各集团军司令部的情况。布卢姆勒德尔的监听人员已发现苏军使用的通讯频率，并破译了他们的密码。因此，布卢姆勒德尔读到了位于捷尔诺波尔南面突破地区，苏军坦克第1和第4集团军的所有命令和报告。截获的电文揭示出对方的行动、每日目标，以及最重要的情报——苏军的实力。

锦上添花的是，布卢姆勒德尔的部下还成功截获到朱可夫麾下坦克第1和第4集团军军需官的电文，并将其破译。其结果是让曼施泰因对这两个集团军的了解，与朱可夫本人同样详细。每天两次，曼施泰因的司令部准确掌握着苏军每一个坦克旅可用坦克的数量。这是个侦察行动的最理想形式。实际上，完全可以说曼施泰因就坐在朱可夫的地图桌旁。

这个例子再次说明现代战争中，最重要和最可靠的情报的来源——敌方无线电通讯这一来源所提供的情报，其数量和质量会令任何一位特务或间谍大师艳羡不已。更何况，这种情报的及时性和速度可以跨越国界！没有哪位间谍大师能与这种技术相媲美。曼施泰因占据了有利的位置。

朱可夫一下令：坦克第1集团军应赶往德涅斯特河，朝切尔诺夫策方向推进——"好！"曼施泰因就知道了；朱可夫的下一道命令是：坦克第4集团军应等待其步兵师赶到——"很好！"现在清楚了，苏军的薄弱点是德涅斯特河上游的北部，苏军坦克第4集团军的战区，而到目前为止，他们的步兵尚未赶到。

敌无线电通讯透露出的另一件事情是，朱可夫坚信被围德军会向南突围，跨过无人防守的德涅斯特河河岸。事实上，他积极诱使胡贝采取这一行动，并据此做出了相应的安排。但曼施泰因并不打算让朱可夫如愿。这就是为何胡贝一再争辩，曼施泰因却仍然命令他向西突围的原因。

3月25日，贝希特斯加登，陆军元帅和他的作训处长再一次商讨布塞的电话内容时，舒尔茨-比特格尔上校说道："应该派人向胡贝详细解释我们的理由。也许，包围圈里应该派个人飞出来。"

曼施泰因摇摇头："没时间了。毫无疑问，布塞肯定向胡贝和瓦格纳清楚地解释了我们为何驳回他们对形势的判断，以及突围行动为何向西而不考虑向南的原因。"

快到19点30分时，曼施泰因元帅怀着沉重的心情，再次动身赶往伯格霍夫。

"这里有股春天的气息。"舒尔茨-比特格尔试着在车内聊聊天。陆军元帅抬头瞥了眼白雪皑皑的群山。春天？可在东线，第1装甲集团军的命运正处于生死一线，那里的冬天已然重返，刺骨的寒风，暴风雪，酷寒。他能成功带领胡贝的部队逃出卡缅涅茨—波多利斯基的白色地狱吗？

曼施泰因默默地盘算着。此刻，胡贝的部队肯定在进行重组，只要命令一下达，他们就将以两个军齐头并进向西突围，赶往谢列特河和斯特雷帕河（Strypa）。曼施泰因的脑中早已做好全部部署。这是个很好的计划。胡贝，这位曾猛攻过斯大林格勒的将领，是德军最勇猛的战地指挥官之一。而部队本身也已做好一切准备。肯定能把他们解救出来。曼施泰因笑了，他感觉很好。他在脑中想象着胡贝将采取的行动：第46装甲军守住包围圈的南部防线，并击退苏军的一切合围企图。第3和第24装甲军以及第59军，一步步与敌脱离接触，排列成两个巨大的楔子向西推进至谢列特河，然后是斯特雷帕河。在那里，他们将与第4装甲集团军的救援部队取得会合。这就是他们该做的。

希特勒的副官长施蒙特将军，在伯格霍夫的前门台阶处迎接曼施泰因元帅时，递给他一份几分钟前由布塞将军刚刚从利沃夫发来的电文：第1装甲集团军再次要求"批准向南突围"。19点20分时，胡贝向集团军群司令部提出这个请求。电报中的最后一句话是："由于地形原因，向西突围不可能做到。"

胡贝所面对的不仅仅是四条由北向南的大型河流，还包括这样一个事实：苏军已牢牢控制住德军的主撤退路线，另外，由于苏军的一次纵深突破，包围圈北部防线的态势已趋恶化。指定用于向西突围的部队不得不被用来牵制苏军。斯大林格勒的幽灵再度出现！

就在布塞将情况通报给曼施泰因之际，胡贝将军已取消先前向西突围的命令，并安排他的部队准备向南突围。只要"利茨曼"的代号下达，行动就将开始。现在，胡贝要求曼施泰因元帅授权自己立即签发"利茨曼"电令。

曼施泰因默默地读着这份加急电报，随即把它递给舒尔茨-比特格尔。他一言不发地跟着施蒙特走入房间，希特勒正与凯特尔在壁炉旁交谈。

曼施泰因举手敬礼时，希特勒面带微笑向他走来，热情地迎接了他。那种冰冷的固执已荡然无存，希特勒就像是变了个人。他说道："曼施泰因，整个事情我想了一遍，我同意您的计划，让第1装甲集团军向西突围。另外，我心情沉重地决定，将辖有党卫军第9和第10装甲师的党卫军第2装甲军从法国调来，再从匈牙利抽调第367步兵师和第100猎兵师，这些部队都交给第4装甲集团军。我将立即派出这些部队，这样，胡贝就能在捷尔诺波尔西南方与救援部队取得会合。"

曼施泰因惊讶地听着。他松了口气。他赢得了这场争论。希特勒已做出全面让步，他向理性屈服了。当然，曼施泰因并不知道元首将让自己为这场胜利付出相应的代价。他明智地没有流露出获胜的表情。他认为这个决定是希特勒慎重考虑后的结果，但他被骗了。此刻，曼施泰因元帅向元首解释着突围行动的细节。解救22个师是新战略方针中不可分割的一部分。新战略方针的目标是以第1装甲集团军和获得加强的第4装甲集团军，在喀尔巴阡山与普里皮亚季沼泽之间恢复一条稳定的防线。第8集团军必须移动至A集团军群麾下的第6集团军身边，以构成掩护罗马尼亚的盾牌；喀尔巴阡山隘口必须由匈牙利军队据守。如果这个计划获得成功，主要的危险将被避免。

但目前所有的一切都取决于第1装甲集团军能否摆脱其致命的束缚。他们必须向西突围，决不能像胡贝盘算的那样向南后撤。在希特勒的山间别墅度过漫长的一天后，午夜过后40分钟，曼施泰因发电报给胡贝："向西突围。命令随后附上。曼施泰因。"木已成舟。

凌晨2点50分，曼施泰因的作训处长舒尔茨–比特格尔，用电传打字机给第1和第4装甲集团军下达了最终命令。该命令也被发送至第8集团军以作参考。这场大冒险就此开始——这个行动涉及一整个被围集团军的转移，他们此刻仍在战斗，而向西突围的路程超过60英里，他们将穿过敌人的两个坦克集团军，还要涉过四条大型河流。

午夜过后很久，经历了与希特勒一整天的争论后，曼施泰因疲惫至极，他的座车离开伯格霍夫，驶过一个个U型弯道，向贝希特斯加登而去。第二天早上，他飞回利沃夫。几小时后，他已来到第4装甲集团军劳斯将军的司令部。这里，向谢列特河发起救援性进攻的行动正在策划中。劳斯将军非常担心被围的捷尔诺波尔守军，但眼下发起一场大规模攻击更为重要。

在包围圈内，实施突围的准备同样在进行。德斯洛赫将军的第4航空队不停地为他们运送着补给。负责运输机的莫齐克将军指挥着这些补给任务。3月26和27日，空运行动稍有些不顺，但此后便一切顺利——燃料、弹药和食物被运入，伤员则被运出。

与此同时，朱可夫强大的部队在卡缅涅茨—波多利斯基南面的德涅斯特河上等待着胡贝。在这里，朱可夫打算拦住德国军队，如果他们（他相信他们肯定会）试图撤过德涅斯特河的话。他早已严阵以待。德军南翼的残部将被逐入喀尔巴阡山。这是个精明的计划，不过唯一的问题是，德国人并不打算让他如愿以偿。

但朱可夫充满自信。他将坦克第1集团军所有的机动军调至德涅斯特河南岸，对切尔诺夫策、科洛梅亚（Kolomyya）和斯坦尼斯拉夫（Stanislas，原文疑有误）发起进攻。就这样，他预计德国人将向南突围，因而将自己强大的部队抽离包围圈。这是个灾难性的错误。当他在北面的决定性战场上需要这些部队时，他们却无法及时投入战斗。

此刻，胡贝将军和他的参谋长瓦格纳上校，正坐在卡缅涅茨—波多利斯基东北面，杜纳耶夫齐（Dunayevtsy）的一座农舍中。他们发现，事情的进展并不太糟糕。"毛斯"集群的三个师与第4装甲集团军的会合已近在咫尺；第1装甲师继续坚守着戈罗多克的支柱；第59军已夺下弗拉姆波尔—亚尔莫林齐地区（Frampol–Yarmolintsy）；第17装甲师正对卡缅涅茨—波多利斯基展开进攻。空中补给运作顺利。包围圈内的运输机指挥官组织起一个个他所称的"包围圈小组"——每组四个士兵，携带着标识出着陆跑道和空投区的各种设备。他们采取了一切必要措施：无线电信标、跑道紧急指示灯以及各种信号弹。根据集团军的移动情况，他们每天都会为空军寻找着陆跑道和空投区。自斯大林格勒以来，情况已有了变化。空运行动依靠的是组织工作，而不再是空头支票。

胡贝和瓦格纳知道这一切。但他们也知道，突围准备工作的反复，一会儿向西，一会儿向南，已把部队折腾得心慌意乱。现在最重要的是恢复他们的信心。于是，在3月27—28日夜间，以下电文被发给包围圈内的各部队："第1装甲集团军将杀开一条血路，击败一切敢于拦阻的敌人。"这句话切中要害，对士兵们来说，这就是一句口号。

集团军已构成两个突围集群。北面的是冯·德·切瓦勒里将军的军级集群，他们将掩护北翼，集中力量在兹布鲁奇河（Zbruch）对岸建立起桥头堡，然后在谢列特河上获得主渡口，并保持其畅通。南面的突围楔子由布赖特军级集群担任，他们将在卡缅涅茨—波多利斯基地区击溃敌军，在奥克佩（Okopy）渡过兹布鲁奇河突围。

3月29日，北部突围楔子的战斗群幽灵般地冲向兹布鲁奇河。来自威斯特法伦第16装甲师和来自图林根第7装甲师的先头部队打垮了苏军的一切抵抗。第1装甲师在他们身后撤出防线，为第24装甲军担任后卫。

南部突围集群的进攻同样顺利。冯·梅登将军的第17装甲师和第371步兵师向西南方推进。来自东普鲁士的第1步兵师和来自巴登—符腾堡的第101猎兵师担任第46装甲军的后卫，与党卫军"帝国"装甲师一部共同牵制住科涅夫乌克兰第2方面军的北翼。包围圈移动了，它改变了形状。切尔卡瑟的那一幕再度重演——包围圈的形状原先是南北向，现在成了东西向。对身处战斗群、排或连里的士兵们来说，这似乎是一场彻头彻尾的混乱，或是某种计划外的临时举措，但在态势图上，这其实是一个战略协同的奇迹。上级出色的领导，下级严明的纪律，这是个最好的见证。

初步的成功令人鼓舞。切瓦勒里将军的军级集群渡过兹布鲁奇河，建立起几座桥头堡，其中的一个位于斯卡拉（Skala），那里甚至有一座完好无损的桥梁。突围行动令敌人猝不及防，第一阶段获得了成功。德军的成功是因为朱可夫没有封紧西面的包围圈。他之所以没有扎紧口袋是因为他坚信胡贝将向南突围。等朱可夫发现这一错误已为时过晚。他只能设法将一个坦克军从德涅斯特河南岸调入突围行动的决战中，扑向第1装甲集团军的侧翼。但这点力量远远不够。

朱可夫徒劳地在电话中对坦克第1集团军的各个军长大声吼叫："转身！重新向北！"但天气和道路状况同样给苏军造成了麻烦。将足够的部队调至德涅斯特河北岸，有效或及时堵住兹布鲁奇河和谢列特河的渡口，这一点已不可能做到。朱可夫的措施为时已晚。

在这种情况下，朱可夫试图以心理战来弥补他致命的错误，指望这一招能为他带来最终的胜利。这位元帅肯定是被怒气冲昏了头，或是被一些糟糕的顾问所包围，这才指望他的投机能取得些成功。4月2日上午10点，第46装甲军，第3装甲军以及包围圈内的许多师部都收到了一封用德文写就的公开信——或者说，这封电报至少是用德文单词写成的。电文如下：

1. 为避免进一步伤亡，我建议你们于4月2日结束前停止无谓的抵抗，并率所有辅助单位投降。你们已四面被围，毫无希望。你们无法逃出包围圈。

2. 如果你们在1944年4月2日结束前不投降，那么，所有不接受这个结束无谓抵抗的提议的官兵，每三人中将被枪毙一个。这是对无谓抵抗的惩罚。你们应成群结队地提出投降，因为你们已被三道包围圈所困。所有自愿停止抵抗的军官将获准保留自己的步枪、勋章和交通工具。

朱可夫，方面军司令员，苏联元帅

这封充满残暴意味的通篇废话令德军指挥官们触目惊心。还没等他们回过神来，13点，一封补充电文又送到他们手中。显然，某些在语言方面更加合格的顾问已获悉朱可夫慌乱的行为，于是，原文中一些莫名其妙的话语得到修改。新电文写道：

> 上午11点，方面军司令员，苏联元帅朱可夫的提议被传送给你方，但经翻译后有所扭曲。该提议以如下为准：自愿放下武器的德军官兵将获得良好的对待。只有那些已接到元帅的提议，但在今晚前仍拒绝停止无谓抵抗的军官会被枪毙，而且将在其部下面前执行。这是对他们让被托付给他们的士兵付出无谓牺牲的一种惩罚。
>
> 朱可夫，方面军司令员，苏联元帅

新的电文在语言上无可挑剔了，但在战争惯例上仍有很大的问题。实际上，这种恐吓反而加强，而不是削弱了德军士兵的战斗意志。

一场暴风雪席卷着德涅斯特河与谢列特河之间的地域。道路被雪堆所阻，但部队的士气坚不可摧。当然，也有些大声咒骂和脾气暴躁者，这让那些坏军官倒了霉。但坏天气也带来一个好处——苏联空军没有出现，或偶尔露个面。更令人印象深刻的是德国空军的壮举，尽管气候恶劣，他们仍在继续执行补给任务。燃料和弹药短缺的情况很少出现——莫齐克将军的飞机负责运输任务，他们夜复一夜地送来补给物资。说"夜复一夜"，是因为他们只能在夜晚实施空运。夜间的能见度较好，而且没有苏军战斗机出现——他们还没有能力制造夜间战斗机。

但是，食物却没有被送入包围圈，部队不得不自行解决。他们依靠土地和集团军自身的资源为生。后者包括那些不幸的马匹，几乎所有的马匹都被屠宰一空。

4月4日是个幸运的日子。经过一夜的霜冻，道路被冻得结结实实。所有的行动进展顺利。每个师都得到了充足的燃料和弹药。空运补给工作进行得很完美。担任后卫的"布赖特"军级集群已向兹布鲁奇河退去。第1装甲师的进攻取得了出色进展。第7装甲师正向乔尔特科夫（Chortkov）至布恰奇（Buchach）这条重要的铁路线推进。

"没有救援进攻的迹象吗？"士兵和军官们纷纷问道。4月4日尚未发现这种迹象。但参谋人员已收到来自集团军群的一封电报，明确说明与第4装甲集团军救援部队的会合将在斯特雷帕河上的布恰奇完成。"切瓦勒里"军级集群将在乔尔特科夫堵住敌军向谢列特河的推进，并掩护河西面的北翼。强有力的先遣支队将夺取乔尔特科夫—布恰奇公路，并保持其畅通。与此同时，"布赖特"军级集群将拿下斯特雷帕河上的渡口，并从南面打开布恰奇的渡口。为保护南翼，德涅斯特河上的渡口将被封锁，桥梁也将被炸毁。

这个计划获得了成功。听上去很容易，但在这一成功的背后存在着大量的工作和战斗。一场现代歼灭战中默默无闻的英雄主义毫无浪漫可言。那些士兵在当时所完成的一切，在今天读来仍让人不寒而栗。

第16装甲师的情报官乌多·冯·阿尔文斯莱本少校，在他的日记中描述了第1装甲师4月2日奇袭夺取谢列特河上两座60吨铁桥的经过。

这就像是昔日的闪电战——快速、大胆、有力。但他们是在怎样的条件下完成这一切的呢？阿尔文斯莱本写道："这些士兵用绳子系住他们的鞋子，因为行军是胜利的一半。食物少得可怜，一把雪往往是他们唯一的茶点。最糟糕的是伤兵。车辆只提供给重伤员；其他人，哪怕是腿部负伤者，也必须跟随部队一同跋涉。许多人放弃了。很多未被及时发现的掉队者就这样死去，他们死在满是泥泞的道路旁，或选择了更为糟糕的被俘。"阿尔文斯莱本所描绘的画面适用于"胡贝包围圈"内的每一个师。

4月5日，第1装甲集团军司令部内的气氛紧张起来。第4装甲集团军的救援部队能从西面突破苏军的防御吗？他们必须推进30英里，仅仅30英里。党卫军第2装甲军，是曼施泰因在伯格霍夫戏剧性的经历中，从希特勒手里硬要过来的一支部队，负责救援进攻的该军正赶去与胡贝的部队会合，该军辖两个党卫军装甲师："弗伦茨贝格"师和"霍亨施陶芬"师。另外，第100猎兵师也被置于该军的指挥下。他们穿过泥泞和苏军防线向前冲去。快到中午时，胡贝收到曼施泰因的电报："党卫军装甲军由北至西，正朝布恰奇方向推进，目前架桥困难。"

架桥困难？胡贝禁不住咒骂起来。

在此期间，朱可夫以再次向北渡过德涅斯特河的近卫坦克第11军，拼命试图对"布赖特"军级集群的侧翼发起打击。但情况并未变得对他有利起来。布赖特的部队击毁了35辆敌坦克,重创了近卫坦克第11军,并将他们赶过德涅斯特河。这次,朱可夫成了"太少,太晚"的受害者。

经历了一整夜的霜冻和暴风雪后,4月6日的拂晓终于到来。来自莱茵兰—威斯特法伦第6装甲师的掷弹兵们一路杀向布恰奇。苏军坦克第4集团军辖内的各坦克旅顽强抵抗。施塔尔少校第114装甲掷弹兵团的那些士兵们知道,现在是拼命的时候了。他们像男子汉那样舍身奋战。布恰奇镇被他们夺下。豪塞尔将军的几个师也知道最重要的是什么——不能让敌人缓过劲来,不能丧失进攻的势头。

党卫军第10"弗伦茨贝格"装甲师,在冯·特罗伊恩费尔德中将的带领下,于17点攻破苏军在布恰奇的最后防御,并杀入镇内。五分钟后,"弗伦茨贝格"师与第6装甲师的士兵们拥抱在一起:"我们成功了!"在与前线其他部队的联系被切断了两个星期后,现在这种联系终于得以重新恢复。困住20万名德军将士的包围圈被撕裂,斯大林的陷阱被突破!

但那位构思了这一计划,打破希特勒的固执并再次避免南翼一场大劫难的人,已无法与部下们分享"已重新建立联系"这一电文的喜悦了。曼施泰因被解除了职务。德国国防军中最出色的战略天才就此被打入冷宫。3月30日,希特勒将他召至贝希特斯加登,授予曼施泰因骑士铁十字勋章的双剑饰后,并告诉他:"我已决定解除您的职务,并委派别人来统驭集团军群。"一个尴尬的停顿后,他又说道:"东线大规模作战的时代已结束,现在我需要的是一个能死守的人。"

这是希特勒为3月25日他在伯格霍夫的失败所做出的报复。

大规模作战的时代已结束!希特勒还不如说:"战争已失败!"没有了大规模作战行动,战争何时能迎来令人满意的结局?两位"能死守"的人,是久经沙场并顽强防御的莫德尔和舍尔纳,他们分别接替了曼施泰因和冯·克莱斯特元帅,后者同样被解除了职务。莫德尔接手曼施泰因的指挥权,"南方"集团军群同时更名为"北乌克兰"集团军群。舍尔纳接掌的A集团军群也被更名为"南乌克兰"集团军群。

第1装甲集团军司令胡贝大将,在集团军获救后只活了两周。他在一场悲剧中送了命。在接受了希特勒颁发的骑士铁十字勋章双剑饰后，他乘坐的飞机坠毁在贝希特斯加登附近。对这位英勇而又杰出的战地指挥官来说，这是个令人悲伤的结局。

当然，布恰奇的会师仅仅是突围行动正确实施的开始。冯·瓦尔登费尔斯将军第6装甲师的战斗群，在布恰奇处于一个暴露的位置，结果被苏军坦克第4集团军的迅猛推进所切断，再次失去与"布赖特"军级集群的联系。布赖特麾下的各个师被陷在泥泞的道路上。"弗伦茨贝格"师同样失去了与军里的联系。豪塞尔装甲军身后，运送给第1装甲集团军的600吨补给物资仍有很长的一段路要走。可怕的道路上，队伍缓慢而又痛苦地前进着。

朱可夫并未放弃再次切断德军各部队之间联系的希望。但战争的好运又一次站在莫德尔这一方。通过大胆而又深远的行动，集团军群实施重组后，他不仅成功解救了第1装甲集团军，还稳定住南翼的防线。

对朱可夫来说，这肯定令他大感意外，他正走向胜利，却遭到毁灭性的打击。布赖特的第3装甲军粉碎了德涅斯特河北岸的苏军，并将苏军的四个步兵师逐过河去。党卫军第2装甲军冲过斯特雷帕河，获得近10英里的进展，并迫使苏军的五个坦克军和四个步兵师在布恰奇东北方就地转入防御。

德军第24、第46装甲军和第59军被莫德尔撤过斯特雷帕河。这样一来，第1装甲集团军再次构成一道连贯的防线，就此完成了第二次世界大战行将结束前最大的一场突围。胡贝的集团军不仅被救出，而且，他们已再次投入战斗，进行着防御和反击。德涅斯特河北部，危险的缺口已被封闭。

对苏军来说，德涅斯特河与谢列特河之间的这场战役，其结果令他们倍感失望。朱可夫的进攻行动，开始时充满胜利的希望，结果却陷入窘境。尽管乌克兰第1方面军麾下的各集团军占据着巨大的优势，但这位苏联元帅不仅未能达成其目标，而且在战役的最后阶段还遭受到严重的损失。他高估了自己，一直对胜利充满信心，却低估了仍具有相当实力和军事技能的德国人。他把这个教训牢牢地记在了心中。

3

克里木战役

政治和战略——禁止撤退——海军保证50000吨补给——斯大林对斯图卡的畏
惧——等待中的第17集团军——鞑靼壕沟的战斗——行动代号"鹰"——成功撤
至塞瓦斯托波尔——"要塞必须坚守"——萨蓬山失守——赫尔松半岛上最后的
防线——每个人都在等待海军——最后10000人——遗憾的结局

上帝欲使其毁灭，必先使其疯狂。克里木战役——1944年春季德军南翼的第
三场灾难，就是这句古老格言最好的例证。如果有什么是完全不必要的，那就是
1944年4月20至5月12日之间，黑海这座命运多舛的半岛上，降临在德国第17集团
军头上的灾难。

在此之前，东线南翼的情况还算比较稳定。1943年9月初，作为德军大踏步
后撤的一部分，第17集团军离开亚洲大陆，他们撤出库班桥头堡，渡海赶至克里
木，并未遭受到严重损失。国防军陆军总司令部发起代号为"克里姆希尔德"的
行动，以加强这座10000平方英里的半岛的防御——这座半岛的德语名称是"克里
姆"，而这恰巧是《尼伯龙根的指环》中金发女英雄的名字。

将第17集团军送过刻赤海峡的行动获得圆满成功。34天的时间里，德国海军
和工程建造船只运送了227484名德国和罗马尼亚士兵、72899匹马匹、28486非德
裔辅助人员和其他人力、21230部车辆、27741辆马拉大车和1815门大炮。这一切
都在苏联黑海舰队的眼皮下完成，该舰队的大型舰艇停泊在高加索的巴统和波季
港（Poti），出于对德军斯图卡联队的畏惧，他们没有进行过任何一次认真的尝

试，以便从海上干扰德国人的"克里姆希尔德"行动。

从库班撤离后，第17集团军的半数兵力进入克里木，而没有将其全部力量调至内陆德军受到威胁的南翼——米乌斯河第6集团军的防线，或是第聂伯河上的"南方"集团军群——这种做法正确与否有待商榷。如果有这16个师，冯·曼施泰因元帅也许能更成功地解决梅利托波尔与基辅之间的许多危机。或者，干脆将第17集团军的所有部队都留在克里木，或许能实施更有效的防御。非此即彼的选择再次出现，可这二者偏偏被同时执行。

希特勒守卫"克里木要塞"的理由不容辩驳。8月中旬，他曾不太认真地考虑过，将耶内克上将的16个德国和罗马尼亚师从库班桥头堡调至第聂伯河后方的"东方壁垒"。16个师！这几乎就是曼施泰因阻止苏军强渡第聂伯河天堑所渴望的部队。

但希特勒不得不放弃这个诱人的想法。出于对罗马尼亚沿海安全的担心，罗马尼亚国家元首——安东内斯库元帅强烈反对削弱黑海东部壁垒的防御。保加利亚国王也不赞成放弃库班。最后要考虑的因素是土耳其，这个重要的中立国位于

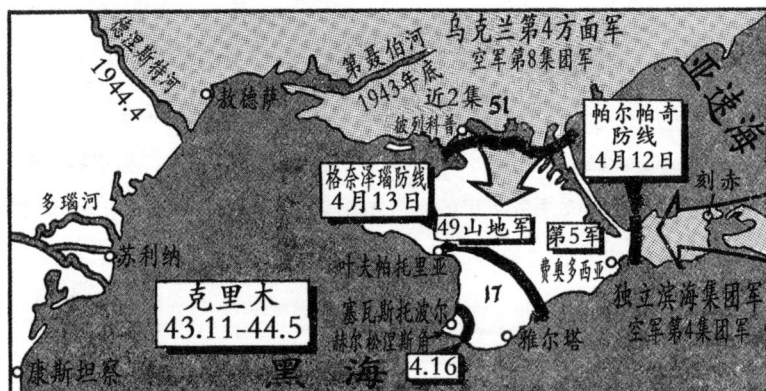

▲ 出于政治和经济方面的考虑，希特勒下令坚守克里木，尽管这个半岛的对外陆地联系已被彻底切断。他担心撤离克里木以及随之而来对黑海控制权的丧失，会促使土耳其加入敌方阵营。同时，他也不想让这座半岛成为苏军轰炸罗马尼亚油田的空军基地。

黑海的南岸。

待军事行动的进展最终使撤离库班成为必然后，事关德国在巴尔干地区的那些盟友以及中立的土耳其的政治和军事考虑立即集中到克里木半岛上。

第17集团军与德国海军和空军部队一起，在黑海上抵挡着苏军。到1944年4月初，他们一直尽量避免让克里木半岛变成苏军轰炸罗马尼亚油田的空军基地或登陆罗马尼亚和保加利亚海岸的出发阵地。德军在黑海展示出的武力令土耳其一直保持着中立，而且，尽管受到西方的压力，但他们还是不得不允许德国盟友的商船通过达达尼尔海峡。最后一点，德国部队继续留在克里木，代表着对陆地上苏军南翼的一种威胁。

但这一切发生了巨大的变化。1943年10月24日，托尔布欣的方面军在梅利托波尔北部突破德国第6集团军的防线，冲过诺盖草原向第聂伯河下游扑去时，德军统帅部面对着一种新的、意想不到的情况。一旦苏军冲过彼列科普地峡，第17集团军与内陆的联系将被彻底切断。斯大林格勒！

第17集团军司令埃尔温·耶内克上将对这种情况尤为敏感，因为他曾在斯大林格勒指挥过第4军，直至1943年1月中旬。耶内克看见危险正在逼近，于是制定了被称为"研究米夏埃尔"的应急计划。该计划的主题是集团军及时突围出彼列科普地峡，并转身进入德军位于第聂伯河下游的防线。关键字眼是"及时"。

第17集团军准备于10月29日发起突围，相关命令也已下达。但10月28日21点，希特勒禁止了这一行动。突围行动能否成功也是个问题——托尔布欣麾下近卫第2集团军的坦克已于30日前出现在彼列科普。如果他们在第17集团军发起突围之际对其展开打击，会发生些什么？第17集团军的反坦克能力只剩下两个突击炮旅和几个88高射炮连，部队主要由马拉大车构成，一旦这种打击落在他们头上，会发生怎样的情形？

但希特勒禁止该集团军突围并非出于这些考虑，而是受到支持守卫克里木的政治和战略论据的推动，尽管那里的一切陆上联系都已被切断。德国海军元帅邓尼茨帮助他坚定了这一观点。他警告希特勒，放弃克里木会给黑海的德国海军造成危险的后果。至于为第17集团军提供补给，这没有什么问题，海军可确保每个月提供50000吨补给。就算到了不得不撤离的地步，海军同样能做到这一点。以海军可用的船只，撤离20000名士兵和他们的装备只需要四天。这就意味着，整个第17集团军的20万将士，包括他们的马匹和物资，可在40天内完成疏散，即便是气候恶劣，整个行动也不会超过80天。

面对这些保证，希特勒于1943年10月签署了守卫克里木的命令，尽管这个半岛已失去了与陆地的联系。

起初的事实证明他的决定完全正确。耶内克麾下的德国和罗马尼亚师击退了苏军在彼列科普和刻赤进入半岛的一切尝试。的确，苏军在刻赤和锡瓦什湾（Sivash）建立起一些小型登陆场，但并未能达成任何决定性突破。集团军的补给工作也运作正常，物资从敖德萨和康斯坦察（Constanta）的港口源源不断地送至塞瓦斯托波尔和叶夫帕托里亚（Yevpatoriya）。舱位绰绰有余。紧急运输则交由一个中队的大型六引擎"巨人"式飞机，他们运走伤员，送入重要的援兵。一切都很顺利。罗马尼亚驱逐舰和德军鱼雷艇悬挂着旗帜，携带着物资驶过黑海，就像停靠在高加索沿岸军港内的苏军战列舰、巡洋舰和驱逐舰不存在似的。

斯大林的大型舰艇躲藏在港口内，就像冬眠的熊蜷缩在巢穴中那样，今天我们获知了其中的原因。出于对克里木半岛上德军斯图卡和对地攻击机的畏惧，苏军不敢出动他们的军舰。斯大林不想让他的大型舰艇冒险，就像海军上将奥克佳布里斯基已证实的那样，海军的每一个行动都要得到他的亲自批准。

因此，德国海军对黑海的控制是以戴希曼将军的第1航空军和驻扎在克里木半岛上的对地支援单位为基础。这120~160架斯图卡、对地攻击机和鲍尔上校的战斗机是守卫克里木的关键。尽管海军也做出了非凡的成就，但补给物资和第17集团军的命运——实际上与东线所有包围战一样——最终取决于德国空军，取决于能否获得一片安全的天空，取决于德国能否控制住苏联的天空。接下来我们将看到，这种论点是如何悲剧性地得到了证实。

耶内克将军据守克里木的部队有13个师——六个德国步兵师（开始时，这六个师中只有一个半可用），三个罗马尼亚山地师，两个罗马尼亚骑兵师和两个罗马尼亚步兵师。第13装甲师抽调给第6集团军后，这里就没有了坦克；尽管如此，这里还有两个出色的突击炮旅，分别是英勇的阿尔弗雷德·缪勒少校率领的第191突击炮旅和霍佩上尉的第279突击炮旅。另外还有"克里姆"山地猎兵团、第275和第279陆军高射炮营。在这些特别部队中，还有皮克特将军指挥的第9高射炮师，该师以他们的88毫米高射炮有效地据守住彼列科普地峡。如果有人认为这些部队是对内陆苏军侧翼一种可观的威胁，那就不能否认，克里木半岛具有一定的战略价值，可以肯定，德军守住尼科波尔和第聂伯河以东的桥头堡，苏军便处于这样一个危险中：德军会发起突击，以恢复克里木半岛的陆地联系。由于存在着这种威胁，苏军被迫在克里木半岛的出口周围和刻赤前方部署起强大的部队。最终，集结于克里木周围的苏军部队总计为三个集团军、一个坦克军和数个独立旅，共30个步兵师。6个德军师和7个罗马尼亚师就这样牵制了一大股敌军。

11月29日，第17集团军作训处的一名军官，汉斯·鲁普雷希特·亨泽尔上尉，在他的日记中写道："克里木就像是一座傲然屹立于惊涛骇浪中的岛屿。"但这位年轻而又机灵的军官也记录下这样一个情况：许多部队的指挥部只有一个念头——逃出克里木半岛。在克里木岛上，似乎没有人在认真备战。许多指挥部安排他们的工兵部队忙着美化他们的军官宿舍，而不是修建防御工事。大批房屋被重新修建，内部装饰也改成德国农舍的传统风格，而这些工兵本应被用于修理和加强苏军遗留下来的那些支离破碎的防线。

这种气氛源自一种可以理解的焦虑，也源自这样一个事实：集团军的实力无法抵御苏军从北面和东面发起的一次大规模进攻，更别说从400英里海岸线的任何一处发起的突击了。每个军官都能看出这一点，当然也包括每一位师长，包括集团军司令和他能干的参谋长冯·克叙兰德少将，对此，他们自然更清楚。因此，他们所做的努力只是为了让希特勒撤销坚守克里木的命令，并准备以一场系统和及时的疏散将第17集团军从海路撤走。

1943年11月，德军准备了应急计划"划艇"。随后又是"快艇"计划。最后，4月初，应急计划"鹰"应运而生。计划的基本构思是在6～7天内将分散于半岛各处的部队撤入塞瓦斯托波尔的防御工事区，他们将在那里经海路撤离。在这个与敌脱离接触，撤向塞瓦斯托波尔的过程中，为拦住追击中的苏军坦克部队，德军将在广阔的克里木半岛上构建起配有防坦克壕的阻击阵地和斜向防线。其中最重要的是"格奈泽瑙防线"，在辛菲罗波尔形成一道圆弧，掩护汇集于这座城市的各条主干道。辛菲罗波尔将被坚守三周，在此期间，集团军将在各个码头和港口登船。

就这样，第17集团军等待着，等待着苏军，也等待着撤退的命令。阿尔门丁格将军第5军辖内的第73和第98步兵师，以及罗马尼亚第6骑兵师和罗马尼亚第3山地师，都远在东面的刻赤海峡；康拉德将军的第49山地军，在北面沿锡瓦什水坝挡住彼列科普地峡，该军辖第50和第336步兵师，以及罗马尼亚第10和第19步兵师，另外还包括罗马尼亚第9骑兵师；罗马尼亚第1山地军以辖内的两个师掩护沿海地带，同时负责清剿半岛内游击队的任务；1944年3月初调至克里木的德军第111步兵师，充当集团军的预备队；两个突击炮旅分别被派至北部和东部防线。

自1944年3月中旬以来，每个人都能看出，苏军的大规模攻势已迫在眉睫。尼科波尔桥头堡已然陷落，A集团军群在内陆的防线也被迫退至德涅斯特河后方。第17集团军的补给基地敖德萨，就此被暴露出来，并于4月10日被苏军夺取。苏军的南翼已从第聂伯河河曲部与佩列科普之间的受困位置冲出，就此获得了行动自由。现在，对克里木的打击是个合乎逻辑的战略举措。于是，斯大林发起了这一攻势。

战役开始于4月7日下午。苏军的7~8个营，对罗马尼亚第10步兵师位于锡瓦什的支撑点发起攻击。而对克里木北部防线的全面进攻开始于第二天上午9点。托尔布欣大将的乌克兰第4方面军投入了两个集团军。经过一番猛烈的炮火准备后，苏军的一个坦克军（近500辆坦克）和18个步兵师，冲向康拉德将军第49山地军三个师的阵地。

第50步兵师的东勃兰登堡人顽强守卫着鞑靼壕沟，并与来自下萨克森第111步兵师的一部发起一场反击，肃清了苏军的渗透。来自萨克森的第336步兵师位于锡瓦什防线的西侧，他们同样守住了自己的阵地。但是，苏军坦克部队从锡瓦什桥头堡冲出，凶猛的打击全落在罗马尼亚第10步兵师的头上，该师力不能敌。经过顽强抵抗，罗马尼亚第10步兵师的几个团在多处遭到突破。

4月9日，亨泽尔上尉看到了送至集团军司令部的作战情况报告，他在日记中写道："北部防线报告，敌人以极其猛烈的大炮和迫击炮火对鞑靼壕沟发起大规模进攻。第50步兵师被迫退至一条新的防线。更为关键的是罗马尼亚第10步兵师在锡瓦什防线上的情况。集团军要求集团军群批准'鹰'行动。这就意味着将部队撤至塞瓦斯托波尔。命令在夜间到达。'鹰'行动开始了。"

他在4月10日的日记中写道："北部防线已无法继续坚守。尽管损失惨重，第50步兵师还是设法撤至A-1防线。但强大的俄国坦克部队穿过罗马尼亚人防区上的缺口，对其他战斗群的后方形成了威胁。我们疯狂地忙碌着，为'格奈泽瑙防线'配备人手。我奉命搭乘飞机赶往刻赤防线上的第5军，作为信使去送交撤往塞瓦斯托波尔的计划。这是一份绝密文件。我们的鹳式飞机摇摇晃晃地飞行于亚伊拉山脉间的阵阵狂风中，最后在列宁斯科耶（Leninskoye）着陆。我向第5军炮兵指挥官布鲁恩上校作了报告，并将文件交给他。第5军奉命于当晚与敌脱离接触，撤向塞瓦斯托波尔。"

第5军辖内的第73、第98步兵师以及两个罗马尼亚师都在复活节时收到代号为"鹰"的行动命令。各作战部队将于当晚19点出发。时间到了！这场向西的后撤，经帕尔帕奇防线赶至格奈泽瑙防线，路程为150英里。

一场引人瞩目的赛跑开始了。德国部队刚刚放弃一处阵地，苏军便立即跟上，他们追赶得非常积极。这位苏军指挥官我们先前曾提到过——他就是叶廖缅科大将。他现在指挥着独立滨海集团军①：12个步兵师，配备着100辆坦克的一个坦克旅，外加一个空军集团军。这些部队冲向后撤中的德国第5军的后卫部队。

德军开始脱离接触之际，叶廖缅科很清楚发生了什么。德国人的行动以一种不可能被他忽略的方式通知了他。不是通过侦察员或间谍，而是通过部队现在频频出现的紧张和混乱。一些罗马尼亚部队，也包括某些德国空军和海军单位，忽视了保密令。他们没有遵从无线电和电话保持静默的命令，很快便出现了大量毫无必要的电话通讯。罗马尼亚人和德国海军炮手将他们无法带走的炮弹发射一空。他们放火焚烧营房和瞭望塔，在巴格罗沃（Bagerovo）机场实施爆破。狂怒的指挥部和指挥官眼睁睁地看着这些违纪现象，却无计可施。

---

① 独立滨海集团军原司令员为彼得罗夫大将，1944年2月被叶廖缅科接替。至于彼得罗夫被撤职的原因，众说纷纭，代表苏军总参谋部亲赴克里木的什捷缅科在自己的回忆录中干脆说"原因不明"。而彼得罗夫由大将降为上将，接掌白俄罗斯第2方面军后，奇怪的事情再次发生。由于受到方面军军事委员会委员梅赫利斯的诬陷，他又被解除职务，被扎哈罗夫大将接替。他的经历与叶廖缅科形成了强烈的对比。

结果，德军的后撤行动尚未真正开始，便已被苏军获知。因此，德军最后的作战部队刚刚按计划时间放弃他们的阵地，苏军马上追了上来。双方展开一场可怕的竞赛。苏军是摩托化配置，而德国第5军的部队在经历了长期的阵地战后，已不习惯于快速机动，而且，他们的运输主要靠马拉大车。如果叶廖缅科充分利用他的技术优势，这只能是一场毫无希望的比赛。

苏军的坦克和摩托化部队速度更快。尽管如此，德军第73和第98步兵师还是在4月12日到达帕尔帕奇防线，但却遭受到相当大的损失。苏军一直追击到夜间。德军炮兵团的大炮部署在主防线上，他们的炮火给苏军坦克群造成毁灭性的影响。

由于苏军已从北面进入辛菲罗波尔，而且，如果他们够大胆的话，随时可能出现在第5军后方。为继续向西后撤，该军转身向南，经苏达克（Sudak）和雅尔塔，沿海滨公路而行。

4月13日，第5军在萨利（Saly）北部到达进入亚伊拉山脉隘口的脚下。第98步兵师的两个战斗群，分别由福尔哈贝尔上校和施密特上校率领，赶在天亮前挖掘了防御阵地。后撤的队伍穿过了隘口。

上午9点，第一股苏军坦克部队从旧克雷姆（Staryy Krym）方向出现。此刻，"阿尔门丁格"战斗群的尾部刚刚进入隘口。第198反坦克营的一门反坦克炮对着敌人的先头部队开炮射击，炮长及其组员像在进行火炮射击训练。最终，9辆苏军坦克趴在隘口的脚下动弹不得，有些还燃起大火。这些被击毁的坦克堵住了苏军的前进道路。德军后撤队伍就此获救。

第98步兵师师长赖因哈特将军为这名炮长申请骑士铁十字勋章。如果有什么人应该得到这枚勋章，那就是这位军士。但他最终未能得到这枚勋章。凯特尔元帅后来向赖因哈特解释说：后撤的士兵不能获得勋章。

然而，事实证明，炮兵们的大炮无法翻过山隘。尽管每门大炮由六匹马拖曳，仍无法做到这一点。大炮和车辆不得不被炸毁，马匹也被射杀。4月13日入夜前，第5军到达苏达克。4月14日早上，他们又赶至阿卢什塔（Alushta）。沿着从山脉通入沿海公路的小径，德军小股战斗群提供着掩护，以保护全军免遭当地游击队令人不快的袭击。待行军队列通过后，这些战斗群重新加入队伍尾部，以强化后卫力量。

4月15日，第5军一早动身，以便尽快赶至雅尔塔。第98步兵师担任后卫掩护。由于该师师长加赖斯将军自1944年2月初便一病不起，该师已交由赖因哈特少将指挥。这位师长搭乘一辆通讯车，跟随后卫部队一同行动。队伍一次次遭到游击队冷枪的袭击。13点，后卫部队到达雅尔塔。镇内的主街道上，第5军参谋长黑普上校正等在那里。赖因哈特上前打了招呼，汇报道："第98步兵师目前未遭遇到任何意外。我们将补充食物和燃料，准备在15点再次出发。"

但军参谋长却下达了不同的指令："将军先生，军长请您去罗马尼亚军官俱乐部。他打算在这里休息到明天早上。"

"什么？在这里休息到明天早上？"赖因哈特抱怨起来，"可我们无法在这里实施防御！您看看周围！陡峭的亚伊拉山向下延伸至镇子边缘，还有这狭窄的海滩。部队已筋疲力尽。他们倒下就会睡着，会像狗那样被杀掉。好吧，我跟您一起去！"

赖因哈特和黑普迅速赶至罗马尼亚军官俱乐部。他走入餐厅，严格遵守了礼仪——戴着手套，军帽夹在胳膊下。他向军长阿尔门丁格将军报告道："第98步兵师目前未遭遇到任何意外。我们将补充食物和燃料，准备于15点再次出发。"

阿尔门丁格没有理会这些礼仪程式："赖因哈特，您的那些事先放一放，跟我们共进午餐吧。我们将在这里休息到明天早上。"

阿尔门丁格是符腾堡人，却并不了解作为斯瓦比亚人的赖因哈特的想法。"不行，将军先生！"赖因哈特说道。阿尔门丁格惊讶地看着他。但赖因哈特并未给他开口的机会："将军先生，如果我们遭到攻击，这里根本无法实施防御，部队就完了——我们得让他们继续前进。要是我们停在这里，士兵们就会睡着，还没等我们组织起防御，部队就会垮掉。所以我尊敬地请求您批准，15点恢复撤退行军。"

一名会说德语的罗马尼亚将领插话进来，指出在夜间行军亦有遭受游击队袭击的危险。但赖因哈特并未让步。最后，阿尔门丁格同意了，在15点整恢复行军。走在最前面的是福尔哈贝尔上校和他的战斗群。几门四联装高射炮跟在他身后。再往后是德国和罗马尼亚的总部人员、通讯部队和补给单位。然后是戈蒂希中校的战斗群，在他们身后又是德国和罗马尼亚的补给单位。最后面的是梅茨少校的战斗群，他们的任务是担任后卫，掩护部队免遭来自后方的攻击。跟他们在一起的是第191突击炮旅的最后几辆突击炮。

各战斗群指挥官已接到命令，将他们的部下安排到车上，这样他们就可以用轻武器向两侧开火射击。如果遭到火力打击，队伍决不能停止前进。抛锚的车辆将被立即推下山崖，车上的人员由身后的车辆收容。行军将持续至夜间22点。然后，队伍会停下。他们等待月亮升起，凌晨2点，队伍将再次出发。

"福尔哈贝尔"战斗群刚一离开镇子，便遭到来自山上的火力打击。按照命令，德军士兵们用各自的武器还击，但队伍并未停顿。德军的四联装高射炮加入到战斗中，所射出的曳光弹指示出方向。这种方法被证明行之有效。苏军游击队迅速撤离。一直到塞瓦斯托波尔，第5军的队伍没再遇到更多的麻烦。

4月16日上午10点至11点间，第5军最后一批部队到达塞瓦斯托波尔要塞区。该军有10000名士兵在南部海岸的港口登上海军船只，被吉勒中尉的第1登陆艇队送至巴拉克拉瓦港（Balaclava）。任务完成了。面对十倍优势的苏军，他们赢得了这场150英里的赛跑。这一胜利靠的是合理而又冷静的领导，部队的纪律和高昂的士气。现在，每个人期盼的是尽快撤离这座命运已定的半岛。但令他们失望的是，第5军又进入到要塞前方的阵地中。战役最后一幕的帷幕已冉冉升起。

而在此期间，康拉德将军的第49山地军又发生了什么情况呢？4月12和13日，第191和第279突击炮旅发起一场反击，暂时缓解了该军的压力后，康拉德麾下遭受重创的各个团撤至"格奈泽瑙"防线，他们掘壕据守。尾随而至的苏军坦克部队冲过他们的拦截阵地。德国空军和皮克特将军的高射炮战斗群暂时阻止住敌人的推进。第27联队的一群轰炸机在戴希曼将军的命令下，对苏军坦克部队实施了低空轰炸，击毁了敌人50多辆坦克。可这又有什么用呢？4月13日，苏军进入辛菲罗波尔，而12个小时前，耶内克将军的集团军司令部还在那里。战况的发展实在太快了。

4月14日，康拉德第49山地军的主力进入塞瓦斯托波尔要塞区的北部，幸运的是，他们的重型火炮得以保留。紧随其后的是西克斯特中将所率的战斗群，他这个由高炮部队、运输单位和第50步兵师一部所组成的大杂烩，击退苏军的多次进攻，牢牢守住了萨塔布兹（Satabus）的前进机场。苏军坦克尾随而至，但塞瓦斯托波尔要塞司令贝茨上校，以两个营的步兵、六个高射炮排和六辆突击炮的拦阻部队将敌人压制在巴赫奇萨赖（Bakhchisaray）。这支拦阻部队的核心是皮克特将军临时搭建的一列装甲防弹列车，这列火车早在1943年10月便被布置在鞑靼壕沟。这使第49山地军获得了至关重要的12个小时，从而进入到防御阵地中。4月16日前，第17集团军已在塞瓦斯托波尔要塞区投入战斗，抵御着苏军的进攻。待贝茨上校放弃巴赫奇萨赖的阵地，撤入要塞时，他的撤退行动已得到要塞内第336和第111步兵师炮火的掩护。

面对优势敌人带来的压力，后撤行动获得了成功，这不能不说是个奇迹。显然，苏军也没想到德军能完成这一后撤，因此，他们并未采取任何特别措施。他们没有派出强大的舰队在克里木南岸实施登陆，以切断第5军的退路。他们也没有像人们预期的那样，派出空军对挤满德国和罗马尼亚部队的两条道路展开攻击。苏军一方没有做出任何大胆的举动。这使康拉德将军在北面获得了逃脱的机会，正如第5军在南部海岸所做的那样。

当然，各个师到达要塞时的状况很糟糕。罗马尼亚部队已近乎解体，而德国师的实力也不超过加强团的水平。整个集团军的作战实力在4月16日已下降为19500人。德军损失了13131人，罗马尼亚部队损失了17652人。4月18日，整个集团军的人数已降至124233人。

海军单位自4月12日以来执行的疏散工作进展顺利。后方机构、运输单位、东方志愿者军团成员、战俘以及非作战人员目前也正被撤离。到4月20日前，总计67000人被撤走——平均每天超过7000人。再有18天就能完成这个任务。就能！但这个乐观的"就能"标志着克里木灾难的关键。

自4月12日以来，疏散行动一直进行得很顺利，没有遭受任何损失。德国第1航空军的几个联队仍驻守在克里木，要塞区内仍有他们的跑道，这些德军飞机依然压制着苏联空军。托尔布欣和叶廖缅科的远距离及对地支援单位只是迟疑地展开了对德军机场、港口和主防区的打击。他们对德军和罗马尼亚车队的攻击也显得过于谨慎，故而收效甚微。苏联空军第8和第4集团军的进攻编队显然缺乏战术经验。

更要命的是，整个四月，苏联黑海舰队没有对德军的海上交通发起任何决定性的打击。该舰队的潜艇，出航次数微乎其微。每次行动，他们出动的潜艇从不超过5~8艘，面对德军反潜单位的英勇抗击，他们几乎无法获得任何战果。而苏军的鱼雷快艇单位按照规则，只在夜间发起进攻，但总是不成功。黑海舰队的主力舰只能继续留在其锚地。因此，塞瓦斯托波尔设施齐全的港口被德军利用到极致，后撤人员通过这里被转运到内陆。

一切看上去充满了希望。强化防御带的防御和阻击阵地至少可以成功坚守2~3个星期。因此，在此之前，强化地带中的前进机场不会遭到苏军炮火的影响。所有的一切成了这样一种因果关系：只要塞瓦斯托波尔周围的强化防御带被守住，德国空军就能留在原地；只要德国空军还在，疏散行动就能继续进行。这是一幅乐观的场景。第17集团军将获救，部队里的每一个人都能逃脱，甚至（考虑到机智而又英勇的作战行动）包括进行着最后战斗的后卫部队。第17集团军对此深信不疑——时任该集团军作训处长的男爵冯·魏特斯豪森中校所写的一篇文章证实了这一点。

但对该集团军的死亡判决已传入空中，所有的希望就此破灭。就在这最具希望的关头，希特勒又一次做出令人费解的决定。4月12日，他命令道："塞瓦斯托波尔将不限期地守卫下去。作战部队不得撤离。"塞瓦斯托波尔必须坚守，一些作战营将被调入要塞。这里，就是在这里，六个德军师的悲剧上演了，其中的许多部队拥有悠久而又著名的传统。

耶内克将军和3月31日克莱斯特被解职后出任"南乌克兰"集团军群司令的舍尔纳，实际上还有陆军总参谋长蔡茨勒，都徒劳地试图说服希特勒撤销这道毫无意义的命令。阿尔门丁格将军也借拜访元首大本营之机进行了多次尝试。但希特勒的看法是，丢失克里木会令土耳其发生动摇，并破坏罗马尼亚人和保加利亚人的忠诚度。这个看法在A集团军群撤至敖德萨西面的德涅斯特河之前确实有些道理。但当前战场力量的对比，这个铁一般的事实排除了塞瓦斯托波尔能坚守三周以上的一切可能，在这种情况下，正确的坚守理由又有何用？

希特勒与战地将领之间戏剧性的激烈争执，也集中反映在舍尔纳试图让希特勒取消这道命令的努力上。舍尔纳，这个备受非议的人物，在希特勒身上使用了正确的战术：4月18日上午10点30分，他接通蔡茨勒的电话，提出如下理由："元首要求坚守塞瓦斯托波尔的命令当然会被执行。但我想指出，所有被运入克里木的武器和弹药，都将错过'南乌克兰'集团军群在德涅斯特河上的重要行动——而这场决定性战役必须不惜一切代价来赢得。"

蔡茨勒的回答表明舍尔纳的说法切中要害。"我完全赞同您的看法，"他说道，"但为了让元首批准塞瓦斯托波尔的疏散，关于第17集团军更为准确的数据会对我有所帮助。"

当晚22点05分，舍尔纳再次致电蔡茨勒，强调"关于塞瓦斯托波尔的决定必须在4月20日前做出，因为在此期限前，所有不必要的运输单位都将离开塞瓦斯托波尔。"舍尔纳向蔡茨勒解释了自己的时间表：19日晚，德国军队中非作战人员的撤离工作将完成；接下来便轮到罗马尼亚人。海军的日疏散能力为7000人。可是，克里木上空的情况正变得越来越不利。除了最顶端的赫尔松涅斯角，敌人的炮火现在已能覆盖整个强化防御带。"集团军群的命运将决定于内陆，决定于韦勒集团军的防区，而不是塞瓦斯托波尔。"舍尔纳做出了结论。

第二天21点30分，舍尔纳又打来长途电话催促蔡茨勒："关于克里木的决定必须立即做出。空中和海上的运输空间已遭受到一些损失，我们的海军现在不得不在进港和出港口岸进行战斗，空军的损失也令防御任务难以完成。疏散行动至少还需要两周。这就是该行动必须立即开始的原因。还有个问题不能忘记，我们并没有五个师在实施防御，实际上只是五个德军团，而罗马尼亚人几乎已不剩什么战斗力。"

尽管有这些紧急呼吁，但希特勒还是在4月19日的晚间会议上拒绝了舍尔纳的主张。他再次禁止作战部队疏散。但舍尔纳并未就此放弃。

4月21日，舍尔纳飞至伯格霍夫，亲自说服希特勒取消坚守令。舍尔纳大将向他的最高指挥官力证，塞瓦斯托波尔不可能被长期坚守。

希特勒用甜言蜜语拒绝了他的提议。他说，由于彼列科普和刻赤防线的崩溃，土耳其的立场已发生动摇，现取决于克里木——换句话说就是塞瓦斯托波尔——能否守住。这是他决意坚守塞瓦斯托波尔的决定性因素。"有两样最重要的东西是这场战争所必需的——罗马尼亚的石油和土耳其的铬矿。如果我放弃克里木，这两样东西都将丧失。"然后他宣布：克里木当然不必无限期地坚守下去，只需要守卫8～10周。待西线预计将发生的入侵被成功击退，塞瓦斯托波尔就可以在几周后悄悄地疏散，这样就不会带来任何政治风险。

此前的其他人都被希特勒的口才所说服。此刻，在争取克里木实施疏散的这番努力中，舍尔纳犯了个错误。他知道没有预备队可用，至少在克里木是这样，于是，他试图吓唬希特勒："我的元首，只有在您给第17集团军增派援兵的前提下，塞瓦斯托波尔才有可能守住。"

这是个错误，舍尔纳低估了希特勒。希特勒听到他说的"只有……才"，立即抓住这个字眼："没问题，我会给您增派援兵。"

舍尔纳无功而返。当然，希特勒并未遵守他的承诺，除1300人的两个步兵营、15门反坦克炮、10门迫击炮和4门野榴炮外，舍尔纳没有得到其他任何援助。但希特勒做出了承诺，并使舍尔纳获准让塞瓦斯托波尔守军撤离的希望彻底破灭。于是，在克里木，希特勒的坚守令开始生效。

1942年7月，冯·曼施泰因进攻塞瓦斯托波尔时，守卫这座要塞的是苏军的七个步兵师、四个海军旅和一个骑兵师。苏军还修建了混凝土掩体和深深的坑道，在地下堡垒中布设了最先进的大口径要塞炮。即便如此，苏军还是没能守住塞瓦斯托波尔。曼施泰因花了整整一个月才拿下这座要塞。

1944年4月，守卫这座堡垒的德军只有近五个团的兵力。他们的大炮是由一个军抢救出的装备组成。的确，主防线修建得比较完善，各阵地也得到铁丝网的保护，但观其防御纵深，只在几个战术重要地段布设了精心构建的支撑点。由预备力量守卫的第二道或第三道防线并不存在。苏军旧有的掩体和堡垒并未被修复，现在只能被当作医院或集结区使用。塞瓦斯托波尔东南方的阵地构建得很糟糕。步兵战壕没有足够的深度。第5军已没有重型火炮，他们几乎没有任何重型步兵武器。第98步兵师甚至连挖掘战壕的工兵铲也没有。赖因哈特将军不得不下达命令，在整个要塞地区收集锹镐头，而集团军工兵则忙着为他们制作手柄。就这样，工事修建工作才得以开始。而这座"要塞"此刻面对的是苏军29个步兵师、1个坦克军、3个炮兵师和12个独立旅总计470000人的进攻。它遭到6000多门大炮的轰击和600辆坦克的突击。

4月27日，一场灾难已变得不可避免，在这关键时刻，耶内克大将给集团军群发去一份电传电报，要求转呈希特勒。舍尔纳立即将这份电文转发给元首大本营。耶内克在4月24日便询问过答应提供给他作为援兵的两个师的情况，现在，他直截了当地要求立即得到其中的一个师。另外，他还要求获得"自主行事权"。

自主行事权！这是希特勒最痛恨的一个词。于是，耶内克大将被希特勒召去做汇报。他被解除了职务。第17集团军交由步兵上将阿尔门丁格统辖。指挥第49山地军的康拉德将军也被解职，替代他的是骑士铁十字勋章橡叶饰获得者哈特曼将军[①]，这是一位杰出而又勇敢的人，但他有严重的身体缺陷——他只有一条胳膊和一条腿。

5月5日上午9点30分，苏军发动全面攻势。400门重型火炮和400具多管火箭炮拉开了战役的帷幕。苏军五个步兵师在德军第336步兵师的防区上推进，但哈格曼将军的这些萨克森人死死守住他们的阵地。他们坚守了12个小时，24个小时，36个小时。到5月7日，北部防线仍在他们手中。

但此刻，叶廖缅科已对第5军的南部和东部防线发起攻击。独立滨海集团军在每英里的前线上投入320门火炮。他们重创了德军的支撑点和火炮阵地。随之而来的是叶廖缅科麾下的各个旅，他们冲向德军第73、第111和第98步兵师辖内各个实力虚弱的团。

第73步兵师的防线被撕开。苏军在第111步兵师的防区内达成纵深突破。到当晚18点前，德军在两个正面防区上共损失了5000人。第5军的将士们在那些古老而又著名的历史遗迹处苦战——工兵峡谷、英军公墓和萨蓬山，这些地点都因1855年的克里木战争而著称。

"马克西姆·高尔基"2号炮台被摧毁于1942年，现在这里是德军的战地医院。医院内外满是伤员，呻吟声不绝于耳，空气中充斥着恶臭。工兵们在陡峭的海岸边

[①] 瓦尔特·哈特曼于1944年5月1日晋升为炮兵上将，此前曾担任过第87步兵师师长，1944年初担任过第1军代理军长。而1944年1月底由上将擢升为大将的耶内克，尽管已被希特勒解除职务，仍在塞瓦斯托波尔失陷后又倒了霉。他被送上军事法庭，在古德里安的干预下才保住性命，随即退役。但战争结束后，他落入苏军手中，并被判处死刑，后改为25年劳役。1955年获释后，耶内克返回德国。

挖出一道沟渠，以便将伤员送至码头实施疏散。下方的海水中布满了奇怪的物体，随着海浪上下飘摆。

亨泽尔上尉在4月22日的日记中对这里所发生的事情作了描述："根据疏散令，所有马匹都将被射杀，并丢入海中。于是，马匹在这里排成长龙，耐心等待着轮到它的噩运。往海湾里瞥一眼就能看见那里堆满了数千具马匹的尸体，随着海水的节奏上下起伏。"对这些马匹的屠戮是在克里木所做的最无谓的事情之一。罗马尼亚人认为，将这些过去的老朋友逐一射杀太费时间。于是，他们把马匹赶至悬崖边，架起机枪扫射，几个小时便完事。

5月8日，危机降临。苏军在萨蓬高地达成突破。德军试图拦住他们，重新夺回著名的"葡萄园""尼古拉耶夫卡高地""英军公墓"的一切尝试均属徒劳。德军在萨蓬山拼死抵抗。有那么一刻，博士芬克上尉带领第282掷弹兵团第2营，成功夺回了高地的山脊，但很快又被打垮。芬克博士阵亡。集团军下令再次发起进攻。还能怎么做呢？他们没有接到撤退令，所以，塞瓦斯托波尔必须坚守。但如果没有萨蓬山，塞瓦斯托波尔就不可能守住。如果萨蓬山丢失，会发生些什么呢？

如果发生这种情况，整个集团军只有些残部能逃入其最后的防御阵地——赫尔松涅斯角。可如果他们在那里没有发现任何船只，那又该怎么办？

萨蓬山丢失后，第17集团军召集起所有的预备力量发起一场反击。中午，集团军作训处长男爵冯·魏特斯豪森中校用电台向集团军群报告，反击已陷入停顿。"我们将尽一切努力重新夺回重要的制高点。"但尽管付出了艰苦的努力，他们并未能获得成功。关键的拦截阵地丢失了。

面对这种情况，5月8日21点15分，舍尔纳大将用一台电传打字机致电元首大本营，电文上写道："要求撤离，因为继续坚守塞瓦斯托波尔已不复可能。"

现在，希特勒不得不向事实屈服了。1小时45分钟内，当晚23点前，他的批准令到达了。他对陆军总参谋长狠狠地说道："在我看来，实施这一撤退最糟糕的问题是，苏军现在可以将他们位于克里木的部队调出，投入到对付'南乌克兰'集团军群的行动中。"现在，他不提土耳其了。

5月9日凌晨2点15分前，阿尔门丁格将军接到撤离要塞的命令。集团军立即脱离战斗，撤至其最后的堡垒——海岸最西端的赫尔松涅斯角。

16点，第50步兵师的最后一支战斗群撤出塞瓦斯托波尔的废墟，进入到新防线的北部。当晚，英勇的要塞司令贝茨上校阵亡。自5月1日西克斯特将军负伤后，贝茨上校便以自己的审慎和大胆指挥着第50步兵师。

赫尔松半岛上的阵地构设得非常好。主防线由一道连贯的步兵壕构成，并配有交通壕。这里还为部队、弹药和食物构建了混凝土掩体。这些设施对士气的提高很有利。这里储备的食物非常充足。由于赫尔松半岛没有水源，这里甚至还储备了苏打水。经验丰富的军官们指挥着各部队残部所组成的小股战斗群。在第98步兵师的防区内，所有人员都被搜罗集中到掷弹兵支撑点的后方，只要有一点前线经验的人都会被组织起来投入战斗或充当战术预备队。他们总共网罗了250人。在当时，这是一股相当可观的力量。

不用说，苏军全力跟进，并试图突破第17集团军最后的桥头堡，想要冲进去彻底肃清德军阵地。尽管占有绝对优势，但他们的尝试起初并未获得成功。

但德军的这种英勇又有什么用呢？这一刻终于到来——第17集团军失去了他们实施防御的主要王牌——戴希曼将军在半岛上的空军部队被击败。赫尔松半岛上的最后一座机场遭到苏军准确的炮击，他们在萨蓬山上可以清晰地看到半岛的顶端。5月9日晚，鉴于机场已被炸得坑坑洼洼，戴希曼被迫向他最后的13架战斗机下达了命令：撤退，返回内陆！半岛上的空中保护伞消失了。而对德军战斗机或对地攻击机来说，内陆太远，从那里起飞对半岛实施支援受到严重限制。

这些可用的双引擎战斗机是护航任务所需要的。但从现在起，只有Ju-52联队中那些真正勇敢的飞行员会于天黑后在赫尔松半岛最后一条临时构设的跑道上着陆，以便将伤员撤离。5月10日的夜间，一千名伤员以这种方式被运走。

1944年5月10日，悲剧的最后一幕，伴随着一场令人震惊的打击上演了。这一打击证明了海上、空中和陆地战之间的密切联系。

希特勒刚一批准撤退，海军便启动了他们精心筹划的、大规模的海运行动。这个行动能成功吗？答案将由第17集团军的获救或覆灭来决定。第一支船队立即出海。从康斯坦察（Constanta）至克里木的航程需要1～2个晚上再加一个白天。这与敦刻尔克相比，有很大的差别。1940年，英国人将一整支大军撤离，成功的原因在于横渡海峡只需要几个小时。

5月10日凌晨2点，两艘运输船——"托提拉"号和"泰娅"号——来到克里木。她们停泊在赫尔松涅斯角北部两海里外，因为再往前就将进入苏军火炮的射程。渡轮和工兵的快艇负责运输摆渡。"泰娅"号搭载了5000人，"托提拉"上也有4000人。但一场灾难接踵而至。苏军的对地攻击机和轰炸机，在战斗机的掩护下呼啸而至。此刻，空中根本就没有德军飞机。5点45分，"托提拉"号被三颗炸弹直接命中，冒着熊熊大火在海上漂流。两个半小时后，她沉没了。船上只有几百人获救。"泰娅"号也遭到相同的命运。苏军的鱼雷攻击机重创了她，15点，"泰娅"号沉没。船上的5000人中，只有400人获救。仅这一次打击，德军便损失了8000人。接下来会发生些什么？

第17集团军打算在5月10—11日的夜间登船撤离。留在赫尔松涅斯角阵地中的德军士兵约有30000人。海军同意了。邓尼茨亲自参与其中。所有适合航海的船只都被派去参加这一行动。190多艘德国和罗马尼亚军舰及商船出现在海上，总航运能力为87000人。这个运载量绰绰有余。特别是因为5月8日前，大批伤员和非作战人员已被撤至内陆，因此，目前第17集团军留在半岛上的人数勉强超过50000人。

计划奏效了。情况看上去还不太糟糕。但谋事在人，成事在天。突然间，老天背弃了克里木岛上的这支军队。一场风暴在海上升起，时间表被打乱。克里木岛海军指挥官舒尔茨少将，带着他的军官们紧张地忙碌着。可面对八级大风，他们又能做些什么呢？许多由并不太适合航海的船只所组成的船队被迫返航或逆风驻锚。另一些船队也被延误。一个事实很快便清楚了：这些船只无法在5月11日前到达赫尔松涅斯角，因此，登船不得不推迟到第二天晚上，也就是5月11—12日的夜间。但这就意味着第17集团军司令部无法按照其计划，在10—11日夜间一举将集团军剩下的部分悉数撤离，因此，除非将整个集团军牺牲掉，否则，赫尔松半岛上的阵地就必须再坚持24小时。

德军的各个营坚守着他们的防线。第98步兵师师长赖因哈特将军的一份报告揭示出这场临时行动的可怕经历。1944年5月10日，苏军发起猛烈进攻，一连七次，每次数个波次，但每次进攻都被德军击退。一辆突破防线的苏军坦克被击毁在那条最重要的沟渠前，并停在那里，结果成了抵御子弹的最佳屏障。

快到傍晚时，赖因哈特从主防线回到自己的师部，第49山地军军长哈特曼将军正在电话上等他。接替康拉德将军的哈特曼，以"钢铁古斯塔夫"的绰号而著称。

"赖因哈特，"哈特曼说道，"赖因哈特，您那里是关键。您的防线不能被突破，除非所有人都已登船！"

一些参谋人员倾听着这番对话。赖因哈特回答道："将军先生，不必为此而焦虑。俄国人今天在我的防区上发起七次进攻，结果七次被击退。他们在任何地方都未能获得突破。另外，您说的船是什么？我没有看见任何船只。我们的防区可以再坚守24小时——只要船只能到达这里。"

随后，赖因哈特将军躺在一张长木椅上睡了几个小时。大约在同一时间，克里木战役的另一位见证者获救了。亨泽尔上尉在他的日记中记述了第17集团军司令部人员撤离的经过："1944年5月10日。要塞遭到大炮和迫击炮火的持续轰击，但地下通道依然畅通，它们连接着面对海岸的峭壁。于是我们在黑暗中爬下绳梯，从凌晨1点钟起便在悬崖间等待。两个小时过去了，没有任何生命存在的迹象。只有俄国人的炮弹从上方呼啸而过，落入到海中。我们隐蔽在峭壁下的死角处，几乎已放弃了获救的希望。一旦黎明到来，一切都将太迟了。但突然间，他们出现了。一名指挥官用扩音器招呼我们赶紧登船。这是两艘鱼雷艇。由于岸边满是岩石，他们无法靠近。幸运的是，此刻海面非常平静。于是，我们划着小船靠过去，每只船八个人。这是个缓慢的过程，此刻天色已渐渐放亮。但最后，我们做好了出海的准备，每艘鱼雷艇上搭载着50个人。我们排成一路纵队，向西南方全速航行。我们真的从地狱中逃脱了吗？在我们前方仍有250英里航程，仍有各种危险的存在，例如敌人的潜艇和飞机。克里木海岸渐渐消失在苍白、朦胧的日光中。甲板下的人挤在一起。我仍待在甲板上。后来我撞上栏杆，用力抱住钢梁后，这才离开船尾这个通风的位置。现在我又在一颗备用鱼雷旁找到个稍稍能避风的地方。八小时后，我们进入到康斯坦察港平静的水面。我们得救了。"

在此期间，争夺最后堡垒的战斗仍在持续。苏军于5月11日重新发起进攻。当晚20点，他们将猛烈的火力集中于登陆点。没过多久，他们又缩短炮火射程，再次猛轰德军主防线，随后便沿整条前线发起进攻。他们在"炮台山"附近，第98步兵师的防区内达成渗透，但立即被德军发起的反击所肃清。

5月11日期间，各部队都已接到命令，于当晚23点撤至他们各自的登船点，并在那里挖掘阵地，就地实施防御。所下达的命令中也带有另一个意思：如果船只未到达指定的登船点，部队就应登上他们所能找到的其他船只。鉴于当时的实际状况，这是一道很有必要的命令，但它也打开了混乱和恐慌的大门。

幸运的是，苏军没有发现德军正脱离接触。各指挥部之间的电话通讯依然畅通，赖因哈特打电话给各团副官。预先安排好的问答开始了："嗯，情况怎样？一切都正常吗？"回答："一切正常，前线很平静。"赖因哈特："很好，那么，我可以安安心心地喝杯茶。"这番对话是密语，意思是：撤至登船点。

时间已接近24点。赖因哈特用无线电与师里的登船地点保持着联系。但重复的问题总是带来相同的回答：这里没有出现船只。

没有船。出什么问题了？船只已赶到这里，负责撤离行动的船队数量足够，就停在她们的锚地——但她们找不到靠近海岸的途径。

21点30分，海军少将舒尔茨登上第1鱼雷艇舰队旗舰的甲板。由于无线电指挥装置出现故障，他打算亲自引导舰队进入锚地。唯一可用的通讯频道的频率出现卡滞，结果，命令无法下达给各艘鱼雷艇。但这还不是灾难的结束。魔鬼似乎站在苏军那一边与德军交手。舒尔茨给所有船只发出信号，示意他们的航行尽量靠近卡梅舍瓦亚湾（Kamyshevaya）的口部。从这里，他将指引他们驶向登船点。但海军少将亲手交给通讯中心的无线电命令没有被送达各艘鱼雷艇。它要么没被发送出去，要么就是消失在拥堵的无线电电波中。

这是个漆黑的夜晚。但舒尔茨少将的希望寄托于黑暗。在黑暗中，苏军炮兵无法瞄准任何目标，而苏联空军也没有发动夜袭的经验。

鱼雷艇呼啸着掠过海面。军官们焦急地将夜用望远镜贴在眼前。那是什么？"雾！"一名大副说道。他们目瞪口呆。"可这雾是从哪儿来的？"一片浓浓的雾气从半岛向海面飘来。雾气越来越浓，防波堤和登岸码头只能在近距离内才能看清。但那里却没有雾阵——似乎令人难以置信，这是烟幕。这怎么可能？

过去的几个月里，海军部门沿着港口和海湾安装了烟雾发射系统——数百个发烟罐。如果敌空军对军事目标发起大规模空袭，特别是锚地和码头，发烟罐释放的烟幕将遮蔽敌人的视线，从而使他们无法实施准确轰炸。现在，出于某种意外，这些发烟罐被敌人的炮火引发。一些德军部队惊喜地发现自己就此避过了敌人的视线，于是他们释放了另一些依然完好的发烟罐，以获得他们认为的更大的安全。没人对自己的所作所为有所怀疑。

这场灾难此刻无法被消除。

的确，舒尔茨看见了运输船"达契亚"号，并引导这艘船靠近海岸；他也看见了另一些船只。但这里其实有60艘船停泊在锚地，其中的大多数他都没看见。另外，这些船也没有等待。拂晓时，许多船只空空如也地返回到康斯坦察港。

加紧寻找这些船只原本是有可能的——如果海军少将设法给他这支鱼雷艇舰队中的舰只下达命令，让他们搜寻海面上的其他船只，并给这些船只指示出着陆点的话。但这支舰队是海军少将手中唯一一支可用于抵挡苏军海面舰艇攻击的力量。他会剥夺自己的这一能力吗？如果随后遭到苏军舰艇的攻击，他该怎么办？在这种情况下，所有船只都将面临最危险的状况。谁能指责这位少将完好地保存着他手中唯一的武器呢？

对克里木集团军最后的10000人来说，一场巨大的灾难就此到来。这些人战斗至最后一刻。

凭借着好运和军人的本能，赖因哈特将军在海岸的一个偏僻处发现了五艘平底渡轮。英勇的船长们操纵着这些吃水较浅的船只驶到岸边。赖因哈特还发现了十艘小型护卫艇。通过传令兵和扩音器，他将自己的师召集起来，另外还包括第111步兵师第117掷弹兵团的所有单位（这些单位就在附近），随后命令这些部队立即登船。

赖因哈特将军留下最后一艘渡轮。他命令船长，自己没上船前不得驶离。赖因哈特没有登船，因为一旦上船，他就不再有任何指挥权。他想尽可能等待得长久些，希望那些走散的士兵能及时赶到。果然，不少人出现了，其中包括第49山地军参谋长海德伦上校和第73步兵师作战参谋贝克尔中校，还有其他许多军官和士兵。凌晨3点，拂晓时刻，赖因哈特下令最后一艘渡轮解缆。这支船队向海上驶去。第98步兵师的残部得以获救。

第50步兵师的师史中冷静、实事求是地记录了该师登船点所发生的戏剧性一幕。师里的几个团坚守着他们的防线直到最后一刻。苏军同样没发现他们已脱离接触，撤往登船点。

第121团登船了。但在第123掷弹兵团的登船点，只有一艘渡船。这艘船能搭载几百人。士兵们排成两列，登上渡轮。

停下！一些伤员被送上渡轮，船上没有地方了。

特施纳少校命令军官们返回岸上。所有军官默默地走下渡轮，仿佛这是最正常不过的事情。少校带着他们在海岸上隐蔽起来。他们挖掘了战壕准备进行最后的抵抗。他们的身后就是大海，第50步兵师的这支小股战斗群占据了一处防御阵地。他们又坚守了6个小时，这才被敌人打垮。但该师的2800人已被疏散，其他人仍留在岛上。

第336步兵师的情况也与之相似，该师英勇的师长身负重伤，已被飞机送走。至于第73步兵师，大多数士兵被渡轮所救，其他人登上一艘猎潜艇。该师师长伯姆将军和他的战地指挥部被苏军俘虏[1]。

最后三天的时间里，39808人从赫尔松半岛登船撤离，31708人平安到达了他们的目的地。

第111步兵师的几个团在3月份被调入克里木，以加强那里的防御，他们的情况如何？那就是这个师遭受到了最为沉重的打击。60艘运输船中，没有一艘在黑暗和浓雾中移动其锚地，并驶近海岸，赶至该师的登船点。一艘都没有。

5月12日，天光破晓，一片湛蓝的天空。苏军T-34坦克对这些下萨克森人登船点的最后防线发起进攻。这些德军士兵只有步枪和不多的几挺机枪，他们的重装

---

① 赫尔曼·伯姆于1944年4月1日刚刚晋升为中将。他在苏联战俘营里待了11年，1955年获释。

备早已被炸毁。

师部情报官弗朗茨中校在海滩上烧毁了机密文件。德军的抵抗崩溃了，恐慌爆发开来。第117炮兵团副官戈特利布中尉拿着一块木板跳入海中，用力向海上游去。一架苏军战斗机的机枪扫射使他没入水中。就在四个星期前，这位年轻的军官冒着敌人猛烈的炮火，将他兄弟的尸体带回到德军防线后方埋葬。

突然，几艘德军冲锋舟赶到了。一名中士问道："中尉先生，去土耳其怎么走？"戈特利布赶紧爬上这艘挤得满满当当的冲锋舟。他们随即驶离。

苏军坦克保持着一定的距离，射出的炮弹落在海滩上。弹幕慢慢地向前延伸，越来越近。峭壁与海水之间的狭长地带不到30码。几千名士兵挤在泥土、鹅卵石和岩石间几平方码的地面上。

苏军坦克慢慢向前移动，炮塔上的舱盖敞开着。格鲁纳将军[①]挺直身子向一辆T-34走去。坦克上的大炮吼叫起来。将军慢慢地倒在地上。

跟随着坦克的苏军步兵似乎被什么东西所激怒了。他们吼叫着，射击着，用枪托击打着。一名德军中士拒绝交出他的金质德意志十字奖章。"法西斯士兵！"——随后他被开枪射杀。

俘虏中的军官被挑出后带走。接着便是一阵枪声和惨叫。连里的传令兵弗里茨·尼德希魏茨基以前是柏林伊甸园酒店的侍者，曾去过许多地方，他和情报官的司机泽普·普罗茨纳抓住弗朗茨中校，把他推入一群普通士兵中。他们紧贴在他身边，遮挡着弗朗茨军裤上代表总参军官的红色布条，就这样瞒过了苏军士兵的眼睛。

德军中的辅助人员被推到悬崖边排好，然后被逐一处死。这场野蛮的屠戮这才告一段落。

六个月后，弗朗茨中校在莫斯科的监狱中面对着一名审讯官。这名苏军审讯官作风端正，彬彬有礼，同时也充满好奇。他最感兴趣的是第111步兵师在克里木

[①] 埃利希·格鲁纳少将是第111步兵师师长。

的作战行动。他说道："我们并未急于夺取克里木。毕竟，那是我们最大的一个战俘营。自1943年11月以来，半岛上的德国人几乎全成了俘虏。他们自己给自己配发补给，自己看守自己。他们照常休假，甚至还主动归队。"

如果克里木的结局不是那么可怕，人们也许会同意这位苏军军官的说法。但最终的数据统计太过严峻，以至于无法将这番话视作一个玩笑。

4月8日至5月13日间，阵亡和负伤的人数为57500～31700名德国人和25800名罗马尼亚人。另外，与撤离人数比较后证实，还有20000人下落不明。这是一场规模堪与斯大林格勒相比的灾难。

这座小小的半岛就是整个战争的缩影。在这片面积大约为100平方英里的区域中，所发生的一切就是整个东线——从极北地区的佩萨莫到高加索地区的典型。

愚蠢和错误、野心和恐惧、狂热和糊涂，加上纪律与勇气、服从与自我牺牲精神，以及卑劣、残暴和野蛮共存于此。整个苏德战争的特点体现在这座半岛上。

但这里也有些无法衡量的东西——战略失误，经济和政治方面的考虑，以及陆地、海上和空中作战的法则。它们在这个狭小的空间发挥着各自的作用，但这里所发生的事情对庞大的全局发展发挥了影响。

希特勒与斯大林在这片狭小的战场上发生冲撞。在这里，他们发现了彼此的弱点，在这里，他们打出了他们的王牌。

在锡瓦什湖与雅尔塔海滩之间决定或承受这场战事进程的人，是东线那些奋战于前线或在地图桌旁制定计划者中的典型。克里木战役可谓苏德战争后期各战区情形一个真正的缩影。

第八部

中央集团军群的坎尼

1

部 署

公元前216年8月2日，汉尼拔率领的迦太基军队，在意大利南部阿普利亚平原的坎尼村附近，与执政官特雷恩蒂乌斯·瓦罗所率的罗马大军对峙。罗马人占有兵力上的优势，但汉尼拔出色的骑兵抵消了这一数量上的差异。

战役开始了。两支大军向对方逼近。汉尼拔打出他的王牌：哈斯德鲁巴率领强大的骑兵部队袭击了罗马军队右翼虚弱的骑兵。罗马骑兵被逐入奥菲杜斯河。哈斯德鲁巴包抄至罗马步兵的后方，绕至左翼，对正与迦太基轻步兵混战的另一群3000名罗马骑兵发起攻击。他从后方展开攻击，击败罗马骑兵，然后又从后方对罗马步兵发动进攻。

尽管特雷恩蒂乌斯·瓦罗的重装步兵与迦太基的雇佣兵相比占有优势，可又有什么用呢？随着哈斯德鲁巴的骑兵出现在后方，迦太基的步兵扑向两侧，罗马人大势已去。第一场歼灭战落下帷幕——利用快速部队包围敌主力，旋即以步兵对敌两翼实施一场钳形攻势。

普鲁士陆军元帅冯·施里芬伯爵，对这场战役进行了出色的研究。他解释说，罗马人遭到逐步挤压。他们进行了最后的抵抗。汉尼拔在血腥的战场上策马而行，鼓励他的勇士，嘲笑着懒散者。他们最终对这场屠戮感到疲倦，于是俘虏了幸存的3000名罗马士兵。48000具尸体在这片狭小的战场上堆积如山。执政官埃米利乌斯·保卢斯和总督塞维利乌斯也在阵亡者名单中。瓦罗带着一些骑兵和重装步兵成功逃脱。在坎尼村和两座罗马大营，又有数千人落入胜利者手中。

施里芬在1909年写道："这是一场完美的歼灭战。2000多年来，武器和作战方式已发生彻底的改变。士兵们不再以短剑解决对手，而是在数千码外向对方开火。弓箭的地位已被后坐力炮取代，而投石器亦被机枪所替代。现在，我们接受投降，而不是展开屠杀。但整体作战模式并未发生改变。今天，按照相同的计划同样可进行一场歼灭战——这是汉尼拔在一个早已被人遗忘的时代所构想的计划。"

施里芬伯爵说得没错。1944年夏季，罗马人的坎尼之战在俄国的别列津纳河再次上演。

正如德军东线战事的进程一直以错误的决定为标志那样，战役的最后一幕同样以德军最高统帅部犯下的悲剧性错误为开始，就此造成东线的决定性失败——1944年夏季，中央战线的崩溃。

在1941年，有谁会想到，仅仅三年的时间，"中央"集团军群引以为傲的部队会遭受到军事史上规模最大的一场惨败——一场歼灭战，一场无与伦比的坎尼之战。

德国"中央"集团军群一直担当着"巴巴罗萨"行动的先锋。以其辖下的两个装甲集群和三个强大的步兵集团军，该集团军群粉碎了第聂伯河以西的苏军主力，随即快似闪电般地冲向苏联的心脏——莫斯科。

该集团军群以惊人的速度穿过布列斯特—立托夫斯克，赶往明斯克，渡过第聂伯河后又杀向斯摩棱斯克，然后便是希特勒致命的犹豫。他偏离了"莫斯科计划"，命令部队转向基辅，以便先夺取乌克兰。数周后，他们终于在冬季来临的泥泞中恢复了向莫斯科的推进。但此刻已为时过晚。俄国的冬季裹挟着西伯利亚的寒流，随之而来的还有西伯利亚的新锐部队，德军士兵和他们的武器再也支撑不住。"中央"集团军群在莫斯科门前功亏一篑。

1941年的冬季战役导致整个对苏战争发生了决定性转变。德国的战略重点从中央战线和纯粹的军事角度转移，不再对准敌人的首都和交通中心，而是转移至苏联南部的经济目标。与将领们考虑的不同，希特勒认为决定战争结局的是煤炭、钢铁和石油。顿涅茨和高加索地区被他视为决定性战场。德军的打击落在这里。这是一场胜利或失败的豪赌。

"中央"集团军群从莫斯科门前撤退后，那里便被德军最高统帅部视作"次要战场"。古德里安大胆的第2装甲集团军，如果按照当初的"巴巴罗萨"计划，他们将从南面包围莫斯科，并将其夺取，但经历了图拉的悲剧后，他们退至奥廖尔周边的防御阵地，在那里一待就是20个月，直至1943年8月。有迹象表明，在伏尔加河上获得胜利后，斯大林意图粉碎的德军防线不是在中央，而是在南方。

自斯大林格勒战役以来，陆军元帅冯·曼施泰因一直在徒劳地敦促元首大本营："决战将发生在南方——我们应该加强那里的力量。"他一次次要求对南翼加以增援，必要的话，应从其他集团军群抽调力量。但希特勒没有这么做。

就这样，南线战役一场接一场地失败了，损失的还包括丰富的铁矿、煤矿、镍矿和锰矿，另外还有乌克兰的粮仓，更别说克里木的侧翼堡垒了。这些失败全都因为一个错误！

1944年6月的作战态势图清晰地揭示出东线南翼战事悲剧性的发展。苏军已向西推进得很远。现在，他们的防线从黑海上的敖德萨出发，沿喀尔巴阡山北部山坡延伸至科洛梅亚，在这里突然转向北面，到达科韦利北部的普里皮亚季沼泽边缘。从这里开始，"中央"集团军群形成的一个巨大突出部向东延伸出250英里。在奥尔沙和莫吉廖夫，德军防线甚至跨过第聂伯河，又向东伸展了30英里。在普里皮亚季沼泽的西部边缘，这个突出部的后方交通已受到来自南面的威胁。

幸运的是，这种威胁实实在在地陷入俄国春季的泥泞中，从而使德军最高统帅部得到了急需的喘息之机。喀尔巴阡山与普里皮亚季沼泽之间，遭受到威胁的正面防线稳定下来，尽管只是暂时的。

"狼穴"和毛尔森林所担心的问题是：泥泞期过后，斯大林会做些什么？他的夏季攻势将在何处发起？这是1944年的决定性问题。

希特勒和他的顾问们对这个问题做出了错误的回答。而且，这个基于错误的态势评估而做出的错误回答，最终导致了一场灾难。

18个月来，希特勒一直拒绝承认斯大林的意图很明显是想在南翼达成决定性胜利。在这18个月里，他一直低估了苏军及其不断增进的作战经验。现在，他又犯下新的错误。他认为，斯大林只会在南翼寻求决战，而不是其他地方——因为在加利西亚，苏军有个绝佳的战略机遇，可以向华沙和维斯瓦河推进，从而包抄到"中央"集团军群的后方。希特勒驳回了对此提出的一切怀疑。他宣布，苏军将在喀尔巴阡山与普里皮亚季沼泽之间展开进攻！他们肯定会对那里发起攻击！

夜复一夜，他俯身于作战态势图上，仔细研究并制订着计划。在每一个计划中，他总是把自己的想法强加于对手。当然，以7个集团军发起一场庞大的钳形攻势，夺取突出部，并将两个集团军群切断的构思很有诱惑力。毕竟，从普里皮亚季沼泽的源头至波罗的海沿岸，只有280英里，其间没有明显的障碍。这是个完美的行动。对一名勇敢的将领来说，如果他手上有足够的力量，毫无疑问，这是个大胆而又深具诱惑力的构思。有趣的是，不光是希特勒，甚至包括他的顾问，例如精明的作战处处长约德尔大将和豪辛格将军，都被这一计划的吸引力所折服。这种吸引力是如此强烈，以至于元首大本营始终坚信苏军会对加利西亚发起攻势。甚至在6月10日后，越来越多的报告表明，苏军正在"中央"集团军群的前方实施准备，可这一切都被视作是苏军的假动作。"维斯瓦河—波罗的海"攻势的幻影深深吸引了元首大本营，以至于他们从未怀疑过：毕竟，苏军有可能正在策划某些不同的东西。各集团军指挥官发出的一切警告和呼吁均属徒劳。

结果，国防军陆军总司令部将所有的预备力量集中于加利西亚，尤其是装甲师：4个装甲军，辖8个装甲师和2个装甲掷弹兵师。这是一股可观的力量。

而其他防线，特别是"中央"集团军群，遭到了无情的削弱。德军最高统帅部满怀信心地期待着即将沿"北乌克兰"集团军群的防线所展开的一场攻势。该集团军群的新任司令官莫德尔元帅[1]，几乎与国防军陆军总司令部同样乐观：破天荒头一遭，他指出，德军集结的力量完全可与苏军的集结相抗衡。

这种希望纯属一厢情愿。这表明了德军最高统帅部对情况的掌握是多么糟糕，对事实的了解又是多么贫乏。多年来，元首大本营一直低估苏联的力量，现在，他们又高估了自己大胆的策略。

---

[1] 1944年3月1日，瓦尔特·莫德尔擢升为陆军元帅。

斯德哥尔摩

芬兰湾

赫尔辛基

列宁格勒

列宁格勒方面军

斯德哥尔摩

波罗的海

塔林

佩普西湖

普斯科夫

诺夫哥罗德

18

波罗的海第3方面军

里加

北方
集团军群

波罗的海第2方面军

德维纳河

陶格夫匹尔斯

16

波罗的海第1方面军

涅曼河

维尔纽斯

波洛茨克

维捷布斯克

柯尼斯堡

考纳斯

莫洛杰奇诺

奥沙

白俄罗斯第3方面军

但泽

3装集

鲍里索夫

斯摩棱斯克

中央
集团军群

明斯克

4

白俄罗斯第2方面军

维斯瓦河

比亚韦斯托克

斯托尔布齐

莫吉廖夫

布格河

巴拉诺维奇

博布鲁伊斯克

华沙

布列斯特-立托夫斯克

斯卢茨克

9

罗加乔夫

白俄罗斯第1方面军

平斯克

普里皮亚季

戈梅利

4装集

普里皮亚季河

沼泽

白俄罗斯第1方面军

科韦利

罗夫诺

日托米尔

基辅

北乌克兰集团军群

加利西亚

利沃夫

乌克兰第1方面军

第聂伯河

100英里

1装集

捷尔诺波尔

乌克兰第4方面军

喀尔巴阡山

切尔诺夫策

德涅斯特河

1944.6.22
前线态势

8

乌克兰第2方面军

乌克兰第3方面军

希特勒预计的
加利西亚攻势

6

敖德萨

南乌克兰集团军群

▲ 针对前伸的"中央"集团军群,苏军四个方面军集结起250万人,准备发起进攻。守卫突出部的布施元帅拥有四个集团军,近40万人。但希特勒并不认为苏军会发起一场正面攻势,他担心的是苏军发起一场从加利西亚经利沃夫直至柯尼斯堡的合围。因此,他再度削弱"中央"集团军群,将几乎所有的装甲部队调至"北乌克兰"集团军群的战区内。

1944年夏季，苏军统帅部并没有做出希特勒所设想的如此深远的战略构思。顿涅茨河和第聂伯河上的遭遇使斯大林对这般宏大的计划心生畏惧。波波夫坦克集群和第6集团军在红军村和哈尔科夫的惨败令他倍加小心。另外，他很少对敌人最强大的地点发起进攻。而出色的侦察工作使他得以在准确掌握敌情的基础上制订自己的计划。1944年夏，这种做法实现了与德国人的预期完全相反的部署。斯大林做到了曼施泰因在库尔斯克突出部最后一刻想做的事情。当时，曼施泰因意识到苏军的侧翼防御非常强大，应该选择突出部正面，敌军防御较弱的地点实施攻击，或选择比两翼支柱更为虚弱的任何地段展开进攻。

正是出于这个原因，斯大林制订了针对德国"中央"集团军群突出部的作战计划。不幸的是，元首大本营没有"维特"在苏军统帅部内为他们提供情报。

直到最后一刻，德军最高统帅部仍在坚持其错误的战略。1944年6月20日，国防军最高统帅部参谋长凯特尔元帅在对整体作战形势所做的讲话中解释说，西方列强的军队已于6月6日在诺曼底登陆，待他们获得重大进展后，苏军才会发起新的攻势。他们的重点将会放在加利西亚地区，而不是针对"中央"集团军群。

48小时后，最高统帅部参谋长的断言以一种最令人震惊的方式被否地。苏军发起了进攻，但不是在加利西亚。

1944年6月22日是"巴巴罗萨"行动纪念日——德国入侵苏联三周年。斯大林非常清楚这个日子对苏军的影响力，他利用他们被激发起的热情，极大地提高了部队的士气。正如他曾下令必须在1943年11月7日为十月革命纪念日夺取基辅那样，现在他决定将德国入侵苏联的纪念日作为1944年夏季攻势的发起日期。

为尽可能长久地让德军统帅部摸不清苏军夏季攻势的重点，苏军最高统帅部负责整体行动的两位全权代表之一，朱可夫元帅，决定沿德国"中央"集团军群已被严重削弱的450英里防线分阶段展开行动。伟大的时刻已经到来。

率先开展行动的是游击队。6月19—20日夜间，德军前线的后方地区出现了大规模破坏行动。到拂晓前，10500起爆炸炸断了从第聂伯河至明斯克以西的所有铁路线。主要的桥梁都被炸毁。交通补给线发生中断，且中断时间往往超过24小时。

不光是铁路线陷入瘫痪，更糟糕的是，沿铁路线延伸的电话线也在数千个地段发生中断。自1944年以来，从未出现过用电台管理铁路交通这种情况，整个"中央运输指挥部"陷入瘫痪。所有铁路交通彻底中断，是接下来48小时内德军灾难性发展的决定性因素。毕竟，铁路交通是军事组织机构的生命线，一旦这个流通被截断，一场危险的瘫痪必然来临。

运输总指挥特斯克上校搭乘他的鹳式飞机飞越防区上空，这才意识到这场瘫痪的彻底性。所有车站和铁路路段都被挤满，火车只能一码码向前挪动。尚能运行的几列火车上挤满了人，甚至连火车头也是如此，这些人主要是来自受威胁地区的伤员。

下面的数字说明了问题。7月1日，约8000名伤员不得不从明斯克疏散。7月7日，98列货运火车从这里驶向集团军群。而同一天，总共有216列火车进入集团军群的防区，即138列运兵车，59列补给列车，12列空军专列和7列铁路工兵专列。他们遭遇的最大困难是根本无法获得任何进展。前线急需的补给物资无法运抵，包括士兵和弹药。

这场战役的第二阶段开始于6月22日。赖因哈特大将的第3装甲集团军，在德维纳河上的维捷布斯克遭到波罗的海第1方面军和白俄罗斯第3方面军一部的攻击。24小时后，这一攻势蔓延至冯·蒂佩尔斯基希将军第4集团军的防区内。在这里，苏军白俄罗斯第2方面军对奥尔沙与莫吉廖夫之间的第聂伯河河段发起进攻。最后，6月24日，苏军最高统帅部投入了罗科索夫斯基将军指挥的白俄罗斯第1方面军，对约尔丹将军的第9集团军展开打击。这一推进的目标是别列津纳河上的博布鲁伊斯克。

就这样，德军统帅部直到6月24日才意识到，苏军已沿"中央"集团军群的整个防线发起了他们庞大的决定性打击。6月23日时，元首大本营仍沉湎于幻想中：苏军在中央防区发起的进攻，不过是为了掩饰他们在加利西亚地区即将展开的攻势所进行的佯攻。24小时后，希特勒终于意识到自己犯下了致命的错误。

最初的48小时后，苏军攻势的力度，火炮、坦克和对地攻击机的压倒性优势愈发明显。希特勒和他的顾问们紧张地盯着来自前线的紧急报告。他们惊恐地意识到德军侦察行动未能发现的内容——苏军投入了前所未有的进攻力量，一股势不可挡的浪潮，在数小时内将一年中阻挡住苏军六次攻势的一切力量扫荡一空。

陆军元帅布施，以3个集团军，总计34个师的兵力守卫着集团军群的东部地区，这条防线近450英里长。普里皮亚季河上，虚弱的第2集团军掩护着南翼，并与"北乌克兰"集团军群相连。一个装甲师——第20装甲师——被部署在第9集团军身后的博布鲁伊斯克已有数日。东线几乎所有的装甲师都被调至加利西亚或科韦利以西地区，等待着敌人对那里发起进攻。那么，其他预备力量呢？第4集团军身后，布施只有一个第14步兵师；第3装甲集团军的左翼，他只有第95步兵师。在莫吉廖夫——也就是第9集团军的防区——是"统帅堂"装甲掷弹兵师，但该师仍在补充中，位于左翼的是第707步兵师。这就是全部的预备队，应该说还有些力量——冯·格赖姆大将的第6航空队。但在苏军发起进攻的当日，该航空队只剩下40架可用于作战的飞机。仅仅40架！其他飞机都被调至德国和法国，就在三个星期前的6月6日，盟军发起入侵，并开始在空中占据压倒性优势后。这是斯大林多年来一直敦促盟军尽快开辟的第二战线。斯大林又等了16天，以确定这的确是期盼中的西方盟国大规模支援行动。待弄清诺曼底登陆不是另一次迪耶普，而是集中全部军事力量在西线的大举进攻后，斯大林终于发起了他的攻势。现在他能肯定，希特勒无法从法国抽调一个师、一辆坦克或一架飞机来支援他饱受重压的"中央"集团军群。

朱可夫元帅和华西列夫斯基元帅，这两位苏军中的王牌，现在指挥着苏军部队全力对付布施的34个师。苏军的兵力优势为六比一，但在武器方面，这种优势超过了十比一的比例。投入行动的是苏军的四个方面军，辖14个集团军，另外还得到坦克部队和5个空军集团军的加强和支援。他们的兵力为200个师，近250万人。技术装备呢？他们共有6000辆坦克和自行火炮，45000门大炮和迫击炮，以及未将远程编队统计在内的7000架飞机，更别提他们的自动武器、炸药和机动车辆了。

面对占据如此优势的敌军，在1943—1944年整个冬季中击退了苏军所有进攻的德国军队，现处于一种绝望的境地。这种绝望并不仅仅是因为他们相形见绌的技术装备，还因为希特勒顽固的坚守令剥夺了他们的战略自主权，甚至严重妨碍到他们的战术行动。最后是第三个不利因素，事实上，许多部队被牵制在所谓的"筑垒地域"中。筑垒地域？没错！就是在过去的战争中，那种由要塞和堡垒所构成的防线。这些设想源自希特勒在第一次世界大战中的经历，尤其是凡尔登和多奥蒙特的战术。根据这种过时的经验，希特勒制订了一种新的坚守策略——兵力较弱时的办法——并希望以这种方式挫败苏军的大规模攻势。

构想非常简单。重要的交通中心、补给中心以及具有政治和历史声望的地点，都应千方百计予以坚守，坚持到最后一颗子弹。这些"要塞"将牵制大批敌军，使其无法增援已达成突破的部队，从而严重妨碍并破坏敌人的攻击力。

在"中央"集团军群的防区内，斯卢茨克、博布鲁伊斯克、莫吉廖夫、奥尔沙、维捷布斯克和波洛茨克（Polotsk）都被宣布为"筑垒地域"，每个地方都派出一个前线师予以守卫，唯一特殊的地方是维捷布斯克，派驻了三个师。

这是个貌似合理的计划，但却存在一个潜在的问题。只有当敌人真的对这些"筑垒地域"发起进攻，并将其力量集中于此时，这种计划才能生效。但如果对方没有这样做呢？如果敌人根本不对这些"筑垒地域"发起进攻，而是绕开它们，并留下少量部队予以监视，不让它们减缓自己的推进速度，那该怎么办？

另外还有一些其他问题。一旦敌人达成突破，德国的集团军根本无法指望能再次封闭被突破的前线，因为所有可用的师都已被牵制在"筑垒地域"中。

但希特勒驳回了各集团军指挥官提出的反对意见。他拒不承认出现在1944年夏季战场上的是一支全新的苏军。这支部队已不再是1941年或1942年的苏军。战场上的苏军参谋人员和士兵已从1943年的战事中得到了重要的经验教训。他们首先学会的是如何在重点地段集中力量，如何使机动部队发挥出最大效能，以及如何大规模使用坦克部队。

另外，苏军士兵还被慷慨地配发了武器和弹药。苏联的战时经济已在1944年到达到顶峰。通过对俄罗斯爱国主义的呼吁，布尔什维克体制在苏联人民中激发起一种极为惊人的干劲。军事上的胜利、广阔的国土获得解放，以及希特勒以其"劣等种族"哲学为基调的灾难性占领政策，这些都进一步强化了这种趋势。最后还有一点，他们获得了美国的各种援助，这种援助在1944年到达顶峰：大批苏军师搭乘着美制卡车、发射着美制炮弹、吃的是加拿大小麦、穿的是美国布料制成的军装。

因此，苏军夏季攻势这场决战的展开，适逢苏联军事实力的顶点，从战时经济和士气方面看都是如此。而另一方面，德国的实力却下滑到他们的最低点。就在7·20这起试图暗杀希特勒的事件给第三帝国的前景蒙上一层阴影之际，苏联却经历了一场爱国主义情绪的高涨期。成千上万个庄严的承诺被做出，成千上万的苏联公民发誓要战斗到最后一滴血。

我们只从众多的例子中列举一个。在一次群众大会上，坦克第103旅的女报务员薇拉·普罗希娜表达了她的想法和感受："今天，我的梦想成真了——在一辆坦克里杀死希特勒分子，为苏联人民遭受的苦难报仇，也为我被法西斯杀害了的父母报仇。所以，我将毫不留情地消灭他们，从而展示一名苏联姑娘能做到些什么。让那些该死的侵略者都去死吧！"

这种公开的战斗誓言，再加上其他军官和士兵做出的类似承诺，被印制成上百万份传单散发至前线，引发了成千上万人的效仿，并为作战部队的奉献、勇气和努力带来全国性的支持。

至于"白俄罗斯战役"（这场夏季大攻势的名称）背后的战略决策，我们有个比薇拉·普罗希娜更杰出的见证人——白俄罗斯第1方面军司令员罗科索夫斯基元帅[①]。该方面军负责对德国第9集团军的防区发起进攻，他在一篇极具启发性的文章中披露了许多前所未闻的情况——关于斯大林和他的将领们在行动计划上的戏剧性冲突。

两次获得苏联英雄称号的罗科索夫斯基，曾是一名石匠学徒，也曾在沙皇的龙骑兵部队中担任过中士，是个十月革命孕育的典型将领——英勇、冷静、具有战略天赋，还有些龙骑兵的冒险精神。他是个简单而又颇具魅力的人，这也许是因其祖先波兰血统的遗传。但在许多方面，罗科索夫斯基与曼施泰因并不相同。

罗科索夫斯基指出，解放白俄罗斯的计划早在1943年秋季便被提上方面军的议事日程。"我们正向第聂伯河推进。但在当时，这个任务被证明是不可能完成的，因为我们在夏季战役的过程中遭受了相当严重的损失。方面军辖内的部队到

---

① 罗科索夫斯基于1944年6月29日晋升为苏联元帅，也就是白俄罗斯战役打响后。

达索日河（Sozh）和第聂伯河时，敌人的抵抗明显加强，我们不得不付出最大的努力才得以渡过该河，并使我们的集团军进入到第聂伯河与普里皮亚季河这两条河流之间的地域。我们的实力已不足以实施进一步行动。我们不得不暂时停顿下来，以便再次集结力量。"这就是罗科索夫斯基的记述。

1944年3月中旬，罗科索夫斯基接到斯大林打来的电话。斯大林让他熟悉他这个方面军的任务概要。1944年5月初，详细的行动计划开始制订。罗科索夫斯基的防区将是这场战役的重点。战役的第一阶段将夺取博布鲁伊斯克，这是别列津纳河低地的森林与沼泽中央的一个公路和铁路中心。

对直扑布列斯特—立托夫斯克的进一步行动来说，博布鲁伊斯克非常重要。罗科索夫斯基和他的参谋人员得出结论，这个进攻必须以一场钳形攻势发起，每支铁钳由两个集团军和一个坦克军担当——其中的一支铁钳从西北方的罗加乔夫地区扑向博布鲁伊斯克，另一支铁钳则从南面直奔博布鲁伊斯克和斯卢茨克。但苏军将领们同样不得不与有自己战略构思的独裁者打交道，而这种构思和希特勒的想法同样固执。

5月22日、23日，作战计划研讨会在斯大林的大本营举行。罗科索夫斯基的方案引起了激烈争论。斯大林和数名最高统帅部成员认为，罗科索夫斯基应集中自己的力量，从第聂伯河桥头堡发起一个主要突击。经验丰富的罗科索夫斯基则提出，如果这样的话，行动区域过小，地形太过复杂，而且这一进攻将暴露其北部的侧翼。但他的意见被驳回，斯大林顽固地坚持只发起一个突击。正如希特勒有他的"筑垒地域"那样，斯大林也有自己"集中力量"的理论，他固执地认为这个理论适用于任何地方。当然，从原则上看，这个理论是正确的，但在目前这种特殊的情况下，必须打破原则，可斯大林拒绝承认这一点。为将自己的意志强加给他的元帅和集团军司令员，他所采用的办法很是有趣。罗科索夫斯基这样写道：

"斯大林命令我到隔壁房间去，用20分钟时间好好想想最高统帅部的建议，然后再回会议室。可在我看来，没什么可想的。时间到了，我回到会议室，继续坚持自己的观点。我又被打发到隔壁房间，再想20分钟。在第二次'监禁'期间，外交部长莫洛托夫和斯大林的得力助手马林科夫来到我身边。他们不赞成我跟最高统帅发生争执。他们要求我接受最高统帅部的建议。我回答说，我坚信自己观点的正确性，如果最高统帅部命令我按照他们的计划发起进攻，我不得不要求解除我方面军司令员的职务。我回到会议室，可还是无法说服斯大林和他的顾问。我又一次被打发到隔壁房间。但当我第三次回到会议室，仍坚持自己的看法时，我的计划被批准了。"

当然，斯大林也对这位大将的固执说了些讽刺的话，并警告他要对此次战役负责。罗科索夫斯基接受了这一责任。他挽救了自己的行动计划。[①]

---

① 这场争论的确很有戏剧性，但朱可夫的回忆录否认了这个插曲，他指出，斯大林早在5月20日便已批准该方面军策划的两个突击。而罗科索夫斯基的回忆录似乎也不像在说谎。另外，科涅夫的回忆录提到过，他也有过类似的经历。这其实说明了一点：某些原本并不复杂的历史问题，由于涉事人员各种不同的目的和原因，人为地出现了偏差，并变得复杂起来。

2

进 攻

"突击5、5、5"——致命的犹豫——博布鲁伊斯克陷阱——血染别列津纳河——
维捷布斯克落入铁钳中——"以个人名义担保奋战到底"——被解开的谜：苏军
制空权

苏军的首次尝试便在"中央"集团军群防线的左翼（第3装甲集团军的防区）
达成纵深突破。没用24小时，维捷布斯克"筑垒地域"便落入苏军的铁钳中。

德国第4集团军防区内的情况也是一样。白俄罗斯第2方面军麾下的各个师向奥
尔沙和莫吉廖夫冲去，很快便在莫吉廖夫东面，蒂佩尔斯基希将军第4集团军的防
线上撕开一个大缺口。驻守在莫吉廖夫后方的是"统帅堂"装甲掷弹兵师，该师的
前身是来自西普鲁士和但泽的第60摩托化步兵师，他们还欠一个已被调拨给他们，
并被重新命名为"冲锋队警卫"的步兵团。

该师经历的苏军夏季攻势中的第一次战斗，是第聂伯河与别列津纳河之间所
发生的事情的典型。自5月中旬以来，伴随着维捷布斯克北面一系列艰苦的战斗，
该师一直在充当预备队，进行着休整和补充。师炮兵团和装甲营的部分单位仍在德
国。该师的一些补充兵来自挪威，他们习惯的是一个被占领国家的平静生活，而不
是东线严酷的战事。最后一批补充兵在6月中旬被送到，也就是苏军发起进攻的八
天前。这些毫无实战经验的士兵就这样投入了这场无情的战斗中。

战役第一天的夜间，"统帅堂"师接到了堵住"莫吉廖夫东面漏洞"的命令。

师长冯·施泰因科勒尔将军向第39军①军长报告时，马丁内克将军不禁大摇其头。

"请明确告诉我，您打算堵上哪个漏洞？我们这里除了漏洞，什么都没有。您的阵地应该退至别列津纳河，这样，等第聂伯河无法继续坚守时，我们在那里还能有一条拦截线。这种情况很快便会发生。"

马丁内克说得没错。别列津纳河位于第聂伯河以西45英里处。如果"统帅堂"师真被部署到那里，与别列津纳河上的第18装甲掷弹兵师相连，并以拦住第4集团军麾下混乱不堪的各个师为目的，那么，很多事情可能会得以避免。因为，一场大灾难即将发生。

但命令却不是这样。"统帅堂"师在别列津纳河东面60英里处投入战斗，这是个令人绝望的位置，甚至已越过第聂伯河。这种做法简直是往大海中投入一滴水。"6月25—26日的夜间，"冯·施泰因科勒尔将军后来报告道，"主要是出于好运气，而不是因为出色的领导，我成功地带着部队在莫吉廖夫渡过第聂伯河。"

就在这位将军带着师里的装甲部队对付苏军坦克之际，师作战参谋费尔施中校于6月24日14点收到第12军发来的如下电文："各部队设法向西撤退，第12步兵师据守莫吉廖夫。"从这一刻起，作战地区内的纪律几乎荡然无存。向西的道路上挤满了各个师的行李车和五花八门的单位，他们没有明确的目标，只是朝任何有可能逃生的方向涌去。偶尔会出现苏军坦克冲入这些队列中的情况。

就在这时，苏军对"中央"集团军群的右翼发起了主攻——罗科索夫斯基的白俄罗斯第1方面军冲向博布鲁伊斯克。

苏军第65集团军司令员巴托夫将军已选中博布鲁伊斯克作为他发起坦克突击的地点，约尔丹将军和他的第9集团军根本没想到会在那里遭遇到一场坦克攻击——跨越500码宽的沼泽地被认为是不可能做到的。这是个巧妙的行动。苏军工兵在烟幕的掩护下，将早已准备好的树枝和木棍铺设在沼泽地上，他们还以类似的方式搭建起一座桥梁，以便让部队渡河。

---

① 这里的第39军应为第39装甲军，但此时的"装甲军"并不意味着辖内一定是几个装甲师，更多的是指装甲军军部。至于麾下的各个师，根据需要，可以是装甲师，也可以是装甲掷弹兵师，甚至是步兵师。

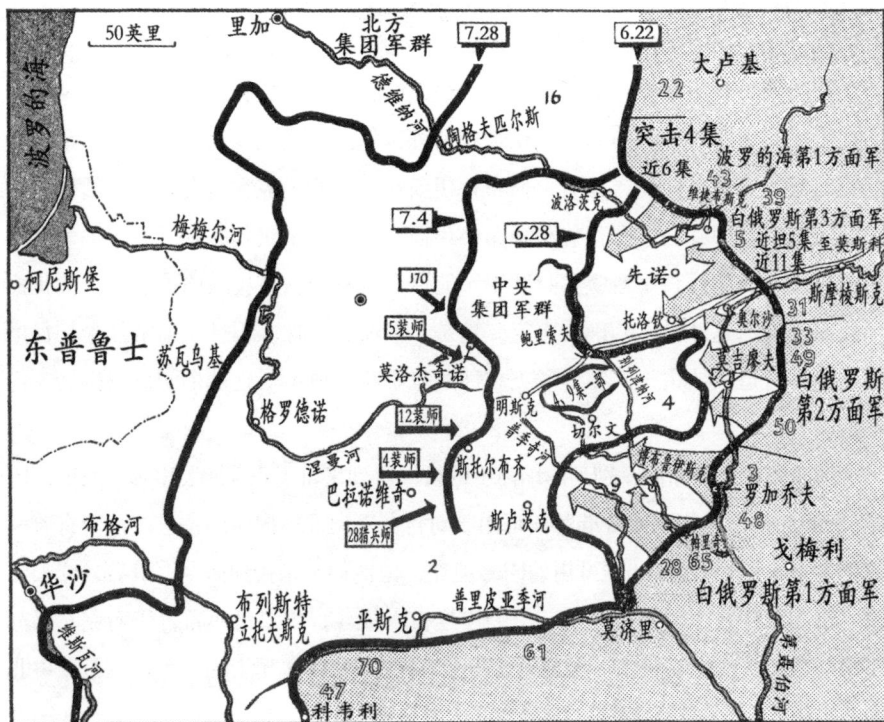

▲ 1944年6月22日，苏军对"中央"集团军群的突出部发起全面攻势。维捷布斯克、奥尔沙、莫吉廖夫和博布鲁伊斯克这些
"筑垒地域"都被钳形攻势所包围，但苏军主力却一路向西疾进。希特勒的"筑垒地域"策略就此破灭：脆弱的前线土崩瓦
解，第4和第9集团军的主力被困在明斯克与别列津纳河之间。新任命的集团军群司令莫德尔，以仓促调集的部队发起反击，
徒劳地试图在巴拉诺维奇与德维纳河之间稳定住一道拦截线。苏军攻势发起的五个星期后，苏军已到达维斯瓦河和东普鲁士
边境。

— 557 —

"突击5、5、5"，苏军各坦克车长的RT电台尖叫起来。这是"顿河"坦克军①于6月24日跨越400码宽的束柴路，发起进攻的代号。苏军步兵同样接到进攻的信号。他们也跨过了危险的沼泽，守卫这片沼泽的仅仅是德军第36摩托化步兵师巡逻队构成的一条薄弱的防线。苏军步兵像滑雪者穿越一片广袤的新雪那样——他们的脚上套着用柳条编制成的"滑雪板"。这又是一个反映了苏军即兴创造才能的例子。沼泽、原始森林和黑夜是他们最喜爱的环境，他们出色地解决了自己所遇到的困难。

　　德国第41装甲军完全措手不及。霍夫迈斯特将军该怎么做？他的军仅仅是个名义上的装甲军——除第36摩托化步兵师外，他的军里只有两个步兵师。毫无疑问，对敌人突然扑向莫吉廖夫—博布鲁伊斯克公路的坦克突击发起反击的任务应该交给第20装甲师，该师正位于博布鲁伊斯克附近一个极其有利的后备阵地上。但很显然，约尔丹将军希望第41装甲军能以自身的力量解决眼前的危局。他犹豫了整整一天，这才做出明确的决定。这是个致命的犹豫。不过，通常经验都很丰富的指挥官造成的失误，在这场灾难性战役中相当典型。这是个明显的机会，但他们没有抓住。

　　博布鲁伊斯克东面，别列津纳河上的桥梁得到来自黑森第20装甲师第21装甲团第2营的加强。他们已做好准备，可用于对付苏军向北或向南的推进。该营有着一流的装备。他们有近100辆可用的四号坦克，但他们并未接到命令。最后，营长保罗·舒尔茨少校主动将自己的三个装甲连投入战斗，以对付博布鲁伊斯克北面苏军第48集团军的坦克突击。但他无法阻止苏军第3集团军麾下的一个坦克军在更北面，沿第9集团军与第4集团军的结合部达成突破。舒尔茨留下一个连，大约20辆四号坦克，作为一支战术预备队，然后率领其余坦克出发，再次对已达成突破的苏军的侧翼发起打击。

　　他刚刚发起进攻，便收到集团军发来的一道相反的命令：立即投入博布鲁伊斯克的南面。第9集团军司令部终于意识到，最大的威胁是来自巴托夫将军麾下"顿

---

　　① "顿河"坦克军最初的番号为坦克第26军，由于在斯大林格勒战役中的出色表现，被授予近卫坦克第1军的番号。又因在顿河作战中屡立奇功，被授予顿河军的荣誉称号。该军的全称是"近卫红旗顿河坦克军"。

河"坦克军朝南北向公路的推进。即便如此，将舒尔茨的坦克调离他们刚刚发起的进攻，以便把他们派至南面，这仍是个重大失误。其结果是，强有力的德军装甲部队无法在任何一个受威胁地段达成有效的干预。

舒尔茨少校正确地指出："就在我们由北向南转进之际，俄国人粉碎了我们各步兵师的支撑点，并将他们打垮。因此，我们赶往第9集团军南部地区的途中，遇到的只是四散奔逃的部队。"

尽管如此，装甲战斗群发起的反击，一开始还是取得了不错的进展。但当这些坦克仍在前线肃清苏军的渗透时，他们后方的村庄已燃起熊熊大火。苏军在西北方达成突破，已威胁到"舒尔茨"装甲战斗群的后方。

舒尔茨少校立即将贝格曼中尉的装甲连抽离战斗，令其火速赶往北面，以确保博布鲁伊斯克东面的十字路口和桥梁的畅通。

一支强有力的装甲部队，在大胆而又果断的领导下，所取得的成绩着实令人惊讶。不幸的是，这片地区只有一支这样的部队。实际上，整个"中央"集团军群还有另外两个装甲营和几个突击炮单位。这些部队中，超过三分之一的力量又一次被派驻在错误的地方——即第2集团军的防线上。如此势单力薄的部队，无论他们有多么精良的装备和出色的领导，都不可能阻止苏军14个集团军和6个独立坦克军的进攻。

约尔丹将军的优柔寡断导致了集团军群最初的决定性失利。这位将军为此付出的代价是他的指挥权。在其他方面都很出色的约尔丹成为这场夏季攻势的第一个替罪羊。他被解除职务，接替他的是冯·福曼将军，这是个经验丰富，充满活力的领导者。但他无法在这种糟糕的时刻接管第9集团军。

1944年6月28日清晨前，来自各个军的情况报告清楚地表明了这场灾难的程度。第9集团军的主力被包围在别列津纳河东岸的博布鲁伊斯克，苏军先头部队正渡过这条河流向西而去。

6月29日，博布鲁伊斯克"筑垒地域"陷落。在一个晴朗的夜晚所发起的绝望的突围行动中，第20装甲师的装甲掷弹兵和装甲连冲出镇子，在苏军的拦阻部队中杀开一条血路。组织这场突围行动的是三个饱受重创的步兵师冷静的师长们，以及第20装甲师的作战参谋舍内希中校。

最前方的是装甲掷弹兵，紧跟在他们身后的是舒尔茨少校的最后几辆坦克。然后是布拉德上尉的10辆突击炮。经过一番苦战，德军的突围获得成功。因此，第41装甲军和第35军至少有部分部队重新建立起与德军主防线的联系。但有5000名伤员被留在博布鲁伊斯克。7月4日，第59装甲掷弹兵团团长德默上校，带着第20装甲师①的后卫部队到达第9集团军的拦截线，这样，近30000名德军士兵逃出了博布鲁伊斯克的陷阱。10万人只逃出来3万。没人知道有多少士兵溺毙在险象环生、被鲜血染红的别列津纳河中，又有多少士兵在广袤的森林和沼泽低地里送了命。

罗科索夫斯基对德军南翼第9集团军的打击获得成功。他提前实现了他的计划：苏军最高统帅部曾认为，包围博布鲁伊斯克需要占用这场夏季攻势中的八天，但实际上只用了四天。

"中央"集团军群的北翼，德国第3装甲集团军抵御着白俄罗斯第3方面军和波罗的海第1方面军的进攻，那里的情况又怎样？在那里，维捷布斯克是苏军的第一个战略目标。德维纳河上的这一"筑垒地域"被笼罩在两个庞大的铁钳下，但未遭到直接攻击。这是希特勒"筑垒地域"策略全然无效的另一个例证。

苏军强有力的推进同样令德国第3装甲集团军司令部措手不及。的确，集团军司令赖因哈特大将已多次对自己防区内的危险状况加以留意。在5月中旬的一次态势评估中，他曾向布施元帅提及敌人在集团军左翼防线的前方所进行的大规模部署，并据此得出结论，敌人的主攻将集中于维捷布斯克的北部地区。但布施元帅和国防军陆军总司令部并不赞同赖因哈特对情况的判断。他们不相信敌人会发起一场钳形攻势，越过维捷布斯克，直插德军后方；他们死死地抱着自己一厢情愿的看法：敌人将对维捷布斯克发起强有力的突击，毫无疑问，他们会被充当防波堤的守军阻挡住。

"我能怎么做呢？"在明斯克的集团军群司令部内，布施不止一次地问他的参

---

① 这里的第20装甲师并不隶属于第41装甲军或第35军，也不属于第9集团军，而是集团军群的直属预备队。

谋长克雷布斯中将。"我能怎么做呢?"他的意思是,推翻希特勒对态势的判断是不可能做到的。由于这个问题无法得到回答,他不得不自己安慰自己:不管怎样,经验丰富的第3装甲集团军肯定能完成他们"防波堤"的任务。

但赖因哈特的集团军已不再拥有昔日的战斗力。集团军麾下,近三分之一的师已被调往前线其他地区。强大的集团军属炮兵,只剩下不到一半的实力。唯一的预备队是第14步兵师和几个工兵营。而在集团军后方区域,只有第201保安师和一个保安营。但元首大本营却装作什么都没发生改变的样子。好吧,这里的兵力更少了,任务更重了——但对德国士兵来说,没什么是做不到的。

于是,按照希特勒的指令,布施命令第3装甲集团军,集中起3~4个师(换句话说也就是其全部战斗力的三分之一),进入到维捷布斯克"筑垒地域"。一切抗议均属徒劳。这是个荒诞的命令。

赖因哈特该怎么做?他已接到命令。这是一道有争议的命令,但命令就是命令。命令要求,维捷布斯克的防御力量必须尽可能强大,一个辖四个师的军将驻守在要塞内。元首大本营确信,苏军会对这座城市发起进攻,并发现自己的20~30个师被牵制在这座城市前。但苏军并未发起攻击,而是绕过这座城市和城内的四个德军师,从而打乱了德军的整个防御部署。

问题出现了:德军统帅部怎么会如此彻底地误判了敌人的实力和意图?

德国一方没有洞察苏军最高统帅部的重大战略意图,这一点不足为奇——苏军高级指挥部门里根本没有德方的情报人员。德国人没有佐尔格博士,也没有"维特"。但在前线地区,德国人对苏军较低层指挥部门的意图也不甚明了,这一点确实很不寻常。通常说来,空中侦察、逃兵、侦察活动、电话窃听以及无线电拦截能清晰地反映出敌人的战术意图。监听和无线电拦截通常能在这方面获得相当大的成功。可在1944年夏季,为何"中央"集团军群的这些手段全然失效呢?

对这个问题,时任苏联白俄罗斯第3方面军参谋长的S.波克罗夫斯基中将做出了回答。在一份有趣的记述中,他揭示出苏军的欺骗和伪装手段的惊人细节。例如,直到进攻即将发起的几天前,部队仍在奉命挖掘战壕、修建防御工事。这样一来,连苏军士兵自己也相信,他们的部队正准备进行一场旷日持久的阵地战。而这一切完全是为了欺骗德国人的空中侦察、特务和消息提供者。为确保计划的绝密性，他们甚至在高级参谋人员中也实施了严格的保密措施。涉及此次战役的书面文件只能由某些指定的军官来准备，而且只能亲手传达。严禁使用任何机器传递关于此次战役的任何情报——电话、电传打字机或电报。直到6月20日，书面指令才分别下达给各集团军——也就是进攻发起前的两天。这些措施严格而又特殊，但毫无疑问，非常有效。

由于苏军投入的兵力超过20个集团军，207个师，这股庞大的力量不可能在苏军防区的腹地得到彻底隐蔽，因此，苏军总参谋部采取了特别措施，以阻止德国人的空中侦察。苏军战斗机编队不断投入行动来对付德军侦察机。当然，这些措施不可能百分之百奏效，但足以阻止德军侦察机收集到苏军实施集结的充分证据。

不过，任何计划都无法做到天衣无缝，总会在一些小事情上出岔子。6月初，苏军的一架"缝纫机"（指的是那种速度缓慢的老式侦察机）被击落在德军第252步兵师的防区内。飞机上有一名来自苏军某航空师参谋部的少校，他几乎毫发无损地当了俘虏。他的公文包中有些令人很感兴趣的书面文件，来自空军第3集团军。通过这些文件可以得出苏军正准备发起一场深具威胁的攻势的结论。该师师长梅尔策中将向第9军汇报了此事。可如果根本就没人愿意相信，这些泄密的文件又有什么用呢？

白俄罗斯第3方面军司令员伊万·丹尼洛维奇·切尔尼亚霍夫斯基大将，是最具天赋的苏军将领之一。他并不是一头白发、继续为革命效力的垂垂老者，而是个新一代的年轻人，他才38岁。这位大胆的战地指挥员，对各种现代化武器和技术成果有着浓厚的兴趣。另外，在性格方面，他也是苏军指挥体系中最理想的那种类型，这种指挥体系基于司令员、参谋长和军事委员会委员之间的团队工作——也就是所谓的集体领导制。切尔尼亚霍夫斯基阵亡于1945年的东普鲁士战役。

切尔尼亚霍夫斯基和位于他右侧的巴格拉米扬大将（这位谨慎的将领留着光头），按照苏军最高统帅部的计划展开了行动。首先是10000门大炮的猛烈炮击。然后，两个空军集团军以1000多架轰炸机实施轰炸。接下来，部队投入行动。白俄罗斯第3方面军的第一波次共计投入四个步兵集团军，对维捷布斯克南面的德国第6军发起打击。他们的主攻落在德军第299步兵师头上，该师崩溃了。接着便是第二波次的打击。切尔尼亚霍夫斯基手上有一个坦克军和一个由机械化部队及骑兵组成的"快速集群"，正准备从一个隐蔽的位置发起突击。德军防线刚被撕开，苏军坦克和机械化旅便冲入缺口，打垮了德军最后的抵抗，从南面越过维捷布斯克。

城市北面，巴格拉米扬的波罗的海第1方面军以三个步兵集团军和一个坦克军沿袭着同样的模式。巴格拉米扬对维捷布斯克北面，武特曼将军的第9军发起打击。一场激战在西里西亚第252步兵师的防区内展开。苏军达成了突破，德军随即发起反击，坦克进行了突击和轰炸。12个小时后，西里西亚人不得不让出他们的阵地。第9军被迫撤至维捷布斯克后方12英里处的掩护阵地。武特曼将军暂时得以在那里重新构建起一道防线。

可这又有什么用呢？巴格拉米扬和切尔尼亚霍夫斯基将他们的内翼分别转向左侧和右侧。没用三天，维捷布斯克"筑垒地域"便遭到包围。戈尔维策将军试图以维捷布斯克为屏障，战至最后一枪一弹，以其第53军的四个师牵制苏军主力，但这一希望彻底落空。

赖因哈特大将意识到这是场灾难，于是在最后时刻将这四个师中的一个——第4空军野战师——调离维捷布斯克。但6月24日清晨，这一举动已毫无作用，太晚了。罗特米斯特罗夫的近卫坦克第5集团军即将在第聂伯河与德维纳河之间的坚实地段的下端发起猛攻。他们将穿过沼泽地，直扑明斯克。一旦苏军达成突破，罗特米斯特罗夫集团军将在白俄罗斯第3方面军的作战区域内实现真正的战略目标——冲向通往明斯克的公路。当初，古德里安麾下的装甲师只用了15天时间，便沿着这条公路，从布列斯特-立托夫斯克杀至第聂伯河。

6月24日前，苏军各集团军已深深插入到德军后方，越过维捷布斯克。这里的"筑垒地域"已失去其意义。城内的几个师命运已定。在前线遭到突破的同时，他们被漏掉了。现在，这一点就连小孩子也能看得出来，可元首大本营却拒绝承认，并以一个优柔寡断的措施做出决定。18点30分，希特勒发电给戈尔维策将军，批准第53军突围。但同时他又命令："留一个师在维捷布斯克继续坚守，并将师长的姓名报给我。"

于是，一个师将守卫这座四个师都无法守住的城市！带着沉重的心情，集团军选中希特尔中将的第206步兵师执行这个孤军奋战的任务。但这种情况并未发生，批准另外几个师突围的命令直到6月24日夜间才姗姗来迟。6月25日13点12分，第3装甲集团军收到戈尔维策将军发来的一封电报："形势发生极大的变故，我们已被彻底包围，第4空军野战师已不复存在。第246步兵师和第6空军野战师正在数个方向经历苦战。维捷布斯克市区已展开激战。"

第53军以其麾下的35000名将士慷慨赴死。19点30分，该军军长从维捷布斯克发来电报："以个人名义担保奋战至最后一刻。戈尔维策。"这是个深思熟虑的典故，1914年8月23日，德国驻青岛的指挥官也曾给德皇威廉发去过相同的电报。当时，迈尔-瓦尔德克上尉在远离家乡7000英里外的青岛要塞发出电文："以个人名义担保，将职责履行到最后一刻。"这个"最后一刻"自他决定以4000名部下抵御40000名日军起，持续了两个半月之久。

戈尔维策的实力只够勉强支撑两天。他的电文是这座要塞发出的最后一份电报。6月26日上午，他准备向西南方发起突围。6月27日，他率领部分部队到达维捷布斯克西南方12英里处。苏联的《伟大卫国战争史》提到了随后所发生的事情："一股大约8000人的德军成功突出维捷布斯克包围圈，但他们很快被再次包围。6月27日上午，敌军各个师的残部接受了苏军指挥员的最后通牒，举手投降。敌军被击毙20000人，10000多名士兵和军官被俘。在这些俘虏中包括第53军军长，步兵上将戈尔维策[1]和他的参谋长施密特上校。"

奉命坚守维捷布斯克的东普鲁士第206步兵师的情况又如何？他们该如何应对？元首大本营不断发来命令，"第206步兵师必须坚守住城市，直至最终获救，"但却无法改变这样一个事实：面对苏军攻势的大潮，这里根本无险可据。位于集团军群左翼突破区的德军师已被粉碎，维捷布斯克成了一座坟墓。因此，6月26日16点45分，希特尔中将自担责任，下达了突围的命令。突围行动将于当晚22点发起。伤员被安置在马拉大车和一辆火炮牵引车上。

---

① 被俘的戈尔维策在1955年获释后返回德国，并于1977年去世。

突围部队取得大约9英里的进展，随后便遭到敌人的压制。他们被苏军第39集团军的部队拦截和包围。德军士兵挺起刺刀，高呼着"呼啦"发起最后一次尝试，以冲破苏军防线，但他们未能成功。这是来自东普鲁士历史悠久的第301、第312和第413掷弹兵团最后的战斗。为数不多的幸存者在一小片森林中被杀或被俘，只有某些坚韧不拔而又不顾一切的军官和士兵所组成的小群体，沿着危险的路线逃亡。经历了漫长的跋涉，他们最终到达德军防线，并讲述了他们师全军覆没[①]的经历。

一个复员办公室被设立在图林根的鲁道尔施塔特，而不是在该师的家乡东普鲁士，因为那里已遭到敌人的威胁。确定在该师服役的12000名将士的姓名是一件辛苦而又细致的工作——维捷布斯克的灾难导致师里所有的文件和记录损失殆尽。12000份通知单最终被寄送给失踪者的亲属。7月18日，该师正式宣布覆灭，并下达了解散令。复员人员用该师灭亡的正式日期作为他们新的战地邮局编号：18744。这就像是篆刻在墓碑上的死亡日期。

在鲁道尔施塔特的复员办公室的文件中，一个问题一次次出现：一个完整的师怎么会覆灭得如此迅速、如此可怕？

苏军怎么能做到将战场上那么多英勇、顽强、经验丰富的德军东线师席卷一空，并在48小时内将"中央"集团军群陷入一场灾难的？

要回答这些问题就意味着要从苏军获胜的背后寻找原因。是因为他们占有巨大的优势？但德军在东线的防线上经常抵御着数量占据优势的敌人。是因为苏军炮兵的火力优势？但这并非什么新玩意，肯定不是导致这场灾难的关键。以前，德军各个师不止一次地经历过这种密集的炮火。决定性因素是某些完全不同的东西——除苏军庞大的兵力优势和令人惊讶的精良装备外，最重要的是一支优势空军力量的出现，决定性地改变了双方的力量平衡。苏军的空中优势可能是最令东线德军感到意

[①] 该师师长希特尔将军没有阵亡，被俘后加入"自由德国全国委员会"，但这似乎并未能令他提前获释。1955年10月，他从苏联被释放回德国。

外的因素，也是最具决定性的一个因素。德国空军对东线战场上空的长期统治突然结束。不是别的，正是西线的盟国空军为苏军肃清了东线的空中战场！经历了诺曼底登陆最初的48小时后，问题变得非常清楚：决定西线成败的关键取决于能否打破艾森豪威尔的空中优势。这种优势击溃了德军装甲部队所发起的一切反击，粉碎了正向海岸前进的德军摩托化师，打破了大西洋壁垒，并从空中打垮了希特勒的"欧洲堡垒"。赫尔曼·戈林对这种情况毫无准备。因此，1944年6月初的那些日子，希特勒别无选择，只能从东线抽出所有的空军联队，并将他们调至西线。

实际上，前面已提到过6月22日东线局势的特点，苏军发起攻势之际，德国第6航空队只剩下40架可用的战斗机。40架战斗机去对付苏军5个空军集团军的7000架作战飞机！当然，德国空军匆匆地调集起东线可用的飞机赶往受威胁地区，但这只是杯水车薪。这是一场彻底的空中灾难。在西线，德国的空军联队并不足以挑战艾森豪威尔的空中优势，而在东线，德军部队发现在关键时刻失去了空中掩护，他们无力对抗现代战争中至关重要的一股力量。就这样，苏联空军主宰了东线的天空，这一点被证明是"中央"集团军群灾难性失败的关键因素。

空军对地面行动的决定性作用清楚地表现在苏军攻势中央地段的战斗中，在这里，他们打击的是德国第4集团军。扎哈罗夫大将率领着他的白俄罗斯第2方面军对德军在第聂伯河上最后的阵地展开攻击。苏军的主攻对准了第聂伯河上的莫吉廖夫。这里，同样是苏军的一个方面军，辖三个集团军和一个空军集团军，对付德国的一个集团军。换句话说，22个苏军步兵师、4个独立坦克和机械化旅排列起来，与德军的10个师交锋。当然，德军中也包括一些经验丰富的部队，例如第78突击师、第18装甲掷弹兵师和第12步兵师。

力量对比悬殊，但并不意味着这场灾难就无法避免。当然，一个不利因素是，就在苏军发起进攻前，德军高级指挥部门发生了一些变动。6月份的第一周，蒂佩尔斯基希将军接掌了曾由克鲁格指挥的第4集团军；他的第12军交由文岑茨·缪勒中将指挥。另外还有维泽和魏德林将军被解职后，第35军和第41装甲军指挥权的变动。师级指挥官也发生了相应的变更。这些变动并未能增强部队的战斗意志。最糟糕的是，包括奥尔沙和莫吉廖夫在内的集团军群中央防区，防御任务被交给一位从未指挥过一个集团军的新任司令官。另外，他还接到了一项特别困难的任务。他奉命在任何情况下都必须守住第聂伯河上的阵地，这个前伸的阵地像支钢矛般插入敌人的肉体中。的确，蒂佩尔斯基希得到两个突击炮旅和一个装甲营的支援，这是一股可观的力量，但并不足以弥补德军阵地的弱点。

很明显，在朱可夫元帅看来，德国第4集团军是块特别难啃的骨头。故此，他投入空军上将韦尔希宁的空军第4集团军，作为对付这一地区敌军的主要力量。空中力量将击败蒂佩尔斯基希的王牌，把该集团军彻底打垮。韦尔希宁仔细侦察了德国第4集团军纵深20多英里的防御体系，特别是德军的炮兵阵地，一切被准确地记录了下来。

就在扎哈罗夫的步兵发起第一波次的进攻时，苏军的对地攻击机出现了。他们对德军阵地实施轰炸、用机枪扫射所有的道路、用机炮摧毁德国人的指挥掩体。桥梁被精确的轰炸摧毁。雷区和铁丝网被地毯式轰炸清除。随之而来的是某种全新的战术：一些特殊编队低空掠过战场，对可怕的德军突击炮发起打击。这种战术是鲁德尔创造的。为此，韦尔希宁将军组建了特别对地支援空军师，苏军又一次迅速学会了新的战术。在这里，没有什么可以对抗这些红鹰，空中看不见德军战斗机的身影。

但苏军的撒手锏是他们的空中力量对德军炮兵的打击。这已成为第聂伯河与别列津纳河之间这场战役的决定性阶段。由于德军步兵兵力不足，又缺乏坦克，于是，炮兵成为他们实施防御的中坚力量。他们的许多大炮被布置在正斜面和开阔地，以加强反坦克防御。集团军群、各集团军和各军都期盼炮兵能提供决定性帮助，以对付苏军危险的坦克军和机械化旅。苏军最高统帅部及时掌握了德国人的这一战术，或是根据情报部门提供的信息。不管怎样，苏联空军成功地发起了打击。

通过精心准备的空袭，苏军成功消灭了侦察活动所掌握的德军火炮阵地。德军实施防御的中坚力量被打垮，他们的步兵根本无法抵御敌人的摩托化或机械化部队。同样的困境也出现在西线，苏军对地攻击机在桥梁和道路瓶颈处对后撤中的德军后方单位及预备队狂轰滥炸，这造成了毁灭性后果，道路上一片混乱，既无法调动部队，也无力采取任何行动。面对敌人这种突如其来的空中优势，德军的各个师深感绝望，而且，鉴于缺乏自卫能力，这些部队经常会出现恐慌情绪。上级指挥部门对此无计可施。

没有什么比苏联空军的压倒性优势更引人瞩目地揭示出东线军事态势的转变。由于艾森豪威尔的进攻，斯大林重新征服了俄国的天空。丧失了空中掩护，没有哪条防线可以被长期坚守。苏军在1941和1942年学到了这一点。现在，这一现代战争的法则令西线和东线德军陷入严重不利的局面中。

3

突　破

1944年6月28日是个星期三，也是奥匈帝国皇位继承人遇刺三十周年纪念日，1914年6月28日，弗朗茨·费迪南德被塞尔维亚民族主义者刺杀，这起暗杀事件引发了第一次世界大战。但位于明斯克与别列津纳河之间的各德军指挥部有比追忆历史更值得担心的事情。明斯克，"中央"集团军群司令部内的态势图看上去非常可怕。已经没有坚实、连贯的防线，到处都发生了突破。布施元帅打了许多电话，但他试图说服希特勒放弃严防死守的策略，并允许集团军群各部队采取灵活防御措施的一切努力都落了空。陆军元帅布施是一位出色的战地指挥官——但他不是曼施泰因那种类型的战略天才。另外，他曾在北方战线成功地指挥了一个集团军达数年之久，几乎没什么机会展示他作为一名将领的才能。但最重要的是，他不是那种敢于勇敢面对希特勒的人，总是对希特勒的命令唯唯诺诺。他对军事态势出色的把握能力和过去曾有过的反对意见，在面对希特勒的口才和政治论据时，一次次土崩瓦解。现在，元首的命令已将集团军群带入一场灾难，布施成了替罪羊，并被解除职务。毫无疑问，他对此感到气愤，并受到深深的伤害。布施默默离开了集团军群司令部。接替他的是"防御大师"——陆军元帅瓦尔特·莫德尔。他接管了中央战线，同时继续指挥曼施泰因过去的"南方"，现在被称作"北乌克兰"的集团军群。结果，莫德尔指挥着整个东线半数以上的兵力。过去的战事中，希特勒从未将这么多的军事职责托付给一个人。这已非常接近曼施泰因过去的梦想——设立一名东线总司令。但这个举措来得太晚了。

我们曾见识过莫德尔作为一个即兴发挥的天才、一个英勇无畏的将领，在勒热夫、奥廖尔和列宁格勒地区力挽狂澜。现在，他能带着"中央"集团军群避免一场灾难吗？

他千方百计试图达成这一目的。但即便是莫德尔也无法无中生有地变出部队来。没有一支有效的空中力量、没有足够的反坦克武器、没有最低程度的机动预备队和步兵，即便像莫德尔这种大胆无畏、备受战争命运青睐的将领也无法抵挡住苏军的猛攻。

6月27日，朱可夫投入罗特米斯特罗夫的近卫坦克第5集团军，并让他们冲过德维纳河与第聂伯河之间的地带。穿过托洛钦（Tolochin）和先诺（Senno），该集团军沿着公路扑向别列津纳河上游的鲍里索夫。在这里，从科韦利调来的德军第5装甲师刚刚从火车上下来。德克尔中将带着他的部队和一些警察单位，拦住罗特米斯特罗夫的先头部队。就在同一天，第4集团军防区内的交通中心奥尔沙落入到苏军手中。

鉴于目前的态势，莫德尔立即接掌指挥权，并决定采取一种灵活的打法。第5装甲师作为"冯·绍肯"集群的核心力量被投入，以掩护明斯克北面巨大的缺口；第12和第4装甲师也被调了上来，并被派至明斯克南面的斯托尔布齐地区（Stolbtsy），以便为第4集团军保持别列津纳河渡口的畅通。第2集团军奉命以其突击炮旅和骑兵部队朝第9集团军的方向推进，同时与第4集团军重新建立联系。但这毫无作用。所有的一切均属徒劳。苏军迅猛的推进已势不可挡。

白俄罗斯首府，"中央"集团军群司令部所在地明斯克，于7月3日陷落。这座城市已被德国人控制了三年。一条公路从明斯克通向莫斯科，通过这条快速公路可以直抵苏联的心脏。因此，将德国人逐出白俄罗斯这座中心城市，具有重要的象征意义。1941年期间，明斯克是第一座被德军闪击战所夺取的大城市。现在，俄国西部的这座大城市获得了解放。这就难怪1944年7月3日这一天，莫斯科为这一胜利鸣放了礼炮。

但这并不仅仅是一座城市的解放。德国第4集团军的主力和第9集团军的一部被包围在明斯克东南方一个巨大的口袋中。为挽救尚能挽救的东西，莫德尔试图在明斯克后方，巴拉诺维奇（Baranovichi）—莫洛杰奇诺（Molodechno）前方构建一道新的防线，同时以从"北方"集团军群和"北乌克兰"集团军群防区内抽调的新锐部队阻挡住敌人。穿过俄罗斯中部广袤森林地带的主干道交叉路口、沼泽间的狭长地带及河流渡口，都成为这场防御战的重点。德军的目的是以灵活的行动拦住敌人。战役的这一阶段将决定第4和第9集团军残部的命运，他们仍在明斯克地区奋战，并试图杀开血路突围而出。为实施救援行动，莫德尔调来三个装甲师、一个猎兵师和两个步兵师。

来自西里西亚—苏台德地区的第5装甲师，在明斯克北面肃清了重要的明斯克—莫洛杰奇诺—维尔纽斯（Vilnius）铁路线和公路，沿着这些道路，"北方"集团军群的援兵将能迅速赶到。来自波美拉尼亚的第12装甲师，在明斯克东南方投入到苏军近卫坦克第1军先头部队的前进道路上。来自维尔茨堡的第4装甲师和来自西里西亚的第28猎兵师，在涅曼河上守卫着延伸至斯托尔布齐两侧的拦截阵地，以确保撤往巴拉诺维奇唯一一条道路的畅通。来自北德的第170步兵师则被派往莫洛杰奇诺。

这就是莫德尔的打法。他堵住最危险的漏洞，加强崩溃的前线，不断穿梭于他的部队中，鼓励、干预，甚至亲自率领他们投入战斗。

朱可夫很快便注意到德军一方新的指挥风格。他从勒热夫和奥廖尔战役中了解到了这位名叫"莫德尔"的将领的能力。他看到这样一种危险：这位德国元帅正从他手中夺走某些被他视作猎物的东西。

这是一场两个干劲十足的将领间的冲撞，两种强有力的个性间的摩擦。战役成为两位元帅的个人表现。他们之间的对决将在巴拉诺维奇展开。

朱可夫不停地激励着巴托夫的第65集团军："别给敌人喘息之机，继续战斗，夺取巴拉诺维奇的铁路中心。"

整整一个星期，巴托夫和他的司令部人员一直跟部队待在最前线。7月7日，就在弗罗连科将军的师杀至巴拉诺维奇的边缘，而"锡瓦什"师也已从东面赶到该镇之际，巴托夫已筋疲力尽，浑身污秽。他驱车返回设在韦尔科（Velke）的集团军司令部，想洗个澡，吃顿热饭，再睡上一会。但他没跟朱可夫打招呼。他刚刚刮完胡子，满是泥泞的靴子再次被擦亮，热腾腾的茶水摆在他的桌上。就在这时，一辆汽车停在屋外，发出刺耳的刹车声。

巴托夫的参谋长朝窗外瞥了一眼。朱可夫！两人赶紧穿上靴子，匆匆走向楼梯处，准备向这位最高统帅部代表汇报他们在巴拉诺维奇镇外刚刚获得的胜利。还没等巴托夫开口，双手叉腰的朱可夫已站在楼梯底部。"您在刮胡子！把自己弄得香喷喷的？"没有任何问候，朱可夫吼叫起来。"为什么不夺取巴拉诺维奇？"接着，他冷冷地问道："作战地图在哪里？"他们走进房间。巴托夫的详细汇报未能平息朱可夫的怒气，他一个劲儿地批评他尚未拿下巴拉诺维奇。

集团军军事委员会委员拉杰茨基气得脸色发青，他试图声援他的司令员，宣称自己正期待着部队进入这座城市的消息，而这个消息随时会到来。"您为何如此肯定？"朱可夫冷笑着问道。"只有一个办法可以肯定，"他补充道，"您现在就驱车赶往巴拉诺维奇，不夺下这座城市，您就别回来。"他粗鲁地转过身，狠狠地将一张小凳子踢入角落，甩上门离开了。24小时后，苏军公报宣布："巴拉诺维奇已获得解放！"朱可夫赢了。

闷热的空气裹挟着大群蚊虫，笼罩着别列津纳河与沃尔马河（Volma）之间的低地。冯·施泰因科勒尔将军坐在小溪旁的一棵柳树下，地图板放在膝盖上。战斗围绕着三个地方展开：明斯克、切尔文（Cherven）和鲍里索夫。他们被困在这片该死的血腥三角区。两个集团军的大部在这里像牲畜那样死去。第9和第4集团军五个军的残部被困在这个炽热的包围圈中。他们试图向西突围，穿过明斯克，赶至德军的某些拦截线。

"拉策尔，您有什么新消息吗？"施泰因科勒尔问他的炮兵团团长。"除了公报中说的那些，没什么新消息。"中校回答道。除了公报中说的那些以外，他们对情况一无所知！他们只能依据公报中提及的态势部署自己的行动。就这样，他们选择了突围方向。但统帅部公报并非态势报告，相反，它掩盖了真实的情况以鼓舞士气，促进大家的乐观主义精神。但在明斯克—切尔文—鲍里索夫这个炎热的三角地带，毫无乐观可言。

"统帅堂"师炮兵团是师里最具经验的一个单位。团里的军士几乎都是前线老兵。出于这个原因，炮兵们携带着第1轻型火炮营的大炮（这是该团仅剩的），总是在突围行动中充当先锋。目前，全师只剩下几百名掷弹兵，六辆坦克，十六辆装甲侦察车，另外还有十来辆挤满伤员的卡车。

在一次情况研讨会上，各部队指挥官和几位军长得出的看法是，他们应该向西北方突围。但随后他们从最高统帅部公告中获悉，德军装甲师正向明斯克推进。这是不是意味着他们现在应该更改突围方向呢？他们决定向西或西南方突围。

这些士兵燃起了新的希望。第27军军部、第78突击师的一部、第14步兵师、来自西里西亚的第18装甲掷弹兵师和第57步兵师向西突围。"统帅堂"师稍稍偏向西南方，但道路并未肃清。特洛维茨将军带着第57步兵师战斗群和被置于他指挥下的另一些单位，徒劳地冲击着苏军近卫坦克第1军的拦阻阵地。

7月5日19点30分，弗尔克斯将军用无线电通知全军解散，并命令道："向西杀开血路，各自逃生。22点30分发起突围。"这是一个痛苦的决定，却也是某种解脱。命令被迅速下达。当晚22点20分，炮兵实施最后的齐射。火炮的轰鸣淹没了车辆的咆哮；当最后一发炮弹射出后，这些大炮被炸毁。带着源自绝望的决心，各个团的士兵踏上了他们的突围之路。一切不必要的东西都被丢了在身后。病者和伤员，所有无法行走的士兵，都被集中于包围圈中央，留下来交给苏军。

23点，德军士兵们集结起来，准备发起冲锋。大致目标是巴拉诺维奇。有些士兵唱起了"德意志高于一切"。村庄燃起了熊熊大火，炮弹在四处落下，轻武器的射击声此起彼伏。在这些声响中，伴随着凄厉、令人毛骨悚然的"呼啦"喊声，各个绝望的部队发起了突围冲锋。这种源自愤怒的勇气令苏军措手不及。突围行动成功了。但这并不是一场奔向自由的突围。这些德军士兵很快便发现，自己又落入到另一个包围圈中。苏军进入明斯克已有三天，而在斯卢茨克，他们已待了五天，此刻，他们就在巴拉诺维奇东面20英里处。而对突围的德军士兵来说，巴拉诺维奇还在105英里外。

德军突围部队继续向西，此刻，许多师仍紧密相连。但在切尔文—明斯克公路北面，强大的苏军部队已挖掘好防御工事，并击退了德军士兵在白天向南跨越公路的一切尝试。苏联空军的对地攻击机猛烈打击着行进中的德军队列。任何协

— 573 —

第3装甲集团军		
第53军	步兵上将戈尔维策	被俘
第246步兵师	缪勒·比洛少将	被俘
第4空军野战师	皮斯托留斯中将	阵亡
第6空军野战师	佩舍尔中将	阵亡
第206步兵师	希特尔中将	被俘
第6军	炮兵上将普法伊费尔	阵亡
第197步兵师	哈内上校	失踪
第256步兵师	维斯滕哈根少将	阵亡
第4集团军		
第39装甲军	炮兵上将马丁内克	阵亡
第110步兵师	冯·库洛夫斯基中将	被俘
第337步兵师	许内曼中将	阵亡
第12步兵师	巴姆勒中将	被俘
第31步兵师	奥克斯纳中将	被俘
第12军	文岑茨·缪勒中将	被俘
第18装甲掷弹兵师	楚塔弗恩中将	自杀
第267步兵师	德雷舍尔中将	阵亡
第57步兵师	特洛维茨少将	被俘
第27军	步兵上将弗尔克斯	被俘
第78突击师	特劳特中将	被俘
第260步兵师	克拉姆少将	被俘
第9集团军		
高级工兵指挥官	奥雷尔·施密特	被俘
第35军	男爵冯·吕措中将	被俘
第134步兵师	菲利普中将	自杀
第6步兵师	海涅少将	被俘
第45步兵师	恩格尔少将	被俘
第41装甲军	霍夫迈斯特中将	被俘
第36步兵师	康拉迪少将	被俘
预备队		
第95步兵师	米夏埃利斯少将	被俘
第707步兵师	吉尔少将	被俘
"统帅堂"装甲掷弹兵师	冯·施泰因科勒尔少将	被俘
博布鲁伊斯克城防司令	哈曼少将	被俘

调一致的行动已不复存在。

许多德军群体试图离开主干道逃生。第78突击师经验丰富的师长特劳特将军就带着这样的一股战斗群。文岑茨·缪勒中将则试图带领他来自威斯巴登第12军的残部逃出陷阱。由于马丁内克将军阵亡[①]，许内曼将军接管了第39装甲军的指挥权，此刻，他正徒劳地试图强行向西突围。但这已不可能做到。那些历史悠久的部队，我们曾提到过的著名的师，在俄罗斯无尽的道路上，在这场战役的焦点地带上，一个个全军覆没。特劳特的战斗群在与苏军第49集团军的部队进行的一场激战中被歼灭。只有第5装甲营寥寥无几的坦克兵在雷特梅尔少校的带领下成功突围。7月8日，文岑茨·缪勒中将在恰林（Chalin）停止了抵抗，并向苏军第50集团军麾下的一个步兵军军部投降[②]。在他投降时，德军防线已被远远逐离了明斯克。

三个星期后，苏军已越过布列斯特，伫立在梅梅尔河和维斯瓦河上，德军拦截部队在这里暂时挡住了他们的推进。五周内，苏军一路作战，推进了435英里，这几乎完全是古德里安和霍特的装甲集群在1941年间沿布列斯特—斯摩棱斯克—叶利尼亚实施闪击战的速度。

但领土的丧失并非胜败的决定性因素。起决定性作用的是"中央"集团军群的覆灭，以及不可替代的人员损失。38个德军师中，有28个被歼灭。35~40万德军士兵负伤、阵亡或失踪。据苏联方面的资料显示，这其中，20万人被击毙，85000人被俘。

对这场灾难最为惊人的附注是，德军的47名军长或师长中，有31人阵亡或被俘。这31人中，有10人在战斗中阵亡或失踪，21人被俘。各集团军这一可怕的统计如下：

已不需要再做细致的分析，斯大林已完成他的"坎尼之战"。对此，可以做

①　6月28日，炮兵上将马丁内克转移自己的指挥部时，遭遇苏军空袭，当场阵亡。
②　第12军军长文岑茨·缪勒被停后不仅响应苏军的要求，呼吁第4集团军的残部放下武器停止抵抗，还积极参加了"自由德国全国委员会"和"德国军官联盟"。滑稽的是，缪勒没过几天便宣布自己已成为一名坚定的共产主义者。他与同样被停的第12步兵师长巴姆勒中将一同接受了苏联人的秘密培训，然后被安排在被停德军将领中充当密探。战争结束后，缪勒回到东德，摇身一变成为国家民主党副主席。后又重返军界，负责为东德筹建人民军，并被任命为东德人民军总参谋长。缪勒的自传在他去世后出版发行，书名是《我找到了真正的祖国》。

出解释，也能找到借口，但事实却是无法否认的。

"中央"集团军群的崩溃不是个孤立的军事事件，并非一连串不利情况所导致的一场惨败，而是对部队过度的军事要求、德国战时经济潜力的减弱以及帝国临近崩溃的一种反映。这场战役体现了德国的失败，标志着苏联的胜利。实际上，苏军自己也对这场胜利的程度深感意外。他们没想到会在如此短暂的时间内赢得如此深远的胜利。白俄罗斯第3方面军计划中的战役深度为112英里——也就是杀至别列津纳河上游。因此，6月28日，苏军统帅部匆匆下达另一道指令，命令他们渡过别列津纳河，继续向明斯克推进。苏军统帅部对自己所获的成功也不甚明了，其混乱程度体现在白俄罗斯第2方面军接到的一道命令中：占领明斯克的日期不得迟于7月8日。可实际上，这座城市早在7月3日便已被白俄罗斯第1和第3方面军的部队所夺取。

战事以雪崩般的速度发展着，超出了所有人的预计。

1944年7月底前，战火已烧至东普鲁士边境，也到达了维斯瓦河。最后一幕的帷布被拉开。争夺德国本土的战役开始了。

苏军四个方面军庞大的队列，沿着尘土飞扬、备受阳光炙烤的道路，从白俄罗斯一路向西，朝维斯瓦河前进。"我们要去柏林。"苏军士兵们笑着说道。

"我们要去柏林！"

可在夜间，当这些苏军士兵在村庄中寻找住处，或在篝火旁蜷缩在毛毯中时，另一支军队却开始了他们的行进。他们轻手轻脚，以20～30人为一组，通常的人数还会更少些，有时候是两个人，甚至是孤零零的一个人，成千上万的德军士兵就这样穿过敌占区，向西而行。这些士兵坚韧、无畏，都不愿做俘虏。他们中的大多数都是年轻的经验丰富的正规军士兵。专家们指出，这些德军士兵的总数约为10000至15000人。他们的这场跋涉开始于别列津纳河；他们的目的地在西面，希望能在那里找到德军的一条防线。白天，他们小心地隐蔽在公路旁，袭击疏于防范的苏军补给车辆和战地厨房。他们穿过无法通行的森林地带，猎杀或被猎杀。他们以生野果为生，吃田地里的麦穗，或是半腐烂的土豆。他们从家畜棚里偷羊，并将其宰杀。他们也偷鸡、牛和牛犊。他们喝小溪和水坑里的水。白天，他们蜷伏起来。到了夜间，他们便外出寻找食物，并向西跋涉。

苏军很快便发现这种在夜间穿越他们国土的行动。许多德国士兵穿着便衣，有些仍穿着全套的军装，有些人带着武器，有些人则没有。苏军组织起特别搜索队，以抓捕这些德军士兵。他们还将游击队动员起来。会说德语的苏军军官身穿德国军装出现了。他们装作正在召集散兵游勇的样子，实际上是把找到的德国士兵带到特别搜索队那里。低空飞行的飞机日复一日地从森林和田野上空掠过，搜寻着德国这支鬼魅大军的藏身处。一场无情的战斗打响了，但在官方公报中从未提过这场战斗。第9和第4集团军最后的幸存者，为自己的自由和生命所进行的激战，从未见诸任何功勋颁发记录中。他们知道如果自己被俘会遭遇些什么。被苏军搜索队抓获，只会被枪毙或殴打至死，只有在非常罕见的情况下，对方才接纳俘房。

顺利逃生的德国人并不多，总共有800人。他们设法逃至维斯瓦河、东普鲁士或罗马尼亚的德军防线，为此，他们步行跋涉了七至八周。这群至少有10000人的溃军，只逃出800人！

在经历这场绝望跋涉的队伍中，有一支是"迪克斯"小组。集团军属第36炮兵团第8连被配属给第20装甲师，他们在别列津纳河上的帕里奇（Parichi）掩护着第35军步兵们的后撤渡口。突然，他们发现自己陷入博布鲁伊斯克的灾难中。随即，该连被分配给第383步兵师，经历了严峻的突围战。

约翰内斯·迪克斯下士的冒险之旅开始于一片荆棘丛。起初，他孤身一人。很快，布里克修斯下士所带的四个人便与他会合。就这样，他们开始了第一晚的跋涉。

白天，他们躲在沼泽地里，一个个饥肠辘辘。耳边回荡着苏军队列在附近公路向西前进的声响。迪克斯有一张地图，布里克修斯有一个指南针。靠这两样东西，他们规划了自己的逃亡路线。

起初，他们遇到的野果依然青绿，但一天接一天的过去，他们摘到的果子越来越熟。他们就靠这些野果的颜色来判断日期。

他们多次与苏军巡逻组和搜索队发生小规模战斗。他们也遇到过另一些德军小组，甚至还邂逅过一架被击落的He-111的组员。他们加入其中。不久后，他们再度分道扬镳。他们用一根老树干将队伍里不会游泳的人送过普季奇河（Ptich）。他们穿过从明斯克通往布列斯特—立托夫斯克的公路，休假时，他们曾经过这条公路。他们靠手里的手枪"征用"了一些面包，有时还能搞到几水壶牛奶。更难的是，他们还弄到一点盐和一盒火柴。他们还遇到另一群较大的逃亡组——40人，由一名上校带领。但与他们分道扬镳，因为，每个逃亡小组都有自己的规矩。

第52火箭炮团的一个排加入到"迪克斯"小组中，排里的中尉将自己置于迪克斯的指挥下。现在能发挥领导的是个人能力，而不是军衔。这场生死跋涉需要有个目标。"迪克斯，我们的目标是什么？"

他们研究着地图。此刻，他们正身处一片下着蒙蒙细雨的森林中。他们决定赶往东普鲁士。

他们渡过了梅梅尔河。他们像老资格的偷猎者那般狡猾。小组里的雅各布斯过去是一名屠夫，没用几分钟，他便悄无声息地在牲畜栏里杀了一只羊。他们把这只羊的四腿捆绑起来，又砍了根树枝挑着，并继续前进至树林深处，这才将猎物大卸八块。

一周又一周过去后，他们的军装早已破烂不堪，身体日益憔悴，脸上长满胡须，只有双眼和嘴唇表明了他们坚毅。他们看上去都一样，这些人从明斯克一路向西跋涉，他们来自别列津纳河上的包围圈。普里皮亚季沼泽被他们远远甩在身后，然后是新戈罗多克（Novo-Gorodok），他们在立陶宛人烟稀疏的乡村穿过涅曼河下游地区。他们继续向前，这已是这场跋涉开始后的第七周。

德军主防线在哪里？他们遇到一些最近发生过战斗的痕迹。可是，战斗总是抢先他们一步，出现在他们的前方。他们无法及时追上它，而它有时却会对他们造成打击。赖尔和胡默尔下士身负重伤，已奄奄一息。突然，他们听到了前线的声响——大炮的轰鸣，机枪火力的连发声。这种声音听上去就像回家般亲切。

甜菜是他们的主餐，黑麦粒则是他们的甜点。在他们前方是一处苏军的迫击炮阵地。他们试图溜过去，但却被苏军发现。一通火力朝他们射来，所有人都被击中。幸运的是，只是腿上受伤而已。他们隐蔽在一片麦田里，神经紧张到快要断裂的程度。此刻，他们正置身于苏军的观察哨与主防线之间。在他们四周的高地上遍布着苏军的火炮阵地。当天是1944年8月14日。

当晚的气候有些寒冷，鲍尔和迪克斯挤在一起相互取暖。塞茨中士因为发烧而发出痛苦的呻吟。时间缓慢地流逝着，仿佛永无止境。他们无法坐立起来，因为四周都是一群群苏军士兵。他们捡了些麦穗，吃着里面的麦粒。"明晚我们就冲过去吗？"鲍尔压低声音问道。

迪克斯点点头。"我只能肯定一件事，"他轻声说道，"我们已无法回头，要么闯过去，要么——"

他们行动了。在命运的逼迫下，他们迈出了最后一步。一名苏军哨兵发现了他们，却被迪克斯撂倒。"上！"

苏军的迫击炮来了通齐射。很好！这表明在他们前方已没有苏军战壕。但前面的战壕里空空如也。他们跨了过去。又是一条战壕，还是空的。最后，他们终于听到了德国人的说话声。

"我们回来了！"

8月14日，在苏瓦乌基（Suwalki）东面9英里处，迪克斯小组重新回到德军第170步兵师的防线上。两地的直线距离为280英里，而他们在地面上东弯西绕，所走过的实际距离为400英里，而且，这段路程完全是在敌人的防区内。

一个德军反坦克炮组迎接了他们，指点他们赶往前哨团部。团副官坐在一张桌子后。迪克斯笔直地站在他面前："逃出别列津纳河包围圈的五名德国士兵，在49天后向德国国防军报到！"

6月27日至8月14日之间发生了许多事情。他们已走过漫长的征途，但在他们前方，还有一段很长的道路要走。

附录一：库尔斯克战役作战指令

1943年4月15日，第6号作战令（堡垒）

元首　　　　　　　　　　　　　　元首大本营，1943年4月15日

OKH，陆军总参谋部，作战处一组　　13份副本

1943年第430246号绝密文件　仅供高级军官　副本（4）

第2集团军司令部，作训处　591/43

绝密　仅供高级军官

记录　1943年4月17日（两份附件）

第6号作战令

我已决定，一俟气候情况许可，便发起本年度攻势中的第一次打击，即"堡垒"行动。

因此，这一进攻至关重要。必须迅速、彻底地获得胜利，必须为我们赢得今年春季和夏季的主动权。故此，必须以最大的缜密程度，全力完成一切准备工作。必须在主要突击方向投入最精锐的部队、最精良的武器、最优秀的指挥官和大量弹药。每个指挥官、每个士兵都必须充分认识到此次进攻的决定性意义。库尔斯克的胜利必将获得举世瞩目。

为此，我命令：

1. 此次进攻的目的是，从别尔哥罗德地区和奥廖尔以南地区，分别以1个突击集团军实施密集、勇猛和迅速的推进，合围库尔斯克地区之敌，并通过向心攻击将其歼灭。

进攻的过程中，应沿涅热戈利河—科罗恰地区—斯科罗德诺耶—季姆—希格雷以东—索斯纳河地段一线，建立起一道更短、更节省兵力的新防线。

2. 关键在于：

（1）应尽可能达成突然性，尤其不得让敌人获悉进攻的发起时间；

（2）应最大限度地将进攻兵力集中于狭窄的正面，以便以局部压倒性优势的进攻手段(坦克、突击炮、火炮、火箭炮等)一举突贯敌军防线，实现两个突击集团军的会师，封闭合围圈；

（3）应尽快从纵深为先头突击部队前调兵力，掩护突击部队的翼侧，使其能放心大胆地向前推进；

（4）应尽快从各个方向突入合围圈，不予敌喘息之机，从而加速其灭亡；

（5）应迅速实施进攻，使敌人既无法摆脱包围，又来不及从其他战线调来强大的预备队；

（6）应迅速建立起新防线，以腾出兵力，特别是快速部队，用于实施后续任务。

3. 南方集团军群应以密集兵力从别尔哥罗德—托马罗夫卡一线发起进攻，越过普里列佩—奥博扬一线，在库尔斯克及其以东地区与中央集团军群的突击集团军取得会合。为掩护向东的进攻，应尽快进抵涅热戈利河—科罗恰地区—斯科罗德诺耶—季姆一线，但不可因此而影响将兵力集中于普里列佩—奥博扬方向。应投入部分兵力掩护向西实施的进攻，这部分兵力同时还担负突入正在形成的合围圈的任务。

4. 中央集团军群的突击集团军，应以最集中的兵力，从特罗斯纳—小阿尔汉格尔斯克以北一线发起进攻，越过法捷日—韦列特诺沃一线（重点在东翼），与南方集团军群的突击集团军在库尔斯克及其以东地区取得会合。为掩护向东实施的进攻，应尽快进抵季姆—希格雷以东—索斯纳河一线，但不可因此而影响将兵力集中于主要突击方向。应派出部分兵力掩护向西实施的进攻。

中央集团军群部署在特罗斯纳以西至南方集团军群分界线的兵力，在进攻开始时，应以专门组建的突击集群发起局部进攻来牵制敌人，并尽早突入正在形成的合围圈。应不间断地实施地面和空中侦察，以防敌人悄悄溜走。如发现敌人企图逃走，应立即沿整个正面发起进攻。

5. 两个集团军群的兵力，应尽可能采取一切可能的伪装、掩护和欺骗措施，在远离出发阵地的地方枕戈待旦，以便在从4月28日起的第6天根据陆军总司令部下达的命令发起进攻。因此，最早的进攻日期为5月3日。进入进攻出发阵地时，应采取各种伪装措施，并且只能在夜间进行。

6. 为欺骗敌人，在南方集团军群的战区内，"黑豹"行动的准备工作应继续进行。应以各种手段（引人注目地进行侦察、显示坦克、准备渡河器材、进行无线电联络，派出特务，散布谣言，出动空军等）来突出这种准备活动，并尽可能地把时间拖得长久些。另外，这些欺骗措施会因迟早要采取的增强顿涅茨河防线防御力量的措施而得到有效加强（参见第11条）。在中央集团军群的战区内，无须采取大规模欺骗措施，但应采用各种方式给敌人制造混乱的假象（逆向运动和佯动、在昼间进行运输、散布进攻日期将在6月的假情报等）。在两个集团军群中，新配属给突击集团军的部队应实施无线电静默。

7. 为保密起见，只有绝对必要的人才可了解这一计划。这种限制应在尽可能晚的时候逐步放宽。这一次我们必须不惜一切代价确保，不能因疏忽或粗心大意而使计划泄露，必须以加强的反间谍工作不断同敌间谍做斗争。

8. 考虑到与以往战役的不同，这次进攻区域有限，目标非常明确，因此，进攻部队必须把不是进攻所绝对需要的各种车辆和一切会成为累赘的东西留下！这些东西只会严重妨碍和影响进攻的锐势和后续部队的迅速跟进。因此，每一个指挥官都必须明确：只能携带作战所必需的东西。军长和师长应严格、认真地监督这一指令的执行。必须设置强有力的交通指挥机构。交通指挥机构应严格维持交通秩序。

9. 关于补给的规定，关于立即、完整地抓获俘虏、居民和战利品的规定，以及对敌宣传的指令，参见附件1—3。

10. 空军同样应将其可用的全部力量投入至重点地段。应立即开始与空军指挥机构进行磋商。应特别强调保密问题（参见第7条）。

11. 为使进攻获得成功，尤为重要的是，不能让敌人对我"南方"和"中央"集团军群的其他地段发起进攻，从而迫使我们推迟"堡垒"行动或过早撤出进攻部队。

因此，两个集团军群在进行"堡垒"战役准备的同时，必须在防线其他主要受威胁地段实施系统性的防御作战准备工作，这些准备工作必须在月底前设法完成。在这方面尤为重要的是，应设法加快阵地的构筑，在受坦克威胁地段大量配备反坦克武器，组建局部预备队，通过积极的侦察及时发现敌主攻方向等。

12.此次战役结束后要达成的最终目标预计为：

（1）将"南方"和"中央"集团军群的分界线大致移至科诺托普(属南方集团军群)—库尔斯克(属南方集团军群)—多尔戈耶（属中央集团军群）一线；

（2）将第2集团军司令部及其所辖的3个军部和9个步兵师，以及尚未派属的集团军群直属部队，从中央集团军群转隶南方集团军群；

（3）中央集团军群应另提供3个步兵师，供陆军总司令部在库尔斯克西北使用；

（4）从前线调出全部快速部队，另作他用。

机动，特别是第2集团军的机动，应与上述计划相符合。

我有权在战役过程中根据作战行动的进展情况，逐步将第12条第（2）款规定的指挥机构和部队调拨给南方集团军群。

同样，我有权在战役按计划进行的情况下，以一个连续的机动向东南方发起进攻（"黑豹"行动），以便对敌人出现的混乱加以利用。

13.各集团军群应上报根据本作战令所采取的进攻和防御措施，附上比例尺为1：30000的地图，并配以说明和部队的详细部署情况，要注明与东线空军司令部第4航空队达成的关于支援进攻和协助实施欺骗措施的协定。

于4月24日前上交。

（签名）阿道夫·希特勒

确认：

（签名）豪辛格中将

附录二：1943年8月，南方集团军群
关于维持士气的报告

8月5日，集团军群司令对"肯普夫"集团军级支队做出如下判断："部队中的恐慌情绪必须予以肃清。第198和第168步兵师坚守着可将敌人击退的正面防线。那里决不能出现退却。"

"肯普夫"集团军级支队司令回复，防线上的两个师大体上守住了他们的阵地，但已被包围。"如果我们不在夜间实施后撤，那里就会出现更大的麻烦。"他报告说，敌人再次"从北面调来强大的步兵和坦克力量。"16点30分，集团军群司令下令将如下电文发出："很难理解尚具作战能力的第198步兵师自动被逐出别尔格罗德。"集团军级支队向集团军群报告（17点35分），正考虑"建立起一条侦察线（从别尔格罗德南面至别索诺夫卡东面）"。集团军群回复（18点05分）"必须设法阻止这种避战行为"，新防线可以准备，如果确属形势所需，规避行动将在第二天实施。（第11军最左翼的部队在8月5日入夜前进入该防线。）

8月5日，集团军群司令命令："我要求获知是什么情况导致了这样一个事实：8月3日尚在维斯罗耶高地的第167步兵师，8月4日时却只能在别索诺夫卡西南方20英里处收拢其残部。"以及"我要求获知，过去无论敌人多么强大，自身的兵力如何被削弱，但总能击败敌人的第6装甲师，为何自8月4日来每战必败。我还要求一份该师8月3日投入战斗的单位所提交的报告。"

（第4装甲集团军司令部回复这些问题所提交的报告并未包含在这份文件中。）

8月10日，"肯普夫"集团军级支队向集团军群汇报了第282步兵师的情况（18点40分），该师的防线被多次突破，不得不要求于当晚进一步后撤至北部防线（位于丘古耶夫—杰尔加奇的北面）。

据第44701/12号文件记载，集团军群考虑"对第282步兵师采取严厉的措施——每十个人中枪毙一个"（8月12日）。"肯普夫"集团军级支队司令部认为这种措施不合适。

附录三：1943年8月22日和9月2日，第8集团军司令部关于部队士气的报告

8月28日，第8集团军司令部在向集团军群提交的一份报告中指出："……只要国防军的其他机构和单位继续优先获得高素质的新兵，步兵部队将始终难以达到所需的宝贵人力的比例。因此，步兵这一主要武装力量将永远得不到数量足够的适合成为领导或下级领导的新兵。"

9月2日，第8集团军司令提交的一份报告（文件号：44701/12）表明"部队的实力下降，尤其是步兵"，这是个引人关注的问题。报告指出：

1. 就在我们面临着弹药严重不足的问题之际，敌人的大炮和迫击炮却有用不完的炮弹。他们以这些武器建立起主攻点，并将我方队伍削弱到这样的程度：守卫主防线的人手已无法确保，不得不由保安部队担当巡逻任务。每当敌人达成突破，只能靠局部拼凑的预备队将其击退。人员的伤亡极高。今天早上，第39步兵师的战斗力只剩下6名军官和300名士兵。

2. 行李单位已进行过仔细梳理。现在，那里剩下的人员主要是家里唯一活着的儿子以及大家庭中的父亲。我要求上级做出决定，是否应命令这些士兵投入作战部署。在我看来，士兵与行李人员之间合适的比例只能通过将几个师合并这一办法来实现。

3. 除实力下降外，士兵们的疲劳状态也令人产生极大的忧虑。我从各部队指挥官那里获悉，由于过度疲劳，士兵中已出现一种冷漠的状态，在这种状况下，严厉的措施无法取得预期的效果，只能以军官的以身作则和"亲切开导"来解决。但这两个办法都严重依赖正日益减少的军官数量。

4. 我发现，新调来的部队缺乏必要的坚定性。因此，第223步兵师到目前为止的作战尚未能适应当前形势。该师在10天内遭受的伤亡超过1100人，单单是昨天，他们就损失了126挺机枪、28门迫击炮、3门步兵炮、1门反坦克炮、3门轻型和1门重型野战榴弹炮。已着手采取措施，以明确责任问题，必要的话可交军事法庭调查。

5. 对部队实力的担忧和追究，令指挥官和士兵们反感的是，上级部门的每一份报告都会使旷日持久的调查随之而来，尽管几乎没什么证据能表明这对部队有任何实际帮助。我之所以提及这一点，是因为它有可能破坏指挥官与士兵之间的信任（后略）。

附录四：关于"焦土令"（一）

第23军作训处第9册作战日志（1941年11月1日至1942年1月31日）的附录2中，包含了如下命令：

绝密！

集团军司令部　1941年12月21日

副本　　　　　　11份副本

第9集团军司令部　　　副本（2）

作训处，1941年第4534号绝密文件

OKH/陆军总参谋部/作战处一组发给中央集团军群的电传命令的副本。

根据12月20日的情况简报会，元首提出如下看法，再度确认了他在"OKH/陆军总参谋部/作战处一组，1941年第1736号绝密文件"中表达的想法。要点如下：

1. 必须以各种手段，包括最激烈的措施，给部队灌输一种狂热的精神：坚守其阵地。必须以这样一种信念来激励所有的士兵：敌人的进攻即便在几个地段达成突破，最终也必将失败。只要是这种信念未得到充分发挥的地段，防线就将出现动摇，根本无法指望在既设阵地再次稳定住防线。每个军官和士兵都必须知道，部队的后撤将使他们暴露在俄国的寒冬下，这远比坚守阵地更加危险，且少有后方既设阵地——更不用说这种撤退行为必然会导致大批物资的损失了。俄国人会紧追任何一支后撤中的部队，不会给后者喘息之机，他们会一次次发起进攻，实施打击。在缺乏既设阵地的后方，这些部队无法找到立足点。然后，一场拿破仑式的后撤将噩梦成真。因此，只有在后方确实存在既设阵地的情况下才能实施后撤。只有在一名士兵知道，与敌人脱离接触后，他能找到另一处阵地的情况下，他才会理解这种后撤。只有这样，这种后撤才不会破坏士兵与指挥官之间的信任。可是，如果士兵们发现他们不得不离开一处好歹能让他们安顿下来的阵地，而又没给他们提供合适的替代，那么，这种后撤就将导致对领导的信任危机。

2. 战斗力下降（后略）。

3. 一切被迫交给敌人的领土，必须尽可能使其对敌人无用。必须破坏和焚毁每个村子，以防止被敌人利用作住处，不必考虑当地居民的问题。必须做出相应的准备。如未能成功实施破坏，任何未被摧毁的村庄必须随后由空军采取行动加以摧毁。谨记，天寒地冻中，敌人和我们的部队一样都须依赖这些定居点。而他们作为进攻方，面临的困难会更大，我们的部队好歹守在条件尚算齐全的阵地中。

4.（略）

以上的考虑被下达，要求引起下级指挥部门的重视。

陆军将不辜负元首的信赖。

OKH/陆军总参谋部/作战处一组 1941年第3208号绝密文件

集团军附注：

补充第3条：未被破坏的区域，需要空军实施行动，必须及时向第9集团军司令部汇报。

　　　　　　　　　　　　　　　　集团军司令部代表

　　　　　　　　　　　　　　　　参谋长：

　　　　　　　　　　　　　　　　接受命令

　　　　　　　　　　　　　　　　（签名字迹模糊）

　　　　　　　　　　　　　　　　上校

命令副本的确认：

（签名）男爵冯·泽肯多夫

附录五：关于"焦土令"（二）

陆军总参谋部

1943年第1/5705号绝密文件

回复：疏散顿涅茨地区

OKH，1943年8月30日

50份副本

副本（17）

8份子副本

子副本（2）

元首已下令：

针对顿涅茨地区的疏散，东线国防经济署主管，步兵上将施塔普夫，已获准作为经济主管部门的代表，组织并执行疏散人群及各类经济资产抵达国内和东线被占领土的接收工作。

为此，他已获准在其职责范围内，向所有军事和非军事部门下达相关指令。

遵照元首的命令

确认

（签名字迹模糊）

中尉

（签名）蔡茨勒

步兵上将，陆军总参谋长

附录六：关于“焦土令”（三）

帝国元帅　　　　　　　　　　　　　　　1943年9月7日

四年计划负责人　　　　　　　　　　　　柏林，莱比锡大街3号

东方经济署　　　　　　　　　　　　　　绝密

　　　　　　　　　　　　　　　　　　　40份副本

　　　　　　　　　　　　　　　　　　　副本（13）

　　　　　　　　　　　　　　　　　　　8份子副本

V.P 11207/6/3 绝密　　　　　　　　　　子副本（2）

　　回复：在东线的被占领土上，疏散储存的农作物并破坏农业和食品产业的生产设备。

　　根据元首的命令，我下令：

　　1. 最高军事指挥部门应根据军事形势，在防线以东地区制订以下措施，并由相关部门执行。

　　（1）农业和食品生产企业的一切农产品、设施和机械设备都应予以疏散；

　　（2）食品工业的生产和加工设施应予以破坏；

　　（3）农业生产基地，特别是食物供应和收集的基础性设备和设施（如仓库等），应予以销毁；

　　（4）从事农业和食品加工行业的人应被疏散至指定防线的西面。

　　2. 这些措施的指令已委托给东线国防经济署主管，步兵上将施塔普夫。最高军事指挥部门可根据经济管理部门相关机构所提供的专业指导，负责执行这些措施。

　　3. 这一任务的执行，施塔普夫将军应服从我这个工作小组中的“食品供应”负责人，副国务秘书巴克的指令。为履行其职责，并接收国内和被占领土疏散出的财物，他已获准向所有军事和非军事部门下达相关指令。

确认　　　　　　　　　　　　　　　　　（签名）戈林

（签名字迹模糊）　　　　　　　　　　　连署人：

中尉　　　　　　　　　　　　　　　　　（签名）施温格

附录七：关于"筑垒地域"

元首

陆军总司令部

陆军总参谋部/作战处一组　　1944年2434号绝密文件

元首大本营

1944年3月8日

绝密！

第11号元首令
（筑垒地域指挥官和战斗指挥官）

鉴于出现的各种事件，我命令：

1. "筑垒地域"与"局部支撑点"必须有所区别。

"筑垒地域"由"筑垒地域指挥官"负责，"局部支撑点"则由"战斗指挥官"负责。

"筑垒地域"是为了履行过去的要塞所担负的任务。它们必须阻止敌人夺取这些具有战略重要性的地域。它们必须让自己遭到包围，以此牵制尽可能多的敌军，从而为胜利实施反攻创造先决条件。

"局部支撑点"的构想是，在敌人实施突贯时，应成为在战斗地域纵深顽强扼守的据点；它们嵌入主防线，成为防御的骨干力量，在敌达成突破时，应成为防线的枢纽和支柱，以及反击的出发地点。

2. "筑垒地域指挥官"应是一位经过精挑挑选的、坚韧不拔的军人，有可能的话，军衔最好是将军级。"筑垒地域指挥官"由相关的集团军群任命，他的任务由集团军群司令亲自交代。

"筑垒地域指挥官"应以军人的荣誉保证，为完成任务而战斗到最后一息。

只有集团军群司令本人，在获得我的批准后，方能解除"筑垒地域指挥官"

的任务，并在必要的情况下，下令放弃该筑垒地域。

"筑垒地域指挥官"听命于集团军群司令或筑垒地域所在地区的集团军司令。不得再往下归军长指挥。

除守备值班部队和守备总队外，所有已在该"筑垒地域"或正在此集结的人员，不管他们是军人还是平民，也不管他们的军衔和职位如何，统归"筑垒地域指挥官"指挥。

"筑垒地域指挥官"所拥有的军事指挥权和惩戒权与军长相当。为帮助他完成任务，应给他派出流动军事法庭和战地临时法庭。

"筑垒地域指挥官"的参谋部应由相关集团军群负责组建。参谋长一职由陆军总司令部根据集团军群的建议而任命。

3. "筑垒地域"的守备部队分为守备值班部队和守备总队。

守备值班部队必须一直守在"筑垒地域"内。其兵力由集团军群司令确定，取决于该"筑垒地域"的大小及其承担的任务（防御的准备和构筑、坚守"筑垒地域"以抗击敌人的突袭或局部进攻）。

守备总队必须及时调拨给"筑垒地域指挥官"，以便他们能在敌人按计划发动进攻前，有序地进入防御阵地并做好防御准备。守备总队的兵力由集团军群司令根据"筑垒地域"的大小和守备总队所担负的任务（主要是防守筑垒地域）来确定。

4. "战斗指挥官"是战区指挥官的下级。他由战区指挥官派出，接受战区指挥官的指挥，并从他那里受领作战任务。"战斗指挥官"的级别，视该局部支撑点在作战区域中的重要性和守备兵力而定。这一任务需要精力充沛和能克服危机的军官来承担。

5. "局部支撑点"的守备兵力，由"战斗指挥官"的上级根据该地点的重要性和可供使用的兵力来确定。

6. "筑垒地域指挥官"和"战斗指挥官"的任务以及"筑垒地域"一览表和各集团军群呈送的报告，详见附件。

7. 在此之前下达的关于"战斗指挥官"的所有命令，从现在起，由上述命令替代。

（签名）阿道夫·希特勒